ENSHI TUJIA & MIAO AUTONOMOUS PREFECTURE YEARBOOK 2020

恩施土家族苗族自治州年鉴

（2020）

《恩施土家族苗族自治州年鉴》编辑委员会　编

方志出版社
Publishing House of Local Records

图书在版编目（CIP）数据

恩施土家族苗族自治州年鉴．2020 /《恩施土家族苗族自治州年鉴》编辑委员会编．-- 北京：方志出版社，2020.12

ISBN 978-7-5144-4655-5

Ⅰ．①恩… Ⅱ．①恩… Ⅲ．①恩施土家族苗族自治州—2020—年鉴 Ⅳ．① Z526.32

中国版本图书馆 CIP 数据核字（2021）第 136402 号

恩施土家族苗族自治州年鉴（2020）

编　　者：《恩施土家族苗族自治州年鉴》编辑委员会
责任编辑：李　静

出 版 者：方志出版社
地址　北京市朝阳区潘家园东里 9 号（国家方志馆 4 层）
邮编　100021
网址　http://www.zgfzcb.cn
发　　行：方志出版社图书经销中心
电话　（010）67110500
经　　销：各地新华书店
排　　版：北京纺印图文设计制作有限公司
印　　刷：北京中科印刷有限公司

开　　本：889 × 1194　　1/16
印　　张：32.875
字　　数：895 千字
版　　次：2020 年 12 月第 1 版　　2020 年 12 月第 1 次印刷

ISBN 978-7-5144-4655-5　　**定价**：200.00 元

序

贫困问题一直是困扰人类社会发展的重大问题。中国作为世界上最大的发展中国家，为解决贫困问题进行了长期不懈的努力。改革开放以来，特别是党的十八大以来，以习近平同志为核心的党中央把脱贫攻坚作为全面建成小康社会的底线任务和标志性指标，纳入“五位一体”总体布局和“四个全面”战略布局，以前所未有的力度推进精准扶贫、精准脱贫，扶贫开发成就举世瞩目，显著改善了贫困地区和贫困群众生产生活条件，具有重大的现实意义和深远的历史意义。身处中华民族几千年发展历史上将首次整体消除绝对贫困现象的伟大时代，如何更好地发挥地方志的存史、育人、资政的作用，是新时代全国地方志系统必须深入研究和着力解决的重大课题。

党的十八大以来，在党中央国务院的正确领导下，全国地方志系统深入学习贯彻习近平新时代中国特色社会主义思想，紧紧围绕党和国家事业发展需要，深入推进地方志改革创新发展，凝心聚力，稳扎稳打，勇于担当，主动作为，全国地方志形势和地方志工作者的精神面貌发生了深刻变化，取得了优异成绩。其中，为贯彻落实《全国地方志事业发展规划纲要（2015—2020年）》，经中国地方志指导小组领导批准，中国地方志指导小组办公室于2015年、2017年先后启动民族地区与贫困地区志书、年鉴出版资助工程（以下简称“志鉴出版资助工程”），对国家级贫困县（区、旗、县级市），中西部地区、少数民族边疆地区面临出版经费困难的志书和综合年鉴给予出版资助。实施志鉴出版资助工程是紧扣时代脉搏、坚持创新发展、传承弘扬中华优秀传统文化的一项创举，不仅有力推动了“两全目标”的实现，而且数十部资助出版的志书、年鉴及时记述了民族地区与贫困地区在全面建成小康社会伟大征程中取得的新成绩和新经验、出现的新情况和新问题、涌现的优秀人物和典型事迹，留住地方文化的“根”和“魂”，为这些地区的经济社会发展、地域文化传播、爱国主义教育、精神文明建设等提供了历史借鉴和智力支持，对全面提升民族地区与贫困地区文化建设水平、确保民族地区与贫困地区和全国其他地区同步全面建成小康社会具有重要意义。

尤为可喜的是，志鉴出版资助工程促成了一批扶贫志书的编纂出版，在文化脱贫攻坚中发挥了独特的作用。例如，《贵州省减贫志》全面系统客观记述了从1978

年至2015年贵州省扶贫、减贫工作的历程及取得的经验，为贵州省实施大扶贫战略提供了有力的资政辅治参考，集中体现了地方志工作因时而动、顺势而为的新作为。前不久，由福建省地方志编委会和人民网共同编纂的《闽宁扶贫协作图志》，是全国首部扶贫协作图志，图文并茂、直观立体、全方位地展现闽宁扶贫协作波澜壮阔的历程，弘扬“闽宁一家亲”“携手奔小康”的深厚情谊和滴水穿石、久久为功的精神，是贯彻落实习近平总书记扶贫工作重要论述精神，服务国家精准扶贫、精准脱贫战略的有力举措。希望各地以此为鉴，编纂出版更多、更好的扶贫志书、年鉴，助力国家精准扶贫、精准脱贫战略的实施，充分展现地方志的独特价值和作用。

当前，我国脱贫攻坚已进入全面决战决胜的关键时期，尚未脱贫的贫困地区集中分布在中西部深山区、极端干旱山区、高寒阴湿地区等，文化建设还比较薄弱，文化产品还不够丰富，文化精品更是少之甚少。同时，这些地区往往是民族文化、历史文化、红色文化、生态文化富集区，具有发展文化旅游、推进文化扶贫的巨大潜在优势，也是繁荣发展地方志事业的巨大文化宝库。要发挥好文化扶贫凝聚人心的优势，善于利用方志文化优势为贫困地区“赋能”，在脱贫攻坚中做出方志人应有的贡献。要发挥好中国名镇志文化工程、中国名村志文化工程的引领作用，大力加强乡镇村志编纂，让百姓记得起乡情、记得住乡愁，凝聚贫困乡镇村庄的强大民心，补齐贫困乡镇村庄的文化短板，以“扶智”的方式“扶志”，践行习近平总书记强调的“扶贫先扶志，扶贫必扶智”的重要理念。

求木之长者，必固其根本；欲流之远者，必浚其泉源。扶贫扶起的是志气骨气，传承的是家国情怀，守护的是绿水青山。扶贫既要富口袋，也要富脑袋。必须坚持文化脱贫和物质脱贫两手抓，筑牢贫困地区文化之基，补足信仰精神之钙，引领脱贫发展之舵。全国地方志系统要围绕中心、服务大局，坚决投入脱贫攻坚这场必须打赢的硬仗，积极参与脱贫攻坚战，发挥优势和特长，深入挖掘文化资源，着力补齐文化短板，努力帮助民族地区与贫困地区的文化建设实现较大的发展提升，在全面建成小康社会、实现中华民族伟大复兴中国梦的征程中贡献方志人的力量。

是为序。

中国社会科学院院长
中国地方志指导小组组长　谢伏瞻

民族地区与贫困地区年鉴出版资助工程领导小组

组　　　长：高　翔

常务副组长：冀祥德

副　组　长：高京斋　邱新立

民族地区与贫困地区年鉴出版资助工程领导小组办公室

主　　　任：冀祥德

副　主　任：邱新立

成　　　员：于伟平　刘永强　冷晓玲　李　静

《恩施土家族苗族自治州年鉴》编辑委员会

《恩施土家族苗族自治州年鉴（2020）》编辑人员

主　　编　周辉军

副 主 编　覃遵国　马兹河　黄　琴　李　锦　龙新松　梁卫民

编　　辑　梁卫民　廖兆琦（特聘）

编辑说明

一、《恩施土家族苗族自治州年鉴（2020）》以马克思列宁主义、毛泽东思想、邓小平理论、“三个代表”重要思想、科学发展观、习近平新时代中国特色社会主义思想为指导，坚持辩证唯物主义和历史唯物主义的立场、观点和方法。记述2019年度全州各地、各部门的基本情况和各项事业发展现状，力求全面反映全州社会主义现代化建设的基本面貌和发展进程，反映全州全面推进经济建设、政治建设、文化建设、社会建设、生态文明建设所取得的进步与成效，旨在为促进恩施州经济社会发展提供基本资料和历史借鉴。除卷首彩页和部分特载资料外，记述时限均为2019年1月1日至12月31日。

二、本卷年鉴采用分类编辑法，设类目、分目、条目3个层次，部分分目下设子分目，条目为收录资料信息的基本单元，条目标题加【 】表示。本卷设28个类目：特载、大事记、恩施州概览、中国共产党恩施州委员会、恩施州人民代表大会、恩施州人民政府、中国人民政治协商会议恩施州委员会、纪检监察、民主党派、群众团体、法治、军事、经济管理、农业和农村经济、工业、商贸、经济开发、金融、交通　邮政　通信、住房和城乡建设、生态环境、科技　教育、文化　体育　旅游、卫生、社会生活、县市概览、人物、附录。

三、本卷年鉴所载资料均由州各部门和各县市撰写，并经各单位负责审定报送，机构负责人名录以2019年12月底为准，所采用图片由各撰稿单位提供。

四、本卷年鉴中省指湖北省，州指恩施土家族苗族自治州（简称恩施州）。统计数据因来源、口径、方式、时间的不同，可能有差异。凡涉及有关国民经济和社会发展的主要数据以恩施州统计局公布的统计资料为准。

五、本卷年鉴原则上使用法定计量单位，考虑到实际工作需要和方便读者实际使用，部分记叙中计量单位仍保留少量市制。

2019 年 4 月 4 日，恩施州政银企对接暨“百名行长进民企”活动举行启动仪式

中国人民银行州中心支行　供稿

2019 年 4 月 4 日，庆祝新中国成立 70 周年“精准扶贫 · 文化惠民”演出季暨 2019 百媒千红恩施州文旅户外视频直播秀在恩施土家女儿城开幕

州文旅局　供稿

2019 年 4 月 18 日，全国少数民族地区艺术院团五台优秀剧目之一——湖北省咸丰县大型土家历史大戏、现代南剧《唐崖土司夫人》在北京民族剧院演出

州文旅局　供稿

2019 年 4 月 22 日，2019 年恩施州（市）全民阅读暨第四届长江读书节举行启动仪式

州图书馆　供稿

2019 年 4 月 25 日，在恩施拍摄的讲述税务系统“信念老人”施星灿感人故事的电影《武陵山上的星光》，在武汉洪山礼堂举行首映式

谭程芳　摄

2019 年 5 月 21 日，恩施州 2019 年科技活动周暨科技成果转化对接会开幕式在湖北民族大学举行

马俊杰　摄

2019 年 5 月 26—28 日，2019 年中国马铃薯大会暨世界硒都（恩施）马铃薯博览交易会在恩施州举办

于斌武　摄

2019 年 5 月 27 日，晨曦中的恩施市龙凤镇青堡村景色　　黄　玲　摄

2019 年 5 月，恩施市屯堡乡花枝山村生态茶园景色　　州老促会　供稿

2019 年 6 月 2 日，2019 中国山地马拉松系列赛——“湖北交投杯”利川站（国际赛）在利川白鹊山民宿广场起跑

利川市文旅局　供稿

2019 年 8 月 6 日，由国家体育总局社会体育指导中心指导，湖北省体育局、州人民政府主办的 2019 中国（宣恩）内陆河水上运动会暨武陵山区龙舟争霸赛在宣恩县举行

州文旅局　供稿

2019 年 8 月 11—13 日，台湾少数民族代表团到恩施州参加“高山不隔两岸情——相约恩施女儿会 · 第五届鄂台少数民族手牵手”活动

州委统战部　供稿

2019 年 8 月，建设中的省级重点项目——江坪河水电站　　徐诚良　摄

2019 年 9 月 4 日，“浙鄂携手　共奔小康”2019“两不愁三保障”就业扶贫劳务协作浙江—湖北招聘会（恩施专场）在州城恩施举行　　杨亚玲　摄

2019 年 10 月 9 日，恩施州举行 2019 年度第三场电视问政

州广播电视台　供稿

2019 年 10 月 29 日，书香恩施 · 清江大讲堂——恩施州“家家幸福安康工程”推进会暨 2019 年恩施州“最美家庭”揭晓仪式举行，图为 2019 年恩施州“最美家庭”合影

州妇联　供稿

2019 年 11 月 6 日，由联合国粮农组织牵头组织的“联合国可持续发展目标示范村”国内首个项目——农民田间学校辅导员培训班在恩施州来凤县开课

陶传江　摄

2019 年 12 月 26 日，来凤火车站庆祝黔张常铁路开通运营

州铁路办　供稿

2019 年 5 月 9 日，中央电视台、新华社、《人民日报》、《解放军报》、《湖北日报》等多家媒体到来凤县集体采访老英雄张富清，设置分会场直播连线，完成集体采访任务，图为州广播电视台担任的第二会场直播连线

谭晓慧　摄

2019 年 6 月 17 日，为贯彻落实习近平总书记重要指示精神，中央宣传部在来凤县向全社会公开发布张富清的先进事迹，授予他“时代楷模”称号

杨顺丕　摄

2019 年 8 月 8 日，张富清先进事迹原创文艺作品展演暨湖北省文联荆楚“红色文艺轻骑兵”走进来凤活动

唐　俊　摄

老英雄张富清　　　　唐　俊　摄

张富清年轻时期照片

来凤县退役军人事务局　供稿

张富清获得的军功章
来凤县退役军人事务局　供稿

张富清获得的立功证书
来凤县退役军人事务局　供稿

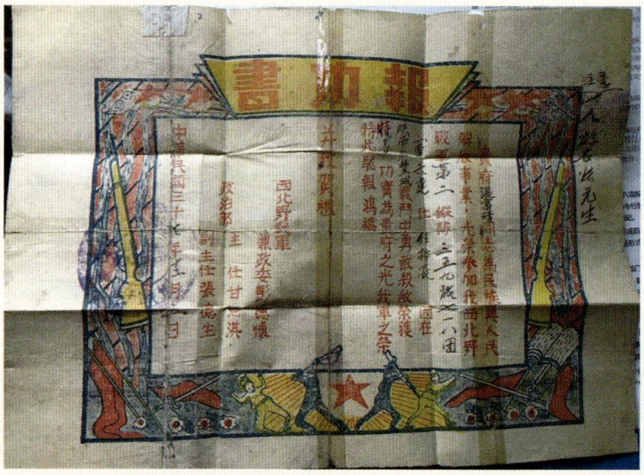

张富清获得的报功书
来凤县退役军人事务局　供稿

坚持做家务　　唐　俊　摄

张富清接受访谈　　唐　俊　摄

坚持读书学习　　胡俊杰　摄

2019 年 2 月 3 日，恩施市板桥镇帮扶干部进行贫困户信息核对　　　州政府扶贫办　供稿

2019 年 4 月 21 日，恩施州健康扶贫“百千万”活动启动仪式暨恩施州中心医院健康扶贫义诊活动在利川市建南镇大屋基村举行　　　州中心医院　供稿

2019 年 4 月，国网恩施供电公司开展“扶贫济困　国网情深”活动，帮助巴东县无臂少年陈兹方采摘橙子
国网恩施供电公司　供稿

2019 年 7 月，巴东县绿葱坡镇龙池槽村易地搬迁集中安置点　州档案馆　供稿

2019 年 8 月 17 日，来凤县旧司镇大坝码头易地搬迁集中安置点　　唐　俊　摄

2019 年 9 月，鹤峰县走马镇古城村生态有机茶园基地，村民忙着采收秋茶

鹤峰县政府扶贫办　供稿

2019 年 9 月，来凤县大河镇拦马山村村民在分拣香菇　　　　　　来凤县政府扶贫办　供稿

2019 年 9 月 28—29 日，全省东西部扶贫协作工作现场推进会、全省精准扶贫精准脱贫暨“两不愁三保障”专题研讨班在恩施州举行　　　　谢　顺　摄

2019 年 10 月，来凤县旧司镇茶园沟村建档立卡贫困户给烟叶打捆

来凤县政府扶贫办　供稿

2019 年 10 月 29 日，杭州到恩施挂职教师、鹤峰县实验小学副校长刘珂羽（左）送教到五里乡苏区小学

汪正玺　摄

恩施市解决红土乡天落水村村民吃水困难问题，在悬崖边进行管道安装

恩施市政府扶贫办　供稿

北京市援建的巴东县官渡口镇红花岭京援创业扶贫园，帮助贫困户在家门口就业

焦国斌　摄

目　录

中国共产党恩施州委员会

综　述

重要会议

上级调研督察

州委办公室

组织工作

主题教育

宣传思想工作

精神文明建设

学习张富清

统战工作

保密工作

政策研究工作

财经工作

深化改革工作

机关党的建设

网络安全和信息化

机构编制管理

信访工作

外事工作

老干部工作

督查考评

党校教育

恩施州人民代表大会

综　述

重要会议

监督工作

立法工作

恩施州人民政府

综　述

重要会议

重要合作

上级调研督办

驻外机构

州政府办公室

人力资源管理

共青团恩施州委

恩施州妇女联合会

恩施州工商业联合会

恩施州科学技术协会

检 察

法 院

司法行政

监狱管理

仲 裁

军　事

经济管理

市场监督管理

恩施海关

公共检验检测

农业和农村经济

综　述

房地产业

城乡建设

城镇燃气管理

生态环境

自然资源管理

水　文

环境保护

科技　教育

科学技术

文化 体育 旅游

综 述

文化艺术

文艺演出与文化展馆

出 版

广播电视

文化传媒

全民阅读

社会科学

档案工作

史志工作

体　育

旅　游

市场营销

卫　生

卫生管理

县市概览

恩施市

利川市

建始县

巴东县

宣恩县

咸丰县

来凤县

鹤峰县

人 物

附 录

Contents

Law

Military Affairs

Economic Management

Agriculture and Rural Economy

Industry

Commerce and Trade

Health

Civil Life

Overview of Cities and Counties

Figures

Appendix

特　载

在州委七届七次全体（扩大）会议暨州委经济工作会议上的讲话

（2019年12月30日）

州委书记　柯　俊

一、关于2019年的主要工作

2019年，在省委、省政府的坚强领导下，全州上下深入学习贯彻习近平新时代中国特色社会主义思想和习近平总书记视察湖北重要讲话精神，认真贯彻落实党中央决策部署和省委工作要求，聚焦“六大重点任务”[1]，真抓实干、务实重行，全州经济社会发展和党的建设各项事业取得新成效。

一是经济运行稳中向好。预计实现地区生产总值超过930亿元、增长7%以上，固定资产投资增长11%，地方一般公共预算收入80.6亿元、增长0.5%，社会消费品零售总额684.7亿元、增长11%，城镇常住居民人均可支配收入31231元、增长8%，农村常住居民人均可支配收入11471元、增长9%。接待游客7117万人次，实现旅游综合收入520亿元，恩施市成功创建国家首批全域旅游示范区。江坪河电站下闸蓄水，鄂咸页1号井点火成功，立讯精密建成投产，达翔电子信息产业园等项目开工建设。黔张常铁路开通运营，建恩高速、宣鹤高速春节前可通车，县县通高速即将实现。

二是精准脱贫成效显著。紧扣“两不愁、三保障”[2]标准，深入实施“八个到村到户”[3]，加快补齐水电路网房等基础设施短板，认真做好中央单位定点扶贫和东西部扶贫协作工作。特色产业种植面积达675万亩，实现了农村危房改造、硬化路通村率、砂石路通组率、饮水安全普及率、稳定用电覆盖率、4G信号覆盖率六个“百分之百”。“茶旅融合”扶贫模式入选中俄蒙旅游部长会议典型案例，宣恩、来凤、鹤峰3县脱贫攻坚成果持续巩固，恩施、利川、建始、巴东、咸丰5县市将实现脱贫摘帽，贫困发生率可降至0.23%。

三是生态环境不断改善。城乡生活垃圾“村收集、镇转运、县处理”体系不断完善，乡镇生活污水处理设施及管网全部建成，所有监测断面和县城集中式饮用水水源地水质全部达标，县（市）城区空气质量平均优良率达95%。“洁、绿、亮、美、畅”工程扎实开展，“拆围透绿、见缝插绿、裸土复绿”成效明显，释放绿色空间近8万平方米。恩施州成功创建“国家生态文明建设示范州”，恩施、咸丰、鹤峰3县市成功创建“国家生态文明建设示范县（市）”。

四是改革开放纵深推进。党政机构改革全面

完成。“放管服”改革持续深化，政务服务“一张网”实现“五级联通”[4]，企业开办时间压缩至3个工作日内，工业项目施工许可审批用时压缩至25个工作日内。争取8年的恩施海关从挂牌到开展报关业务仅用时4个月，一类航空口岸实现临时开放，开通直飞柬埔寨、越南、泰国、中国澳门等国际（地区）航线，恩施与世界联系更加紧密。

五是民生福祉持续增进。民生支出占比超过80%，城镇登记失业率控制在4.1%以内，农民工工资治欠保支“4+3”工作模式[5]在全国推广。义务教育大班额大幅减少，“全面改薄”[6]提前完成五年规划任务。城乡居民基本医疗保险实现全覆盖，基本养老保险参保率达97%。县域紧密型医共体加快建设，分级诊疗、远程医疗服务得到加强。城乡住房安全保障实现全覆盖。非洲猪瘟疫情有效防控，猪肉价格总体平稳。

六是社会大局和谐稳定。积极防范化解重大风险，政府债务和金融机构贷款不良率控制在限额内，类金融机构得到有效监管，连续11年荣获“湖北省金融信用州”称号。深入推进扫黑除恶专项斗争，群众评价居全省第四位。夯实基层基础，加强基层社会治理，乡镇（街道）综治中心实体化运行，顺利完成“迎大庆、保军运”任务，未发生较大及以上安全生产事故。

七是政治生态风清气正。扎实开展“不忘初心、牢记使命”主题教育，习近平总书记对张富清同志先进事迹作出重要指示，老英雄张富清荣获“共和国勋章”。大力实施农村基层党建“补短板”专项行动，“村党组织书记队伍县级备案管理”经验被纳入《中国共产党支部工作条例（试行）》《中国共产党农村基层组织工作条例》。牢牢把握意识形态工作领导权，着力巩固壮大主流思想舆论阵地。大力整治形式主义、官僚主义，切实减轻基层负担，以零容忍态度依纪依法惩处腐败。

二、关于明年工作的总体要求

2020年是全面建成小康社会和“十三五”规划收官之年。做好明年的工作，具有特殊重要意义。总体要求是：以习近平新时代中国特色社会主义思想为指导，全面贯彻党的十九大和十九届二中、三中、四中全会精神，认真落实中央和省委经济工作会议部署，突出高质量发展主题，着力打好三大攻坚战，着力推进乡村振兴，着力抓好招商引资、项目建设、工业经济，着力打造一流营商环境，着力加强基层社会治理，着力保障和改善民生，着力加强党的建设，促进经济社会全面进步，确保全面建成小康社会和“十三五”规划圆满收官。

明年我州经济社会发展的主要预期目标是：地区生产总值增长7%—7.5%，固定资产投资增长10%—11%，社会消费品零售总额增长10.5%—11%，规模以上工业增加值增长5%—6%，地方一般公共预算收入增长3%—3.5%，城镇常住居民人均可支配收入增长8%—8.5%，农村常住居民人均可支配收入增长9%—9.5%，经济发展质量和效益稳步提升，各项事业协调发展，党的建设全面加强。这次把增长目标设定为区间数值，主要体现实事求是的态度，最小数值是底线任务，最大数值是考核目标。各级各部门既要实事求是、尊重客观规律，也要加压奋进、跳起来摘桃子，树牢“一盘棋”思想，进一步明晰思路、突出重点、强化措施，进一步明确责任领导、责任部门、考核办法，务必一抓到底、抓出成效。

做好明年工作，实现上述目标，要正确处理好以下四个关系：

一是正确处理好“危”与“机”的关系。当今世界面临百年未有之大变局，变局中危和机同生并存。就国家而言，变的是外部环境，不变的是经济发展稳中向好、长期向好的基本面。具体到恩施，我们既要重视产业结构单一、工业经济“短腿”，少数党员干部精神状态和能力素质与新时代要求不相适应等突出问题，更要看到中央、省持续加大对贫困地区支持力度，东部沿海地区产业加速向内地转移，自身发展软硬环境不断改善等有利条件。我们要坚定必胜信心，危中寻机、化危为机，集中精力办好自己的事，不断开创恩施绿色发展、高质量发展新局面。

二是正确处理好“质”与“量”的关系。发展不够是当前最大的州情。不加快发展步伐、壮大经济总量，恩施与沿海发达地区和省内先进地市的差距就会越拉越大。我经常讲，恩施每年的财政支出，只有22%属于我们自己挣的，78%靠上级转移支付。今年，全州地方一般公共预算收入增长仅为0.5%，而地方一般公共预算支出预计突破400个亿，比上年增加10多个亿，说明我们自己挣的部分越来越少，上级转移支付的比重越来越大。如果再不认真抓经济工作，不转变发展方式、调整产业结构，恩施今后的发展将会更加举步维艰，“保工资、保运转、保基本民生”就会存在困难。我们要坚持新发展理念，把速度和质量统一起来，不断改进抓经济工作的方式，提高新时代抓发展的本领，科学有效应对各种不确定性因素，确保明年经济运行在合理区间，通过“量”的积累，促进“质”的飞越，实现“量质”齐升。

三是正确处理好“稳”与“进”的关系。“稳”是基础，没有“稳”，“进”就没有空间；“进”是目标，没有“进”，就不会实现真正的“稳”。作为欠发达地区，“稳”是集聚潜力、厚植优势的先决条件；“进”是换道超车、后发赶超的迫切需要。我们既不能因“稳”而自缚手脚，也不能因“进”而盲动蛮干。要坚持“稳”字当头，扎实做好“六稳”〔7〕工作，坚决守住“稳”的大局。要坚持“进”字为要，强化问题导向、目标导向、结果导向，在深化供给侧结构性改革上持续用力，不断培育新动能、打开新空间、闯出新天地，推动发展向更高层次更高质量迈进。

四是正确处理好“守”与“转”的关系。绿色生态是恩施的最大优势，经济发展是恩施的突出短板。不守住绿水青山，就对不起子孙后代；不加快经济发展，就辜负了群众期盼。我们要牢固树立“绿水青山就是金山银山”的理念，决不能以牺牲环境为代价换取一时经济增长，坚定不移走生态优先、绿色发展之路，大力推进生态产业化、产业生态化，把绿水青山转化为金山银山，努力实现百姓富、生态美有机统一。各级党委政府、各有关部门特别是在座的各位“关键少数”，要认真思考、认真研究、认真对待“转化”二字，积极探索绿水青山转化为金山银山的实现路径。

三、关于明年工作的重点任务

要紧扣全面建成小康社会目标任务，在统筹兼顾基础上，聚焦重点克难攻坚、把握关键奋力突破，全力以赴做好明年工作。

（一）着力打好三大攻坚战。在巩固现有成果基础上，再鼓干劲、再添措施，高质量打好三大攻坚战，确保全胜完胜。

一是继续打好精准脱贫攻坚战。持续聚焦“两不愁、三保障”标准，扎实开展脱贫攻坚“回头看”，翻箱倒柜找问题、拾遗补缺堵漏洞。坚决抓好中央脱贫攻坚专项巡视“回头看”、国家对省扶贫开发成效考核、东西部扶贫协作专项考核等反馈问题整改，认真做好脱贫攻坚省级验收考核迎检工作，确保恩施、利川、建始、巴东、咸丰5县市顺利脱贫摘帽。全面落实“四个不摘”〔8〕要求，继续做好驻村帮扶工作，严格执行各项扶贫政策，加强易地扶贫搬迁后续扶持，及时做好返贫人口和新发生贫困人口帮扶，建立稳定脱贫长效机制，巩固脱贫成果、提升脱贫质效。

二是继续打好污染防治攻坚战。深入开展餐饮油烟、扬尘污染治理，持续巩固县市城区空气质量达标成效。严格落实河（湖）长制，扎实做好长江巴东段和清江恩施区域内入河排污口专项治理，实施清江上游利川段综合治理，强化城乡污水处理、垃圾无害化处理设施运行管理，确保全州水环境质量全面达标。大力推进农村面源污染治理，开展农药化肥减量、耕地土壤环境质量提升行动。继续实施“拆围透绿、见缝插绿、裸土复绿”工程，扎实做好裸露山体生态修复工作。积极开展“绿水青山就是金山银山”创新实践，力争将恩施州纳入生态环境部“两山”实践创新基地。

三是继续打好防范化解重大风险攻坚战。坚持把防范化解金融风险摆在突出位置，妥善化解政府隐形债务，强化限额管理和预算约束，严禁违规举债。主动加强国有企业风险管控，做好负债比例、经营绩效、投资回报、资本保值增值控制。认真做好银行信贷引导，对房地产企业融资进行严格管控，严禁银行理财、委托贷款等流入房地产领域。扎实开展类金融机构清理整顿，持续深化非法集资陈案积案攻坚行动。统筹抓好政治、意识形态、经济、科技、社会等领域风险防范化解工作，确保全州大局和谐稳定。

（二）着力推进乡村振兴。严格按照乡村振兴“20字”总要求[9]和“五个振兴”[10]战略部署，加强乡村振兴与脱贫攻坚有效衔接，努力实现农业强、农村美、农民富。

一是强化产业支撑。围绕烟、茶、畜、菜、果、药等特色优势产业，推进标准化生产，提升产业附加值。深入推进一、二、三产业融合发展，大力发展休闲农业和乡村旅游，拓展休闲体验、民宿避暑、康体养生等新业态。加快培育壮大龙头企业、家庭农场、种养大户等新型农业经营主体，切实抓好农民专业合作社规范运作，着力提升农业产业组织化程度。持续推进农村土地“三权分置”[11]改革，健全农村综合产权交易平台，引导农村土地有序流转。

二是建设美丽乡村。坚持把农村当城市经营、当景区建设，扎实推进农村“厕所革命”、生活污水治理、生活垃圾无害化处理、村庄绿化美化，实现农村人居环境整治全覆盖，打造一批美丽乡村示范村。“厕所革命”一定要实事求是，禁止“一刀切”，没有水的地方不能强推，先把水解决了再改。推进“四好农村路”[12]示范创建，开展农村公路“进村入户”试点，加快农村信息基础设施建设，实施农村供水工程骨干水源项目，加强农村水、电、路等公共服务设施管护，持续改善农村生产生活条件。特别强调的是，恩施市杨柳溪水库、建始县蛇皮洞水库和巴东县田家坪水库三大水源工程项目，是王晓东省长在恩施调研时亲自部署的重大项目，也是解决老百姓吃水问题的重大项目，要紧锣密鼓把前期工作做实做到位，资金一下来立马开工，不能让资金等项目。要大力争取直供电政策，尤其是恩施高新区要积极争取打捆使用。大力推进500千伏恩施东输变电工程及城市配电网建设，逐步构建城市配网“双回”体系。

三是培育文明乡风。扎实推进社会主义核心价值观进农村，建好新时代文明实践中心和实践站、所。积极开展“最美系列”评选，文明村镇、十星级文明户创建和道德模范、文明家庭表彰活动，推进移风易俗，形成文明乡风、良好家风、淳朴民风。加强传统村落民居和历史文化名村名镇保护利用，保持民族特色，保存乡土风味。

（三）着力抓好招商引资、项目建设、工业经济。持续开展“比抓强促”活动，用抓精准扶贫的力度抓招商引资、项目建设、工业经济，着力破解发展难题、厚植发展优势，奋力推动全州经济迈上新台阶。

一是全力以赴抓招商引资。牢固树立抓招商引资就是抓税收、抓就业、抓发展的意识，进一步强化责任、突出重点、提升成效，着力解决好“谁去招、招什么、怎么招”的问题。要高度重视招。持续实施招商引资“一号工程”“一把手工程”，建立“高位推进大员招商、产业部门联动招商、招商部门专业招商、职能部门服务招商、全员关注参与招商”工作机制，制定招商奖励政策，建强招商专业化队伍，层层压实招商责任，营造浓厚招商氛围。要科学有效招。抢抓东部地区产业转移和国家、省新兴产业布局有利机遇，依托特色资源优势，紧盯长三角、珠三角、环渤海湾等重点区域，大力引进一批技术含量高、成长性好、关联性强、带动力大的项目。要创新方式招。发挥政府的主导作用和商会、协会的平台作用，大力推进产业链招商、驻点招商、以商招商、要素招商、资源招商，全面提升招商引资精准度和成功率。要高效服务招。扎实做好招商引资全过程服务和管理，切实帮助企业排忧解难，坚决防止“关门宰客”。特别强调的是要充分利用农民工春节返乡有利时机，扎实做好立讯等企业的招工工作。充分发挥海关对外开放作用，建好口岸保税仓库，积极申报恩施一类航空口岸，加大国际航线争取培育力度，谋划建设保税物流中心。

二是全力以赴抓项目建设。没有项目的发展，就是假发展、空发展。我们要牢固树立抓项目就是抓发展、抓发展就要抓项目的意识，一切围绕项目转、一切围绕项目干。要海阔天空“谋”。谋划就是想，有一句广告词叫“思想有多远，我们就能走多远”，如果你想都想不到，还怎么能发展得快呢？我们要以编制“十四五”规划为契机，围绕国家、省支持的重点投资方向，聚焦重大基础设施、重大产业、重大生态环保和重大民生工程建设，抓紧谋划一批事关恩施长远发展的重大项目。要积极向上“争”。始终保持永不言败的“进取”精神、积极配合的“协作”精神、锲而不舍的“钉子”精神，积极跑省进京申报衔接重大项目、重大政策事项，紧盯不放，变“不可能”为“可能”。重点做好恩施机场迁建、沿江高铁渝恩宜段、安恩张铁路、恩黔铁路、恩施旅游观光铁路、巴张高速、三峡翻坝高速西延线、清江流域治理等重大项目前期工作，力争尽早开工建设。要加快速度“建”。坚持把“项目落地建设并产生效益”作为落脚点，积极跟进项目、主动服务项目，加快推进宜来高速鹤峰东段、宣咸高速、利咸高速、建恩北高速、宜万铁路高坪站、青云崖文化旅游、绿葱坡高山滑雪度假小镇等重点项目建设，稳步推进通信网络建设，加快实施自然灾害防治、水利设施、农村公路等重点工程，加强市政管网、城市停车场、城镇老旧小区改造等民生工程建设。要科学有效“调”。继续实行州“四大家”领导包联项目机制，按照“月调度、季拉练、年考核”要求，责任到人、任务到月，以目标倒逼责任、以时间倒逼进度。加大督查考核力度，将重大项目推进情况作为年度考核评价的重要内容，作为评判干部、任用干部的重要标尺。

三是全力以赴抓工业经济。按照“工业引领、生态优先、环境升级、民生为本”总体要求和“五个四”[13]工作思路，全力推动工业提质增量、优化结构。要做强做大产业集群。推动生态文化旅游高质量发展，提升硒食品精深加工能力，延伸生物医药产业链条，突破性发展清洁能源产业，加快发展电子信息等新兴产业，进一步强化上下游配套，提高产业关联度，确保每个产业今年要重点培育1—2家龙头企业，构建形成“4+N”[14]产业集群。要做强做大市场主体。大力实施市场主体倍增工程、企业小进规成长工程、税收过千万元企业培育工程、产值过亿元企业壮大工程，对新进规企业、税收首次过千万元企业、产值首次过亿元企业进行奖励，力争规上工业企业户数达320家、产值突破200亿元。千方百计盘活存量，有序推进“僵尸企业”处置。要做强做大园区平台。加快恩施高新区创建国家级高新区步伐，持续念好“招、建、退、扩、服”五字文章。进一步完善全州“1+8”工业园区[15]建设管理机制，发挥各自优势和特色，走差异化发展、错位发展之路。按照“通用性、配套性、集约性”原则，适度推进标准厂房建设，完善园区基础配套设施。鼓励乡镇根据资源禀赋建设特色工业产业园，改革县、乡财政管理体制，倒逼乡镇抓工业、引企业，力争每个乡镇至少有1家规模以上工业企业。

（四）着力打造一流营商环境。在创优“四大环境”[16]基础上，聚焦难点痛点堵点，全面优化发展环境，将恩施打造成为富有吸引力、竞争力的投资高地。

一是讲诚信。政府要讲诚信。政府不讲诚信对营商环境是最大的破坏。各级党委政府要带头讲诚信，对承诺的事情说到做到，决不能忽悠人、“新官不理旧账”。金融机构要讲诚信。督促引导金融机构增强诚信意识，全面落实金融支持实体经济的各项贷款和融资政策，严格履行政银企合作协议，不得随意断贷、抽贷、压贷。企业要讲诚信。企业作为市场经济的主体，诚信是其生存发展的“通行证”，是至关重要的无形资产。要坚持以诚兴业、信誉至上、履约践诺，擦亮企业的诚信“名片”，靠信誉打造品牌、占领市场，赢得发展优势。社会要讲诚信。诚信是公序良俗，是社会和谐和睦的基本前提。以创建全国社会信用体系建设示范州为目标，加快建设一体化公共信用信息平台，完善守信联合激励和失信联合惩戒机制，引导全社会树牢诚信理念、遵守契约精神。

二是优服务。持续推进“放管服”改革，大力实施“互联网＋政务服务”，让更多事项实现不见面办理，确需到现场办理的要“一网通办、一站办理、一次办好”。积极推进投资项目“多评合一”“先建后验”等机制，大力推行工业项目“全程代办”机制，提高企业投资项目建设审批效率。坚持竞争性原则，全面落实市场准入负面清单制度，清单之外不再设任何准入审批。

三是解难题。继续实行州领导“七个一”联系点制度[17]，深入推进“千名干部进千企”活动，“一企一策”列出帮扶清单，帮助企业破解发展难题。全面落实减税降费政策，最大限度减轻企业负担，激发市场活力。充分发挥担保平台服务实体经济的作用，完成政府性融资担保平台建设任务。加大金融支持实体经济力度，持续开展政银企对接活动，鼓励和引导金融机构为企业量身定制金融产品。加大对具备上市条件的企业培育力度，对省级“金种子”“银种子”企业实行领导包保制度，力争实现我州企业在沪深交易所IPO零突破。

（五）着力加强基层社会治理。深入学习贯彻党的十九届四中全会精神，以开展市域社会治理现代化试点为抓手，着力打造共建共治共享社会治理格局。

一是夯实基层基础。坚持“人员配备到位、经费保障到位、日常工作到位、机制健全到位”，推进州、县、乡三级综治中心规范化建设全覆盖，配齐配强乡镇（街道）综治中心、中心戒毒社区、派出所、司法所力量，落实辅警、司法辅助人员、戒毒社工、网格员等人员待遇。加强村（社区）警务室建设，实现“一村一警”全覆盖。加快推进“雪亮工程”[18]建设，建成州级视频联网融合平台，重点区域、行业、领域、部位的监控覆盖率和探头完好率达到100%，行政村实现视频监控全覆盖。

二是推进基层善治。坚持以党建为统领，推进自治、法治、德治融合发展，着力构建“风险联排、矛盾联调、治安联防、问题联治、平安联建”工作机制。建立平安稳定情报信息研判、风险隐患“四级联排”[19]和“日报告”制度，发现风险隐患第一时间预警、交办、处置。按照“谁主管、谁排查、谁负责”原则，全天候监测行业风险隐患，及时发布行业风险预警。深入开展平安县市、平安乡镇、平安村、平安单位、平安家庭建设，扎实推进信访“三无”[20]县、乡、村建设。纵深推进扫黑除恶专项斗争，建立完善扫黑除恶常态化机制，坚决铲除黑恶势力滋生土壤。

三是服务基层群众。深入开展“开门接访、领导下访、书记陪访”活动，县市委书记、县市长要带头下访、接访、陪访，敢于面对矛盾、面对困难、面对信访人员，面对面、实打实帮助群众解决困难和问题，不能搞形式主义。严格按照“三到位一处理”[21]要求化解信访问题，坚决打击非访、缠访、闹访及反复越级访行为。完善人民调解、行政调解、司法调解联动机制，建立四级矛盾层级化解机制。持续开展“律师三进”[22]活动，深化律师代理申诉案件改革，充分发挥律师在化解矛盾、调处纠纷中的第三方作用。加快完善公共法律服务体系，持续推进法治惠民。

（六）着力保障和改善民生。践行以人民为中心的发展思想，着力解决群众操心事烦心事揪心事，不断增强群众的获得感幸福感安全感。

一是保持就业稳定。全面落实就业优先政策，推进职业技能提升行动，抓好高校毕业生就业，引导返乡农民工就近就地就业，确保零就业家庭动态清零，城镇登记失业率控制在4.1%以内。建立求职人员和招工企业信息精准对接机制，认真做好立讯精密、达翔电子、红太阳集团等重点企业用工服务。巩固完善治欠保支“4+3”工作模式，切实抓好保障农民工工资支付工作。

二是健全公共服务。按照“学前教育求规范、义务教育求均衡、高中教育创品牌、职业教育创特色”要求，大力推进城乡义务教育一体化发展，有效解决进城务工人员子女上学难问题，加快发展普惠性学前教育，实现公办乡镇中心幼儿园全覆盖，学前教育普惠率达到80%。深入推进“三医”联动改革[23]，完善医联体、医共体运行机制，落实分级诊疗制度，着力解决看病难、看病贵问题。强化乡镇卫生院、村卫生室规范管理，落实基层卫生人才三年培训计划，提升农村医疗卫生服务能力。加快农村综合文化服务中心建设，深入实施文化惠民工程，进一步完善公共文化服务体系。

三是抓实民生保障。是落实全民参保计划，推进生育保险和职工基本医疗保险合并实施，抓好社会保险扩面征缴。精准落实各类保障和救助政策，加强残疾人、未成年人和农村“三留守”人员[24]关爱服务。全面落实“一城一策”，促进土地供应科学合理，积极培育和发展房地产市场。加大城市困难群众住房保障工作，大力发展租赁住房，加快实施城镇老旧小区加装电梯、水电气配套更新等改造工程。

四、着力加强党的建设

推动恩施高质量发展，关键在各级党组织和党员干部。要坚持党要管党、全面从严治党，着力加强和改善党的领导，巩固风清气正的政治生态，为恩施高质量发展提供坚强保障。

一是绝对忠诚“不含糊”。对党绝对忠诚要害在“绝对”两个字。全州各级党组织和党员干部要始终把对党绝对忠诚作为最重要的政治纪律，持续学懂弄通做实习近平新时代中国特色社会主义思想，常态化、制度化推进“不忘初心、牢记使命”主题教育。要坚持把全面贯彻新发展理念作为检验增强“四个意识”、坚定“四个自信”、做到“两个维护”的重要标尺，始终用新发展理念管全局、管根本、管方向、管长远，以高质量发展成效践行初心使命、体现忠诚担当。

二是强基固本“筑堡垒”。基层党组织是党的全部工作和战斗力的基础。要以提升组织力为重点，坚持固底板、补短板、强弱项，深入实施基层党建“整县推进”计划和农村基层党建“补短板”专项行动，大力整顿软弱涣散基层党组织，用好第一书记、驻村工作队、大学生村官，特别是要选拔培育讲政治、能带富、会服务、善治理的基层党支部书记。坚决整治机关党建“灯下黑”问题，锻造坚强有力的机关基层党组织。

三是驰而不息“转作风”。作风建设永远在

路上。要严格落实中央八项规定精神，大力整治形式主义、官僚主义突出问题。要坚持“一线工作法”，各级党员领导干部带头深入一线发现问题、研究问题、解决问题、教导方法。要大力整治滥设滥用微信群、QQ群问题，最大限度减文减会减陪同、规范督查检查考核，切实为基层减负，让基层干部腾出更多精力抓落实。要把群众当家人、把群众的事当家事，带着感情、责任和使命做好群众工作。

四是严管厚爱“激活力”。好干部是选出来的，更是管出来的。要深化运用监督执纪“四种形态”，让咬耳扯袖、红脸出汗成为常态。要从严查处各种腐败案件，完善推广来凤县纪委监督同级党委试点做法，严肃查处诬告陷害行为。要落实落细党中央《关于进一步激励广大干部新时代新担当新作为的意见》和省纪委“鄂纪励十二条”，探索完善容错纠错机制，激励广大干部大胆闯、放开干。

名词解释

〔1〕**“六大重点任务”：**打好三大攻坚战、建强四大产业集群、推进项目建设、夯实发展平台、优化营商环境、增进民生福祉。

〔2〕**“两不愁、三保障”：**不愁吃、不愁穿；义务教育、基本医疗和住房安全有保障。

〔3〕**“八个到村到户”：**精准识别佐证到村到户、基础设施提升到村到户、特色产业发展到村到户、人居环境整治到村到户、惠民政策落实到村到户、项目资金统筹到村到户、干部力量下沉到村到户、开展群众工作到村到户。

〔4〕**政务服务“一张网”实现“五级联通”：**湖北政务服务网实现省、州、县、乡、村五级联通。

〔5〕**农民工工资治欠保支“4+3”工作模式：**实施农民工工资准备金制度、农民工工资银行代发制度、农民工实名制信息化管理制度、农民工欠薪金融授信代偿制度“四项制度”；建立部门联席会议机制、追责问责机制、失信惩戒机制“三项机制”。

〔6〕**“全面改薄”：**全面改善贫困地区义务教育薄弱学校基本办学条件工作。

〔7〕**“六稳”：**稳就业、稳金融、稳外贸、稳外资、稳投资、稳预期。

〔8〕**“四个不摘”：**摘帽不摘责任、不摘政策、不摘帮扶、不摘监管。

〔9〕**乡村振兴“20字”总要求：**产业兴旺、生态宜居、乡风文明、治理有效、生活富裕。

〔10〕**“五个振兴”：**乡村产业振兴、乡村人才振兴、乡村文化振兴、乡村生态振兴、乡村组织振兴。

〔11〕**农村土地“三权分置”：**农村土地所有权、承包权、经营权分置并行。

〔12〕**“四好农村路”：**建好、管好、护好、运营好农村公路。

〔13〕**“五个四”：**着力建设生态文化旅游、硒食品精深加工、生物医药、清洁能源“四大产业集群”，培育骨干财源、群体财源、梯级财源、替代财源“四大财源”，抓好招商引资扩增量、技改扩规提质量、联合重组活存量、企业上市增变量“四个量”，实施市场主体倍增工程、企业“小进规”成长工程、税收过千万企业培育工程、产值过亿元企业壮大工程“四大工程”，创优法治环境、政务环境、金融环境、信用环境“四大环境”。

〔14〕**“4+N”：**生态文化旅游、硒食品精深加工、生物医药、清洁能源四大产业集群+电子信息等其他产业。

〔15〕**全州“1+8”工业园区：**恩施高新区+8个县（市）工业园区。

〔16〕**“四大环境”：**法治环境、政务环境、金融环境、诚信环境。

〔17〕**州领导“七个一”联系点制度：**一名州领导联系一个县市、驻点一个贫困村、牵头一

个州城重点工程、协调一个产业项目、推进一个重点项目、谋划一个重大项目、服务一家骨干企业的联系点制度。

〔18〕**“雪亮工程”**：以综治中心为指挥平台，以信息化为支撑，以网格化管理为基础，以公共安全视频监控建设联网应用为重点的“群众性治安防控工程”。

〔19〕**风险隐患“四级联排”**：风险隐患州、县、乡、村四级联动排查。

〔20〕**信访“三无”**：无进京越级上访、无大规模集体上访、无因信访问题引发的极端恶性事件和舆论负面炒作。

〔21〕**“三到位一处理”**：对诉求合理的解决问题到位，诉求无理的思想教育到位，生活困难的帮扶救助到位，行为违法的依法处理。

〔22〕**“律师三进”**：律师进村（社区）、进信访接待大厅、进疑难复杂信访案件。

〔23〕**“三医”联动改革**：医疗、医保、医药联动改革。

〔24〕**“三留守”人员**：留守妇女、留守老人、留守儿童。

（州委政研室　供稿）

政府工作报告

——在州八届人大四次会议上

（2020年1月5日）

州长　刘芳震

一、2019年工作回顾

刚刚过去的2019年，是全州上下加压奋进、稳中有进的一年。面对经济下行压力持续加大的不利影响和艰巨繁重的脱贫攻坚任务，我们坚持以习近平新时代中国特色社会主义思想为指导，在省委、省政府和州委的坚强领导下，真抓实干、埋头苦干，实现了经济社会平稳健康发展，较好地完成了州八届人大三次会议确定的各项目标任务。预计（下同）地区生产总值增长7%；固定资产投资增长11%；地方一般公共预算收入增长0.5%；社会消费品零售总额增长11%；城镇常住居民人均可支配收入增长8%；农村常住居民人均可支配收入增长9%。

一年来，我们聚焦精准综合施策，脱贫攻坚取得重大进展。坚持举全州之力、聚全民之志，深入开展“八个到村到户”[1]，扎实推进“六个清零”[2]“六个全覆盖”[3]，全面落实产业扶贫、易地搬迁、生态扶贫、教育扶贫、健康扶贫、兜底保障等各项政策，有效解决了“两不愁三保障”突出问题。农村危房改造、硬化路通村率、砂石路通组率、饮水安全普及率、稳定用电覆盖率、4G信号覆盖率实现六个“百分之百”，贫困发生率下降至0.23%，108万人将告别贫困，所有贫困村将出列，全州即将实现整体脱贫。脱贫攻坚这项必将载入史册的伟大事业，凝聚了全州近2万名“尖刀班”成员的心血汗水，饱含了全州广大干部职工的真情付出，汇集了杭州市、中直单位、省直单位及社会各界的无私奉献，极大地改善了农村生产生活条件，极大地振奋了贫困群众自强不息的奋斗精神，极大地密切了党群干群关系，生动诠释了社会主义制度的巨大优越性。恩施将历史性解决绝对贫困问题，以崭新姿态迈向全面小康。

一年来，我们聚焦绿色做强特色，“4+N”[4]产业集群加速成长。全域旅游示范区建设取得重大突破，恩施市跻身首批国家全域旅游示范区。全州游客满意度连续三年位居全省第一，全年接待游客7117万人次，增长14.5%；实现旅游综合收入520亿元，增长14.3%。腾龙洞大峡谷地质公园晋升为国家地质公园。巴东县绿葱坡高山滑雪场建成运营，开启了恩施冬季旅游的序章。中国山地马拉松利川站、宣恩水运会、巴东长江冬泳等全国性体育赛事蓬勃开展。硒食品精深加工、生物医药、清洁能源产业集群持续壮大。全州特色产业种植面积达到675万亩。“恩施硒茶”注册为国家地理标志证明商标，“恩施玉露”“利川红”成为第七届世界军人运动会等重大国际赛事和会议用茶，新增“三品一标”[5]认证产品65个。武汉国家生物产业基地·恩施生物产业园挂牌。鹤峰县江坪河电站下闸蓄水。页岩气勘探开发取得突破性进展，鄂西页岩气勘探开发综合示范区建设获自然资源部批准。恩施高新区蓄势待发，立讯精密（恩施）建成投产，达翔电子、华阳药业、洲际食品、人福物流等项目开工建设，红利来智能科技、腾音声学、星光无线等项目落地入园。

一年来，我们聚焦龙头统筹城乡，发展基础筑得更加牢固。州城中心城市地位和龙头作用更加彰显，六条人行道改造[6]、六条道路提升工程[7]全面竣工，三条快速出口通道[8]加快推进，恩施城区清水走廊提档升级工程、五峰山隧道、和润城下穿隧道等一大批城建项目相继建成，“拆围透绿、见缝插绿、裸土复绿”释放绿色空间近8万平方米，凤凰山森林公园、七里坪公园等一批城市公园建成开放，州城颜值全面提升，得到游客和市民的点赞。各县市高标准推进城市规划建设，恩施市成功创建国家森林城市，全州国家级城市品牌达到13个、省级城市品牌达到20个。巴东县野三关镇、建始县花坪镇、利川市苏马荡等一批特色小镇成为避暑休闲胜地。乡村振兴扬帆起航，实施了101个美丽乡村示范村、42个乡村振兴试点村建设，恩施市盛家坝镇二官寨村、利川市建南镇联合村成为中国美丽休闲乡村，恩施市白杨坪镇洞下槽村、利川市南坪乡营上村等一批昔日贫穷落后村庄实现华丽转身，成为美丽村庄。交通基础设施建设取得重大进展。郑万铁路加快推进，黔张常铁路开通运营。宣咸高速、鹤峰东高速开工建设，建恩高速、宣鹤高速建成并通过交工验收，县县通高速即将实现。

一年来，我们聚焦问题强力治污，生态文明结出丰硕成果。恩施州成功创建国家生态文明建设示范州，恩施市、咸丰县、鹤峰县成功创建国家生态文明建设示范县（市），“三示范区”[9]建设迈出坚实一步。坚决向污染“亮剑”，中央、省环保督察反馈问题整改有力有效。蓝天、碧水、净土保卫战深入推进。县市城区空气质量平均优良率达95%，成为全省首个达到国家二级标准的市州。“河（库）长制”全面落实，所有监测断面和县城集中式饮用水水源地水质全部达标。“山长制”稳步实施，营林造林60.1万亩。实施土壤酸化治理54万亩。长江大保护十大标志性战役取得阶段性胜利。“四个三”重大生态工程[10]加快推进，精准灭荒3337亩，提前完成三年总任务；“厕所革命”建改农村户厕15.4万户、各类公厕1020座，年度任务全面完成；乡镇垃圾、生活污水处理设施实现全覆盖。

一年来，我们聚焦效能优化环境，改革开放迈出新步伐。大力开展营商环境“百日攻坚”行动，深化“放管服”改革，政务服务实现“一网通办”，工业项目实现“先建后验”[11]、审批压缩至25个工作日以内，企业开办、不动产登记压缩至3个工作日以内，跑出了行政审批“恩施速度”。深入推进供给侧结构性改革，真金白银为企业降成本、减负担，减税降费24亿元。农村集体产权制度改革稳步推进，农村土地确权登记颁证基本完成，国有林场改革全面完成，供销合作社综合改革深入推进。加强金融创新，实现银行抵押物“一家评估、多家认可”，连续11年荣获“湖北省金融信用州”称号。科技创新支撑能力不断增强，恩施州科技企业孵化器成功创建国家级孵化器，新增国家高新技术企业17家。招商引资成效明显，新开工、新投产亿元以上产业项目分别达到92个、41个，引进省外资金181亿元。开放平台建设实现新突破，争取8年的恩施海关挂牌开关，航空口岸实现临时开放，开通直飞柬埔寨、越南、泰国、中国澳门等国际（地区）航线，进出境2.76万人次，恩施人民的国际“朋友圈”不断扩大。

一年来，我们聚焦民生强化保障，人民幸福指数明显提升。始终优先保障民生，民生支出占比超过80%。义务教育“全面改薄”五年规划任务全部完成，义务教育入学率、初中三年巩固率均达到100%，“大班额”[12]比例进一步下降。“健康恩施”深入推进，建成医联体17个，县域医共体建设全面启动。通过“一村多名大学生计划”[13]、订单培养教师和医生，为脱贫攻坚提供了有力人才支撑。建成了一批村级文体广场和综合文化服务中心，农村公共文化服务体系进一步完善，文化惠民深入人心。多渠道促进就业创业，城镇新增就业4.4万人，登记失业率控制在4.1%以内。城乡居民基本医疗保险实现全覆盖，基本养老保险参保率达97%。农民工工资治欠保支“4+3”工作模式[14]全国推广。完成棚户区改造2784套，基本建成保障性安居工程2981套，住房公积金归集扩面成效明显。民族团结进步创建深入开展，鹤峰县成功创建全国民族团结进步示范县。安全生产形势稳定向好，食品药品安全监管水平不断提升。非洲猪瘟疫情有效防控，生猪生产保持基本稳定。政府债务和金融机构贷款不良率控制在限额内，类金融机构得到有效监管。扫黑除恶专项斗争深入开展，群众评价居全省第四位。以互联网为重点的意识形态领域斗争扎实推进。乡镇（街道）综治中心实体化运行，“平安恩施”基础更加牢固，社会大局和谐稳定。

一年来，我们聚焦作风狠抓落实，政府自身建设持续加强。狠抓政府系统党的建设，扎实开展“不忘初心、牢记使命”主题教育。深入推进中央、省委巡视反馈问题整改，形成了一批制度性成果。严格落实全面从严治党主体责任，认真贯彻中央八项规定精神，坚定不移把政府系统党风廉政建设和反腐败工作推向深入。持续转变作风，切实为基层减负，各类考核督查、会议文件进一步精简压缩。州政府门户网站连续四年跻身全国地市政府网站百强。大力推进依法行政，全面落实行政执法“三项制度”[15]。自觉接受人大、政协及社会各界监督，140件人大代表建议、127件政协提案全部办结，开展电视问政3期。政府系统机构改革全面完成，机构运行更加高效。

与此同时，国防动员、人民防空、民兵预备役、退役军人管理服务、双拥工作进一步加强。第四次全国经济普查全面完成。民族宗教、外事侨务、对台、统计调查、审计、气象、档案、史志、机要保密、供销、科协、移民、工会、共青团、妇女、儿童、老龄、红十字会、慈善、残联、工商联等工作都取得了新成绩。

各位代表，过去的一年，我们喜迎新中国70华诞，迎来了很多喜事大事。习近平总书记对张富清同志先进事迹作出重要指示，老英雄张富清被授予“共和国勋章”和“时代楷模”称号，这是全体恩施人民的巨大荣誉。国网恩施供电公司等一批单位和个人获得全国民族团结进步模范表彰，州邮政管理局荣获全国“人民满意的公务员集体”称号。我们成功举办了全国易地扶贫搬迁工作现场会、中国马铃薯大会、全国民族经济工作会、全国老区宣传工作会等全国性会议。这些喜事大事充分展示了全州各族人民奋发有为的精神风貌，激发了全州党员干部建功新时代的磅礴力量。

各位代表，一分耕耘、一分收获。这些成绩的取得，得益于习近平新时代中国特色社会主义思想的科学指引，得益于省委、省政府和州委的坚强领导，得益于州人大、州政协的鼎力支持，得益于全州各族人民的奋力拼搏。在此，我代表州人民政府，向辛勤奋战在全州各条战线的广大干部群众，向各位人大代表、政协委员，向各民主党派、工商联和无党派人士，向驻恩解放军、武警官兵，向各位老领导、老同志，向所有关心支持恩施发展的各界人士，致以崇高的敬意和衷心的感谢！

在看到成绩的同时，我们也清醒地认识到，恩施的发展仍然存在一些突出问题，主要表现在：全面建成小康社会仍然存在短板，经济发展指数差距较大；工业经济支撑力不强，规模以上工业增加值没有达到预期目标；财源培植不足，增收压力大；民生短板仍然较多，教育、医疗等领域优质公共服务供给不充足，与群众期盼还有较大差距；风险隐患较多，社会治理还有差距；营商环境有待进一步优化，少数部门和工作人员担当不够、作风不实，工作落实还有差距。对此，我们将坚持问题导向、目标导向和效果导向，采取针对性措施，切实加以解决。

二、2020 年工作重点

今年是全面建成小康社会和“十三五”规划收官之年。省委、省政府作出“一芯两带三区”区域和产业发展布局，提出恩施州要建设鄂西绿色发展示范区、争当践行“两山”理论排头兵，赋予了恩施州高质量发展的重大使命。同时，今年国际国内发展环境更加复杂，经济下行压力进一步加大，我们要把困难估计得更足一些，机遇把握得更准一些，预案做得更充分一些，化压力为动力，变挑战为机遇，进一步坚定发展信心、保持发展定力，努力开创各项工作新局面。

今年政府工作的总体要求是：以习近平新时代中国特色社会主义思想为指导，全面贯彻党的十九大和十九届二中、三中、四中全会精神，认真落实中央和省委经济工作会议部署，突出高质量发展主题，着力打好三大攻坚战，着力推进乡村振兴，着力抓好招商引资、项目建设、工业经济，着力打造一流营商环境，着力加强基层社会治理，着力保障和改善民生，着力加强党的建设，促进经济社会全面进步，确保全面建成小康社会和“十三五”规划圆满收官。

主要预期目标是：地区生产总值增长 7%；固定资产投资增长 10%；社会消费品零售总额增长 10.5%；规模以上工业增加值增长 5%；地方一般公共预算收入增长 3%；城镇新增就业 3.6 万人；城镇常住居民人均可支配收入增长 8%；农村常住居民人均可支配收入增长 9%；安全生产、节能减排、环境质量全面完成省定目标任务。

围绕上述目标，我们将重点做好以下几方面工作：

（一）着力打好三大攻坚战

牢固树立底线思维，坚持不懈打好三大攻坚战，奋力实现全面建成小康社会的历史性跨越。

坚决打赢精准脱贫攻坚战。扎实开展脱贫攻坚“回头看”，认真梳理各级验收评估反馈问题，逐一整改落实、清零销号，确保恩施、利川、建始、巴东、咸丰 5 个县市顺利脱贫摘帽。按照“两不愁三保障”标准，严格执行各项扶贫政策，集中力量全面完成剩余贫困人口的脱贫任务。认真开展脱贫攻坚普查，全面检验脱贫攻坚质量。建立稳定脱贫长效机制，按照“一摘四不摘”[16]要求，继续做好驻村帮扶工作，落实易地扶贫搬迁后扶政策，强化产业、就业、创业等政策扶持，提升已脱贫群众的内生动力和自我发展能力，注重帮扶边缘户，持续巩固脱贫成果。做好预防返贫工作，加强返贫动态监测，对返贫人口和新发生贫困人口及时落实帮扶措施。继续争取中直定点帮扶、省委“616”工程[17]对口帮扶，深化与杭州市东西部扶贫协作，引导社会力量积极帮扶，加快形成“先富帮后富，共同致富”的帮扶工作格局。

坚决打好污染防治攻坚战。坚持“生态优先、绿色发展”方向不变、“共抓大保护、不搞大开发”力度不减，巩固国家生态文明建设示范州创建成果，扎实推进中央、省环保督察反馈问题整改，统筹抓好污染防治、生态修复，在新的更高水平上推进生态文明建设。打好蓝天保卫战，深入开展“散乱污”企业整治、餐饮油烟治理、扬尘污染治理，持续巩固县市城区空气质量达标成果。打好碧水保卫战，深入推进长江大保护十大标志性战役，推动“河（库）长制”提档升级，扎实开展长江巴东段和清江恩施区域内入河排污口专项治理、清江利川段综合治理，加快恩施城区黑臭水体治理，抓好沿江化工企业搬迁，确保全州水环境质量全面达标。打好净土保卫战，大力推进农村面源污染治理，加强农业投入品源头管控，开展农药化肥减量、耕地土壤环境质量提升行动，加强土壤污染治理和安全利用，实施土壤酸化治理44万亩，建设高标准农田17.7万亩。高品质推进国土空间规划编制，统筹推进“三区三线”[18]划定，科学布局产业发展、基础设施、公共服务设施。加强自然保护地规范化管理，推动“山长制”全面落实，继续实施“拆围透绿、见缝插绿、裸土复绿”工程，扎实做好裸露山体生态修复工作，强化林业有害生物防治。大力开展“绿水青山就是金山银山”创新实践，力争将恩施州纳入全国“两山”创新实践基地，积极争创国家生态产品价值实现机制试点、自然资源资产所有权委托代理机制试点。进一步健全市场化、多元化生态补偿机制，实行生态环境损害赔偿制度，探索建立生态资源交易平台，推进排污权、碳汇交易。

坚决打好防范化解重大风险攻坚战。突出重大金融风险防范化解，加强类金融机构监管，严厉打击非法集资、非法“校园贷”等违法行为，“一企一策”化解金融风险。稳妥化解地方政府债务风险，有效遏制隐性债务增量，加强政府债务预算管理、绩效管理，严禁违规举债。严格落实意识形态、经济、科技、社会等领域风险防范化解责任，加强社会稳定、公共安全、网络安全等风险防范化解，确保不发生系统性区域性重大风险。

（二）着力推进乡村振兴

紧扣“产业兴旺、生态宜居、乡风文明、治理有效、生活富裕”总要求，完善乡村振兴政策体系和推进机制，推动乡村振兴和脱贫攻坚有效衔接，加快实现农业强、农村美、农民富。

大力发展乡村产业。深化农业供给侧结构性改革，围绕烟、茶、畜、菜、果、药等特色优势产业，实施农业产业基地提升、农产品加工业提升、现代农业产业园创建、农产品品牌培育“四大行动”，逐步建立全域绿色化生产、农产品质量安全、农产品流通、重大动植物疫病防控“四大体系”，推进特色农业产业标准化生产，提升产业附加值。加快一、二、三产业融合发展，大力发展休闲农业、乡村旅游、农村电商，推动农村新产业、新业态蓬勃发展。加大新型农业经营人才、技能服务人才、种养能手等新型职业农民培育力度，加快培育壮大龙头企业、家庭农场、种养大户、农民专业合作社等新型农业经营主体，提高农民组织化程度和农业生产效率。

大力建设美丽乡村。巩固“四个三”重大生态工程成果，稳步实施农村生活污水治理、生活垃圾无害化处理、“厕所革命”、村庄绿化美化，狠抓“白色污染”治理，推进农业有机废弃物、畜禽养殖废弃物综合利用，实现农村人居环境整治全覆盖，打造一批美丽乡村示范村。推进“四好农村路”示范创建，开展农村公路“进村入户”试点，加快农村信息、冷链物流等基础设施建设，加快实施恩施市杨柳溪水库、建始县蛇皮洞水库、巴东县田家坪水库等农村供水工程骨干水源项目，持续改善农村生产生活条件。扎实推进新时代文明实践中心和实践站、所建设，积极开展“最美系列”评选，文明村镇、十星级文明户创建和道德模范、文明家庭表彰活动，系统化推进农村殡葬改革，推动移风易俗。加强传统村落民居和历史文化名村名镇保护利用，保持民族特色，保存乡土风味。完成农村集体产权制度改革，支持发展新型村级集体经济，提升村级公共服务能力，加快补齐农村教育、医疗、文化等公共服务短板，让农村更加美丽舒适宜居。

大力促进农民增收。鼓励各类人才返乡下乡创业创新，支持农民就地就近就业创业，积极引导和支持农民开展多种经营，多渠道促进农民稳定增收。持续推进农村土地“三权分置”改革，健全农村综合产权交易平台，引导农村土地有序流转，促进适度规模经营，提高农民财产性收入。

（三）着力抓好招商引资、项目建设、工业经济

持续深入开展“比抓强促”活动，增后劲、强动力，筑牢经济发展硬支撑。

全力以赴抓招商引资。大力实施招商引资“一号工程”“一把手工程”，加快形成“高位推进大员招商、产业部门联动招商、招商部门专业招商、职能部门服务招商、全员关注参与招商”格局。坚持招大引强、择商选资，聚焦产业、突出工业，抢抓沿海地区产业转移机遇，瞄准长三角、珠三角、环渤海湾等重点区域，充分发挥政府的主导作用和商会、协会的平台作用，大力开展产业链招商、驻点招商、以商招商、要素招商、资源招商。制定招商引资奖励政策，建立一抓到底的招商引资责任制，加强签约—落地—投产—达效全程跟踪服务，提高招商引资资金到位率、项目落地率。力争全年新开工亿元以上产业项目100个，新投产亿元以上产业项目60个。

全力以赴抓项目建设。狠抓重点项目谋划。用好用活国家新一轮西部大开发、湖北武陵山片区基础设施领域五年攻坚机遇，科学编制“十四五”规划，加大利云高速、利黔高速、来秀高速、三峡翻坝高速西延线等项目的谋划力度，扎实做好恩施机场迁建、沿江高铁渝恩宜段、安恩张铁路、恩黔铁路、恩施旅游观光铁路、巴张高速、清江流域治理等重大项目的前期工作。狠抓重点项目建设。全年实施重点项目160个，计划完成投资226亿元。实施一批重大产业项目，开工建设日昌升新型环保优质骨料加工等项目，加快推进青云崖文化旅游、绿葱坡高山滑雪度假小镇、洲际食品、红太阳健康产业园等项目。实施一批重大基础设施项目，推进交通项目“四千工程”[19]，开工建设利咸高速、建恩北高速，加快鹤峰东高速、宣咸高速、郑万铁路巴东北站建设，建成宜万铁路高坪站、500千伏恩施东输变电工程、咸丰县综合客运枢纽等项目。实施一批重大生态保护项目，开工建设恩施高新区工业污水处理和恩施、利川、来凤垃圾焚烧发电等项目，加快推进恩施市大沙坝污水处理、巴东县城长江干流库岸综合整治、宣恩县生态环境综合提升等项目。实施一批重大民生项目，开工恩施职院整体迁建、州农科院农博园、民大医院三区等项目，加快推进芳华中学、利川市生态文化体育城等项目，建成州妇幼保健计划生育服务中心、宣恩县民族医院整体搬迁等项目。实施一批重大城镇建设项目，加快推进州城209绕城线、硒都大道、高旗大道、金山大道立交、清江带状公园、四水厂、车坝河水库引水工程、城区排水改造等项目，实施“五个三”[20]重点市政项目；以“城市更新”[21]和存量住房改造提升为契机，大力实施城镇老旧小区改造。狠抓项目调度服务。继续实行州“四大家”领导包联项目机制，坚持“月调度、季拉练、年考核”，

强化项目跟踪服务和调度监管，确保项目早开工、早竣工、早见效。

全力以赴抓工业经济。全面贯彻落实《中共恩施州委、恩施州人民政府关于推动工业加快发展的意见》，把工业经济摆在更加突出的位置，按照“工业引领、生态优先、环境升级、民生为本”总体要求和“五个四”〔22〕工作思路，全力推动工业提质增量、优化结构，力争全州规模以上工业企业户数达到320家、产值突破200亿元，有条件的乡镇培育1家以上规模以上工业企业。坚持绿色工业发展方向，深入实施“万企万亿技改工程”〔23〕、工业“三品”〔24〕工程，加强硒资源开发利用、生物医药等关键技术攻关，大力提升硒食品精深加工业能力，延伸生物医药产业链条，推进清洁能源产业突破性发展，夯实传统产业基础。加快布局现代制造业，大力发展电子信息等新兴产业，加快打造“4+N”产业集群，培育壮大工业新动能。坚持工业园区化、园区工业化，进一步完善“1+8”工业园区建设管理机制，紧扣国家级高新区创建目标，持续念好“招、建、退、扩、服”〔25〕五字文章，探索实行“封闭管理、一站服务、限时办结、超时默许”运行机制，全面落实“多评合一”〔26〕“多规合一”〔27〕“承诺审批”改革举措，建立标准厂房、标准地供应机制，加快投融资平台、担保平台建设，完善基础设施和公共服务设施，促进企业快速落地建设、快速投产达效，确保恩施高新区规模以上工业产值、招商引资到位资金实现倍增。实施“硒谷英才计划”，加强企业家和工业企业人才队伍建设。设立工业发展专项资金，实行分类奖补，对新进规企业、税收首次过千万元企业、产值首次过亿元企业进行奖励。建立工业企业公共服务体系，推进中小企业服务中心、地产工业品推介等平台建设，全面落实减税降费政策，切实降低企业用电、用气、物流、报关成本。全力为企业纾难解困，有序推进“僵尸企业”处置，千方百计盘活存量。

（四）着力打造一流营商环境

紧盯“全国一流、全省最优”目标，全力破解堵点、痛点、难点问题，以更大力度推进改革开放，切实增强市场活力和竞争力。

深入推进重点领域改革。持续深化“放管服”改革，在宽准入、减审批、降成本、提效率上下功夫，提升政务服务水平。加快推动信息归集共享，着力形成全州“一张网”〔28〕“一朵云”〔29〕，确保州、县政务服务事项网上可办率达到100%。更大力度推动工程建设项目审批制度改革，全面实现“一窗通办”“一事联办”，确保企业开办、不动产登记、工程项目建设审批更加快捷。建立“最多跑一次”“一次不用跑”清单，推动更多事项通过自助设备和移动端办理，打造“24小时政务服务大厅”〔30〕。统筹推进财税金融、国资国企、事业单位、商事制度、文化体制等关键性领域改革，营造良好的制度环境。

着力完善市场体制机制。依法保护民营企业及经营者人身权、财产权、自主经营权，让企业家放心投资、安心经营。全面落实支持民营企业发展各项政策，深入推进“千名干部进千企”活动，完善领导联系、专班服务、干部驻点服务制度，构建亲清新型政商关系。全面落实行政执法“三项制度”，加大“双随机、一公开”〔31〕监管力度，依法慎重实施行政处罚和行政强制措施，尽量减少对企业正常经营活动的影响。强化金融支持，建成“网上全流程金融服务平台”〔32〕，引导金融机构优化金融服务，提高信贷审批效率，帮助企业破解融资难题。大力推行工程建设项目招投标全流程电子化，严厉打击招投标违法行为。建立州级信用体系平台，完善守信联合激励和失信联合惩戒机制，着力创建全国社会信用体系建设示范州。

全面提升对外开放水平。大力支持恩施海关、边检建设发展，积极申报恩施一类航空口岸，谋划建设保税物流中心，以国际视野建好开放平台。大力支持企业走出去拓展海外市场，加快发展跨境电商、服务贸易，积极培育外贸新业态，力争自营出口过100万美元企业达到15家、过1000万美元企业2家，实际利用外资增长8%。主动对接“一带一路”、长江经济带等国家战略，加快融入全省“一主两副”城市群、成渝经济圈，强化跨区域交流协作，广泛拓展合作空间。

（五）着力加强基层社会治理

全面贯彻落实《中共恩施州委关于进一步加强基层社会治理推进平安恩施建设的决定》，一体推进自治、法治、德治融合发展，建立完善“风险联排、矛盾联调、治安联防、问题联治、平安联建”工作机制，加快推进州域社会治理现代化。

推进“三治”融合发展。完善党组织领导的基层群众自治机制，推进和规范自治组织建设，在城乡社区治理、基层公共事务和公益事业中广泛实行群众自治，实现民事民议、民事民办、民事民管。充分发挥民族区域自治优势，完善基层社会治理机制。加快建设公共法律服务体系，建好法治文化阵地，持续推进法治惠民。深化道德教育引导，加强德治宣传，讲好“平安好故事”，传播“法治好声音”，宣传“身边好人”，推进红白理事会、道德评议会等评议机制建设，不断强化德治约束和德治教化作用。

全面夯实基层基础。加快实施“雪亮工程”[33]，建成州级视频联网融合平台。推进州、县、乡三级综治中心规范化建设全覆盖。实现“一村一警”全覆盖。建立四级矛盾层级化解机制，完善人民调解、行政调解、司法调解联动机制，深化律师“三进”[34]活动，充分发挥第三方调解作用。深入开展“开门接访、领导下访、书记陪访”活动，严格按照“三到位一处理”[35]要求化解信访问题。深入推进平安创建，扎实开展信访“三无”[36]县、乡、村建设。纵深推进扫黑除恶专项斗争，严厉打击违法犯罪行为，确保社会大局和谐稳定。

全力提升应急保障能力。全面落实安全生产“三个责任”[37]和“三个必须”[38]要求，扎实推进安全生产标准化建设，抓好道路交通、建筑施工、煤矿、非煤矿山、危化物品、特种设备和旅游景区、校园等重点领域、重点区域隐患排查整治，坚决防范较大以上事故发生。依法对农产品、食品、药品实行最严格的监管。推进应急管理“一中心两基地”[39]项目落地，不断完善组织指挥、预案方案、监测预警、应急抢险体系，提升应急管理能力和水平。

（六）着力保障和改善民生

群众盼的就是政府要干的，我们将以更大力度保障和改善民生。

提升就业和社会保障水平。全面落实就业优先政策，推进职业技能提升行动，做好重点企业用工服务，抓好高校毕业生、返乡农民工等重点群体就业，确保零就业家庭动态清零，有效解决进城务工人员子女上学难问题，城镇登记失业率控制在4.1%以内。巩固完善农民工工资治欠保支“4+3”工作模式，进一步抓好保障农民工工资支付工作。落实全民参保计划，推进生育保险和职工基本医疗保险合并实施，加快城乡居民基本医保门诊统筹，抓好社会保险扩面征缴。精准落实各类保障和救助政策，加强农村“三留守”人员、失独失能老人、残疾人等重点人群的关爱服务。完善养老服务体系，支持发展养老服务业。建立农村危房改造长效机制，加大城市困难群众住房保障工作，对城市低收入住房困难家庭实施应保尽保，完成棚户区改造2137套。加强住房公积金归集扩面。坚持因城施策、一城一策，强化土地供给科学管理，积极培育和发展房地产市场。加强重要农产品有效供给，持续抓好非洲猪瘟防控和生猪保供稳价工作。

加快社会事业发展。优先发展教育事业，完

成第三期学前教育行动计划，建成21所标准化幼儿园，实现公办乡镇中心幼儿园全覆盖，支持社会力量开办普惠性幼儿园，学前教育普惠率达到80%。实施义务教育薄弱环节改善与能力提升项目，启动教育信息化2.0行动计划，持续化解“大班额”难题，系统推进教育减负。推进高中阶段教育普及攻坚，深化中高考综合改革。支持恩施职业技术学院组建职业教育集团，支持湖北民族大学培植重点学科和“一流”学科。加快“健康恩施”建设，深入推进医疗、医保、医药“三医”联动改革，完善医联体、医共体运行机制，推动中医药事业加快发展，规范发展民营医疗机构。持续强化分级诊疗制度建设，规范医疗服务行为，全面推开药品带量采购。落实基层卫生人才三年培训计划，启动新一轮乡村医生能力提升工程，着力补充妇产科、儿科专业人才。大力实施村医保障工程。落实全面两孩政策，提高计生优质服务水平。

加快文旅融合发展。大力推进旅游景区提档升级、旅游服务质量提升工程，实施“文化成景区、文化进景区”行动计划，推动观光旅游向文化体验、康体养生、休闲度假拓展延伸，不断提升恩施旅游吸引力和知名度。启动腾龙洞大峡谷世界地质公园创建工作，支持腾龙洞创建国家AAAAA级旅游景区，恩施大清江、宣恩县城创建国家AAAA级旅游景区。设立旅游产业发展专项资金，推进国家全域旅游示范区创建，新增两家国家全域旅游示范县市。发行全域旅游年卡，实施旅游惠民。强化旅游、文化市场综合监管，加强境外客源地培育和宣传推介，大力争取培育国际航线，着力打造国际旅游目的地。加快武陵山区土家族苗族文化生态保护实验区建设，深入挖掘土家族苗族文化、巴文化，加强文物保护利用和文化遗产保护传承，擦亮恩施标志性文旅品牌。推进县级融媒体中心、“四馆三场两中心”[40]建设，支持办好各类全国性、区域性体育赛事，提升“一县一品”体育赛事影响力，持续为生态文化旅游注入活力。

扎实做好国防教育、双拥共建、人民防空等工作，加快推进军分区应急应战指挥中心建设，加强退役军人服务管理保障，巩固促进军政军民团结。加快全国民族团结进步示范区建设，支持巴东县创建全国民族团结进步示范县。依法做好统计调查工作，认真开展第七次全国人口普查。重视和做好工会、共青团、妇女、儿童、老龄、红十字会、慈善、残联和工商联等工作，进一步加强广播电视、机关事务、地震、气象、档案、史志、机要保密、供销、移民、邮政、通信等工作，促进各项事业全面进步。

三、全面加强党的建设，提高政府治理效能

始终把坚持党的全面领导作为最高政治原则，深入推进全面从严治党，全方位提升政府治理效能，努力建设人民满意政府。

旗帜鲜明讲政治，以党的建设统领政府工作。贯彻执行党的基本理论、基本路线、基本方略，不断增强“四个意识”、坚定“四个自信”、做到“两个维护”，始终同以习近平同志为核心的党中央保持高度一致。坚决贯彻落实党中央、国务院决策部署和省委、省政府工作要求，始终在州委的领导下开展工作，确保政令畅通、令行禁止。坚决抓好中央、省委巡视反馈问题整改落实。常态化、制度化推进“不忘初心、牢记使命”主题教育，持续巩固深化主题教育成果。

真情倾心听民意，把群众所盼作为施政所向。始终坚持以人民为中心的发展思想，全力解决群众关切的热点难点问题，不断满足人民对美好生活的向往。畅通民意表达渠道，高质量办理人大代表议案、建议和政协提案，广泛听取社会各界意见。始终坚持依法行政，深入推进法治政府建设。深化基层综合行政执法改革，规范行政执法行为。大力推进行政机关负责人出庭应诉，支持公益诉讼工作。自觉接受人大法律监督和工作监督、政协民主监督，主动接受社会和舆论监督。始终坚持以公开为常态、不公开为例外，以更大力度推进政务公开，让政府的每一项权力都在阳光下运行！

驰而不息转作风，让真抓实干蔚然成风。坚持工作重心下沉，在一线发现问题、研究问题、解决问题、教导方法，以“钉钉子”精神抓好工作落实，全面提升政府执行力、落实力。力戒形式主义、官僚主义，深入整治文山会海，切实减轻基层负担。严格落实政府工作责任制，强化督办问责。聚焦高质量发展，科学制定工业经济、招商引资、项目投资等考核办法，完善激励机制，在全州上下营造想干事、敢干事、干成事的浓厚氛围，让奋斗者全心追梦，让实干家更加出彩！

毫不松懈反腐败，让清廉形象深入人心。严格落实全面从严治党主体责任，深入推进政府系统党风廉政建设和反腐败工作。严格执行中央八项规定精神，持续深入抓政风、促行风。坚持厉行节约，牢固树立“过紧日子”思想，大力压减一般性支出，完善财力保障和绩效管理机制，把资源真正用到发展经济和改善民生上来。扎紧制度笼子，强化审计监督，从源头上预防腐败，共同维护干部清正、政府清廉、政治清明的政治生态。

名词解释

〔1〕**“八个到村到户”**：精准识别佐证到村到户、基础设施提升到村到户、特色产业发展到村到户、人居环境整治到村到户、惠民政策落实到村到户、项目资金统筹到村到户、干部力量下沉到村到户、开展群众工作到村到户。

〔2〕**“六个清零”**：安全饮水问题、危房改造任务、涉贫信访问题、补短板项目建设、集体经济空壳村等问题整改清零。

〔3〕**“六个全覆盖”**：产业就业、惠民政策、走访贫困、人居环境整治、乡风文明引领、基层党建提升“六个全覆盖”。

〔4〕**“4+N”**：生态文化旅游、硒食品精深加工、生物医药、清洁能源四大产业集群+电子信息等其他产业。

〔5〕**“三品一标”**：无公害农产品、绿色食品、有机农产品和农产品地理标志。

〔6〕**六条人行道改造**：土司路、航空大道、东风大道、施州大道、土桥大道、舞阳大道6条道路的人行道改造工程。

〔7〕**六条道路提升工程**：火车站站前广场及道路改造工程、旗峰大道（麻纺厂—虎岔口）道路改造工程、七里大道建设工程、209国道（谭家坝—连珠大桥）道路改造工程、209国道龙凤坝至谭家坝段改建工程、318国道吉心至虎岔口改建工程。

〔8〕**三条快速出口通道**：旗峰大道（麻纺厂—虎岔口）道路、七里大道、209国道（谭家坝—连珠大桥）道路。

〔9〕**“三示范区”**：国家生态文明建设示范区、国家全域旅游示范区、全国民族团结进步示范区。

〔10〕**“四个三”重大生态工程**：省委、省政府决定从2018年起，用3年时间推进“厕所革命”、精准灭荒、乡镇生活污水治理和城乡生活垃圾无害化处理4项重大生态工程。

〔11〕**“先建后验”**：企业在取得用地和规划许可、完成施工图设计，按相关审批部门要求作出相应承诺，向住建部门申请并获得施工通知单后，即可自主依法依规开展施工，在施工过程中完成承诺事项，竣工后接受验收。

〔12〕**“大班额”**：按照国家规定标准，56人以上为大班额，66人以上为超大班额。

〔13〕**“一村多名大学生计划”**：湖北省从2018年起连续5年时间，以秦巴山、武陵山、大别山、幕阜山四大贫困片区37个贫困县（市、

区）贫困村为重点，面向全省农村选拔培养1万名优秀青年农民，接受全日制普通专科学历教育，到2020年实现一村多名大学生，为脱贫攻坚提供人才支撑。

〔14〕**农民工工资治欠保支“4+3”工作模式：**实施农民工工资准备金制度、农民工工资银行代发制度、农民工实名制信息化管理制度、农民工欠薪金融授信代偿制度“四项制度”；建立部门联席会议机制、追责问责机制、失信惩戒机制“三项机制”。

〔15〕**行政执法“三项制度”：**行政执法公示制度、执法全过程记录制度、重大执法决定法制审核制度。

〔16〕**“一摘四不摘”：**摘帽不摘责任、不摘政策、不摘帮扶、不摘监管。

〔17〕**省委“616”工程：**由一位省委、省政府领导牵头，省直6个单位（四个省直厅局、一所高校或科研院所、一家大型企业）参与，对口支援1个民族县（市），每年至少办成6件较大的实事。

〔18〕**“三区三线”：**根据城镇空间、农业空间、生态空间三种类型的空间，分别对应划定的城镇开发边界、永久基本农田保护红线、生态保护红线三条控制线。

〔19〕**交通项目“四千工程”：**分阶段实施千公里高速公路建设工程，高品质推进千公里普通干线公路建设工程，高标准打造千公里“四好农村路”示范工程，深入开展千处农村公路危险路段安防工程。

〔20〕**“五个三”重点市政项目：**三条新建道路（机场东路、黄金大道、青树林2号路）、三座人行天桥（民大附属医院、爱民医院、市府路人行天桥）、三条人行道改造工程（清江东路、小渡船片区、清江西路人行道改造工程）、三座街头公园（旗望公路街头公园、龙凤生态·金马公园、东门桥头公园）、三条道路绿化美化工程（金龙大道南段2标段、纵二路、西湖路绿化美化工程）。

〔21〕**“城市更新”：**对城市中已经不适应现代化城市社会生活的地区作必要的、有计划的改建。

〔22〕**“五个四”：**着力建设生态文化旅游、硒食品精深加工、生物医药、清洁能源“四大产业集群”，培育骨干财源、群体财源、梯级财源、替代财源“四大财源”，抓好招商引资扩增量、技改扩规提质量、联合重组活存量、企业上市增变量“四个量”，实施市场主体倍增工程、企业“小进规”成长工程、税收过千万企业培育工程、产值过亿元企业壮大工程“四大工程”，创优法治环境、政务环境、金融环境、信用环境“四大环境”。

〔23〕**“万企万亿技改工程”：**自2017年起，计划用三年时间对湖北省万家规模以上工业企业实施一轮技术改造，投资规模超过万亿元。

〔24〕**工业“三品”：**工业增品种、提品质、创品牌。

〔25〕**“招、建、退、扩、服”：**招商引资、基础设施建设、迁建腾退、技改扩规、服务营商环境。

〔26〕**“多评合一”：**对有功能规划定位的特定区域（如开发区）统一开展节能、环境影响评价、水土保持、矿产覆压、文物保护、地质灾害危险性、地震安全性、气候可行性等多项评估评价，符合功能规划定位的投资项目入驻该区域不再单独开展对应的评估评价。

〔27〕**“多规合一”：**指在一级政府一级事权下，强化国民经济和社会发展规划、城乡规划、土地利用规划、环境保护、文物保护、林地与耕地保护、综合交通、水资源、文化与生态旅游资源、社会事业等各类规划的衔接，确保“多规”确定的保护性空间、开发边界、城市规模等重要空间参数一致，并在统一的空间信息平台上建立控制线体系，以实现优化空间布局、

有效配置土地资源、提高政府空间管控水平和治理能力的目标。

〔28〕**“一张网”**：湖北政务服务网。

〔29〕**“一朵云”**：恩施州政务云。

〔30〕**“24 小时政务服务大厅”**：通过共享政务数据、优化办事流程，企业和群众不受作息时间限制，通过自助服务设备办理部分政务服务事项。

〔31〕**“双随机、一公开”**：在事中事后监管过程中随机抽取检查对象，随机选派执法检查人员，抽查情况及查处结果及时向社会公开。

〔32〕**“网上全流程金融服务平台”**：基于政务、金融、企业经营、互联网行为等多维数据，精准评估企业和个人信用状况，实现网上申请、授信、用信、利率定价、贷后预警等全流程操作的数据展示、采集、分析、运用平台。

〔33〕**“雪亮工程”**：以综治中心为指挥平台，以信息化为支撑，以网格化管理为基础，以公共安全视频监控建设联网应用为重点的“群众性治安防控工程”。

〔34〕**律师“三进”**：律师进村（社区）、进信访接待大厅、进疑难复杂信访案件。

〔35〕**“三到位一处理”**：诉求合理的解决到位，诉求无理的思想教育到位，生活困难的帮扶救助到位；行为违法的依法处理。

〔36〕**信访“三无”**：无进京越级上访、无大规模集体上访、无因信访问题引发的极端恶性事件和舆论负面炒作。

〔37〕**“三个责任”**：属地管理责任、部门监管责任、企业主体责任。

〔38〕**“三个必须”**：管行业必须管安全、管业务必须管安全、管生产经营必须管安全。

〔39〕**应急管理“一中心两基地”**：州应急管理保障中心、州应急救援综合训练基地和州应急救援物资储备基地。

〔40〕**“四馆三场两中心”**：图书馆、博物馆、文化馆、非物质文化遗产展示馆；国有院团排演场、剧场、文体广场；乡镇综合文化服务中心、村（社区）综合文化服务中心。

（州委政研室　供稿）

大事记

1月

2日　共青团湖北省委、湖北省青年联合会下发决定，追授邹炜、李勇“湖北青年五四奖章”。

同日　巴东水布垭清江特大桥通过竣工验收。

同日　“2018湖北省农民合作社十大品牌”终选结果公示，鹤峰县天牧牧业专业合作社（许群群）获评为“2018湖北省农民合作社十大品牌”，宣恩县椒园镇黄坪村黄金梨专业合作社（沃地娃）、恩施市屯堡乡花枝山村有机茶专业合作社（“花枝山”牌花枝茶）、巴东县兴余绿色农产品种养专业合作社（巴野牌）、咸丰县奇泉茶叶专业合作社（老鹰红）获评为“2018湖北省农民合作社最具价值品牌”。

3日　中共恩施州委七届六次全体（扩大）会议暨全州经济工作会议召开。

8日　省政府公布第七批湖北省文物保护单位，恩施州有7处：万里茶道鹤峰段、鹤峰红三军军部旧址、咸丰大寨坪遗址、宣恩禹王宫戏楼、宣恩黑水河石拱桥、建始文庙、巴东红旗渠。

9日　州委、州政府召开全州第七次民族团结进步表彰大会，表彰全州70个民族团结进步先进集体和98名先进个人。

同日　省政府公布“湖北省第四批国防教育基地”名单，恩施抗战历史陈列馆名列其中。

10日　州委、州政府召开恩施州异地商会会长座谈会。州相关领导与北京、上海、广东、河南、天津、杭州、温州、海南、昆明、重庆、武汉、宜昌12地的恩施商会会长、秘书长座谈。

11日　恩施州第八届人民代表大会常务委员会第十四次会议决定：接受柯俊辞去恩施州第八届人民代表大会常务委员会主任职务，并报州人民代表大会备案。

12日　恩施州政府与中南民族大学联合举办的第二届“武陵购”精准脱贫攻坚特色产品展销会暨大学生创业集市在武汉举行。

14日　省城市管理工作考核组到恩施州检查2018年度城市管理工作。

15日　州委、州政府召开立讯精密工业（恩施）有限公司招工服务工作视频会。

17日　巴东县首批纯电动出租汽车在野三关镇投入运营，是全州首个实现电动出租车运营的乡镇。

同日　农业农村部公告，州农业技术推广中心申请的“恩施土豆”获得国家农产品地理标志登记保护，获颁发中华人民共和国农产品地理标志登记证书。

18日　全州村干部住房公积金建制试点在来凤县三胡乡启动。从2019年1月起，“四类人员”可按在乡工作年限分层次缴存住房公积金，包括在职定补干部、计生专干，在职贫困户公益性岗位，在职劳务派遣人员，在职大学生村官。

同日 省委、省政府正式批复《恩施州机构改革方案》。

19—22日 中国人民政治协商会议恩施州第八届委员会第三次会议召开。

20—23日 州第八届人民代表大会第三次会议召开。

24日 巴东一中成为北京大学授予的首家“博雅教育示范中学”，举行授牌仪式。

25日 州委副书记、州长刘芳震在恩施市会见爱尔兰戈尔韦市市长尼奥·麦克内利斯一行，并与其共同签署湖北省恩施州与爱尔兰戈尔韦市友好合作备忘录。

29日 省总工会公布2018年全省劳动竞赛先进集体和个人湖北“五一劳动奖”获得者，利川市人民医院医务科科长、应急办主任吴建军获湖北“五一劳动奖章”。

1月 恩施机场新增武汉—恩施—贵阳航线。

同月 2018年第四期恩施楷模发布，分别是：因公牺牲的中共咸丰县委副书记邹炜、咸丰县委办公室工作人员李勇，建始县茅田乡铁厂村“寻水尖刀班”集体，利川市毛坝镇楠木村党支部书记田云奇，恩施市白杨坪镇卫生院熊家岩分部内儿科医师刘林，鹤峰县思源学校音乐教师周洲，巴东县官渡口镇中心小学教师谭建华，巴东县野三关镇居民李银秀，咸丰县公安局民警白茂华。

同月 省林业局公布2018年度湖北省林业产业化省级重点龙头企业名单，恩施州14家企业在列。咸丰县鸿运旭山茶油有限公司、湖北汇绿林业开发有限公司和恩施市润邦国际富硒茶业有限公司被认定为2018年度新增省级重点龙头企业；湖北省鹤峰鑫农茶叶有限公司等11家企业被重新认定为省级重点龙头企业。

同月 鹤峰县精准扶贫案例《开展“最美”评选实现典型示范带动》入选由中共中央宣传部宣传教育局、国务院扶贫办全国扶贫宣传教育中心组织编写，由人民出版社出版发行的《思想政治工作创新案例选编》新时代农村专题图书。

同月 经国务院批准，2018年享受国务院政府特殊津贴人员名单公布，湖北民族大学教授郑明辉名列其中。

2月

2日 国家机关事务管理局、国家发改委、财政部联合下发《关于公布2017—2018年节约型公共机构示范单位名单的通知》，州文化广场管理办公室、湖北恩施唐崖土司城遗址管理处获评“节约型公共机构示范单位”。

12日 农业农村部批复同意8个省30个试点县（市、区）农民专业合作社质量提升整县推进试点实施方案，利川市上榜。

13日 恩施州委召开全州机构改革动员大会。改革后设置州级党政机构47个，其中州委机构16个（含纪检监察机关1个，工作机关15个），州政府工作部门31个。

15—16日 中共恩施州第七届纪律检查委员会第四次全体会议举行。

17—18日 省委副书记、省长王晓东到恩施州调研督办中央脱贫攻坚专项巡视反馈意见整改工作，听取基层意见建议。

18日 恩施州26个项目被命名为2019年度湖北省新全民健身示范工程项目，获1460万元资助。

20日 在全省投资及重大项目重大工程现场推进会上，恩施州被省政府表彰为2018年度“全省投资和项目建设贡献单位”，利川市被表彰为“全省投资和项目建设突出贡献单位”。

21日 杭州市·恩施州东西部扶贫劳务协作第二次联席会议上，杭州国家级人力资源产业园（江干园区）与州人社局签订合作协议，杭州三替集团有限公司与恩施市圣玛丽母婴护理服务中心签订合作协议，杭州沃土教育科技股份有限公司与恩施创途职业培训学校签订“双创”合作协议。

21—24日 中央广播电视总台记者走进来凤县，采访95岁退伍老战士张富清事迹。

24日 2019中国三农发展大会在北京召开。会上发布中国新型农业经营主体排行榜，宣恩县贡茶专业合作社名列中国农民合作社500强榜单，排名全国第280名。

25日 州政府在利川市召开苏马荡片区建设有关问题整改落实工作推进会。

25日至3月1日 省人大常委会副主任胡志强率领调研组到恩施州，就《湖北省清江流域水环境保护条例（草案）》征求意见，开展立法调研。

27日 全省脱贫攻坚电视电话会召开，恩施州在主会场作交流发言。随后州政府在恩施分会场召开电视电话会，贯彻落实会议精神，部署2019年工作。

28日 恩施州首届少数民族电影展映周在州城恩施开幕，展映近10年来反映中国少数民族风土人情的8部知名院线电影，大部分在恩施州拍摄。

同日 州博物馆和宁波服装博物馆联合在州博物馆推出“霓裳之真——中国近现代服装变迁展”。

同日 广东省第七批省级非遗项目公布，讲述鹤峰籍民族英雄陈连升战马的故事《节马传说》入选，成为东莞市首个省级民间文学类非遗项目。

28日至3月1日 省政协副主席彭军先后到恩施州恩施市、宣恩县开展“县级人民政协工作研究”专题调研。

2月 省委宣传部通报表扬一批“新时代新气象新作为”百姓宣讲优秀宣讲员、优秀宣讲作品。巴东县百姓宣讲员向宏茂获评全省“优秀宣讲员”，恩施市百姓宣讲员李火春的宣讲稿《我与改革开放40年同行》、咸丰县百姓宣讲员杨芳的宣讲稿《乡村振兴正当时》获评全省“优秀宣讲作品”。

同月 由省委宣传部组织评选的“荆楚楷模”2月榜单发布，恩施职业技术学院茶学退休教师杨胜伟当选。

同月 《2019年杭州市恩施州创新推进东西部扶贫协作工作方案》发布。

同月 2018年湖北首批省级隐形冠军科技小巨人奖金拨付，来凤金祈藤茶生物有限公司获30万元奖励。

3月

1日 全州生物医药产业领导小组专题会议召开。

4日 江苏省100余家旅行社代表组成的踩线团走进恩施大峡谷。

同日 省科学技术协会发布“湖北省科普教育基地（2019—2023年度）”名单，州气象局、州城市规划展览馆、州农科院农业高新技术示范园、宣恩伍家台昌臣茶叶科普馆、石门河地心谷景区、建始县科技馆名列其中。

5日 恩施州召开中央脱贫攻坚专项巡视反馈问题及恩施州各类问题全面整改专题会议暨全州脱贫攻坚3月视频调度会。

同日 省委宣传部向社会公布第五批全省“学雷锋活动示范点”和“岗位学雷锋标兵”名单。恩施市硒都民族实验小学获“学雷锋活动示范点”称号，建始县高坪镇财政所副所长黄美清、巴东县金果坪乡人社中心主任易盛荣获“岗位学雷锋标兵”称号。

同日 农业农村部公布2018年国家农民合作社示范社和全国农民用水合作示范组织名单，恩施州有9家农民合作社名列其中：宣恩县贡茶专业合作社、宣恩县椒园镇黄坪村黄金梨专业合作社、恩施市九株茶叶专业合作社、利川市勤隆中药材专业合作社、建始金穗蔬菜种植专业合作社、巴东县沙岭生态农业专业合作社、咸丰县茂美葡萄专业合作社、鹤峰县金鹤农产品专业合作社、鹤峰县天牧牧业专业合作社。

7日 省文明办公布2018年湖北省学雷锋服务先进典型名单，鹤峰县志愿者协会志愿者覃正玉获“湖北省最美志愿者”称号。

7—8日 省委常委、组织部部长王瑞连到利川市调研省“616”对口支援工作。

8—9日 中央纪委信访室、信息中心调研组到恩施州调研督导纪检监察信息化项目试点工作。

11日 州政府召开全州金融工作会议暨2019年州防范化解金融风险攻坚战指挥部第一次全体（扩大）会议，总结2018年工作，部署2019年工作。

同日 国家文物局发函同意将万里茶道列入《中国世界文化遗产预备名单》。鹤峰古茶道五里南村段是万里茶道申遗项目湖北省7处重点遗产推荐点之一。

12日 “健康湖北”发布2018年度“荆楚楷模·最美健康守护者”名单，利川市人民医院产科护士牟蓉琼上榜。

同日 恩施抗战历史陈列馆与杭州市“五四宪法”历史资料陈列馆签订友好合作协议。

15日 2019年全州第一季度意识形态工作联席会议召开。

19日 州政府召开第三次全体（扩大）会议。

同日 农业农村部副部长张桃林到咸丰县调研精准脱贫、美丽乡村建设、电商助力扶贫情况。

20日 州委、州政府召开全州同步创建国家级省级生态文明建设示范区暨污染防治攻坚战推进会。

同日 财政部、国家发改委、国家能源局、国务院扶贫办公布第二批光伏扶贫补助目录和调整后的第一批光伏扶贫补助目录，恩施州2018年8月31日前并网的所有光伏扶贫项目（合计258个，总装机3.75万千瓦）全部纳入补贴目录。

25日 副省长杨云彦到建始县调研督导脱贫攻坚巡视整改工作，听取恩施州、建始县开展巡视整改工作的情况汇报。

29日至4月3日 按照中宣部要求，由新华社、人民日报社、光明日报社、中国日报社、中新社、中国军网等多家央媒组成的采访团，到来凤县采访九旬战斗英雄张富清的先进事迹。

29日至4月3日 “一带一路”2019《争奇斗艳》中泰文化艺术节在泰国曼谷举行，鹤峰南剧《土司抗倭出奇兵》获金奖。

30日 新华社，人民日报社，中央电视台，中国交通报社等20家中央、省、州主流媒体组成的采访团到建始县，采访交通扶贫领域工作的好方法和新模式，总结、推广交通扶贫建始经验。

31日 恩施机场国际航站楼改扩建工程通过竣工验收。

3月 中国田径协会马拉松年度新闻发布会上，“小康之约”秘境巴东高山森林国际半程马拉松获“自然生态特色赛事”和“2018中国田径协会铜牌赛事”荣誉。

同月 中共中央党校、中国延安精神研究会、中国关心下一代工作委员会、共青团中央中国青年网、中华人民共和国国史学会、上海市青少年发展基金会、全国红军小学建设工程理事会、全国红军小学建设工程办公室联合授予巴东县野三关镇红军小学、建始县官店镇红军小学“雷锋班”荣誉。

同月 由省委宣传部组织评选的“荆楚楷模”3月榜单发布，鹤峰县燕子镇司法所原所长易满成（退休）上榜。

同月 省食品安全委员会、省药品监督管理局分别通报全省2018年食品、药品安全工作评议考核情况，恩施州被评为“优+”等次。

同月 恩施州13个项目入选《湖北省2019年省级重点建设计划》，分别为先进制造业1个；

立讯精密（恩施）电子信息产业园，现代服务业3个：野三关高山硒养旅游度假区（巴东）、恩施绿葱坡滑雪及高山运动文化旅游（巴东）、建始县高坪镇青花田园综合体建设项目，交通运输项目5个：张家界—南充高速公路湖北段来凤—咸丰、银川—北海高速公路湖北段建始（陇里）—恩施（罗针田）、宜都—来凤高速公路鹤峰（容美）—宣恩（当阳坪）段、黔江—张家界—常德铁路湖北段（2019年计划投资8亿元）、郑州—万州铁路湖北段（2019年计划投资85亿元），能源项目1个：鹤峰县江坪河电站，民生项目3个：恩施市高旗大道工程（含地下综合管廊建设）、咸丰县县城—火车站道路工程、恩施市车坝河水库引水工程。

4月

1日 “利川红”“恩施玉露”（简称“一红一绿”）在央视《新闻30分》栏目作形象宣传。

2日 山东航空公司执飞的青岛—恩施—南宁航线航班开通运营。

5日 由省文学艺术界联合会与建始县政府联合主办的湖北省荆楚红色文艺轻骑兵慰问演出暨2019建始县文化旅游采风活动启动仪式，在建始地心谷景区启动。

9—10日 副省长杨云彦到恩施州参加全国民族经济工作暨民族地区经济形势分析现场会，并调研特种设备安全工作和校园食品安全情况。

10日 省发改委、省林业局、省水利厅联合印发《关于下达我省岩溶地区石漠化综合治理工程2019年中央预算内投资计划的通知》，鹤峰获得岩溶地区石漠化综合治理工程2019年中央预算内投资计划1048万元。

10—11日 2019年全国民族经济工作暨民族地区经济形势分析现场会在恩施州召开。

10—12日 浙江省委常委、杭州市委书记周江勇率杭州市代表团到恩施州落实扶贫协作工作，举行扶贫协作联席会议和鹤峰行知民族幼儿园捐赠仪式。

11日 2019中国茶叶大会·绍兴茶叶博览会·第十三届新昌大佛龙井茶文化节发布“2019中国茶叶区域公用品牌价值评估”课题结果，“恩施玉露”品牌价值20.54亿元，恩施富硒茶品牌价值16.44亿元，鹤峰绿茶品牌价值13.59亿元。

13日 湖北省参加第十一届全国少数民族传统体育运动会竞赛项目运动员选拔赛在利川开赛，119名运动员参加选拔。

15日 州政府与湖北省长江经济带产业基金战略合作签约仪式在恩施市举行。

同日 湖北联通公司助推恩施州脱贫攻坚项目签约仪式在州城恩施举行，签订《脱贫攻坚信息基础设施建设合作协议》。州政府与湖北联通公司共同推进恩施州“信息扶贫行动计划”。

16日 省委第九巡视组在恩施州召开巡视工作动员会。

同日 由省委宣传部主办的“光耀新时代——2018‘荆楚楷模’年度人物发布仪式举行。巴东县清太坪镇白沙坪小学支教教师袁辉上榜。

17日 省委宣传部、省新闻工作者协会对2019年全省“新春走基层”活动和增强“四力”先进集体、先进个人和优秀作品进行表彰，恩施州获奖的先进集体1个：恩施日报社编辑部，先进个人2人：曾维明、吴曦，优秀作品4件。

18日 州政府主办的2019杭州·恩施招商推介会在杭州举行。

同日 现代南剧《唐崖土司夫人》作为“全国少数民族地区艺术院团晋京展演项目”在北京民族剧院展演。

同日 省人大常委会副主任周洪宇到恩施州，调研自主创新、科技成果转化、中小学管理工作。

21日 习近平总书记对中国建设银行湖北省

分行来凤支行离休干部张富清先进事迹作出重要指示强调，老英雄张富清60多年深藏功名，一辈子坚守初心、不改本色，事迹感人。在部队，他保家卫国；到地方，他为民造福。他用自己的朴实纯粹、淡泊名利书写了精彩人生，是广大部队官兵和退役军人学习的榜样。要积极弘扬奉献精神，凝聚起万众一心奋斗新时代的强大力量。

23日 2019年庆祝五一国际劳动节暨全国五一劳动奖和全国工人先锋号表彰大会在北京举行，利川飞强茶业公司首席制茶师邱建红获“全国五一劳动奖章”。

24日 2019年湖北省庆祝“五一”国际劳动节暨表彰大会在武汉举行，恩施州6个集体4名个人获表彰。分别是建始县安顺公共汽车有限公司、恩施大峡谷旅游开发有限公司被授予湖北五一劳动奖状，湖北宣鹤高速公路有限公司总监理工程师沈典栋、巴东县城市公共交通发展有限公司驾驶员谭玉玲、湖北民族大学新材料与机电工程学院院长秦柳、华能恩施水电开发有限公司运行值班长李双玲被授予湖北“五一劳动奖章”，湖北省鹤峰鑫农茶业有限公司精制二车间、湖北省恩施市长源轴承制造有限公司磨工车间、国网湖北省电力有限公司鹤峰县供电公司走马供电所、国电恩施水电开发有限公司龙桥电站被授予湖北省工人先锋号。

同日 以扶贫助残送光明、海峡两岸携手共帮扶为主题的台湾、余杭助力东西部健康扶贫捐赠仪式在恩施慧益眼科医院举行。

25日 第28个全国税收宣传月中，讲述税务系统“信念老人”利川市离休税务干部施星灿感人故事的电影《武陵山上的星光》在武汉洪山礼堂首映。

同日 由州博物馆与周口店北京人遗址博物馆共同举办的“‘我’从远古走来——周口店遗址文物展”开展。

26日 在武汉举行的湖北省第二届“政能量”峰会上，楚天舆情数据研究院、荆楚网（湖北日报网）公布全省政务微信评选结果，“恩施发布”微信公众号获评“湖北省十佳政务微信（市州）”。

同日 省生态环境厅召开新闻发布会，通报2018年度全省环境空气质量状况，恩施州环境空气质量在17个市州中仅次于神农架位居第二。

同日 全省科学技术奖励暨科技创新推进大会在武汉召开。建始籍专家江洪带领团队研究的“自主神经再平衡防治心律失常的调控策略与临床转化”成果获省科学技术进步奖一等奖。

同日 恩施市少先队总辅导员辛翠平被共青团中央表彰为“全国优秀共青团干部”。

27日 巴东县清太坪镇白沙坪小学志愿支教教师袁辉获第23届“中国青年五四奖章”。

28日 第七届世界军人运动会执委会、州政府、省农业农村厅联合主办的第七届世界军人运动会独家供应商新闻发布会暨武汉东湖茶叙周年茶会在武汉举行，启动“携手一带一路、共品一杯好茶”恩施玉露、利川红全球推广仪式，是本届军运会绿茶、红茶独家供应。

29日 中央文明办发布4月“中国好人榜”，鹤峰县燕子镇司法所原所长易满成获评敬业奉献类“中国好人”。

同日 第七届长江三峡（巴东）纤夫文化旅游节暨中国土家族打击乐音乐会在巴东县举行。

同日 省政府发布《关于批准阳新县等17个县（市、区）退出贫困县的通知》，根据《中共中央办公厅、国务院办公厅关于建立贫困退出机制的意见》精神，经县级申请、市级初审、省级专项评估检查，阳新县、丹江口市、保康县、秭归县、团风县、罗田县、英山县、宣恩县、来凤县、鹤峰县10个国家级贫困县，十堰市茅箭区、十堰市张湾区、南漳县、谷城县、兴山县、崇阳县、通山县7个省级贫困县，均已达到贫困县退出的标准和条件，批准退出。

4月 由省委宣传部组织评选的“荆楚楷模”4月榜单发布，来凤县建设银行离休干部张富清上榜。

5月

6日 省政府办公厅公布2018年度全省政府网站绩效评估结果，恩施州政府门户网站在市州级网站中位列第六，获评优秀。

6—8日 省残联、省教育厅、省文旅厅共同举办的第八届全省特教学校学生艺术会在武汉举行，恩施市特殊教育学校获二等奖。

7—8日 副省长曹广晶率省国资委、省交投、鄂旅投、湖北能源等相关部门和企业负责人到恩施州调研扶贫工作。

8日 农村农业部公布关于2019年农村集体产权制度改革试点单位名单（第四批），鹤峰县、宣恩县名列其中。

9日 恩施州布置展台参加在武汉举行的2019第五届武汉国际电子商务暨“互联网+”产业博览会。

14日 专题节目《因茶而变的村庄》在CCTV-7《每日农经》栏目播出，报道咸丰县“茶乡因茶而美，茶农因茶而富”的故事。

15日 恩施硒茶之“恩施玉露”“利川红”等八大子品牌及其产品参展第三届中国国际茶叶博览会。其间，第二届茶乡旅游发展大会发布“茶旅精品线路”，宣恩县“伍家台贡茶文化体验游”入选“20条茶旅精品线路”；恩施硒茶获专场推介；鹤峰县作为湖北省唯一以县为单位组团参展的单位，集中推介“鹤峰茶”公用品牌，举办“鹤峰茶·世界品”鹤峰有机茶品牌推介会，在首届T20峰会上介绍有机茶发展经验。

同日 “家家幸福安康工程”启动部署暨2019年度全国最美家庭揭晓会在北京召开，恩施州田云奇家庭、税华琳家庭获评“全国最美家庭”。

16日 恩施海关正式开关。

同日 中国（深圳）国际文化产业博览交易会·2019恩施首届文化产业招商会在广东深圳举行，恩施州8个县市作项目推介。

同日 亚洲文明对话大会之“亚洲文明巡游·亚洲美食节”在国家体育馆举行，省民族歌舞团选送的《连厢幸福歌》与国内外20多家艺术团同台演出。

18日 第十五届中国（深圳）文博会主题活动——第九届全国生态旅游文化产业发展高峰论坛暨2019中国最美县域榜单发布会上，恩施市上榜“2019中国最美县域榜单”。

22日 恩施州启动社会救助和保障标准与物价上涨挂钩联动机制（简称物价补贴联动机制）。

23—24日 省人大常委会委员、城环委副主任委员王玉祥率执法检查组到恩施州开展《中华人民共和国水污染防治法》《湖北省水污染防治条例》执法检查。

24日 由CERNET华中、华南区网络中心主办，湖北民族大学、恩施职院协办的高校信息化建设高峰论坛在恩施举行。

26—28日 以“马铃薯产业与健康消费”为主题的第21届中国马铃薯大会暨世界硒都（恩施）马铃薯博览交易会在州城恩施举行。

28日 省政府办公厅发布《2018年度全省服务业发展评估情况的通报》，宣恩县获评全省服务业发展贡献单位。

30日 中央文明办发布5月“中国好人榜”，来凤县95岁战斗英雄张富清获评敬业奉献类“中国好人”。

31日 鹤峰县燕子镇新行村、宣恩县椒园镇黄坪村、咸丰县忠堡镇马倌屯村、恩施市白杨坪镇洞下槽村名列省住建厅发布的湖北省美好环境与幸福生活共同缔造活动示范村。

31日至6月2日 由塞尔维亚前进党副主席马尔科·久里奇率领的干部考察团到恩施州访问。

31日至6月10日 2019年残疾人射箭世锦赛在荷兰斯海尔托亨博思举行。巴东籍选手刘静和队友获男女混双冠军，并获参加东京残奥会赛事资格。5月22日，她在全国残运会射箭比赛中夺得女子复合弓W1级个人50米项目金牌。

5月 由省委宣传部组织评选的“荆楚楷模”5月榜单发布，利川市建南镇中坪村原村医张家国上榜。

同月 省文旅厅批复同意将“恩施州巴东县链子溪景区”更名为“恩施州巴东县巫峡口旅游景区”。

6月

2日 2019中国山地马拉松系列赛“湖北交投杯”利川站（国际赛）在白鹊山民宿广场举行。

2—3日 “中华一家亲”海峡两岸乡村民宿旅游发展交流活动在利川市举行。

4日 省住建厅印发《湖北省“擦亮小城镇”行动实施方案》，确定全省第一批50个“擦亮小城镇”行动试点乡镇，恩施市白杨坪镇、利川市谋道镇、宣恩县椒园镇名列其中。

4—5日 省人大常委会党组副书记、副主任王建鸣到宣恩县围绕“聚力脱贫攻坚、人大代表在行动”实地调研督导宣恩脱贫攻坚工作。

5日 州委副书记、州长刘芳震会见法国苏玳市市长让－米歇尔·德冈一行，与其共同签署恩施州与苏玳市经济文化友好交流合作备忘录。

6日 第五批中国传统村落名录公布，恩施州38个村入选，分别是：恩施市板桥镇新田村鹿院坪组，沙地乡落都村，屯堡乡双龙村雾树吼组，白果乡见天坝村水田坝组，芭蕉侗族乡戽口村彩虹山组，盛家坝乡车蓼坝村、麻茶沟村；利川市谋道镇太平村，柏杨坝镇高仰台村，建南镇黎明村，忠路镇合心村、双庙村、钟灵村，凉雾乡纳水村，文斗乡金龙村；建始县官店镇陈子山村；巴东县野三关镇穿心岩村；宣恩县椒园镇水田坝村，沙道沟镇大白溪村、药铺村，李家河镇中大湾村，高罗镇腊树园村、清水塘村，万寨乡金龙坪村，晓关侗族乡中村坝村、骡马洞村；咸丰县高乐山镇官坝村、龙家界村、牛栏界村；来凤县百福司镇冉家村、观音坪村，大河镇车洞湖村，绿水镇田家寨村，旧司镇梅子垭村；鹤峰县容美镇屏山村、大溪村，五里乡湄坪村，邬阳乡邬阳村。

12日 州政府与湖北省宏泰集团战略合作协议签约仪式在州城恩施举行，双方在装配式建筑、金融、基础设施和城市建设、生态文化旅游等领域达成诸多合作意向。

同日 农业农村部减抗科技下乡公益活动暨百千万接力公益再行动在恩施州举办。

12—13日 省人大常委会党组书记、常务副主任王玲到恩施州调研指导脱贫攻坚、“代表行动”、人大建设工作，征求恩施州有关代表对省人大常委会更好开展“代表行动”的意见建议。

13—14日 省委书记到来凤县、恩施市开展“不忘初心、牢记使命”主题教育工作调研，专程到来凤县人民医院看望张富清老人。

14日 省“学习习近平新时代中国特色社会主义思想系列研讨会——坚决打赢脱贫攻坚战”专场研讨会在恩施州召开。

同日 国家煤矿督导调研组到恩施州检查指导工作，向恩施州反馈督导调研煤矿安全生产的有关情况。

18日 海关总署国家口岸办正式批复同意恩施航空口岸临时开放。

18—20日 州文旅局组织恩施旅游集团等多家旅游企业参加2019北京国际旅游博览会。

18—23日 州发改委（粮食局）组织硒粮油企业参加在福建举办的“2019第十五届粮食产销合作洽谈会”和在河南举办的“第二届中国粮食交易大会”。

20—26日 州委书记柯俊带队到江苏昆山，福建厦门、泉州、晋江、福州，浙江杭州等地开展招商考察活动，对接东西部扶贫协作项目，参加湖北省代表团到浙江省开展东西部扶贫协作系列活动。

21日 省级宣讲团“打赢脱贫攻坚战”到恩施州宣讲报告会在利川举行。

同日 省交通运输厅通报2018年度湖北省“四好农村路”示范县、示范乡镇评选结果，恩施州建始县花坪镇、利川市谋道镇、巴东县茶店子镇、恩施市芭蕉侗族乡被授予2018年度“四好农村公路”示范乡镇。

22—23日 2019恩施州非物质文化遗产VS潮流文化城市邀请赛总决赛在州城恩施举行。

23日 “万里茶道”文化旅游发展创新论坛在内蒙古自治区乌兰察布市举行，恩施市芭蕉侗族乡选送《中国湖北省：侗族乡“茶旅融合”走出扶贫新道路》案例入选。

24—25日 恩施州文旅形象宣传片及文旅推广大使“恩施王老虎”在香港展示。2019恩施州旅游（香港）推介会在香港举行。

27日 关注森林活动20周年总结表彰大会在北京举行，湖北旭舟林农科技有限公司董事长、利川沙溪人刘汉蓁获评突出贡献个人。

28日 6月中国好人榜发布仪式暨全国道德模范与身边好人交流活动在云南曲靖举行，建始县茅田乡梦花岭村袁金芝获评助人为乐类“中国好人”。

同日 省政府发布通报，恩施市民政局、宣恩县民政局、鹤峰县民政局被授予“全省民政工作先进单位”。

29—30日 第二届“赛龙舟·品玉露”文化旅游节在恩施市龙凤镇龙马风情小镇举行。

6月 省政府批准将来凤港纳入湖北省一般港口名录。

同月 《深藏功名　坚守初心：95岁老英雄张富清的本色人生》由人民日报出版社出版发行，《初心——向共产党员张富清学习》由新华出版社出版发行。

同月 省委全面依法治省委员会办公室、省司法厅、省教育厅等9家单位联合发文，命名100个学校为湖北省“法治建设示范学校”，恩施市实验小学、恩施市芭蕉侗族乡中心小学、利川市第二民族实验小学、建始县景阳镇清江初级中学、咸丰县第二民族实验小学、鹤峰县五里乡苏区小学6所学校名列其中。

7月

1日 中央组织部有关负责人到来凤县看望慰问张富清，向张富清现场颁授“全国优秀共产党员”证书、奖章，并转达习近平总书记和党中央对其先进事迹的充分肯定、对他本人的关心慰问。

同日 《2018年湖北旅游发展评价报告》公布恩施州游客满意度排名居全省第一。

同日 中央组织部、中央宣传部、退役军人事务部、中央军委政治工作部联合印发《关于开展向张富清同志学习的通知》。

2日 省委常委、宜昌市委书记、清江省级河长周霁到清江流域，检查防汛及河湖长制落实情况，并巡查水布垭库区。

4—6日 2019年中国北京世界园艺博览会“湖北日”主题活动中，宣传片《生态中国·凤舞荆楚耀华中》播出，鹤峰县“天蓝地绿水清、人与自然和谐共生”画面被收录。

5日 省农业信贷担保有限公司与恩施州合作签约仪式在州城恩施举行。

同日 州博物馆与广东瑶族博物馆联合举办的《多彩瑶族——瑶族风情展》在州博物馆展出。

6—7日 2019年“超级杯”全国气排球联赛分区赛（恩施站）在州民族体育馆举行。

8日 州政府与北京中医医院签订“硒食品

辅助治疗癌症临床研究”战略合作协议。

8—9日 中国博物馆协会民族博物馆专业委员会2019恩施年会暨学术研讨会在恩施州召开。

9日 “健康中国·诚信亮证”商务部研究院健康行业诚信认证启动仪式暨科学补硒健康生活五周年诚信经营表彰大会在恩施州举行。

12日 联合国可持续发展目标示范村项目在北京启动，来凤县名列其中。

15日 省发改委发文批复同意建设宜都—来凤高速公路鹤峰东段项目。

15—17日 省人大常委会副主任刘晓鸣到宣恩县调研。

16日 省人大常委会在宣恩县召开2019年“聚力脱贫攻坚、人大代表在行动”推进会。省人大常委会党组书记、常务副主任王玲出席会议并讲话。

24日 中国图书馆学会公共图书馆分会公布第二届公共图书馆创新创意征集推广活动获奖名单，图书馆报送的《乡村“四点半学堂”里的图书馆分馆》获三等奖。

26日 中共中央总书记、国家主席、中央军委主席习近平在北京会见全国退役军人工作会议全体代表，同张富清亲切交谈并致以诚挚问候。

28日 2019年全国乡村旅游（民宿）工作现场会在四川成都召开。会上公布首批全国乡村旅游重点村名单，恩施市白杨坪镇洞下槽村、利川市南坪乡营上村名列其中。

29日 全国妇联下发《关于命名2019年“全国巾帼脱贫示范基地”的通知》，鹤峰县金阳特色有机茶基地、咸丰县奇泉茶业大沙坝基地被全国妇联评为“全国巾帼脱贫示范基地”。

29—31日 省人大常委会党组成员、副主任胡志强到巴东县、宣恩县就《湖北省清江流域水生态环境保护条例（草案三审稿）》征求意见，开展立法调研，到来凤县围绕“聚力脱贫攻坚、人大代表在行动”调研督导脱贫攻坚工作。

29日至8月2日 省政协副主席彭军到恩施州走访看望省政协委员，召开座谈会，就加强和改进省政协工作，征求省、州、县三级政协委员和基层政协工作者意见建议，到鹤峰、来凤两县考察山林资源、水源保护等生态文明建设。

31日 恩施市政府与红太阳集团有限公司签订项目投资协议。

7月 中国人民解放军新闻传播中心编写的《坚守初心好榜样：张富清》由人民出版社出版发行。

同月 省司法厅、省普法办联合下发《关于命名全省第三批“省级法治文化建设示范点”的通报》，恩施州新增11个省级法治文化建设示范点，其中三星级法治文化公园（广场）2个，四星级法治文化村居（社区、街道）3个，三星级法治文化村居（社区、街道）3个，法治文化机关（单位）3个。

8月

2日 州委书记柯俊率恩施州考察团到中国石化江汉油田、潜江市考察，与江汉油田签订战略合作协议。

4日 傍晚，暴雨导致鹤峰县未开发景点躲避峡突发山洪，造成部分游玩人员被冲走，部分游玩人员被困。省应急管理厅及当地政府迅速组织救援队伍开展救援。灾害发生后，省委书记、省长作出重要批示，要求全力搜救失踪人员，妥善做好善后工作。副省长曹广晶赶赴鹤峰县燕子镇躲避峡灾害现场指导救援工作。6日上午9时40分，最后一名失联人员遗体找到，躲避峡突发山洪造成13人死亡，成功救出被困人员61人。

4—6日 省污普办第四质量核查组在恩施州开展污染源普查产排污核算和数据汇总阶段质量核查。

6日 全州巡察工作推进会暨州委2019年精

准扶贫脱贫攻坚、基层党组织建设专项巡察“回头看”动员部署会召开。

同日 由国家体育总局社会体育指导中心指导，省体育局、州政府主办的2019中国（宣恩）内陆河水上运动会暨武陵山区龙舟争霸赛在宣恩县举行。

同日 恩施州东西部扶贫协作特色产业致富带头人培训班开班，全州茶叶、中蜂、药材产业致富带头人共150余人参训。

7日 州质量强州工作委员会办公室发布第四届恩施州清江质量奖评定公告。

同日 人力资源和社会保障部、国家税务总局联合发文，利川市税务系统已故离休干部施星灿被追授“全国税务系统先进工作者”荣誉称号。

8日 州政府组织召开州、县、乡三级电视电话会议，通报全州保障农民工工资支付工作开展情况，对根治欠薪夏季专项行动进行再动员、再部署、再推动。各县市和乡镇（街道）设置分会场。

11日 “纵情野马·为爱奔跑”“小康之约”2019秘境巴东高山森林国际半程马拉松在“华中凉都”巴东县野三关镇举行。

12日 由中央网信办移动网络管理局指导，新华社新媒体中心联合斗鱼直播等直播平台承办的“看美丽乡村，庆70华诞”大型主题直播活动走进建始县店子坪村。

13日 恩施州土地质量地球化学评价暨土壤硒资源普查工作推进会暨技术研讨会召开。

14—15日 省委主题教育第九巡回指导组到恩施州就省委“不忘初心、牢记使命”主题教育问题整改进行调研督办，指导恩施州“裸土复绿”工作。

14—16日 省长江大保护十大标志性战役指挥部办公室对恩施州长江大保护十大标志性战役推进情况进行调研。

15日 湖北省“深度贫困村党支部书记及驻村帮扶干部（恩施州片区）”暨东西部扶贫协作基层干部培训班在宣恩县举办。

16日 教育部公布2019年全国足球特色幼儿园名单，恩施市孝感幼儿园、宣恩县直机关幼儿园、宣恩民族幼儿园、宣恩县沙道沟镇金宝贝幼儿园、宣恩县珠山镇楚英幼儿园、建始县高坪幼儿园名列其中。

22日 杭州知名社交电商平台贝店成功创造“24小时单一网上平台销售最多土豆”吉尼斯世界纪录，是全国首个扶贫助农吉尼斯世界纪录。

23日 省文旅厅公布首批5个“荆楚文旅名县”创建名单，来凤县名列其中。

26日 恩施州优秀人才表彰暨爱国奋斗先进事迹报告会举行，对100名优秀人才授予“恩施州优秀人才奖”。

27日 省环境保护委员会通报授予11个县（市、区）“湖北省生态文明建设示范县（市、区）”称号，巴东县、宣恩县、恩施市名列其中。

27—28日 国家扶贫领导小组成员、中央军委国防动员部副部长王东海少将率工作组到恩施州，就精准扶贫工作特别是恩施军分区创新开展的“131”扶贫模式进行调研。

28日 由州政府指导，杭州商务局、杭州市对口支援和区域合作局、恩施州商务局等主办的“中国田·恩施甜”恩施农产品消费扶贫项目启动仪式在恩施州举行。

29日 宣恩土家族薅草锣鼓《幺姑筛茶来》参加2019中国原生民歌节闭幕式，云南卫视播出。

同日 省文旅厅正式批复，同意将位于建始县的“石门河景区”更名为“恩施地心谷景区”。

30日至9月1日 州文旅局组织8个县市文旅局及恩旅集团和建始石门河、咸丰唐崖河、唐崖土司城址等多家景区和部分旅行社参加广东国际旅游产业博览会。

8月 在第十届全国残疾人运动会暨第七届

特殊奥林匹克运动会上，咸丰籍运动员袁伟译获得一金三银并两破世界纪录的成绩。

同月 省民政厅确认第二批全省社区治理和服务创新实验区，宣恩县名列其中，实验区实验周期2年，自2019年7月至2021年6月。

9月

2—5日 省全民科学素质工作第七督查组到恩施州，开展全民科学素质工作督查检查。

4日 由浙江省人力资源和社会保障厅、湖北省人力资源和社会保障厅、州政府联合主办的“浙鄂携手、共奔小康”2019“两不愁三保障”就业扶贫劳务协作“浙江—湖北”招聘会（恩施专场）在州城恩施举行。

5日 恩施州6家重点茶叶企业参加2019第二十六届上海国际茶文化旅游节暨上海国际茶业展，举办恩施硒茶品牌推介会。

同日 中央文明委公布第七届全国道德模范评选结果，张富清当选全国道德模范，万其珍获全国道德模范提名奖。

6日 州文旅局组织8个县市文旅局及恩施大峡谷、恩施地心谷、野三峡、神农溪、巴人河等多家景区及旅行社，参加在宜昌举办的长江三峡生态文化旅游路演周暨全国重点旅游联盟宜昌群英会启动仪式。

同日 第二十二届中国农产品加工业投资贸易洽谈会上。鹤峰县龙福茶业有限公司选送的“官鼎”牌珍稀白茶获评优质产品。

9日 恩施市龙凤镇龙马民族学校吴艳锋、来凤县旧司镇东流司小学黄中桂2人被教育部表彰为“全国模范教师”，鹤峰县实验中学张法英、咸丰县唐崖镇民族初级中学秦有余、巴东县沿渡河镇堆子场小学程祖南、建始县高坪镇望坪初级中学鲍春喜4人被表彰为“全国优秀教师”，恩施市中等职业技术学校被表彰为“全国教育系统先进集体”。

同日 中山大学、社会科学文献出版社与全国中老年网联合编制的《康养蓝皮书：中国康养产业发展报告（2018）》首次发布全国康养五十强县（市）榜单，鹤峰县名列其中。

同日 2018年度湖北省“大学生自强之星”评选结果公布，恩施职业技术学院旅游管理学院学生于鑫获此荣誉。

11日 2019年“荆楚最美家庭”在武汉揭晓，鹤峰县下坪乡周安秀家庭获评“荆楚最美家庭”，另有4户家庭获得“荆楚最美家庭”提名奖。

12日 建始县委、县政府、县人武部、县退役军人事务局为立二等功的军人向肖飞送去立功喜报，授予向肖飞家庭“二等功臣之家”奖牌。

同日 国家林业和草原局同意命名湖北恩施腾龙洞大峡谷为国家地质公园。

17日 国家主席习近平签署主席令，授予张富清等8人共和国勋章。9月29日，中华人民共和国国家勋章和国家荣誉称号颁授仪式在北京人民大会堂金色大厅举行。

同日 中国出版协会、中国光华科技基金会主办的长篇报告文学《本色英雄张富清》首发式在恩施举行。

同日 江苏无锡市振中园林建设工程有限公司宣恩籍职工覃遵江被评选为2019年度“江苏见义勇为新市民”。

19日 湖北省优秀企业、优秀企业家表彰会暨2019湖北企业百强发布会在武汉举行。湖北省烟草公司恩施州公司、恩施州众信房地产有限责任公司获湖北省优秀企业（金鹤奖）；恩施州国有资本投资运营有限公司董事长胡会清、恩施州民生天然气（集团）有限公司总经理谭隆泽获湖北省优秀企业家（金牛奖）；恩施州民生天然气（集团）有限公司入围2019湖北服务业企业100强。

20日 恩施市名列国家文化和旅游部公布的首批国家全域旅游示范区名单。

22日　全州产业扶贫暨秋冬季农业综合开发会议在利川市召开，部署产业扶贫和秋冬季农业综合开发、农村“厕所革命”、高标准农田建设等相关工作。

23日　恩施州推进蔬菜产业高质量发展三年行动方案出台。

同日　全省第三届法治动漫微电影大赛评选结果揭晓，鹤峰县委政法委选送的《抉择》获微电影类二等奖，州审计局选送的《新声》获微电影类三等奖，中国人民银行恩施州中心支行选送的《“金”险时刻》获微电影类优秀奖。

24日　湖北省第六届社区公益创投大赛举行，来自恩施市盛家坝乡的《撒尔嗬殡葬新风互助社》和《“好婆婆”院落自治小组》分别获农村组社区公益创投项目一等奖和二等奖，《撒尔嗬殡葬新风互助社》项目汇报人李晨赫获“优秀选手奖”。

同日　“荆楚楷模”9月榜单发布，利川市公安局刑侦大队大队长罗建波上榜。

25日　省总工会在武汉举行第三届“荆楚工匠”授称大会，恩施州田若兰、杨胜伟、万桃元、李军武4人获此荣誉。

同日　恩施州文旅宣传片《中国好山水·天赐恩施州》获2019五台山全球微电影大赛文旅单元年度整合营销奖。

26日　湖北省第十三届人民代表大会常务委员会第十一次会议批准《恩施土家族苗族自治州传统村落和民族村寨保护条例》（2019年6月5日恩施州第八届人民代表大会常务委员会第十六次会议通过），自2020年3月1日起施行。

27日　全国民族团结进步表彰大会在北京举行，大会表彰全国民族团结进步模范集体和模范个人。国家电网湖北省电力有限公司恩施供电公司、恩施市教育局获得“模范集体”表彰；建设银行湖北省恩施州来凤支行离休干部张富清，宣恩县珠山镇上湖塘社区总支委员会书记、居委会主任汪明菊（女，苗族），咸丰硒源巴特网络科技有限公司总经理吴辉（土家族），恩施农业科学院副院长向极钎（土家族），巴东县金果坪乡人力资源和社会保障服务中心主任易盛荣（土家族），利川市南坪乡党委书记周德燕（女，土家族）获得“模范个人”表彰。

同日　第四届“五个一百”网络正能量精品评选结果公布，恩施州青年网络作家丁道兵的小说《大山里的青春》获得“百篇网络正能量文字作品”奖项。

同日　9月“中国好人榜”发布仪式暨全国道德模范与身边好人现场交流活动在陕西铜川市举办，恩施州“恩施玉露”制作技艺传承人杨胜伟获评敬业奉献类“中国好人”。

9月　全国妇联作出决定，张富清家庭被授予“全国五好家庭”荣誉。

同月　省文旅厅、省财政厅下发通知，全省11个县（市、区）成功创建第二批湖北省公共文化服务体系示范区，利川市名列其中。

10月

6日　在央视一套播出的“中国歌曲大会·国庆盛典”节目中，84岁的利川市民俗文化专家谭宗派作为民歌收集研究者向全国观众推介独特的土家族民歌文化。

7日　中华全国供销合作总社下发《关于命名2018年度百强县级社、基层社标杆社、农民专业合作社示范社、农村综合服务社星级社的决定》，咸丰县供销合作社上榜百强县级社，鹤峰县燕子供销合作社联合社、建始县天生供销合作社、恩施市沙地乡供销合作社上榜基层社标杆社。

8日　北方销区16省市茶业合作秘书处在河北唐山举行新闻发布会，确定6个茶叶产区县为全国首批公众标准茶产区示范点，鹤峰县入选。

9日　中国林业产业联合会发布2019年全国

森林康养基地试点建设单位遴选结果，鹤峰县八峰森林康养基地、恩施市青云崖森林康养基地名列其中。

10日　省农业农村厅关于公布2019年湖北省休闲农业示范点名单，恩施州8个县市22个休闲农业经营单位名列其中。

12日　湖北省第二届“工友杯”职工创业创新大赛决赛在武汉举行，建始县食达好企业选送的高山富硒萝卜深加工项目，获评创业组“最受欢迎项目”。

同日　春秋航空与恩施州航线合作项目等5个项目在州城恩施签约，签约金额超过11亿元。

14日　《中国扶贫》杂志社主办的全国扶贫日系列论坛驻村帮扶扶贫论坛在北京举办，揭晓“我的驻村故事”主题征文获奖作品名单，鹤峰县审计局驻中营镇铁牛坪村原第一书记钟锦鹏作品《我的初心，我的五年驻村路》获一等奖。

16日　省依法治省委员会组织相关部门对恩施州和恩施市营造法治化营商环境、保护民营企业发展情况开展督察。

同日　第七届世界军人运动会火炬传递活动武汉站在武汉东湖之滨举行。建始县龙坪乡店子坪村党支部书记、村委会主任王光国，恩施军分区宣恩籍战士陈鹏参加火炬传递，分别担任第61棒、66棒火炬手。

同日　由新华社制作的系列微纪录片《中国减贫奇迹》第二集《天堑通途》播出，鹤峰县铁炉白族乡渔山村以“从山川阻隔到天路横越”的脱贫案例入选此次专题纪录片。

16—17日　省委宣传部、省委讲师团“理论热点面对面”示范点授牌仪式分别在鹤峰县燕子镇、恩施市屯堡乡举行。

17日　《攻坚的力量——2019年全国脱贫攻坚奖特别节目》在央视播出，揭晓2019年全国脱贫攻坚奖获奖名单，恩施市委常委、市人武部长董高获创新奖。

18日　省委第七巡回指导组组长王永高到恩施州督办指导“不忘初心、牢记使命”主题教育工作。

同日　2019年中国森林旅游节在江苏省南通市举行，鹤峰县走马林场、巴东县国有巴山林场被授予2019年第五届“中国森林氧吧”。

同日　以“休闲城市，美好生活”为主题的2019世界休闲发展高峰论坛在杭州举行，宣恩县城“仙山贡水”旅游区获“中国文旅融合创新奖。

20日　恩施—柬埔寨暹粒航线正式开通。

21日　第十五届中国茶业经济年会在广东举行，中国茶叶流通协会公布2019中国茶业百强县榜和2019中国产茶县域生态发展榜，宣恩县、咸丰县、鹤峰县、恩施市、巴东县入选2019中国茶业百强县榜；宣恩县入选2019中国产茶县域生态发展榜，被评为“2019中国十大生态产茶县”。

24日　“荆楚楷模”10月榜单发布，咸丰硒源巴特网络科技有限公司董事长吴辉上榜。

25日　由州委宣传部、州委直属机关工委、州教育局、州文旅局、州文联主办，州广播电视台承办的“庆祝新中国成立70周年·讲好恩施故事”大赛决赛结束，评出特等奖1名、一等奖3名、二等奖4名、三等奖5名、优秀奖4名。比赛历时4个月，全州6000余名干部职工、学生等参加选拔赛。

25—27日　2019年“湖北工匠杯”技能大赛——湖北省民间工艺技能大赛暨2019全国漆艺邀请赛在荆州举办，恩施州选手获得2金2银3铜成绩，其中，金奖：建始朱祖旭（根雕），恩施余兴桥（木雕）；银奖：咸丰庹先军（根雕），来凤张良勇（木雕）；铜奖：建始向勇（根雕），鹤峰何光照（根雕），恩施于祥志（漆艺）。

26日　全省社会消防工作先进单位和先进工作者名单公布：鹤峰县邬阳乡党委副书记庹金波，建始县公安局业州城区派出所副教导员侯沄，咸丰县高乐山镇城东社区党总支书记、居委会主任田新光被表彰为2018年度全省社会消防工作先进工作者。

27日 省住建厅办公室通报表扬2019年度湖北省“优秀环卫工人”，恩施州15名环卫工人被表彰。

29日 书香恩施·清江大讲堂——恩施州“家家幸福安康工程”推进会暨2019年“最美家庭”揭晓仪式在州城恩施举行。

同日 省文旅厅发布《关于公布第二届全省社会文艺团队展演评选结果的通知》，恩施市选送的舞蹈《打起连厢庆丰收》获二等奖，鹤峰县选送的满堂音《重走茶马古道再访古桃源》获三等奖。

同日 2019“一带一路”国际茶产业发展论坛暨第五届中国茶业大会在咸宁赤壁举行，世界硒都（中国恩施）实业有限公司选送的产自利川毛坝的“恩硒红”系列红茶，获2019年国际红茶品鉴大赛金奖。

10月 第四届中国农村电子商务大会组委会评定100位“2019中国农村电商致富带头人”，咸丰县硒乡供销电子商务有限公司谭超、鹤峰县官仓农产品专业合作社吴金林名列其中。

同月 教育部公布2019年全国青少年校园足球特色学校名单，利川市第二民族实验小学、建始县民族实验小学名列其中。

11月

1日 由中央广播电视总台主办的大型公益活动《众里寻你——2019寻找最美孝心少年颁奖典礼》播出。12岁的宣恩县沙道沟镇栏杆坪小学六年级学生王凌云当选2019“全国最美孝心少年”，8岁的宣恩县沙道沟镇松坪实验小学二年级学生刘顺当选“特别关注孝心少年”。

同日 省妇联、省教育厅、省文明办命名首批7家湖北省家风家教实践基地，鹤峰县下坪乡周家院子名列其中。

1—2日 州委书记柯俊率恩施州党政代表团到贵州省铜仁市碧江区、万山区、江口县、大龙经济开发区等地，考察学习工业经济发展、城镇规划建设、易地扶贫搬迁、大数据应用等方面先进经验。

1—3日 由农业农村部举办的第二届国家农产品质量安全县和农产品经销企业对接活动在江苏徐州举行，宣恩县、鹤峰县获第二批“国家农产品质量安全县”称号。

3日 中央“不忘初心、牢记使命”主题教育第一巡回督导组组长、十三届全国政协经济委员会副主任、甘肃省政协原主席冯健身到恩施州调研指导主题教育，看望老英雄张富清。

7—8日 湖北省记协时事版面专业委员会第二十四届年会暨2019年度时事好新闻评选活动在黄石举行。恩施日报6件作品获奖，其中一等奖2件、二等奖3件、三等奖1件。

9日 第二届南北茶业产销合作开发年会暨中国公众标准茶品牌首发式在北京举行，发布并推介“恩施硒茶·鹤峰茶”等17个中国公众标准茶品牌。

12日 IAI国际文化旅游峰会暨第三届IAI国际旅游奖颁奖盛典在北京举行，州文旅局与新浪湖北共同打造的“中国好山水·天赐恩施州”文旅项目推广案例获文旅IP类·品牌形象铜奖。

同日 文化和旅游部公布国家级非物质文化遗产代表性项目保护单位名单，恩施州17个项目名列其中，分别是宣恩薅草锣鼓、宣恩三棒鼓，鹤峰土家族打溜子、鹤峰傩戏，巴东县江河号子（长江峡江号子）、巴东土家族撒叶儿荷；利川灯歌、利川肉连响，来凤龙舞（地龙灯）、来凤土家族摆手舞、来凤南剧；恩施灯戏、恩施傩戏、恩施扬琴、恩施绿茶制作技艺（恩施玉露制作技艺），咸丰南剧，咸丰土家族吊脚楼营造技艺。

15日 国家林业和草原局举办的2019全国

森林城市建设座谈会在河南省信阳市召开，会上为28个国家森林城市授牌，恩施市名列其中。

同日 在第十七届中国国际农产品交易会上，发布中国农业品牌目录300个具有代表性的特色农产品区域公用品牌，恩施州茶产业协会申报的恩施硒茶入选。

16日 2019年“7·16全民游泳健身主题系列活动”（巴东重点会场）暨“畅游神农溪·横渡大三峡”冬泳邀请赛在巴东县举行。

同日 在宣恩县沙道沟栏杆坪村，以“浪漫宣恩 柚香酉水”为主题的2019贡水白柚文化周举行。

同日 生态环境部在中国生态文明论坛十堰年会期间，授牌命名第三批国家生态文明建设示范市县，恩施州、恩施市、咸丰县名列其中。

18日 学习贯彻中共十九届四中全会精神省委宣讲团恩施报告会暨州委中心组（扩大）学习会在州文化中心举行。

19日 恩施州社会组织扶贫暨东西部社会组织扶贫协作培训会在州城恩施召开。会议总结2019年社会组织参与脱贫攻坚工作情况，通报恩施州、杭州市社会组织参与脱贫攻坚的优秀典型案例，与会部分社会组织进行现场捐赠并签订帮扶协议。

19—23日 生态环境部华南环境科学研究所所长吴国增率督导组到恩施州，开展长江入河排污口现场排查。

20—22日 杭州市政协主席潘家玮率杭州市有关部门、余杭区政协和杭州市政协港澳委员、工商界人士到恩施州考察调研东西部扶贫协作和政协工作。

21日 恩施机场岘港国际航线正式开通。

23日 由省文联、湖北春晓文化传媒联合出品的电影《白云生处》摄制组在恩施市盛家坝乡二官寨村投入拍摄，讲述驻村扶贫工作队帮助贫困村在悬崖绝壁上开凿公路的故事。

24日 以法院执行工作为题材的微电影《拒执罪》在恩施开机，取材于巴东县人民法院的真实案例。

25日 州博物馆主持编撰的《恩施州博物馆精品文物之历史篇》，由长江出版社正式出版发行。

26日 省政府国资委与恩施州政府战略合作协议签约仪式暨“央企省企恩施行”活动在恩施州举行。

27日 “利川红”国家地理标志证明商标注册成功。

28日 中国武汉农业博览会组委会公布2019年湖北省20强农产品区域公用品牌，咸丰县申报的唐崖茶、来凤县申报的来凤姜和来凤藤茶名列其中。

同日 湖北省第二届（荆州）园林博览会落幕，由宣恩县城管执法局承办的恩施园获得室外展园综合奖大奖，以及室外展园单项奖中的展园设计大奖、优质工程金奖、建筑小品金奖、文化创意银奖。

29日 恩施州庆祝新中国成立70周年“精准扶贫·文化惠民”演出季闭幕式暨“文化力量·民间精彩”全州第二届社会文艺团队展演在恩施大剧院举行。

同日 第十一届“全国农村青年致富带头人”表彰活动暨乡村振兴青年先锋首场事迹报告会在北京举行，恩施州许群群、罗曲、胡燕平、秦娥4人被评为“全国农村青年致富带头人”。

同日 宣恩县（茶叶、贡水白柚）、鹤峰县（茶叶）、咸丰县（茶叶）作为31个全国有机农产品基地，应邀参加在郑州举办的第二十届中国绿色食品博览会暨第十三届中国国际有机食品博览会。鹤峰县金阳特色农产品有限责任公司有机绿茶产品获金奖。

同日 恩施州9家粮油企业参加在武汉举办的2019第二十一届荆楚大地——湖北粮油精品展

示交易会。

11月 2019年湖北省中职学校学生技能大赛在荆州、黄冈、武汉、宜昌等地13所承办学校举行。恩施州代表队获8个一等奖、17个二等奖、54个三等奖。

同月 省作家协会组织作家创作的“张富清系列图书”，由湖北人民出版社出版发行，分别为报告文学作品《父亲原本是英雄》、长诗《中国，一个老兵的故事》、长篇散文《静静流淌的岁月》。

12月

2日 民革榜样人物、民革示范支部、优秀民革党员之家表彰大会在北京召开，民革恩施州中心医院支部党员之家被表彰为“优秀民革党员之家”。

3日 2020风情恩施、牵手湘渝旅游产品推介会在州城恩施举行，来自全国各地的100多家组团社、40多家办事处近500人参加。

4日 省生态环境厅和省教育厅公布第八批“绿色学校”名单，鹤峰县中等职业技术学校、鹤峰县五里乡苏区小学、建始县花坪民族初级中学、恩施市施州民族小学名列其中。

5日 全省退役军人工作会议召开，建始县茅田乡三道岩村党支部书记樊家佩、宣恩县恩航富硒生态农业有限公司负责人蔡立勇，巴东县绿葱坡镇野花坪村党支部书记、村委会主任王祖华，来凤县土地收购储备中心职工王鑫龙4人获“全省模范退役军人”称号，州优抚医院获“全省退役军人先进工作单位”，州退役军人事务局戴居志、恩施市退役军人事务局张国强获“全省退役军人工作先进个人”称号。

6日 2019数字政府建设论坛暨第十八届中国政府网站绩效评估发布会在北京召开，会议发布第十八届（2019）中国政府网站绩效评估结果，州政府门户网站居全国地市政府门户网站排名第61位。

7日 公益促进县域发展新动力暨免费午餐、大病医保县域交流会在杭州举行，会上签署首批县域深度合作协议，表彰获得免费午餐、大病医保优秀县域奖的县市及机构，鹤峰县名列其中，作典型经验交流。

9日 国家民委发布《关于命名第七批全国民族团结进步创建示范区（单位）的决定》，鹤峰县名列第七批全国民族团结进步示范区（单位）。

同日 国家林业和草原局通报表彰2016至2018年度全国森林消防工作先进单位和先进个人。鹤峰县林业局森林防火监测预防中心主任倪永红被表彰为全国森林防火工作先进个人。

11日 经省政府批准，李军（湖北民族大学）、翁勇峰（国网恩施供电公司）、袁亮（恩施市龙凤镇农业服务中心）、孙如镜（恩施高中）被评为2019度享受省政府专项津贴人员。

12日 省文旅厅公布2018至2020年度“湖北省民间文化艺术之乡”名单，恩施市三岔镇（傩戏）、利川市柏杨坝镇（利川灯歌）、巴东县野三关镇（撒叶儿嗬）、宣恩县（滚龙连厢）、咸丰县（吊脚楼营造技艺）名列其中。

同日 农业农村部办公厅公布2019年中国美丽休闲乡村，恩施市盛家坝乡二官寨村、利川市建南镇联合村名列其中。

同日 利川金利茶业有限责任公司、巴东县黄连坪农业开发有限公司、湖北土家爱食品开发有限公司、唐崖白叶茶科技（湖北）有限公司、湖北毕卡兹生态农业有限公司和湖北鹤峰骑龙茶业有限公司被省工商联、省扶贫办表彰为全省“千企帮千村”精准扶贫行动先进民营企业。

同日 全国民族地区教育信息化应用现场经验交流会召开，公布《全国民族教育信息化应用与实践优秀案例》入选名单，建始县教育局报送的《智慧平台助力少数民族地区教育发展》、建始县民族实验初级中学报送的《深度融合·创新教育·传承经典》获奖。

14日 州委农村工作领导小组会议召开，传达湖北省市县党政领导班子和领导干部推进乡村振兴战略实绩考核有关会议精神，审议《州委农村工作领导小组工作规则》《州委农村工作领导小组办公室工作细则》和《乡村振兴战略实绩考核指标责任分工》，部署脱贫攻坚有关工作。

同日 农业农村部发布《2016—2018年度全国农牧渔业丰收奖获奖名单》，咸丰县农业技术推广中心郭发吉、利川市农业技术推广中心邓楚洪获奖。

15日 宜来高速鹤峰东段（燕子段）开工建设。

16日 农业农村部乡村产业发展司公布第三批全国农村创新创业优秀带头人典型案例，鹤峰县许群群上榜。

同日 全国离退休干部先进集体和先进个人表彰大会在北京举行，恩施州的张富清和陈泽维被中组部表彰为全国离退休干部先进个人。

同日 农民日报社三农发展研究中心（中国乡村振兴研究院）发布中国乡村振兴新闻传播影响力评价榜单（2019）。在传播影响力500强区县（市）中，来凤县居第141位、恩施市居第198位、建始县居第271位、鹤峰县居第317位、巴东县居第490位。

17日 恩施直飞泰国芭提雅航线正式开通。

同日 省人民政府关于表彰全省民族团结进步先进集体和先进个人的决定公布全省民族团结进步先进集体和先进个人名单，恩施州7个单位、9名个人获全省民族团结进步先进集体和先进个人表彰。

19日 中华全国工商联合会表彰2018—2019年度全国“五好”县级工商联，恩施市工商联、利川市工商联、咸丰县工商联、来凤县工商联、鹤峰县工商联获表彰。

同日 恩施州全域土地质量地球化学调查暨土壤硒资源普查野外工作成果通过验收。

20日 国家知识产权局商标局正式批准恩施州设立“国家知识产权局商标局恩施州受理窗口”。

24日 省人大常委会党组书记、常务副主任王玲在恩施州主持召开座谈会，就2019年省人大常委会工作报告（征求意见稿）和《湖北省乡村振兴促进条例（草案）》，征求驻恩施州的省人大代表意见和建议。

24—25日 中共中央政治局委员、国务院扶贫开发领导小组组长胡春华在湖北省恩施州调研脱贫攻坚工作，他先后到宣恩县和恩施市，深入贫困乡村、易地扶贫搬迁集中安置点、扶贫产业基地和东西部扶贫协作项目等，察看基本医疗、义务教育、住房安全和饮水安全情况，了解易地扶贫搬迁后续扶持、产业扶贫等进展。

25日 省文旅厅公布2019年湖北旅游强县、旅游名镇、旅游名村、旅游名街名单。宣恩县名列旅游强县，建始县花坪镇名列旅游名镇，利川市白鹊山村名列旅游名村。

同日 国家林业和草原局关于2019年试点国家湿地公园验收情况的通知公布，湖北宣恩贡水河国家湿地公园通过验收，正式成为国家湿地公园。

26日 2019年度全省综合减灾示范社区名单发布，恩施市沙地乡沙地社区、鹤峰县太平镇芦坪村、建始县三里乡三里坝社区等13个社区名列其中。

同日 全州劳动模范表彰大会召开，99名劳动者被授予“恩施州劳动模范”荣誉称号。

同日 黔张常铁路开通运营，结束来凤县、咸丰县结束不通火车历史。

同日 第三届湖北省“人民满意的公务员”和“人民满意的公务员集体”表彰大会在武汉举行，建始县龙坪乡党委委员、副乡长、店子坪村党支部书记王光国，咸丰县委原副书记邹炜，恩施州委副秘书长、州信访局局长向辉，利川市市场监督管理局四级主任科员、驻文斗乡马桑坡村党支部第一书记李利冰4人获“人民满意的公务员”称号；州司法局、州劳动保障监察局、巴东县公安局绿葱坡派出所3个集体获“人民满意的公务员集体”表彰；州公安局刑事侦查支队刑侦技术大队副大队长高绪辉、来凤县公安局漫水派出所原所长向雪飞2人记一等功。

27日 国务院扶贫办网站公示2019年社会组织扶贫50佳案例，鹤峰县总商会报送的《紧扣总商会职责，拓展农企共赢新格局》入选。

同日 中央文明办在湖北襄阳举办全国道德模范与身边好人现场交流活动，发布12月“中国好人榜”，恩施州邹炜、李勇上榜。

28日 省精神文明建设指导委员会发布关于表彰第七届湖北省道德模范的决定，建始县龙坪乡党委委员、副乡长，店子坪村党支部书记王光国获评第七届湖北省道德模范“敬业奉献模范”，中国建设银行来凤县支行离休干部张富清获评“敬业奉献模范”，巴东县清太坪镇白沙坪小学志愿者教师袁辉获评“助人为乐模范”。

同日 巴东县政府申报的“北京对口支援、助力巴东奔小康”项目获第七届中国民生发展论坛暨第十三届国际公益慈善论坛“2019民生示范工程”。

30日 经省人民政府批准，省民政厅正式发文，同意恩施市盛家坝撤乡设镇，成立盛家坝镇。

同日 中共恩施州委七届七次全体（扩大）会议暨州委经济工作会议在州城恩施召开。

31日 恩施州消防救援支队成立。

同日 全国法院“基本解决执行难”工作总结表彰大会在北京召开，建始县人民法院被授予全国法院“基本解决执行难”工作先进单位称号。

同日 国家民委关于做好第三批中国少数民族特色村寨命名相关工作的通知发布，决定命名第三批“中国少数民族特色村寨”，恩施州11个村名列其中，分别是：恩施市白杨坪镇洞下槽村，利川市忠路镇老屋基村，柏杨坝镇栏堰村，建始县茅田乡太和街村，宣恩县长潭河乡兴隆村、两溪河村，宣恩县晓关乡野椒园村，咸丰县清坪镇龙潭司村、忠堡镇马倌屯村，来凤县大河镇五道水村，鹤峰县容美镇屏山村。

12月 省林业局公布2019年度湖北省林业产业化省级重点龙头企业名单，鹤峰县巨融林业有限公司、利川市湖北香连药业有限责任公司、巴东县湖北西谷核桃股份有限公司和湖北乡野农业发展有限公司被重新认定为省级重点龙头企业。

同月 湖北交投投资建设的建恩、宣鹤高速公路分别通过交工验收。

同月 中国生态文化协会公布2019年“全国生态文化村”名单，咸丰县唐崖镇唐崖司村名列其中。

同月 恩施州27个村名列国家林业和草原局公布的第一批国家森林乡村名单，35个村名列第二批国家森林乡村名单。

（梁卫民　廖兆琦）

恩施州概览

地理环境与自然资源

【地理位置与面积】 恩施土家族苗族自治州位于湖北省西南部，云贵高原东延武陵山余脉与大巴山之间，地处北纬29° 07′ 10″ —31° 24′ 13″，东经108° 23′ 12″ —110° 38′ 08″。东接湖北省宜昌市，南毗湖南省湘西土家族苗族自治州，西连重庆市黔江区，北邻重庆市万州区，东北端连湖北省神农架林区。全州区域总面积24060平方千米。

【地　质】 州境位于新华夏系第三隆起带南段之黔东褶皱北东端，扬子江中下游东西向构造西端，北邻淮阳山字形构造西翼反射弧，西与四川盆地毗邻。处于扬子江淮地台近中部偏西，西为四川中台坳之川东梳状褶皱束，中、东部为八面山台坳之黔江隆起褶皱束和武陵坳褶皱束的北东段。州境位于多种构造体系联合、复合部位，具有多期活动的特征。中、南部的华夏系构造和八面山弧形帚状构造及纵贯中、北部的新华夏系联合式构造、新华夏系复合式结构、北部的东西向构造系州境的基本地质构造格架。武陵山脉由湖南北部伸入州境，分成数条支脉展开，占据州境中部、南部地区，约占总面积60%；巫山山脉由重庆东部顺长江南北两岸伸延入州境；大娄山余脉由重庆东部延伸入利川市境；大巴山余脉由陕西南部切入，分两支绵延于巴东县境长江以北。州境绝大部分是山地，惯称“八山半水分半田”。

【地　貌】 地貌以碳酸盐岩组成的高原型山地为主体，兼有碳酸盐岩组成的低山峡谷与溶蚀盆地，砂岩组成的低中山宽谷及山间红色盆地。海拔最高处巴东沿渡河镇大花村巴东垭3005米，最低点为巴东长江边的红庙岭66.8米（受三峡水库蓄水影响，该高程仅在三峡水库放空时出现）。全州以山地为主，平均海拔高度1000米。海拔1200米以上的地区占总面积的29.4%，海拔800—1200米的地区占总面积的43.6%，海拔800米以下的地区占总面积的27%。州域东西最宽220千米，南北最长260千米。州境纵横河流分布于新构造运动的影响下，地表相对抬升，河流向下深切。横贯巴东的长江切穿巫山，形成巫峡。清江、酉水、溇水、唐崖河、郁江等河流及其支流，多沿断裂发育，地表切割深，形成程度不等的深切曲流。

【土地资源】 全州2019年末土地利用现状变更调查统计显示：全州耕地面积451263.87公顷，占总面积的18.76%，园地面积54697.09公顷，占总面积的2.27%，林地面积1657140.34公顷，占总面积的68.87%，草地面积38946.70公顷，占总面积的1.62%，城镇村及工矿用地面积80918.65公顷，占总面积的3.36%，交通运输用地面积23047.89公顷，占总面积的0.96%，水域及水利设施用地面积39444.85公顷，占总面积的1.64%，其他土地面积60567.09公顷，占总面积的2.52%。

【水资源】 全州河流众多，河长在5千米以上的河流382条。其中，流域面积大于200平方千米的有60条，大于300平方千米的有25条，大于1000平方千米的有长江、清江、溇水、酉水、唐崖河、马水河、忠建河、郁江、野三河、沿渡河、梅子水、普子河、大溪河、龙河、磨刀溪15条。清江是长江中游南岸的支流，发源于利川市汪营镇清江村，是恩施州最大的河流，忠建河、马水河、野三河是清江较大的支流。清江流域总面积17107平方千米，全长428千米，平均比降2.4‰，其中恩施州境内河长275千米，州内流域面积10860平方千米，约占恩施州区域面积的45%。根据《2019年恩施州水资源公报》显示，2019年全州水资源总量124.9197亿立方米（恩施州属典型的山丘区，全州的水资源总量为地表水资源量）。根据省勘测设计院提供《清江流域规划报告》显示，全州水能资源理论蕴藏量为509万千瓦，可开发量349.1万千瓦。

【矿产资源】 据2019年全州矿产资源储量表显示，截至年底，全州发现各类矿产75种，已查明资源储量的矿产38种，分别占全省已发现149个矿种和已查明92个矿种的50.3%和41.3%。全州矿产资源以能源、黑色金属、化工原料、冶金辅助原料及建筑材料非金属矿产为主，天然气、煤、铁、硫铁矿、磷矿、耐火黏土、水泥用灰岩、石膏、高岭土、建筑石料、生物大理岩等矿产较丰富。天然气、煤、石煤、硫铁矿、铁、硒等资源储量居全省前列；菊花石、白鹤玉、硒矿、高岭土、饰面石材为特色矿产资源；矿床规模多为中、小型，大型偏少。截至2019年底，全州矿床（点）总数为633处，其中：大型12处，占1.90%；中型45处，占7.11%；小型及矿点576处，占矿床（点）总数的90.99%。根据2019年恩施州矿山开发利用年报，截至年底，全州拥有各类矿山企业469家（未含天然气），从业人数3749人。建筑石料用灰岩年产量1668.64万吨，工业总产值约7.8亿元，是恩施州主要开采利用矿种，其次是水泥用灰岩、煤、建筑用大理岩、饰面用大理岩、方解石等。

【动物资源】 据2019年陆生野生动物资源最新调查，全州有陆生脊椎野生动物30目91科577种，其中兽类8目24科98种，鸟类17目46科380种，两栖类2目10科48种，爬行类3目11科51种。金丝猴、扭角羚、林麝、白鹤、金雕、中华秋沙鸭、金猫、河麂、斑羚、鬣羚、岩羊、猕猴、小天鹅、灰鹤、鸳鸯、黑冠娟隼、雀鹰、雕鸮、灰林鸮、蛇雕、红腹锦鸡、红腹角雉、勺鸡等多种国家重点保护野生动物均在恩施州繁衍生息或越冬迁徙停歇。天然鱼类资源已收集到的和从外地引进的有9个目、20个科、147种（包括亚种）。恩施州其他水生动物资源丰富。主要水生经济动物有虾、蟹、蚌、龟、鳖、棘蛙、水獭、水禽等。

【植物资源】 州内植物资源丰富，有维管束植物219科1038属4011种，国家Ⅰ级保护野生植物水杉、珙桐、光叶珙桐、红豆杉、南方红豆杉、伯乐树、银杏、莼菜8种，国家Ⅱ级保护野生植物33种，珍稀濒危植物56种。现有100年以上古树13700株，其中500年以上的一级古树名木357株。2019年全州森林覆盖率为65.60%。主要水生经济植物有藕、荸荠、茭白、莼菜等。具有开发价值、富有地方特色的品种有莼菜、葛仙米等。

【旅游资源】 州境地形以山区为主，喀斯特地貌发育，溶洞溶洼众多，峡深谷幽，峰奇洞异，山清水秀，珍藏无数胜景。自然风光以“雄、奇、秀、幽、险”著称，自然景观有：位于恩施、利川、咸丰3县市交界的星斗山国家级自然保护区，位于宣恩、鹤峰、恩施和湖南桑植4县市交界的七姊妹山国家级自然保护区，位于鹤峰县境内的湖北木林子国家级自然保护区，位于巴东县北部的湖北巴东金丝猴国家级自然保护区，咸丰县的坪坝营、唐崖河（黄金洞）、小南海，利川市的腾龙洞、佛宝山大峡谷、玉龙洞、龙船水乡，巴东县的神农溪、巴人河、巫峡口、水布垭，恩施市的恩施大峡谷、梭步垭石林、龙洞河风景区，建始县的野三河、黄鹤桥、地心谷，来凤县的仙佛寺风景区、卯洞风景区等。主要人文景观有：咸丰唐崖土司城遗址（世界文化遗产），利川大水井古建筑群、鱼木寨，来凤仙佛寺摩崖石刻，恩施施州城址、土司城、连珠塔，建始直立人遗址、石柱观，宣恩彭家寨吊脚楼群，鹤峰容美土司城遗址，巴东秋风亭等。全州有 2 个国家 AAAAA 级旅游景区：巴东神农溪、恩施大峡谷；有 17 个国家 AAAA 级旅游景区：恩施土家女儿城、土司城、梭布垭，利川腾龙洞、大水井、龙船水乡、玉龙洞，建始野三河、石门河（2019 年 8 月更名为恩施地心谷景区），巴东巴人河、链子溪（2019 年 5 月更名为巴东县巫峡口旅游景区），咸丰唐崖河、坪坝营，来凤仙佛寺、杨梅古寨，宣恩伍家台乡村休闲度假区，鹤峰满山红景区。州境绝大部分地区属于湘鄂西、湘鄂川黔革命根据地，革命历史纪念地鹤峰“满山红”烈士陵园安葬着红二方面军红九师师长段德昌、参谋长王炳南、湘鄂西联防司令贺英等革命先烈的遗骨，恩施市五峰山中共鄂西特委旧址重新维修，方家坝烈士陵园安葬着鄂西特委书记何功伟、鄂西特委妇女部长刘惠馨，叶挺将军被囚禁在恩施的旧居保存完好，此外还有鹤峰五里坪的中共湘鄂边特委机关旧址、中营镇的红三军军部旧址、湘鄂西中央分局咸丰大村会议旧址等。

【气　候】 2019 年气温偏高，春、夏、秋、冬持续偏高，呈现明显热夏暖冬特征。雨量严重偏少，汛期强降水过程偏少，区域降水均值为 60 年来最少。日照偏少，时空分布不均，创历史极小值。冬季遭遇罕见低温阴雨寡照天气，入汛后局地强对流等气象灾害多发，7 月下旬转入盛夏高温，呈现出高温日数多、持续时间长、高温程度强的特点。

【气　温】 2019 年平均气温 16℃，比历年偏高 0.6℃。冬季冷空气活动频繁，但势力偏弱。1 月、12 月气温均偏高，呈现明显暖冬特征；春季气温整体偏高，但冷暖变幅大，季内 3 月至 4 月持续偏高，5 月偏低；夏季气温偏高，盛夏到初秋 35℃及以上高温日数比常年明显偏多，高温呈现时段集中，强度极端的特点，低山多站 35℃及以上高温日历史前五，巴东城区高温达 41.4℃，居历史第二；全州盛夏期多日平均高温居历史前三，巴东、鹤峰位居第一；秋季气温持续偏高，除 11 月中下旬出现较强冷空气活动外，其余时段冷空气偏弱。

【降　水】 2019 年，区域降水均值 985.4 毫米，与历史同期偏少 403.8 毫米，偏少 28.9%，从空间分布看，年雨量 709.8 毫米（巴东）—1092.8 毫米（利川）不等，呈明显的中西部多北部少的空间分布特征。2019 年，平均雨日为 161.4 天，各地 132（巴东）—171（来凤）天不等，与历史同期相当，区域偏少 1.7 天。

【日　照】 2019 年，恩施州区域平均日照时数 1068.4 小时，较常年同期偏少 148.4 小时，年日照时间空间分布不均，各地 908.3（利川）—1264.2（巴东）小时不等，其空间分布与降水分布相反，呈北多西少总趋势。

建置　区划

【建置沿革】 州域固定形成于 1932 年，之前，曾多次变动。春秋为巴子国地；战国为楚地；秦属黔中郡，汉属南郡、武陵郡；三国先属蜀，后属吴建平郡、武陵郡；两晋、南北朝宋、齐属建平郡、天门郡、武陵郡；梁属信陵郡；北周属秭归郡、业州军屯郡、清江郡；隋属巴东郡巴东县，清江郡清江县、开夷县、建始县；唐属归州巴东县、施州清江县、建始县；五代先后为前、后蜀所据；宋属归州巴东县、施州清江县、建始县及辰州、富州、高州、定州等许多小羁縻州；元属归州巴东县、施州建始县，南部少数民族地区实行土司制度，先后置散毛、唐崖、金峒、龙潭、忠建、毛岭、施南等土司，实行土司分治；元末明玉珍据蜀时，本区被其控制。明属夔州建始县、归州巴东县、施州卫军民指挥使司，南部地区仍施行土司制度，设有容美宣慰司，施南、散毛、忠建3个宣抚司，9个安抚司，13个长官司，5个蛮夷长官司。清初沿用明制。雍正六年（1728年）裁施州卫，设施县，辖区未变。雍正十三年（1735年）改土归流，置施南府，辖恩施县、宣恩县、来凤县、咸丰县、利川县，乾隆元年（1736年），夔州建始县划归施州。巴东县、鹤峰州属宜昌府。1912年（中华民国元年）废府设道存县，民国4年（1915年）设荆南道，治所恩施县，辖恩施、建始、利川、宣恩、来凤、咸丰6县。民国15年（1926年）改荆南道为施鹤道，鹤峰州改县划入施鹤道。民国17年（1928年）改设鄂西行政区。民国21年（1932年）改为第十行政督察区，巴东县划入，州域始为8县之治。民国25年（1936年）改为第七行政督察区，辖区未变。

1928—1935年，州境部分地区先后属于巴归兴、湘鄂边和湘鄂川黔苏区，并建立苏维埃政权组织。红军主力撤走后，各苏维埃政府遭到破坏。

1949年9月，恩施行政区专员公署在宜昌成立；11月，恩施县城解放，专署机关从宜昌迁至恩施；11月6日至12月1日，巴东、建始、恩施、宣恩、咸丰、利川、鹤峰、来凤8个县人民政府相继成立。1951年5月，恩施行政区专员公署改名为湖北省人民政府恩施地区专员公署。1955年5月，恩施地区专员公署更名为恩施专员公署。1968年1月，改恩施专区专员公署为恩施地区革命委员会。1978年11月4日，省委批准成立恩施地区行政公署，撤销恩施地区革命委员会。1983年8月19日，国务院批准撤销恩施地区，设立鄂西土家族苗族自治州。1993年4月，经国务院批准，鄂西土家族苗族自治州更名为恩施土家族苗族自治州。

【行政区划】 恩施州辖恩施市、利川市、建始县、巴东县、宣恩县、咸丰县、来凤县、鹤峰县2个市6个县。2019年，全州有乡（镇、街道）88个，其中乡30个（其中民族乡4个），镇53个，街道5个；村2312个；社区188个，其中城市社区81个，乡镇社区107个；社区居民小组1733个，村民小组22255个。

2019年恩施州行政区划情况表

表1　　　　单位：个

单位＼项目	乡、镇、街道					社区			居民小组			村	村民小组
	合计	乡	其中：民族乡	镇	街道	合计	城区社区	乡镇社区	合计	城区社区居民小组	乡镇社区居民小组		
恩施市	16	7	1	6	3	36	19	17	363	265	98	172	1530
利川市	14	5		7	2	40	25	15	347	216	131	545	5818
建始县	10	3		7		43	11	32	365	85	280	367	3232
巴东县	12	2		10		26	7	19	329	49	280	296	3465
宣恩县	9	4	2	5		5	5		51	51		279	2677
咸丰县	10	3		7		14	6	8	92	54	38	263	2366
来凤县	8	2		6		11	4	7	112	83	29	185	1798
鹤峰县	9	4	1	5		13	4	9	74	38	36	205	1369
全州	88	30	4	53	5	188	81	107	1733	841	892	2312	22255

说明：2019年7月22日，经鹤峰县人民政府批准，撤销走马北镇社区

民　族

【民族构成及分布】 恩施州是一个多民族聚居的少数民族自治州，从民族成分构成看，以土家族、苗族聚居，侗族、白族、回族、蒙古族等少数民族散杂居；从民族人口构成看，是一个以汉族、土家族、苗族为主体民族的多民族地区。土家族遍布全州各县市，主要分布在清江以南历史上属湖广土司域内来凤、鹤峰、咸丰、宣恩和利川5个县市，分别占总人口的34.34%、69.07%、74.57%、42.46%、52.42%，恩施市、巴东县、建始县3县市的土家族占总人口的38.30%、50.17%、35.06%（据2010年恩施州第六次全国人口普查资料）。截至2019年底，全州有4个民族乡（恩施市芭蕉侗族乡，宣恩县晓关侗族乡、长潭河侗族乡，鹤峰县铁炉白族乡），有鹤峰县中营乡三家台蒙古族村、走马镇曲溪白族村。

【民族普查】 据2010年恩施州第六次全国人口普查资料，以2010年11月1日零时为标准时点，全州常住人口为3290294人，其中，汉族1491307人，占45.32%，少数民族1798987人，占54.68%。少数民族中，1000人以上的少数民族有8个，土家族1562948人，占常住人口总数的47.50%，占少数民族人口总数的86.88%；苗族164844人，占常住人口总数的5.01%，占少数民族人口总数的9.16%；侗族50255人，占少数民族人口总数的2.79%；白族5639人；回族3096人；蒙古族3004人；畲族2206人；壮族1061人。

人　口

【总人口及分布情况】 年末，全州总人口402.10万人，其中，男性人口209.47万人，占总人口的52.1%；女性人口192.63万人，占总人口的47.9%。年末常住人口339万人，其中城镇常住人口155.47万人，占常住人口的比重（常住人口城镇化率）为45.86%，比上年提高1个百分点。

【人口自然变动】 全年人口出生率为8.82‰，人口死亡率为6.19‰，人口自然增长率为2.63‰。出生总人数3.72万人，出生人口性别比108.13（女为100）。二孩人数1.82万人，二孩率48.91%。

国民经济和社会发展概况

【全州经济生产总值】 2019年，全州完成地区生产总值1159.37亿元，比上年增长6.6%。第一产业增加值180.94亿元，增长3.5%；第二产业增加值299.43亿元，增长5.5%；第三产业增加值679亿元，增长8.1%。三次产业结构比为15.6∶25.8∶58.6。按年均常住人口计算，全州人均生产总值达到34259元，增长6.1%。根据第四次全国经济普查结果和GDP统一核算制度规定，2018年全州地区生产总值修订为1082.31亿元。

【市场主体】 年末，全州实有市场主体29.27万户，比上年增长13.2%。实有企业类市场主体5.63万户，增长9.7%；实有个体工商户22.36万户，农民专业合作社1.28万户。全年新登记各类市场主体5.40万户，其中新登记企业类市场主体1.07万户。

【农　业】 全年，农、林、牧、渔业实现总产值329.14亿元，扣除价格因素，比上年增长3.7%。全年粮食种植面积367200公顷，比上年减少8400公顷。粮食总产量146.32万吨，比上年减少0.37万吨，减产0.2%。全年油料产量12.11万吨，减产1.4%。烟叶产量3.99万吨，减产10.9%。蔬菜产量267.36万吨，增产1.8%。茶叶产量12.05万吨，增产12.2%。园林水果产量35.46万吨，减产0.6%。全年猪牛羊禽肉产量27.99万吨，比上年下降21.2%；其中猪肉产量24.20万吨，比上年下降23.9%。禽蛋产量3.98万吨，比上年增长2.8%。受非洲猪瘟影响，年末生猪存栏179.08万头，比上年下降34.6%。生猪出栏317.76万头，比上年下降23.2%。

【工　业】全年，全部工业增加值234.28亿元，比上年增长6.4%。规模以上工业企业296家，规模以上工业增加值增长0.5%。全年规模以上工业产销率为96.77%。规模以上工业企业主要产品产量：精制茶3.84万吨，比上年增长13.6%；卷烟34.19万箱，比上年下降14.2%；水泥518.03万吨，比上年增长0.9%；商品混凝土479.41万立方米，比上年增长32.9%；发电量61.51亿千瓦时，比上年下降27%，其中水电52.17亿千瓦时，比上年下降31.8%。每百元营业收入中的成本75.72元，比上年增加2.43元；营业收入利润率11.05%，下降1.41个百分点；每百元营业收入中的费用13.46元，减少0.59元；单位成本费用89.18元，增加1.84元；每百元资产实现的年营业收入89.30元，增加4.70元；资产负债率53.9%，下降1.1个百分点。

【建筑业】全州，具有资质等级的总承包和专业承包的建筑企业153家，完成建筑业总产值122.66亿元，比上年增长3.8%，建筑业增加值66.61亿元，增长1.6%。

【固定资产投资】全年，固定资产投资额比上年增长11%。其中，500万元以上城镇和非农户项目投资增长7.9%；房地产开发投资增长20.6%。分产业看，第一产业投资增长10%；第二产业投资增长11.4%；第三产业投资增长11%。民间投资增长23.4%。

【房地产业】全年，商品房施工面积1448.82万平方米，比上年下降2.4%；竣工面积73.33万平方米，下降28%；销售面积341.67万平方米，增长0.1%；待售面积34.56万平方米，下降33%。全年商品房销售额181.40亿元，增长6.4%，其中住宅销售额165.79亿元，增长7.7%。全年棚户区改造开工2784套，基本建成2981套，全州共计完成危房改造24270户。

【贸　易】全年，社会消费品零售总额685.81亿元，比上年增长11.2%。其中批发零售业实现销售额608.13亿元，增长11.1%；住宿餐饮业实现营业额77.68亿元，增长11.9%。限额以上企业通过公共网络实现的商品销售比上年增长38.8%。全年引进省外资金174.11亿元，比上年增长9.4%。实际利用外资2015万美元。对外贸易进出口额8965.9万美元，增长2%。其中，出口8869.8万美元，增长2.4%。

【财政　税收】全年，地方财政总收入174.04亿元，比上年增长1.7%。其中地方一般公共预算收入80.65亿元，增长0.5%。在地方一般公共预算收入中，税收收入60.24亿元，下降1.2%。全年一般公共预算支出445.78亿元，增长13.8%。

【金　融】年末，全州金融机构人民币存款余额1505.76亿元，比年初增加44.74亿元，增长3.1%。其中住户存款余额1018.91亿元，比年初增加121.92亿元，增长13.6%。金融机构人民币贷款余额1166.36亿元，比年初增加126.08亿元，增长13.2%。其中住户贷款555.35亿元，增长13.3%。年末全州各级保险分支机构合计291家，比上年末增加12家。全年全州保险市场实现保费收入52.80亿元，比上年增长11.1%。其中，人身险市场实现保费收入34.13亿元，增长8.8%；财产险市场实现保费收入18.67亿元，增长15.4%。全年支付各类赔款及给付金额17.73亿元，下降7.3%。全州2家证券公司开设的股票基金账户9.47万个，比上年增长3.4%。全年保证金存款1.36亿元，交易额407.65亿元。

【服务业】全年，批发和零售业增加值88.02亿元，比上年增长4.7%；交通运输、仓储和邮政业增加值46.16亿元，增长5.3%；住宿和餐饮业增加值44.10亿元，增长9.2%；金融业增加值69.20亿元，增长8%；房地产业增加值122.14亿元，增长5.4%；信息传输、软件和信息技术服务业增加值21.99亿元，增长24.1%；租赁和商务服务业增加值38.56亿元，增长17.1%。年末全州民用机动车拥有量77.18万辆，民用汽车拥有量48.40万辆。年末全州公路通车里程达到28517千米，其中高速公路588千米。全年公路运输货物5427万吨，比上年增长8.1%；运输旅客3910万人，增长1.5%。全州内河航道通航里程455.31千米，其中等级航道191.41千米。全年水路运输货物86.9万吨，比上年下降7%；运输旅客63.06万人，增长18.9%。2019年，一类航空口岸临时开放，开通恩施直飞柬埔寨、越南、泰国、中国澳门四条国际（地区）航线。恩施机场全年航班起降1.12万架次，比上年增长34.9%；民航运输货物1630吨，下降4.4%；运输旅客142.69万人，增长37.3%。黔张常铁路正式开通运营，全州铁路通车里程达到307千米。火车旅客发送量749.97万人，比上年增长8.6%，货物发送量7.44万吨，增长23.8%。全年邮政业务收入8.35亿元，比上年增长9.3%。其中快递业务收入2.87亿元，增长28.8%。全州邮政行业业务总量8.23亿元，增长20.2%。电信业务总量20.53亿元。年末全州固定电话用户15.82万户，移动电话用户340.44万户，固定宽带接入用户106.12万户，用户接入流量2.62亿GB，光缆线路长度28.74万千米。

【教　育】 全州有幼儿园562所，在园幼儿约10.27万人。小学461所，招生4.17万人，在校学生26.34万人。普通中学171所，招生6.95万人，在校学生20.24万人。中等职业学校12所，招生1.28万人，在校学生3.16万人。普通高校3所，招生1.18万人，在校生3.80万人，毕业生1.05万人。

【科学技术】 全州76家高新技术产业企业实现增加值30.78亿元，占全州地区生产总值比重为2.65%。全年获得专利授权762件，其中发明专利54件，实用新型专利394件，外观设计314件。年末有效注册商标19764件，比上年增长39.3%。全年新注册商标5930件，比上年增长27%。全州地理标志商标达到34件，地理标志保护产品24件，中国驰名商标5件。“恩施硒土豆”“恩施玉露”“利川红”获湖北首届地理标志大会暨品牌培育创新大赛地理标志金奖。

【文　化】 全州文化馆9个，博物馆10个，9个公共图书馆藏书107.18万册。年末全州文化系统有表演场所5个，艺术表演团体9个。省民族歌舞团编排的《连厢幸福歌》在“亚洲文明对话”北京主场与20多家国内外艺术团同台演出。《唐崖土司夫人》《金竹背篓情悠悠》等优秀剧目登上全国舞台。以张富清事迹为原型的歌曲《大山的情怀》被省委组织部全省推广。

【体　育】 全州体育运动中心9个、大型体育场馆11个、大型健身广场49片、羽毛球场96片、篮球场2179片，完成2000多个行政村、188个社区农民体育健身工程、健身路径、新全民健身示范工程，文体小广场建设实现全覆盖，城区15分钟健身圈基本形成。全年成功举办中国山地马拉松利川站、巴东高山森林国际马拉松2项国际赛事，举办宣恩水运会、巴东长江冬泳、梭布垭自行车爬坡赛3项全国赛事，举办各类群众赛事2000余场。

【旅　游】 全域旅游示范区建设取得突破，恩施市跻身首批国家全域旅游示范区，恩施腾龙洞大峡谷地质公园晋升为国家地质公园，全州游客满意度连续三年位居全省第一。全年接待游客7117.71万人次，同比增长14.5%；旅游综合收入530.45亿元，同比增长16.5%。全州A级景区32个，其中AAAAA级景区2个，AAAA级景区17个。全州三星级及以上饭店48家，五星级农家乐14家，旅行社121家。

【卫　生】 全州各级医疗卫生机构2974个，实有床位数2.54万张；卫生技术人员2.38万人，其中执业（助理）医师0.86万人，注册护士1.16万人。

【人民生活】 全年全体居民人均可支配收入18203元，比上年增长9.7%，人均生活消费支出14294元，增长11.5%。农村常住居民人均可支配收入11620元，增长10.4%，人均生活消费支出9880元，增长12.2%。城镇常住居民人均可支配收入31561元，增长9.1%，人均生活消费支出23251元，增长10.9%。全州居民恩格尔系数为35.79%，其中城镇为32.73%，农村为39.35%。

【就　业】 全年，城镇新增就业人员4.61万人，城镇登记失业率为2.31%。城镇失业人员再就业0.89万人，就业困难人员再就业0.49万人，扶持创业0.43万人，带动就业1.07万人。全州农村外出从业人员89.58万人。其中，省内州外从业10.27万人，省外从业58.50万人。

【社会保障】 年末，全州城镇职工基本养老保险参保人数54.80万人，其中企业参保人数42.36万人，机关事业单位参保人数12.44万人；城乡居民社会养老保险参保人数207.77万人，其中农村居民参保人数204.22万人；工伤保险参保人数22.80万人，其中农民工参保5.12万人；失业保险参保人数16.84万人；城乡居民基本医疗保险参保人数341.80万人，城镇职工基本医疗保险参保人数28.51万人。年末收养性社会福利单位126个，床位1.09万张。年末有0.85万人享受城市最低生活保障，23.10万人享受农村最低生活保障，1.76万人享受农村特困人员救助，全年临时救助4.15万人次。

【资源环境】 全年，全社会用电量54.66亿千瓦时，增长6.8%。其中，工业用电量16.04亿千瓦时，增长1%。单位GDP能耗继续保持下降态势，年初确定的0.5%的下降目标顺利完成。全州环境质量总体稳定。12条主要河流水质总体良好，28个地表水监测断面中，水质优良为Ⅰ－Ⅱ类的占89.3%，水质优良为Ⅲ类的占10.7%。地表水监测断面全部符合功能区划类别，达标率为100%。12个县级及以上集中式饮用水源地水质达标率100%。全州县市城区空气质量平均优良天数为350天，平均优良率为96.4%。州城优良天数为344天，优良率为94.5%。县市区域环境噪声昼间等效声级平均值为54.3分贝，比上年降低1分贝。酸雨检出率为0%，比上年下降2.3个百分点。全州完成造林面积40066.67公顷，其中人工造林面积11093.33公顷，占全部造林面积的27.7%。恩施市成功创建为“国家森林城市”，宣恩、建始县创建“省级森林城市”通过验收。全州自然保护区10个，总面积为17.43万公顷，其中5个国家级自然保护区面积14.57万公顷。

【应急管理】 全年，发生各类安全生产事故60起，比上年下降10.4%。死亡人数58人，比上年下降13.4%；直接经济损失2041万元，比上年下降42.1%。全州自然灾害累计造成直接经济损失5.18亿元，占地区生产总值的0.45%。

中国共产党恩施州委员会

综　述

【概　况】 2019年，中共恩施自治州委坚持以习近平新时代中国特色社会主义思想为指导，学习贯彻中共十九大和十九届二中、三中、四中全会精神，贯彻落实习近平总书记视察湖北重要讲话精神，全面落实省委工作要求，贯彻新发展理念，推动高质量发展，做好“六稳”工作，全州经济社会发展和党的建设等各项事业全面进步。

【推动党中央决策部署和省委工作要求落实】 以主题教育为契机，学习贯彻习近平新时代中国特色社会主义思想。围绕“守初心、担使命，找差距、抓落实”总要求，将学习教育、调查研究、检视问题、整改落实贯穿主题教育全过程。创新学习方式，探索建立“思想引领、学习在先”机制，集中举办“读书班”。坚持在调查研究中践行党的创新理论，到一线去发现问题、研究问题、解决问题、教导方法，州委常委开展调研255次，发现问题391个，并立行立改。广泛征求意见建议，认真检视剖析问题，找准“病灶”，对症下药，抓好整改。坚持奔着问题去、盯住难题改，开展19项专项整治，逐一整改销号。以政治巡视为契机，推动党中央决策部署和省委工作要求落地落实。配合巡视工作，诚恳接受巡视监督，客观公正提供情况、实事求是反映问题。做好巡视整改“后半篇文章”，做到问题不弄清楚不放过、问题不清零不放过、整改不满意不放过、责任追究不到位不放过，达到解决问题、堵塞漏洞、完善制度的目的，以实际行动推动党中央决策部署和省委工作要求在恩施州落地生根。

【坚持和加强党的领导】 遵守执行党内法规制度，执行党的政治路线，严格遵守政治纪律和政治规矩，严肃党内政治生活，认真执行民主集中制，带领全州各级党组织和广大党员干部增强“四个意识”、坚定“四个自信”、做到“两个维护”。出台激励关爱基层干部具体措施，激励广大基层干部担当作为；研究出台《关于实施“硒谷英才计划”的若干意见》，举办首届人才创新创业大赛，开展优秀人才表彰，落实“一村多名大学生计划”。加强基层党组织和党员队伍建设，建档立卡贫困村、集体经济薄弱村、软弱涣散村，党组织派驻第一书记实现全覆盖，村（社区）“两委”成员培训实现全覆盖，整顿软弱涣散党组织204个；整治机关党建“灯下黑”问题，加强国有企业党的建设，严格加强党员队伍管理。做好意识形态工作，层层压紧压实意识形态工作主体责任，落细落实“五纳入三报告”制度，对各级党委（组）中心组学习和各类思想文化类讲座、论坛、报告会实行报备管理；有效把握舆论引导主动权，应对网络舆情，全年意识形态领域整体安全平稳。推进县级融媒体中心和新时代文明实践中心建设，典型推介在全国产生重大影响，习近平总书记对张富清老英雄先进事迹作出重要批示，张富清获“共和国勋章”。围绕中华人民共和国成立70周年等大事要事开展深度宣传，弘扬主旋律、凝聚正能量。加强作风建设。开展“基层减负年”工作，出台解决形式主义官僚主义突出问题为基层减负23条具体措施，整治形式主义官僚主义突出问题。州委下发至县级以下文件、召开的全州性会议均达到党中央和省委减负要求，督查检查考核、示范创建活动、责任状和“一票否决”事项设置得到规范。查处形式主义官僚主义问题628个，处理1101人。整治“四风”隐形变异新动向，查处违反中央八项规定精神问题287个。推进党风廉政建设和反腐败斗争，处置问题线索5721件，初核问题线索5372次，立案1830件，留置81人，处分1718人。加强政治巡察，完成对7家涉改单位的常规巡察；对接受本年度脱贫验收的5县市及14家州直单位开展精准扶贫脱贫攻坚和基层党组织建设专项巡察“回头看”。

【推进社会主义民主政治建设】 支持州人大常委会、州政府、州政协、州法院、州检察院依法独立履行职能；构建大统战工作格局，加强对群团工作的领导，持续做好党管武装工作，全面巩固民族团结进步示范州创建成果，民主政治建设全面加强。统筹推进科学立法、严格执法、公正司法、全民守法。加强地方立法项目调研论证，用好自治立法权和地方立法权，持续加强重大决策和党内法规合法性审查。全面落实依法行政，推行行政执法三项制度，普遍建立政府法律顾问制度。开展“扫黑除恶”专项斗争，摧毁一批黑社会性质的犯罪组织和恶势力集团，查处一批涉黑涉恶腐败问题和“保护伞”，整治一批行业乱象，“扫黑除恶”群众评价居全省第二位。坚持发展新时代“枫桥经验”，完善层级管理、律师“三进”、四级联排等工作机制；全面修订完善村规民约和居民公约，促进自治、法治、德治“三治”融合。

【三大攻坚战】 打好防范化解重大风险攻坚战，清单化、项目化推进党的建设、意识形态、政治和社会、外事领域、科技、生态环境、外资外贸、自然灾害、经济9大领域重大风险防范化解；拓展国家安全“五个纳入”长效机制，开展意识形态工作责任制落实情况检查督办，全面压实安全生产责任，常抓不懈做好综治、信访、维稳工作，顺利完成“迎大庆、保军运”任务，全州社会大局和谐稳定。打好精准脱贫攻坚战，推进“八个到村到户”，全州近2万名驻村“尖刀班”成员坚守在脱贫一线攻坚克难，解决31.26万农村人口饮水不安全问题，新建及改造10千伏线路2374千米、配变台区2066个增容21.5万千伏安，新建农村沥青水泥路4191千米，村村通有线宽带和4G网络，实施“四类对象”危房改造1.88万户，完成7.3万户24.3万人易地扶贫搬迁任务，夯实农村发展基础；实施东西部扶贫协作帮扶项目305个；贫困发生率下降至0.23%。打好污染防治攻坚战，开展州城空气质量达标攻坚行动，建筑工地扬尘管控实现“六个百分之百”（工地周边围挡、物料堆放覆盖、土方开挖湿法作业、路面硬化、出入车辆清洗、渣土车辆密闭运输100%），露天焚烧得到有效监管，全州空气质量达到国家二级标准，州城恩施成为全省国家考核城市中首个空气质量达到国家二级标准的城市；实施河库长制，持续开展不达标断面水质提升专项攻坚和长江经济带工业园区污水处理设施整治专项行动，乡镇生活污水处理设施及管网全面建成，17个地表水断面、14个跨县市界断面水质、县城12个集中式饮用水水源地水质达标率100%；全面完成农用地土壤污染状况详查样品采集，完成29家重点行业企业用地调查，化肥农药使用量保持零增长，治理土壤酸化面积36000公顷，畜禽粪污综合利用率达72%以上，规模养殖场粪污处理设施设备配套率超过82%；抓好中央和省环保督察反馈问题整改，506件交办信访件整改销号；生态文明示范区建设取得成效，恩施州被授予“国家生态文明建设示范州”。

【产业集群建设】 生态文化旅游产业持续发展，出台《推动生态文化旅游产业高质量发展的决定》，文旅融合发展经验在全国文化与旅游融合发展座谈会上推介交流，恩施市成功入列首批国家全域旅游示范区，全年接待游客7117万人次，旅游综合收入530.45亿元；游客满意度连续三年居全省首位。硒食品精深加工产业快速发展，发布硒食品安全企业标准26项，新增“三品一标”认证产品65个，“恩施硒茶”成功注册国家地理标志证明商标，“恩施硒土豆”“利川红”“恩施玉露”在首届湖北地理标志大会暨品牌培育创新大赛中获金奖，“利川红”“恩施玉露”成为第七届世界军人运动会特约供应品牌。生物医药产业稳步发展，编制完成《恩施州生物医药产业规划（2018—2030年）》，新建中药材基地18666.67公顷，武汉国家生物产业基地恩施生物产业园挂牌，华阳（恩施）药业中成药生产基地、人福医药物流基地开工建设，一正药业冻干粉生产线建成投产，国家级中药材检验检测中心启动建设。清洁能源产业加快发展，咸丰活龙坪区域与利川建南区域页岩气气测显示良好，具备工业化开发的资源条件；江坪河电站下闸蓄水；恩施板桥风电完成设备吊装工作，元堡风电投产发电，3.75万千瓦光伏扶贫项目纳入国家补贴目录；清洁能源总装机突破410万千瓦。电子制造产业集群初具雏形，立讯精密（恩施）、达翔电子等一批行业领先企业落户入园。

【重大项目建设】 开展“比招商、抓项目、强产业、促进位”活动，推进恩施机场搬迁、旅游观光铁路、巴张高速公路等为代表的新一轮“铁公机”重大基础设施项目前期工作，沿江高铁渝恩宜段纳入湖北省铁路中长期发展规划。黔张常铁路开通运营。

【发展平台建设】 省政府批复同意恩施州高新技术产业园区和湖北恩施经济开发区整合更名为恩施高新技术产业园区。编制《恩施高新区战略发展规划》和《恩施高新区产业发展规划》，统筹推进产业分工和协作布局。支持高新投公司做强做大，支持引导社会资本参与高新区项目建设。加快筹建高新区融资担保公司。州科技孵化器通过国家级科技企业孵化器认定，湖北民族大学“硒食品营养与健康智能技术湖北省工程研究中心”经认定公布。恩施高新区在省级高新区创新驱动发展综合评价定性考评中位列全省第二。

【市场主体建设】 实施市场主体倍增、企业“小进规”成长、税收过千万企业培育和产值过亿元企业壮大“四大工程”，全州市场主体数量稳步增长。出台盘活困难企业8条措施，推动工业企业并购重组、破产重整。出台支持民营经济持续健康发展26条举措，缓解民营企业融资难题，全面放宽民间资本投资领域，非公有制企业投诉服务中心在全省率先实现全覆盖。

【新型城镇化建设】 启动国土空间规划编制，推进城区重点项目建设，实施“洁、绿、亮、美、畅”工程。州城五峰山隧道、和润城下穿隧道及交通环岛建成通车，高旗大道、纵二路项目稳步推进，循环产业园、车坝河水库引水工程项目加快建设，推进凤凰山森林公园、挂榜岩公园建设，七里坪公园、耿家坪公园及红庙社区公园建成开放。“拆围透绿、见缝插绿、裸土复绿”释放绿色空间近8万平方米。恩施市被正式授牌为国家森林城市，恩施市白杨坪镇、利川市谋道镇、宣恩县椒园镇成功入列全省首批“擦亮小城镇”行动试点乡镇。

【实施乡村振兴战略】 2019年，新启动2个州级、27个县级乡村振兴试点村建设，全州乡村振兴试点村总数为42个。学习借鉴浙江“千村示范、万村整治”经验，启动101个美丽乡村示范村、403个整治村建设。推进农村人居环境整治，改建28.3万户农村户厕、1955座农村公厕、317座乡镇公厕，重点开展“五清一治一改”村庄清洁行动，完成铁路沿线环境综合整治任务。加快推进三产融合发展，新创建6个省级现代农业产业园，恩施市白杨坪镇成功创建国家农村产业融合示范园，新增全国“一村一品”示范村镇3个，利川市南坪乡营上村、恩施市白杨坪镇洞下槽村成功入选首批全国乡村旅游重点村，利川市建南镇联合村、恩施市盛家坝乡二官寨村入选2019年中国美丽休闲乡村，11个村被命名为第三批“中国少数民族特色村寨”。推进农村公共文化服务体系建设，对855个村级综合文化服务中心提档升级。

【全面深化改革】 完成州、县两级党和国家机构改革任务。推进供给侧结构性改革，巩固“三去一降一补”成果。深化“放管服”改革，政务服务“一张网”实现“五级联通”，信息数据跨部门共享互用取得阶段性突破，企业开办实现3个工作日办结，工业项目审批用时压缩至25个工作日内，“先建后验”机制得到省政府肯定，营商环境不断优化。“村党组织书记队伍县级备案管理”经验被纳入《中国共产党支部工作条例（试行）》，农村集体产权制度、民生领域改革稳步推进。

【对外开放】 2019年5月16日，恩施海关揭牌正式开关，10月1日起全面开办海关业务。顺利实现一类航空口岸临时开放，开通直飞柬埔寨、越南、泰国、中国澳门国际（地区）航线，开创湖北省口岸建设“恩施速度”。成功举办第21届中国马铃薯大会暨世界硒都（恩施）马铃薯博览交易会；组织企业参加“法国巴黎国际食品展览会”等各类经贸活动，恩施龙漫星际谷建设项目在中法文化交流会上成功签约，全州新增外资企业8家；对外贸易稳定增长，全年新增备案登记企业51家。持续深化招商引资“一把手”工程，引进省外资金174.11亿元。

【就业创业】 贯彻就业优先政策，抓好重点项目用工服务，向立讯精密、达翔电子等企业转移就业和输送顶岗实习1万余人。全州城镇新增就业4.4万人，城镇登记失业率2.1%。加强东西部扶贫劳务协作，转移就业5000多人次。支持扶贫创业，建立“就业扶贫车间”87间，“就业扶贫合作社”1700多个，吸纳5.5万贫困人口就业。

【教育发展】 义务教育“全面改薄”投资22.06亿元，提前完成五年规划任务。普遍实行“划片招生”“阳光分班”，义务教育大班额大量减少，教学点“校校通”“班班通”全覆盖。普通高中教育质量稳中有升，全州高考一本上线4500人。教育扶贫政策惠及29余万人次。持续开展校园安全隐患排查整改。

【社会保障】 基本养老、基本医疗、工伤、失业、生育保险完成年度目标，建档立卡贫困人员城乡居民养老保险和城乡居民基本医疗保险参保率均为100%。棚户区改造、危房改造、城镇保障性安居工程均全面完成年度目标任务。退役军人和其他优抚对象的优待抚恤政策全面落实。兜底保障24万余人，发放社会救助资金8.33亿元。

【健康恩施建设】 开展爱国卫生运动和全民健身行动，成功申报国家卫生乡镇10个。全面推进体育基础设施建设，全州人均体育用地面积1.5平方米。推动县域紧密型医共体建设，全面实施城乡居民基本医疗保险门诊统筹政策，加快医疗服务价格和药品耗材招采改革，推进药品目录动态调整。分级诊疗、远程医疗服务加强，农村贫困人口慢性病门诊保障待遇全面落实。发展健康产业，康养游等新业态逐步兴起。

（刘广达　周　锐）

重要会议

【概　况】 全年召开州委全体扩大会议2次，召开州委常委会议30次。召开全州脱贫攻坚推进会，恩施州第七次民族团结进步表彰大会，纪念建党98周年座谈会，全州“不忘初心、牢记使命”主题教育工作会议，全州平安稳定、脱贫攻坚、美丽乡村建设工作电视电话会议，全州克服扶贫领域形式主义、官僚主义问题视频会等重要工作会议。

【中共恩施州委七届六次全体（扩大）会议暨全州经济工作会议】 2019年1月3日，州委七届六次全体（扩大）会议暨全州经济工作会议召开。会议学习贯彻中共十九大精神和习近平总书记视察湖北重要讲话精神，认真贯彻落实中央经济工作会议、省委十一届四次全会暨全省经济工作会议精神；审议通过《中共恩施州委常委会向州委七届六次全会的工作报告》《中共恩施州委常委会2018年抓党建工作情况报告》《中共恩施州委、恩施州人民政府关于大力支持民营经济持续健康发展的意见》《中共恩施州委七届六次全体会议决议》；总结2018年工作，部署全州高质量发展和2019年经济工作。

【中共恩施州委七届七次全体（扩大）会议暨州委经济工作会议】 2019年12月30日，中共恩施州委七届七次全体（扩大）会议暨州委经济工作会议召开。会议学习贯彻中共十九大和十九届二中、三中、四中全会精神，全面落实中央和省委经济工作会议精神，听取并讨论《中共恩施州委常委会向州委七届七次全会的工作报告》《中共恩施州委常委会2019年度抓党建工作情况报告》《中共恩施州委常委会2019年度意识形态工作情况报告》；通报州委常委会、州人大常委会党组、州政府党组、州政协党组“不忘初心、牢记使命”专题民主生活会有关情况；审议通过《中共恩施州委关于进一步加强基层社会治理推进平安恩施建设的决定》《中共恩施州委、恩施州人民政府关于推动工业加快发展的意见》；审议通过州纪律检查委员会关于胡平江严重违纪问题的审查报告，确认州委常委会之前作出的给予胡平江开除党籍的处分；审议通过《中共恩施州委七届七次全体会议决议》；总结回顾2019年工作，安排部署2020年工作。

【全州脱贫攻坚推进会】 2019年1月8日，全州脱贫攻坚推进会召开，总结2018年工作，安排2019年任务，强调要继续深化“八个到村到户”，把脱贫攻坚各项目标任务落实好、完成好，确保实现“六个清零、六个全覆盖”目标，以优异成绩向新中国成立70周年献礼。会议宣读《恩施州2019年脱贫攻坚作战方案》《中共恩施州委、恩施州人民政府关于表扬脱贫攻坚榜样的通报》。

【脱贫攻坚专项巡视相关会议】 2019年3月5日，中央脱贫攻坚专项巡视反馈问题及恩施州各类问题全面整改专题会议暨全州脱贫攻坚3月视频调度会召开。会议宣读《中央脱贫攻坚专项巡视反馈问题及恩施州各类问题全面整改工作方案》。10月23日，州扶贫开发领导小组全体会议暨中央脱贫攻坚专项巡视反馈意见整改工作领导小组会议举行，开展集中学习，研究2019年脱贫验收暨中央脱贫攻坚专项巡视反馈意见整改工作，确保高质量完成整体脱贫目标任务。

【州委国家安全委员会第一次全体会议】 2019年5月8日，召开州委国家安全委员会第一次全体会议。会议传达学习习近平总书记关于总体国家安全观的重要论述和省委国家安全委员会有关会议精神；听取全州国家安全工作情况汇报；审议通过恩施州相关文件。

【第21届中国马铃薯大会暨世界硒都（恩施）马铃薯博览交易会】 2019年5月26—28日，由中国作物学会马铃薯专业委员会、省农业农村厅、州政府共同主办，以“马铃薯产业与健康消费”为主题的第21届中国马铃薯大会暨世界硒都（恩施）马铃薯博览交易会举行。农业农村部、中国农科院、中国作物学会马铃薯专业委员会、省农业农村厅及全国28个省区市有关负责人及专家，全国马铃薯界109所高等院校、科研院所的专家教授，238家企业及26家新闻媒体记者等近800

名嘉宾出席大会。

【州委退役军人事务工作领导小组第一次全体会议】 2019年5月28日，召开州委退役军人事务工作领导小组第一次全体会议。会议学习贯彻习近平总书记关于退役军人工作重要指示和批示精神，传达中央、省委退役军人事务工作领导小组会议精神，听取全州退役军人事务工作情况汇报，审议通过州委退役军人事务工作领导小组有关文件，审核全国模范退役军人和全国退役军人工作模范单位、模范个人拟推荐名单。

【州扶贫开发领导小组第一次全体会议】 2019年5月28日，召开州扶贫开发领导小组2019年第一次全体会议，学习贯彻习近平总书记在解决“两不愁三保障”突出问题座谈会上的重要讲话精神，研究部署全州近期脱贫攻坚工作，强调要聚焦“两不愁三保障”突出问题，全面摸排，抓紧补齐短板，确保全州如期实现整体脱贫目标任务。会议集中学习习近平总书记重要讲话精神，中央、省重要会议和重要文件精神，审议《关于抓紧开展摸排解决“两不愁三保障”突出问题的方案》，研究扶贫成效考核有关事项。

【州委纪念建党98周年座谈会】 2019年6月28日，州委召开纪念建党98周年座谈会。会议传达省委向张富清学习要求；离退休老干部代表及来自基层一线的优秀党员、党务工作者代表围绕“学习张富清，不忘初心，建功新时代”主题，结合自身本职工作发言。

【全州“不忘初心、牢记使命”主题教育工作会议】 2019年9月11日，全州“不忘初心、牢记使命”主题教育工作会议召开，州委书记柯俊、省委第七巡回指导组组长王永高讲话。

【全州平安稳定、脱贫攻坚、美丽乡村建设工作电视电话会议】 2019年9月19日，全州平安稳定、脱贫攻坚、美丽乡村建设工作电视电话会议召开。会议部署全州平安稳定、中央脱贫攻坚专项巡视反馈问题整改工作。

【全州“比招商、抓项目、强产业、促进位”工作推进会】 2019年10月27—29日，全州“比招商、抓项目、强产业、促进位”工作推进会召开。州委书记柯俊，州委副书记、州长刘芳震现场督办项目建设，分析经济运行情况，部署全年收官工作。其间，参会人员到恩施市、利川市、咸丰县、恩施高新区，实地察看项目建设情况。

【全州克服扶贫领域形式主义、官僚主义问题视频会】 2019年11月15日，全州克服扶贫领域形式主义、官僚主义问题视频会召开。会议就克服扶贫领域形式主义、官僚主义问题作部署，安排贫困县退出州级初审发现问题整改工作。

【省委宣讲团到恩施州宣讲中共十九届四中全会精神】 2019年11月18日，学习贯彻中共十九届四中全会精神省委宣讲团恩施报告会暨州委中心组（扩大）学习会在州文化中心举行。

【州委常委会召开“不忘初心、牢记使命”专题民主生活会】 2019年12月7日，州委常委会召开“不忘初心、牢记使命”专题民主生活会，深入学习贯彻习近平新时代中国特色社会主义思想，按照“四个对照”“四个找一找”的要求，深入查摆问题、剖析根源，制定整改措施，进一步增强“四个意识”、坚定“四个自信”、做到“两个维护”。

【州委常委会会议】 全年共召开州委常委会会议30次，研究决策事项155项。1月3日，听取州委七届六次全体（扩大）会议暨全州经济工作会议各组讨论情况汇报。1月25日，讨论研究机构改革相关工作。2月13日，研究2019年州领导联系点安排情况，部署中央脱贫攻坚专项巡视反馈意见整改工作，讨论研究州委常委会2019年工作要点。2月22日，审议关于坚持农业农村优先发展做好“三农”工作的实施意见，研究支持州高新技术产业园区建设发展有关事项。3月18日，审议关于推动恩施州生态文化旅游业高质量发展的决定。5月7日，审议恩施州解决形式主义官僚主义突出问题为基层减负具体落实措施。5月27日，传达学习习近平总书记对张富清先进事迹的重要指示精神，审议关于在全州开展向张富清学习活动的决定。9月10日，传达学习全省“不忘初心、牢记使命”主题教育第一批总结暨第二批部署会议精神，安排部署全州“不忘初心、牢记使命”主题教育工作。10月8日，学习习近平总书记在庆祝中华人民共和国成立70周年大会上的讲话和习近平总书记在全国民族团结进步表彰大会上的讲话精神。10月25日，研究全州东西部扶贫协作有关工作。11月8日，传达学习习近平总书记关于加强和改进统一战线工作的重要思想，听取关于统一战线领域相关工作情况汇报。11月14日，传达学习《习近平同志在党的十九届四中全会上的报告和讲话》《中共中央关于坚持和完善中国特色社会主义制度、推进国家治理体系和治理能力现代化若干重大问题的决定》和习近平总书记在内蒙古、河南考察调研时的讲话精神；传达学习习近平总书记关于脱贫攻坚工作的重要指示精神和《湖北省扶贫攻坚领导小组印发〈关于构建稳定脱贫长效机制的意见〉的通知》，听取2019年度贫困县市脱贫摘帽州级初审工作情况汇报。12月6日，传达学习习近平总书记关于加强党内法规制度建设的重要指示精神，听取州委党内规范性文件集中清理工作情况汇报。12月26日，传达学习中共中央政治局委员、国务院扶贫开发领导小组组长胡春华在恩施州调研时的讲话精神；审议《恩施州乡村振兴战略实施总体规划（2018—2022年）》《关于推进法治化营商环境建设工作的通知》。12月30日，听取州委七届七次全体（扩大）会议暨州委经济工作会议各组讨论情况汇报。

（刘广达　周　锐）

上级调研督察

【胡春华到恩施州调研】 2019年12月24—25日，中共中央政治局委员、国务院扶贫开发领导小组组长胡春华到恩施州调研脱贫攻坚工作。他强调，要深入学习贯彻习近平总书记关于扶贫工作的重要论述，全面落实中央经济工作会议精神，按照党中央、国务院决策部署，以更加扎实有力的工作举措，高质量完成各项任务，确保脱贫攻坚如期完成。他到宣恩县和恩施市，深入贫困乡村、易地扶贫搬迁集中安置点、扶贫产业基地和东西部扶贫协作项目等，察看基本医疗、义务教育、住房安全和饮水安全情况，了解易地扶贫搬迁后续扶持、产业扶贫等进展。

【王晓东到恩施州调研】 2019年2月17—18日，按照省委统一部署，省委副书记、省长王晓东到恩施州调研督办中央脱贫攻坚专项巡视反馈意见整改工作，听取基层意见建议。王晓东到来凤县百福司镇，现场检查违规套取危房改造资金打造特色民居问题整改工作；到来凤县老寨村、恩施市白果树村，深入易地扶贫搬迁安置点，查看扶贫产业发展情况，看望慰问因病致贫的困难群众。现场督办会上，王晓东听取恩施州、宣恩县、来凤县、鹤峰县和省有关部门关于巡视整改工作的情况汇报，并征求意见建议。

【中央纪委调研组到恩施州调研】 2019年3月8—9日，中央纪委信访室、信息中心调研组到恩施州调研督导纪检监察信息化项目试点工作。调研组先后到州纪委监委机关、州群众信访接待服务中心，实地查看纪检监察信息化项目建设试点情况，了解来访接待系统及“12388”电话举报系统运行情况，召开座谈会听取州纪委监委汇报。调研组对恩施州试点工作给予肯定。

【周江勇率杭州市代表团到恩施州落实扶贫协作工作】 2019年4月10—12日，浙江省委常委、杭州市委书记周江勇率杭州市代表团到恩施州落实扶贫协作工作，考察宣恩县高罗镇周家堡易地扶贫搬迁安置点扶贫车间、四点半课堂及鹤峰县民族幼儿园、鹤峰县电子商务平台、燕子镇龙坪村产业发展项目等扶贫协作项目，看望慰问龙坪村贫困户。杭州市与恩施州举行扶贫协作联席会议以及鹤峰行知民族幼儿园捐赠仪式。

【省委第九巡视组巡视恩施州】 2019年4月16日，省委第九巡视组在恩施州召开巡视工作动员会。8月13日，省委第九巡视组向恩施州反馈巡视情况，组长靳祖春代表巡视组反馈意见，省委巡视工作领导小组成员、省委巡视办主任何万勤对巡视整改工作提出要求。

【国家煤矿督导调研组到恩施州检查指导工作】 2019年6月14日，国家煤矿督导调研组到恩施州检查指导工作，向恩施州反馈督导调研煤矿安全生产的有关情况。

【王东海少将率工作组到恩施州调研“131”精准扶贫模式】 2019年8月27—28日，国家扶贫领导小组成员、中央军委国防动员部副部长王东海少将率工作组到恩施州，就精准扶贫工作特别是恩施军分区创新开展的“131”扶贫模式进行调研。

（刘广达　周　锐）

州委办公室

【概　况】 2019年，州委办公室贯彻落实党中央决策部署和省委、州委工作要求，加强机关党建，抓好党风廉政建设、意识形态工作、干部选用和培养，做好统筹协调、参谋服务、运行保障、档案管理、脱贫攻坚等各项工作。

【统筹协调工作】 深化州领导“七个一”联系点工作推进机制，实行目标量化管理，年初有计划、每月有进度、季度有调度、年底有成效。科学统筹重要活动。服务张富清先进事迹报告会、全州“比招商、抓项目、强产业、促进位”调研督办等州委大型活动20余次。直接承办、参与承办、协调指导办理各类大小型会议213次。完成州委全会、“不忘初心、牢记使命”主题教育工作会等会议服务保障。完成中央主题教育第一巡回督导组到恩施州开展工作等服务。抓好州委落实党风廉政建设主体责任日常工作，坚持“两个纳入”，及时提请和服务州委组织学习有关精神、研究有关工作，定期研究督办重点工作落实。

【调查研究】 围绕州委中心工作，结合恩施实际，紧扣党办“三服务”职责，在乡村振兴、农村产权制度改革等方面精选课题，调研形成《乡村振兴快起步的洞下槽实践》等12篇调研报告。根据中办安排完成鄂西绿色发展示范区建设的课题研究。《提升组织力建好党支部》在《湖北机关党建》发表，《找准位置做好基层党办工作》等3篇文章在省委办公厅《党办工作》发表，《深化政治建设增强斗争本领》等7篇文章在《恩施日报》发表，《恩施州产业扶贫专题调研报告》等3篇调研成果分别被评为州2019年度社科重大课题、重点课题、优秀课题。

【信息工作】 围绕州委信息需求，每个工作日精心编报1期《每日要情》；围绕党中央和省委决策部署，抢时报送热点时政类信息、精心报送优质经验类信息、广泛采编报送热点新闻和舆情。坚守重要紧急信息底线，没发生迟报、瞒报和漏报现象。信息报送工作在全省17个地市州中排名第一。

【制发文件】 落实为基层减负有关措施，州委下发给县级以下的文件107件，同比下降36.69%，其中党内规范性文件、议事协调机构类文件和通报类文件54件，同比下降30%。印发各类公文353件，其中党内规范性文件30件并向省委报备，合法合规率100%。审查规范性文件133件，纠正3件，提醒5件。集中清理党内规范性文件744件，其中废止287件，宣布失效163件，修改49件，继续有效245件。高效率收处文件。规范收文办理，收处各级各类文电1.9万份。高效办理领导批示件，办理书记批示件117件。严格按照法定权限和程序履行职责，注重听取吸纳法律顾问在党内规范性文件审查备案、应急事项处置等方面的意见建议。

【履行州委国家安全委员会办公室职责】 2019年5月8日，召开州委国安委第一次全体会议。落实国家安全风险排查常态化研判报送机制，开展两轮国家安全风险隐患排查并"回头看"。开展"4·15"全民国家安全教育日宣传教育活动。协调、服务、督办重大风险攻坚任务，为"迎大庆、保军运"安保维稳、平稳有序应对鹤峰躲避峡事故等做好服务。

【问题整改】 完成责任范围内的中央脱贫攻坚专项巡视反馈问题整改，中央、省生态环境保护督察及"回头看"反馈意见整改阶段性工作。州委交由州委办公室牵头的有关置若罔闻应付了事、八项规定、形式主义官僚主义、平安稳定4个专项整治方面的问题基本整改完成。2个"上级点"民生方面的信访问题整改完成。扶贫联系点群众反映的问题整改完成。

【全州党委办公室主任会议】 2019年1月17日，全州党委办公室主任会议召开，学习贯彻习近平新时代中国特色社会主义思想，学习领会习近平总书记关于党委办公厅（室）工作的重要指示精神，贯彻落实全国、全省党委秘书长会议精神和州委常委会会议要求。

（刘广达　周　锐）

组织工作

【概　况】 截至2019年底，全州有基层党组织7142个，其中基层党委280个，党总支439个，党支部6423个。有党员161288名，其中农村党员78871名，女党员38192名，少数民族党员92873名，中专、高中及以上学历党员106406名。2019年度新发展党员3571名，其中新发展35岁以下青年党员2736名，女党员1696名，少数民族党员2274名，生产工作一线党员2616名，大专及以上学历党员1912名。全州人才总量为30.69万人，其中党政人才1.83万人，专业技术人才5.82万人，技能人才17.5万人，农村实用人才5.16万人，规模以上企业经营管理人才0.22万人，社会工作人才0.16万人。2019年，恩施州机构改革，州委组织部挂州公务员局、州委非公有制经济组织和社会组织工作委员会牌子；统一管理州委机构编制委员会办公室、州委老干部局。隶属管理单位：州委组织部党员教育中心（州委非公有制经济组织和社会组织工作委员会办公室）。

【整顿软弱涣散基层党组织】 全州共排查确定200个村和4个社区作为软弱涣散基层党组织，按照"一村一策"进行整顿提升，建立"1名县领导联村（社区）、1名乡镇班子成员包村（社区）、1名第一书记驻村（社区）、1个县以上机关单位结对"的"四个一"整顿机制。在整顿过程中共化解矛盾纠纷974起，为群众办实事1185件。来凤县整顿软弱涣散基层党组织的做法，被《焦点访谈》实地采访和宣传报道。

【开展村级后备干部培养】 印发《关于进一步做好村级后备干部培养管理工作的通知》，采取"三定四个一"（定向、定责、定标培养，培训1次、跟班1次、召开群众会1次、联系贫困户10户）工作措施，加强村级后备干部队伍建设，全州共储备培养"两委"后备干部7444名，其中书记后备人选1917名，逐步破解村级党组织后继乏人难题。

【机构改革】 2019年机构改革，全州共涉及部门206家，重新制发"三定"的部门119家，机构编制事项调整的部门174家。其中，州级涉改部门36家，重新制发"三定"的部门17家，机构编制事项调整的部门26家。改革后，州级共设置党政机构47个，其中党委机构16个，政府机构31个。州县两级机构个数均没有突破中央、省规定的机构限额。全州共减少党政机构40个，其中州级减少党政机构11个。机构改革共调整41个州直部门、189名领导干部，完成州级涉及36个部门、473名人员的转隶。

【深化干部人事制度改革】 出台《关于州委组织部统一管理州委编办、州委老干部局管理方式和工作机制的意见》，明确领导体制、干部管理和任免程序；出台《关于恩施高新区人员编制和干部人事管理的意见》，构建主体明确、权责统一、管理高效、充满活力的体制机制；印发《关于做好生态环境机构改革有关工作的通知》《关于州生态环境局县（市）分局干部管理体制问题的通知》，明确改革前后生态环境部门干部管理体制及任免程序。出台《关于进一步激励关爱基层干部的具体措施》。

【开展不担当不作为问题专项整治】 全年共排查不担当不作为问题41个，处理处分干部68人，其中批评教育31人、诫勉11人、调整岗位9人、党纪政纪处分17人。

【开展公务员和选调生招录】 全州全年共招录公务员499名，从村（社区）干部定向考录39人，定向招录"四项目人员"和退伍大学生士兵50人，招录恩施州户籍或生源地考生29人，硕士研究生6人。恩施州公务员考录工作连续7年实现"零差错""零投诉""零信访"。全州共招录选调生80名，其中"双一流"高校应届毕业生8名，其他应届毕业生46名，服务基层项目人员26名。

【实施公务员职务与职级并行制度】 完成原非领导职务人员、享受县以下职级待遇人员、县市军转干部的职级套转工作，共套转8850人。按照干部管理权限和职级晋升审批权限有序开展职级晋升，州管干部晋升一级调研员31名、三级调研员5人。

【开展"人民满意"的公务员和公务员先进集体评选】 州邮政管理局获评第九届全国"人民满意的公务员集体"，州司法局、州劳动保障监察局、巴东县公安局绿葱坡派出所3家单位获评第三届省"人民满意的公务员集体"，王光国、邹炜、向辉、李利冰4人获评第三届省"人民满意的公务员"。

【深化人才政策改革】 出台《关于实施"硒谷英才计划"的若干意见》，从优化创新环境、创业环境、融资环境、工作环境、生活环境、引才育才环境、服务环境、政策实施环境8个方面提出30条具体措施，将州本级人才资金从1000万元提高到2000万元，支持和引导各类人才创新创业。该人才政策受到中组部全国组织干部学院讲堂的推介。

【2019年恩施州第一届人才创新创业大赛】 2019年9月27日，2019年恩施州第一届人才创新创业大赛举行启动仪式。此次大赛吸引海内外412个项目报名参赛，历经4大赛区路演选拔和3个组别复赛，34个优质项目进入大赛总决赛。在赛事基础上，增设融资洽谈和科研供需对接环节，搭建技术、项目、资金对接服务平台，推动人才带项目、带技术到恩施发展，与投资机构签订融资协议10个、意向融资6350万元，与高校院所达成产学研合作项目4项。

【成立土家女儿城商圈党委】 2019年在恩施土家女儿城商圈成立全州第一个商圈党委，建设"推动商圈发展、服务商圈党员、凝聚商圈大众、引领商圈文化"的合作、开放、共享的党建综合体，9家"党员示范户"、56家"党员商户"带头创建"诚信示范店"，商圈党员积极开展志愿服务。

【开展"两新"党组织书记专题培训】 州"两新"工委举办全州"两新"党组织书记专题培训班，对150名从业人数100人以上的非公有制经济组织党组织书记，互联网企业、"三师两民"行业（律师、注册会计师、税务师和民办学校、民办医院）等重点行业和领域党组织书记进行示范培训，各县市按照要求对全州"两新"党组织书记进行轮训。州市场监督管理局在全州选派29

名非公企业党组织书记、党务工作者参加全省培训，州民政局组织 39 名社会组织负责人到杭州参加培训。

【成立民办医院行业党委】 2019 年 8 月 22 日，恩施州民办医院行业党委成立，加强全州 34 家民营医疗机构（民办医院）党组织的建设，加强党员的管理和服务，以党建促发展，以发展带党建。

（陈清全）

主题教育

【概　况】 按照中央统一部署，恩施州是第二批主题教育启动单位。全州参加“不忘初心、牢记使命”主题教育的有州级领导班子 4 个，县市级领导班子 37 个，州县直机关企事业单位 680 家，基层党组织 7111 个，党员 157109 名，乡镇（街道）90 个，中小学校 784 个，医院 149 家。157109 名党员中，州直机关企事业单位 9111 人，县市 146261 人，州高新区 1551 人，州属国有企业 186 人。党员中，厅级领导干部 35 人，县处级领导干部 809 人。恩施州主题教育开展得到中央第一巡回督导组、省委第七巡回指导组的肯定。

【学习教育】 举办州委常委“读书班”，开展 13 次中心组学习，建立“思想引领、学习在先”机制。依托驻村“尖刀班”组建“理论宣传尖刀班”，宣讲 1 万余次，覆盖 100 余万人次，推动党的创新理论“飞入寻常百姓家”。以“三大典型”为引领，弘扬“三种精神”，深入学习贯彻习近平总书记对张富清先进事迹的重要指示，大力弘扬奉献精神，广泛学习王光国的愚公精神和邹炜的敬业精神。

【调查研究】 围绕解决经济社会发展中的突出问题、群众反映强烈的热点难点问题、党的建设面临的紧迫问题，州委常委确定调研课题 14 项，梳理问题 391 个。州县机关企事业单位主要负责人开展调研 3497 次，其他班子成员开展调研 10538 次，梳理问题 15164 个。交流调研成果 770 次，讲专题党课 4295 次，提出破解发展难题的有效办法。

【检视问题】 照“四个找一找”检视自身不足，深刻反思安全事件教训、认真查找平安稳定中的突出问题，全盘梳理工业经济下滑、营商环境不优等问题。开门纳谏征集问题，在恩施新闻网、云上恩施等平台公开征求意见，通过座谈、书面、网络、电视等形式广泛征求群众、“两代表一委员”的意见。州委常委班子共征求到各类意见建议 96 条，县处级以上领导班子征求到意见建议 15552 条。各级党组织召开对照党章党规找差距专题会，各级领导班子召开“不忘初心、牢记使命”专题民主生活会，各基层支部召开专题组织生活会，进行批评和自我批评。

【整改落实】 将平安稳定、工业经济发展、营商环境、“裸土复绿”和铁路沿线环境 4 个问题纳入专项整治，发现问题 1742 个、处理 859 人。针对发展质量不高的问题，开展优化营商环境“百日攻坚”行动；针对校园安全加强人防物防技防，基本实现校园封闭式管理、专职保安及安保八件套配备、一键式报警设备与公安机关联网“三个全覆盖”。将饮水安全、拖欠农民工工资等与群众密切的 9 大问题作为“为民服务解难题”项目整改。综合各类问题统筹改，对中央脱贫攻坚专项巡视、环保督察、扫黑除恶及省委巡视、州委巡察和自我检视等问题捆绑整改。

（陈清全）

宣传思想工作

【概　况】 2019 年，州委宣传部挂州委精神文明建设指导委员会办公室、州人民政府新闻办公室、州新闻出版局（州版权局）、州文学艺术界联合会牌子。全年全州宣传思想系统坚持以习近平新时代中国特色社会主义思想为指导，贯彻落实省委宣传部的安排部署和州委的工作要求，承担举旗帜、聚民心、育新人、兴文化、展形象的使命任务，做好理论武装、舆论引导、精神文明建设、文化改革发展、出版发行管理工作，为维护全州改革发展稳定大局提供支持。

【理论学习】 州委中心组带头示范，全年开展集中学习研讨23次；对153家州直副县级以上单位和8个县市党委中心组的学习情况进行督查考评，并印发通报；全州各基层党支部每月开展1次支部主题党日活动，集中学习习近平总书记系列重要讲话精神和党中央决策部署；全州14.43万人使用“学习强国”平台学习党的创新理论。组织州委宣讲团成员到州直单位和8个县市开展中共十九届四中全会精神集中宣讲15场；全年开展各类宣讲9000余场次，直接受众近百万人次。召开学习宣传贯彻中共十九届四中全会精神理论研讨会，在《恩施日报》专版刊发阐释文章；承办全省“学习习近平新时代中国特色社会主义思想——坚决打赢脱贫攻坚战”理论研讨会，为恩施州脱贫攻坚建言献策；围绕州委、州政府中心工作，组织开展社科理论研究，通报表扬2019年度社科优秀成果80项。

【宣传教育工作】 庆祝新中国成立70周年活动丰富多彩，组织18场“决战脱贫攻坚、献礼七十周年”百姓巡回宣讲报告会和300余场“我和我的祖国”百姓宣讲活动；举办共和国故事汇——恩施州红色故事宣讲大赛、庆祝新中国成立70周年·讲好恩施故事大赛、“精准扶贫·文化惠民”演出季系列活动，激发全州干部群众的爱国热情。全年选树“时代楷模”1人、“荆楚楷模”8人、“恩施楷模”26人。习近平总书记对“时代楷模”张富清先进事迹作出重要指示，配合省委宣传部组建省委张富清先进事迹报告团，到全国各地开展宣讲40多场次。成功举办全国老区宣传工作会议，鹤峰县精神扶贫案例入选中宣部《思想政治工作创新案例选编》。

【媒体宣传】 围绕州委、州政府中心工作，宣传全州干部群众喜迎新中国成立70周年的精神风貌，打好“三大攻坚战”和推进经济高质量发展的担当作为，引导干部群众正确看待当前经济社会发展面临的机遇和挑战，将思想和行动统一到州委、州政府的决策部署上来。坚持“请进来、走出去”相结合，宣传推介恩施，2019年在中央和省主流媒体刊发各类报道3100余篇，同比增长50%，其中《人民日报》刊发70余篇、中央电视台刊发200余篇、新华社刊发300余篇、中央人民广播电台刊发190余篇。开展网上主题宣传，及时回应网民关切，营造良好的网络环境。

【文化改革】 完善公共文化服务体系建设，推进14个文化体制改革项目，指导各县市建设融媒体中心，完善互联网综合治理体系，加强文化品牌建设，发挥新闻发言人制度作用。中宣部分两批投入1.37亿元支持恩施州建设1710个村综合文化服务中心，第一批855个村基本建成，第二批855个村启动建设。广播“村村响”、电视“户户通”工程安装开通率均达到95%以上。建成乡村学校少年宫83个；为全州6531户建档立卡贫困户发放和安装电视机；发挥全州2497家“农家书屋”作用，引导农民进书屋、学知识。引导文艺工作者围绕中心工作、服务基层开展创作，扶持反映精准扶贫的1部长篇小说和2部报告文学；州委宣传部获湖北省第十届精神文明建设“五个一工程”、屈原文艺奖“组织工作奖”，歌曲《太阳照在屋顶上》获“五个一工程”优秀奖，4部作品获屈原文艺奖。开展群众文化活动，举办“戏韵清江”2019恩施州迎新春戏曲展演，组织“荆楚红色文艺轻骑兵”送戏下乡1500余场，主动为基层送图书、送电影。文化旅游深度融合，恩施州文旅融合发展经验被中宣部《宣传信息》推介；在深圳举办恩施州首届文化产业招商会，全年文化产业招商引资落地项目28个，到位资金

27.52亿元；出台《恩施州促进文化产业高质量发展九条措施》，坚持双月召开一次文化产业发展调度会，协调督促各县市、相关单位工作。建设国家全域旅游示范区，恩施市顺利通过验收。恩施州游客满意度连续三年居全省首位。

【新闻发布工作】 2019年，新闻发布工作重点围绕民生工程、脱贫攻坚等政策宣讲解读，提升队伍信息发布、舆论引导的能力和水平。本年度举办新闻发布会13场。

（陈国清）

【州委中心组学习】 2019年，州委中心组集中学习23次，州委理论信息中心印发中心组学习资料11期。指导县市委、州直单位党委（党组）中心组学习，编发《理论信息》12期。9—12月，全州开展“不忘初心、牢记使命”主题教育。9月20—24日，州委常委开展学习贯彻习近平新时代中国特色社会主义思想暨“不忘初心、牢记使命”主题教育活动读书班，邀请武汉大学马克思主义学院副院长、教授、博士生导师罗永宽作《系统深刻地理解把握习近平新时代中国特色社会主义思想》，中南财经政法大学教授、博士生导师、公共管理研究所所长徐双敏作《新时代把党的政治建设摆在首位》，华中科技大学教授姚江波作《生态文明建设引领乡村振兴》专题辅导报告。

【党员干部学习】 2019年，州委理论信息中心结合每月开展的支部主题党日活动，为全州基层党组织提供《支部主题党日学习资料》13期。5月31日至6月2日，组织全州20名“学习强国”学习平台管理员、通讯员、评论员，到武汉参加全省“学习强国”学习平台专题培训。全州学习平台用户激活总数14万余人。2019年度“学习强国”湖北省学习平台全州投用稿204篇。

【理论宣讲】 2019年3月28—29日，州委宣传部、州委理论信息中心在州委党校举办2019年度全州理论宣讲员、百姓宣讲员培训班，培训人员137名。10月，省委宣传部、省委讲师团新确定恩施市屯堡乡、鹤峰县燕子乡为“全省理论热点面对面建设试点”，分别由中南民族大学、湖北民族大学对口建设。6月21日，省扶贫办相关领导到利川市作“打赢脱贫攻坚战”专题宣讲报告。8月22日，“扫黑除恶”专项斗争省级宣讲团成员到恩施州作《“扫黑除恶”的若干问题》专题讲座。11月18日，省社会科学院院长、党组副书记刘光远在恩施州作题为《党开创“中国之治”新境界的行动纲领》的十九届四中全会精神宣讲。11月27日，州委组建学习贯彻中共十九届四中全会精神州委宣讲团。11月28日，州委宣传部召开学习贯彻中共十九届四中全会精神州委宣讲团宣讲动员会暨集中备课会。

（邱勇平　孙　红）

精神文明建设

【概　况】 落实《新时代公民道德建设实施纲要》，张富清当选第七届全国道德模范，万其珍再次获全国道德模范提名奖，袁辉、王光国当选第七届湖北省道德模范；袁金芝等8人当选“中国好人”；组织评选2018—2019“感动恩施”年度人物。推进“五大创建”活动（创建文明城市、文明村镇、文明单位、文明校园、文明家庭），在咸丰县召开全州新时代文明实践中心暨农村精神文明建设现场会，出台《恩施州推进乡风文明建设三年行动方案》，开展“一个中心”（新时代文明实践中心）建设和“五大专项行动”（精神扶贫、移风易俗、农村人居环境整治、文明素质提升、丰富群众文化生活行动）。志愿服务贴近群众，召开全州志愿服务工作联席会议，各县市紧扣新时代文明实践中心建设，分层设立县市文明实践志愿服务总队8支、乡镇志愿服务支队91支、村（社区）志愿服务队近1800支，运用“群众点单、中心制单、层层派单、志愿者接单”的方式，开展文明实践志愿服务活动。

【典型选树】 实施新时代公民道德建设工程，张富清当选第七届全国道德模范、万其珍再次获得全国道德模范提名奖，王光国、张富清、袁辉当选第七届湖北省道德模范，实现全国道德模范零的突破，全国、全省当选人数创历史新高，居全省第二。易满成，张富清，袁金芝，陈显兵，杨胜伟，向胜元，邹炜、李勇7组8人当选中国好人。2018—2019年“感动恩施”十大（组）年度人物评选结果公示。2019年元旦春节期间，全州看望模范人物131组（次），发放慰问帮扶资金367500元。易满成等5人登上中国文明网好人“365”专栏宣传，袁辉等8人纳入《中国好人传（2018卷）》。评选2019年恩施楷模四期26人。

【文明城市创建】 2018年度全省县（市、区）域文明指数测评恩施州有6个县市成绩在80分以上，宣恩、巴东、咸丰、鹤峰位列进步最大县市前22名。印发通报，督办县市对照问题清单整改。恩施州创城工作做法在全省文明城市创建十堰推进会上作书面交流。组织“六城”同创之“文明城市创建大家谈”电台访谈活动。持续开展公益广告宣传，《恩施日报》《恩施晚报》刊发公益广告91版，恩施新闻网刊发公益广告18条，州广播电视台播出公益广告244条。开展文明交通和文明旅游活动，2条城市路入选全省“一米阳光路”文明交通示范路段展评，“带着文明去旅游”有奖知识问答活动得到省文明办肯定。

【文明村镇创建】 开展文明村镇和十星级文明户创建活动，59个乡镇、395个村（社区）申报2017—2018年度州级文明村镇（社区）。9村6乡镇分获“魅力乡村”和“魅力乡镇”称号。州及县市开展“送文明到山乡”活动，在恩施市洞下槽村举行启动仪式。全州各行政村普遍建立红白理事会，2019年8个县市获得省红白理事会奖励经费103万元。

【文明单位创建】 加强日常管理，精神文明建设继续纳入州委对州直单位和县市年度综合目标考核内容。围绕“文明单位怎么抓”等课题，到宣恩、来凤和部分州直单位专题调研，形成调研报告报省。组织文明单位参与文明城市、文明村镇创建，开展文明出行、文明旅游、文明餐桌、清明祭英烈、“我们的节日”“湖北文明单位向祖国表白”等活动。753个单位申报2017—2018年度州级（最佳）文明单位。

【文明校园创建】 持续开展“扣好人生第一粒扣子”主题教育活动，王凌云当选2019年“全国最美孝心少年”。恩施州15件作品参加全省《我们是共产主义接班人》视频展播，巴东野三关民中、州清江外国语学校网络文明传播活动登上中国文明网专栏展示，10所学校入选“湖北省最美校园竞晒”活动。2019年新增乡村学校少年宫项目学校5个，全州达到83个，宣恩高罗镇中心小学在全省乡村学校少年宫培训会上交流发言，苗语版《我和我的祖国》MV在学习强国APP发布。

【文明家庭创建】 组织2017—2018年度州级文明家庭申报评选，向州委推荐20户拟表扬文明家庭。与州妇联联合开展2019寻找“最美家庭”活动，评选出10户恩施州“最美家庭”及20户提名家庭，周安秀家庭获评年度“荆楚最美家庭”。税华琳等4（组）家庭入选“湖北省家风家训故事”专题展示。鹤峰周家院子家风故事在中国文明网微信刊发。

【农村精神文明建设】 经州委常委会审议通过，州委文明委出台《恩施州推进乡风文明建设三年行动方案》，在全州开展“一中心、五大专项行动”，州财政从2019—2021年，每年拿出400万元建设40个乡风文明建设示范村，三年计划建成120个示范村。召开全州新时代文明实践中心暨农村精神文明建设咸丰现场会，中宣部、中央文明办向恩施市等5县（市）贫困家庭赠送电视机6531台。

【新时代文明实践中心建设】 根据中央和省委部

署，恩施州推进新时代文明实践中心试点建设，全州8个县级文明实践中心、91个乡镇（办事处）文明实践所实现全覆盖，899个村级文明实践站先行先试，初步形成突出基层、覆盖城乡的三级新时代文明实践组织。恩施州新时代文明实践中心建设和乡风文明工作2次得到省委常委、宣传部部长王艳玲肯定性批示。鹤峰县入选全国第二批暨全省第一批新时代文明实践中心建设试点县。《爱心超市、文明银行成为鄂西山区乡村社会治理新探索》《加强新时代文明实践中心和农村精神文明建设 为推动恩施高质量发展提供强大精神动力》等做法相继在新华社、中国文明网、《湖北日报》等媒体刊发。

【志愿服务工作】 州文明委召开全州志愿服务工作联席会议，对志愿服务进行安排部署。组织在春节和“3·5”学雷锋日期间开展志愿服务活动。各县市围绕新时代文明实践中心建设，分层设立县（市）文明实践志愿服务总队8支、乡镇（办）志愿服务支队91支、村（社区）志愿服务小队近1800支，在中国志愿服务网注册志愿者18.98万人。根据群众需求，运用“群众点单、中心制单、层层派单、志愿者接单”的方式，开展文明实践志愿服务活动。恩施市义工协会《“让爱回家”——关爱服刑人员未成年子女》项目获评2018年全国最佳志愿服务项目，在2019年全省学雷锋志愿服务工作暨岗位学雷锋活动推进会上交流发言。鹤峰县覃正玉和利川市乳泉社区分获2018年湖北省最美志愿者和最美志愿服务社区。《中国志愿》杂志刊发义务支教志愿者袁辉事迹。

【文明创建宣传】 中国文明网及微信公众号刊登稿件42篇，湖北《宣传工作》刊登稿件4篇，《湖北精神文明建设》刊登稿件2篇，湖北文明网及微信号刊登稿件210余篇，恩施文明网7个栏目3个专题发稿3206篇，文明恩施微信号刊发768篇。承办政协八届三次全会关于《开展专项文明行动 推动恩施乡风文明的建议案》，完成人大、政协建议提案2个主办件3个会办件，满意率百分之百。

【张富清当选全国道德模范】 2019年9月5日，中央精神文明建设指导委员会发布关于表彰第七届全国道德模范的决定，中国建设银行湖北省来凤支行原副行长张富清当选第七届全国道德模范“敬业奉献模范”。

【3人获评湖北省道德模范】 2019年12月28日，湖北省精神文明建设指导委员会发布关于表彰第七届湖北省道德模范的决定，建始县龙坪乡党委委员、副乡长，店子坪村党支部书记王光国获评第七届湖北省道德模范“敬业奉献模范”，中国建设银行来凤县支行离休干部张富清获评“敬业奉献模范”，巴东县清太坪镇白沙坪小学志愿者教师袁辉获评“助人为乐模范”。

【8人获评“荆楚楷模”月度人物】 2019年，恩施州8人获评“荆楚楷模”月度人物，分别是：1月，原咸丰县委副书记邹炜（因公牺牲）；2月，恩施职业技术学院茶学退休教师杨胜伟；3月，鹤峰县燕子镇司法所原所长易满成（退休）；4月，来凤县建设银行离休干部张富清；5月，利川市建南镇中坪村原村医张家国（退休）；9月，利川市公安局刑侦大队大队长罗建波；10月，咸丰硒源巴特网络科技有限公司董事长吴辉；11月，中国邮政集团公司恩施州分公司陈泽维（退休）。

【2019年“恩施楷模”】 2019年第一期恩施楷模（8人）分别是：利川市建南镇红板云村村民王永浩，建始县长梁镇沙坝村纪检委员、“尖刀班”成员谢先梅，来凤县建设银行离休干部张富清，恩施市人民法院民二庭法官张勇（去世），国网湖北省电力有限公司宣恩县供电公司员工黄兆峰，咸丰硒源巴特网络科技有限公司董事长吴辉，家住利川市凉雾乡双河口村六组的三峡大学医学院临床医学专业20161282班学生杨玉霞，州

司法局政治（警务）部主任科员姚艳华。第二期恩施楷模（6人）分别是：巴东县大支坪镇尚家村村民陈显兵，宣恩县沙道沟镇咸池村村民向胜元，鹤峰县下坪乡东洲村村民徐丕军，州税务局二分局税源管理股股长吴和元，建始县茅田乡梦花岭村民袁金芝（去世），宣恩县高罗镇龙河村村委委员黄海艳。第三期恩施楷模（6人）分别是：宣恩县沙道沟镇布袋溪村义务扶贫志愿者、州邮政公司退休职工陈泽维，鹤峰县邬阳乡司法所所长罗才胜，原建始县老促会会长王正东，恩施市新塘乡双河居委会居民刘信刚，利川市飞强茶业公司首席制茶师邱建红，宣恩县万寨乡梭龙坝村村民陈其胜。第四期恩施楷模（6人）分别是：国网恩施市供电公司屯堡供电所职工杨文清，利川市司法局柏杨坝司法所所长雷红兵，巴东县大支坪镇野三坝村党支部副书记黄在兴，建始县茅田乡三道岩村书记樊家佩，鹤峰县中心医院重症医学科主任、团委书记秦宏勇，咸丰县大路坝区蛇盘溪村民江文平。

（陈国清）

学习张富清

先进事迹

【事迹简介】 张富清，男，汉族，1924年12月出生，陕西洋县人，1948年3月参加中国人民解放军，1948年8月加入中国共产党，1955年1月转业到来凤县，先后在城关粮油所、县粮食局、县纺织公司、三胡区、卯洞公社、县外贸局、县建设银行工作，1984年12月离休。

张富清在新中国成立前入伍，出生入死、保家卫国，以赫赫战功为中国解放事业立下汗马功劳；复员转业后，主动到最艰苦的地方工作生活，克己奉公、为民造福。60多年来，他深藏功名、尘封功绩，坚守初心、不改本色，用自己的朴实纯粹、淡泊名利书写了精彩人生。

1948年3月，张富清参加中国人民解放军，参加壶梯山、东马村、临皋、永丰等战役。每一次战斗，他都是突击队员，先后炸毁敌人4座碉堡，是董存瑞式的战斗英雄。在永丰战役中，他带领突击组与敌人近身混战，一颗子弹从头顶飞过，头皮受伤，继续作战，打退敌人数次反扑，坚持到天明，夺取敌人碉堡两个，缴获机枪两挺。张富清在解放大西北战斗中荣立西北野战军特等功1次、军一等功1次、师一等功1次、师二等功1次、团一等功1次，被授予军“战斗英雄”称号、师“战斗英雄”称号。1950年，西北军政委员会颁布《解放大西北人民功臣奖章条例》，张富清被授予“人民功臣”奖章。

1955年初，张富清面临复员转业。他打听到，湖北最艰苦的地方是恩施，恩施最偏远的地方是来凤，他将工作地选在了来凤县，为贫困山区奉献一生。张富清刚到来凤城关粮油所工作时，几乎每天都不能按时回家吃饭，加班是经常的事。20世纪60年代，张富清任三胡区副区长，国家开展精减退职工作，他首先动员妻子孙玉兰辞去三胡供销社公职，减轻国家负担。大儿子遇到一个到恩施市工作的报考机会，张富清动员儿子放弃，下乡到万亩林场当知青。1975年，张富清调到来凤卯洞公社担任革委会副主任，主动下到最偏远的高洞片区，与社员同吃同住同劳动。80年代初，张富清到建行工作后，白手起家，盖起办公楼，开展“拨改贷”业务，由他经手放出的贷款，没有一笔呆账。

从复员转业的那天起，张富清就“封存”所有战功记忆，对子女也只字不提。60多年深藏功名，淡泊名利。直到2018年底，来凤县进行退役军人信息采集工作时，张富清才拿出尘封64年的奖章、报功书、立功证等军功证明。

（州委宣传部　供稿）

【发现张富清英雄事迹】 2018年底，来凤县退役军人事务局开展退役军人信息采集工作。12

月3日，县退役军人信息采集专班的工作人员接待张健全为其父亲张富清提交信息采集材料。一张特等功报功书写到："贵府张富清同志为民族与人民解放事业，光荣参加我西北野战军第二纵队三五九旅七一八团二营六连，任副排长。因在陕西永丰城战斗中勇敢杀敌，荣获特等功，实为贵府之光、我军之荣。特此驰报鸿禧"，一本记录着军一等功一次、师一等功一次、师二等功一次、团一等功一次、"战斗英雄"称号两次的立功证书，一枚"人民功臣"奖章，震惊了工作人员。这些战功被压在箱底60余年，因为信息采集需要如实报告自己的情况，张富清才愿意将它们曝光在人前。

（蔚　明）

【习近平总书记对张富清先进事迹作出重要指示】 2019年4月21日，习近平总书记对中国建设银行湖北省分行来凤支行离休干部张富清先进事迹作出重要指示强调，老英雄张富清60多年深藏功名，一辈子坚守初心、不改本色，事迹感人。在部队，他保家卫国；到地方，他为民造福。他用自己的朴实纯粹、淡泊名利书写了精彩人生，是广大部队官兵和退役军人学习的榜样。要积极弘扬奉献精神，凝聚起万众一心奋斗新时代的强大力量。

（蔚　明）

获得荣誉

【张富清在解放战争时期获得的荣誉】 张富清在解放大西北战斗中荣立西北野战军特等功一次、军一等功一次、师一等功一次、师二等功一次、团一等功一次，被授予军"战斗英雄"称号、师"战斗英雄"称号。1950年，西北军政委员会颁布《解放大西北人民功臣奖章条例》，张富清被授予"人民功臣"奖章。

（蔚　明）

【张富清被授予"时代楷模"称号】 2019年6月17日，为贯彻落实习近平总书记重要指示精神，中央宣传部在湖北省来凤县向全社会公开发布张富清的先进事迹，授予他"时代楷模"称号。当天21时，中央广播电视总台综合频道《时代楷模发布厅》栏目播出"时代楷模"张富清先进事迹。

（蔚　明）

【张富清被授予"全国优秀共产党员"称号】 2019年6月27日，党中央决定，授予张富清"全国优秀共产党员"称号，号召广大党员、干部、部队官兵和退役军人向张富清学习。7月1日，中央组织部有关负责人到湖北省来凤县张富清家中看望慰问，现场为他颁授"全国优秀共产党员"证书、奖章，并转达习近平总书记和党中央对其先进事迹的充分肯定、对他本人的关心慰问。

（蔚　明）

【张富清获"全国模范退役军人"表彰】 2019年7月26日，在全国退役军人工作会议上，人力资源和社会保障部、中共中央组织部、退役军人事务部、中央军委政治工作部等军地相关部门联合表彰张富清等401人为"全国模范退役军人"。上午11时，中共中央总书记、国家主席、中央军委主席习近平会见全国退役军人工作会议全体代表，看到94岁的老英雄张富清，习近平总书记俯下身，双手紧握住老人的手，同他亲切交谈并致以诚挚问候。

（杨　林）

【张富清获得全国民族团结进步模范个人、全国离退休干部先进个人表彰】 2019年9月27日，全国民族团结进步表彰大会在北京举行，张富清被国务院授予全国民族团结进步模范个人称号。12月16日，全国离退休干部先进集体和先进个人表彰大会在北京举行，张富清被中组部表彰为全国离退休干部先进个人。

（孙云逸　徐珊珊）

【张富清获得"中国好人"、全国道德模范荣誉】 2019年5月，张富清被中央文明办评为敬业奉献类“中国好人”。9月5日，中央精神文明建设指导委员会发布关于表彰第七届全国道德模范的决定，张富清获评第七届全国道德模范“敬业奉献模范”。

（陈国清）

【张富清家庭被授予“全国五好家庭”荣誉】 2019年9月，全国妇联做出决定，授予张富清家庭、马旭家庭“全国五好家庭”荣誉。决定指出，张富清作为一名具有70余年党龄的老共产党员，一辈子坚守初心、不改本色，深藏功名、淡泊名利，对家人严格要求，在国家困难时期，作为领导干部，他带头将妻子精减下岗，动员大儿子放弃国企招工机会去林场当知青，鼓励子女们自强不息、自己奋斗，带领一家人相互扶持、相互帮助，共同书写了淡泊名利、廉洁齐家、艰苦奋斗、乐观向上的家风故事。

（李 琼）

【张富清被授予“共和国勋章”】 2019年9月17日，国家主席习近平签署主席令，根据十三届全国人大常委会第十三次会议17日下午表决通过的全国人大常委会关于授予国家勋章和国家荣誉称号的决定，授予42人国家勋章、国家荣誉称号。张富清被授予“共和国勋章”。9月29日，中华人民共和国国家勋章和国家荣誉称号颁授仪式在北京人民大会堂金色大厅举行，中共中央总书记、国家主席、中央军委主席习近平向“共和国勋章”获得者张富清颁授了勋章。10月1日，中华人民共和国成立70周年庆祝活动在北京举行，“共和国勋章”获得者张富清受邀在天安门城楼上观礼。

（蔚 明）

【张富清获得“最美奋斗者”荣誉】 2019年9月25日，中央宣传部、中央组织部、中央统战部、中央和国家机关工委、中央党史和文献研究院、教育部、人力资源社会保障部、国务院国资委、中央军委政治工作部决定，授予张富清等278名个人、西安交通大学“西迁人”爱国奋斗先进群体等22个集体“最美奋斗者”称号。

（蔚 明）

【张富清获得荆楚楷模、湖北省道德模范荣誉】 2019年4月，省委宣传部组织评选的“荆楚楷模”月榜单发布，张富清上榜。12月28日，湖北省精神文明建设指导委员会发布关于表彰第七届湖北省道德模范的决定，张富清获评“敬业奉献模范”。

（陈国清）

【张富清获得的其他荣誉】 2019年4月1日，张富清被授予2019年第一期“恩施楷模”。5月21日，中国建设银行党委书记、董事长田国立看望慰问张富清，为其颁发中国建设银行“优秀共产党员”“中国建设银行功勋员工”2本荣誉证书。

（陈国清 杨 林）

宣传学习

【概 况】 张富清先进事迹在2018年底退役军人信息采集过程中被发现后，恩施州组织、服务对张富清先进事迹的集中和分散采访活动，开展事迹挖掘和宣传。2019年4月，中共中央总书记、国家主席、中央军委主席习近平对张富清先进事迹作出了重要指示。5月，恩施州委作出关于在全州开展向张富清学习活动的决定。6月16日，湖北省委发出通知，在全省广泛开展向张富清学习活动，强调各地各部门各单位要将“学习英雄张富清、坚守初心担使命”活动贯穿主题教育全过程。7月1日，为认真学习贯彻习近平总书记重要指示精神，经中央领导同意，中央组织部、中央宣传部、退役军人事务部、中央军委政治工作部联合印发《关于开展向张富清同志学习的通知》。张富清先进事迹在《人民日报》、新华社（新华网）、中央广播电视总台、《经济日报》、《光明日报》、《解放军报》、中国军网、中国新闻网等媒体多次刊登头版头条。《时代楷模发布厅》在来凤县录制张富清专题。恩施州配合省委宣传部组建省委张富清先进事迹报告团，到全国各地开展宣讲40多场次。州委宣传部通报表扬5家单位、8名个人为张富清先进事迹宣讲模范集体和模范个人；选树精神文明建设典型，张富清获评“中国好人”、第七届全国道德模范、第七届湖北省道德模范、荆楚楷模、恩施楷模等。恩施日报社从2月起，安排记者采写老英雄张富清的典型事迹，推出《英雄本色》长篇通讯（《恩施日报》2019年3月7日A01版）和系列评论，推出“深入学习贯彻习近平总书记对张富清同志先进事迹作出的重要指示”专栏，刊发中央、省主流媒体推出的张富清典型事迹报道、重要评论和音视频作品，持续报道全州各地学习典型、宣传典型的情况。州委网信办加强张富清先进事迹网络宣传。州纪委监委将张富清先进事迹学习情况纳入巡察内容，组织开展专项监督。

（陈国清　张　慧　陈　艾　蔚　明）

【张富清先进事迹报告会】 2019年7月4日，湖北省委举行张富清先进事迹报告会。7月31日，中央宣传部、退役军人事务部、中央军委政治工作部、中共湖北省委在人民大会堂联合举办张富清先进事迹报告会。8月28日，恩施州委、州政府举行张富清先进事迹报告会。报告人分别以《英雄无言　深藏功名》《保家卫国　战功赫赫》《选择艰苦　为民造福》《坚守初心　朴实纯粹》《坚强刚毅　永葆本色》为题，讲述张富清先进事迹。

（蔚　明）

【张富清先进事迹主流媒体宣传】 张富清先进事迹在全国主流媒体用稿1700余条，其中《人民日报》用稿近40条，其中头版6条、头版头条3条；新华社（新华网）头版10余条，全媒体头条3条；央视电视台用稿约50条，新闻联播栏目10余条，新闻联播头条3条；在《经济日报》、《光明日报》、《解放军报》、中国军网、中国新闻网、中国之声等全国主流媒体多次刊登头版头条。《时代楷模发布厅》在来凤县录制张富清专题。

（黎　芳　张常春）

【张富清先进事迹相关图书出版发行】 2019年6月，《深藏功名　坚守初心：95岁老英雄张富清的本色人生》由人民日报出版社出版发行；《初心——向共产党员张富清学习》由新华出版社出版发行。7月，《坚守初心好榜样：张富清》由人民出版社出版发行。9月，《本色英雄张富清》由江西高校出版社、新华出版社出版发行。11月，湖北省作家协会组织作家创作的“张富清系列图书”由湖北人民出版社出版发行，分别为报告文学作品《父亲原本是英雄》、长诗《中国，一个老兵的故事》、长篇散文《静静流淌的岁月》。

（蔚　明）

【张富清先进事迹专题片】 2019年4月14日，CCTV-13新闻频道《面对面》栏目播出《张富清：英雄本色》。6月17日，中央广播电视总台综合频道《时代楷模发布厅》栏目播出“时代楷模”张富清先进事迹。10月21日，中央组织部和中央广播电视总台联合录制的《榜样4》专题节目在CCTV-1晚间8点档首播，其中讲述老英雄张富清的故事。9月11日，由中共湖北省委宣传部、湖北广播电视台出品的纪录片《本色》在湖北卫视首播。

（蔚　明）

【张富清先进事迹演艺作品】 2019年12月19日，省演艺集团长江人民艺术剧院创排的话剧《张富清》在洪山礼堂试演。来凤县南剧传习研究所以张富清老英雄为原型，完成南剧《本色》剧本创作。恩施州杨军、谈焱焱创作的老英雄张富清主题歌曲《大山的情怀》在《歌曲》杂志发表。

（蔚　明）

【来凤县举办张富清先进事迹展陈】 2019年7月，建设银行来凤支行建起全省建设银行系统张富清先进事迹宣传教育中心，接受党员干部、建设银行系统员工到来凤县学习张富清先进事迹。来凤县在县民族博物馆设立张富清先进事迹主题展厅，以“英雄无言，精彩人生”为主题，从“战斗英雄、人民公仆、永葆初心、时代楷模”4个部分展示张富清平凡而精彩的人生，9月1日启动布展工程，12月底完工。

（蔚　明）

【李树林讲述张富清事迹获“劳动筑梦”湖北省职工演讲比赛一等奖】 2019年6月14日，来凤县图书馆职工李树林参加省总工会主办的“劳动筑梦”湖北省职工演讲比赛，以“英雄筑梦　精彩人生”为题，讲述张富清先进事迹，获一等奖。

（曾　冬）

【大型网络互动活动“寻访英雄”在来凤县举行】 2019年11月2日，由中央军委政治工作部网络舆论局，联合中央网信办网络新闻信息传播局、退役军人事务部思想政治和权益维护司组织开展，解放军新闻传播中心承办大型网络互动活动“寻访英雄”在共和国勋章获得者、时代楷模张富清工作和生活的地方湖北省来凤县举行。

（杨　林）

统战工作

【概　况】 2019年，恩施州机构改革，州委统战部挂州委台湾工作办公室（州人民政府台湾事务办公室）、州人民政府侨务办公室、州归国华侨联合会牌子。全州统一战线学习贯彻习近平新时代中国特色社会主义思想，落实中央、省委、州委关于统一战线决策部署，坚持党对统战工作的统一领导，发挥州委统一战线工作领导小组作用，构建大统战工作格局，凝聚共识、汇聚力量，围绕中心、服务大局。

【多党合作事业】 各民主党派开展“不忘合作初心，继续携手前行”主题教育实践活动。结合庆祝新中国成立70周年、学习贯彻中共十九届四中全会精神等内容，分别组织形式多样的教育活动20次，到叶挺纪念馆、忠堡大捷纪念碑、巴东红旗渠、何功伟烈士陵园等地重温红色记忆，到扶贫联系点、产业发展一线开展调查研究活动。制订2019年度政党协商计划，围绕生态文化旅游产业集群建设、优化营商环境、政府工作报告等召开4次政党协商会议。各民主党派向国家、省、州、市提出议案和意见130件，完成重点专题调研课题12个。

【非公有制经济工作】 深化以“不忘创业初心、接力改革伟业”为主题的非公有制经济人士理想信念教育实践活动，开办培训班、报告会3期次420人次。联合州工商联、州电视台推出《脱贫攻坚民企在行动》专栏，全年播出12期。2019年1月10日，州委、州政府召开恩施州异地商会会长座谈会，州相关领导与12家异地恩施商会会长、秘书长共叙乡情，共谋发展。5月25日，恩施州第十二家异地商会——天津市湖北恩施商会在天津成立。推进直属商会改革，纳入州委年度重点改革项目。8月26日，全州乡镇商会建设座谈会在州城恩施召开。推动基层商会规范化、制度化，推动基层商会会长由非公经济人士担任，全州基层商会民政登记率超过70%。在全省率先落实非公有制企业投诉服务中心机构和编制州县两级全覆盖，成立州县两级投诉服务中心9个，安排26个财政全额拨款事业编制。

【民族工作】 巩固民族团结进步创建成果，贯彻落实习近平总书记“9·27”重要讲话精神。做好外来务工经商少数民族人员服务管理工作。利用“616”工程、武陵山试验区建设、“1+1”对口支援、省内部分市对口支援民族县市等平台，对接争取各类资金项目。恩施市教育局、国网恩施供电公司被表彰为全国民族团结进步模范集体，张富清等6人被表彰为全国民族团结进步模范个人。湖北金果茶业股份有限公司等7家单位和谭海鹰等9名个人被表彰为全省民族团结进步先进集体和个人。国网恩施供电公司创建经验被《中国民族报》刊载推广。鹤峰县成功创建成为第七批全国民族团结进步示范县。

【宗教工作】 贯彻落实新修订的《宗教事务条例》，加强对宗教工作规范化管理。将宗教理论政策学习纳入4月全州支部主题党日活动，实现宗教理论政策学习州、县、乡、村四级全覆盖，组织州、县、乡三级统战干部142人参加全州宗教政策法规培训班。制定《关于全州进一步加强基层宗教工作的通知》，对县、乡、村、信息员职责予以明确。做好校园传教防范工作。组织开展全州宗教工作专项督查，推动中央、省、州关于宗教工作决策部署全面落实。

【党外知识分子和新的社会阶层人士统战工作】 完善州委统一战线领导小组各成员单位负责人同党外知识分子、新的社会阶层人士谈心谈话制度。2019年1月29日，州委书记柯俊，州委副书记、州长刘芳震与党外人士座谈交流，共商恩施发展大计，喜迎新春佳节。9月，全州新的社会阶层人士联谊会正式成立，各县市相继建立相应组织，建设新的社会阶层人士统战工作实践创新基地。25名党外知识分子、新的社会阶层人士到咸丰县忠堡镇开展爱国主义教育活动。开展无党派人士“不忘合作初心，继续携手前进”主题教育。

【党外代表人士队伍建设】 坚持和完善党外干部联席会议制度，统战部门、组织部门与法检两院召开联席会议3次，就党外干部管理、培养、使用等事宜交流，形成共识。2019年7月19日，全州党外干部培训班在州城恩施举办，110名正科级以上党外干部参加培训。全年举办3期党外干部专题培训班，培训245人次。调整充实全州党外代表人士后备人才库。全年选派27名党外干部到东部发达地区挂职锻炼。增补5名党外州政协委员，增补3名党外州政协常委。

【港澳台工作及侨务工作】 成功举办第五届“鄂台少数民族手牵手·相约恩施女儿会”活动，展示恩施形象。贯彻落实中央31条和省62条惠及台胞措施，帮助台资企业解决实际困难，化解矛盾纠纷。抓好侨务侨联工作，落实机构改革要求，健全完善侨务侨联工作体制机制。走访慰问30名归侨侨眷。争取侨界资源在恩施落地，宣恩县麻阳寨小学获香港慜教社50万元资助。利川、巴东开设“珍珠班”6个，为家庭贫困的高中生提供资助。参加第十九届华侨华人创业发展洽谈会，签约项目1个，5个县市参加特色农产品展示。

【行业扶贫】 各民主党派、统战团体争取各类优质资源落户恩施，通过健康扶贫、教育扶贫、产业扶贫服务支持打赢脱贫攻坚战，投入款物合计600.8万元。继续开展“千企帮千村”精准扶贫行动（以民营企业为主体，以贫困村为帮扶对象，实施村企共建，以产业扶贫、就业扶贫、爱心捐助等为主要帮扶模式，引导民营企业及商会与各地建档立卡贫困村签约结对，通过打造特色产业、吸纳就业等共建方式逐步实现脱贫致富），截至2019年12月9日，全州1634家民营企业结对帮扶1135个贫困村，辐射贫困人口256147人，投入帮扶资金17.39亿元，覆盖全州建档立卡贫困村；刘小英等5人被评为全省“光彩之星”；利川金利茶业有限责任公司等6家民营企业被表彰为全省“千企帮千村”精准扶贫行动先进民营企业。5月9—10日，省委统战部副部长、省工商联党组书记王兆民带领调研组到宣恩县、来凤县调研统战、民营经济和“千企帮千村”工作开展情况。

【东西部扶贫协作】 2019年5月，杭州市委常委、统战部部长陈新华率杭州市统一战线帮扶团到恩施州开展帮扶工作，为恩施州捐款捐物价值150万元；“同心助学”项目资助恩施州建档立卡贫困学生200人。上海市政协副主席、市工商联主席、市总商会会长王志雄率领长三角民营企业家到恩施州开展考察对接活动，签订5个项目，签约金额超过11亿元。68名浙商企业家担任恩施州68个贫困村“名誉村长”。

【尔肯江·吐拉洪到恩施调研】 2019年8月13—15日，省委常委、统战部部长尔肯江·吐拉洪到统战部党建工作联系点来凤县调研。专程看望张富清老英雄，到百福司镇、三胡乡4个村了解村党支部建设及党建带群建情况，到2家企业了解生产经营及带动脱贫情况，走访宗教活动场所，与县直部门、乡村两级党组织负责人座谈交流。

【全州统战部长会议】 2019年3月11日，全州统战部长会议召开。会议通报有关事项，恩施市委统战部、利川市委统战部、咸丰县委统战部、州司法局作交流发言。

【“第五届鄂台少数民族手牵手，相约恩施女儿会”活动】 2019年8月11—13日，由中国国民党高雄市委员会副主任委员林国权率领的台湾少数民族代表团到恩施，参加“第五届鄂台少数民族手牵手，相约恩施女儿会”活动。梭布垭石林景区为台湾客人举行热烈的欢迎仪式，活动期间台湾嘉宾在城区风雨桥参加“恩施女儿会赶场相亲”活动，参观游览土司城、女儿城、恩施大峡谷。

【恩施州新的社会阶层人士联谊会成立大会暨新的社会阶层人士联席会议成员单位会议】 2019年9月10日，恩施州新的社会阶层人士联谊会成立大会暨新的社会阶层人士联席会议成员单位会议召开。会议听取《恩施土家族苗族自治州新的社会阶层人士联谊会筹备工作情况报告》，审议并通过《恩施土家族苗族自治州新的社会阶层人士联谊会章程（草案）》，选举产生恩施土家族苗族自治州新的社会阶层人士联谊会第一届理事、会长、副会长、秘书长和监事、监事长。

【统一战线工作领导小组全体会议】 2019年10月18日，州委统一战线工作领导小组全体会议召开。会议听取2019年前三季度统战工作情况汇报，传达学习中央、省委关于统一战线工作重大决策部署和相关会议精神。

【全州宗教工作领导小组（扩大）会议】 2019年11月15日，全州宗教工作领导小组（扩大）会议召开，传达学习省统一战线工作领导小组全体会议精神并报告领导小组2019年工作。

【重要会议】 2019年4月23日，召开优化营商环境专题座谈会，通报省政府近期对各市州营商环境的评价排名。6月28日，召开以“推进生态文化旅游产业发展”为主题的政党协商会议。11月6日，召开以“优化营商环境”为主题的2019年三季度政党协商会议，听取民主党派代表、工商联代表、企业代表、相关部门负责人等对恩施州营商环境的意见建议和情况汇报。11月28日，州委组织部、州委统战部召开党外干部工作联席会议。12月19日，召开第四季度政党协商会议，向党外代表人士征求对《政府工作报告》的意见建议。

（钟　韵）

保密工作

【概　况】 2019年，全州各级保密行政管理部门坚持以习近平新时代中国特色社会主义思想为指导，学习贯彻习近平总书记关于保密工作的重要讲话、指示批示精神和《中共中央关于加强和改进保密工作的意见》，坚持党管保密，加强依法治密，认真落实2019年度省、州保密工作要点，突出宣传教育、加大检查督促、严格日常管理，确保全州未发生失泄密事件。

【落实保密工作责任制】 各级党委、政府和保密委员会对保密工作重视，适应机构改革新要求，落实党政领导干部保密工作责任制的有关规定。州、县市党委、政府主要领导贯彻落实中央、省委、州委关于保密工作的方针、政策、指示和要求；各级党委常委会及时传达习近平总书记关于保密工作的重要指示批示精神，听取保密部门工作情况汇报，研究解决制约保密工作的重大问题，对有关文件做出重要批示。

【保密法制宣传教育】 州、县市保密部门以“两识教育”为抓手，通过多种形式、多种渠道开展保密教育和培训。发挥党校教育主阵地的作用。在党校主体班上开展保密知识讲座10余次，涵盖县（处）级、乡科级领导干部和新录用公务员，受训人员2000余人。拓宽宣传范围。以“不忘初心、牢记使命”主题教育、“4·15”国家安全教育日和“12·4”宪法宣传日为契机，通过悬挂条幅、制作展板、散发传单形式，营造全民保密氛围。组织征订《保密工作》《保密科学技术》，推进学刊用刊工作。创新宣传方式。通过联合举办“支部主题党日”开展保密讲座、把《中华人民共和国密码法》相关内容和保密要求纳入“支部主题党日”活动内容，提醒全州党员干部和公职人员“牢固树立保密意识、自觉遵守保密纪律”，应邀到州人社局、州委编办等10余家州直单位和部分县市开展保密培训近20次，保密常识和保密意识不断增强。

【定密、涉密人员和网络保密管理】 州、县市保密部门将定密知识纳入保密教育培训，指导、督促各机关、单位认真开展定密、变更和解密工作，对新任保密员审查备案并发放相关证件。做好涉密计算机违规外联、机关单位互联网门户网站保密检查监管和涉密计算机的日常检查，加大对各机关、单位网站管理尤其是信息发布保密审查工作的指导和检查，对机关、单位机构不健全、程序不规范、台账不具体的现象提出改进措施。加强对非涉密计算机的保密检查，防止违规存储、处理涉密文件资料，防止优盘乱插乱用、交叉使用。指导各机关、单位加强保密要害部门、部位使用便携式电子设备及微信微博和QQ应用的保密管理，设置保密提醒标识。

【保密检查服务】 州、县市保密部门开展检查督导，整体推进自查自评、稳步开展专项检查、联合检查重点突破。全年对全州机关、单位开展保密自查自评进行2次安排部署。先后对20家涉及机构改革的单位开展重点检查，提出整改意见。先后与州邮政管理局对邮政行业进行保密专项检查，联合恩施市市场监督管理局、恩施市国家保密局对恩施市11个废旧回收点开展保密检查。加强研究生考试、各类职称考试和全国司法考试保密工作，中高考期间对全部高考试卷保密室和部分县市中考试卷保密室进行针对性保密巡查。对涉密会议、活动提供保密服务。提供手机屏蔽服务10次，提供相关单位重大活动、重要文件保密业务咨询近30次。加强涉密文件资料销毁工作的保密管理。全年销毁文件资料近20吨。

（赵秀朝）

政策研究工作

【概　况】 2019年，恩施州机构改革，州委政策研究室（简称州委政研室）为州委工作机关，州委全面深化改革委员会办公室（简称州委改革办）和州委财经委员会办公室（简称州委财经办）设在州委政研室，州委政研室挂州人民政府研究室牌子。全年政策研究工作按照州委书记提出的“讲政治、重品行、善学习、勤思考、多跑路、常碰撞、求精致”工作要求，围绕全州中心工作和改革发展稳定大局，坚持“以文辅政”，起草完成州委、州政府及主要领导各类讲话稿和汇报材料305篇，牵头撰写调研报告10篇。州委政研室牵头负责州委书记扶贫联系点恩施市三岔镇燕子坝村脱贫攻坚工作，全年落实各类帮扶资金1000万元，脱贫144户407人，贫困发生率由2014年的35.6%降为0.37%，驻村工作队被州、恩施市两级表彰为驻村帮扶先进集体。

【调查研究工作】 贯彻落实省委《关于加强调查研究提高调查研究实效的意见》，将调查研究作为服务州委、州政府科学决策的主责主业，与全面深化改革有机结合，实行州级领导领衔重大调研改革课题机制，开展综合调研和专题调研。聚焦“打好三大攻坚战、建强四大产业集群、推进项目建设、夯实发展平台、优化营商环境、增进民生福祉”六大重点任务，确定州委、州政府2019年19个重大改革调研课题。发挥调研龙头作用，组织调研组到浙江丽水市、江苏徐州市、贵州遵义市及黔东南州，以及省内宜昌、州内各县市开展调查研究12次，形成调研报告10篇。其中《坚持生态优先、推进绿色发展，加快建成鄂西绿色发展示范区》调研文章在省委机关刊物《政策》刊发，《脱贫攻坚探新路旅游打开致富门》在《中国旅游报》发表，《恩施州推进乡村振兴的探索与思考》在省政府《咨询与决策》发表，《关于恩施经济高质量发展的思考与建议》获评2019年度全州社科重点课题。推动调研成果转化，定期到脱贫攻坚、项目建设、招商引资一线开展调查研究，为州委、州政府提供决策参考建议，州委全面深化改革委员会第四次会议专题听取重大改革调研课题汇报。

【文稿服务工作】 全年牵头起草完成领导讲话、汇报材料、典型发言等文稿任务。完成州领导参加全国“两会”、省“两会”、全国文化和旅游融合发展座谈会的发言材料，州委七届六次、七次全会讲话材料和州政府工作报告，向中央领导、中央扶贫巡视组、中央“扫黑除恶”督导组的汇报材料，与法国苏珉市、韩国堤川市、巴渝楚商考察团的交流材料。州委书记在全国文化与旅游融合发展座谈会上的发言材料——“做好文旅融合大文章、建设全域旅游新恩施”，得到中宣部领导肯定。围绕“研究州情、服务决策、交流经验、指导工作”办刊宗旨，编发州委、州政府机关刊物《今日恩施》6期，编印《政府公报》6期。

（彭　松　陈　兵　李　洋　谭建威）

财经工作

【概　况】 2019年，恩施州机构改革将州委财经委员会办公室设在州委政研室，年度工作坚持以习近平新时代中国特色社会主义经济思想为指导，学习党中央、省委、州委经济工作文件和会议精神，研究国家财经政策和投资导向，研究省委“一芯两带三区”战略部署、恩施建成“鄂西绿色发展示范区”目标定位、州委“五个四”经济工作要求，深化财经工作的理论认识和实践思考。召开州委财经委员会第一次全体会议，制定财经工作有关计划和推进措施，出台《中共恩施州委财经委员会工作规则》《中共恩施州委财经委员会办公室工作细则》，理顺财经工作机制。

【州委财经委员会第一次全体会议】 2019年5月8日，州委财经委员会第一次全体会议召开，就持续加大对重点领域和关键环节的投入力度、发挥财政资金的撬动作用、支持实体经济发展、严格控制一般性支出等重大财经工作事项作出具体安排。

【财经工作调研】 2019年，组织到黔东南、遵义、徐州考察财经工作，参加财经工作培训，借鉴各地先进经验做法。围绕招商引资、工业经济、项目建设、营商环境等重点工作到县市调研，起草州委、州政府主要领导在州委经济工作会议、全州“比招商、抓项目、强产业、促进位”重要会议上的讲话稿，研究出台《关于推动工业加快发展的意见》，为推动全州高质量发展提供决策参考。

（彭　松　陈　兵　李　洋　谭建威）

深化改革工作

【概　况】 2019年，州委政研室（州委改革办）牵头实施重点改革项目156个，其中中央试点项目10个、省级试点项目8个、承接省重点项目

127 个、自主项目 11 个。恩施州改革工作经验在全国全省推介项目 24 项。

【创建国家全域旅游示范区】 州政府印发《恩施州全域旅游规划》，全州形成“1+8”全域旅游规划体系。出台《关于推动全州生态文化旅游业高质量发展的决定》，印发《恩施州旅游资源统筹管理办法（修订）》。正在修订《恩施州旅游条例》。

【深化监察体制机制改革】 实现机构设置、性质定位、职责要求等与中央纪委国家监委、省纪委监委保持一致。整合规范纪检监察工作流程，进一步建立完善相关配套制度。监督检查审查调查一体化全流程平台和十大信息化项目取得新进展。

【推进权责发生制政府综合财务报告制度改革】 印发《关于开展全州 2018 年度政府财务报告编制试点工作的通知》，从制度上规范政府财务报告编制方法和口径。召开州直部门财务报告编制工作培训会，完成州本级和县市政府财务报告的编制上报工作，通过省财政厅组织的政府综合财务报告会审审核。

【龙凤镇全国综合扶贫改革试点】 易地扶贫搬迁、危房改造等工作任务已经完成。2014 年度 2466.67 公顷退耕还林及 2016 年度 106.67 公顷新一轮退耕还林检查验收工作完成。续聘 149 名护林员，加强森林资源管护力量。在产业结构调整方面，2019 年，通过实行一人通办、限时办结、减政放权等措施，新增市场主体 427 户，产业结构比例由 2013 年的 32∶49∶19 调整为 2019 年的 29∶36∶35。取得金融扶贫、产权交易、镇村治理、基本公共服务 5 个方面 20 项创新成果，其中，“一卡两社”金融扶贫入选全国基层改革创新案例，律师进村法律便民等 10 项创新举措在省级以上媒体推介。

【恩施市集体林业综合改革试验区建设】 组建恩施市农村综合产权管理服务中心。开发恩施市林地流转信息化管理系统，完成 17.8 万份林权档案电子化扫描录入工作。出台《恩施市集体林地承包经营权退出与再发包管理办法（试行）》。完成第一轮 4 家林业企业 359 户、944 宗、1669.31 公顷集体林地经营权流转，促成盛家坝乡车辽坝村 373.33 公顷集体林地经营权流转合同签订，白杨坪镇洞下槽村林下经济示范项目完成总体规划。

【恩施市白杨坪镇农村产业融合发展示范园】 出台《白杨坪镇农村产业融合发展试点示范园实施方案》，正在编制《恩施市白杨坪镇国家农村产业融合发展示范园三年行动实施方案》。规划在建类、推进类、策划类重大项目 40 个，实施白杨坪镇生态产业园、鲁竹坝裕登生态产业融合示范园、洞下槽亲硒源茶文化康养休闲基地等项目 25 个，完成洞下槽亲硒源一、二、三产业融合示范点项目建设。

【利川市全国农民专业合作社质量提升整县试点】 印发《利川市农民专业合作社质量提升整县推进试点实施方案》，完成全市农民专业合作社调查摸底和“空壳社”“挂牌社”清理整顿、农民专业合作社理事长业务培训等工作。

【利川市国家主体功能区建设试点】 完成《利川市集中建成区控制性详细规划》初步方案、《利川市中心城区山体保护专项规划（2017—2035）》等规划编制工作，出台从严管控重点区域建设行为的决定。12 个建制集镇污水处理厂土建工程、所有乡镇垃圾中转站项目土建工程完工，实施“拆围透绿、见缝插绿、裸土复绿”和清江生态保护与综合利用 PPP 项目，启动建设城乡生活垃圾焚烧发电项目，城镇化率提高到 45.42%。成功创建省级生态文明示范市，空气质量优良天数连续三年居全省县市前三名，实施美丽乡村示范村 7 个，新增省级生态村 9 个。完成《利川市乡村振兴战略规划（2018—2022）》初稿编制工作。成功创建全省特色农产品优势区，大型养殖场污染处理设施装备配套率达 100%。

【咸丰县农村集体产权制度改革试点】 全县11个乡镇263个村完成农村集体资产清产核资工作，完成农村集体经济组织成员身份确认。制定《咸丰县农村（综合）产权交易市场建设实施方案》《咸丰县农村产权流转交易管理办法》《咸丰县农村（综合）产权交易细则（试行）》，构建农村产权交易网络平台。出台《咸丰县壮大村集体经济的实施方案》《咸丰县股份经济合作社财务管理办法（试行）》，在全县263个村探索建立产业带动、盘活“三资”、投资合作、经营收益、电商服务等村集体经济发展模式，全县263个村实现村村有集体经济收入。

【鹤峰县融媒体中心建设试点】 整合原楚天视讯业务，构建梯级全民宣传模式，实现采编全域覆盖，每月组织1次中心记者、特约记者和通讯员实战拉练，提升业务水平。出台《新闻产品线形考核方案》《业务轮训轮岗交流学习方案》《特约记者管理制度》等方案和制度，提升工作效能。鹤峰县融媒体中心被提名为2019年度中国广播电视融媒创新发展最具移动传播影响力区县融媒体中心TOP10。

【深入推进政协协商民主建设，探索政协协商与基层协商、社会组织协商相衔接】 州政协深化完善主席会议成员联系常委、常委联系委员、委员联系界别群众“三联系”制度，形成《中共政协恩施州委员党组关于州政协主席、副主席“六联”制度实施方案》等制度成果。试点实施主体咸丰县政协围绕易地扶贫搬迁后续管理、加强食品安全监管等七大课题和脱贫攻坚、重点项目建设等九大民生热点难点问题，在高乐山、清坪、忠堡、曲江4个镇设立“咸丰县政协联络组协商在一线平台”，开展“一线协商”10余场次，形成专题建议案3个，调研视察报告9个。

【司法责任制改革】 州法院进一步完善新型审判权运行机制，科学组建办案团队，厘定权责清单，实现院庭长办案实质化；进一步完善新型审判监督管理机制，实现全流程动态监督管理。落实司法公开，推进审判流程、执行信息、裁判文书和庭审直播4个公开平台建设。检察院实行随机分案、领导办案，细化权力清单。

【经济发达镇行政管理体制改革】 优化机构设置，试点实施主体恩施市龙凤镇、巴东县野三关镇、鹤峰县走马镇统一设置镇直属事业单位财政所、综合行政执法局、政务服务中心、退役军人服务站，统一设置党政综合办公室、经济发展办公室、社会事务办公室（民政办公室）、政法办公室（应急办公室、综治中心）、城镇建设管理办公室。因地制宜设置内设机构情况，龙凤镇设置农业农村工作办公室，野三关镇设置农业农村工作办公室、经济贸易办公室、文化旅游发展办公室，走马镇设置文化旅游发展办公室、生态环境办公室。扩大经济社会管理权限，分别下放龙凤镇、野三关镇、走马镇赋权事项305项、166项、317项。

【深化商务综合行政执法改革】 开展外资准入限制自查清理，严格落实“非禁即入”。完善外商投资企业设立及变更备案流程，规范办理时限要求，实行外商投资企业设立工商登记与商务备案“一口办理”。正在探索建立外商投诉处理联动机制和投诉维权联动机制。

【实施供销合作社综合改革】 取消资金担保模式，通过联合社统一开展农业社会化服务。州供销社指导“供销e家”恩施电商公司与湖北银行恩施小企业金融服务中心签订免担保免抵押“三位一体”战略合作协议。乡镇基层供销社达到91家，村级综合服务社（电商服务站）达到2171家，领办创办农民专业合作社856家，建成“供销e家”新型电商服务站7家、社区消费合作社1家。

【利川市省级公共文化服务体系示范区建设】 省文旅厅、省财政厅公布《第二批湖北省公共文化服务体系示范区名单》，利川市以创建第一名位列榜单。2019 年 9 月 20 日，在全省首届荆楚乡村文化旅游节活动上，省文旅厅、省财政厅授予利川市“湖北省公共文化服务体系示范区”称号。

【鹤峰县新时代文明实践中心建设试点】 制定《鹤峰县新时代文明实践中心、所、站、岗建设标准》。建成县级新时代文明实践示范基地 1 个、实践所 9 个、实践站 218 个、文明实践岗 100 个，试点乡镇、村、社区覆盖率达 100%。建立“1+9+21+218+N”志愿服务队伍网络，文明实践“五化”工作模式在全省推广。开展志愿服务 2600 余场次，累计服务群众 22849 次。中央文明委 10 月 23 日印发《关于深化拓展新时代文明实践中心建设试点工作的实施方案》，将鹤峰县列为全国第二批试点。

【改革工作经验】 人社部在宜昌市召开全国农民工工资支付保障制度推进会，恩施州作为地市代表就保障农民工工资支付改革作典型发言；在浙江嘉兴召开的全国快递包装绿色治理暨试点工作总结会上，恩施州作为湖北省受邀代表在会上交流改革经验；在广西河池召开的深度贫困地区脱贫攻坚座谈会上，巴东县以《决战深度贫困，决胜全面小康》为题作交流发言；在恩施召开的全国发展改革系统易地扶贫搬迁工作现场会上，恩施州作典型发言；省委办公厅《工作简报》第 26 期推介宣恩县探索易地扶贫搬迁路径改革经验；《中国湖北省：侗族乡“茶旅融合”走出扶贫新道路》入选中俄蒙旅游部长发布“万里茶道”文旅高质量发展案例，在第四届中俄蒙三国旅游部长会议上推介；恩施州在全省纪检监察基层基础工作规范化制度化现场推进会上作交流发言；恩施州纪委监委创新纪检监察信息化工作经验在全国纪检监察信息化建设经验交流会上作典型推介；巴东法院执行工作创新经验在全省法院执行业务培训班、全国基层法院院长培训班上推介；来凤县委书记邢祖训受中组部邀请在全国“学习贯彻《中国共产党农村基层组织工作条例》示范培训班”上作经验交流；建始县在全国基层科协“三长”论坛座谈交流会上作典型发言；《湖北日报》整版刊登以《加强新时代文明实践中心和农村精神文明建设 为推动恩施高质量发展提供强大精神动力》为题，宣传推介恩施州新时代文明实践中心建设经验；全省贫困县涉农资金统筹整合现场推进会上，利川市以“以六抓举措，助推脱贫攻坚”为题，作典型经验交流；《湖北日报》以《整合资金助力精准扶贫》为题报道恩施市建立财政资金统筹整合长效机制经验做法；《湖北日报》以《鹤峰县创“全域有机”名片》为题，宣传推介鹤峰县创新发展绿色产业改革经验；《湖北日报》以《恩施州试点村干部享受住房公积金政策》为题，宣传推介恩施州村干部住房公积金省级首批试点工作；《政策》2019 年第 3 期以《答好新时代高质量发展的“鹤峰答卷”》为题，推介鹤峰县推动高质量发展的做法与成效；《政策》2019 年第 9 期以《湖北发展全域旅游的恩施样本》为题，推介恩施州全域旅游改革经验。《人民日报》以《实验田里好风光——恩施市龙凤镇脱贫奔小康》为题，推介恩施市龙凤镇综合扶贫改革经验；以《湖北恩施 2438 个扶贫工作队驻村攻坚，带来新思路，资源变财富》为题，推介恩施州抓党建促脱贫攻坚。鹤峰县《开展“最美”评选实现典型示范带动》入选由中宣部宣教局、国务院扶贫办全国扶贫宣教中心组织编写的《全国思想政治工作创新案例选编》。在全国文化和旅游融合发展座谈会上，州委书记柯俊以《做好文旅融合大文章 打造全域旅游新恩施》为题作交流发言；中宣部《宣传工作》2019 年第 8 期刊发《湖北恩施：做好文旅融合大文章》，推介恩施州文旅融合发展经验。在 2019 年森林城市建设座谈会上，恩施市被评为国家森林城市，恩施市市长苏勇作为全国 4 个获誉城市代表之一作典型发言。

（彭　松　陈　兵　李　洋　谭建威）

机关党的建设

【概　况】2019年，恩施州机构改革，州委直属机关工委为州委工作机关。全年坚持以习近平新时代中国特色社会主义思想为指导，以党的政治建设为统领，推进“不忘初心、牢记使命”主题教育，坚持围绕中心、建设队伍、服务群众，促进机关党建与业务工作融合，增强机关党组织的创造力、凝聚力、战斗力，为决战精准脱贫决胜全面小康提供坚强保障。截至2019年底，隶属于州委直属机关工委管理的基层党组织684个，其中基层党委54个，党总支部56个，党支部574个，共产党员11325名。州委直属机关工委牵头帮扶的咸丰县唐崖镇四方石村主要做法被拍成专题纪录片在中央电视台农业农村频道播出。

【思想建设】发挥部门党委（党组）理论学习中心组的龙头带动作用和党支部的主体作用，采取培训班、专题讲座、研讨交流、形势报告等形式，以学习贯彻习近平新时代中国特色社会主义思想、习近平总书记视察湖北重要讲话精神、习近平总书记关于机关党建工作重要论述为重点，开展中心组集中学习13次。认真落实意识形态工作责任制，坚持第一时间传达学习党中央、省委、州委关于意识形态工作的决策部署及指示精神，做好机关党员干部的意识形态工作，分析研判干部职工思想动态，有针对性地开展思想政治工作。把意识形态工作纳入年度党建工作要点，作为党的建设的重要方面，与中心工作同部署、同落实、同检查、同考核。做好州直单位“学习强国”学习平台的推广应用工作，加强日常跟踪督导和督查通报，2019年联合州委宣传部对州直单位学习情况开展4次通报。继续办好“州委直属机关工委”微信公众号，先后编发“不忘初心、牢记使命”主题教育、州直单位主要负责人优秀廉政党课、州直党员干部讲述“恩施扶贫故事”等专栏。围绕新中国成立70周年主题，开展系列庆祝活动，举办“庆祝新中国成立70周年·讲好恩施故事”州直赛区比赛，州直71个单位76组选手围绕扶贫主题，讲述党员干部在脱贫攻坚主战场的动人故事。州直600余名党员干部现场观看比赛，2000余名党员干部通过微信关注、点赞本次比赛，决赛在州新闻综合频道、公共频道、云上恩施同步播出。组织党员干部集中收看由省委宣传部、湖北广播电视台联合录制的张富清先进事迹的电视纪录片《本色》。

【组织建设】按照机构改革要求，做好机构改革期间党组织规范设置工作，理顺机构改革后州直单位党组织归口管理关系，实现基层党组织的全覆盖和工作全覆盖。贯彻落实习近平总书记在中央和国家机关党的建设工作会议上的重要讲话精神和中共中央《关于加强和改进中央和国家机关党的建设的意见》要求，向州委常委会专题汇报州直机关党建工作情况。普遍建立党员领导干部基层党建工作联系点制度。整治机关党建“灯下黑”突出问题，针对省委巡视、州委巡察反馈的机关党建“灯下黑”等突出问题，加强州直各单位问题整改的检查督办工作，班子成员分别带队，围绕落实党建责任、党委（党组）中心组学习、严肃党内政治生活、意识形态工作、基层党建重点业务、机关党建突出问题整改等内容，采取随机座谈、查看原始记录、随机抽查等方式，对州直128个单位党组织基层党建工作情况开展调研督办。针对调研督办中发现的问题，州委直属机关工委采取给党组（党委）书记寄发问题清单、约谈基层党组织负责人、将发现的问题纳入党建日常扣分等方式，督促各单位整改到位。改变过去党建工作年终考核“一锤定音”的模式，加大平时考核的权重，实行扣分制，对机关党建日常重点工作落实不力、“支部主题党日”开展不规范、党组（党委）中心组学习未达规定次数的单位党组织实行扣分，以严格考核倒逼责任落实，日常考核和年终集中考核各占50分，使基层党建工作考在平时、严在经常。

【党风廉政建设】 用好用活正反两方面教材特别是州直少数党员干部违法违纪案例，有效发挥警示、震慑、教育作用。利用节假日等特殊时间节点，发送廉洁短信提醒党员干部。州委直属机关工委发挥职能优势，将各单位落实宣教月活动主要工作任务清单情况纳入督导考核内容，督促州直各单位党组织抓好相关工作任务落实。督促党组（党委）书记讲好廉政党课。第一时间通知直管单位党组织将单位主要负责人讲廉政党课的时间安排、讲课主题或题目、讲授范围等内容报工委。2019 年 5 月，再次督办州直单位一把手讲廉政党课情况。在微信公众号开设“党风廉政建设宣教月”专栏，对州直各单位党组（党委）书记的优秀廉政党课等宣教月活动情况进行集中宣传推介。压实党风廉政建设主体责任，层层签订党风廉政建设责任书。

【党员干部能力建设】 州委直属机关工委在州委党校举办 2 期 2019 年州直基层党支部书记培训班，州直各单位党组织的党支部书记、党务干部近 500 余人参加培训。州委直属机关工委在湖北店子坪当代红色教育基地主办 2019 年州直新党员培训班，州直各单位 2018—2019 年被确定为预备党员的 94 名学员参加培训。印发《关于2019 年州直预备党员和新党员培训班的情况通报》。加强党务干部教育培训，州委直属机关工委在湖北红安干部学院举办“不忘初心、牢记使命”主题教育党务骨干培训班，州直 96 名党务干部参加培训。州委直属机关工委在州委党校举办州直基层党支部书记“不忘初心、牢记使命”主题教育专题培训班，州直 346 名在职党支部书记参加培训。

【“书香恩施 · 清江大讲堂”】 2019 年，“书香恩施 · 清江大讲堂”全年开办 4 期专题讲座，邀请州纪委监委为州直机关党员干部讲《中国共产党纪律处分条例》专题讲座，邀请老干部宣讲团成员讲述老英雄张富清先进事迹，邀请中国科学院力学研究所研究员为州直单位党员干部作题为“三十年铸就一剑——我国战略导弹与核武器”的专题科普报告，与州委宣传部、州妇联联合举办“书香恩施 · 清江大讲堂”——恩施州“家家幸福安康工程”推进会暨 2019 年“最美家庭”揭晓仪式，推动社会主义核心价值观进家庭。

【调查研究】 围绕机关党的建设、高质量发展、脱贫攻坚等方面确定 4 个调研课题，到 21 个州直单位、2 个帮扶联系村开展调研。调研中征求意见建议 15 条，解决群众实际困难 6 个，形成调研报告 4 篇。调研报告《推动机关党的建设高质量发展探索与思考》被列为 2019 年度恩施州社会科学重大课题，并在全省 2019 年机关党建理论调研成果研讨会上交流。

（张　红　李晓霞）

网络安全和信息化

【概　况】 2019 年，恩施州机构改革，新设立中共恩施州委网络安全和信息化委员会办公室，作为州委正县级工作机关和州委网络安全和信息化委员会的办事机构，加挂恩施州互联网信息办公室牌子。全州网信工作坚持贯彻习近平新时代中国特色社会主义思想和中共十九大、十九届二中、三中、四中全会精神，围绕打赢“三大攻坚战”、实现全州精准脱贫、与全省全国同步建成小康社会、建成全国先进自治州等目标，加强网络内容建设，筑牢网络安全屏障，推进信息化发展。

【网络宣传】 将习近平新时代中国特色社会主义思想和中共十九大、十九届二中、三中、四中全会精神作为网上宣传的重中之重，围绕全州中心工作和打赢“三大攻坚战”“扫黑除恶”专项斗争开展主题宣传；弘扬社会主义核心价值观，宣传“道德模范”“荆楚楷模”上榜人物先进事迹；加强张富清先进事迹网络宣传。

【网络安全】 统筹网信、公安、保密等职能部门力量，形成协同配合联动、信息共享畅通工作机制，出台《恩施州网络安全管理协调机制暂行办法》。对出现高危漏洞、网络攻击、网页篡改事件的27家单位进行预警通报，督查整改。开展以“网络安全为人民，网络安全靠人民”为主题的“网络安全宣传周”活动。

【信息化工作】 出台《恩施州网络安全和信息化专家咨询委员会管理暂行办法》，对涉及全州重点信息化系统的规划、评审、应急保障、安全防护等工作，实现专家资源的共建、共享、互认。

【网络社会组织】 建立党委政府领导与新媒体从业人士联系制度。以功能性党支部为支点，开展互联网企业党建工作。多渠道多方式为新媒体发展提供平台，加强州级网络媒体协会的组织建设。

【重要会议】 2019年5月8日，州委网络安全和信息化委员会第一次会议召开，审定通过《中共恩施州委网络安全和信息化委员会工作规则》和《中共恩施州委网络安全和信息化委员会办公室工作细则》。5月30日，全州网络扶贫工作会议召开，安排部署全州网络扶贫工作。6月12日，省委网信办在巴东县野三关镇组织召开全省网络扶贫会议。

（佘运登）

机构编制管理

【概　况】 2019年，恩施州机构改革，州委机构编制委员会办公室为州委工作机关，归口州委组织部管理，不再承担行政审批制度改革的职责；州级部门政务服务事项的调整规范和取消下放，由州政务服务和大数据管理局受理，征求州委编办意见后按程序办理；州委编办配合州政务服务和大数据管理局推进权责清单制度工作；划入州事业单位登记管理局的职责，撤销所属事业单位州事业单位登记管理局；所属事业单位恩施州编办电子政务中心更名为恩施州委编办电子政务中心。全年全州行政单位核定行政编制总数16797名，其中党政群系统行政编制13444名，政法系统编制3353名（不含法院、检察院），实有在职人员15519名；事业单位核定事业编制67857名，实有在职人员57305名。2019年恩施州机构改革，设置党政机构47个，其中州委机构16个，州政府工作部门31个。设置党委政府直属事业单位11个，其中州委直属事业单位5个，州政府直属事业单位6个。

【党政机构改革】 中共恩施州委设置纪检监察机关1个，计入机构限额的工作机关15个（设在相关部门的州委议事协调机构的办事机构不计入机构限额），分别为办公室、组织部、宣传部、统一战线工作部、政法委员会、政策研究室、全面深化改革委员会办公室（设在政策研究室）、全面依法治州委员会办公室（设在州司法局）、国家安全委员会办公室（设在办公室）、网络安全和信息化委员会办公室、财经委员会办公室（设在政策研究室）、外事工作委员会办公室、机构编制委员会办公室、军民融合发展委员会办公室（设在州经济和信息化局）、审计委员会办公室（设在州审计局）、教育工作领导小组秘书组（设在州教育局）、农村工作领导小组办公室（设在州农业农村工作局）、退役军人工作领导小组办公室（设在州退役军人事务局）、直属机关工作委员会、巡察工作领导小组办公室、信访局、国家保密局、老干部局、督查考评办公室。州委办公室挂州档案局牌子。州委组织部挂州公务员局、非公有制经济组织和社会组织工作委员会牌子。州委宣传部挂精神文明建设指导委员会办公室、州人民政府新闻办公室、州新闻出版局（州版权局）牌子。州委统一战线工作部挂州委台湾工作办公室（州人民政府台湾事务办公室）、州人民政府侨务办公室牌子。州委政策研究室挂州人民政府研究室牌子。州委网络安全和信息化委员会办公室与州互联网信息办公室，州委外事工作委员会办公室与州人民政府外事办公室，一个机构两块牌子；恩施州人民政府设置工作部门31个，分别为办公室、发展和改革委员会、教育局、科学技术局、经济和信息化局、民族宗教事务委员会、公安局、民政局、司法局、财政局、人力资源和社会保障局、自然资源和规划局、生态环境局、住房和城乡建设局、交通运输局、水利和湖泊局、农业农村局、商务局、文化和旅游局、卫生健康委员会、退役军人事务局、应急管理局、审计局、国有资产监督管理委员会、市场监督管理局、统计局、医疗保障局、扶贫开发办公室、地方金融工作局、政务服务和大数据管理局、林业局。发展和改革委员会挂粮食局、能源局牌子；住房和城乡建设局挂人民防空办公室牌子；水利和湖泊局挂河湖长制办公室牌子；商务局挂招商局牌子；文化和旅游局挂广播电视局、体育局牌子；卫生健康委员会挂中医药管理局牌子；市场监督管理局挂知识产权局牌子；地方金融工作局挂金融领导小组办公室牌子；政务服务和大数据管理局挂公共资源交易监督管理局牌子。州委直属事业单位5个，分别为州委党校、恩施日报社、档案馆、机关事务服务中心、广播电视台。州委党校挂社会主义学院、民族干部学校牌子，与州行政学院一个机构，两块牌子；档案馆挂史志研究中心牌子。州政府直属事业单位6个，分别为住房公积金中心、公共资源交易中心、公共检验检测中心、畜牧兽医服务中心、硒资源保护与开发中心、大数据中心。公共资源交易中心挂政府采购中心牌子；公共检验检测中心挂国家富硒产品质量监督检验中心牌子。

【重点领域改革】 州高新区管理体制机制调整，完成中共恩施州委恩施高新技术产业园区工作委员会、恩施高新技术产业园区管理委员会的更名工作。与组织、人社部门联合下发《关于恩施高新区人员编制和干部人事管理意见》，完善人员管理机制。纪检监察体制建设，增设州委第四巡察组并对4个巡视组的领导职数进行统一核定。设立州纪委监委科技化信息化中心。将全州214名政法专项编制置换为纪检监察系统的行政编制。事业单位分类改革，全面完成承担行政职能事业单位改革，全州不再保留承担行政职能的事业单位。统筹推进州直事业单位优化、调整和规范工作，完成“小、弱、散”和分散在各领域各部门重复设置的事业单位调查摸底工作。综合行政执法改革，督促指导市场监管、生态环境保护、文化市场、交通运输、农业、城市管理六个领域的综合执法改革工作，整合组建州市场监管综合执法支队、州生态环境综合执法支队、州文化旅游市场综合执法支队、州交通运输综合执法支队、州农业综合执法支队、州城市管理综合执法支队6个机构，统一开展综合行政执法。探索经济发达镇行政管理体制改革，按照《省委办公厅、省政府办公厅印发〈关于深入推进经济发达镇行政管理体制改革的实施意见〉的通知》文件要求，完善恩施市、巴东县、鹤峰县经济发达镇基层组织架构，赋予更多的经济社会管理权限，加大配套政策支持力度。

【机构编制资源配置】 严格控制机构编制增长，贯彻落实国务院“约法三章”和中央、省、州关于机构编制管理的政策法规，严格控制机构编制总量，规范机构编制审批程序，坚守机构编制各项管理“红线”，严格执行编制使用核准原则，坚持总量不增、统筹兼顾、重点倾斜的编制使用核准原则。州县（市）相关单位在“空编招录”的前提下，预留一定编制空间，兼顾解决急需人才选调、军转干部安置、换届干部调整等事宜。重点加强对教育、卫生、应急等系统的编制倾斜，全力保障服务型政府建设。2019年度下达州直行政机关、事业单位用编计划193名、下达县市用编计划2279名。加强机构编制政务公开建设，机构编制管理政策、法规、文件、办事程序等公示到位，州直各单位机构人员信息及时更新，州直单位实名制系统不见面审批试点工作顺利推进。群众来信来访、网上投诉和“12310”举报电话全部按时办结。

【事业单位登记管理制度改革】 对196家州直事业单位的2018年度事业单位法人年度报告实行网上受理、一键公示。事业单位实行“全事项”“全流程”网上统一登记管理，一次办结。2019年，完成228项登记事项的网上统一登记管理，其中设立登记8项、变更登记28项、年度报告196项、注销登记6项。开展全州事业单位法人公示信息随机抽查工作。采取随机抽查执法人员和检查对象的方式对3家州直单位开展书面检查，将检查结果及时录入系统。完成州直党政机关统一社会信用代码赋码工作，为机构改革新成立的16家部门办理发放统一社会信用代码证书，为19家单位更换统一社会信用代码证书。为94个州直行政机关、群团部门及垂管部门发放统一社会信用代码证书。

（王进荣）

信访工作

【概　况】 2019年，恩施州机构改革，州信访局为州委工作机关。全州受理办理群众信访事项13896件/批次，同比下降15.36%，信访总量平稳下降。各县市群众到州走访1144人次，同比894人次上升28%。到省走访450人次，同比461人次下降2.4%。全年未发生大规模到省进京集体上访，未发生到州以上规模性聚集上访，未发生因信访问题引发的负面炒作，未发生涉访个人极端恶性事件，信访形势总体向好。巴东县率先实现信访“三无”县市，全州52%的乡镇（街道）实现信访“三无”乡镇。州委副秘书长、州信访局局长、一级调研员向辉获第三届湖北省“人民满意的公务员”荣誉称号。

【信访工作】 2019年，全州各级各部门加强政治担当，坚持“属地为主、公安为主”和“谁主管、谁负责”的原则，主动服务改革发展稳定大局。全省“两会”、全国“两会”期间，恩施州进京上访、进京非接待场所涉访均为零。省委第九巡视组进驻恩施州巡视工作期间，接待信访群众401批507人，外围甄别劝离41批103人次，较以往降幅超50%，巡视期间信访工作井然有序。新中国成立70周年庆祝活动、武汉第七届世界军人运动会、十九届四中全会期间，全州实现“零赴省进京、零滞留、零非访”，全州未发生大规模进京赴省上访，未发生涉访极端恶性事件，未发生因信访问题处理不当引起的群体性事件，未发生因信访问题引发的负面炒作，获省信访工作领导小组寄发《感谢信》。

【机制建设】 州委常委会4次专题讨论研究全州信访工作，将解决好群众反映强烈的突出问题，作为事关党的执政基础的政治问题，写进州委常委会工作要点。推进信访“三无”县市工作，推动信访理念由“管”到“治”转变、由“堵”到“疏”转变，由末端处理向前端预防转变。州政府拿出专项资金，对由国家信访局认定为信访“三无”的县市一次性奖励1000万元。各县市比照推进信访“三无”乡镇工作，全州将推进信访“三无”县市、“三无”乡镇作为党政“一把手”工作，建立领导担责、部门负责、干部尽责的联合治理机制。2019年，巴东县率先实现信访“三无”县市，全州52%的乡镇（街道）实现信访“三无”乡镇。开展全覆盖、拉网式大排查，综合梳理重点地区、重点领域、重点问题、重点人员信访矛盾，对排查的矛盾纠纷，明确责任领导、责任单位、工作方案、化解时限，采取有力措施，最大限度地把各种矛盾隐患消除在萌芽状态，坚决防止因矛盾纠纷发现不及时、化解不到位引发大规模集体上访甚至群体性事件。加强督查考核，优化评价机制。州级领导包县市专项督查、领导小组专项督查、重点时段联合督查，提高信访督查工作的政治性、严肃性、纪律性。从州直、县市抽调政法、纪检、信访等部门90余名干部组建专班，开展交换督查，逐个乡镇、逐个部门过筛子、纠问题、促整改。以解决问题为导向，健全信访工作考核评价机制，注重考核结果运用，把履行信访工作责任作为对领导班子和领导干部考核评价的重要内容。

【信访改革】 推进“双签双交”，积案清零。州委、州政府主要领导将包保化解重大疑难复杂信访问题、包保解决重点领域信访矛盾作为检验各级领导干部履行信访主体责任的重要标准，推进信访矛盾化解攻坚。州委书记柯俊，州委副书记、州长刘芳震对国家、省交办和州级排查的重点信访案件“双签字”，“双交办”给州直主管部门和县市主要负责人，将“一把手”明确为信访矛盾攻坚的第一责任人，推动化解信访积案809件。推进“领导三访”（领导下访、开门接访、书记陪访），州、县、乡三级领导工作日在各级群众信访接待中心值班，有访必接、随访随接，变“群众上访”为“领导下访”、变“被动受理”为“主动办理”。2019年，28名州领导接访77批82人次，下访17批17人次，签批交办信访问题40件，推动化解55件。210名县级领导接访5122批6793人次，下访1386批1562人次，推动化解3155件。优化接待环境，推进政策法规、人民调解、精神文化、妇女工作、心理疏导、纪检监督“六进”信访。加强人民调解与化解信访矛盾深度对接，“钟大姐调解室”“乡贤调解室”“清心心理咨询室”等试点取得成效；纪检监察入驻，接待信访群众777批1125人。巴东县群众接访接待服务中心被授牌表彰为全省县级信访系统“2019年度创建人民满意窗口优胜单位”。推进律师“三进”，州、县市两级群众信访接待服务中心全部设置法律顾问接谈室，聘请的法律顾问工作日轮流坐班值守，参与信访接待、参与领导包案问题研究、参与信访问题复查复核。全州82名律师参与大厅接待群众，接待群众3195人次，化解一般信访矛盾562件次，提供法律咨询1996件次。28名律师参与60件疑难信访案件的处理，出具法律意见书25件次，推动化解信访积案15件。注重双向规范，违法行为依法处理。落实《恩施州接待群众来访工作规则》，举行干部群众“双向承诺”，推行接待服务“四项规范”，明确工作纪律“六个严禁”，提高接待服务水平。执行好州中级人民法院、州人民检察院、州公安局联合发布的《关于依法处置信访活动中违法犯罪行为的通告》，依法处理违法行为，净化信访环境。

【信访服务】 推动中央、省、州工作决策、部署和各项政策的贯彻落实，总结各县市、各部门在推进落实中存在的问题，提出改进和加强工作的意见和建议，推动房地产和医疗保障领域问题成片成系统化解。坚持信息研判，州、县市、乡镇信访稳定风险每日排查和情报信息研判，对当日矛盾纠纷、信访动态进行动态分析，对发现的风险隐患第一时间报告、预警、处置。探索互联网时代群众工作新机制，健全社情民意研究工作，通过大数据分析信访形势，形成每季度《信访与民情》，供党委政府及领导决策参考。针对信访法制化改革、扶贫领域信访问题前端预防、信访复查复核业务规范化建设等课题展开调研。建设网上信访主渠道，全年网上信访8806件，网上信访占比63.37%。推动视频接访成为常态，通过延伸至乡镇的视频系统接待信访群众，将“群众上行找领导”变“群众视频连线领导”，实现让数据多跑路、群众少跑腿，信访渠道更加通畅。优化升级“律品”智能法律服务平台，梳理常用政策146项，开设信访法规政策专栏。依托“智慧恩施”信息化平台，实现视频会议、指挥调度、人员核查、信息统计一体化。

（时　星）

外事工作

【概　况】2019年，恩施州机构改革，将恩施州委外事工作领导小组改为恩施州委外事工作委员会，办公室为恩施州委外事工作委员会的办事机构，作为州委工作机关。恩施州委外事工作委员会办公室与恩施州人民政府外事办公室一个机构两块牌子。原恩施州外事侨务局的外事管理职责划入恩施州委外事工作委员会办公室，不再保留恩施州外事侨务局。侨务、外专职能划转到恩施州委统战部、恩施州科技局。制定《中共恩施州委外事工作委员会工作规则》《中共恩施州委外事工作委员会办公室工作细则》，指导全州8个县（市）外办顺利完成机构改革任务。全年，恩施州国家工作人员临时因公出（境）52人次，其中党政领导干部因公出国（境）43人次，企事业单位人员因公出国（境）9人次。完成重要外宾来访团组接待任务，全年接待爱尔兰戈尔韦市市长尼奥·麦克内利斯、法国苏玳市市长让－米歇尔·德冈以及法国驻武汉总领事贵永华、塞尔维亚前进党副主席马尔科·久里奇访问恩施州等9批次63人次，完成接待工作任务。统筹“请进来”国际交流活动，讲好恩施故事。邀请比利时埃诺省农业工程中心马铃薯晚疫病防治专家、匈牙利农业研究中心、新西兰奥克兰大学教授等专家学者到恩施州开展学术交流活动；古巴农业研究班、发展中国家（亚、非、拉地区）司处级官员考察团、“可持续发展目标示范村”培训班在恩施州举行，向外国官员和外国友人讲述传播恩施州在精准脱贫以及乡村振兴中好的经验和做法，扩大恩施影响，讲好恩施故事。开展领事保护宣传，开展“恩施州安全文明出境游宣传月”活动，完成全州96家进出口企业的备案登记，到国际旅行社、涉外酒店开展风险防范宣传，提高恩施州公民出国（境）公务和旅游的自我保护意识和防范意识。

【爱尔兰尼奥·麦克内利斯率团访问恩施州】2019年1月23—25日，爱尔兰戈尔韦市市长尼奥·麦克内利斯率团访问恩施州，与州政府签署《中华人民共和国湖北省恩施土家族苗族自治州与爱尔兰戈尔韦市友好合作备忘录》，推动双方合作交流。其间，代表团考察州文化中心、州博物馆、州城市规划馆和恩施土家女儿城。

【日本驻华大使馆对工程项目回访恩施州】2019年4月2—3日，日本驻华大使馆二等秘书浅江光贵对在咸丰县清坪镇实施的日本利民工程项目——镇中心小学学生宿舍楼进行回访。与该校负责人进行会谈并实地查看，详细了解学校的运行状况、宿舍楼的管理及课程开设、日常生活问题。

【塞尔维亚前进党考察团访问恩施州】2019年5月31日至6月2日，由塞尔维亚前进党副主席马尔科·久里奇率领的干部考察团到恩施州访问。考察团先后到恩施市龙凤镇龙马风情小镇、宣恩县万寨乡伍家台、恩施土司城，就基层党建、旅游产业发展、党员干部带领少数民族群众脱贫致富等方面进行学习考察。

【恩施州与法国苏玳市签订友好交流合作备忘录】2019年6月5日，恩施州委副书记、州长刘芳震会见法国苏玳市市长让－米歇尔·德冈一行，与让－米歇尔·德冈共同签署《恩施州与苏玳市经济文化友好交流合作备忘录》。双方就葡萄产业发展、生态文化旅游、硒食品精深加工达成深度合作意向，为建立友好城市奠定坚实基础。

【开展领事保护宣传活动】2019年7月18日，州委外办联合州文旅局、恩施机场公司在恩施机场国际航站楼举行“恩施州安全文明出境游宣传月”现场活动。通过摆放宣传展板、播放领事保护宣传片、发放《中国领事保护和协助指南》等，使恩施州公民树立理性维权的意识，提升海外安全防范和自我保护能力。

【湖北省友协副会长到恩施州调研】2019年7月25—26日，省友好协会副会长吴建民率调研组到恩施州调研，分别到州委外办、省民族歌舞团，恩施市委外办、华硒文化旅游有限责任公司进行实地走访，就外事工作、友好城市建设以及民间交往等工作开展业务指导和调研。

【韩国堤川市居民自治委员会代表团访问恩施州】 2019年8月20—21日，韩国堤川市组织居民自治委员会代表团一行18人访问恩施州。代表团在恩施市芭蕉侗族乡高拱桥村枫香坡侗族特色村寨进行实地考察，与村支两委就美丽乡村建设发展进行交流与探讨。

（付绍华）

老干部工作

【概　况】 2019年，恩施州机构改革，将州委老干部局由州委组织部管理的机关调整为州委工作机关，归口州委组织部管理。2019年底，全州离休干部295人，其中州直单位离休干部78人；享受副省级医疗待遇1人，副厅级以上8人，县处级56人，科级及以下13人。全州退休干部40162人；厅级39人，县处级1683人，乡科级9372人，其他29068人。其中，州直单位退休干部4795人；厅级39人，县处级793人，乡科级1345人，其他2618人。

【离退休干部思想政治建设】 结合“不忘初心、牢记使命”主题教育，组织引导老同志学习中共十九大和十九届二中、三中、四中全会精神，习近平总书记会见全国离退休干部先进集体和先进个人代表时的重要讲话精神，深刻领会习近平新时代中国特色社会主义思想丰富内涵。厅级离退休干部建立理论学习中心组，开展集中学习4次。全面落实离退休干部阅读文件、参观学习、情况通报、红色教育等政治待遇，5月14—16日，州委老干部局组织厅级离退休干部参观考察来凤县经济社会发展成果。9月30日，召开州直离退休干部形势通报会，通报全州经济社会发展情况。

【离退休干部党组织建设】 从严从实落实党建工作责任，学习贯彻《中国共产党支部工作条例》精神，自觉把离退休干部党组织建设纳入党建总体布局，与在职人员党建同规划、同部署、同考核。探索创新党组织设置方式、活动方式，做到离退休干部党员在哪里、党的组织和工作就覆盖到哪里。2019年9月29—30日，州委老干部局、州委老干部党校联合举办全州离退休干部党务工作培训，州直单位、县市及乡镇老干部工作者代表130余人参加培训。全州离退休干部党组织376个，其中州直93个。由州委直属机关工作委员会批准成立的州老年大学临时党总支下设11个临时党支部，68个党小组。持续开展离退休干部示范党支部创建活动，创建省级示范支部9个，推介示范党支部工作法。建立健全离退休干部党组织工作经费保障机制。落实离退休干部党组织工作经费和书记委员工作补贴。

【离退休干部服务管理】 落实离休干部“三个机制”，按照省定标准，分别将离休干部护理费、退职休息妇女生活补助费提高到每月2700元/人、3600元/人。落实特困老干部帮扶机制，帮扶困难老干部32人次，帮扶金12万元。协调指导垂管单位落实离休干部生活待遇。指导州直单位做好离退休干部健康体检及逝世老干部丧事办理，体现组织关怀。

【离退休干部活动阵地建设】 推进全州老干部学习活动场所建设。州本级、利川市、建始县、巴东县、宣恩县、咸丰县、来凤县完成老年大学维修改造工程。恩施市投资1200万元新建老年大学，建筑面积4500平方米，主体工程完工，进入设施、设备采购阶段。鹤峰县新建老年综合活动中心完成图纸设计。利川市增加投入1200万元，新建建筑面积4900平方米的老年活动中心大楼竣工。巴东县老年大学新校区于2019年12月正式启用，建筑面积2.6万平方米，总投资9000余万元，建设规模和水平居全省同级老年大学前列，进入全省第一方阵。

【宣传工作】 宣传离退休老干部先进典型。突出学习宣传“共和国勋章”获得者张富清先进事迹。结合全国离退休干部“双先”表彰活动，培育、挖掘、表彰、宣传一批新典型，与恩施晚报联合开办《寻找》专栏，总结推介石光瑞等一批老党员、老代表、老劳模的人生故事。围绕“讴歌新中国、点赞新时代、助力新发展”主题，深化“树长者风范、做风范长者”、老干部讲好中国故事、“手牵手”三项主题活动。开展“我看新中国成立70周年新成就”专题调研活动。举办大型文艺演出，书画摄影作品展，开展支部主题党日、专题调查研究等活动。

【走访慰问州直离退休干部】 春节、“七一”、中华人民共和国成立70周年及老年节前夕，组织对州直离休干部进行全覆盖走访慰问，州直单位对本单位老干部走访慰问全覆盖，将州委、州政府的温暖送到每位离休干部家中。2019年州委老干部局走访离退休干部近400人次，看望慰问生病住院的离退休干部60人次。州领导在重大节日前夕看望慰问离退休干部代表。

【全州老干部工作会议】 2019年4月12日，恩施州老干部工作会议召开，会议贯彻落实全国老干部局长会议、全省老干部工作会议精神，回顾总结2018年老干部工作，安排部署2019年工作任务。

【开展老干部讲好中国故事活动】 2019年6月21日至7月11日，联合州委宣传部、州委直属机关工委、州教育局开展恩施州老干部讲好中国故事进机关、进校园活动。组织老干部宣讲团成员蔡章武、周孝莉、魏艳华、贺孝贵、徐培芝5人，到州直、县市机关和学校讲述《学国史、担使命、圆梦想》《用一生践行共产党人的理想信念——来凤县离休干部张富清先进事迹》《乐做扶贫铺路石——建始县退休干部王正东扶贫事迹》《吃穿住行看变化》和《有勇有谋的巾帼英雄——贺英》等故事20场次、2万余名机关党员干部、在校师生聆听报告。

【承办第八次湖北省老年大学校长培训班】 2019年8月21—23日，州老年大学承办第八次全省老年大学校长培训班。来自全省老年大学各会员校校长、代表及省老年大学处室负责人100余人参加培训。其间，开展党建工作、信息化建设专题辅导，专题宣讲张富清先进事迹，组织经验交流、分组讨论、学习观摩等，以《党旗飘扬校园美》为题推介州老年大学党建工作创新做法。

【举办庆祝新中国成立70周年系列活动】 2019年5—9月，在全州离退休干部中开展庆祝新中国成立70周年全州离退休干部书画摄影比赛活动。9月，在州老年大学举办全州离退休干部象棋赛。9月30日，全州“风范长者”授牌仪式暨“壮丽70年·点赞新时代”庆祝新中国成立70周年文艺演出在州老年大学举行，蒲元忠等50人被授予“风范长者”称号。

【省委老干部工作领导小组到恩施专项督查】 2019年12月4—6日，省委老干部工作领导小组对恩施州老干部工作相关文件贯彻落实情况开展专项督促检查。先后到恩施州、来凤县、利川市、巴东县针对相关政策贯彻落实，省级“示范党支部”复核，老干部活动中心、老年大学建设和运行情况等实地检查。

【离退休干部信息统计工作培训】 2019年12月12日，州委老干部局举办老干部信息平台建设及2019年全州离退休干部信息统计工作培训班，各县市及州直单位老干部工作人员100余人参加培训。会上，对平台的建设背景，APP端使用、PC端使用、平台的建设管理及2019年离退休干部信息统计要求和操作进行详细讲解。

【张富清、陈泽维获评全国离退休干部先进个人】 2019年12月，张富清、陈泽维被中组部表彰为全国离退休干部先进个人。张富清老英雄深藏功名60多年，一辈子坚守初心、不改本色，事迹感人。原州邮政局工会副主席陈泽维，1972年参加邮政工作，1975年入党，2008年起担任恩施州邮政扶贫工作队队长，2012年5月退休，退休后，他主动向组织申请继续参加驻村扶贫工作，成为一名不拿工资的义务扶贫志愿者。2016年在建设邮政电商扶贫站工作中受伤，一只眼睛失明，从医院出院后，仍然坚持回到村里扶贫，为贫困户农产品外销作出贡献。

（徐珊珊）

督查考评

【概　况】 2019年，恩施州机构改革，州督查考评办公室为州委工作机关，负责党中央、国务院重大方针政策和决策部署及省委省政府工作任务贯彻落实情况的督办检查，反馈落实情况；州委常委会工作要点、州政府工作报告目标任务分解，并督办检查、反馈、通报落实情况；上级党委、政府和州委、州政府主要领导批示件、交办件办理落实情况的督办检查复核，报告结果；负责州委全体会议、州政府全体会议、州委常委会会议、州政府常务会议等州委、州政府重要会议及州委、州政府决策部署、决定事项贯彻落实情况的督查检查，报告结果；制定年度督查计划，对州委、州政府阶段性重点专项工作落实情况组织开展督办检查，报告结果；全国人大代表、省人大代表和州人大代表建议、政协提案以及人大议案、政协建议案的办理和督查工作，报告结果；人民网、荆楚网等网络媒体给州委书记、州长留言的办理和回复工作；州委、州政府主要领导批示新闻媒体曝光重要问题意见办理落实情况的督查工作；省对州年度政绩目标考核任务分解、落实的统筹协调督办汇总上报工作，统筹做好全州各项目标考核工作；州对县市和州直有关部门年度政绩目标的考评工作；党中央、国务院和省委、省政府巡视、督查、审计反馈恩施州问题整改落实情况的督办检查，报告情况；州委、州政府主要领导关于州人大审议意见、州政协社情民意批示意见办理落实情况的督查检查；督查考评工作信息化建设；负责党风政风热线和电视问政节目的统筹协调工作；州委、州政府领导安排的其他工作。指导各县市督查考评工作，出台《恩施州督查考评工作规则》。

【党委决策落实】 全年对中共十八大以来习近平总书记重要指示批示情况涉及恩施州的条目进行全面清理，对109件重要指示批示建立工作台账，督促有关单位持续抓好深化落实。突出抓好中央和省委重要会议、重要文件、重要政策，以及中央和省委巡视反馈问题、环保督察反馈问题整改的督办落实。按照省委和州委主要领导批示要求，开展宜万铁路沿线恩施州段环境整治督办，采取一周一督查、一周一调度、一周一报告的方式逐一督办巡查发现问题，全年现场督办14次，印发《铁路沿线环境整治周报》5期，督查通报2期，省委督查室现场检查时对恩施州工作给予肯定，认定恩施州整治工作彻底，整治任务全面完成。围绕恩施州高质量发展主题，聚焦打赢“三大攻坚战”、重点项目建设、平安稳定，抓好州委书记签批件及交办事项、州委重点项目建设等情况的跟踪督办，对清江带状公园建设、旅游资源统筹管理政策措施落实、全州财政暂付款情况、全州驻汉群众工作机构调研现状等困难和问题做到督深督实、一抓到底。聚焦群众的操心事、烦心事、揪心事开展检查督办，对脱贫攻坚政策落实情况，书记、州长签批信访件落实情况，电视问政、党风政风热线反映问题整改情况，校园安全、污染防治、债务化解等群众关心关注的热点难点问题，进行明察暗访，传导工作压力，推动工作落地见效。

【政务工作落实】 对省政府《政府工作报告》重点工作，省委副书记、省长王晓东在恩施州召开有关会议确定的支持事项，省委、省政府关于

“616”工程对口帮扶恩施市、巴东县、咸丰县、鹤峰县的专题会议议定事项，《湖北武陵山片区基础设施领域五年攻坚计划（2019—2023年）》涉及恩施州任务情况，省政府“一优两落”等重大决策部署情况建立专门台账管理，细化分解督办事项，明确责任单位，抓落实。

【建议提案办理】 牵头代拟十三届全国人大二次会议代表建议会办答复2件；牵头办理省第十三届人大二次会议代表建议主办件1件、会办件3件，牵头会办省政协十二届二次会议提案1件；交办督办州人大代表建议150件、州政协提案135件，完成“见面率100%、答复率100%、满意率和基本满意率98%以上”的工作目标。

【信访工作】 分别以“聚焦扶贫领域形式主义官僚主义问题，决战决胜整体脱贫目标任务”“聚焦营商环境，转作风促发展”为主题，协调组织开展2场电视问政活动，活动中所反映问题得到全面整改。开办“党风政风热线”栏目，8个县市长、89个部门上线，接热线电话146个，群众来信2封，受理群众诉求274件，线上解答246件，线下答复28件，满意率达96%以上。交办督办州委、州政府主要领导批示信访件294件，其中办理州委书记交办件217件，办理州长交办件77件；开展信访件现场督办核查11次，召开信访督办协调会9次，形成专题报告4期。完成中央“互联网+督查”留言办理6条，代拟人民网给省长留言回复31条，代拟荆楚网给省长留言回复1条；办理完成人民网、荆楚网等网络媒体给州委书记、州长留言42条，其中州委书记17条，州长25条。

【基层减负】 按照中央“基层减负年”有关工作要求，州减负专项工作机制办公室设在州督查考评办，抽调人员集中办公，推进各项工作任务落实。州委研究制定《恩施州解决形式主义官僚主义突出问题为基层减负具体落实措施》，明确重点任务、压实工作责任、细化工作措施、加强跟踪督办。州委下发至县级以下文件、召开的全州性会议均达到中央和省委减负要求，督查检查考核、示范创建活动、责任状和“一票否决”事项设置等更加规范。全年组织召开2次州减负办成员单位会议，组织3次督查暗访活动，印发减负类《督查通报》2期。全年州委召开全州性会议15次，同比下降31.8%，下发至县级以下文件105件，同比下降37.8%；州政府召开全州性会议29次，同比下降34.1%，下发至县级以下文件196件，同比下降30.2%；州直单位纳入年度督查考核计划清单事项72项，同比减少73.8%。联合纪检监察机关查处形式主义官僚主义问题628个，通报典型案例141起298人，处理1101人，其中党纪政务处分357人。

【政绩目标考评】 落实州委书记在7月15日考评工作专题会议上的要求。制定《2019年度省对州政绩目标考核项目清单及责任分工表》，明确由各分管州领导研判分管领域行业的考核指标，明确各考核指标责任单位的工作职责，形成单位一把手负总责，分管领导具体抓的工作责任机制。整改2018年度省对州政绩目标考核存在问题。制定《恩施州2018年度市州政绩目标考核反馈意见整改方案》，针对26个问题制定整改措施，明确责任领导、责任单位和整改时限，并按期整改销号。科学谋划2019年度州对县市及州直单位考核，印发《州委督查考评工作领导小组关于印发〈县市2019年度目标考核项目清单及要求〉〈州直单位2019年度目标考核项目清单及要求〉的通知》。

（阮文祥　黄　慧）

党校教育

【概　况】 2019年，全州9所党校举办干部培训班261期，培训各级干部3.71万人，其中，州委党校举办培训班94期培训干部11254人，恩施市委党校举办培训班16期培训干部1935人，利川市委党校举办培训班16期培训干部3379人，建始县委党校举办培训班16期培训干部2716人，巴东县委党校举办培训班27期培训干部4398人，宣恩县委党校举办培训班21期培训干部3649人，咸丰县委党校举办培训班19期培训干部3065人，来凤县委党校举办培训班14期培训干部1559人，鹤峰县委党校举办培训班38期培训干部5232人。全州党校系统坚持从严治校，加强学风学纪建设，全年学员管理未出现违规违纪事件。

【教学管理】 全州党校改革教学内容，突出党的理论和党性教育主课。主体班按3个单元、“7+N”模块实施教学。党的理论教育单元，按习近平新时代中国特色社会主义思想、马克思主义基础理论2个模块教学；党性教育单元，按党章党规和法律法规、党史国史、政治文化3个模块教学；专业能力教育单元，按省情州情、专业知识、拓展知识3个模块教学。坚持把习近平新时代中国特色社会主义思想作为教学重点和主线贯穿于教学活动全过程。主体班党的理论教育课程占总课时的比例达61.7%，党性教育课程占总课时的比例为25.6%，这两类主课占总课时的87.3%，超过中央、省委、州委明确的不低于70%规定。改革教学方式，坚持“校内教学+现场教学+异地教学”相结合。校内教学抓好5个教学课堂，全年领导干部、和省委党校专家教授授课占总课时的37.8%。学制2个月的县处级干部进修班、年轻干部培训班，分别安排1周时间到杭州市委党校、延安市委党校进行异地教学；坚持“自学阅读+集体听课+课题研究”相结合。各个班次分别确定一个主题，由学员组成课题组进行调查研究。创新教学逻辑。构建“教学出题目、科研做文章、文章变专题、专题进课堂”的教学科研一体化机制，用科研成果生成教学专题，提高教学的科研含量。探索用学术讲政治、用法治讲经济、用历史讲党建的教学逻辑，对党的理论和中央、省委、州委重大决策部署进行学理阐释，讲出理论的力量、思想的力量。

【科研咨政】 2019年，全州党校坚持以新时代、新要求、新州策、新实践、新问题为导向，立足教学、咨政两个维度开展科研工作。在市（州）级以上刊物发表论文112篇，承担县级以上科研课题76个，科研成果转化为教学专题35个，获党政主要领导批示并进入决策17项。州委党校与州社科联共同举办主题为“乡村振兴与高质量发展”理论研讨会，收到参研论文和调研报告285篇，其中恩施市委党校提交论文13篇，利川市委党校提交论文35篇，建始县委党校提交论文13篇，巴东县委党校提交论文9篇，宣恩县委党校提交论文13篇，咸丰县委党校提交论文15篇，来凤县委党校提交论文6篇，鹤峰县委党校提交论文8篇。除此之外，宜昌、吉首、湘西、万州、黔江5个市州区13所党校参与研讨会。

【新校区项目建设】 2019年，推进州委党校新校区项目建设，项目安全责任落实，项目施工质量达标，项目资金使用科学，进行裸土复绿，包括教学楼、考试中心、图书馆和学术报告厅、教研服务楼、学员食堂、学员公寓楼、体育馆、地下停车场等建筑体在内的主体结构工程于9月30日完成施工任务，11月28日通过行业主管部门组织的竣工验收，建筑面积5.68万平方米，其中地上计容建筑面积4.35万平方米，地下1.33万平方米。

【驻村扶贫】 2019年，全州9所党校主业培训和驻村扶贫两手抓，向19个村派出扶贫“尖刀班”，抽调近50%的教职工到“尖刀班”做扶贫工作。“尖刀班”按照“两不愁三保障”脱贫标准，查贫困、补短板、强弱项，解决贫困群众的难题，确保脱贫验收。州委党校对口帮扶的鹤峰县五里乡中坪村于3月实现省级脱贫验收，在鹤峰县委、县政府组织开展的“最美乡村”竞选中获五里乡“最美乡村”称号，以总分第三名的成绩获鹤峰县“最美乡村”提名奖。

（殷昱萌）

恩施州人民代表大会

综 述

【概 况】 2019年，州人大常委会认真贯彻习近平总书记对地方人大及其常委会工作的重要指示和视察湖北重要讲话精神，坚持强化理论武装，把握正确的政治方向，不断增强“四个意识”，坚定“四个自信”，做到“两个维护”。坚持围绕中心大局，全面贯彻中央决策部署，聚焦省委“一芯两带三区”战略布局和州委“六大重点任务”，依法行使法定职权，全力服务改革发展大局。坚持法治引领，贯彻实施全面依法治国基本方略，发挥主导作用提升立法质量，加强法律实施监督，促进依法行政，推动社会治理促进和谐稳定，推进法治恩施建设。发挥人大代表作用，回应人民关切，推动解决人民群众的操心事、烦心事，增进民生福祉。持续加强自身建设，多措并举提升依法履职能力。加强对县乡人大的工作联系和指导，上下联动，同步开展调研视察、执法检查等履职活动，形成工作合力。务实重行改进工作作风，不断改进会风文风，减轻基层负担。规范有效强化服务保障，健全完善常委会及机关工作制度，加大落实力度，推进各项工作科学有序、规范运行。加强人大宣传工作，讲好人大故事，传播人大声音，展现代表风采。2019年，召开常委会会议7次，听取和审议“一府两院”专项工作报告19项，开展执法检查、专题视察调研15次，作出决议决定13项、审议意见9个，完成州八届人民代表大会第三次会议确定的各项目标任务。

【坚持党的领导】 常委会将坚持党的领导贯穿于人大履职行权的全过程、各方面，始终在政治立场、政治方向、政治原则、政治道路上同以习近平同志为核心的党中央保持高度一致。自觉接受州委的领导，不折不扣落实州委工作要求，依法行使立法权、监督权、重大事项决定权，及时将州委的决策主张通过法定程序转化为全州人民的共同意志。坚持党管干部原则与人大依法行使任免权相统一，全年依法任命副州长3名、任免国家机关工作人员73人次。牢固树立人大机关首先是政治机关的意识，全面加强党的建设。常委会党组履行政治领导责任，发挥把方向、管大局、保落实的作用，贯彻执行党组工作条例，坚持民主集中制，对重要事项集体研究把关；严格落实全面管党治党主体责任，认真履行“一岗双责”，加强机关党组、机关党支部建设；严格落实意识形态工作责任制，守好阵地，管好队伍，维护国家意识形态安全；加强政治纪律和政治规矩教育，支持纪检监察机关工作，自觉接受监督，努力将常委会及其机关建设成为担负起宪法法律赋予的各项职责的工作机关。

【理论武装】 将学习贯彻习近平总书记关于坚持和完善人民代表大会制度的重要思想作为首要任

务。坚持党组会议和常委会会议第一时间、首要议题传达学习习近平总书记重要讲话、重要指示批示和党中央决策部署，建立常委会党组成员、常委会组成人员、人大代表和机关工作人员常态化学习机制。召开全州人大系统学习贯彻习近平总书记关于坚持和完善人民代表大会制度的重要思想交流会，举办3次专题讲座、2期州人大代表和人大工作者专题培训班。

【开展主题教育】 准确把握主题教育“守初心、担使命、找差距、抓落实”的总要求，将学习教育、调查研究、检视问题、整改落实有机融合、贯穿始终。采取举办读书班、中心学习小组学习、机关支部主题党日、讲党课和开展专题研讨等方式，开展大学习、大讨论，抓好全员全过程研学，打牢思想基础。围绕发展所需、群众所盼，开展硒食品精深加工等5个专题调研。回应人大代表和人民群众关切，认真检视问题并立行立改，建立抓落实长效机制。重点督办机场迁建、民宿旅游产业发展等5件人大代表建议，解决实际问题。

【代表工作】 规范代表之家、代表活动室阵地建设。研究制定《关于进一步加强州人大代表工作的具体措施》《州人民代表大会代表活动经费管理使用办法》，落实无固定工资收入代表有关费用报销和补贴，保障代表更好履职。加强同代表及相关单位的走访联系，提供个性化履职服务。完善代表履职档案，加强履职管理。扩展代表知情知政渠道，丰富代表闭会期间履职活动。邀请100余名基层代表参加常委会专题调研、集中视察、执法检查、列席常委会会议、旁听法院三类案件庭审、观摩电视问政等活动。服务各级人大代表依法执行职务，为代表参加培训、依法履职提供有效保障。注重实效加强议案建议办理，依法做好代表议案、建议办理工作，邀请代表全程参与建议督办，提高办理质量。州八届人大一次会议《关于加大农村环境综合整治力度，推进美丽乡村建设的议案》办理取得阶段性成效，推进乡村环境治理，基础设施建设不断加强，激发群众内生动力，提高基层自治能力，改善村容村貌，乡村更加文明和谐、繁荣发展。加强代表建议督办，领导领衔督办州八届人大三次会议期间代表建议5件、州政府领导领办7件，全年150件建议办理完毕，代表满意率达98.7%。配合省人大常委会督办提高州内高速公路最高限速、降低通行收费等建议，促进限速及收费标准调整工作有效推进。

【上级视察调研】 2019年5月6日，全国人大常委会法工委民法室主任黄薇率调研组到恩施州，就民法典婚姻家庭编、继承编开展立法调研并召开座谈会。5月9—11日，全国人大常委会副委员长曹建明到巴东县、建始县、恩施市开展脱贫攻坚专题调研。2019年，省人大常委会组织调研组到恩施州，分别开展监察体制改革和监察法实施情况专题调研，开展《中华人民共和国水污染防治法》《湖北省水污染防治条例》执法检查，调研恩施州山区高速公路限速问题，调研省人大代表许强等13名代表提出的《关于调整恩施州内高速公路运行控制标准的建议》中“关于调整高速公路通行费用标准的建议事项”，到来凤县调研饮用水水源地保护情况，开展《湖北省乡镇人民代表大会工作条例》执法检查、《关于进一步规范全省县乡人大组织机构设置、人员编制和工作机制的意见》的贯彻落实情况视察和“聚力脱贫攻坚、人大代表在行动”代表交叉视察活动。

（吴　政）

重要会议

【恩施州第八届人民代表大会第三次会议】 2019年1月20—23日，恩施州第八届人民代表大会第三次会议召开。会议听取和审议州政府工作报告、州人大常委会工作报告、州中级人民法院工作报告、州人民检察院工作报告；审议州政府《关于恩施州2018年国民经济和社会发展计划执行情况与2019年计划草案的报告》《关于恩施州2018年财政预算执行情况和2019年预算草案的报告》。会议作出关于政府工作报告的决议、关于恩施州2018年国民经济和社会发展计划执行情况与2019年计划的决议、关于恩施州2018年财政预算执行情况和2019年财政预算的决议、关于州人大常委会工作报告的决议、关于州中级人民法院工作报告的决议、关于州人民检察院工作报告的决议。吕金施当选为州八届人大常委会主任，张在勇当选为州八届人大常委会副主任，梁公章当选为州八届人大常委会委员。大会期间，收到代表10人以上联名提出的议案24件。其中城市建设与管理方面6件，交通建设方面5件，生态环境保护方面3件，社会治理方面3件，文化旅游及乡村振兴方面3件，其他社会事业方面4件。会议通过大会议案审查委员会《关于代表联名提出的议案处理意见的报告》，决定将24件代表联名提出的议案作为代表建议，连同大会期间收到的代表建议、批评和意见120件，由州人大常委会在本次会议闭会后交有关机关和组织研究办理，并负责答复代表。

【州八届人大常委会第十四次会议】 2019年1月11日，州八届人大常委会举行第十四次会议。会议决定，州第八届人民代表大会第三次会议（简称“州八届人大三次会议”）于2019年1月20—23日召开。会议审议州八届人大三次会议议程（草案）、日程（草案），州八届人大三次会议主席团和秘书长名单（草案），主席团常务主席、大会执行主席分组、副秘书长名单（草案）。会议决定州八届人大三次会议列席人员名单。审议关于州八届人大代表变动情况的报告。会议审议州人大常委会工作报告（草案）、州人大常委会2019年度工作要点（草案）。会议听取州人大法制委关于《州人大及其常委会2019年度立法计划》的报告以及州人大常委会“聚力脱贫攻坚、人大代表在行动”活动推进指导小组办公室关于2018年“聚力脱贫攻坚、人大代表在行动”活动开展情况的报告。会议审议通过有关人事任免议案，决定任命丁辉、黄璟为州人民政府副州长。

【州八届人大常委会第十五次会议】 2019年3月22日，州八届人大常委会举行第十五次会议。会议听取和审议州政府《关于恩施州国民经济和社会发展第十三个五年规划纲要实施情况中期评估工作的报告》，作出关于批准这个报告的决议。会议审议州政府《关于提请审议兴建恩施民族体育运动中心和整体迁建恩施职业技术学院的议案》，决定批准兴建恩施民族体育运动中心和整体迁建恩施职业技术学院。会议审议并通过州政府提请审议《关于推动全州生态文化旅游业高质量发展的决定》的议案。会议审议《恩施土家族苗族自治州饮用水水源地保护条例（草案）》（一审）。审议通过有关人事任免议案，决定任命丁文平为州人民政府副州长。

【州八届人大常委会第十六次会议】 2019年6月5日，州八届人大常委会举行第十六次会议。会议表决通过《恩施土家族苗族自治州传统村落和民族村寨条例（草案建议表决稿）》。会议听取和审议州政府关于2017年度州级预算执行和其他财政收支审计查出问题整改情况的报告、州政府关于全州中医药事业发展情况的报告。会议审议《恩施土家族苗族自治州饮用水水源地保护条例（草案二审稿）》。会议表决通过州人大常委会关于设立和更名有关工作委员会的决定、关于修改《恩施自治州州级国家机关工作人员宪法宣誓组织实施办法》的决定。审议并通过有关人事任免议案。

【州八届人大常委会第十七次会议】 2019年7月31日，州八届人大常委会举行第十七次会议。会议听取和审议州政府关于2019年上半年全州国民经济和社会发展计划执行情况的报告、州政府关于2019年上半年财政预算执行情况的报告、州人大常委会执法检查组关于检查《恩施土家族苗族自治州酉水河保护条例》贯彻实施情况的报告；审议并通过《恩施州人大常委会加强人大国有资产监督工作实施办法（草案）》；审议《恩施土家族苗族自治州饮用水水源地保护条例（草案）》（三审）。会议表决通过有关人事任免议案。

【州八届人大常委会第十八次会议】 2019年9月29日，州八届人大常委会举行第十八次会议。会议传达学习习近平总书记对地方人大及其常委会工作的重要指示和省级人大立法工作交流会主要精神、全国人大常委会法工委备案审查工作座谈会主要精神。会议听取和审议并通过州政府关于2018年州级财政决算的报告、关于2019年州级财政预算调整方案的报告；听取和审议州政府关于2018年州级预算执行和其他财政收支的审计工作报告，作出关于对审计查出问题进行整改的决议；听取和审议州政府关于“扫黑除恶”专项斗争工作情况的报告、关于产业就业扶贫工作情况的报告、关于2018年度企业国有资产管理情况的报告，州政府书面报告2018年国有资产管理情况。会议还审议并通过关于个别代表的代表资格的报告、有关人事任免议案。

【州八届人大常委会第十九次会议】 2019年11月22日，州第八届人大常委会举行第十九次会议。会议听取和审议州政府关于2019年州级财政预算调整方案的报告、州政府关于州八届人大一次会议代表议案办理情况的报告、州政府等单位关于州八届人大三次会议代表建议办理情况的报告、州政府关于全州环境状况和环境保护目标完成情况的报告、州政府关于全州民族乡村发展情况的报告。州人大法制委书面报告《州人大及其常委会2020年度立法计划》。会议表决通过《州饮用水水源地保护条例（草案建议表决稿）》，审议通过有关人事任免议案。

【州八届人大常委会第二十次会议】 2019年12月27日，州八届人大常委会举行第二十次会议。会议决定，2020年1月5—8日召开州第八届人民代表大会第四次会议（简称“州八届人大四次会议”）。会议审议州八届人大四次会议议程（草案）、日程（草案），州八届人大四次会议主席团和秘书长名单（草案），州八届人大四次会议主席团常务主席、大会执行主席分组、副秘书长名单（草案）；表决通过州八届人大四次会议列席人员名单。会议还审议关于代表变动情况的报告、州人大常委会工作报告（草案）、2020年度工作要点（草案）；审议并通过有关人事任免议案，决定免去丁文平州人民政府副州长职务。

（吴　政）

监督工作

【脱贫攻坚战监督】 持续开展“聚力脱贫攻坚、人大代表在行动”专题代表活动。围绕“两不愁三保障”落实情况，对照州委“八个到村到户”“六个清零、六个全覆盖”要求，围绕以“十看村”“十看户”，组织全州6968名五级人大代表开展脱贫人口“回头看”。采取专题调研、回访选民、交叉视查等方式，人大代表到579个出列贫困村、218225户贫困户，开展扶贫政策、扶贫责任和巡视整改问题落实情况监督检查，发现问题4482个，形成代表意见建议995条，交各级政府办理，加强跟踪督办，促进4421个问题、967条意见建议得到解决落实。省人大常委会2019年“代表行动”推进会在宣恩县召开。持续加强扶贫工作监督，开展产业就业扶贫专题视察，到乡村、企业、贫困户走访调研，听取和审议专项工作报告，促进产业就业扶贫工作落实见效。常委会领导履行脱贫攻坚政治责任，常委会组成人员、人大代表认真开展驻村帮扶、结对帮扶工作，为打赢脱贫攻坚战做贡献。2019年，州人大常委会办公室协调州、县相关部门落实项目资金近500万元；所驻茅田乡张大顶村集体经营公司实现经营收入90万元，净收益5.1万元；长梁镇三宝村集体经营公司收入1.5万元，光伏发电收入4.2万元。

【推动重大改革】 做好涉及政府机构改革的人事任免、法规清理工作，保障机构改革顺利实施。完善州人大常委会工作机构设置，设立社会建设工作委员会，将内务司法工作委员会更名为监察和司法工作委员会。加强国有资产监督，制定出台《州人大常委会加强人大国有资产监督工作实施办法》，建立人大国有资产监督情况通报和公开制度，首次听取和审议2018年度企业国有资产管理情况专项报告，审议2018年度国有资产管理情况综合报告。推进人大预算审查监督重点向支出预算和政策拓展，重点审查支出预算的总量与结构、重点支出与重大项目投资、部门预算、财政转移支付、政府债务等内容。推进预算绩效管理，对5个州级重点项目绩效开展调研和监督，审查州财政部门委托中介机构作出的绩效评价报告。加强预算联网监督，实现预算联网监督平台建设省州县三级纵向连通。

【服务全州重点工作】 加强经济运行和全口径预算监督，关注全州经济发展态势，及时了解经济运行和财政预算执行情况，对乡镇生活污水处理运营补助资金、美丽乡村建设专项资金分配使用情况等开展调研和审查监督，听取和审议计划、预算、决算、审计、“十三五”规划纲要实施中期评估等报告，提出审议意见，推动解决经济运行、财政预算执行中存在的困难和问题。落实州委重大决策，推动特色产业加快发展，《关于推动全州生态文化旅游业高质量发展的决定》从制度层面解决全州旅游发展存在的问题；开展中医药产业发展专题视察，听取和审议专项工作报告，推动生物医药产业集群建设。促进民族乡村繁荣发展，组织开展民族乡村发展情况专题视察，听取和审议专项工作报告，推进民族政策法规落实落地，促进民族乡村经济繁荣、社会发展。

【促进和谐稳定】 组织开展全州推进“扫黑除恶”专项斗争情况专题视察，听取和审议专项工作报告，提出持续依法严惩黑恶势力、加强综合治理、建立健全长效机制等审议意见，推动全州“扫黑除恶”专项斗争纵深发展，人民群众安全感不断增强。跟进了解监察体制改革和《中华人民共和国监察法》实施情况，邀请州内部分省人大代表、监察委一线执法执纪工作人员、法官、检察官、律师、专家学者和相关部门负责人座谈，提出意见建议，推进监察法全面贯彻实施。听取和审议“两院”半年工作报告，跟踪督办审议意见落实。组织人大代表旁听重大刑事案件庭审活动，推动“两院”提高诉讼水平、提升审判质效，促进公正司法。持续组织开展“民族团结进步荆楚行”活动，促进民族团结、繁荣稳定。

【促进保障和改善民生】 对重大民生事项作出审查决定，为加快推进全州职业技术教育和民族体育运动事业发展，根据州委决策部署，常委会经过调研、充分论证，审议批准州人政府议案，作出《关于兴建恩施民族体育运动中心和整体迁建恩施职业技术学院的决议》。启动实施民生实事项目人大代表票决制，按照省人大常委会积极探索民生实事项目人大代表票决制工作要求，学习借鉴浙江省杭州市、宁波市等地的工作经验，建议州委出台《关于试行民生实事项目人大代表票决制的通知》，召开工作会议部署，对率先实施票决制的宣恩、来凤、鹤峰县调研督办，推动票决制工作顺利开展。加强生态环保工作监督，对全州水污染防治现状开展专题调研，对中央、省环保督察反馈有关问题的整改情况进行重点督办，听取和审议州政府关于全州环境状况和环境保护目标完成情况的报告，提出具体整改意见，持续开展“环保世纪行”活动，促进恩施州生态环境不断改善。推动就业工作。开展《中华人民共和国就业促进法》实施情况执法检查，促进人民群众更高质量和更充分的就业。持续开展“农产品质量安全荆楚行”活动，保障人民群众“舌尖上的安全”。

（吴　政）

立法工作

【实施年度立法计划】 坚持科学立法、民主立法、依法立法，加强立法能力建设，提高立法质量，推进法治恩施建设。确定第一批基层立法联系点，与湖北民族大学联合建立“恩施州立法研究与人才培养基地”。组织实施2019年度立法计划，完成《恩施土家族苗族自治州传统村落和民族村寨保护条例》表决、报批工作并颁布实施。表决通过《恩施土家族苗族自治州饮用水水源地保护条例》，待省人大常委会批准后颁布施行。组织开展修订《恩施土家族苗族自治州城乡规划建设管理条例》《恩施土家族苗族自治州旅游条例》的调研考察、专家咨询、草案起草以及茶产业发展立项调研等工作。在广泛征求意见、科学合理论证的基础上，制定完成2020年度立法计划。配合全国人大、省人大完成《中华人民共和国民法典婚姻家庭编、继承编（草案）》《湖北省清江流域水生态环境保护条例》等16部法律法规的立法调研、征求意见等工作。开展规范性文件备案审查，审查州政府、县市人大常委会规范性文件11件，督促修改其中1件。开展涉及生态环境保护的地方性法规、规范性文件全面清理工作，督促清理意见的落实，有效维护宪法法律权威和法制统一。

【加强法律实施监督促进依法行政】 为推动法治政府建设与责任落实，2次组织开展法治政府建设专题视察，提出改进意见，促使各级政府增强法治意识，提高运用法治思维和法治方式深化改革、推动发展、化解矛盾、维护稳定、应对风险的能力。组织开展《恩施土家族苗族自治州西水河保护条例》实施情况的执法检查，提出构建齐抓共管工作格局、完善常态管理和区域协调保护机制、强化污染源头治理等审议意见。配合全国人大、省人大开展《中华人民共和国防震减灾法》《中华人民共和国水污染防治法》《湖北省水污染防治条例》《湖北省动物防疫条例》等法律法规实施情况执法检查，促进法律法规有效实施。

（吴　政）

恩施州人民政府

综　述

【概　况】 2019年，全州经济社会平稳健康发展，较好地完成州八届人大三次会议确定的各项目标任务。地区生产总值增长6.6%；固定资产投资增长11%；地方一般公共预算收入增长0.5%；社会消费品零售总额增长11.2%；城镇常住居民人均可支配收入增长9.1%；农村常住居民人均可支配收入增长10.4%。2019年，习近平总书记对张富清先进事迹作出重要指示，老英雄张富清被授予"共和国勋章"和"时代楷模"等称号；国网恩施供电公司等一批单位和个人获全国民族团结进步模范表彰，州邮政管理局获全国"人民满意的公务员集体"称号；全国易地扶贫搬迁工作现场会、中国马铃薯大会、全国民族经济工作会、全国老区宣传工作会等一系列全国性会议在恩施州成功举办。

【脱贫攻坚】 开展"八个到村到户"，推进"六个清零""六个全覆盖"，全面落实产业扶贫、易地搬迁、生态扶贫、教育扶贫、健康扶贫、兜底保障等各项政策，有效解决"两不愁三保障"突出问题，改善农村生产生活条件，振奋贫困群众自强不息的奋斗精神，密切党群干群关系，诠释社会主义制度的巨大优越性。农村危房改造、硬化路通村率、砂石路通组率、饮水安全普及率、稳定用电覆盖率、4G信号覆盖率实现六个"百分之百"，贫困发生率下降至0.23%。

【产业集群建设】 推进"4+N"产业集群建设。恩施市跻身首批国家全域旅游示范区。全州游客满意度连续三年位居全省第一，全年接待游客7117万人次，增长14.5%；实现旅游综合收入530亿元，增长16.5%。腾龙洞大峡谷地质公园晋升为国家地质公园。巴东县绿葱坡高山滑雪场建成运营。中国山地马拉松利川站、宣恩水运会、巴东长江冬泳等全国性体育赛事继续开展。硒食品精深加工、生物医药、清洁能源产业集群持续发展。全州特色产业种植面积450000公顷。"恩施硒茶"注册为国家地理标志证明商标，"恩施玉露""利川红"成为第七届世界军人运动会等重大国际赛事和会议用茶，新增"三品一标"认证产品65个。武汉国家生物产业基地·恩施生物产业园挂牌。鹤峰县江坪河电站下闸蓄水。页岩气勘探开发取得进展，鄂西页岩气勘探开发综合示范区建设获自然资源部批准。恩施高新区立讯精密（恩施）建成投产，达翔电子、华阳药业、洲际食品、人福物流等项目开工建设，红利来智能科技、腾音声学、星光无线等项目落地入园。

【城乡建设】 州城恩施6条人行道改造、6条道路提升工程竣工，推进3条快速出口通道建设，恩施城区清水走廊提档升级工程、五峰山隧道、和润城下穿隧道等一批城建项目相继建成，"拆围透绿、见缝插绿、裸土复绿"释放绿色空间近8万平方米，凤凰山森林公园、七里坪公园等一批城市公园建成开放。各县市推进城市规划建设，恩施市成功创建国家森林城市，全州国家级城市品牌达到13个、省级城市品牌达到20个。巴东县野三关镇、建始县花坪镇、利川市苏马荡等一批特色小镇成为避暑休闲胜地。实施101个美丽乡村示范村、42个乡村振兴试点村建设，恩施市盛家坝镇二官寨村、利川市建南镇联合村成为中国美丽休闲乡村，恩施市白杨坪镇洞下槽村、利川市南坪乡营上村等成为美丽村庄。郑万铁路加快推进，黔张常铁路开通运营。宣咸高速、鹤峰东高速开工建设，建恩高速、宣鹤高速建成并通过交工验收。

【环境建设】 恩施州成功创建国家生态文明建设示范州，恩施市、咸丰县、鹤峰县成功创建国家生态文明建设示范县（市）。向污染“亮剑”，中央、省环保督察反馈问题整改有力有效。推进蓝天、碧水、净土保卫战。县市城区空气质量平均优良率达95%，成为全省首个达到国家二级标准的市州。“河（库）长制”全面落实，所有监测断面和县城集中式饮用水水源地水质全部达标。“山长制”稳步实施，营林造林40066.67公顷。实施土壤酸化治理36000公顷。长江大保护十大标志性战役取得阶段性胜利。推进“四个三”重大生态工程，精准灭荒222.47公顷，提前完成三年总任务；“厕所革命”建改农村户厕15.4万户、各类公厕1020座，完成年度任务；乡镇垃圾、生活污水处理设施实现全覆盖。

【优化营商环境】 开展营商环境“百日攻坚”行动，深化“放管服”改革，政务服务实现“一网通办”，工业项目实现“先建后验”、审批压缩至25个工作日以内，企业开办、不动产登记压缩至3个工作日以内，跑出行政审批“恩施速度”。推进供给侧结构性改革，为企业降成本、减负担，减税降费24亿元。农村集体产权制度改革稳步推进，农村土地确权登记颁证基本完成，国有林场改革完成，推进供销合作社综合改革。加强金融创新，实现银行抵押物“一家评估、多家认可”，连续11年获“湖北省金融信用州”称号。科技创新支撑能力增强，恩施州科技企业孵化器成功创建国家级孵化器，新增国家高新技术企业17家。招商引资取得成效，新开工、新投产亿元以上产业项目分别为92个、41个，引进省外资金174.11亿元。推进开放平台建设，恩施海关挂牌开关，航空口岸实现临时开放，开通直飞柬埔寨、越南、泰国、中国澳门等国际（地区）航线，进出境2.76万人次。

【保障民生】 优先保障民生，民生支出占比超过80%。义务教育“全面改薄”五年规划任务完成，义务教育入学率、初中三年巩固率均达到100%，“大班额”比例下降。推进“健康恩施”，建成医联体17个，启动县域医共体建设。通过“一村多名大学生计划”、订单培养教师和医生，为脱贫攻坚提供人才支撑。建成一批村级文体广场和综合文化服务中心，完善农村公共文化服务体系，开展文化惠民活动。多渠道促进就业创业，城镇新增就业4.4万人，登记失业率控制在4.1%以内。城乡居民基本医疗保险实现全覆盖，基本养老保险参保率达97%。农民工工资治欠保支“4+3”工作模式全国推广。完成棚户区改造2784套，基本建成保障性安居工程2981套，住房公积金归集扩面取得成效。开展民族团结进步创建活动，鹤峰县成功创建全国民族团结进步示范县。安全生产形势稳定向好，提升食品药品安全监管水平。非洲猪瘟疫情有效防控，生猪生产保持基本稳定。政府债务和金融机构贷款不良率控制在限额内，类金融机构得到有效监管。开展“扫黑除恶”专项斗争，群众评价居全省第四位。推进以互联网为重点的意识形态领域斗争。乡镇（街道）综治中心实体化运行，“平安恩施”基础更加牢固，社会大局和谐稳定。

【作风建设】 政府自身建设持续加强。抓好政府系统党的建设，开展“不忘初心、牢记使命”主题教育。推进中央、省委巡视反馈问题整改，形成一批制度性成果。严格落实全面从严治党主体责任，认真贯彻中央八项规定精神，深入推进政府系统党风廉政建设和反腐败工作。持续转变作风，切实为基层减负，精简压缩各类考核督查、会议文件。州政府门户网站连续四年跻身全国地市政府网站百强。推进依法行政，全面落实行政执法“三项制度”。自觉接受人大、政协及社会各界监督，140 件人大代表建议、127 件政协提案全部办结，开展电视问政活动。完成政府系统机构改革。

【政务工作督办落实】 全年对省政府《政府工作报告》重点工作，省委副书记、省长王晓东在恩施州召开有关会议确定的支持事项，省委、省政府关于“616”工程对口帮扶恩施市、巴东县、咸丰县、鹤峰县的专题会议议定事项，《湖北武陵山片区基础设施领域五年攻坚计划（2019—2023 年）》涉及恩施州任务情况，省政府“一优两落”等重大决策部署情况建立专门台账管理，细化分解督办事项，明确责任单位，抓好落实。

【建议提案办理】 全年牵头代拟十三届全国人大二次会议代表建议会办答复 2 件；牵头办理省第十三届人大二次会议代表建议主办件 1 件、会办件 3 件，牵头会办省政协十二届二次会议提案 1 件；交办督办州人大代表建议 150 件、州政协提案 135 件，完成“见面率 100%、答复率 100%、满意率和基本满意率 98% 以上”的工作目标。

【网络问政】 全年分别以“聚焦扶贫领域形式主义官僚主义问题，决战决胜整体脱贫目标任务”和“聚焦营商环境，转作风促发展”为主题，协调组织开展 2 场电视问政活动，活动中所反映问题得到全面整改。组织开办“党风政风热线”栏目，8 名县市长、89 个部门上线，接热线电话 146 个，群众来信 2 封，受理群众诉求 274 件，线上解答 246 件，线下答复 28 件，满意率达 96% 以上。

【信访工作】 全年交办督办州政府主要领导批示信访件 77 件；开展信访件现场督办核查 11 次，召开信访督办协调会 9 次，形成专题报告 4 期。完成中央“互联网 + 督查”留言办理 6 条，代拟人民网给省长留言回复 31 条，代拟荆楚网给省长留言回复 1 条；办理完成人民网、荆楚网等网络媒体给州长留言 25 条。

（符　斌）

重要会议

【航空口岸建设推进会】 2019 年 1 月 23 日，恩施航空口岸建设推进会召开，要求明确时间节点，倒排工期，压茬推进，5 月底前完成航线航路申报等各项准备工作，6 月底实现国际航班首航。

【州八届人民政府第三次全体会议】 2019 年 3 月 19 日，州八届人民政府召开第三次全体（扩大）会议。会议强调，恩施已经进入建成全面小康、建成“三大示范区”的冲刺阶段，抓发展的共识已经形成，抓发展的措施已经明确，政府系统机构改革也已基本完成，人员已经到位，现在的主要任务，就是让蓝图成为现实。要进一步转作风、敢担当、善作为、抓落实，加强政府执行力建设，全力推动政府各项工作取得实效。

【杭州市与恩施州东西部扶贫协作联席会议】 2019 年 4 月 2 日，杭州市与恩施州东西部扶贫协作联席会议在杭州召开。会议强调，要按照《三年行动实施方案》和年度工作要点，强化组织保障，做好项目谋划，实施一批造血功能强、扶贫效益大的项目，继续携手同行、善作善成，确保如期打赢精准脱贫攻坚战。

【优化营商环境专题座谈会】 2019 年 4 月 23 日，全州优化营商环境专题座谈会召开。会议通报省政府近期对各市州营商环境的评价排名，强调要进一步提升政治站位，认清抓好营商环境的必要性、重要性、紧迫性，把5月至7月作为集中开展优化营商环境治理、形成各项改革方案的攻坚期，按照“全国一流、全省领先”的目标，以问题为导向，成立专班推进放管服改革，推进营商环境治理。

【州政府第二次廉政工作会议暨全州优化营商环境工作会议】 2019年5月17日，州政府第二次廉政工作会议暨全州优化营商环境工作会议召开。会议通报全州优化营商环境调研摸底情况，印发《全州优化营商环境重要指标“百日攻坚”行动方案》。

【全州长江大保护十大标志性战役、长江经济带绿色发展十大战略性举措、落实河库长制暨“四个三”重大生态工程工作推进会】 2019年5月17日，全州长江大保护十大标志性战役、长江经济带绿色发展十大战略性举措、落实河库长制暨“四个三”重大生态工程工作推进会召开。与会代表观看长江大保护十大标志性战役暗访警示片。

【文化体制改革和文化产业发展会】 2019年7月30日，全州文化体制改革和文化产业发展会召开。会议传达全省文化产业发展工作会议精神，集中学习省委、省政府关于加快全省文化产业高质量发展的意见，讨论审议《恩施州文化体制改革和文化产业发展领导小组办公室工作细则（讨论稿）》《恩施州促进文化产业高质量发展的九条措施（讨论稿）》。会议就进一步加强对文化产业的组织领导、政策支持、统计分析和目标考核等工作进行部署。

【州政府重点建议提案督办会】 2019年9月4日，州政府召开131号建议、145号提案座谈督办会。第131号《关于清江生态保护与综合治理纳入长江经济带建设重大战略部署的议案》和第145号《关于完善普通高中教师补充机制的提案》，分别被列为重点建议和重点提案，由州委常委、常务副州长领办，由州直相关部门具体办理。

【全州推进放管服改革暨优化营商环境推进会】 2019年10月9日，全州深化“放管服”改革优化营商环境推进会召开。深化“放管服”改革、优化营商环境是州委、州政府开展“不忘初心、牢记使命”主题教育的重点推进内容之一。会议邀请国务院发展研究中心宏观经济研究部研究室主任、研究员张俊伟，以《改善营商环境，助力高质量发展》为题作专题讲座。

【州政府工作务虚会】 2019年11月1日，召开州政府工作务虚会，围绕“今年怎么看，明年怎么干，对政府工作有何建议”主题讨论研究。会议强调，要真抓实干、提振精神干、讲究方法干，力争四大产业集群发展大提升、生态环境质量大提升、城市建设管理规划大提升、民生工程大提升；力争重大项目建设新突破、招商引资新突破、州高新区发展新突破、营商环境新突破、乡村振兴新突破。

【全州总河长会议】 2019年12月29日，全州总河长会议召开。会议要求，深刻吸取全省电视问政曝光的武汉市洪山区河湖长制工作问题的教训，举一反三、查漏补缺。做好2019年度河湖长制考核迎检工作，做好第3号州河长令的宣传贯彻落实。会上，州河长办报告2019年度河湖长制考核目标任务完成情况，各县市总河长对河库长制工作进行述职。

【州政府常务会议】 2019年，州政府全年召开常务会议17次，讨论议题108项，主要研究和讨论决定以下事项：1月7日，研究2019年东西部扶贫协作工作要点，审定《关于加快发展乡村民宿的指导意见》《恩施州打赢蓝天保卫战行动计划（2018—2020年）》《恩施州州级政府投资引导基金管理暂行办法》《恩施州农民工等人员返乡创业三年行动计划实施方案》《恩施州州级证明事项取消目录》。1月31日，审议《关于进一步加强全州宗教事务管理的意见》《关于推进技能人才振兴计划建设技能强州的实施意见》《恩施土家族苗族自治州公益性岗位管理办法》，研究全州“大棚房”问题专项清理整治工作等。2月27日，审议《恩施州2019年同步创建国家级省级生态文明建设示范区总体工作方案》《恩施土家族苗族自治州饮用水水源地保护条例》《恩施州“比招商、抓项目、强产业、促进位”活动实施方案》《加快推进科技创新的九条政策》。4月27日，审议《2019年度全州社会救助标准调整方案》《关于加快发展现代职业教育的意见》《恩施州旅游资源统筹管理办法》。5月13日，审议《恩施州残疾儿童康复救助实施办法》《恩施州人民政府 武汉海关关于恩施海关开关事宜的合作备忘录》。6月3日，审议《关于进一步落实和加强地方党政领导干部安全生产责任制的实施细则》《全州安全生产考核工作实施方案》《全州安全生产法规知识专题培训活动方案》《恩施州生物医药产业规划（2018—2030年）》。6月24日，审议《恩施州贯彻落实中央生态环境保护督察“回头看”及长江保护与湖泊开发专项督察反馈意见整改方案》《2019年县市和州直精准扶贫考评方案》《恩施州卫校并入恩施职业技术学院实施方案》等。7月15日，审议《关于全面学习浙江“千万工程”经验扎实推进美丽乡村建设的决定》《恩施州美丽乡村建设五年推进规划（2019—2023年）》《恩施州推进蔬菜产业高质量发展三年行动方案（2019—2021年）》等。7月29日，审定审议《关于发展新型村级集体经济的实施意见》《恩施州工程建设项目审批制度改革实施方案》《恩施州城乡生活垃圾分类制度实施方案》《恩施州生态环境损害赔偿制度改革工作实施方案》。9月8日，审议《全州旅游市场综合监管工作方案》《恩施州环保机构监测监察执法垂直管理制度改革工作实施方案》。10月21日，审议恩施州市场监管、生态环境、文化旅游市场、交通运输、农业、城市管理等领域综合行政执法改革实施方案和《恩施州民宿管理暂行办法》《恩施州红十字会改革实施方案》。10月31日，审议《恩施州促进文化产业高质量发展的九条措施》《恩施州农科院农博园规划建设方案》。11月18日，审议《恩施州乡村振兴战略实施规划（2018—2022年）》《恩施高新技术产业园区发展战略规划（2019—2025年）》《2019年州级预算调整方案》《恩施州贯彻落实中央生态环境保护督察“回头看”及长江保护与湖泊开发专项督察反馈意见整改方案》等。12月10日，审议《恩施州推进法治化营商环境建设实施方案》《关于推动工业加快发展的意见》《关于开展消费扶贫助力打赢脱贫攻坚战的实施意见》。12月17日，审议审定《政府工作报告（讨论稿）》《关于恩施州2019年国民经济和社会发展计划执行情况与2020年计划草案的报告（征求意见稿）》《2020年州级财政预算编制方案（草案）》《恩施州推进运输结构调整工作方案》《恩施州财政专项扶贫资金项目备案管理办法》等。

【州政府重要专题会议】 2019年1月23日，召开专题会议研究恩施口岸建设工作。3月13日，召开专题会议研究州本级医疗保障业务经办工作衔接及医疗保障工作机构运行相关事宜。3月20日，召开专题会议研究绿葱坡片区发展暨绿葱坡滑雪及高山运动度假小镇项目建设工作。3月22日，召开专题会议研究部署恩施民族体育运动中心建设和恩施职院整体迁建项目有关工作。4月11日，召开专题会议研究恩施州农电资产包不动产权证办理工作。5月28日，召开专题会议研究清江流域生态环境保护工作。6月11日，召开专题会议研究州城公共交通发展、州城空气质量达标攻坚、全州农民工工资支付保障等工作。8月6日，召开会议对兴建恩施民族体育运动中心和整体迁建恩施职院项目推进工作进行调度、安排和部署。9月26日，召开省委巡视反馈问题整改工作推进会，专题研究部署巡视反馈问题整改工作。10月12日，召开专题会议研究恩施市民之家24小时自助政务服务区和网上全流程金融服务平台建设工作。10月17日，召开专题会议研究恩高芳华中学项目推进工作。11月19日，召开专题会议研究恩施市杨柳溪、建始县蛇皮洞、巴东县田家坪三个重点水源工程建设工作。

（符　斌）

重要合作

【与爱尔兰戈尔韦市签署友好城市合作备忘录】 2019年1月25日，州委副书记、州长刘芳震在州城会见爱尔兰戈尔韦市市长尼奥·麦克内利斯一行，与尼奥·麦克内利斯市长共同签署湖北省恩施土家族苗族自治州与爱尔兰戈尔韦市友好合作备忘录。双方将全力支持并推进落实友好合作备忘录的执行，力争在旅游业、服务业、生物医药产业方面实现合作的突破。

【与省长江经济带产业基金战略合作签约仪式】 2019年4月15日，州政府与湖北省长江经济带产业基金战略合作签约仪式举行。双方将认真履行合作框架协议，共同组建专班，规范基金管理，深化交流合作，推动一批产业化龙头企业投资落户恩施，进而推动更高层次、更宽领域的互利共赢、共同发展。

【与法国苏玳市签订友好交流合作备忘录】 2019年6月5日，州委副书记、州长刘芳震会见法国苏玳市市长让－米歇尔·德冈一行，与让－米歇尔·德冈共同签署恩施州与苏玳市经济文化友好交流合作备忘录。双方将积极开展务实性交流合作，实现苏玳市葡萄酒和恩施州硒产品的贸易流通，在旅游、手工制造等行业的深度合作，构建务实友好、互利互惠的关系。

【与湖北省宏泰集团签订战略合作协议】 2019年6月12日，州政府与湖北省宏泰集团战略合作协议签约仪式在州城恩施举行。州政府与省宏泰集团签订战略合作框架协议；州国投公司、州高新投公司与省宏泰集团旗下子公司分别签订投资协议和合资经营意向协议，双方在装配式建筑、金融、基础设施和城市建设、生态文化旅游等领域达成诸多合作意向。

【与北京中医医院签署战略合作协议】 2019年7月8日，州政府与北京中医医院签订“硒食品辅助治疗癌症临床研究”战略合作协议。双方将在硒与癌症临床研究、加强医疗技术合作与交流、建立合作和联系机制等方面开展深度合作。

（符　斌）

上级调研督办

【王晓东到恩施州调研】 2019年2月17—18日，省委副书记、省长王晓东到恩施州调研督办中央脱贫攻坚专项巡视反馈意见整改工作，听取基层意见建议，强调要深入学习贯彻习近平总书记关于扶贫工作的重要论述和关于巡视工作的重要指示精神，落实省委工作要求，扛起脱贫攻坚政治责任，高质量完成巡视整改工作，坚决打赢打好脱贫攻坚战。9月24—25日，王晓东到恩施州调研脱贫攻坚、东西部扶贫协作和经济社会发展情况，并主持召开座谈会，现场办公解决实际问题。他强调，要深入学习贯彻习近平总书记关于扶贫工作的重要论述精神，按照省委工作要求，结合“不忘初心、牢记使命”主题教育，更加坚决有力打赢打好脱贫攻坚战，凝心聚力谱写高质量发展新篇章。

【上级督导调研】 2019年3月25日，副省长杨云彦到建始县调研督导，要求坚决落实中央脱贫攻坚巡视组要求，按照省委、省政府统一部署，高质量完成脱贫攻坚巡视整改任务。他实地考察业州镇当阳坝村易地扶贫搬迁安置点，了解健康扶贫、种植产业扶贫、乡村生态旅游扶贫等工作推进情况，并召开座谈会，听取恩施州、建始县开展巡视整改工作的情况汇报。6

月 14 日，国家煤矿督导调研组到恩施州检查指导工作，并向恩施州反馈督导调研煤矿安全生产的有关情况。7 月 2 日，省委常委、宜昌市委书记、清江省级河长周霁深入清江流域，检查防汛及河湖长制落实情况，并巡查水布垭库区。7 月 22—25 日，国务院扶贫办党组成员、副主任洪天云率调研组到恩施州调研脱贫攻坚工作。11 月 19—23 日，生态环境部华南环境科学研究所所长吴国增率督导组到恩施州，开展长江入河排污口现场排查。

【浙江省领导到恩施州考察调研】 2019 年 4 月 10—12 日，浙江省委常委、杭州市委书记周江勇率杭州市代表团到恩施州落实扶贫协作工作，考察宣恩县高罗镇周家堡易地扶贫搬迁安置点扶贫车间、四点半课堂及鹤峰县民族幼儿园、鹤峰县电子商务平台、燕子镇龙坪村产业发展项目等扶贫协作项目，看望慰问龙坪村贫困户。召开扶贫协作联席会议，举行鹤峰行知民族幼儿园捐赠仪式。7 月 31 日至 8 月 1 日，浙江省委常委、常务副省长冯飞一行到宣恩县调研脱贫攻坚。他强调，要贯彻落实浙江省委、省政府对做好东西部扶贫协作工作提出的有关要求，深化杭州市对口帮扶工作，协助恩施州打赢脱贫攻坚战。湖北省副省长万勇，杭州市副市长王宏等参加调研。

（符　斌）

驻外机构

【州政府驻武汉办事处】 2019 年，州政府驻武汉办事处开展主题教育活动，党委班子增强凝聚力、战斗力，加强政治建设、思想建设、组织建设和党风廉政建设，提升服务质量。全年编发每日信息 200 多条，要情专报 28 期，先后召开 6 次各县市驻武汉群众工作碰头会。

【州政府驻北京联络处】 2019 年，州政府驻北京联络处服务全州经济社会发展大局，服务首都和谐稳定，服务在京恩施籍企业和到京恩施人民群众。全年在各级媒体发表新闻宣传稿件 10 余篇，服务省民族歌舞团《龙船调的故乡》和咸丰县南剧艺术传承保护中心《唐崖夫人》在北京民族剧院展演，参加恩施州参与消费扶贫产销对接推进会、第三届“又见名城”推介等活动。

（符　斌）

州政府办公室

【概　况】 2019 年，州政府办公室履行参谋、协调、服务等职能，围绕中心、服务大局，不断提升服务水平，做好调查研究、公文办理、文稿服务、政务信息、综合协调等工作。严防泄密隐患，将社会管理综合治理纳入重要议事日程，严格落实“扫黑除恶”专项斗争有关工作要求，坚持文明接访，围绕提升行政效能，做好州政务协同办公系统管理、维护和服务工作。

【公文办理】 严格落实党中央“基层减负年”有关要求，制定《州政府办公室收文办理和发文审批流程图》，做到会议活动类、财政资金请示类、督办类、信访类及行政规范性文件办理流程“一图清”，通过压减环节、优化流程、严格审核、规范印制等措施，提高工作效率，实现减量提质、审核提速、规范美观的目标。全年发文同比下降 30.2%，其中“三大类”文件（通报类、议事协调类、规范性文件）同比下降 37.3%，达到省定目标任务。机关档案管理提档升级，通过省特级评审。

【调查研究】 围绕州委、州政府中心工作，聚焦“四大产业集群”“三大攻坚战”等，结合“不忘初心、牢记使命”主题教育，开展调查研究，形成《对照差距找短板、多措并举抓提升，在减负提速中推进政府机关高质高效运转》《关于打造恩施旅游品牌的调研报告》等调研成果，为州政府领导科学决策提供参考。其中，《恩施州工业经济发展的调研报告》《关于政府公文办理质效问题的研究》等，入选州2019年度社会科学重点课题。

【文稿服务】 围绕服务州政府及党组重要会议和活动，完成100多篇领导文稿服务任务。按照“工作清单化，清单项目化，项目具体化”的工作要求，整理州政府月度重点工作清单12期、州委和州政府月度重点工作清单完成情况24期，拟定各县市实体经济调度情况6期。

【政务信息】 发挥服务决策、交流经验的作用，围绕中心工作、民生热点和特色亮点编写信息。全年组编筛选县市、州直部门政务信息2500余篇，向省政府办公厅报送488篇，被省政府办公厅采用93篇。其中《恩施州村卫生室及乡村医生现状情况报告》《恩施州猪肉储备工作开展情况、面临的困难和问题》被省政府办公厅综合采用后上报国务院办公厅，得到相关领导批示。

【综合协调】 完善规范化运行机制，制定《关于进一步强化州政府副秘书长职能作用十二条措施的通知》《关于严肃会风会纪和规范州政府常务会议办会流程的通知》等，进一步规范办会流程、严肃会风会纪，为州政府领导决策当好参谋，推动州政府决策部署落地见效；实行精细化协调服务，严格落实党中央“基层减负年”有关要求，严把会议关口，精减会议数量，全州性会议同比下降34.1%，达到省定目标任务；做好常态化应急保障，严格执行24小时带班值班常态化制度，抓好重要紧急信息报送，注重关口前移，及时防范安全生产事故，保障人民群众生命财产安全。

【精准扶贫】 牵头抓好利川市汪营镇清江村、来凤县漫水乡龟塘村精准扶贫工作。来凤县龟塘村155户贫困户、565人脱贫，全村“摘帽”出列，通过省第三方评估组和国务院扶贫办第三方评估团评估验收，无一漏评、无一错退，群众满意率达到98.3%，没有交办任何整改问题。利川市清江村105户贫困户302人脱贫，实现整村“摘帽”出列。

（符　斌）

人力资源管理

【概　况】 2019年，恩施州机构改革将人力资源和社会保障局的公务员综合管理职责划至州委组织部；将城镇职工和城镇居民基本医疗保险、新型农村合作医疗、生育保险职责划至州医疗保障局。全年全州公开招聘事业单位工作人员2320人，其中公开考试招聘818人，专项招聘613人，农村义务教师招聘658人；招聘建档立卡贫困人员309人；招募“三支一扶”工作人员223名。开展各类技能竞赛，鉴定各类技能人才2753人次，探索开展3个批次保安员鉴定，206人鉴定合格办证，其中186名为建档立卡贫困户。为全州900名专业技术人员评审高级职称、1071名专业技术人员评定中级职称，为全州58家非公企业的734名专业技术人员评定中初级职称。

【人事管理】 印发《关于做好事业单位考核聘用大学生村官的实施办法》《关于切实做好考核聘用2016届和2017届大学生村官为事业单位工作人员的通知》《关于做好全州2019届小学生全科教师及公办幼儿园教师定向委培毕业生招聘工作的通知》《关于做好事业单位考核聘用2017年“三支一扶”高校毕业生的工作方案》4个文件，引导大学生村官、“三支一扶”、全科教师及公办幼儿园教师向乡镇流动；更新专家库中命题专家、考官，清除不宜保留对象，补充新成员，库专家由400多人增加到1800人。

【收入分配】 根据州直单位机构改革精神，配合将公务员工资福利相关业务工作移交州委组织部，同时按规定核定参与改革事业单位转隶人员的工资情况。调整机关事业单位遗属生活困难补助标准，印发《关于调整我州机关事业单位遗属生活困难补助标准的通知》。联合州财政局指导、督促各级各单位落实带薪年休假制度，核定州直22个单位70人2018年度应休未休年休假工资报酬30万元。完成公立医院薪酬制度改革试点工作，根据《关于印发〈州直公立医院薪酬制度改革试点指导意见〉的通知》，核定薪酬制度改革的州直三家公立医院2018年度绩效工资总量2935人合计1.98亿元。统计汇总全州义务教育学校教师工资收入水平，统计结果显示，2018年，全州各县市义务教育教师平均工资收入水平比公务员高出4.6%。

【劳动关系】 参与州直事业单位公务用车制度改革工作，起草《州直事业单位公务用车制度改革司勤人员安置办法》和《关于公车改革司勤人员安置有关问题的处理意见》，对州直事业单位人员安置方案进行指导和政策解释工作，确保社会稳定和改革的顺利推进。做好最低工资标准评估工作，制定发布《恩施州2019年部分工种（岗位）工资指导价位的通知》，发布80个工种（岗位）工资指导价位。

【全省人事考试工作会在恩施州召开】 2019年5月7日，全省人事考试工作暨事业单位招聘考试考务工作部署会在恩施州召开。会议总结2018年全省人事考试工作，对2019年各项工作任务提出“一降两覆盖三化”（降低雷同率；标准化考场全覆盖和入场安检全覆盖；考试管理体制制度化、考评操作标准化、考试服务信息化）的要求。会议对近年来恩施州人事考试质量显著提升给予肯定。

【翁勇峰被评为“享受省政府专项津贴人员”】 2019年12月11日，经省政府批准，翁勇峰被评为2019度“享受省政府专项津贴人员”。翁勇峰，男，1973年10月出生，国网恩施供电公司变电二次运检班班长、技师，大学本科学历。为保障电铁线路可靠供电，翁勇峰创新采用在一次设备外部短接开关断口、线路带电、开关停运的方式进行改造施工，该成果被国网湖北省电力有限公司授予2015年安全工作突出贡献奖（管理创新类），并在全省推广。首次采用将旧远动装置串入新远动系统作为转发源，改造一个间隔就将旧远动中的相关点表信息删除，及时转换启用新远动点表，整个改造工程期间未造成任何通讯中断和操作失败情况。2017年被国网湖北省电力公司授予“检修类三级优秀技能人才”称号。2018年被省政府授予“湖北省技术能手”称号。2018年成立翁勇峰省级技能大师工作室。

【袁亮被评为“享受省政府专项津贴人员”】 2019年12月11日，经省政府批准，袁亮被评为2019度“享受省政府专项津贴人员”。袁亮，男，1979年3月出生，恩施市龙凤镇农业服务中心农艺师，中共党员，大学本科学历。2016年被中华全国总工会授予“全国五一劳动奖章”称号；2014年被省农业厅授予2013年度农业技术推广“最美农技指导员”称号；2014年被省委宣传部、省文明办、省总工会授予“最美一线职工”称号。袁亮工作十几年来，建设推广户用沼气池3000多口，推广太阳能热水器1500多台，推广生物质节能炉1000台；指导建设小型沼气工程18处（供气农户300户），指导建设循环农业示范点3处（86.68公顷）。他所承包的向家村、双堰塘村的沼气使用率高达90%；十几年来，他下过1800多口沼气池，行程近12万千米，跑坏2台面包车，更换4辆抽粪车；他把电话号码告诉给所有的沼气用户，被农民称为“沼气110”。发表专业论文《龙凤镇玉米“3414”肥效试验初报》《沼液在茶叶生产上的应用示范总结》等。

【孙如镜被评为“享受省政府专项津贴人员”】 2019年12月11日，经省政府批准，孙如镜被评为2019度“享受省政府专项津贴人员”。孙如镜，女，1973年10月出生，恩施州高级中学国际部主任，正高级教师，大学本科学历。近5年来，主持教育部“十三五”科研规划重点课题《英语学习语境创设与教学策略创新研究》结题并获一等奖，主持教育部“十三五”规划重点课题《高中英语教学过程的精准性设计研究》结题并获一等奖；公开发表专业论文17篇，独编著作1部，主编或参编著作6部，应邀讲座和会议交流12场次；指导青年教师获国家级竞赛一等奖1次，省、州级奖项4次；所教学生考上清华北大25人、985院校近300人，211院校近400人；指导学生获州级以上奖项31人次。2019年2月被省政府表彰为“湖北省第十批特级教师”，2008年6月被共青团湖北省委、省劳动和社会保障厅授予“2007年度湖北省青年岗位能手”称号，2010年2月被省教研室授予“湖北省第二届优秀英语教师”称号，2010年3月被州妇联授予“恩施州三八红旗手”称号，2011年3月被中国教育发展基金会、国家基础教育实验中心外语教育研究中心联合表授予“首届全国中小学外语教师名师”称号，2016年3月被州妇联授予“恩施州三八红旗手标兵”称号，2017年9月被州政府表彰为“第二届恩施州名师”，2013年、2014年、2015年、2017年被省教育考试院表彰为“高考优秀评卷员”。

（莫长锐）

民族宗教事务

【概　况】 2019年，全州民宗系统落实中央、省委和州委关于民族宗教工作的决策部署，开展“不忘初心、牢记使命”主题教育，围绕恩施州建设“一谷、两基地、三示范区、四大产业集群”，民族团结进步创建、民族宗教工作等取得成效。全年获得中央和省级少数民族发展资金1.25亿元，其中80%以上的资金县市捆绑用于脱贫攻坚，超过州政府确定的目标。驻村工作队被恩施市评为先进工作队。

【民族团结进步示范区创建】 州委、州政府将民族团结进步示范区建设纳入对县市和州直单位2019年度目标考核，下发文件明确州民宗委委员单位职责，出台恩施州第一个创建工作规范性文件《州委办公室 州政府办公室关于全面加强民族团结进步示范区建设 铸牢中华民族共同体意识的通知》。国家民委命名鹤峰县为第七批全国民族团结进步示范区（单位），恩施州除巴东县以外的7个县市均创建成为全国民族团结进步示范区（单位），国网恩施市供电公司等8个单位被省民宗委命名为全省民族团结进步创建示范单位。国网恩施供电公司等2个集体、张富清等6名个人被表彰为全国民族团结进步模范集体和模范个人。恩施市民族宗教事务局等7个集体和谭海鹰等9名个人被表彰为全省民族团结进步先进集体和先进个人。讲好民族团结故事，宣恩县、巴东县、国网恩施供电公司运用快闪、微视频等宣传民族团结，鹤峰县把创建工作与“最美”评选相结合，利川市协助国家民委办好“中华一家亲”海峡两岸乡村民宿旅游发展交流活动。拓展创建领域，受省委统战部委派，州民宗委领导带领恩施市、宣恩县、国网供电公司等创建示范单位到新疆维吾尔自治区博尔塔拉蒙古族自治州进行民族团结进步创建指导，拓展共建领域，得到国家民委监督检查司的肯定。

【落实民族政策】 争取中央、省级民族专项资金支持，全年全州到位中央少数民族发展资金和省级少数民族专项资金1.25亿元，推动落实省内较发达县（市、区）对口帮扶民族乡有关政策。全州更新申报民贸企业238家，争取到民贸贴息贷款引导资金3644万元，出台文件就中央引导支持资金使用问题提出要求并明确操作意见。全年依法依规审批变更民族成分95批次、789人；完成19083名少数民族考生的资格审核，占高考总人数的62.3%。

【特色村寨建设】 恩施市洞下槽村等11个村被国家民委命名为第三批中国少数民族特色村寨，建始县楂树坪村等8个村成功纳入全省少数民族特色村（镇）培育名单，全州国家民委命名的民族特色村寨达到49个。加强特色村寨立法保护，州民宗委全程参与州人大立法工作专题调查研究讨论，为出台《恩施土家族苗族自治州传统村落和民族村寨保护条例》发挥作用。州民宗委持续将特色村寨建设作为重点工作加以推动，从州本级经费中安排资金170万元对国家民委命名的部分特色村寨进行民族文化建设提档升级，建设恩施生态文化旅游景点和全面小康示范村寨。

【民族文化和体育】 在全州范围内开展民族文化进民宿、进景区活动，推广应用民族语言、民族服饰、传统菜肴、特色民居、民族礼仪等，促进民族文化与生态文化旅游的深度融合。建立民间艺术大师传承基地，摆手舞、肉连响、灯歌、八宝铜铃等民族民间文化得到保护传承。利川市将“龙船调”“肉连响”2项国家级少数民族非物质文化遗产项目推向“快手”“抖音”等平台，推广民族文化。建设民族文化精品工程，“十三五”时期全国少数民族古籍重点出版规划项目——《容美土司史料文丛》出版发行，按时完成国家民委下达的“十三五”时期少数民族古籍重点项目的出版任务。咸丰县大型南剧《唐崖土司夫人》被列为湖北省唯一参加全国少数民族地区艺术院团晋京展演剧目。抽调全州少数民族传统体育健儿参加第十一届全国少数民族传统体育运动会，获一等奖5个、二等奖4个、三等奖14个。

【宗教工作】 州委常委会、州政府常务会3次听取宗教工作专题汇报，州委将宗教知识学习纳入全州4月支部主题党日活动学习内容。印发省民宗委编印的《宗教政策法规读本》，组织全州各党支部学习有关宗教政策法规；并以“党员不能信教”为主题组织学习讨论。将宗教工作纳入对县市和州直单位2019年度目标考核，出台《关于进一步做好全州宗教工作的通知》《关于全州进一步加强基层宗教工作的通知》《关于印发〈州宗教工作领导小组工作规则〉等文件的通知》等。各县市将宗教知识学习纳入各级党委（党组）中心组学习和党校培训内容。州民宗委组织全州142名基层宗教工作的干部在州委党校开展宗教政策法规培训。推进巡视问题整改。推进来凤县仙佛寺违规大型露天造像问题整改，州民宗委领导带队到省内外学习整改经验，多次到省委统战部、省民宗委、州委和州政府汇报工作，指导来凤县制定整改方案，加强现场指导督办；3月24日，州委书记柯俊到来凤县仙佛寺调研，现场督办中央、省委宗教工作督查反馈意见整改情况。持续推进“和谐寺观教堂创建活动”“宗教慈善周”“四进”（国旗、宪法和法律法规、社会主义核心价值观、中华优秀传统文化进宗教活动场所）等活动，加强宗教场所规范化管理。对全州宗教界代表人士进行梳理考察，推荐佛教界代表人士释明浩为州政协委员。从州本级工作经费中为州佛教协会和天主教爱国会解决办公经费10万元。

【武陵山试验区建设暨“616”政策落实】 下发《关于进一步做好武陵山试验区建设暨“616”政策争取工作的通知》，向州直相关部门寄发《关于进一步做好“616”工程政策争取工作的函》，及时跟踪了解县市争取“616”工程一年一度会议召开及工作推进情况和政策争取落实落地情况。全州8个县市“616”对口支援座谈会除宣恩县因省牵头领导变化未召开省政府“616”工程支援民族县座谈会外，其他县市召开座谈会。孝感、黄石、咸宁、荆门、荆州、鄂州、武汉、襄阳等经济强市为恩施州8个县市提供帮扶资金7612万元；新洲区、襄州区、潜江市、枣阳市4个省内较发达县（市、区）对口帮扶为恩施州4个民族乡提供帮扶资金1200余万元。2019年3月7日至8日，省委常委、组织部长王瑞连到利川市调研省“616”对口支援工作。

【恩施州第七次民族团结进步表彰大会】 2019年1月9日，州委、州政府召开全州第七次民族团结进步表彰大会，学习贯彻习近平总书记关于民族团结的系列重要论述，贯彻落实党中央和省委关于民族工作的重大决策部署，表彰全州民族团结进步先进集体70个和先进个人98人。

【学习全省宗教工作领导小组全体会议精神】 2019年2月22日，州委2019年第5次常委会议召开，传达学习全省宗教工作领导小组全体会议精神，听取全州宗教工作督查反馈问题整改落实情况，安排部署下一步重点工作。

【全国民族经济工作暨民族地区经济形势分析会在恩施州召开】 2019年4月10—11日，2019年全国民族经济工作暨民族地区经济形势分析现场会在恩施州召开，会议贯彻中央经济工作会议和全国“两会”决策部署以及全国民委主任会议精神，总结2018年民委经济工作，分析民族地区经济运行情况，以铸牢中华民族共同体意识为主线，部署安排下一步工作。

【《容美土司史料文丛》出版发行】 2019年4月16日，鹤峰县容美土司文化研究会编著的《容美土司史料文丛》（一、二、三辑）由中国文史出版社出版发行。该书（原定名《容美土司史料集成》）是湖北省列入《“十三五”时期全国少数民族古籍重点项目出版规划》的规划项目，标志湖北省按时完成国家民委下达的“十三五”时期少数民族古籍重点项目的出版任务。

【“中华一家亲”海峡两岸交流活动】 2019年4月24—26日，国家民委国际交流司、研究室研究五处、港澳台办相关领导到利川市调研“中华一家亲”筹备工作情况。6月2—3日，“中华一家亲”海峡两岸乡村民宿旅游发展交流活动在利川市举办。海峡两岸专家学者、民宿业主共商两岸乡村民宿旅游协作发展。

【上级检查调研】 2019年3月21日，国家民委经济发展司调研组到宣恩县庆阳坝村、伍家台村，了解宣恩县民族经济工作发展情况。5月22日，国家民委教育科技司调研恩施市中等职业技术学校工作。5月30日，国家民委党组成员、副主任郭卫平到恩施土家女儿城调研。6月19—21日，省人大常委会调研组到恩施、利川等地开展“民族团结进步荆楚行”活动调研督办。7月17日，省民宗委党组成员、副主任吴红娅到鹤峰县调研“十四五”规划编制前期工作。11月14日，省委统战部副部长、省民宗委党组书记、主任马萍到咸丰县调研经济社会发展、综治平安建设及民族宗教等工作。

【2个集体、6名个人获全国民族团结进步模范集体和模范个人表彰】 2020年9月27日，全国民族团结进步表彰大会上，国家电网湖北省电力有限公司恩施供电公司、恩施市教育局获全国民族团结进步模范集体表彰；建设银行湖北省恩施州来凤支行离休干部张富清，宣恩县珠山镇上湖塘社区总支委员会书记、居委会主任汪明菊（女，苗族），咸丰硒源巴特网络科技有限公司总经理吴辉（土家族），恩施农业科学院副院长向极钎（土家族），巴东县金果坪乡人力资源和社会保障服务中心主任易盛荣（土家族），利川市南坪乡党委书记周德燕（女，土家族）获全国民族团结进步模范个人表彰。

【7个集体、9名个人获全省民族团结进步先进集体和先进个人表彰】 2019年12月17日，省人民政府关于表彰全省民族团结进步先进集体和先进个人的决定公布全省民族团结进步先进集体和先进个人名单。恩施州获得表彰的先进集体7个：恩施市民族宗教事务局、利川市供电公司、建始县教育局、湖北金果茶业股份有限公司、咸丰县高乐山镇民族中学、来凤县百福司镇人民政府、杭州市帮扶恩施州工作队。先进个人9名：恩施市三岔镇党委副书记、镇长谭海鹰（女，土家族），利川市农业农村局局长熊玉令（苗族），建始县高坪镇青里坝村党支部书记、村委会主任唐瑛（女，土家族），恩施永扬水利电力建设有限公司宣恩分公司经理吴国军（侗族），咸丰县

麻柳溪村村委会委员姜秀霓（女，羌族），鹤峰县铁炉白族乡中心学校教师熊红霞（女，白族），鹤峰县中营镇三台蒙古族村农民部先瑞（蒙古族），州公安局国内安全保卫支队政委彭军，省民族歌舞团惠民办副主任肖波。

【11个村名列第三批中国少数民族特色村寨】 2019年12月31日，《国家民委关于做好第三批中国少数民族特色村寨命名相关工作的通知》发布，决定命名第三批“中国少数民族特色村寨”，恩施州11个村名列其中，分别是：恩施市白杨坪镇洞下槽村，利川市忠路镇老屋基村，柏杨坝镇栏堰村，建始县茅田乡太和街村，宣恩县长潭河乡兴隆村、两溪河村，宣恩县晓关乡野椒园村，咸丰县清坪镇龙潭司村、忠堡镇马倌屯村，来凤县大河镇五道水村，鹤峰县容美镇屏山村。

（段迪斯）

政务服务

【概　况】 2019年，恩施州机构改革，将州人民政府政务公开和政务服务管理办公室的职责，州公共资源交易监督管理局的职责，以及州机构编制委员会办公室的行政审批制度改革职责整合，组建州政务服务和大数据管理局。州政务服务和大数据管理局对外加挂州公共资源交易监督管理局牌子。不再保留州人民政府政务公开和政务服务管理办公室。不再保留单设的州公共资源交易监督管理局。12月，成立以州政府秘书长为组长，分管政务公开工作的副秘书长、州政务服务和大数据管理局主要负责人为副组长，州政府相关部门为成员的政务公开工作领导小组。恩施州政务服务和大数据管理工作围绕州委、州政府中心工作，服务“一谷、两基地、三示范区、四大产业集群”建设，完成年度工作目标。围绕优化营商环境、重大政策落实、推进项目落地、回应社会关切，围绕稳定市场预期开展政策解读和舆情回应，依托各级政府门户网站、电视、报刊、新媒体等载体多维度推进政务主动公开。建立“151015”［收到依申请公开1个工作日（当日）内公开责任单位与申请人联系沟通，确定依申请公开签收时间，反馈其申请获得信息的状态；5个工作日内完成自行、协同、会商三种办理情形的回复；10个工作日完成需要征求第三方或其他机关意见办理情形的回复；15个工作日完成需要补正、延期办理情形的回复］工作机制，规范与申请人的沟通反馈和回复等程序，保障公众权益。加强依申请公开的监督工作，对依申请公开未按照流程要求办理或者推诿拖沓不作为等情况及时通报、督促整改。省政府对市州营商环境第三方评价中，恩施州政务服务指标得分位居全省第2名。

【政务服务“一张网”建设】 按照“四级四同”要求，结合恩施州工作实际，认领编辑发布州、县两级政务服务事项，标准化编制办事指南并通过湖北政务服务网公开展示。州、县、乡、村四级通用审批系统实现与湖北政务服务网对接联通，全州可网办率为93.58%，59项事项实现“全省通办”，湖北政务服务网自然人注册用户超过95万人，法人用户超过2万家。林木采伐证网上办理改革事项入选全省政务服务网优秀案例。在“鄂汇办”APP开通便民服务专区，梳理企业群众关心关切的高频公共服务事项，发布38项便民服务事项。完成“好差评”系统对接联通，企业群众可通过湖北政务服务网、“鄂汇办”APP、窗口平板对办事进行评价。

【优化营商环境政务服务指标】 工业项目“先建后验”改革在全州推广，来凤县、恩施市、宣恩县、建始县开出施工通知单，审批用时均少于25个工作日；州政务服务中心设置工程建设项目综合受理窗口，实现“分阶段综合收件，后台分类审批”；全州企业开办压缩至3个工作日，利川市压缩至1个工作日；深化不动产登记改革，鹤峰县解决不动产登记历史遗留问题经验在全州推广。8个县市用电用水用气报装和公章刻制业务均进驻政务服务中心。

【政务服务标准化】 组织州直相关部门对政务服务事项标准化进行梳理规范，规范化编制“一次性告知书”，做到“群众看得懂、拿着能办事”。在宣恩县政务服务中心推行“一窗通办、一事联办”改革试点，按照企业开办、不动产登记、民生事务、人社服务、项目审批、纳税服务6大主题窗口，梳理25件“一事联办”事项清单，不动产登记、企业人员退休、夜间施工许可等事项实现“一事联办”。在咸丰县推行乡村两级政务服务标准化改革试点，实现乡村两级政务服务大厅（室）硬件建设标准化、办事模式标准化、制度建设标准化。高乐山镇映山村标准化网上办事模式得到省政管办认可。

【政务公开制度建设】 出台《恩施州政府信息公开责任追究制度》《恩施州政府信息公开审查制度》《恩施州政府信息公开社会评议制度》《恩施州政府信息公开工作考核制度》《恩施州政府信息发布制度》《恩施州政府信息公开调整制度》《恩施州政府信息公开发布协调制度》，规范全州的政府信息公开工作。

【政务公开学习培训】 印发《恩施州政务公开工作文件汇编》，开展《中华人民共和国政府信息公开条例》（简称《条例》）的普法学习，利用各类载体广泛宣传解读《条例》；将全国、省政务公开工作培训课件刻录光盘200份发到各县市、各部门学习；邀请省政务管理办专家举办以如何理解应用《条例》为主题的2019年度政务公开工作培训会。

【政务公开评议工作】 邀请州人大代表、政协委员、居民代表对恩施州重点领域栏目设置、建议提案办理公开情况、机构职能、政策解读开展情况、规范性文件栏目设置及公开情况、依申请公开渠道流畅性、日常工作抽查等工作进行评议，评议结果由督查考评办以督查通报的形式发布。

（汪　昕　朱　艳　田孟琼）

优化营商环境

【概　况】 2019年，州优化营商环境领导小组办公室作为优化营商环境工作非常设议事协调机构，按照州委、州政府的要求，承担制度设计、综合协调、检查督办、宣传指导的职责，负责推动全州优化营商环境各项工作任务落实。在2018年出台的《州人民政府关于进一步优化营商环境工作方案（试行）》基础上，印发《聚焦企业关切进一步推动优化营商环境政策落实重点工作清单》《关于进一步贯彻落实深化“放管服”改革优化营商环境重点工作清单》《恩施州优化营商环境重要指标“百日攻坚”行动方案》《恩施州进一步做好营商环境工作的通知》。全州优化营商环境聚焦“全国一流、全省最优”目标，围绕营商环境评价18个1级指标，创优法治环境、政务环境、金融环境和信用环境，“百日攻坚”行动对营商环境9个重点指标开展集中攻坚行动，在省政府营商环境评价中部分指标进入全省第一方阵。组织召开2次全州优化营商环境工作推进大会，交办全州优化营商环境存在的问题，参与组织10月“优化营商环境专题电视问政”，对曝光的10个问题督办整改。将“营商环境突出问题专项整治”纳入“不忘初心、牢记使命”主题教育专项整治内容，“营商环境突出问题专项整治”涉及的10个问题全部整改到位。将优化营商环境纳入党校培训重要内容，作为干部学习的必修课，州长上台授课，传达学习贯彻国家、省相关决策部署，推动全州形成最大共识；州政务服务和大数据管理局主要负责人走进党校支部书记班，做优化营商环境专题汇报和政策解读。恩施州优化营商环境改革举措和成效在湖北卫视播出1期，《恩施日报》、恩施新闻联播先后刊发4

期。组织开展涉企优惠政策清理规范，废止文件22个，修订文件4个，制定《全州涉企优惠政策实施清单》，通过恩施发布等媒体公开2批涉企优惠政策和措施。

【构建责任体系】 坚持将营商环境作为“一把手”工程，各级党政负责人直接抓、亲自抓，分管领导重点抓、具体抓，层层落实责任，建立横向到边、纵向到底的责任落实体系。从州直单位抽调7名人员，组建州优化营商环境工作专班，在州优化办集中办公，专班下设4个工作组，具体负责综合协调、服务指导、检查督办；8个县市均组建工作专班，专人专责抓落实。建立工作督办机制，5—9月，每月就重点工作、重要指标推进情况开展督导，下发4期通报，以时间倒逼进度，以目标倒逼责任；建立投诉举报机制，构建统一接收、按责转办、限时办结、跟踪督办的工作机制；建立评价机制，按照省政府组织的营商环境工作评价方法，制定《恩施州营商环境评价方案》，完成对8个县市营商环境评价工作，分析查找工作中的“难点、堵点、痛点”问题，针对性解决制约恩施州营商环境建设的突出问题；建立考评机制，印发《恩施州营商环境工作考评办法》，将优化营商环境工作纳入年度目标考核，完成2019年度优化营商环境考核工作。

【政务服务】 审批效率提速，通过精简事项、优化流程、压缩时限，全州企业开办实现“一窗通办”，在实现既定目标“3个工作日办结”的基础上，率先在宣恩县、利川市、巴东县、咸丰县实现2个工作日内办结。不动产登记在省级层面“235”（新建商品房转移登记2个工作日内办结，涉及实体经济企业不动产登记3个工作日内办结，不动产一般登记5个工作日内办结）改革。完成“1234”（实现除私建房以外的二手房转移登记和抵押登记1个工作日办结，新建商品房转移登记2个工作日内办结，涉及实体经济企业不动产登记3个工作日内办结，不动产一般登记4个工作日内办结）改革。建始县实现抵押登记即时办结；宣恩县除私建房以外的二手房转移登记和抵押登记1个工作日办结外，其余登记业务均在3个工作日内办结。工业项目“先建后验”全面推开，工业项目审批用时压缩至25个工作日内，州高新区有4个项目、来凤县有2个项目、利川市、宣恩县和恩施市各有1个项目获得“先建后验”施工通知单，提前2—3个月开工建设。10千伏高压（单电源）企业电力接入办理时间压减至38个工作日，低压小微企业接入压减至16个工作日，供水报装接入办理时间压减至5个工作日，非居民用气报装接入压减至5个工作日。压缩信贷办理时间，辖内法人银行机构将信贷审批时间从18个工作日压缩至10个工作日内，分支银行机构在审批权限内将信贷审批时间从20个工作日压缩至15个工作日内。服务能力提升，政务服务“一张网”建设提前半年实现“五级联通”，全州有59477项政务服务事项实现网上可办，网办事项联通率为98%。推进工程建设项目审批制度改革，设立工程建设项目审批综合窗口，10月10日工程建设项目审批系统正式运行，改革整体进度位居全省前列。推进政务基础数据资源共享应用，州智慧政务服务平台、州政务信息资源共享交换平台、电子证照库、电子印章等基础平台实现互联互通，州政务信息资源共享交换平台汇集45个州直单位、263个县市部门的2731个政务资源目录3426.36万条政务数据；州电子证照库汇集808种194万条证照数据；州政务服务和大数据管理局、州税务局、州自然资源和规划局、州交通运输局等10多个部门成功使用平台数据，可以正常调取使用国家、省、州证照库中居民身份证、婚姻登记证、营业执照等362类证照数据。全州各职能部门所有依申请政务服务事项全部进驻政务服务中心，实现“三集中三到位”。全州8个县市用电、用水、用气报装服务进驻政务服务大厅。税务、不动产、公安等部分便民事项办理自助终端进驻政务服务大厅。全州税务系统有56台自助办税终端和61台自助办税电脑投入使用，州城建立自助办税区（厅）4个，企业和群众缴税可“就近办”。2019年省政府二季度督查中政务服务类的7项指标总体排名全省第五，三季度督查中个别指标排名第二。

【法律服务】 维护企业合法权益，坚持有案必受、及时审查，做到受案率100%，及时回告、回复率100%；案件办理中，慎用企业财物查封、扣押、冻结和涉案人员刑事强制等措施。对所有的破产案件均依法准许破产企业缓交破产申请费，对破产企业作为原先的破产衍生诉讼缓收案件受理费。1—11月，全州受理执行案件21931件，执结17095件，结案率为77.95%，执行工作位居全省前列。成功审结长友农业、华清电力、八峰药化等重大破产重组案件，促成山寨皮革破产和解，恢复生产经营。办结的长友农业公司破产重整案，得到省法院领导肯定，被评选为全省五大破产典型案例之一。解决商业纠纷，全州法院法定审限内结案率为98.61%，全州受理各类民商事案件38071件，结案33331件，结案率87.55%，涉及标的额高达325亿元。健全法律服务体系，发布全国首个公共法律服务中心建设地方标准，实现州、县公共法律服务中心、乡镇公共法律服务工作站三级实体平台全覆盖。恩施公共法律服务中心“标准化建设、便捷化法务、普惠制服务”的做法获“湖北省改革创新奖”。整合全州各类普法平台和资源，组建州融媒体普法中心，形成涵盖报纸、杂志、广播、电视等传统媒体和网站、微信、微博等新兴媒体于一身的融媒体普法平台，开展各类法治宣传活动，增强法治意识。推进法治政府建设，坚持法定职责必须为、法无授权不可为，加强执法监督检查，规范行政执法行为。严格落实政府常务会会前学法制度，推进行政执法“三项制度”，行政负责人出庭应诉率达95%以上，全州未发生党政机关不履行人民法院生效判决裁决情形。为规范规范性文件合法性审查，恩施州出台《关于公布州级行政规范性文件制定主体的通知》，拟定《恩施州行政规范性文件界定操作指引》。持续开展证明事项清理，清理废除州级证明事项13项。

【金融服务】 2019年11月末，全州银行业机构各项贷款余额1159.65亿元，较年初增加128.83亿元，增长12.5%；全州银行业存贷比78.28%，较年初增加6.58个百分点，新增可贷资金用于当地比例大幅提升。全州小微企业贷款余额501.58亿元，较年初增加59.81亿元，增幅13.54%，高出各项贷款平均增速1.04个百分点；全州小微企业客户数31.76万户，较年初增加3.98万户，增幅14.33%，其中，小微企业贷款户数46829户，较年初增加29.67%，申贷获得率高于98%，小微企业贷款余额与贷款户数连续3年持续增长，实现“两增两控”目标。信贷产品增加，推进“无还本续贷”产品落地，辖内银行机构向小微企业发放无还本续贷余额29.25亿元，较年初增加5.13亿元，增幅21.25%，无还本续贷余额增速远高于各项贷款平均增速；“银税互动”覆盖所有商业银行机构。辖内小微企业“银税互动”合作贷款余额4.71亿元，较年初增加3.21亿元，“银税互动”产品惠及企业834户，较年初增加626户。其中，银税互动信用贷款余额2.83亿元，较年初增加1.75亿元。建行恩施分行通过与税务深度合作，推出最快60秒放贷的线上银税互动产品“云税贷”，为251户小微企业发放贷款1.32亿元；向个体工商户、小微企业主定制推出纯信用产品“福业贷”“福融贷”，发放6655笔，放款金额4.72亿元。应收账款融资等信贷产品逐步得到推广。服务机构增加，推动设立小微企业特色专营服务机构，全州新增“兴福驿站”5个，推动农商行设立“小微贷款服务中心”，发挥湖北银行小企业金融服务中心作用。推动金融保险保障产品落地。做好融资成本“减法”，推进普惠型小微企业利率下行，为企业落实减税降费8.63亿元。先后两次降低一般工商业电价，节约电力成本1.3亿元。全面落实小微企业普惠性减税政策等一系列优惠政策，按照时间节点序时推进四项减税降费重大政策落实落地，全州10万纳税人不用再缴纳个人所得税，96.8万户次纳税人享受到税收优惠；全州减免各项税费约10亿元。

【信用体系建设】 加强诚信政府建设，将社会信用体系建设纳入全州综合治理考核重要内容，通过监督和考核，加强政府与社会资本合作领域、政府采购领域、招标投标领域、招商引资领域、地方政府债务领域及街道乡镇政务诚信建设，将全州各级政府和公务员在履职过程中，因违法违规、失信违约被司法判决、行政处罚、纪律处分、问责处理等信息纳入政务失信记录。开展失信问题专项治理，有针对性地对煤炭、天然气供应、旅游、交通、盐业等行业加强信用监管，对失信企业实施诫勉谈话，配合行业主管部门对煤炭、旅游和交通运输行业公共信用状况为“差”级的企业进行警示约谈，督促11家政府机构退出“黑名单”。开展重点职业人群的个人信用建设，对失信被执行人采取限制出境、限制高消费、限制行业准入、限制担任职务等联合惩戒措施。全年实现联合奖惩案例573个，案例数排全省第三。其中两个以上部门实施守信激励措施案例107个。加快失信企业的信用修复，在规定期限内主动修正和整改失信行为案例21个，以注销、吊销等形式退出“黑名单”案例20个。推进信用惠民便企。开办“信用恩施”网站。推进“互联网+民生+信用”惠民便企，重点在教育、医疗健康、养老服务、家政服务、食品餐饮、房地产、劳动用工、旅游等中小微企业深化信用体系建设。2019年，恩施州法人和自然人全部进入省信用服务平台，数据总量达到809612条，行政许可信息61904条，行政处罚信息11702条，企业红名单1659家，黑名单44家。

（黄腊梅）

大数据工作

【概　况】 2019年，组建州政务服务和大数据管理局，设立州大数据中心，推进数字政府建设。根据省人民政府办公厅印发的《关于推进数字政府的指导意见》和《湖北省推进数字政府建设实施方案的通知》，起草《恩施州推进数字政府建设实施方案》，2次征求州直部门及县市相关单位意见，组织专家评审通过。根据《湖北省政务信息化项目建设管理办法》和《湖北省政务信息化项目共享整合和集约化建设方案审核细则》等文件精神，起草《州直部门政务信息化项目建设审核暂行办法》，在征求州直相关部门意见的基础上印发实施。审核2019年州直单位信息化建设项目12个，备案2020年州直单位信息化建设项目66个。

（汪　昕　朱　艳　田孟琮）

【恩施州大数据中心成立】 2019年3月5日，恩施州大数据中心挂牌，为州人民政府直属事业单位（正县级），属公益一类，主要工作职能是贯彻落实党中央关于大数据工作的方针政策和决策部署，落实省委、州委工作要求，在履行职责过程中坚持和加强党对大数据工作的集中统一领导。贯彻执行国家、省有关信息化工作的法律法规和方针政策；指导全州经济社会各领域的数据开发利用工作，推进全州大数据产业发展；负责组建全州数据安全保障体系建设，组织实施全州政务数据和公共数据的安全保障工作；建设全州统一的数据中心；组织研究、编制全州大数据、智慧城市、“互联网+”发展规划、专项规划和年度计划，组织、协调、实施智慧城市相关项目；组织编制全州数据资源共享体系，制定数据资源归集、治理、共享、开放、应用、安全等技术标准及管理办法，实施跨层级、跨部门、跨系统、跨业务的数据共享和交换；负责大数据中心、基础数据库、基础支撑平台及核心应用系统建设和管理工作；负责州级财政性资金建设和维护信息化项目方案评估，指导、参与项目建设、监理、验收以及数据归集工作；负责组织信息技术推广应用、技术培训、技术交流和信息咨询活动；负责数据分发和利用；负责全州电子政务外网、视频会议系统建设和管理。

【政务信息共享平台】 2019年9月23日，恩施州“互联网+放管服”政务信息共享平台建成。该平台作为恩施州大数据事业发展的支撑平台，为加快智慧恩施和“数字政府”建设奠定基础，实现上接省级纵向到底，对连部门横向到边，为全州各级各部门各领域提供数据共享通道，形成跨层级、跨部门、跨区域的数据交换体系。支撑全州政务服务“一网通办”、“互联网+监管”、工程审批改革、不动产登记等数据共享交换和业务协同，发布接口服务402个，受理数据资源申请并审核194个，数据库表交换280个，具体承载人口信息、法人信息、电子证照库等基础信息资源库数据整理与共享交换。

【“智慧恩施”政务云平台（一期）】 2019年12月2日，“智慧恩施”政务云平台（一期）建设项目启动。该平台可向政府部门政务信息化应用系统建设提供安全、稳定、集约化的运行支撑环境，包括统一的计算、存储、安全保障、容灾备份、信息交换共享等基础服务，进而形成覆盖全州、互联互通的云服务体系，实现计算资源、网络资源、存储资源、安全资源、云平台管理系统等共性基础资源的集约共享，为全州政府部门提供高效、安全的服务体系。

【州工程建设项目审批管理系统运行】 2019年12月10日，恩施州工程建设项目审批管理系统上线运行。该系统以“全州统筹建设，州县（市）分级管理”为建设思路，以构建起深度应用、上下联动、综合协同的工程建设项目审批为目标，借鉴先进试点城市的先进改革和信息化经验，采用领先的云架构设计，覆盖工程建设项目审批全流程全事项，将覆盖全项目、全流程的78个事项精简到51个事项（包含市政公用），压缩审批时限，项目全流程审批总时限最长控制在90个工作日以内，最短压缩在33个工作日，社会投资工业项目实行承诺审批制，施工单位取得施工许可控制在23个工作日以内，实现事项办理平台化，监督可视化；与省、州多个平台互联互通，实现多部门信息互通、共享，为工程建设项目审批制度改革提供信息化支撑。

（熊　鹏　吴　凯　杨　俊　周光兵）

机关事务管理

【概　况】 2019年，恩施州机构改革，将州机关事务管理局的行政职能划入州政府办公室，剥离行政职能后，与州委、州政府接待处的职责整合，组建州机关事务服务中心，主要职能为负责州直机关事务管理、保障、服务工作，组织实施机关事务制度，做好政务接待来宾服务保障和公务用车、办公用房及州委、州政府授权管理范围的后勤管理服务保障，指导全州机关事务服务中心工作。全年机关事务管理工作围绕中心，服务大局，保障党政机关高效运转。受理办结州级机关事业单位办公用房申请33件，完成维修改造项目10个，调剂28家涉改单位办公用房；完成全州党政机关办公用房信息系统建设。

【接待工作】 全年接待各级来宾193批次，1986人次，其中国家级4人，省部级85人，厅局级445人，完成20余批督查组、巡视组在恩施工作期间的后勤保障工作，完成全国老区宣传工作会、中国马铃薯大会等大型活动接待工作。

【公务用车】 推进全州企事业单位车改工作，完成州直事业单位公车改革工作，保留车辆154台；

完成县市企事业单位公车改革工作，保留车辆1665台。出台《非参公事业单位区域内交通费用管理办法》，在全省率先解决交通费用报销难题。从严从紧核定公车编制，办理公车编制手续293台，调剂完成涉改单位公车42台，公车ETC安装实现全覆盖。完成全州党政机关公车信息与省平台的对接工作，实现省、州、县三级公车数据互联互通。全年服务州直党政机关用车2508次，安全行驶87.04万千米。

【垃圾分类】 以州委、州政府试点工作带动全州公共机构垃圾分类工作开展，制作微视频3个，发放环保手提袋1500个，开展培训9期，培训各类人员260名，组织志愿者80余人进机关、进住户开展志愿服务。

（杨　赟）

应急管理

综合管理与能力建设

【概　况】 2019年，全州应急管理系统履行应急管理职责，推进改革，防灾减灾，应急管理信息化体系逐步完善。全年无较大以上森林火灾，无森林火灾引发的人员伤亡。汛期未死一人、未溃一堤、未倒一坝、未损一闸。全州陆续遭受“3·20”风雹、“4·24”风雹、“6·20”洪涝、“8·26”旱灾等16次自然灾害。据各县市核查汇总数据，全州63.57万人受灾，因灾死亡16人，紧急转移安置816人，需紧急生活救助157人，需过渡性救助148人，因旱需生活救助151144人。倒塌房屋61户、158间，严重损房527户、1171间，一般损房1350户、2417间；农作物受灾面积48500公顷，成灾面积27000公顷，绝收面积13300公顷，因灾造成直接经济损失5.18亿元，占全州生产总值约0.5%，低于控制目标值1个百分点。省财政厅、省应急管理厅拨付恩施州生活类救灾资金5240万元，防汛抗旱类救灾资金2260万元，调运救灾棉被6500床、棉衣5000件、棉大衣3000件、绒衣2000件，毛毯500床。州财政局、州应急管理局拨付县市生活类救灾资金220万元，调运救灾物资棉被250床、折叠床347张、帐篷28顶、应急灯72个。全年全州安全生产事故防控呈现“一无三降”（无较大及以上生产安全事故，事故起数、死亡人数、受伤人数同比下降）良好态势，发生事故59起、死亡54人、受伤19人，同比分别下降11.9%、19.4%、13.6%，首次实现年度内无较大及以上生产安全事故。

【应急管理改革】 2019年2月27日，恩施州应急管理局挂牌，将原州安全生产监督管理局职责、州人民政府应急管理办公室职责、州公安局消防管理职责、州民政局救灾职责、原州国土资源局的地质灾害和地震灾害、原州水利水产局的水旱灾害、州畜牧兽医局的草原火灾、州林业局的森林火灾、州人民防空办公室的震灾应急救援职责整合，为州政府工作部门。承担州应急委办公室、州安委会办公室、州减灾委办公室、州防汛抗旱指挥部办公室、州森林防火指挥部办公室、州抗震救灾指挥部办公室的职责。直属单位有州减灾备灾中心、州安全生产考试中心、州安全生产执法监察支队、州矿山综合应急救援中队4个公益一类正科级事业单位。调整州突发事件应急委员会、州减灾委员会、州防汛抗旱指挥部、州森林防灭火指挥部、州抗震救灾指挥部等领导成员及成员单位，重构应急管理体系。印发《州人民政府办公室关于印发恩施州防汛抗旱工作方案的通知》，明确设立8个分指挥部分级响应全州防汛抗旱工作。将每月9日定为“消防安全日”，推行消防安全每月一查。在全国率先出台消防联勤联动工作制度，州应急管理局、公安局、住建局、消防救援支队联合印发《恩施州消防联勤联动工作制度（试行）》，完善消防工作责任体系，创新消防管理。印发《恩施州应急管理局关于印发〈应急值守工作制度（试行）〉〈突发灾害（事故）信息报送和处置工作规范〉〈视频调度会商方案〉的通知》，规范应急值守、突发灾害（事故）信息报送处置等。

【应急能力建设】 州应急管理保障中心、州应急救援综合训练基地、州应急救援物资储备基地项目进入湖北武陵山片区基础设施领域五年攻坚计划。投入资金330万元，用于信息采集、传输和现场指挥类装备购置。构建横向与水利、林业、气象等重点单位，纵向与县市应急管理局的视频会议互联互通系统。连接水利、地灾、林业等监测监控信息平台，加强监测预警。2019年新设立恩施州矿山综合应急救援中队、恩施州安全生产执法监察支队。全州应急救援队伍达52支、队员2107名。推进应急救援力量试点建设，建始县扩编组建应急救援大队，建立民兵应急分队，乡镇及工业园建立综合性救援队伍11支，建立兼职专业应急救援队伍13支。规范应急预案管理，制定印发《关于进一步加强恩施州生产安全事故应急预案管理工作的通知》，规范州内企业生产安全事故应急预案的编制、评审、公布、备案、宣传、教育、培训、演练、评估、修订工作。全州完成应急预案备案的企业330家。

【应急物资采购储备】 采购储备防汛物资，州本级投入70万元采购彩条布、土工布袋、帐篷、通信设备等救援物资及装备。投入30万元采购棉衣棉被等生活救援物资，各县市均相应采购配套的设施设备，储备防汛砂石料17050立方米，和相关企业签订10.4万立方米砂石料的委托储备协议。采购储备灭火物资，采购储备风力灭火机290台，油锯173台，割灌机88台，二号、三号工具9200把，扑火服1775套，帐篷1050套，睡袋1010条，铁锹、斧头、砍刀、镰刀等灭火工具1.2万余件。

【宣传教育】 推行应急管理动态日报，州领导及时掌握全州应急管理最新动态。全年编制84期恩施州应急管理直报信息，为州领导决策部署工作提供信息支撑。恩施电视台常年、恩施广播电台对农广播频率每日推送应急管理知识。中央电视台、《中国应急管理报》等主流媒体推介典型经验10余次。发动全州1万余名护林员、2万余名脱贫攻坚“尖刀班”成员、2.1万余名网格员投入火灾隐患整治和消防宣传。在恩施市硒都广场开展以“提高灾害防治能力，构筑生命安全防线”主题的“5·12”防灾减灾日宣传活动。各县市举办集中宣传教育、专题讲座、主题班会等1557场次，发放张贴宣传资料91267份，参加防灾减灾活动31万人次。

【防汛抗旱】 2019年4月1日，全州防汛抗旱视频会议召开，安排部署防汛工作。入汛前，州、县防汛抗旱行政责任人，全州284座大中小型水库防汛行政责任人全部落实到位，在5月9日《恩施日报》上进行公示。坚持防汛会商制度，印发《恩施州防汛专题会商方案》。全州各级防汛部门要求水库根据相关预案要求，采取预泄、错峰等多种措施科学调度水库洪水，减轻洪水灾害损失。做好防汛抗旱隐患排查整治，从3月底开始，全面启动防汛自查工作，对发现的20多个问题和隐患列出清单、明确时限，汛前全部整改到位。4月，州防指各成员单位分别派出检查组，对全州备汛工作开展督查，对发现的隐患问题列出清单，下发整改通知，督促整改销号。“五一”期间，州委、州政府组织对全州各县市防汛、防火、安全生产等工作进行暗访，发现问题39个，相关问题5月底前全部整改到位。各辖区大中型水库实现巡查全覆盖，确保水库不带“病”入汛。2018年，全州221处（座）损毁水利设施于2019年4月底全部修复完成，达到防御标准。做好旱情处置工作，针对恩施州出现的高强度、大范围的高温天气，印发《州减灾办关于做好干旱灾害信息报送和旱灾救助工作的通知》《恩施州防汛抗旱指挥部关于切实做好抗旱保供水工作的紧急通知》。

【防火工作】 2019年3月，州委书记柯俊，州委副书记、州长刘芳震到州应急管理局调研工作，明确应急管理部门主要负责森林火灾的扑和救，林业部门具体负责森林防灭火的建、管、防工作。州森林防灭火指挥部印发《关于切实做好当前森林防灭火工作的命令》，指挥部办公室统筹协调州公安局、州林业局、州消防支队等成员单位，动员各县市、乡镇力量，打好全州森林防火保卫战。州委、州政府、州安委会多次组建工作专班，督导检查县市政府、行业部门、社会单位消防工作履职情况和社会面火灾防控工作，发现并通报消防安全问题300余条。州督查考评办公室下发2期《督办通知》督办消防工作。国庆、军运会期间，对恩施市华硒批发市场48家门店300余租户采取临时查封和断电处理措施，拆除彩钢板建筑1万多平方米，对武陵国际装饰城重大火灾隐患单位13家酒店、商场等采取临时关停措施；对来凤县34家仓库、小作坊、“三合一”、“多合一”场所组成的区域性火灾隐患进行强制拆除。州森林防灭火指挥部派出6个暗访组分别到8个县市开展森林防灭火工作检查，采取“一日一督查，一日一通报”制度，暗访抽查49个乡镇、131个村、850余名护林员，向县市通报238处隐患和问题，向问题较多4个县市党委政府发出“森林防火提醒函”，对问题较大的2个县市进行通报批评。对检查发现的违规违法用火行为，依法从重追究责任，2019年全州查处15起森林防灭火行政案件，行政处罚15人。

【防灾减灾】 2019年，省级救灾物资储备库恩施分库进入验收阶段。指导、督促巴东县创建综合减灾示范县。新创建13个省级综合减灾示范社区，通过省减灾委验收。创建成功1个国家级综合减灾示范社区。开展灾害风险隐患排查，汛前对全州8个县市开展公路沿线和汛前地质灾害的大排查大整改，排查出地质灾害隐患点231处，逐个明确整治措施、整治时限、整治责任单位和责任人。州应急管理局牵头，组织州自然资源和规划局、州水利和湖泊局成立4个工作组对各县市汛期防汛、救灾、地灾隐患治理等工作进行督导检查，先后走访督导33个单位，对发现的问题进行现场交办，明确整改时限和整改要求。根据区域灾害风险特点，结合综合减灾示范社区创建活动，推进社区灾害风险评估，动员社区居民和社会组织参与风险排查，编制灾害风险隐患清单，绘制灾害风险地图。对查找出的风险隐患，逐一建立台账，提出有针对性的整治措施。

【灾情信息报送】 2019年是机构改革之年，应急管理部门在乡镇无相应机构和人员，灾情报送工作存在困难。争取州委、州政府领导支持，将灾情管理职责明确在乡镇民政办。加强对县市信息报送人员培训，收集汇总全州灾情管理人员信息，2019年6月26—28日举办全州灾情业务培训会，各县市应急局根据省应急厅以及州应急局的培训内容召开县乡级灾情业务培训，确保灾情信息报送的及时准确。

【因灾恢复重建工作】 印发《州减灾委关于做好因灾倒塌民房恢复重建工作的通知》，要求摸清因灾倒损住房底数，建立统计台账并按时上报进度，科学规划选址，按照户报、村评、乡审、县定的审批程序，做好资料收集和审批工作，严格资金管理，确保专款专用。加大对县市应急局工作督办，确保因灾倒损民房恢复重建户春节前入住新居。全州核定需重建对象93户，核定需修缮对象1313户，全部竣工。

【冬春生活救助】 根据《省应急管理厅 省财政厅关于切实做好受灾困难群众冬春期间生活救助的通知》要求，组织开展救助排查摸底，健全完善冬春救助程序和标准，严格落实资金投入和救助要求。经摸底评估，恩施州2019年冬至2020年春灾区群众需救助约有39万人，其中需口粮救助329945人，需衣被救助47427人，需取暖救助

19380人，其他需救助20100人。根据各县市上报的冬春需救助评估报告，州应急管理局与州财政局联合行文，向省财政厅、省应急管理厅申请冬春救助资金9310万元。12月6日，州应急局组织举办冬春救助工作培训，对冬春救助工作再次提出明确要求，要求各县市做好实施方案，提前采取有效措施，确保收到上级下拨资金15个工作日内将资金下拨到户。2019年12月28日，省财政厅、省应急厅下拨恩施州冬春生活救助资金4440万元，救助受灾困难群众20余万人。

【“5·23”防汛应急综合演练】 2019年5月23日，经州政府同意，组织开展全州跨区域、跨灾种、跨部门，指挥中心、分指挥中心、现场指挥员实时视频调度指挥的“5·23”防汛应急综合演练，检验应急预案，完善应急指挥体系。演练在州高新区六角亭办事处巴公溪内涝淹没区域、恩施市清江河小龙潭水域、利川市东城街道办事处杨柳寺社区3个现场的演练同时进行。演练首次采用单兵4G图传系统实现指挥中心对现场实时互动，实时调度，多数据共享，突破传统应急处置方式，实现现场与指挥中心的无障碍沟通。调动3辆通讯保障车、1辆应急指挥车和1架无人机全程进行信息化保障。首次调用救援直升机1架参加应急医疗抢救。

【组织“抢大险、救大灾”】 2019年6月20日，恩施州大部分地区出现强降水，造成恩施、利川、鹤峰、巴东、宣恩、建始、咸丰7个县市73个乡镇188078人受灾，紧急转移安置614人，需紧急生活救助100人，需过渡性救助60人，被困30人，灾害造成直接经济损失23268万元。州应急管理局紧急召开调度会，要求各县市及时派出工作组核查灾情，指导救灾工作，组织3个专班前往灾情较重的恩施市、利川市、鹤峰县查灾核灾，指导灾后重建工作。减灾办召开成员单位会议，要求各部门各单位迅速行动，主动作为。应急管理局向省应急管理厅、省财政厅紧急申请救灾款物。省应急管理厅紧急调运恩施州救灾棉被500床、毛毯500床，紧急拨付恩施州防汛抢险应急资金1000万元，州应急管理局向县市调运救灾物资棉被250床、折叠床347张、帐篷28顶、应急灯72个。

【躲避峡山洪灾害救援】 2019年8月4日傍晚，鹤峰县未开发景点躲避峡暴雨导致突发山洪，造成61名游玩人员被困，13人死亡。事件发生后，州应急局党组迅速成立工作专班，第一时间赶赴灾情现场，第一时间解救被困人员，全力搜救失联人员。8月5时凌晨，61名被困人员全部被安全救出；8月6日14时，最后一名失联人员被找到并确认死亡。为做好搜救工作，州、县应急管理部门紧急调集直升机1架、水下机器人1台、探头式探测仪1台、无人机2架、卫星电话3部、对讲机10部、冲锋舟1艘、橡皮艇5艘、帐篷16顶、折叠床20张、棉被20床、应急灯4个、照明灯80个、救援绳16根以及喊话器、救生衣等装备物资，消防救援队员、民兵、矿山救护队员、医疗救护人员、电力和通信保障人员及部分社会救援力量、当地群众约400人参加救援。

（饶　舟）

安全生产监督管理

【概　况】 2019年，州委常委会、州政府常务会分别专题听取全州安全生产工作汇报，研究审定重要事项。1月9日，在收听收看全国、湖北省安全生产电视电话会议后，恩施州召开安全生产电视电话会议。3月19日、9月5日两次组织召开州安委会全会，安排部署和督办协调相关行业领域安全生产工作。印发《州委办公室 州政府办公室关于严格落实地方党政领导干部安全生产责任制的通知》，在全省率先明确乡镇（街办）由副书记分管安全生产工作，每年开展一次全州安全生产巡查。印发《中共恩施州委机构编制委员会关于重新调整和明确州直相关单位安全生产工作职责的通知》，厘清州直部门安全生产工作职责。印发《州人民政府办公室关于调整州安委会成员和十七个安全生产专业委员会的通知》，厘清行业部门监管职责。将《地方党政领导安全生产责任制规定》纳入各级党校主题班必修课程。

【综合监管】 州安委会办公室印发《关于进一步加强防溺水工作的通知》。6月，在全州建筑行业领域事故多发的形势下，州安委会办公室印发《关于深刻汲取近期事故教训切实做好当前安全生产工作的紧急通知》，确保全州旅游旺季和高温汛期期间的安全稳定。州庆节日前，印发《关于加强州庆假日期间全州安全生产工作的通知》。加强安全生产形势分析和工作指导，定期分析全州安全生产工作主要特点、事故情况、当前形势、存在的问题不足，针对性提出安全生产工作建议。加强综合监管执法，为加强校园及医院安全，州安委会办公室会同州教育局、州卫健委、州消防救援支队等部门对全州高校、部分中小学校、幼儿园、医院安全生产工作进行巡查检查。10月，组织市场监管、消防、住建、电力等部门，对监狱系统开展安全生产执法检查，现场下达执法文书。

【风险隐患排查整治】 以"三个一"包保责任落实为抓手加强煤矿监管，严把煤矿复工复产安全准入关。开展危化品、非煤矿山安全"专家体检""专家驻点帮扶"活动。印发《州安委会办公室关于印发全州安全生产集中整治工作实施方案的通知》，针对危险化学品、煤矿、非煤矿山、消防、住建、特种设备、燃气等重点行业领域，在全州开展为期3个月的安全生产集中整治行动。聚焦尾矿库综合治理专项战役，压实"五个一"包保和"库长"责任制，全面落实"汛期安全管控""安全风险报告编制、环境风险报告编制""在线监测系统建设"工作措施，完成年度综合治理工作任务。在"两会"、国庆等重点时段，开展2轮次全州安全生产大检查，对煤矿、危化、校园、旅游等重点领域开展6轮次专项检查，发现交办安全隐患1606条，向行业主管部门发出警示函和建议书20份。按照"一隐患一专班、一隐患一方案"的要求，对2019年省州挂牌督办的62处重大问题隐患进行跟踪问效，实现全部整改销号。首次将安全生产问题线索移交纪检监察机关调查处理，立案审查1人，诫勉谈话2人，谈话提醒2人，约谈40人。开展安全生产突出问题专项整治，立案查处安全生产违法案件174件，罚款1603.96万元，刑事立案15起，行政拘留143人。

【安全生产服务】 严把审批准入关，严把安全生产准入关，实行"一站式服务、一窗式受理、一次性告知、一网式办理、一窗式发证"的"五个一"服务模式，严格"窗口受理—行政审批科初审—监管科室现场核查—审批和颁证"审批流程，开通"绿色通道"，推动项目快速落地。全年州应急局审批窗口受理6大类许可事项313件，办结294件；受理2类服务事项9件，办结9件。优化行政审批。发送换证提醒通知，列出换证资料清单。州应急局7类审批事项承诺办理时限在法定时限基础上缩减80%以上。清理18项事项证明材料，其中5项材料申请人不再提交，13项材料改由部门内部核查。在减审批环节上，将危险化学品经营许可、烟花爆竹经营（批发）许可及非煤矿山安全生产许可委托颁证等三类事项中变更法人、企业名称及注册地址和第二、三类生产及第二类经营非药品类易制毒危险化学品备案证明四类事项授权窗口首席代表审签，做到当日申请当日办结。推广安全生产标准化和安全生产责任险，落实企业主体责任。2019年，州内14家企业取得三级以上安全生产标准化达标资质。全州安全生产责任险收取保费508.63万元。全州实施"三项岗位人员"考试285场，3586人参加特种作业操作证考试，2337人合格，合格率为65.17%。1002人参加安全生产知识和管理能力考核合格证考试，786 人合格，合格率为 78.44%。

【“安全生产楚天行”暨“安全宣传咨询日”启动仪式】 2019 年 6 月 16 日，恩施州、恩施市两级人民政府主办，州应急管理局、州文旅局、恩施市应急管理局、恩施市文旅局、恩施市消防救援大队承办的“防风险·除隐患·遏事故”2019 年恩施州“安全生产楚天行”暨安全宣传咨询日活动在州文化中心举行。其间，展播全州首部安全生产微电影《谈安全》，“湖北安全生产杂志”微信公众号、《中国应急管理报》推介此次活动。

【安全生产法规知识专题培训】 2019 年 9 月 18 日，州安全生产法规知识专题培训在州委党校举办，邀请省应急管理厅应急中心、省消防救援总队法制处、省应急管理厅政法处领导开展专题讲座，解决基层安全监管干部“不会管、不敢管、不能管”的问题。各县市政府常务副县（市）长、应急管理局局长，州安委会成员单位分管领导，各乡镇分管安全领导和派出所分管消防工作领导，州及县市消防救援机构负责人等 300 余人参训。

（饶　舟）

消防救援

【概　况】 2019 年 12 月，恩施州消防救援支队挂牌成立。全年贯彻落实习近平总书记重要授旗训词精神，在州委、州政府和省消防救援总队的领导下，抓班子、带队伍，促改革、谋发展，防风险、保平安。州委、州政府重视消防工作和队伍建设，州相关领导先后 11 次对消防工作作出专门批示指示，州政府 5 次召开消防工作专题会议，州领导 6 次带队检查消防安全，州委督查考评办 4 次督查消防安全。应急、公安、住建、消防四个部门建立消防工作联动联勤机制；住建、商务、教育、民政、公安、文旅等部门先后开展 6 次跨行业联合消防安全督查检查；分级约谈全州 163 家火灾高危单位、1489 家消防安全重点单位和 7 类场所的消防安全责任人、管理人，督促社会单位全面落实“三自主两公开一承诺”机制，开展隐患自查自改。

【社会面火灾防控】 依托安委会、消安委平台，推行“每周一查”工作机制，协同开展易燃易爆、物流仓储、电动自行车、居民住宅小区、“十小场所”等专项整治和木质房屋电气线路改造，重点整治恩施市华硒农贸市场等区域性火灾隐患，拆除彩钢板建筑 17000 余平方米，改造电气线路 8445 户，推广安装“腊肉神器”3565 个。协调州委政法委、扶贫办、林业局，发动全州 2.1 万余名网格员、2 万余名脱贫攻坚“尖刀班”成员、7000 余名护林员参与火灾隐患整治和消防宣传，构建齐抓共管、群防群治工作格局。消防联勤联动机制和利川市 2 万余户贫困户消防电改工作被《中国应急管理报》推介。

【消防宣传教育】 组建 1 个全媒体工作站和 8 个工作点，在央视刊发信息 109 条，在省消防救援总队“两微三号”刊发信息 370 篇，分别排名全省消防救援队伍第一和第二。推进“流动课堂”“消防进社区”工作，组织 8 支宣传“小分队”到单位和社区宣传培训 2180 次；组织开展“消防安全暑期专项行动”“开学第一课”“119 消防宣传月”等主题宣传活动 12 次，数十万群众受益；组建“美团外卖消防志愿者服务队”，发动 510 名外卖人员开展入户宣传，发放《温馨提示卡》20 余万份；录制消防版《幺妹住在十三寨》等“村村响”作品 12 个，依托农村 15491 只喇叭每日轮播 2 次，制作发放《消防宣传挂历》50.5 万份、在 7000 余个液化气钢瓶上统一印刷警示语。

【岗位练兵】 推进全员岗位大练兵，开展练兵普考 4 次、练兵比武 3 次。举办攻坚队员培训和危化品处置、水域救援、绳索救助、车辆事故救援等专业培训，组织地震救援、战勤保障实战拉动和大型商业综合体、石油化工、仓储物流场所、抗洪抢险实战演练，创新天坑救援战法。支队取得全省消防救援队伍岗位练兵比武竞赛团体第3名，受邀到贵州总队参加“巅峰勇士”对决赛获团体第三名，选派6人参加全国首届“火焰蓝”消防救援技能对抗比武，获所操科目全国第7名。全年接警出动2068起，营救疏散被困人员1315人，抢救财产价值3.1亿余元。成功处置“8·4”鹤峰县躲避峡山洪灾害事故救援，得到应急管理部消防救援局、省委省政府和州委、州政府主要领导的肯定。

【上级检查调研】 2019年7月10日，省消防救援总队党委常委、后勤部部长刘明珠现场指导利川应急救援训练基地建设工作。8月4日，省消防救援总队政委张春阳带领总队全勤指挥部到鹤峰县，指挥燕子乡躲避峡山洪救援。12月24日，省消防救援总队总队长张道才到州消防救援支队，开展2019年度领导班子和干部考核及工作目标任务考评工作。

【重要会议】 2019年1月16日，召开民族幼儿园消防安全隐患整改协调会。3月5日，召开安全生产和应急管理电视电话会。4月3日，州消防救援支队与湖北高警总队第五支队召开高速公路应急救援座谈会。7月22日，召开公安派出所消防监督暨军运会消防安保工作视频会。9月10日，召开消防安全生产专业委员会联席会。11月7日，州、恩施市“119”消防宣传月活动启动仪式举行。12月12日，召开全州安全生产暨冬春火灾防控工作视频会。

（陈鑫鑫）

中国人民政治协商会议恩施州委员会

综 述

【概 况】2019年，州政协及其常委会在中共恩施州委的领导下，坚持以习近平新时代中国特色社会主义思想为指导，扛起将党中央决策部署和对人民政协工作要求落实下去、将社会各界智慧和力量凝聚起来的政治责任，团结带领广大政协委员和各族各界人士增强“四个意识”、坚定“四个自信”、做到“两个维护”，围绕“打好三大攻坚战、建强四大产业集群、推进项目建设、夯实发展平台、优化营商环境、增进民生福祉”六项重点任务，坚持发扬民主和增进团结相互贯通、建言资政，凝聚共识，履行政治协商、民主监督、参政议政职能。以整改省委巡视反馈问题为契机，开展“基层减负年”活动，以提升办文、办会、办事水平为重点，持续推进机关建设，坚持每月重点工作集中调度、清单管理，做好机关服务保障。

【政治建设】坚持以习近平新时代中国特色社会主义思想引领方向，将中央政协工作会议暨庆祝中国人民政治协商会议成立70周年大会重要精神与中共十九大，十九届二中、三中、四中全会精神，学习领会、统筹贯彻落实，推动全州各党派团体和各族各界人士不断增强对中国共产党和中国特色社会主义的政治认同、思想认同、理论认同、情感认同。认真落实党对人民政协的全面领导，坚持在中共恩施州委的领导下主动负责、协调一致地开展工作，做到州委的重大部署、重要会议精神及时传达，召开全会、常委会、专题协商会等重大事项及时请示，重要来访、调研考察等重大活动及时报告。加强政协党的建设，开展“不忘初心、牢记使命”主题教育，开展《深入学习习近平新时代中国特色社会主义思想，推进全面深化改革》专题学习，贯彻中央和省委、州委关于加强新时代人民政协党的建设的意见精神，全面推进政协系统党的建设“两个全覆盖”（党的组织覆盖党员委员、党的工作覆盖全体委员）。健全完善党领导政协工作的制度机制，以专委会为依托，建立9个党员委员活动小组，落实中共党员委员联系非中共党员委员制度，发挥党组织的战斗堡垒作用和党员委员的先锋模范作用。

【社会主义协商民主】推进深化改革，协商民主制度活力增强。搭建协商平台，组织实施全会协商、专题协商、重点协商、提案办理协商和社情民意快捷协商。探索推进政协协商向基层延伸，支持咸丰县政协开展“协商在一线”试点工作，搭建“院坝协商”平台，奔着问题去、向着共识来，让调研协商、凝聚共识在一线，初步形成与民协商、为民协商、服务群众、服务基层的社会治理新路子。推进“网络协商、远程议政”，委员履职服务管理PC端、移动端“恩施政协”微信小程序投入试运行。履职活动活跃有效，坚持调研与监督、视察相结合，实行年度协商计划统筹，建立以专委会为主体、以界别为纽带、以调研座谈为形式、以专家咨询为补充的调研协商机制，形成各类调研成果19件。向省政协、中共恩施州委推送重要履职信息、调研成果信息、社情民意信息，“加大生态功能区‘生态补偿脱贫一批’工作力度”等建议被省政协采用；“开展铁路沿线路域环境整治”“建设硒都茶城交叉路口下穿隧道”等建议，进入决策程序或转化为部门工作举措。修订提案工作条例，配套完善《提案审查立案实施细则》，坚持“提案不在多而在精”，将协商贯穿“提”“立”“交”“办”“督”环节，推动提案由“提得出”向“提得好”转变，提出“加强金融支持民营经济发展”“完善普通高中教师补充机制”等一批提案。出台《加强州政协常委会自身建设的实施意见》，常委在思想引领、建言资政、凝聚共识等方面发挥示范带头作用。建立常委述职制度，州政协主席会议对常委履职情况进行点评，首次实现政协常委向政协常委会述职。以机构改革为契机，优化专委会设置，增设州政协农业和农村委员会，加强主席会议成员联系专委会、专委会联系界别、专委会与政府部门对口联系制度，培育“四进四送”（进乡村、进社区、进学校、进企业，送文化、送科技、送卫生、送法规）界别活动品牌。加强委员履职培训和服务管理，通过邀请委员分批次列席常委会议、参加政协重要活动、推荐担任特约纪检监督员、参加政风行风评议、旁听法院庭审等形式，为委员知情明政、履职尽责搭建平台。认真落实委员履职年度管理和情况通报制度。依章程撤销1人州政协委员、3人州政协常委资格。

【政协统一战线】 加强党派合作，巩固“不忘合作初心”的共识；坚持将团结和民主两大主题贯穿履职始终，不断深化党派合作，巩固“中国共产党的领导是成立政协时的初心所在”的共识；出台主席、副主席“六联”制度，主动与各民主党派、无党派人士互通情况、交流意见，求同存异、聚同化异，各党派践行“四新”“三好”（多党合作要有“新气象”，思想共识要有“新提高”，履职尽责要有“新作为”，参政党要有“新面貌”；各民主党派和无党派人士要做中国共产党的“好参谋、好帮手、好同事”）要求，围绕“生态文化旅游产业发展”“营商环境建设”等课题开展调研，全年提交集体提案38件、社情民意信息34件、大会发言材料37件。承办武陵山片区政协主席联席会第四次会议，围绕“绿色发展”主题提出《共同建议》，呼吁共同推动国家将片区脱贫攻坚规划上升为新一轮绿色发展规划，得到省政协、国家民委经济发展司的认同和支持承诺。恩施杭州两地政协“联谊协作备忘录”有效落实，杭州市政协为恩施州免费培训委员200人，两地工商界委员力促“硒品入杭州，浙企入施州”，杭州市政协组团为恩施州帮扶捐赠1362万元。配合省政协和兄弟政协在恩施州开展调研考察47批次。

【建言资政】 围绕绿色发展建言，围绕建强“四大产业集群”、推进项目建设、夯实发展平台等重点任务，开展系列调研议政活动。持续关注生物医药产业集群发展，促成“武汉国家生物产业基地恩施生物产业园”挂牌，推动《恩施州生物医药产业规划（2018—2030）》颁布实施，助推国家级中药材质量监督检验检测中心启动建设。持续跟进中国硒谷建设与产业发展，有关部门采纳“加强‘富硒农产品’名优品牌建设”等建言成果。联合各民主党派及县市政协，开展“鄂西（恩施）绿色发展示范区建设”专题调研，调研成果被省政协提案、社情民意采纳，成为武陵山片区政协主席联席会《共同建议》的核心内容。针对“清江流域保护与治理”开展视察调研，召开常委会协商议政，提出“坚持保护优先，筑牢生态‘屏’”等建议，推动出台加强河道生态治理的指导意见，启动专项整治攻坚行动。围绕乡村振兴献良策，围绕“创新推进乡村民宿产业高质量发展”开展专题协商，推动出台《恩施州民宿管理暂行办法》。持续就农村垃圾治理开展协商式监督，推动垃圾焚烧发电项目取得实质性进展。首次提出“全会建议案”，向州委、州政府报送“开展专项文明行动、推动恩施乡风文明”的建议，州委书记柯俊领衔办理，召开州委常委会专题研究，出台《恩施州推进乡风文明建设三年行动方案》。持续关注殡葬乱象，通过专题协商和大会发言、提案、专项监督等方式，推动出台《深化殡葬改革的实施意见》。

【脱贫攻坚】 围绕“易地扶贫集中安置点后续发展”重点协商，提出“因地制宜聚焦特色农业产业发展，统筹协调易地扶贫集中安置点的后续发展与安置户搬出地后续发展”“围绕生活便利化、管理规范化、教育常态化做好配套服务”等建议。借助湘鄂渝黔四省市政协主席联席会平台，推介恩施旅游扶贫经验，建议开展武陵山片区国家扶贫规划评估，以生态文化旅游抱团发展促进片区全方位协作。州政协主席会议成员驻点联系20个贫困村，州政协机关帮扶3个贫困村。持续推进政协委员参与精准扶贫为民、爱心、带动“三大工程”，1993名州、县（市）两级政协委员，结对帮扶近6000户贫困户、3000多名贫困学生、400多个农业专业合作社，投入5000多万元办实事，解难事。

【政协文史工作】 发挥文史资料“存史、资政、团结、育人”的社会功能和统战功能，出版第63、64辑《鄂西文史资料》。挖掘传承地方人文价值，启动编撰《恩施传统村落历史文化丛书》。持续推进文史资料数字化，对历年来本级及外地交流的文史资料进行全面清理、编码管理，为在州图书馆设立文史资料专柜奠定基础。

（谷祥威）

重要会议

【政协恩施州第八届委员会第三次会议】 2019年1月19—22日，中国人民政治协商会议湖北省恩施州第八届委员会第三次会议召开。会议听取并审议刘建平代表政协恩施州第八届委员会常务委员会所作的工作报告，听取并审议向宏贵代表政协恩施州第八届委员会常务委员会所作的提案工作情况报告，审议通过《关于开展专项文明行动，推动恩施乡风文明的建议》。会议通报表扬2018年度优秀提案、提案办理先进单位及先进个人。全体委员列席州第八届人民代表大会第三次会议，听取并协商讨论州政府工作报告、州中级人民法院工作报告、州人民检察院工作报告以及其他报告。会议分10个小组分别对有关报告、决议进行讨论。围绕主题征集54篇发言材料，择优选定31篇汇编成册，17名委员在大会上发言。会议审议通过政协恩施州第八届委员会第三次会议关于常委会工作报告的决议，审议通过政协恩施州第八届委员会提案委员会关于八届三次会议提案初审情况的报告，审议通过政协恩施州第八届委员会第三次会议政治决议。会议期间，州政协各参加单位、专门委员会和委员提交提案168件，初审合格168件。

【常务委员会议】 2019年1月21日召开第11次会议。会议听取各组召集人关于委员分组讨论情况的汇报，协商通过八届州政协常委会工作报告的决议（草案），协商通过州政协提案委员会关于八届三次会议提案审查情况的报告（草案），政协恩施州八届三次会议政治决议（草案）。3月21日召开第12次会议。会议书面传达全国“两会”精神，协商通过州政协专门（工作）委员会机构设置，协商通过有关人事事项，部署继续推进政协委员参与精准扶贫“三大工程”活动。4月9日召开第13次会议。会议听取州政协“易地扶贫集中安置点后续发展”专题调研组汇报综合调研情况和有关建议；州政协“易地扶贫集中安置点后续发展”专题调研组成员在会上作专题发言（恩施、利川、咸丰、宣恩、来凤、鹤峰6个县市政协主席发言）；部分州政协委员在会上作即席发言；州发改委、州民政局、州农业农村局负责人，利川市政府分管副市长在会上作回应性发言；州委、州政府领导讲话；协商通过《政协恩施州委员会关于“易地扶贫搬迁集中安置点后续发展”的建议案（草案）》。7月24日召开第14次会议。会议围绕清江流域保护与治理协商议政，通过《关于我州清江流域保护与治理的建议案》，审议通过《政协恩施州第八届常务委员会关于加强州政协常委会自身建设的实施意见（草案）》。10月14日召开第15次会议。会议听取有关人事任免情况的说明，研究州政协八届十五次常委会议方案（草案）。12月27日召开第16次会议。会议协商通过有关人事事项，听取州纪委关于2019年党风廉政建设情况的通报，听取部分州政协常委2019年度述职报告，审议通过州政协第八届委员会常务委员会工作报告（草案），并协商推举报告人，审议通过州政协第八届委员会常务委员会关于八届三次会议以来提案工作情况的报告（草案），并协商推举报告人，审议通过州政协八届四次会议相关文件草案，审议通过《提案工作条例》（修订案），审议州政协各专门委员会2019年工作报告，审议《州政协委员会2020年工作要点》及协商计划（草案），听取州政府关于州政协八届三次会议以来提案办理情况通报。

【武陵山片区政协主席联席会第四次会议】 2019年9月24—26日，武陵山片区政协主席联席会第四次会议在恩施州召开。会议围绕“武陵山片区绿色发展”主题交流探讨，进行会议发言和书面交流，形成并通过《共同建议》，提出共同编制《武陵山片区生态保护与绿色发展战略规划》、共同谋划和实施一批生态项目、共同培育区域绿色发展支撑体系、共同争取绿色发展差别化扶持政策、共同构建多生态协作治理机制等内容。

（谷祥威）

重要调研

【“遏制殡葬乱象”民主监督课题调研】 2019年4月9—19日，由州政协副主席刘晓冰带队的州政协“遏制殡葬乱象”民主监督课题调研组，通过听取汇报、实地查看和走访座谈等方式，对8个县市落实《州人民政府关于深化殡葬改革实施意见》和殡葬乱象的治理情况进行调研，形成《关于遏制殡葬乱象民主监督调研报告》。

【“推进施州古城建设”民主监督课题调研】 2019年7月10日，由州政协副主席刘晓冰带队的州政协“推进施州古城建设”民主监督课题调研组，到施州古城走访座谈、讨论交流、听取意见建议、共商施州古城保护建设，推动相关工作发展。

【“看宗教场所，访政协委员”调研】 2019年10月，州政协党组成员、副主席张全榜带领部分委员到来凤、利川、恩施3个县市开展“看宗教场所，访政协委员”调研活动。调研组查看了解中华人民共和国国旗、宪法和法律法规、社会主义核心价值观、中华优秀传统文化进宗教场所情况，宗教场所建筑、消防安全情况，教职人员和信众管理情况，听取州政协委员的意见建议。形成相关报告，建议有关部门要从维护意识形态安全的角度，重视宗教工作，推进依法管理，持续推进宗教场所“四进”活动和“和谐寺观创建”活动，引导宗教人士爱党爱国爱教相统一。

【专题调研】 2019年4月17—23日，州政协党组成员、副主席张全榜带领部分委员和专家采取现场查看和走访座谈的方式，到各县市部分传统村落开展“传统村落历史文化”专题调研。了解恩施州传统村落历史文化情况，推动《恩施州传统村落历史文化丛书》各县市分卷的编撰工作。5月13—22日，州政协农业和农村委员会成立由8名州政协领导和政协委员组成的民宿产业发展专题调研组，先后到利川市、恩施市、宣恩县、建始县和重庆市酉阳县、秀山县开展专题调研，收集材料、事例和数据，了解恩施州乡村民宿产业的发展现状、存在困难和问题，形成综合调研报告和3个单项专题报告。6月28日，州政协召开“创新推进乡村民宿产业高质量发展”专题协商座谈会，助推恩施州乡村民宿产业发展。

（谷祥威）

重要文件

【关于加强州政协常委会自身建设的实施意见】 2019年7月，州政协印发《关于加强州政协常委会自身建设的实施意见》，规范州政协常委会自身建设，对推进社会主义协商民主建设，发挥常委会组成人员在政治协商、民主监督、参政议政中的示范表率作用，努力将州政协常委会建设成为政治坚定、开拓进取、团结合作、真诚包容、务实清廉的领导集体，起到提升建言资政与凝聚共识双向发力质量重要作用。

【政协恩施州委员会提案审查立案实施细则】 2019年12月，州政协印发《政协恩施州委员会提案审查立案实施细则》，明确提案审查的程序，予以立案和不予立案的条件，以及有关提案审查和立案的其他事项，规范提案立案审查表和不予立案告知书。

【政协恩施州委员会提案工作条例（修订案）】 2019年12月，对照全国政协、省政协提案工作条例，结合恩施实际，依照《政协章程》对州政协提案工作条例全面修订完善，增强州政协提案工作条例与时俱进的政治性、科学性、操作性、实效性。

（谷祥威）

纪检监察

综　述

【概　况】 2019年，全州纪检监察机关围绕学懂弄通做实习近平新时代中国特色社会主义思想，始终坚持将党的政治建设摆在首位，贯彻落实中央纪委三次全会、省纪委三次全会决策部署，开展“不忘初心、牢记使命”主题教育，坚持思想政治引领和忠实履行职责两手抓、两促进，党风廉政建设和反腐败工作取得新进展、新成效。省民意调查结果显示，恩施2019年度党风廉政建设群众满意度居全省市州第4位。州纪委监委被表彰为2018年度工作考核优胜单位及全省“七五”普法、“扫黑除恶”专项斗争优胜单位，州纪委监委机关办公室、信访、监督执纪、案件审理、基层基础、信息化建设工作分别在全省纪检监察系统作交流发言。

【政治建设】 全州纪检监察机关用习近平新时代中国特色社会主义思想武装头脑，认真落实纪检监察工作高质量发展部署要求。坚持“思想引领、学习在先”机制，从严从实推进领导班子自身建设，将学习习近平新时代中国特色社会主义思想作为第一议题，召开州纪委常委会27次，组织理论中心组集中学习8次、专题研学4次，编印《政治学习手册》口袋书12期。开展“不忘初心、牢记使命”主题教育，组织全州纪检监察干部开展“话变化、找差距、抓整改”活动，举办贯彻十九届四中全会精神培训班，牵头13项高质量发展课题调研，各级各单位纪检干部撰写话变化清单1.1万条，查找问题7192项，整改各类问题8100个。举办各类脱产培训班16期，培训1141人次。组织8个检查组，对各县市纪委监委开展作风巡查，对2017年、2018年作风巡查反馈问题整改落实情况进行“回头看”，问责处理6人。委托州审计局组成9个审计小组，对3名县市纪委书记进行离任审计，对州、县纪委监委财务情况进行审计，对州纪委监委扶贫专项资金使用情况进行专门审计。

【队伍建设】 举办各类纪检干部培训班282期、13692人次，“中央纪委业务光盘”集中学习44次、应训尽训3400人次。坚持好干部标准选人用人，州纪委监委机关全年提拔正科级领导干部20名、副科级领导干部34名、管理8级岗位职员5名。人岗相适增活力，全系统提拔重用138人，13名“80后”担任县市纪委书记、州纪委监委机关部室主任，系统外调入180人，系统内交流、轮岗230人，县市纪委监委班子成员异地交流32人。州县干部监督室收到全州纪检监察系统问题线索135件，办结问题线索79件，第一种形态处理143人，第二种形态处理5人，其中第一种形态中处理县市纪委监委班子成员24人，乡镇纪委书记5人；第二种形态处理县市纪委监委班子成员1人。州本级办理涉及纪检监察干部问题线索

82件，办结64件，处理35人，通报4人。

【纪检监察体制改革】 落实包点调研、督办、服务机制，每名班子成员联系1个县市、1个乡镇、1个村。组织开展基层纪检监察组织建设调研督办和乡镇纪委、村（社区）纪检委员遍访活动，组织4个暗访督查组，发现面上问题4大类53个。对接党政机构改革，对22家派驻（出）机构职能配置和监督范围优化调整，将89家州直单位全部纳入派驻监督范围。对涉改单位领导班子成员任职和廉政情况、线索查办情况进行分析，组建13个监督组，对州级涉改单位实现政治监督"全覆盖"。改革管理模式，将派驻纪检监察组分为5个党建协作区，由分管监督检查和审查调查的5名纪委常委分管，加强对派驻机构的指导、管理、服务。与省税务局、中国银行湖北分行、中石油恩施公司、省农商行、中国电信湖北公司等建立协作机制，与各垂管单位建立联系指导机制，确保监察监督无死角。

【中共恩施州第七届纪律检查委员会第四次全体会议】 2019年2月15日，州第七届纪律检查委员会第四次全体会议召开。全会贯彻十九届中央纪委三次全会和省委十一届四次全会、省纪委十一届三次全会精神，落实州委七届五次、六次全会部署，总结2018年全州党风廉政建设和反腐败工作，部署2019年工作任务，听取8位县市和州直单位党委（党组）书记述责述廉，现场接受州纪委委员的提问和测评。

（陈 艾）

监督执纪

【概 况】 州纪委监委始终自觉把政治学习摆在首位，坚持跟进学习中央、省纪委监督检查工作的先进经验，实现监督执纪业务培训全覆盖。对上级交办、巡视反馈、扶贫领域、人防系统、群众反映强烈、损害群众利益等类别的问题线索优先办理。对问题发生的时间节点、性质类型、情节轻重和相关人员工作情况、一贯表现、态度等进行研判，有针对性的分析原因，精准运用"四种形态"，对党员干部存在的"苗头性""倾向性"问题早发现、早提醒、早处置，防止小错酿成大祸，筑牢第一道防线。全年运用"四种形态"批评教育帮助和处理5220人次，其中第一、二种形态占比92.2%。

【日常监督检查工作】 紧盯"关键少数"，加强日常监督，在重要节点开展明察暗访工作，紧盯隐形变异的不正之风，坚持在常和长、严和实、深和细上下功夫，释放越往后正风肃纪越严的信号。州纪委监委班子成员带队到受处分党员干部所在单位宣布处分决定、指导召开专题民主生活，通过宣布处分决定、列席会议等形式开展日常监督，了解掌握县市严肃党内政治生活的有关情况，围绕工作重点与相关县委常委开展面对面谈心谈话，架起沟通桥梁，探查政治生态新情况，让日常监督既有力度和尺度、又有精度和温度，做到提醒常在、监督常在。开展典型案件进行剖析，向15个单位下达纪律检查或监察建议书。

【专项监督检查】 对习近平总书记十八大以来作出的指示批示精神贯彻落实情况开展"回头看"，将张富清先进事迹学习情况纳入巡察内容，组织开展专项监督。围绕"不忘初心、牢记使命"主题教育，组织专班对9项专项治理工作进行督办检查，向14位州委常委呈送工作提醒函。突出政治监督，践行"两个维护"，专项开展对新形势下党内政治生活若干准则等法规制度执行情况的监督检查。组成专班对20个州直单位落实"两个责任"情况开展监督检查，发现问题16个。督促分管或联系州领导参加省委巡视和州委巡察反馈会，问责5个整改不力的州直单位党组书记，督促监管部门开展专项治理43项。到6县市13个乡镇16个村，对2019年全州精神类残疾鉴定及办证工作开展监督检查，督促相关单位加强沟通联系、整体联动。对16个非洲猪瘟防控工作重要责任单位进行督促检查，对8个县市开展明察暗访并跟踪问效，立案查处2人，组织处理32人。与税务部门签订纪税协作会商纪要，规范“六项机制”，协作推进减税降费落到实处。

【扶贫领域监督执纪问责】 把全面从严治党要求贯穿脱贫攻坚全过程，持续深化扶贫领域腐败和作风问题专项治理，督促各级领导干部用心用情用力解决“两不愁三保障”问题，开展惠民惠农财政补贴资金“一卡通”专项治理，零容忍查处“虚假式”脱贫、“算账式”脱贫、“指标式”脱贫、“游走式”脱贫等问题。州纪委监委下沉到8个县市、州直部门指导召开脱贫攻坚专题民主生活会，督导各级领导干部“讲政治、行法治、严政策、守规矩”。聚焦“五级书记一起抓”，建立脱贫攻坚政治责任专题报告制度，督促州、县“四大家”领导班子成员、州直部门班子成员每半年向州委专题报告履行脱贫攻坚政治责任情况。对照《省纪委监委贯彻落实中央第二巡视组脱贫攻坚专项巡视反馈意见整改工作清单》，查摆229个具体问题并制定本级整改方案和责任清单，细化为14项整改任务40项措施，实施台账管理，严格“对账”销号。对义务教育控辍保学工作进行专项督查，发现履行教育行业脱贫攻坚政治责任不力等3个方面的问题。针对扶贫领域检查多、文件多的现象开展专题督查，协助州督查考评办组织3次督查暗访活动。召开全州扶贫领域克服形式主义官僚主义问题视频会议，出台整治信访和扶贫领域形式主义官僚主义“双六条”措施，全年查处扶贫领域腐败和作风问题1446个，追责问责2441人，党纪政务处分407人次，通报曝光283起554人。开展2期“聚焦扶贫领域作风突出问题，全力打赢精准脱贫攻坚战”电视问政，公开曝光44个问题，追责问责66人。

【信访工作】 抓好信访举报工作“九个到位”，开展信访举报办理走进群众家里、走进群众心里，见人、见事、见思想、见感情“两走四见”活动，982名纪检干部与实名信访举报人开展结对走访，解决问题5712个，化解信访矛盾925件。持续开展3轮信访“清零行动”，办结1746件，组织处理349人，党纪政务处分121人，移送司法13人。针对群访信访件，继续推行集体反馈制度，反馈776人次。出台惩治诬告陷害和对不实举报澄清正名“两个暂行办法”，对不实举报件中涉及的164名党员、干部予以澄清正名，惩治诬告陷害恶意举报16人次。

【巡察工作】 开展各类巡视巡察反馈问题整改工作，完成对7家涉改单位的常规巡察，发现面上问题266个，问题线索13件。抽调824人组成35个巡察组，由县市纪委书记任巡察组长，对5个县市、14家州直单位开展精准扶贫脱贫攻坚、基层党组织建设专项巡察“回头看”，发现问题线索80件，追责问责31人。建立巡察整改承诺书制度，压实被巡察党组织整改主体责任，责成5个未完成整改的州直单位党组书记向州委做出书面说明。向州财政局等25个部门反馈47类问题，督促开展专项治理43项。开展省委第九巡视组巡视恩施州委反馈意见整改工作，办结涉及纪检监察类信访件359件，办结率94.47%，移交14件问题线索，留置5人，立案13人。

（陈　艾）

审查调查

【概　况】 修订监督检查审查调查工作规程，规范问题线索处置流程，对监督检查审查调查一体化全流程平台优化升级，1071条问题线索在线分办。对2015年以来问题线索开展大清仓、大起底，对3744条问题线索逐一建立台账，并形成专题报告。对225件拟了结问题线索审核把关，建议补充完善16件，退回补充调查4件。建立协调小组成员单位问题线索月报机制，对问题线索即收即建账、即收即分办，全年协调组织人事、公安、税务、监狱等部门协查145次，并配合上级纪委监委、外省市纪检监察机关做好相关协查工作15件次。全年处置问题线索5721件，同比上升60.2%；初核问题线索5372次，同比上升66.3%；立案1830件，同比上升6.2%；结案1823件，同比上升6%；处分1718人，同比上升6.2%。分别较前四年平均数上升65.8%、83.9%、9.8%、20%、18.4%。开展“扫黑除恶”专项斗争以来，查办众多涉黑涉恶腐败案件，立案审查168人，留置54人，处分97人，移送司法机关46人。

【审查调查工作督办】 加强问题线索跟踪督办，每月定期汇总核对办理情况，全州处置问题线索5721件，办结3895件，办结率达68.1%，同比增长18.5%。重点加强对上级交办件、巡视反馈问题线索和转办信访件的日常督办，建立专项台账实行销号管理，下发督办通知及巡视线索办理通知92份。加强留置案件办理时限督办，全年下发督办函27份，确保留置措施使用依规依纪依法。发挥统计监督效能，严格数据录入、校对，定期对审查调查工作进度、措施使用、留置时限、“零办案”等进行专项统计，坚持“一季度一通报一督办”。服务领导参谋决策，形成审查调查工作专项分析报告8篇。

【审查调查安全工作】 州纪委监委从思想政治工作、留置场所管理、谈话措施使用、日常监督管理等方面探索制定七项制度规范，逐步形成审查调查安全监管体系。严格落实办案点案管室人员24小时值班制度、领导带班制度、安全工作日报告制度、安全工作例会制度，上报安全工作专报300余期，召开安全工作例会60余次。全年开展办案安全自查5轮、交叉检查2轮、暗访检查2轮，针对问题实行现场反馈、立行立改。组织开展全州辅警看护和留置场所管理现场交流活动，现场组织消防演练，增强安全风险防范意识。印发审查调查安全问题通报4期，下发责令整改通知书18份，坚持留置安全事项每日零报告制度。切实履行追逃防逃职责，全年采取边控措施5人、技术调查措施11人。探索纪法贯通、法法衔接，办理指定管辖案件47件，商请司法机关协调异地管辖案件46件，移送司法机关107人，全年保持办案安全“零事故”。

【整治防范“灰犀牛”问题】 成立9个“灰犀牛”问题（监督检查审查调查中不安全、不文明、不规范问题）整治专班，对67件留置案件全面复查复核、对3668盘同步录音录像资料逐一查看检查，梳理发现疑似问题826个。向案件承办部门反馈共性问题清单、个性问题清单134份，向办案人员反馈个人问题清单217份。推进“铁案工程”建设，组织开展案件质量抽查考评，抽查85件留置案件卷宗，发现5个方面18类问题。制定《推动“纪委书记一线指挥办案”六条措施》，州、县、乡纪委书记必看留置对象自述材料、谈话笔录、重要同步录音录像、重要案件证据，州、县纪委书记包案30余件，到各留置点、留置专区一线指挥办案200余次，与公、检、法等部门召开协调会议50余次。推进中央纪委国家监委赋予的检举举报平台试点建设任务，通过试点平台移送信访举报件249件。

（陈　艾）

党风廉政建设

【概　况】 加大对违反中央八项规定精神的问题监督、检查、查处、通报力度，继续实行“四个一”（开一次新闻发布会、发一期通报、开展一次暗访、发一条廉政短信）机制，加强对办公用房超标、公车私用等问题的查处，对享乐主义、奢靡之风等歪风陋习露头就打，对“四风”隐形变异新动向时刻防范，查处违反中央八项规定精神的问题287个，处理433人，处分221人。

【形式主义、官僚主义整治】 开展形式主义、官僚主义专项监督检查，推进全省电视问政曝光问题整改。协助州委制定《集中整治形式主义、官僚主义问题30条具体措施》，出台《恩施州解决形式主义官僚主义突出问题为基层减负具体落实措施》，推进“三减”工作，精简网络群组、整治村（社区）形式主义挂牌、清理责任状及一票否决事项。2019年州级层面纳入年度计划开展“督检考”清单事项72个，较上年减少73.8%。全州整合、解散多头设置、重复设置微信群4808个，切实为基层减负。全年查处形式主义官僚主义问题765个，处理1284人，党纪政务处分436人，通报典型案例81期231起462人。

【正风肃纪】 贯彻落实“鄂纪励十二条”，运用“四种形态”处理党员干部5220人次，第一、二种形态占比92.2%。严把选人用人关，加强对选人用人党风廉政情况审查，回复党风廉政意见1281人次，暂缓4人次、否决55人次，对239个单位党风廉政情况予以回复。成立人防系统腐败问题专项治理工作专班，向人防等部门提出整改建议48条，开展3轮专项督查，发现并处置问题线索73件，立案13人，留置4人，党纪政务处分8人，组织处理45人，移送司法3人，追缴资金4932万元。

【廉政宣传教育】 发挥全州2200多个驻村脱贫攻坚“尖刀班”优势，通过村村响、大篷车、廉政卡片等载体和院子会、群众会等形式，广泛宣传习近平总书记关于全面从严治党重要论述、党规党纪和监察法、正风反腐成效和群众信访举报方式，开展各类廉政文化演出活动700余场，受众达50万人次，廉政文化、廉政教育“飞入寻常百姓家”。将“十进十建”融入基层基础规范化建设，2627个行政村（社区）设置廉政宣传栏、建立廉政图书角，431家党政机关、2400多家企事业单位设置机关廉政文化宣传橱窗或宣传栏。开展“家庭助廉”活动，组织1万余名干部家属接受家风教育，发放《弘扬廉洁家风倡议书》2万余份。汇编发放《恩施廉洁故事》系列丛书5000余套。组织州直副县级以上单位党组（党委）书记讲廉政党课，8.3万名党员干部和公职人员参加《中国共产党纪律处分条例》《中华人民共和国监察法》知识测试。分期分批组织党员干部前往何功伟、刘惠馨烈士陵园、湘鄂边苏区革命烈士陵园、恩施监狱等地接受理想信念和勤政廉政教育。

（陈　艾）

巡　察

【概　况】 2019年，恩施州委巡察机构学习贯彻习近平总书记关于巡视工作重要论述，落实中央巡视工作方针，坚持稳中求进工作总基调，深化政治巡察，履行“统筹协调、指导督导、服务保障”职能职责。完成对州移民局等7家涉改单位的常规巡察，发现面上问题266个，问题线索13件。组织开展精准扶贫脱贫攻坚、基层党组织建设专项巡察“回头看”，州本级巡察发现面上问题4118个，问题线索80件。8县（市）完成对206个单位的巡察，发现面上问题4229个，问题线索337件。恩施市、建始县、利川市、巴东县、咸丰县配合州委专项巡察“回头看”，完成精准扶贫脱贫攻坚、基层党组织建设巡察，发现面上问题4353个，问题线索43件。州委巡察办先后在全省巡视工作会议和巡察办主任研讨会上作交流发言，《中国纪检监察报》、中纪委网站、中央巡视办《巡视巡察参考》、《湖北巡视巡察》9次对恩施州巡察工作进行宣传推介。

【州委履行主体责任】 州委常委会4次研究巡察工作，传达学习中央和省委关于巡视巡察工作新精神、新要求、新部署，研究贯彻落实中央、省委关于巡视巡察工作的部署和要求。召开全州巡察工作推进会暨精准扶贫脱贫攻坚、基层党组织建设专项巡察“回头看”动员部署会，有序推进全年巡察工作。梳理习近平总书记十八大以来的重要讲话、重要的党内文件制度等，组织专人汇编政治巡察手册，促进巡察干部深刻理解习近平新时代中国特色社会主义思想中蕴含的立场观点方法，不断提高政治站位，增强“两个维护”的政治定力和能力。开展“不忘初心、牢记使命”主题教育，坚持把学习教育、调查研究、整改落实贯穿主题教育全过程，班子成员紧扣力戒形式主义、官僚主义，到8个县市开展调研，收集意见建议25条，全体县级干部主动查摆问题45项，全部纳入整改清单，立行立改，主题教育取得阶段性成效。坚守政治巡察职能定位，常规巡察按照“六个围绕、一个加强”的要求，聚焦坚持和加强党的全面领导、新时代党的建设总要求、全面从严治党，着力查找和纠正政治偏差。专项巡察聚焦脱贫攻坚政治责任落实，紧盯被巡察党组织落实党中央脱贫攻坚方针政策、落实脱贫攻坚主体责任、纪检部门落实监督责任和有关职能部门落实监管责任，以及落实脱贫攻坚过程中各类监督检查发现问题整改任务开展政治监督。

【政治巡察】 根据州委部署安排，2019年完成一轮常规巡察和一轮精准扶贫脱贫攻坚和基层党组织建设专项巡察“回头看”。截至年底，七届州委巡察全覆盖完成率为42.05%。完成对州移民局、州工商局、州粮食局、州国土资源局、州安监局、州文化体育新闻出版广电局、州食品药品监督管理局7家涉改单位的常规巡察，发现面上问题266个，问题线索13件。对本年度接受脱贫验收的5县市及州发改委等14个州直单位开展精准扶贫脱贫攻坚和基层党组织建设专项巡察“回头看”，州本级巡察发现面上问题4118个，问题线索80件，5县市巡察发现面上问题4353个，问题线索43件。

【巡察工作联动】 “回头看”由州统筹，县市联动，分级负责，分类实施。州委抽调232人组成8个巡察组，负责对县市党委和部分重点村（社区）及14个州直单位党组进行巡察。从脱贫的3个县市抽调103人，采取异地交叉原则，混合编入州委巡察组，参与州委巡察组工作。被巡察的5个县市从巡察机构、组织、扶贫、财政、审计等部门抽调592人组成27个县市委巡察组，在州委巡察组的统一领导和指导下，实施分类巡察。

【村（社区）党组织巡察全覆盖】 贯彻落实省委巡视工作领导小组《关于推进全省村（社区）党组织巡察全覆盖的指导意见（试行）》精神，截至2019底，通过巡乡（镇）带村的方式，组织开展对村（社区）党组织的巡察工作，实现全州2488个村（社区）党组织的巡察全覆盖。

【省委专项检查反馈巡察工作问题整改】 2019年8月13日，省委第九巡视组反馈恩施州巡察工作专项检查存在4个方面9个具体问题。州委将专项检查整改工作纳入重要议事日程，州委书记审定巡察工作专项检查反馈意见整改方案。州委巡察工作领导小组组长对整改重要事项第一时间研究，对存在的困难问题第一时间解决。细化整改措施21项，明确责任领导、牵头单位、责任单位、责任人和完成时限。通过整改，建立健全巡察制度，修改完善巡察配套制度4个。督导各县市委巡察机构进行自查自纠、举一反三、上下联动进行整改落实。2019年11月省委第九巡视组回访督查对全部问题认可销号。

【巡察反馈问题整改】 2019年，州委书记专题会议3次听取巡察汇报，及时研究部署巡察整改和成果运用。州委主要领导直接批示督办重点整改事项，随身携带巡察发现的问题卡片，到一线进行整改情况督办督查，经常在重要会议上就巡察整改工作点名道姓进行督办，层层传导整改压力。建立分管或联系州领导出席巡察反馈会制度，向分管或联系州领导下发整改督办责任通知书，要求州领导在巡察反馈问题清单上签字，压实州领导“一岗双责”。探索建立巡察整改承诺书制度，压实被巡察单位整改的主体责任，5个在规定时间内未完成整改的州直单位被责成向州委做出书面说明。健全向主管部门专项反馈制度，压实职能部门的监管责任，向州扶贫办、州财政局等25个州直主管部门反馈普遍性、倾向性问题，督促开展专项治理。对州委历次巡察回访督查后未销号问题按月定期督办，经常性对账、核账，持续传导“问题整改不到位绝不放过”的强大压力，推动问题整改落实。

【巡察成果运用】 州委巡察向纪检监察机关移送问题线索93件，8个县市巡察向纪检监察机关移送问题线索380件。及时将专项巡察发现问题清单移交有关牵头部门，与中央、省委脱贫攻坚专项巡视反馈问题一并统筹抓好整改。

【规范化建设】 研究制定《关于建立健全恩施州委巡察机构与州直相关部门协作配合机制的意见（试行）》《中共恩施州委巡察机构抽调工作人员管理办法》《中共恩施州委巡察机构巡察报告问题底稿管理办法》，修订完善《中共恩施州委巡察工作领导小组工作规则》。结合机构改革，州县两级巡察办按照党委工作部门的标准运行和管理，大幅提升巡察办的权威性和协调力。增设州委第四巡察组，增核正县级巡察专员职数4名，增核州纪委监委、州委组织部科级巡察专员职数4名，充实巡察机构工作力量。成立县（市）委巡察工作领导小组和巡察办，巡察组25个，巡察办、组核定编制103名，实际到位100人。

【干部管理】 认真落实《2019年恩施州巡察干部教育培训计划》，在浙江大学举办恩施州巡察干部脱贫攻坚专项巡察能力提升培训班，全州60名巡察干部参加培训。组织12名专家通过视频会议的形式，对815名参与专项巡察“回头看”的巡察工作人员进行巡前培训。贯彻落实《巡察人员“十不准”》《恩施州巡察工作纪律若干规定》相关文件精神，研究制定《关于对州委巡察组作风纪律情况的评估办法（试行）》，加强对巡察干部的监督管理，推进巡察纪律作风建设。

（黄　涛）

民主党派

中国国民党革命委员会恩施州委员会

【概　况】 2019年，中国国民党革命委员会恩施土家族苗族自治州委员会（简称民革恩施州委），有党员114人，其中交叉党员2人。民革恩施州委下设恩施州直综合第一支部、恩施州直综合第二支部、州中心医院支部、湖北民族大学支部和恩施市支部。截至2019年底，1人担任省人大代表，2人担任省政协委员；2人担任恩施州第八届人大代表，19人担任恩施州第八届政协委员；2人担任恩施市第十届人大代表，13人担任恩施市第九届政协委员。恩施市政协副主席1人；恩施市人大常委会副主任1人。5月31日，民革恩施州第二届委员会党员代表会议暨全体委员会议召开，会上选举通过民革恩施州第二届委员会增补委员名单，李玮玮当选民革恩施州第二届委员会委员、专职副主委。

【思想建设】 民革恩施州委按照新时代中国特色社会主义参政党建设的要求，学习贯彻习近平新时代中国特色社会主义思想和中共十九届四中全会精神，不断增强“四个意识”，坚定“四个自信”，做到“两个维护”，持续加强理论学习。全年为州委委员、支部班子成员购置《习近平新时代中国特色社会主义思想学习纲要》《习近平谈治国理政》《习近平关于“不忘初心、牢记使命”论述摘编》《本色英雄张富清》《中国统一战线》《民革与新中国的建立》等书籍，中心组系统完整地学习习近平新时代中国特色社会主义思想，习近平关于加强和改进统一战线工作、加强和改进人民政协工作等重要思想；针对性学习一系列中国共产党党纪党规和相关政策法规，增强民革党员作为党外干部的纪律和规矩意识，明白党外干部在严明政治纪律严守政治规矩上没有例外；开展党员大学习，在每年一次的全体党员学习会议上，学习习近平新时代中国特色社会主义思想、《民革章程》，中央、省、州会议精神等；召开主题教育动员部署会，请民革湖北省委会副主委秦群燕就“不忘合作初心”对党员们进行专题辅导；举办民革恩施州委庆祝中华人民共和国成立70周年党员座谈会和英雄张富清事迹专题学习；组织党员到咸丰县烈士陵园、龙潭司起义纪念园、红三军军部驻地遗址等地，开展“缅怀革命先烈，追寻红色足迹”教育活动；开展市政建设考察和“我身边的优秀民革党员”座谈活动，激励党员们奋发有为；召开主题教育推进会；对照“新时代多党合作要有新气象、思想共识要有新提高、履职尽责要有新作为、参政党要有新面貌”“做中国共产党的好参谋、好帮手、好同事”的总要求，对照《民革章程》，班子成员以征求意见、交心谈心为前提，撰写对照检查材料进行批评与自我批评，召开民主生活会。

全年选送党员参加各级组织的培训10余次。以《民革章程》为根本遵循，规范民革恩施州委参政议政、社会服务工作，完善基层支部《支部工作条例》《党费管理使用办法》。加强机关建设，开展“十进十建”活动教育，引领导党员特别是机关干部深刻认识党风廉洁建设和反腐败工作新形势，做到政治坚定不动摇，行为规范不走样，纪律作风不放松。7月11日，民革湖北省委会2019年市州机关工作经验交流会暨第二季度市州专职副主委、秘书长工作会在恩施召开。示范支部创建工作得到民革湖北省委会验收，民革党员之家逐步成为改进和加强各支部思想政治工作、实现支部工作规范化、党员提升履职能力的重要阵地。做好脱贫攻坚民主监督工作。

【参政议政】 民革恩施州委围绕中心工作参政议政，在年初召开的“两会”期间，民革恩施州委和党员中人大代表、政协委员建言献策，向省人大提交议案2件、向省政协提交个人提案4件；向州政协提交大会发言4件、集体提案5件、个人提案10件；向市政协提交集体提案1件、个人提案4件。全年提交的提案、建议涉及产业发展、精准扶贫、民生福祉等多个领域，履行参政党职责。其中，副主委肖雪琴《“世界硒都”金字招牌需要一代一代扛下去》的大会发言，建议将硒知识列为恩施地方教材，获得中共恩施州委领导的点赞和与会委员认同。主委许强提交至省人大的《关于提高恩施州高速公路时速降低收费标准的建议》被列为省人大常委会主题教育整改重点督办件。民大支部主委向毓明提交至州政协的《关于加强农村饮水安全建设，助力精准扶贫和乡村振兴的提案》被列为州长督办提案，被州政协评为2019年度优秀提案。围绕身边小事反映社情民意，《关于在舞阳天桥至土桥广场路段增添中国节彩灯的建议》等多份社情民意向党委政府反映人民群众的新期待。2019年，民革恩施州委及各支部围绕旅游+扶贫、营商环境、特色村寨保护、中医药发展等开展专项调研6次，形成内容翔实的调研报告。3月12日，民革湖北省委会调研组到恩施开展“中医药传承发展调研”。4月19日，民革福建平潭支部到恩施开展“现代化+原生态”旅游文化发展调研，并与民革湖北民族大学支部缔结为友好支部。在2019年6月和11月召开的政党协商会上，民革恩施州委《旅游+扶贫，推进生态文化旅游产业建设》《完善全州营商法治环境，保障民营企业稳定发展》的专题发言得到州委领导肯定；在讨论政府工作报告时提出的建议得到采纳。

【社会服务】 民革恩施州委建设“积极扶志扶智，助力精准扶贫”社会服务工作品牌。开展送医下乡、送技术进村活动。2019年3月12日，州中心医院支部“健康扶贫 文化惠民”活动走进位于清江河发源地的利川市汪营镇清江村。5月23日，民革恩施州委会与州红十字会联合在利川市元堡乡开展赞礼共和国，追梦新时代科普志愿公益服务活动。5月24日，一支部在恩施市桂花园小学开展捐资助学活动。7月23日，二支部联合州红十字会、州科协在咸丰县黄金洞乡黄家村村委会开展“聚焦产业扶贫，为茶农送科技送温暖”的社会服务活动。8月13日，一支部、二支部和民大支部在利川市团堡镇鹰嘴山村联合开展送医下乡活动和应急救护技能培训。民革党员中的州、市政协委员响应州、市政协精准扶贫“三大工程”（“为民工程”“爱心工程”“带动工程”）工作。2019年，围绕民革恩施州委社服品牌建设新成立民革恩施州委红十字志愿服务队，是继“民革法律顾问团”“民革医疗服务队”之后新成立的工作团队。12月31日，志愿队与红十字会一起在恩施市崔坝镇鸦鹊水小学开展捐资助学活动。

【促进祖国和平统一工作】 2019年，在厦门召开的全国高校台湾学术年会及对台工作协调会上，民大支部主委向毓明作大会交流发言。民大支部联合中共民大医院内科支部委员会在黄埔军校开展“不忘初心继续前进”主题教育实践调研活动，开创民革支部和共产党支部联合开展主题教育活动的先例，是对新时期黄埔精神的学习和实践。9月10日，民革全国祖统工作会议在安徽合肥召开。会议表彰2018—2019年度民革全国祖统工作12个先进集体和59名先进个人，民革恩施州委专职副主委李玮玮获评先进个人。

【宣传工作】 2019年，民革恩施州委开展“不忘合作初心，继续携手前进”主题教育，在恩施民革微信公众号上进行专题报道。在民革中央网站，省、州各级网站发表工作简讯30余件。民革恩施州委被团结报社授予2019年度《团结报》发行征订工作先进集体（地市）优秀奖。

【“不忘合作初心，继续携手前进”主题教育】 2019年9月27日，民革恩施州委举行庆祝中华人民共和国成立70周年座谈会和“不忘合作初心，继续携手前进”主题教育动员部署会，围绕主题教育开展“缅怀革命先烈，追寻红色足迹”“我身边优秀的民革党员”等一系列学习活动。

【荣　誉】 2019年3月22日，民革湖北省委会参政议政工作会议召开，民革恩施州委获2018年度民革湖北省委会参政议政工作先进集体三等奖，副主委肖雪琴获2018年度民革湖北省委会参政议政工作先进个人一等奖。8月16日，民革湖北省委举办庆祝中华人民共和国成立70周年系列活动，民革恩施州委获民革湖北省委“不忘合作初心，继续携手前进”演讲比赛二等奖；党员书法作品入展民革湖北省委“壮丽70年共进新时代”书画展。12月2日，民革榜样人物、示范支部、优秀党员之家表彰大会在北京召开，民革恩施州中心医院支部“民革党员之家”被民革中央表彰为“优秀民革党员之家”。

（李玮玮）

中国民主同盟恩施州委员会

【概　况】 2019年，中国民主同盟恩施土家族苗族自治州委员会（简称民盟恩施州委）有盟员275人，其中大专以上文化程度259人，中高级职称221人，女盟员97人，交叉党员7人，平均年龄52岁。民盟恩施州委下设州直属一支部、州直属二支部、州教育支部、湖北民族大学支部、恩施职业技术学院支部、恩施市支部、恩施高中支部7个支部。盟员中,1人任省十三届人大代表，1人任省十二届政协委员；6人任州八届人大代表，其中1人任州人大常委，23人任州八届政协委员，其中1人任州政协副主席，7人任州政协常委；16人任恩施市第九届政协委员，其中6人任恩施市政协常委。通过与中共恩施州委统战部协商和向民盟湖北省委争取，民盟恩施州委领导班子增加副主委职数1名，5月24日召开选举会议，增补朱正齐为专职副主委。龚道敏、崔应东、罗坤胜、林志等四位盟员2019年度被中共恩施州委、州政府授予“恩施州优秀人才奖”。民盟恩施州委被民盟湖北省委授予“优秀集体”称号，思想政治建设和宣传工作得到民盟中央的表彰。

【“不忘合作初心，继续携手前进”主题教育活动】 制定《民盟恩施州委开展“不忘合作初心，继续携手前进”主题教育活动实施方案》，9月12日召开动员部署会。民盟恩施州委和各支部采用集中学习和分散学习相结合的方式，为骨干盟员配齐学习资料，通民盟恩施州委和各支部领导班子起带头作用。民盟恩施州委领导班子成员撰写心得体会，开展“不忘合作初心，继续携手前进”专题研讨，走进支部宣讲。原民盟恩施州总支主委、湖北民族大学退休教授余展深被民盟湖北省委授予“‘不忘合作初心，继续携手前进’主题教育先进个人”。

【组织建设】 做好盟员发展工作，全年发展8名新盟员。其中，中高级以上职称3人，科级干部2人，大学以上文化程度7人，平均年龄38岁。民盟恩施州直属一支部、二支部于7月14日召开换届选举会议，民盟恩施市支部于12月21日召开换届选举会议，相继选举产生新一届支委会领导班子。制定《民盟恩施州委基层组织工作年度考核实施办法》。

【政党协商】 根据2019年政党协商计划，对政党协商议题早谋划、早部署，由主委牵头、相关副主委具体负责，组成调研组开展专题调研，在“推动文化旅游产业集群建设”“优化营商环境”政党协商会议提出有针对性的意见和建议。支持盟员政协委员参加州政协组织的专题调研和协商会议，发挥其专业特长服务恩施州发展。

【参政议政】 完成民盟湖北省委招标课题《贫困地区脱贫攻坚任务完成后持续发展问题研究》，提交调研报告并撰写《关于持续做好武陵山少数民族地区脱贫攻坚巩固提升，有效推进乡村振兴工作的建议》。围绕全州高质量发展、打好“三大攻坚战”、建强“四大产业集群”、乡村振兴等开展专题调研，完成民盟恩施州委领导牵头的5个重点课题和6个支部承担的招标课题，转化成政协提案。在年初省州“两会”上，盟员人大代表向省人大提交建议2件，向州人大提交建议6件；盟员政协委员向省政协提交提案1件，向州政协提交提案23件，其中民盟恩施州委提交的《关于构建科学高效的重要产业发展运行机制，确保中药材成为我州支柱产业的提案》和盟员政协委员朱胜武等人提交的《关于加大力度对恩施城区小学进行科学规划和建设的提案》、陶华等人提交的《关于加强垃圾分类的提案》被州政协评为2019年度优秀提案；被州政协采用大会发言11篇，其中作口头发言4篇。撰写社情民意信息，向州政协提交社情民意信息11篇，采用5篇；向民盟湖北省委提交社情民意信息9篇，采用9篇。

【民主监督】 2019年7月，监督工作小组重点对两个县市村级组织建设、产业发展、基础设施建设开展调研活动，撰写调研报告，针对存在的问题提出具体意见和建议，提交给中共恩施州委统战部由其统一反馈给相关部门。6—12月，专职副主委朱正齐被州扶贫开发领导小组抽调参加开展中央脱贫攻坚专项巡查反馈意见整改暗访督导工作，任鹤峰县督导组组长，进驻鹤峰县开展暗访督导。支持盟员中的各级人大代表、政协委员有序参与民主监督工作。

【社会服务】 牵头联合中共建始县委统战部、县妇联于2019年5月31日在建始县景阳镇开展“播散爱的阳光，共建儿童乐园”活动，与280名留守儿童进行文艺联欢，捐赠文体用品价值4.5万余元。组织民盟恩施州直属一支部、二支部和恩施市支部部分盟员于12月7日在恩施州优抚医院失能老人养护中心开展“敬老爱老”活动。民盟恩施州委医疗志愿服务队的医疗专家们于11月15日在恩施市屯堡乡大树垭村开展义诊活动，为近百名村民进行测量血压、血糖等常规检查，免费发放2000余元的常用药品。民盟恩施州委法律志愿服务队于12月3日走进宣恩县晓关初级中学开展法治宣传活动，举行法律知识讲座，进行寓教于乐的法律知识有奖竞答活动。机关干部开展精准扶贫结对帮扶工作。

【宣传工作】 2019年编辑印刷《恩施民盟》2期，通过恩施民盟微信公众号推送盟务工作信息40余条，为民盟中央网站、《湖北盟讯》、《湖北民盟快讯》、民盟湖北省委网站、省政协网站、中共恩施州委办公室、州政协和中共恩施州委统战部报送信息，全年上报信息50余件。编撰出版社会服务工作画册《足迹》，记录和展示恩施民盟在不同时期关注民生、服务社会的历史时刻和精彩瞬间。按照民盟湖北省委要求，开展“湖北民盟组织在恩施的孕育与发展”课题调研工作，研究确定在恩施市建立湖北省盟史教育基地的必要性和可行性，形成调研报告并提交民盟湖北省委。启动“盟员之家”建设，在民盟州直一支部建设恩施民盟的第一家“盟员之家”样板间。

【庆祝中华人民共和国成立70周年活动】 响应民盟湖北省委征集庆祝中华人民共和国成立70周年书画摄影作品活动，推荐盟员鲁开化、曾晖提交的3件作品入选展览，被编入《庆祝中华人民共和国成立七十周年风雨同舟共襄伟业书法绘画摄影作品集》；2019年9月27日，组织召开民盟恩施州委委员和新老盟员代表座谈会。

（朱正齐　田　苗）

中国民主建国会恩施州委员会

【概　况】 2019年，中国民主建国会恩施州委员会（简称民建恩施州委）以中共十九大精神为指导，以开展“不忘合作初心，继续携手前进”主题教育活动为主线，以履行参政党职能为核心，注重思想建会、人才强会、特色立会，按照“四新”“三好”要求，建设新时代中国特色社会主义参政党，为推动恩施发展做出贡献。民建组织在恩施州现有1个基层委员会、2个总支、13个支部、3个专委会。全州会员322人，其中女会员99人，中共交叉会员10人。会员中有全国人大代表1人；省人大代表1人，省政协委员1人；州人大代表7人，其中常委3人，州政协委员28人，其中常委5人、副主席1人。

【思想建设】 全年组织4次中心组学习扩大会，学习中共中央会议精神、习近平总书记系列重要讲话精神、中共中央关于加强参政党建设的系列文件，以及民建会章会史等。8月，在民建恩施州各级组织中启动“不忘合作初心，继续携手前进”主题教育活动，组织开展“四个一”活动。各基层组织开展主题教育活动，湖北民大总支组织召开主题教育活动推进会，开展到贫困村走访调研寻初心活动；恩施经济开发区支部召开专题会议，举办“忆革命精神，迎70华诞”读书会；恩施市二支部召开“话中秋迎国庆，不忘合作初心，继续携手前进”座谈会，到爱国主义教育基地叶挺纪念馆参观学习；州二支部集中学习会史纪录片；市三支部集中学习习近平在“不忘初心、牢记使命”主题教育工作会议上的重要讲话精神；州直三支部召开会议安排部署主题教育活动等。州委会组织开展学习张富清先进事迹专题活动。向各基层组织下发《关于开展向张富清同志学习的通知》，购买发放《本色英雄张富清》书籍，组织会员集中观看张富清先进事迹视频，号召广大会员向张富清学习。州直总支组织20余名骨干会员到来凤张富清先进事迹宣传教育中心开展主题教育活动。

【组织建设】 2019年是恩施州民建基层组织换届年，严格依照法定程序，先后完成湖北民族大学总支及所属3个支部、恩施州直总支及所属5个支部、恩施职院支部、恩施市基层委员会及所属4个支部的换届工作。在中共恩施州委的关心和支持下，完成民建州委专职副主委的配备。按法定程序完成2名州委委员、1名州委副主委的届中增补工作。严把新会员入口关，严格考察工作，规范审核程序。全年发展13名新会员，为会组织增添新鲜血液，实行新会员登记谈心、入会宣誓制度。12月初，在重庆举办20名新会员参加的“不忘合作初心，继续携手前进”主题教育新会员培训班。

【参政议政】 2019年，会员杨琴在全国人大全会上提交建议5件。在省“两会”上，会员提交建议2件，提案2件。州“两会”上，会员提交建议6件，提案30件。建议立案6件，提案立案23件，并案6件，其中州领导领办提案2件，《关于规范和引导民间借贷市场发展的建议》由州政府领导领办，《关于农村电商扶贫的建议》由州政协领导领办。会员杨琴在第十三届全国人大二次会议上，提交的《关于将“非法放贷”纳入刑法第二百二十五条非法经营罪规制，制定立案标准及司法解释的建议》，得到相关部委重视。最高人民法院、最高人民检察院、公安部、司法部联合制定《关于办理非法放贷刑事案件若干问题的意见》，自2019年10月21日起施行。民建州委和会员提出的《关于恩施民宿提档升级的提案》《关于进一步规范全民交通安全行为的提案》《关于极大力度扶持我州民营实体经济发展的提案》获评2019年度州级优秀提案。全年报送社情民意信息40条，其中民建省委采用27条、省政协采用2条、州政协采用5条。李建民提交的《以生态养老基地建设为突破口，促进长江中上游旅游经济带发展的建议》、鲁诚提交的《关于尽快制定申请困难减免税情形及审批流程的建议》被省政协采用。民建恩施州委获“民建全省2018年度社情民意信息工作二等奖”。

【调查研究】 继续实施州委领导班子重点课题负责制，自选课题，开展调研；继续将重点课题调研工作列入支部考评重点，引导各基层组织增强参政议政意识，提高参政议政水平，取得调研成果。各专委会、基层组织聚焦营商环境、生态文化旅游、硒茶产业、乡村振兴、智慧城市、集贸市场、现代服务业等重点课题展开调研，提交调研报告14篇。民建恩施州委精选高质量调研成果转化，硒茶品牌、营商环境、乡村振兴、智慧城市建设等5篇调研报告入选州政协八届四次全会大会发言材料，其中3篇列为大会口头发言，2篇进行书面交流发言。

【脱贫攻坚民主监督】 2019年7月，主委谭建军带领调研专班，到建始县景阳镇团碑村、大理村，高坪镇土地岭村、石门河村，巴东县信陵镇土店子村、高阳村，绿葱坡镇祁家坪村、龙池槽村，召开脱贫攻坚民主监督座谈会，与村干部、“尖刀班”成员、企业或专业合作社代表面对面交流，现场查看、随机入户走访等形式，聚焦“两不愁三保障”突出问题，了解“六个清零、六个全覆盖”目标落实情况，查找存在的困难和问题，听取意见和建议，发挥民主监督作用。

【宣传工作】 2019年，《恩施民讯》出刊2期，民建恩施州委网站、恩施民建微信公众号及时发布会务信息及会内动态，搭建服务会员、增进内外沟通交流的平台。做好与省、州相关媒体、部门的横向联系，多渠道报道恩施民建工作情况。全年编发新闻信息120余条，在民建恩施州委网站上开设“不忘合作初心，继续携手前进”主题教育活动专栏，及时宣传报道基层动态、先进典型等。获评2018年度民建全省新闻宣传工作先进单位一等奖、恩施州统战系统新闻宣传工作先进单位。

【脱贫攻坚】 发挥会内智力和资源优势，拓宽工作视野，找准工作结合点，将多党合作政治制度优势用在精准扶贫工作上，贡献民建力量。多个支部在贫困村开展社会服务工作，为贫困村投入帮扶资金65万余元，捐赠物资价值64万余元，吸纳精准扶贫户就业60余人。会员企业参与精准扶贫，为贫困户销售农副产品如蔬菜、茶叶、土豆、藤茶、药材等，带领农民增收脱贫。2019年在咸丰县高乐山镇民族中学开办第3个“思源教育移民班”，做好已开办2个“思源班”的后期跟踪和帮扶工作。3个思源班150名贫困学生，每人每年获助学金2000元，筹资90万元。各支部聚焦“思源班”开展社会服务活动，为思源班捐赠安全书包、文体用品、3台1.6万元的空间智能杀毒仪，为学生们送去《防溺水安全知识讲座》《青春期生理卫生教育》《避障机器人的编程与搭建》课程等。开展爱心助学。联合会员企业恩施诚恒科技有限责任公司，向恩施市硒都民族实验小学、施州民族小学、龙凤镇初级中学、龙凤镇中心小学捐赠39台空间智能杀毒仪，总价值23万余元。各支部积极捐资助学，帮扶困难学生27人，帮扶资金物资6万余元。

（吕　檬）

中国民主促进会恩施州支部委员会

【概　况】 2019年，中国民主促进会恩施州支部委员会（简称民进恩施州支部）落实民进湖北省委会和中共恩施州委、州委统战部部署的各项工作，不忘合作初心，凝聚政治共识，在政党协商、参政议政、民主监督、精准扶贫、“双岗”建功、自身建设等方面履职尽责。截至2019年12月31日，民进恩施州支部会员36人，其中女会员17人。会员中湖北省第十二届政协委员1人、民进湖北省委第七届委员会常委1人、恩施州第八届人大代表2人、恩施州第八届政协委员7人、恩施市第九届政协委员3人，新发展会员2名。

【思想建设】 开展“不忘合作初心，继续携手前进”主题教育活动，学习贯彻习近平新时代中国特色社会主义思想和中共十九大、十九届四中全会精神，开展全国、全省以和全州“两会”精神学习，提高会员理论素养、政治素养和思想修养，加强政治思想建设。加强宣传队伍建设，利用新媒体等平台，推送民进中央、民进省委会等公开发布的重要文件、领导讲话、会章会史、先进典型等信息100余条。组织会员关注“湖北民进”和“民进中央”微信公众号，恩施民进会员关注比例列全省第1位。在民进省委会、中共恩施州委统战部等网站、微信公众号和新闻媒体进行新闻报道近50篇。加强意识形态工作，关注会员思想动态，严格日常管理，确保没有舆情事件发生。组织全体会员瞻仰忠堡大捷烈士陵园，参观张富清老英雄先进事迹展，开展红色革命传统教育。

【组织建设】 按照民进中央开展基层组织建设年的要求，制定民进恩施州支部基层组织建设年工作方案，组织实施。民进恩施州支部被民进中央表彰为“全国先进基层组织”。加强支部班子建设，发挥组织建设、参政议政、宣传活动、综合协调4个工作组的作用，调动会员工作积极性，提高工作能力，激发干事创业热情。加强会员发展，按民进会章要求，严格程序，发展政治素质好、知识层次高、参政议政能力强的代表人士入会。做到发展对象重点考察培养，成熟一个发展一个，2019年上报州委统战部审核4名，批准2名。

【参政议政】 在州政协八届三次全会上作《抓细节，提升州城精细化管理水平》的大会发言，得到州委、州政府主要领导肯定。提交提案6件，其中关于加强州城精细化管理的提案被列入州政府、州政协重点督办提案，由恩施市政府主要领导领办，市直相关部门密切协作。向民进省委提交《关于新型烟草与国家安全的思考》，从全国的高度阐述国内新型烟草的现状，提出加强新型烟草产业监管建议，促进烟草废弃物生态高效综合开发利用。参加政党协商。参加中共恩施州委、州委统战部召开的工作座谈会、生态文化旅游集群建设政党协商会和州政协举行的乡村文明、产业扶贫专题协商会，开展调查研究，准备发言材料，建言献策。开展民主监督。两次组织开展脱贫攻坚调研和民主监督活动，形成专题报告，对推进精准扶贫工作提出针对性意见和建议。开展民情调研，走访恩施市交警大队，调研州城塞车重点路段和重点堵点，反映社情民意，提出解决的措施建议。到恩施市、咸丰县相关部门及部分乡镇，调研殡葬改革中存在的主要问题和实际困难，形成调研报告，提出措施建议。

【精准扶贫】 按照中共恩施州委打赢脱贫攻坚战的部署，参与精准脱贫工作。担任公职的会员严格按照规定在联系村开展扶贫结对帮扶。会员中的人大代表开展“人大代表在行动”，参与精准扶贫工作。会员中的政协委员参加精准扶贫“三个一”工程，分别帮扶1名贫困户、1名困难学生和联系1家农民专业合作社。引导会员企业参与扶贫帮困，解决贫困户就业50余人，捐款捐物100余万元，订单采购贫困户农产品1000余万元。引进民进常州市钟楼区总支到咸丰县开展关爱留守儿童活动，向坪坝营学校捐赠图书、投影仪等物质近10万元，与16位贫困学生签订长期资助协议。配合省委会组织湖北民进名医公益团的医学专家到咸丰县坪坝营镇开展义诊活动和医疗技术培训。

（罗永健）

中国民主农工党恩施州委员会

【概　况】 2019年，农工党恩施州委按照《2019年工作要点》的部署，围绕恩施州提出的实施“一谷两基地三示范区”、建设“四大产业集群”和打赢脱贫攻坚战的目标为中心工作任务，开展政治协商、参政议政、民主监督和思想建设、组织建设、社会服务、参与精准扶贫精准脱贫等工作。加强思想建设，提升党员们的思想政治素质；开展“不忘合作初心，继续携手前进”主题教育；加强组织发展，组织建设巩固提升；参政议政，建言献策，开展脱贫攻坚民主监督工作，发挥界别优势，开展社会服务活动。参与中共恩施州委统战部到恩施市屯堡乡大树垭村开展精准扶贫精准脱贫攻坚工作。2019年发展13名党员，其中40岁以下8人、40—50岁4人，党员年龄结构改善；其中，中高级职务职称9人、企业界人士4人，学历、职称层次提高。

【参政议政】 2019年，州政协八届三次会议上，州委会集体提交提案4件，农工党内的政协委员提交提案10件，立案13件提案，其中1件由州政府领导领办、1件政协领导督办，1件州委会集体提案和1件委员个人提案被评为优秀提案；向恩施州八届人大提交建议案2件；向湖北省政协十三届二次会议提交提案1件；向湖北省人大十三届二次会议提交建议案1件；2019年围绕“鄂西（恩施）绿色发展示范区创建”工作，州委会参加州政协组织的相关专题调研，并撰写《用健全的保障机制全力推进恩施州绿色发展示范区创建》的建议，在州政协召开的专题协商会议上进行交流。

【建言献策】 2019年，围绕恩施州生态文化旅游产业发展，农工党州委会调研并撰写《关于积极推进绿色消费助推我州生态文化旅游高质量绿色发展的建议》；围绕民营企业营商环境，农工党州委开展专题调研并撰写《加强政策落实落地改善民营企业营商环境的建议》，分别在6月和10月中共恩施州委召开的政党协商会议上进行交流发言。

【中心组学习】 2019年3月17日，召开中心学习组会议，传达学习全国及全省“两会”、农工党湖北省委全会及中共恩施州委统战部长会议精神，明确中共恩施州委、州政府的中心工作目标和任务。9月26日，召开州委会委员（扩大）会议暨州委中心组集中学习会议，会议学习传达中共中央及全国各民主党派中央下发的3个重要文件的精神，部署贯彻落实工作。

【“基层组织创优”活动】 2019年，按照农工党湖北省委的安排和部署，组织各支部和基层委员会开展“基层组织创优”活动。州委会召开动员会，下发《关于开展“基层组织创优”活动实施方案》，明确目标和责任，各支部和基层委员会开展有关活动。州直综合支部向省委会申报“基层组织创优”工作评选材料。

【座谈会】 2019年9月26日，农工党恩施州委召开“不忘合作初心，继续携手前进”主题教育动员会暨庆祝新中国成立70周年座谈会，会上印发《农工党恩施州委员会深入开展“不忘合作初心，继续携手前进”主题教育活动实施方案》，成立主题教育活动领导小组；向出席会议的州委委员和所有基层组织班子成员转发《农工党廉洁风险预警提示活动实施方案》；农工党员作题为《甘洒汗水展党员风采　倾情扶贫尽党员职责》的主题教育宣讲；现场播放记录恩施州农工党组织32年来发展的专题纪录片《同心筑梦》。10月15日，农工党恩施州委召集党派内民营企业家在恩施国际汽车城召开营商环境调研座谈会。

【农工党湖北省委参政议政培训会暨第七届“同心建支点”论坛在恩施州举行】 2019年10月26日，农工党湖北省委参政议政培训会暨第七届“同心建支点”论坛在恩施召开。5位优秀调研报告作者作学习交流。中共湖北省委统战部党派处领导应邀指导，农工党各市州组织主委和专职副主委、省直组织及各专委会负责人、优秀调研报告作者代表、部分参政议政骨干、省委会机关干部等130余人参加培训暨论坛活动。

【支部主题教育活动】 2019年9月12日，农工党州中心医院西医支部的农工党员到龙凤镇福利院开展“三十年不忘初心”义诊慰问健康行主题教育实践活动，为福利院院民进行义诊，捐赠中秋节慰问品及常用药品。9月30日，农工党恩施州直综合支部召开“不忘合作初心，继续携手前进”主题教育座谈会，在州直两家民营医疗机构进行专题调研，撰写关于营商环境方面的调研报告。10月18日，农工党恩施市支部开展“不忘合作初心，继续携手前进”主题教育暨专题调研活动，通过参观叶挺将军纪念馆、参观调研白杨坪乡洞下槽村产业扶贫和旅游扶贫的相关经验，提升开展主题教育活动的认识，明确履职责任，撰写调研报告。10月19—20日，农工党湖北民族大学基层委员会到巴东县请太坪“红旗渠”开展红色教育实践活动，在对口扶贫点召开“不忘合作初心，继续携手前进”主题教育座谈会。11月1—2日，农工党州中心医院中医支部到宣恩县高罗镇麻阳寨村、沙道沟镇野溪村开展2场“农工助医·健康扶贫”义诊送药活动，义诊结束后，在现场召开“不忘合作初心，继续携手前进”主题教育座谈会。

【社会服务品牌活动】 2019年，发挥医卫届党员的优势和特色，下基层开展“农工助医”，建设农工党社会服务品牌。农工党州中心医院西医支部三十年如一日坚持在龙凤坝镇福利院开展慰问健康行活动；开展在贫困乡村开展“农工助医·健康扶贫”活动，农工党州委会组织农工党湖北民族大学附属民大医院支部、州中心医院西医部支部和中医支部、恩施昌泰中医医院的医疗专家在咸丰县曲江镇桐子园村、巴东县绿葱坡镇范家坪村、宣恩县高罗乡、沙道沟镇等地开展“农工助医 健康扶贫”大型义诊活动，接受义诊咨询的群众达3000余人次，免费发放价值5万元的药品。2019年，继续开展“同心助医工程”第三轮帮扶活动。从2019年起，由农工党武汉市委对口帮扶鹤峰县中心医院，8月启动并开展义诊和重点学科帮扶建设工作。5月20日，农工党恩施州委争取湖南爱眼公益基金会出资300万元，在来凤县建立“农工助医”专项基金，为来凤县内城乡居民和城镇职工眼疾患者实施救助，专项基金由来凤县红十字会管理。9月22日，经中共恩施州委统战部同意、州卫生健康委员会批准，农工党恩施州委在来凤县爱尔眼科医院挂牌“恩施农工同心医院”。

【开展“七彩阳光·童安校园行”活动】 农工党恩施州委联合恩施州助学扶贫促进会开展“七彩阳光·童安校园行——爱心包”捐赠活动先后在利川市白杨镇关口小学、巴东县野三关镇青龙桥小学、鹤峰县五里乡苏区小学、利川市团堡镇金龟小学、利川市都亭第二小学和恩施市柏杨镇中心小学举行，为1236名留守儿童捐赠价值268元的“爱心包”，筹集慈善资金33万元。9月，州委会联合州助学扶贫促进会、州妇联、州工商联向社会发出《关爱农村留守妇女儿童·助力精准脱贫的倡议》，号召农工党员和企业家参加这项活动。

（张登仕）

群众团体

恩施州总工会

【概　况】 2019年，全州各级工会围绕经济社会发展大局，深化改革，锐意进取，履行工会职能，调动和发挥职工群众的积极性和创造性，推进各项工作。州总工会下辖有2市6县总工会，全州建立基层工会3277个，涵盖法人单位3669个，会员21万人。6月10—13日，省经贸工会到恩施州开展重大风险排查化解暨“联帮促”活动。7月21日，州城重点建设项目恩施州工人文化宫建设项目正式动工，建设工期22个月。全年全州各级工会筹集“送温暖”慰问资金169.4万元，看望慰问职工、劳模1524人，慰问企业81个，其中州总工会慰问职工242人，发放慰问金20万元。全州各级工会帮扶困难职工1831户，发放帮扶资金360.86万元，其中州总工会帮扶困难职工62户，发放帮扶资金38.2万元。

【六届三次全委（扩大）会议】 2019年2月25日，州总工会召开六届三次全委（扩大）会议，学习贯彻州委七届六次全会暨全州经济工作会议和省总工会十三届二次全委（扩大）会议精神，总结2018年度全州工会工作，研究部署2019年主要工作任务。

【六届四次全委（扩大）会议】 2019年7月18日，州总工会召开六届四次全委（扩大）会议。总结2019年上半年全州工会工作，安排部署下半年工作。会议依法依章程替补7人为州总工会第六届委员会委员，1人为州总工会第六届经费审查委员会委员，选举李新为州总工会常务副主席、徐敬东为州总工会副主席。

【重要工会活动】 2019年1月28日，由杭州出发，载有53名恩施籍在杭州务工人员的专车驶入恩施州长途汽车客运站，启动2019年“迎接恩施籍在外务工人员回家过年送温暖活动”。7月16日，州总工会、州邮政管理局、州快递行业协会联合召开助推快递员入会恳谈会，共商推进全州快递行业工会组建工作事宜。8月12日，州总工会开展对州城奋战在一线的重点工程建设工地工人、值勤交警和环卫工人等进行“送清凉”走访慰问活动。9月6—12日，州总工会首次组织50名省部级劳模开展2019年疗休养活动，疗休养活动地点为全国总工会定点疗休养基地——庐山工人休养院。

【恩施州、杭州市工会协作交流】 2019年5月21日，恩施州工会干部第二期培训班在杭州市开班。各县市总工会主席，常务副主席、办公室主任以及州直基层工会干部等100余人参加培训。5月28日，杭州市、恩施州两地工会工作交流座谈会在州城恩施召开，双方围绕如何抓好扶贫协作各项工作落地见效进行交流。9月16日，杭州151名各行业职工组成的疗休养团乘机抵达恩施，开启为期一周的跨省疗休养之旅。全州建成13个疗休养基地，自2018年5月至2019年，接待杭州职工疗休养团2.7万余人次。

【省综治、法治考核组到恩施州总工会考察】 2019年1月14日，省综治、法治考核组到州总工会考察综治工作，先后参观州总工会职工服务中心、母婴室、职工书屋、法律咨询室。考核组对恩施州总工会平安法治创建工作取得的成绩给予肯定。

【杭州市·恩施州东西部劳务协作招聘会】 2019年2月21日，以“春风行动惠民生·劳务协作助脱贫”为主题的杭州市·恩施州东西部劳务协作专场招聘会在恩施市桥西广场举行。本次招聘会设置杭州、家政、退役军人、综合4个招聘专区，涉及机械制造、文职行政、生物医药、酒店餐饮等领域。当天进场企业357家，提供岗位10415个，进场求职人数5000多人次，达成就业意向913人，其中贫困劳动力56人，退役军人2人，与杭州企业达成就业意向120人。

【州工会改革专题培训班】 2019年4月23日，恩施州工会改革专题培训班在杭州开班。来自全州的100名各县市总工会主要领导或分管领导、权益保障和组织基层部室人员、乡镇（街道）开发区（工业园区）工会干部参加学习。

【第三届“平安杯”庆“五一”州直职工趣味运动会】 2019年4月26日，州委宣传部、州委政法委、州委直属机关工委、州文旅局、州总工会联合举办第三届“平安杯”庆“五一”州直职工趣味运动会。115支参赛队、1931名职工参加。

【州总工会、武陵山生态保护联合会举办环保宣传教育活动】 2019年6月11日，州总工会、武陵山生态保护联合会等单位联合举办环保宣传教育活动，围绕“蓝天保卫战·我是行动者”主题，倡议大家共建生态恩施，同享绿色生活。

【李树林获“劳动筑梦”全省职工演讲比赛一等奖】 2019年6月14日，来凤县图书馆职工李树林在全省“中国梦·劳动美——与共和国同成长，与新时代齐奋进”职工演讲比赛中获一等奖。李树林深情讲述老英雄张富清60多年深藏功名，一辈子坚守初心、不改本色的感人事迹。

【“娃哈哈·春风助学”活动】 2019年8月11日，杭州市春风行动办公室与娃哈哈集团联合举办“娃哈哈·春风助学”职业体验训练营，恩施州11名贫困家庭大学生前往杭州参加为期一周的企业社会实践活动。8月24日，由杭州市、恩施州两地工会发起实施的2019年杭州市·恩施州“娃哈哈·春风助学”援助金发放仪式在州城恩施举行，杭州市总工会向恩施州总工会捐赠300万元春风助学援助金，资助1000名建档立卡贫困家庭大学生。

【恩施州劳模表彰】 2019年12月25日，《中共恩施州委 恩施州人民政府关于表彰2019年恩施州劳动模范的决定》印发，州委、州政府表彰99名州劳动模范，涵盖全州各行业各条战线的优秀劳动者。12月26日，恩施州劳模表彰大会召开。

【恩施州4人获评“荆楚工匠”】 2019年9月25日，省总工会在武汉举行第三届“荆楚工匠”授称大会，恩施州土家山寨织锦工艺有限公司总经理田若兰，湖北省少数民族非物质文化遗产保护传承示范基地木匠万桃元，建始县茨泉宾馆有限责任公司餐饮部厨师长李军武，恩施职业技术学院教师、“恩施玉露”茶叶制作技艺传承人杨胜伟获第三届“荆楚工匠”荣誉称号。田若兰作《专注三尺机台·传承土家民俗文化》发言。

【5人获湖北“五一劳动奖章”】 2019年，恩施州先后有吴建军、邹炜、李勇、谭玉玲、沈典栋5人获湖北省“五一劳动奖章”。吴建军，男，1977年7月生，土家族，湖北建始人，研究生学历，利川市人民医院医务科科长、应急办主任，利川市“劳动模范”、利川市“卫生计生优秀工作者”、“湖北省第九届少数民族运动会先进个人”，2019年1月被授予湖北“五一劳动奖章”。邹炜，男，土家族，1979年12月出生，湖北巴

东人，大学文化，2002年7月参加工作，2003年6月加入中国共产党，咸丰县委原副书记。2018年12月18日，邹炜在前往咸丰县忠堡镇检查脱贫攻坚工作途中，突发交通事故不幸因公牺牲。2018年12月22日，共青团恩施州委追授他“恩施州青年五四奖章”；2019年1月，省总工会追授他湖北“五一劳动奖章”。李勇，男，土家族，1986年3月出生，湖北利川人，大学文化，2010年8月参加工作，2017年1月加入中国共产党，咸丰县委办公室原工作人员。2018年12月18日，李勇在前往咸丰县忠堡镇检查脱贫攻坚工作途中，突发交通事故不幸因公牺牲。2018年12月22日，共青团恩施州委追授他“恩施州青年五四奖章”；2019年1月，省总工会追授他湖北“五一劳动奖章”。谭玉玲，女，土家族，1982年6月出生，湖北巴东人，中专文化，中共党员，巴东县城市公共交通发展有限公司驾驶员，恩施州道路运输“先进个人”、恩施州“巾帼建功标兵”、恩施州劳动模范，2019年4月，获湖北省“五一劳动奖章”。沈典栋，男，汉族，1972年9月出生，湖北孝感人，研究生学历，中共党员，湖北宣鹤高速公路有限公司总监理工程师，襄十高速公路优秀高级监理工程师，获共青团中央青年岗位能手，交通部中国海员建设工会金桥奖，湖北省政府沪渝高速建设先进个人，国家优质工程突出贡献者；2019年4月，获湖北省“五一劳动奖章”。

【雷玉华获评湖北“医德楷模”】 雷玉华，男，1968年3月出生，土家族，湖北巴东人，研究生学历，中共党员，州中心医院内科心血管病中心主任、主任医师，湖北省首届百佳医生，湖北省卫生系统优秀共产党员，2019年12月获“医德楷模”荣誉称号。

【邹敏获评湖北“医德之星”】 邹敏，男，1965年8月出生，汉族，湖北利川人，本科学历，利川市人民医院骨三科主任、副主任医师。全国第二次残疾人抽样调查先进个人，利川市“大美利川，仁心医者”，利川市精神文明建设委员会2019年“即时表扬”人物，2019年12月获“医德之星”荣誉称号。

（曾　冬）

共青团恩施州委

【概　况】 2019年，共青团恩施州委落实州委、州政府、团省委决策部署，团结带领全州广大团员青年牢记使命勇担当、砥砺奋进新时代，为全州决战脱贫攻坚、决胜全面建成小康社会，推进经济社会高质量发展贡献青春力量。2019年全州基层团委206个，基层团工委17个，团总支141个，团支部4258个，团员110191人。

【落实主体责任】 以政治建设为统领，建立“不忘初心、牢记使命”制度，落实“思想引领、学习在先”机制，树牢“四个意识”，坚定“四个自信”，做到“两个维护”。认真履行全面从严治党主体责任，加强政治建设、思想建设、组织建设、作风建设、纪律建设、制度建设和反腐败斗争，支持派驻纪检组监督、执纪、问责；深化党建带团建，贯彻落实中央八项规定精神、省委六条意见及州委实施意见精神，开展警示教育，坚决抵制形式主义、官僚主义，持续增强全州团组织政治性、先进性、群众性和对团员青年的组织力、引领力、服务力，当好党的助手和后备军。落实意识形态工作责任制，出台《恩施州共青团新媒体工作管理办法（试行）》《团州委网络与信息安全事件应急预案》，每月对意识形态风险点进行研判、分析、处置。

【青少年学习】 每月下发“主题团（队）日”通知，规范开展“青春心向党·建功新时代”特别主题团日活动2000余场次。组织60余万人次参与“青年大学习”网上主题团课。遴选47人成立恩施州“青年讲师团”，2人入选省“青年讲师团”。开展州级“青年讲师团”专题培训，10名“明星讲师”走进FM94恩施交通音乐广播直播间。组织第一期恩施州青年马克思主义者培养工程学员到延安开展理想信念专题培训，第二期于11月开班。“青春恩施州”微信号粉丝10.2万人，发文275篇，周阅读量4次进入全省前三，热文上榜19篇；“青春恩施州”微博粉丝8506人；“青春恩施州”抖音粉丝6.1万人，获赞178.6万。推出具有鲜明价值导向、符合青少年思想特点的文化产品239个（视频类212个、快闪1个、海报类25个，H51个）。

【青少年发展和权益维护】 建立恩施州青年工作联席会议制度，各县市建立青年工作联席会议制度。与州检察院联合申报全省未成年人保护社会支持体系试点项目，成立州未成年人司法社会服务中心。开展法治宣讲进校园、中高考减压等活动。被评为恩施州“七五”普法中期先进集体。开展青年社会组织“伙伴计划”培训，常态化联系9个参加“希望伴飞”项目青年社会组织，恩施市义工协会“让爱回家——关爱服刑人员未成年子女”项目、恩施市毕兹卡社会工作服务中心“相伴成长——燕子坝村留守儿童关爱服务项目”被评为2019年度全国青年社会组织“伙伴计划”优秀项目。举办“益起来攻坚·致敬70年”恩施州青年社会组织“伙伴计划”项目路演活动。聚焦“快递小哥”实际困难开展“共青团与人大代表、政协委员面对面”活动，聚焦大龄青年婚恋问题开展青年联谊。规范开设66个希望家园，组织640名高校志愿者陪伴4074名留守儿童度过七彩暑期，受到人民网等各级媒体关注。

【青年创业创新】 推报11个青年创业项目参加省各类青创赛，3个项目进入农村电商组决赛，分别获金奖、铜奖和优秀奖，3个项目进入农业农村组决赛，1个项目获银奖。3名农村青年被团中央、农业农村部表彰为第十一届“全国农村青年致富带头人”。协助州委人才办举办全州人才创新创业大赛。组织青年围绕经济建设开展调研，以团州委名义在州政协八届三次全会上作《关于持续发展壮大绿色工业经济的建议》大会发言。全州创青春云平台认证用户达496人次，注册会员230人，创建项目126个。9个项目获省大学生创业扶持资金35万元，9名青年企业家参加省青企协，22名创业青年到杭州参加电商培训。举办青年创业大讲堂，组织各类校园招聘会，为贫困家庭毕业生对接就业岗位200余个和实习岗位100余个。

【志愿服务】 引进省级博士服务团15人、西部计划志愿者172人到基层志愿服务。州志愿服务管理平台登记注册志愿者6万人。围绕中国马铃薯大会、春运、植树、交通引导、垃圾分类等开展志愿服务活动。完成州志愿者协会换届。开展新时代文明实践和学雷锋志愿服务培训，新成立9支州直单位青年志愿服务队。

【基层组织建设】 州委常委会专题听取团州委工作汇报，州委书记督导全州团干部配备率、在岗率问题。州编委会给团州委增加1名行政编制。坚持党建带团建，落实主体责任，贯彻中央八项规定和团中央六条规定精神，从严从实管理团干部。严守入团政治标准，落实总量调控和发展团员编号制度。重点核查整改2016—2018年32265份《入团志愿书》。抓好团前教育和推优入团，规范团费收缴使用管理、团组织关系接转和团的仪式教育等工作。解决“团队衔接”“学社衔接”“党团衔接”问题，学社衔接率99.9%，升学衔接率99.5%。编印《基层团务手册》及工作清单，分类定级，持续整顿“软弱涣散”团组织。实施团支部组织力提升工程，严格落实“三会两制一课”制度，推动团支部活动常态化、制度化、规范化。扩大团的组织覆盖和工作覆盖。推荐26个基层团组织获评2019年度“团建优品汇”优秀项目，用好全州“青年之家”66个平台，入驻云平台28个，线上发布活动104场。

【希望工程】 全州希望助学项目 14 个，资助资金 250.48 万元，其中大学生 608 人 162.4 万元，中小学生 958 人 88.08 万元。向省青基会申报新建希望小学 2 所，分别是巴东县沿渡河镇童家坪小学和恩施市盛家坝麻城沟小学，资助金额 80 万元。在恩施市、利川市、宣恩县、鹤峰县新建 8 所希望书屋，金额 8 万元。争取浙江省青基会、湖北省青基会向阳花助医项目，组织 70 名建档立卡贫困户家庭青少年申报，获得资助款 46.06 万元。在恩施市、宣恩县、咸丰县实施彩虹路希望工程快乐美术教室 12 所。在鹤峰县新建希望图书室 3 所。筹集 31.7 万元满足留守儿童微心愿。

【精准扶贫】 组织 85 名贫困学生到杭州参加“走出大山看大海”夏令营，浙江省委常委、杭州市委书记周江勇作出批示，州委书记柯俊给参加活动的同学回信。8 月 11—13 日，共青团浙江省委副书记、浙江省青联副主席、浙江省青科协会长陈积明到恩施州调研东西部扶贫协作，对接帮扶工作。团浙江省委向团恩施州委捐赠 20 万元助学资金和 50 万元助医资金，分别用于帮扶恩施州贫困中小学生和病患青少年。7 月 31 日至 8 月 3 日，共青团杭州市委党组书记、书记马利阳到鹤峰县、宣恩县调研推进共青团东西部扶贫协作，援助奖学金、助学金和希望书屋建设资金 38 万元，“双结双促”系统维护前，系统内 4121 名贫困儿童结对率 100%，参与“四个一”（每个月与关爱对象进行一次通话、每季度满足关爱对象一个微心愿、每半年为关爱对象或其家庭提供一次物资帮扶、每年对关爱对象进行一次实地走访慰问）活动 78003 人次，系统内工作热度 105.84 分，全省排名第三。推进驻村扶贫工作。牵头的南里渡村“两不愁三保障”“三率一度”全面达标。

【少先队工作】“六一”儿童节，团州委、州教育局、州少工委联合开展“争做新时代好队员——我是小小追梦人”主题活动。举办 2019 年恩施州少先队辅导员培训，直接培训少先队辅导员 147 人。动员各县市和少先队辅导员参与省级赛事，利川市民族实验小学获得省鼓号队大赛金奖；恩施市实验小学中队辅导员李春芳、恩施市施州民族小学中队辅导员张琼分别获得 2019 年全省优秀少先队辅导员职业素养展示活动二等奖和三等奖。指导恩施市成立全国少先队名师工作室——“满天星少先队名师工作室”。州、县（市）成立教育团工委。全州 162 所中学将共青团工作纳入学校教育的整体安排，335 所学校召开少代会。

【纪念五四运动 100 周年活动】 2019 年，为纪念五四运动 100 周年，恩施州共青团员举办红歌快闪、“青春心向党・建功新时代”主题团日、“建生态家园・促绿色发展”青年林植树、美术作品展、红歌快闪、征文、成人礼等活动。

【共青团恩施州委七届三次全体（扩大）会议】 2019 年 3 月 12 日，共青团恩施州委在咸丰县召开七届三次全体（扩大）会议。学习贯彻习近平新时代中国特色社会主义思想和中共十九大、十九届二中、三中全会精神，深刻领会习近平总书记关于青年工作的重要思想，学习贯彻团的十八大、十八届二中全会、团省委十四届三次全会以及州委七届六次全会精神，总结 2018 年工作，安排部署 2019 年任务。

【共青团恩施州委七届四次全体会议】 2019 年 7 月 22 日，共青团恩施州委七届四次全会召开，传达学习贯彻习近平新时代中国特色社会主义思想，学习贯彻习近平总书记在中共中央政治局第十四次集体学习和纪念五四运动 100 周年大会上的重要讲话精神，回顾 2019 年上半年全州团的工作，安排部署下半年工作任务。会议按照《中国共产主义青年团章程》的有关规定，表决通过共青团恩施州委七届四次全会关于团州委委员、候补委员卸职递补的确认案》，递补 5 名候补委员为共青团恩施州第七届委员会委员，选举沈浩然为共青团恩施州委书记。

【恩施州少工委一届二次全体会议】 2019 年 12

月16日，恩施州少工委一届二次全体会议召开。会议集中学习习近平总书记致中国少年先锋队建队70周年的贺信精神。审议通过《恩施州少工委一届二次全会关于中国少年先锋队恩施州工作委员会委员卸职替补的决定》《恩施州少工委一届二次全会关于中国少年先锋队恩施州工作委员会主任、副主任调整的决定》《恩施州少工委一届二次全会关于设立中国少年先锋队恩施州工作委员会办公室主任的决定》。听取和通过恩施州少工委工作报告。

【荣　誉】 2019年4月25日，共青团中央、全国青年联合会决定，授予巴东县清太坪镇白沙坪小学志愿支教教师袁辉第23届“中国青年五四奖章”。4月26日，共青团湖北省委、省青年联合会决定授予州农科院马铃薯研究所所长高建华“湖北青年五四奖章”。高建华，男，土家族，1981年5月出生，中共党员，硕士研究生学历。曾获中华农业科技奖三等奖1项、全国农牧渔业丰收奖农业技术推广合作奖1项、湖北省科技成果推广一等奖1项、湖北省科技成果推广三等奖1项、恩施州科学技术进步二等奖1项、恩施州科学技术成果转化三等奖1项，2015年被中共恩施州委表彰为“优秀共产党员”。先后主持国家、省、州课题6项，获湖北省重大科技成果登记5项。获得国家专利3项，制定湖北省地方标准1套，恩施州地方标准2套，参与编写专著2部，在省级以上刊物发表论文10余篇。担任“全国劳模高广金农业科技创新工作室”志愿者，先后培训、指导农技人员和农民2000余人次；累计推广新品种、新技术266666.67公顷，把“论文写在大地上、成果送到农户家、形象树在民心中”落到实处。

（罗舒木）

恩施州妇女联合会

【概　况】 2019年，全州各级妇联组织贯彻落实中国妇女十二大、省委十一届四次及州委七届六次全会精神，坚持党的领导、履行政治责任，坚持围绕中心、服务大局，坚持立足基层、服务妇女群众，坚持深化改革、筑牢基层基础，团结带领全州广大妇女为决战决胜精准脱贫，推动恩施高质量发展，加快建设鄂西绿色发展示范区和全国先进自治州贡献巾帼力量。4月29日，州妇联七届二次执委会议召开，会议对七届常执委进行补选，选举执委2名、常委1名、副主席1名。州妇联党组成员皇甫鸿当选为副主席。

【思想政治引领】 发挥妇联引领职能，旗帜鲜明地宣传党的理论和路线方针政策、重大决策部署，引导广大妇女听党话、跟党走、感党恩。探索建立“三八红旗手工作室”，实现全州“1+8”全覆盖。围绕庆祝新中国成立70周年主线，举办庆“三八”暨“丽声颂祖国·辉煌七十年”风雅颂巾帼诵读大赛启动仪式，“巾帼心向党·礼赞新中国”“我与祖国共奋进——寻找最美芳华·70年·70人”等系列活动，开展“我与祖国共奋进·巾帼大宣讲”及十九届四中全会巾帼宣讲220余场次，1.5万余人现场聆听；制作致敬国旗MV，在全国妇联网站上进行展播。

【创业就业】 在湖北店子坪当代红色教育基地建设“愚公巧手”妇女手工基地，在店子坪村史馆建立妇女手工体验和产品展销馆，在村里40家农家乐建立手工体验作坊和产品销售点，联合人社部门组织开展4期“愚公巧手”手工技能扶贫培训，120名农村留守、贫困妇女参训。帮助12家“妇字号”企业获巾帼创业扶持资金57万元，帮助3家“妇字号”企业进入工业园区，选派3名女性人才参加全省“楚凤巧手”创业创新大赛，其中2个项目分获三等奖和优秀奖。搭建“妇女E家”平台，30家150余款“妇字号”手工产品入驻京东恩施馆。创建州级“巾帼脱贫示范基地”11个，获评“全国巾帼脱贫示范基地”2个、“全省巾帼脱贫示范基地”2个，全国“最美巾帼家政人”1人。

【精准扶贫·巾帼脱贫】 召开杭州市妇联恩施州妇联东西部扶贫协作联席会，持续推进“女性助飞”三年行动计划，完成女大学生创新训练营、创业女性电商、女创客远程及妇联干部等培训209人，其中建档立卡贫困女性95人，占比45.45%。会同州人社局举办杭州市恩施州创业致富带头人、家政服务及家政服务培训班8期，全州1072人参加，其中女性参训人员784名，占比73.13%，留守、贫困妇女参训217人，占比27.68%。帮助12家“妇字号”企业产品入杭，协调杭州市女企协对接助销富硒鲜桃15000公斤，《湖北日报》以《“半边天”撑起“山货出山”》为题进行宣传报道。建立妇联救助与商业保险相互补充的“两癌”救助新机制。完成宫颈癌、乳腺癌筛查各7.2万人，为424名贫困妇女患者发放424万元“两癌”救助金。开展为贫困、留守妇女购买“女性健康保险”倡议活动，社会各界为18.6万余名贫困、留守妇女购买1540余万元各类“女性健康保险”。开展“巾帼健康大讲堂”活动18场，1600名农村留守、贫困妇女受益。做实机关扶贫工作，选派1名副县级领导干部驻村“尖刀班”，如期完成脱贫任务。

【心系妇儿·普法维权】 常态化开展“建设法治恩施·巾帼在行动”“心系妇儿·送法到家”等普法宣传活动850余场次，印制并发放《湖北省反家庭暴力条例》宣传手册1.5万份，走进“普法微课堂”栏目向听众介绍《中华人民共和国婚姻法》《中华人民共和国反家庭暴力法》等法律。召开恩施州婚姻家庭纠纷预防化解工作座谈会，推动将婚姻家庭纠纷预防化解工作纳入平安建设的总体规划和2019年度县市平安建设考评。全州8个县（市）“家调委”全部规范运行，培养县级婚姻家庭纠纷调解员72人。全州调处婚姻家庭纠纷类案件2841件，法院系统发出人身安全保护令10件。面向全州广大家庭发出“不让毒品进我家，争创禁毒好家庭”倡议，组织开展“不让毒品进我家，争创禁毒好家庭”征文活动，收到征文137篇，评审出获奖作品30篇；组织心理咨询师到州强制隔离戒毒所对女戒毒学员开展帮教活动，受益近百人次。畅通12338妇女维权热线，在州妇联机关请律师、法律志愿者和心理咨询师等专业人员坐班接访，在村（社区）探索建立妇女议事会，制定并下发《恩施州村（社区）妇女议事会工作规程（试行）》，在官网官微开设“妇女维权驿站”专栏，实现网上网下融通服务。《妇女议事会架起姐妹“连心桥”——利川市柏杨坝社区妇女议事会试点工作初探》经验材料在《湖北妇女》上刊发。

【家风建设】 评选出恩施州“最美家庭”及提名30户。举行“家家幸福安康工程”推进会暨2019年“最美家庭”揭晓仪式，州、县、乡、村四级联动推选各级“最美家庭”2670户，开展“最美家庭”教育宣讲1400余场次，11.6万余人受益，张富清家庭被选为“全国五好家庭”，鹤峰周家院子被命名为首批“湖北省家风家教示范基地”。下发《恩施州村（社区）家长学校建议标准》，巩固村（社区）和学校家长学校建设。线上开展“空中”家庭教育讲座，联合恩施广播电视台在FM99开设《家长学堂》讲座访谈节目。在妇联官网官微建网上家长学校，制作24个精品课件，定期推送。成立妇联主管的全州首家专职家庭教育社会组织——恩施州启航家庭教育指导服务中心，指导开展家庭教育讲座150余期（场），受益人数1.1万余人。成立家庭教育指导服务专家库，入库61人。组建由妇联干部、教师、社会组织人员等170余人组成的州级家庭教育志愿者队伍，州、县（市）妇联举办家庭教育骨干培训班20期，1500余人参训。3个集体和4名个人获评湖北省家庭教育工作先进集体和先进个人。投入12.5万元，在全州88个村（社区）以政府购买服务的方式实施家庭教育指导服务项目，开展家风家教巡回讲座，实现乡镇（街道）全覆盖，2万多名村（居）民、村（社区）干部、儿童直接受益。

【救助妇儿】 加强留守妇女儿童关爱体系建设。联合州脱贫攻坚指挥部办公室、州民政局、团州委出台《关于进一步加强农村“三留守”人员关爱保护工作的通知》《关于做好事实无人抚养儿童排查及进一步加强农村“三留守”人员关爱保护工作的通知》。印发《恩施州妇联关爱保护留守儿童和困境儿童工作方案》《关于进一步做好留守妇女关爱服务体系建设工作的通知》，启动巾帼文明岗和女企业家结对贫困村开展“百岗助百村”“百企助百村”活动。全州2.6万余名留守妇女全部落实帮扶联系人并至少得到一项关爱帮扶，开展“亲情关爱伴成长·爱心妈妈在行动”巾帼志愿服务活动，1.4万余名“爱心妈妈”结对帮扶留守、困境儿童2.7万余名。开展关爱留守儿童暑期“彩虹行动”，300多名留守儿童获得关怀和陪伴。联合州慈善总会筹资20万元开展“金凤工程”助学行动，资助困难应届女大学生100名。实施“护蕾行动”儿童安全自护公益项目，开展公益讲座71场，发放护蕾手册1.3万余册。安排资金4.6万元以政府购买服务的方式，引导社会组织实施关爱困境妇女项目，采取心理疏导、法律宣传、拓展活动、兴趣爱好培养等方式，使2名长期缠访的困境妇女心理状态得到改善。《湖北日报》以《恩施州妇联开展家庭护航服务疏导困境妇女走出心理迷茫》为题推介恩施经验并配发评论员文章。

【妇联改革工作】 深化“妇女儿童之家”示范创建，制定下发《恩施州基层“妇女儿童之家”建设指导意见》。安排资金24.64万元实施“妇女儿童之家”建设公益项目，在全州8个县（市）88个乡镇（街道）建立州级示范“妇女儿童之家”，开展儿童安全教育、家政技能培训等服务活动300余场，近1.8万人受益。示范带动各级妇联组织将服务妇女儿童功能在“妇女儿童之家”落地，31个社会组织参与开展活动2000余场，近12万人次参加。举办州基层妇联主席培训班，全州妇联系统开展妇联干部培训9期1000余人。评选命名州级“最美妇联人”及提名16人。

【上级检查调研】 2019年7月4—5日，省妇联相关领导到恩施调研，实地走访基层妇联组织，并与恩施州八个县市妇联干部座谈，倾听基层一线妇联干部和妇女群众的心声。12月30—31日，省妇联、省妇儿工委办、省妇联发展部相关领导到恩施州开展调研，对2019年重点工作完成情况进行考评。

【1名个人4个集体获全国巾帼建功先进个人、先进集体表彰】 2019年3月1日，全国妇联下发《全国妇联关于表彰全国城乡妇女岗位建功先进集体、先进个人的决定》，恩施州1名个人4个集体获表彰：建始县德溢民生态农业开发有限公司董事长秦娥获全国巾帼建功标兵，恩施市人民法院龙凤法庭、恩施州委统战部驻鹤峰县容美镇七峰村女子扶贫工作队、恩施市检察院公诉未检部获全国巾帼文明岗，来凤县农园果蔬专业合作社获全国巾帼建功先进集体。

【4名个人4个集体获湖北省三八红旗手、三八红旗集体表彰】 2019年3月1日，省人社厅、湖北省妇联联合下发《湖北省人力资源和社会保障厅 省妇女联合会关于表彰湖北省三八红旗手标兵、湖北省三八红旗手、湖北省三八红旗集体的决定》，恩施州4名个人4个集体获表彰：恩施花枝山生态农业股份有限公司董事长刘小英被表彰为湖北省三八红旗手标兵；恩施州农科院畜牧所所长、妇委会主任朱云芬，中共恩施州委统战部干部科科长、党外知识分子、办公室主任皇甫鸿，宣恩县高罗镇埃山村村支部书记、村委会主任李金发被表彰为湖北省三八红旗手；恩施州中心血站、恩施市实验小学、鹤峰县人民检察院案件管理部被表彰为湖北省三八红旗集体。

【荣　誉】 2019年5月15日，“家家幸福安康工程”启动部署暨2019年度全国最美家庭揭晓会在北京召开，利川市毛坝镇田云奇家庭、恩施市屯堡乡税华琳家庭获评“全国最美家庭”。7月29日，全国妇联发文命名2019年度“全国巾帼脱贫示范基地”，鹤峰县金阳特色有机茶基地、咸丰县奇泉茶叶大沙坝基地获评。9月3日，州委宣传部、州委文明办、州妇联联合通报表扬10户2019年恩施州“最美家庭”及20户2019年恩施州“最美家庭”提名。9月10日，省妇联下发《关于授予郭睿家庭等30户家庭2019年“荆楚最美家庭”和祝勤家庭等70户家庭提名奖称号的通报》，恩施周秀安家庭获评2019年“荆楚最美家庭”，恩施李想家庭、赵师伟家庭、黄兆丰家庭、黄在兴家庭获2019年“荆楚最美家庭”提名奖。9月，全国妇联授予来凤县张富清家庭“全国五好家庭”荣誉称号。11月13日，全国妇联下发《全国妇联关于表彰全国维护妇女儿童权益先进集体和先进个人决定》，州司法局、州中级人民法院刑事审判第二庭获评“全国维护妇女儿童权益先进集体”；宣恩县人民法院长潭河人民法庭庭长范韬、巴东县人民检察院检察官覃丹凤获评“全国维护妇女儿童权益先进个人”。12月4日，省人社厅、省妇联联合下发《省人力资源和社会保障厅 省妇女联合会关于表彰湖北省家庭教育工作先进集体、先进个人的决定》，授予利川市妇联、恩施州启航家庭教育指导服务中心、巴东县野三关镇福娃娃幼儿园3家单位“湖北省家庭教育工作先进集体”称号，恩施市施州民族小学副校长、高级教师魏红彩，恩施市毕兹卡社会工作服务中心理事长戴绍雄，巴东县妇女联合会办公室主任李俊蓉，咸丰县民族实验小学副校长朱明娥4人“湖北省家庭教育工作先进个人”称号。12月23日，省妇联下发《关于命名湖北省亲子阅读体验基地的决定》，恩施正中时代广场五楼一初空间、巴东县信陵镇托幼中心、恩施市图书馆、来凤县图书馆被命名为“湖北省亲子阅读体验基地”。12月31日，省妇联发文，对建始县高坪镇妇联主席黄美清，鹤峰县公共检验检测中心副主任、县妇联执委覃正玉，恩施市太阳河乡组织委员、妇联主席杨海燕等湖北省“最美妇联人”提名奖给予通报表扬。州妇联获评2018年度州综治（平安建设）工作优胜单位。

（李　琼）

恩施州工商业联合会

【概　况】 2019年，州工商联（总商会）按照“政治建会、团结立会、服务兴会、改革强会”要求，把握“两个健康”（促进非公有制经济健康发展和非公有制经济人士健康成长）工作主题，围绕中心、服务大局，发挥工商联经济联络优势，做好招商联络工作。召开恩施州异地商会会长座谈会，州相关领导与北京、上海、广东、河南、天津、杭州、温州、海南、昆明、重庆、武汉、宜昌12地的恩施商会会长、秘书长共商恩施发展大计。向州政府争取130万元经费作为2018年度广东恩施商会、上海恩施商会等12家异地商会招商引资服务平台开展工作的补助经费。支持并指导成立宁波恩施商会。支持各异地商会企业家回乡创业。5月，内蒙古呼伦贝尔市工商联到州工商联考察学习，与州工商联结为友好商会。

【开展理想信念教育实践活动】 全州各级工商联学习贯彻中共十九大和十九届二中、三中、四中全会精神及习近平总书记系列重要讲话精神，开展非公有制经济人士理想信念教育实践活动，实施民营企业家素质提升工程，促进非公有制经济健康发展和非公有制经济人士健康成长。邀请全国政协委员、省工商联（总商会）副会长、武汉智能电梯有限公司董事长陈纯星为全州120余家民营企业和商会负责人授课，传达全国“两会”精神，分析当前经济形势，增强“四个信心”，提振企业发展信心。向全州非公有制经济人士发出《坚定发展信心，守法诚信经营》的倡议书。组织100名全州党外代表人士、社会阶层人士、非公有制经济人士到浙江省杭州市浙江大学城市学院开展专题培训，坚定非公有制经济人士的理想信念。州工商联、利川市工商联分别组织百余名非公经济人士参加“分享共赢·赋能家乡”企业交流会，邀请上海恩施商会会长、上海牛元工贸有限公司总裁王伟生就企业经营管理作培训授课。恩施市工商联特邀州委党校教师为近百名民营企业家作题为《以新发展理念推动恩施高质量发展》专题讲座。巴东县、宣恩县组织60余名民营企业家分别参加下城区工商联理想信念教育培训和在浙江大学继续教育学院举办的非公经济及新社会阶层代表人士综合能力提升培训班。

【调查研究】 2019年，结合“不忘初心、牢记使命”主题教育活动，到会员企业、基层商会，围绕非公有制企业发展中的热点、难点问题开展调研，形成《恩施州2019年民营经济发展报告》《加强商会党建工作》等调研报告。继续协助省工商联持续开展上规模民营企业调研、民营企业信息直报点等调研工作。恩施市工商联开展“访民企、办实事、强信心”调研活动。宣恩县工商联与县科经局联合推进“千名干部进千企”活动，针对各个企业发展存在痛点、堵点和难点问题精准问诊把脉，做到“一企一策”、因企施策。咸丰县工商联开展“走一线”大调研活动，到民营企业集中调研，召开座谈会，协助解决有关困难。

【政治协商、参政议政与民主监督】 2019年，在州政协八届三次大会上作《“落实政策”“苦练内功”双管齐下，为恩施自治州民营经济发展“解渴”“造血”》发言，撰写提交关于优化营商环境，推动恩施州民营经济加快发展的提案，被州政协八届三次会议列为1号提案，明确州领导领衔督办，推动民营经济发展。结合恩施州民营经济领域不同程度存在的企业经营发展环境依旧欠优等问题，撰写提交社情民意信息《提前谋划 积极应对切实贯彻（优化营商环境条例）》。

【非公有制企业投诉服务中心全覆盖】 为服务恩施州非公有制经济高质量发展，推动构建“亲”“清”新型政商关系，畅通政企沟通渠道，2019年全州工商联系统贯彻落实省关于成立非公有制企业投诉服务中心的要求，州及各县市工商联在州、县市党委、政府重视和支持下，全州建立“州、县市非公有制企业投诉服务中心”工作取得进展，州及8个县市成立“非公有制企业投诉服务中心”机构全部经本级编委会通过，新增事业编制23名。其中恩施州、恩施市、巴东县、咸丰县、来凤县、鹤峰县6个单位各核准编制3名，利川市、宣恩县2个单位各核准编制2名，建始县更改机构名称、重新核定编制4名。省工商联以《恩施州率先实现非公有制企业投诉服务中心全覆盖》为题在网站上宣传报道，并发文对恩施州推进成立非公有制企业投诉服务中心工作予以通报表扬。

【组织建设】 2019年，召开州工商联（总商会）六届三次执委会，总结2018年工商联工作，确定2019年工作思路。为贯彻落实中央办公厅、国务院办公厅《关于促进工商联所属商会改革和发展的实施意见》、省委办公厅和省政府办公厅《关于促进全省工商联所属商会改革的意见》文件精神，恩施州优化营商环境、推动民营经济发展，维护民企权益、推动企业转型发展，夯实党的统一战线基础，延展党的统战工作领域，增强工商联组织影响力、凝聚力、执行力。州及各县市相继印发《关于促进全州工商联所属商会改革和发展的实施意见》文件，为商会改革提供制度支撑。州联6个直属商会均在州民政局登记；3个县市总商会在州民政局登记；全州乡镇商会登记率达69.32%。7个县市总商会被省工商联评为“五好县级工商联”，2个县市总商会被评为标兵，2个乡镇商会被评为“四好商会”。全州商会改革达到职能分离、机构分离、财务分离、人员管理分离、党建外事分离的目标要求。

【法律服务】 2019年，全州各级工商联开展“宪法进企业、进商会、进机关”活动，引导民营企业家提升法律素养和依法治企能力。邀请州律师协会副会长、湖北施南律师事务所所长谭平为部分企业家、商会负责人和工商联机关干部作宪法专题讲座。多次组织工商联系统会员企业参加全省民营企业专题培训班、全省非公有制企业依法治企培训班、非公有制企业劳动人事争议调解员培训班等。宣恩县工商联（总商会）组建法律服务团正式为全县民营企业提供免费法律服务。来凤县工商联邀请县法院法官为执委讲授《企业治理中的法律风险及防范》“诚信守法”法律知识讲座。

【缓解中小微企业融资难题】 依托州小微企业信用合作促进会，与州工行合作，继续推进“政银集合贷”工作，缓解民营企业融资难题。为恩施州407家中小微企业解决流动资金贷款18.65亿元，其中2019年发放44家，放款金额1.78亿元。咸丰县工商联推进与县农村商业银行等形成战略合作，缓解小微企业融资难题，40多家小微企业和个体商户获得贷款2700余万元。

【“千企帮千村”】 2019年，“千企帮千村”活动取得成效。全州1631家民营企业结对帮扶1136个贫困村，实施帮扶项目3765个，辐射贫困人口256690人，投入帮扶资金17.09亿元，实现建档立卡贫困村全覆盖。与州电视台联合推出12期“民企助力脱贫攻坚，国庆70周年献礼”栏目。恩施花枝山生态农业股份有限公司刘小英、利川市飞强茶业有限责任公司卓万凯、湖北土家爱食品开发有限公司侯令谦、湖北鹤峰县骑龙茶业有限公司郭国被评为全省50名“光彩之星”，利川金利茶业有限责任公司、巴东县黄连坪农业开发有限公司、湖北土家爱食品开发有限公司、唐崖白叶茶科技（湖北）有限公司、湖北毕卡兹生态农业有限公司和湖北鹤峰骑龙茶业有限公司6家民营企业被省工商联、省扶贫办表彰为全省“千企帮千村”精准扶贫行动先进民营企业。

【东西部扶贫协作】 全年组织多批次浙商到恩施开展投资考察活动，杭州市政协副主席、市工商联主席冯仁强率队到恩施州开展帮扶和投资考察活动。据不完全统计，部分浙商为恩施州捐赠人民币322.8万元、港币10万元及图书、校服、计算机设备等帮扶物资，68名浙商企业家担任恩施州68个贫困村“名誉村长”，经验入选2019年国务院扶贫办全国东西部扶贫协作案例选编。与上海市工商联沟通对接，组织开展消费扶贫活动。上海市政协副主席、市工商联主席王志雄带领长三角地区部分民营企业家到恩施开展考察对接活动，签订5个项目，签约金额超过11亿元。推进驻村脱贫，州工商联作为牵头单位，继续与州科协、州中心血站共同负责恩施市大峡谷风景管理区木贡村精准扶贫工作，完成年度扶贫工作任务，贫困发生率降为0.58%。

（杨　岩）

恩施州科学技术协会

【概　况】 恩施自治州科学技术协会（简称州科协）由州直学会（协会、研究会），县、市科学技术协会及基层组织组成。截至2019年12月，全州有高校科协2个，企业科协25个，乡镇（街道）科协88个，农村专业技术协会115个；拥有院士专家工作站19家，湖北省科普教育基地5个，恩施州科普教育基地13个，恩施州硒科普教育基地17个，农村中学科技馆5个；州科协所属学会（协会、研究会）57个。有所属正科级公益一类事业单位1个：州科技馆。2019年4月12日，州科协四届三次全委（扩大）会议召开。会议审议州科协四届三次全委会工作报告，变更州科协第四届委员会常委，增补2名委员。

【科普活动】 2019年2月19日，州科协、恩施市科协、恩施市舞阳坝科协在恩施土家女儿城联合举办2019年“学科学、猜灯谜、科普灯谜闹元宵”活动。6月13—14日，州科协开展2019年恩施环保世纪行科普知识有奖竞答活动，近4万人参加竞答。9月，州科协与州委宣传部、州教育局、州科技局、州农业农村局、州卫健委联合举办2019年“全国科普日 · 恩施科普月”活动。9月17日，在利川市清源体院馆举行“全国科普日 · 恩施科普月”暨中国流动科技馆巡展利川站活动启动仪式。全州8个县市科协开展79场科普活动，其中科普报告35场，送科技下乡49场，其他活动30场，惠及人群20万余人，发放科普宣传资料8万余份。

【科技促春耕】 州科协联合各县市科协，分别在宣恩县车道湾村、恩施市二凤岩村、利川市文斗乡开展中药材、红薯、油茶、油菜、香椿种植技术咨询活动；借助湖北省科技助力精准扶贫专家团，到鹤峰县开展有机茶调研培训等。全州组织专家室内培训、室外指导相结合的油茶、油菜、果蔬等技术培训80场，发放各类科普书籍23694余册，惠及人群47791人次。

【全国科技工作者日活动】 2019年5月30日，州科协召开“全国科技工作者日”暨州直学会工作座谈会，来自全州各行各业的科技工作者代表、州直学会负责人围绕“礼赞共和国、追梦新时代”主题，结合行业特点和工作实际进行交流讨论。活动期间，走访慰问恩施州26名优秀科技工作者代表。

【“大手拉小手——科普报告荆楚行”】 2019年9月23—27日，邀请中国科学院老科学家科普演讲团4名专家在恩施开展“大手拉小手——科普报告荆楚行”活动，分别就机器人、卫生与健康、力学、环境保护等内容，为全州8个县市22所学校及恩施清江大讲堂、州委党校，作巡回科普报告。

【科技州长科普报告行】 2019年5月，科技副州长丁文平为州委党校春季县级干班及第二期主体班作题为《食品工业未来发展趋势与恩施硒食品加工业的发展》的科普报告；9月25日，丁文平为宣恩县“不忘初心、牢记使命”主题教育读书班作此科普报告。

【科技志愿者服务】 组建全州科协系统科技志愿者服务队，覆盖州直学会、科研院所、高校及企业科协、基层科协等，注册成立17个分队，对州心理咨询师协会开展“边远地区小学心理服务与安全教育”等7支志愿服务队开展的特色科技志愿服务活动予以支持。

【中国流动科技馆巡展】 自恩施州第二轮“中国流动科技馆”巡展活动在巴东启动以来，围绕“体验科学 · 启迪创新”的主题，先后在巴东站、建始站、利川站、咸丰站巡展，观展达5万人次。州县（市）科协利用科普大篷车，开展进农村、进学校等活动。

【青少年科技创新大赛】 2019年，联合州教育局组织40个学校65项作品参加湖北省第34届青少年创新大赛，恩施州获56个奖项，州科协获“优秀组织单位”。与州教育局联合举办第十五届恩施州青少年科技创新大赛，收到各县市申报的青少年科技创新成果274项，收到科技辅导员创新成果47项、科技实践活动65项、少儿科幻绘画493幅、“我的科学梦”科普征文393篇。

【科普阵地】 开展科普惠民社区（村）试点建设，完成恩施市洞下槽村、恩施市木贡村、咸丰县高峰村科普惠民试点村项目。完成恩施市洞下槽村科普长廊建设。新增“科普e站”8个，新增州科普教育基地3个，对12个州科普教育基地予以全媒体宣传、管理与指导。助推硒产业和旅游业发展，与州硒资源保护与开发中心联合制定《恩施州硒科普教育基地认定与管理办法》，新增州硒科普教育基地9个；实施“互联网+硒科普”宣传，利用已建科普e站，与中硒集团等企业合作打造

“硒科普宣传”平台；实施“旅游＋科普”宣传，推荐国家AAAA级旅游景区宣恩伍家台、建始县石门河申报并获“湖北省科普教育基地”称号。

【科普项目】 申报并获得湖北省特色产业科普基地5个、湖北省科普惠民社区2个、湖北省科普教育学校2个。恩施市、建始县、巴东县科协争取湖北省专家资源，均设立湖北省农村致富技术函授大学分校。配合省科协完成恩施州5个全国科技助力精准扶贫项目的验收、湖北省特色产业科普示范基地的绩效评价等工作。

【“3+1”试点工作】 由点到面铺开“3+1”工作，吸纳以学校校长、医院院长和农技站长（以下简称“三长”）为代表的科技工作者进入科协领导机构，科协加强指导。新增“三长”兼挂职人员20人，全州进入组织的“三长”达265人。建始县科协作为湖北省科协基层科协组织建设“3+1”试点县，参加全国基层科协“三长”论坛，在会上作交流发言。推进企业科协建设，新建企业科协2个。推动所属学会秘书处实体化、秘书长专（兼）职化建设。

【东西部扶贫协作】 2019年4月12日，杭州市科协党组副书记、副主席、巡视员汤建新率队到恩施，就科协系统落实杭州市与恩施州东西部扶贫协作进行调研和交流。邀请杭州市2名科普专家为恩施州150余名科普工作者开展系统培训；组织10名州内科技辅导员到杭州参加青少年科技辅导员培训。

【全民科学素质工作】 履行州纲要办公室职责，印发《2019年恩施州全民科学素质行动工作要点》，针对恩施州机构改革和《全民科学素质行动计划纲要》工作实际，调整州全民科学素质工作领导小组组织结构，州全民科学素质工作领导小组成员单位由原24家调整扩大为29家。配合省纲要办完成恩施州“十三五”《全民科学素质行动计划纲要》督查工作。

【学会建设】 提升学会组织能力建设，对两批15个学会的特色活动项目进行支持与帮扶，对州公共卫生优秀学术论文评选工作进行指导与支持，对州气象学会等6支科技志愿服务队进行指导与资助。2019年新成立州临床分子诊断学会、州慢性病护理学会、州男科学会、州微创介入呼吸内科学会、州医学影像技术学会、州放射学会6个学会。

（向　慧）

恩施州文学艺术界联合会

【概　况】 2019年，州文联及各县市文联、州直各文艺家协会共组织各类文艺活动60余场次；编印《清江》等文艺内刊11份，出刊44期；出版或编印文艺书籍60余本；5部作品分获省“五个一工程”奖和屈原文艺奖，1部作品获全国第四届“五个一百”网络正能量精品“百篇网络正能量文字作品”奖。9月5—11日、11月4—5日，省文联主席刘醒龙先后2次到恩施州8个县市调研。

【文艺理论与文化传承】 州文化促进会制作完成“典藏＋”工程《恩施要要》教学视频光盘。巴文化研究会、州文艺理论家协会编辑出版《清江文论》丛书7卷。州民间文艺家协会（简称州民协）在芭蕉乡南河村楸木园大院子召开传统村落保护开发利用研讨会；州文艺理论家协会编辑出版《地域文化、民族文学与中国当代文学史——“首届恩施少数民族文学高峰论坛”文集》。2019年10月27日，州民协会员参加“湖北工匠杯”湖北省民间工艺技能大赛暨全国漆艺邀请赛，获2金2银3铜。12月，州人力资源和社会保障局、州总工会命名于祥志、谭艳华等9名州民协会员“恩施州技能大师工作室”和“劳模工匠人才创新工作室”。12月26日，民协会员李叶胜等6人的节目在“不忘初心、牢记使命”中国武陵山区（湘西、龙山）三棒鼓群英会暨第五届三棒鼓擂台赛中获金奖。

【先进典型文艺创作】 2019年6月，恩施州杨军、谈焱焱创作的老英雄张富清主题歌曲《大山的情怀》在《歌曲》发表。10月，州文联名誉主席田苹与人合著的张富清事迹长篇报告文学《父亲原本是英雄》，由湖北人民出版社出版发行。

【文艺扶持】 吕金华的长篇小说《草木之上》获中国作协重点作品深入生活扶持项目，徐小华的长篇散文《那座叫恩施的城》获中国作协少数民族文学重点作品扶持项目，田苹的电影剧本《青春快车》、来凤县南剧传习研究所的现代南剧《本色》、吴柏松的文艺研究图书《恩施傩戏》、杜李的文艺评论图书《土家族文学发展简述》入选省文联文艺创作扶持项目，来凤滕树勇的长篇散文《山谷的秘密》入选湖北省作协“家乡书”系列丛书扶持项目。

【笔会培训】 2019年4月，州作家协会、鹤峰县作家协会在鹤峰县邬阳乡举办“绿色产业、红色文化”笔会，50余名作家参加活动。5月，湖北省书协刻字小分队走进恩施，举办刻字创作研修班。7月31日至8月3日，省作协少数民族文学委员会、州文联、州作协在恩施市龙马风情小镇举办“新时代湖北少数民族文学创作培训班”。9月，利川市举办“生态文学采风活动”，《人民文学》主编施战军、省文联主席刘醒龙、四川作协主席阿来等国内45位名家到会。10月18—20日，州舞蹈家协会举办全州舞蹈创作培训班。11月15—17日，州文联、州作协在建始县龙坪乡楂树坪村举办全州小说散文创作培训班，《民族文学》等文学刊物4位编辑到会辅导。12月20日，由利川市委、市政府与人民文学杂志社联合举办的“生态文学·水杉树”研讨会在北京召开。

【庆祝中华人民共和国成立70周年活动】 州民间文艺家协会、恩施州硒博馆联合举办庆祝中华人民共和国成立70周年恩施州首届民间工艺展；州文联《清江》编印庆祝中华人民共和国成立70周年专刊1期；州作协编印《恩施州建国七十周年征文优秀作品选》；书法家协会与州文化馆联合举办“奋斗七十年、走进新时代”主题书法展；州戏剧家协会在恩施奥山世纪城举办“喜迎建国70周年恩施州京剧票友展演”。

【助力脱贫攻坚】 州文联、州扶贫攻坚指挥部、州摄影家协会联合举办恩施州“精准脱贫精彩瞬间”摄影作品展。州作协采写编印《脱贫攻坚尖刀班》报告文学集，30余万字。2019年7月12—14日，州文联联系中国评协、湖北文联文艺志愿服务团到湖北利川开展“送欢乐下基层”慰问活动。12月，摄影家协会组织精准扶贫精准脱贫精美瞬间摄影展。

【助力文化旅游发展】 编辑《恩施故事》一、二辑，收录恩施红色故事、山水故事、美食故事、民俗故事等100个；举办“庆祝新中国成立70周年·讲好恩施故事”大赛。宣恩县委宣传部、州摄影家协会等单位联合举办宣恩县“城市之星·浪漫宣恩”2019新春摄影比赛。州美协举办“画说恩施：美丽乡村纪行”活动。州摄影家协会与恩施州生态环境局共同举办“绿色恩施映像”摄影作品展、与恩施万众传媒有限公司联合举办“中国好山水·天赐恩施州”摄影大赛、与恩施市住建局共同举办“游仙居恩施、品州城美景”图片征集评选活动、与屯堡乡政府共同举办《第二届花园屯堡杯摄影赛》、与大峡谷风景区和恩施刚好有空数字科技有限公司联合举办“峡谷柔情·山水画廊——恩施大峡谷摄影大赛”。

【“荆楚红色文艺轻骑兵——文化进万家”“曲艺进校园”活动】 2019年，州暨县市书法家协会、州诗词楹联学会组织“荆楚红色文艺轻骑兵”小分队，走进20余个村和建设工地等地，为群众送春联3000余幅，送福字500余个。州戏剧家协会、州轻音乐团等先后进农村、进社区惠民演出4场次；州曲艺家协会先后走进恩施市实验小学等3所学校，开展“戏曲进校园”活动。

【恩施杭州文艺交流】 2019年11月18—19日，

杭州市文联党组成员、副主席唐龙尧率领该市16名文艺骨干到恩施州调研，结合东西对口扶贫安排，与恩施州文联签订合作协议。

【荣　誉】 2019年1月，州民协副主席刘守红获恩施州“民族团结进步先进个人”“2019年全国文化和旅游能人”称号。6月，丁道兵的小说《大山里的青春》在全国第四届“五个一百”网络正能量精品评选活动中，获“百篇网络正能量文字作品”奖。11月，周龙然的歌曲《太阳照屋顶上》获湖北省第十届五个一工程奖。电影《漂洋过海来爱你》、音乐剧《黄四姐》、南剧《唐崖土司夫人》、舞蹈《土家魂》获湖北省第十届屈原文艺奖。谢春华刻字作品入围中国书协主办的第十二届全国书法刻字作品展。

（陈国清）

恩施州红十字会

【概　况】 2019年，州红十字会围绕红十字会法定职责、核心业务，依法履职、服务大局，稳妥推进全州红十字系统改革工作，持续开展救灾、帮困和送温暖活动。6月6日，召开州红十字会第四届理事会会议，增补理事2人，选举产生常务副会长、任命秘书长。全年完成3个社区红十字服务站、2个农村博爱家园、3个“学校红十字会”建设，在建2个国家AAAAA级旅游景区救护站、2个博爱卫生室，申报冠名医疗机构1个，新增州本级红十字志愿服务队1支，实现全州红十字会系统应急救护师资全覆盖，人体器官捐献及造血干细胞捐献工作受到上级通报表扬。

【机构改革】 2019年11月25日，州政府办印发《恩施州红十字会改革实施方案》。12月11日，州委编办向各县（市）党委编办致《关于理顺县（市）级红十字会管理体制的通知》（简称《通知》），明确要求各县（市）推进改革工作，单独设置县（市）红十字会机构，为群团序列组织，依法依章程独立自主开展工作。规范和加强州红十字会机构设置和人员配备。

【精准救助】 2019年1月24日，省红十字会巡视员邓红到建始县雀儿笼村开展“红十字会博爱送万家”爱心捐赠活动。1月29日，职副会长陈太英专到咸丰曲江镇桐子园村走访慰问困难老党员、退役军人、困难村民。3月14日，到恩施市龙凤坝爱特佳养老院开展“学雷锋，爱心暖夕阳”活动。12月10日，拨付慰问物资750份，分发到8个县市30个红十字基层试点社区，开展困难群众慰问活动。

【应急救护培训】 2019年，组织州中心医院培训师资连续开展6场校园培训活动，对近2000名学生进行应急救护知识普及培训，3月21日，红十字应急救护师资走进州民艺幼儿园，对30多名幼师进行急救知识培训。州委党校2019年第一期县干班开展急救知识培训，培训过程中来自湖北民族大学附属民大医院的红十字会应急救护师资，为学员们讲授心肺复苏、意外伤害等应急救护知识。4月30日，红十字应急救护师资走进中建三局施工工地，为近百名工人进行工地常见意外伤害的应急救护培训。“世界急救日”期间，州红十字会联合州中心医院开展“救在身边”科普活动。联合恩施市红十字会走进机场路社区开展“关爱生命·就在身边”应急救护知识活动。7月1日，州红十字冬泳水上义务救援队队长卢光霁、红十字应急救护师资刘勇走进州政府直播间，参加“学习应急救护知识　增强自我保护能力”科普知识讲座。6月13日，州红十字会与州机关事务服务中心联合组织红十字救护员培训班。8月13日，州红十字会、民革恩施州直部分党员在利川市团堡镇鹰嘴山村开展送医下乡社会服务活动，现场开展“救在身边”夏季应急救护知识和技能培训，发放科普宣传材料两百余份。

【无偿献血、造血干细胞捐献、器官捐献工作】 2019年3月30日，州红十字会、州中心血站、湖北民族大学心之桥协会、养生与健康协会在湖北民族大学开展造血干细胞、无偿献血、人体器官捐献宣传及志愿者招募活动，活动发放各种造血干细胞及人体器官捐献宣传资料300余份，现场采集造血干细胞样本94份，108位师生无偿献血。6月12日，为纪念“6·14”世界献血者日，由州红十字志愿服务总队参与承办“红动恩施·公益健步走”活动在州城清和园广场启动。全年完成造血干细胞捐献3例，高分辨血样采集4例，造血干细胞血样采集101份，被通报表扬为全省捐献数量高的红十字会工作站。协调完成8例人体器官捐献，完成3例困难人道救助审核，被通报表扬为全省2019年先进单位，赵林被通报表扬为全省人体器官捐献优秀协调员。

【红十字志愿服务】 2019年，指导、支持州中心医院医务社工志愿服务队连续开展6场“阳光彩虹·健康希望”公益活动，看望特困留守儿童60名，发放慰问物资15949元；开展校园应急救护普及培训，发放应急护理包950个，价值7125元。5月31日，州红十字会服务总队副总队长吴陶、人道救援分队队长赖秦宽、健康关怀分队队长何晓宏、志愿者周承珍受邀参加湖北民族大学举行的六院志愿者培训大会，就志愿服务相关主题进行宣讲。12月25日，州红十字会组织召开志愿服务工作座谈会，邀请州红十字会各志愿服务队相关负责人、志愿者骨干及部分志愿者代表参加，听取2019年红十字志愿服务工作的相关汇报及工作意见建议，交流服务经验，谋划2020年志愿服务工作。12月31日，州红十字、州卫健委、民革恩施州委红十字志愿服务队的11名志愿者们走进崔坝镇鸦鹊水小学，开展暖冬爱心志愿服务活动，为该校1—3年级的108位小朋友们送去新年礼物。

【项目建设等工作】 2019年5月20日，恩施大峡谷景区、神农溪纤夫景区救护站获批建设国家AAAAA级旅游景区救护站，每个站点建设经费20万元，由中国红十字基金会援建。7月3日，州红十字会在恩施市思源实验学校举行首批学校红十字会成立暨授牌仪式，恩施市实验小学、恩施市思源实验学校、恩施市施州民族小学红十字会正式成立。恩施市新建恩施市白果乡茅槽坝村委会红十字服务站、恩施市舞阳街道办事处耿家坪村委会红十字服务站、恩施市屯堡乡屯堡居委会。宣恩县晓关侗族乡卧西坪村、利川市谋道镇渔木村被确定为2019年中国红基会“新站·新健康”博爱卫生站项目点。11月21—22日，省红十字会党组成员、专职副会长张钦到恩施州指导、调研博爱家园及景区救护站项目建设工作。

【东西部扶贫协作】 2019年7月10—14日，杭州市红十字救护师资第二期培训班在杭州市余杭区举行，恩施州及各县市红十字会、卫生健康系统、相关院校及红十字志愿者等15名学员参加培训。11月20日，浙江省红十字会与州红十字会签署项目合作框架，浙江医药股份有限公司向州红十字会捐赠价值500万元的药品，将用于连续5年在恩施实施的“浙江医药健康帮扶恩施行”项目。

【纪念“5·8”世界红十字日活动】 2019年5月8日，恩施州、恩施市红十字会在州城恩施联合开展2019年纪念“5·8”世界红十字日活动，活动的主题为“爱心相伴‘救’在身边”，来自州、市卫健系统机关代表，州、县市红十字会、基层红十字志愿服务队代表，恩施市红十字基层试点社区代表以及红十字学校，城市、农村博爱家园等代表等100多人参加，州、恩施市领导为10支红十字基层红十字志愿服务队代表授旗，3组红十字培训师资在现场进行急救知识普及培训。

【荣　誉】 2019年，省红十字会联合凤凰网湖北共同举办“红十字好新闻作品”评选活动，州红十字会获活动组织奖。恩施晚报张汉杰撰写的《清江上的“安全卫士”——记见义勇为的冬泳协会队员们》、恩施冬泳水上义务救援队李模范撰写的《义务救援队慷慨援手助人彰显大爱逝者家属们立誓施德感恩回报社会》获文字类三等奖。来凤县红十字会李菲报送的《恩施州来凤县开展“红十字博爱送万家”活动》获图片类优胜奖。赵林获评全省“博爱之声”优秀通讯员。

（赵　林）

恩施州残疾人联合会

【概　况】 2019年，全州持证残疾人160817人，其中视力残疾22611人，听力残疾12131人，言语残疾1709人，肢体残疾90287人，智力残疾9660人，精神病残疾12495人，多重残疾11924人。出台《恩施州残疾儿童康复救助实施办法》和《恩施州残疾儿童定点康复服务机构管理办法（试行）》，为全州残疾儿童康复救助和残疾儿童定点康复服务机构管理提供制度保障。会同恩施市残联对申报的2019年0—10岁残疾儿童康复服务机构进行实地审核，召开全州残疾儿童定点康复机构审定专题会议，研究确定恩施州2019年0—10岁残疾儿童定点康复机构实施手术类、机构康复训练类、辅助器具适配类等三类基本康复服务项目，并报省备案。6月21日，州残联召开2019年州残疾人康复工作暨定点康复机构业务培训会，29人参加培训。州残联系统对413名0—10岁残疾儿童提供康复救助；完成省残联分配州残联180台助听器验配任务（其中成人150台、儿童30台）。为913名精神残疾人提供免费服药项目，超额完成的193名由县市残联按500元/人·年标准自行结账。残疾人家庭医生签约服务，为满足残疾人精准康复需求，各县市残联与卫健部门联合开展残疾人家庭医生签约服务工作，全州对35030名残疾人进行家庭医生签约服务。全州精准康复服务覆盖率达92.41%，完成上级下达精准康复服务覆盖率2019年达80%年度目标任务。8月21—25日，省第三方评估机构对恩施州康复定点机构进行评估考核，达标。州残联全年12次不定期地对全州残疾儿童康复定点机构进行查看、指导，提升机构安全和日常管理水平。12月4—6日，州、市残联对机构在训儿童家长通过现场回访、书面回访、电话回访等方式进行核查回访，回访392人次。州残联驻建始县景阳镇高燎村开展精准扶贫工作，9月，州纪委监委官网、《湖北日报》先后刊文报道高燎村由“后进村”到“后劲村”的蜕变并肯定高燎村“尖刀班”的工作及州残联的帮扶。10月，州残联驻建始县高燎村尖刀班被建始县评为“优秀尖刀班”。

【辅助器具适配服务】 开展辅助器具适配工作。2019年州残联采购20万元、526台轮椅分发到各县市残联，为有需求的残疾人装配假肢226例，各县市残联为残疾人适配辅具4838件，辅具适配服务率达95.58%。12月迎接省残疾人辅具中心对州残联和利川市、巴东县、宣恩县、咸丰县、来凤县、鹤峰县残联进行的辅具规范化建设检查，达到要求。

【残疾人就业创业服务】 2019年，全州举办28期残疾人就业创业和实用技术培训班，培训残疾人2083人，贫困残疾人占70%以上，超额完成年初培训任务126%，其中州残联举办5期培训班，培训残疾人251人。培训内容主要有农村种养殖实用技术培训、创业培训、电商创业培训、盲人按摩培训、励志教育培训等。培训后有30余名残疾人在咸丰县扶贫车间实现就业，创业64人，就业177人，产业链接1519人。全州审核285个用人单位，认定按比例安排残疾人就业545人，全州征收残疾人就业保障金6891.3万元，其中州本级1400万元。新增残疾人就业1249人，超额完成年初新增就业任务148%。2019年继续开展自强创业扶持项目，预算资金100万元，对50名自强创业残疾人给予创业扶持，以创业带动就业；全州扶持135名残疾人自强创业。从“福彩公益金”中列支26万元对残疾人创业带动残疾人就业10人以上的基地给予扶持奖励。全州建成省级残疾人就业创业品牌基地10个，享受扶持资金182万元。全州扶持96名残疾人自强创业，享受“双百工程”扶持奖励近48万元。培养80名残疾人技术能手，享受扶持资金16万元。利用东西部协作的契机，争取到杭州市对口帮扶资金70万元，扶持55户自主创业的残疾人，每户给予5000—20000元的扶持资金。实现残疾人扶贫从“输血”到“造血”救助的转变。2019年恩施州毕业大学生82人，就业42人，求职中17人，继续深造学习5人，残疾人证注销2人。就业率66%。

【残疾人证核发管理】 2019年，按照全州脱贫攻坚工作时间表、路线图，先后多批次组织集中评残、上门评残。10月，全州8个县市应办证残疾人基本清零。11月5日，全州持证残疾人数量达161604人，全州办证率达50.6%，远超往年省残联对市州考核指标办证率35%。规范残疾人证核发管理工作，2019年是第二代残疾人证10年到期换发的关键年，根据省残联文件要求，全州残联系统完善办证档案资料及数据库信息，加强政策宣传，确保工作平稳有序推进。州残联联系卫健部门，选派恩施州肢体、视力、听力、言语、智力、精神等6个类别医生参加培训。为州本级和各县市残疾评鉴机构及残联工作人员购买残疾评定书籍21套471册，复印邮寄全套培训资料，配送评定工具3套。

【残疾人文化体育】 组队参加第八届全省特教学校学生艺术汇演。选送恩施市特校节目《我也有梦》获舞蹈类二等奖，州残联获组织奖。咸丰县残疾人运动员袁伟译在第十届全国残疾人运动会暨第七届特殊奥林匹克运动会上夺得1金3银，并两破世界纪录。巴东籍残疾人运动员刘静在第十届全国残疾人运动会暨第七届特殊奥林匹克运动会上取得2金1银的好成绩，在2019年残疾人射箭世界锦标赛上获1金1铜。

【残疾人教育资助】 开展对大学生及残疾家庭大学生的救助项目，按照专科1000元、本科2000元、硕士3000元、博士4000元的资金标准，2019年为全州65名残疾大学生和172名贫困残疾人家庭大学生提供资金扶持资助54.8万元。按照每人每年2000—3000元的资金标准，为恩施州家庭经济困难的残疾儿童享受普惠性学前教育提供资助。争取到杭州市残联支持，为恩施州124名建档立卡贫困残疾学生给予助学帮扶，资金24万元。

【残疾人维权、信访工作】 安排专人负责残疾人信访、维稳和湖北省阳光信访平台工作，做好“12385”维权热线电话办理，确保上访信息记录完整、上访情况按属地管理原则转办及时、上访问题及时追踪了解，残疾人合法权益得到维护，对缠访和行骗疑似残疾人进行教育引导。按程序新聘请法律顾问，对残疾人信访问题和维权事件提出法律指导意见。参加州司法局与州电视台联合举办的“普法微课堂”节目，节目向公众详细介绍残联组织的职责职能以及残疾人证办理、残疾人康复和残疾人就业创业重点工作的相关政策，现场解答残疾人拨打的热线电话，帮助残疾人了解更多的相关政策。2019年未发生重大信访和集体信访事件。

【残疾人“两项补贴”发放工作调整】 2019年2月14日，全国残疾人两项补贴信息系统启用，州、县两级残联按照文件要求，配合民政部门推动残疾人两项补贴系统投入使用。3月，印发《关于做好2019年度残疾人脱贫攻坚工作的通知》，在做好残疾人证核发、配合民政部门落实残疾人两项补贴制度、做好残疾人就业创业、培训实施技能扶贫等方面明确要求。7月，全州残联系统完成两项补贴工作的移交。7月25日，联合州民政局印发《州民政局、州残疾人联合会关于做好残疾人“两项补贴”发放调整后有关工作的通知》，要求各县市残联配合做好两项补贴发放，加强残疾人证办理、残疾人两项补贴等惠残政策宣传工作。8月26—28日，与州民政局到部分县市调研两项补贴工作。10月，向州民政局提供县市提供的残疾人证数据光盘，签订保密协议。

【东西部扶贫协作】 2019年，召开全州残联理事长工作会议，专题研究部署2019年度全州残联系统东西部扶贫协作工作。全州东西部扶贫协作专项资金用于残疾人扶贫632万元，带动贫困残疾人4724人。举办15期残疾人就业培训班、培训残疾人702人，选送39名残疾人到杭州进行的创业技能提升培训，结业后有多名残疾人在杭州就业，月工资6000多元。恩施杭州两地残联于5月、7月、11月分别在杭州、恩施召开3次东西部残疾人扶贫协作座谈会、推进会，签订《东西部残疾人扶贫协作框架协议》，进行实地考察，双方残联围绕就业助残、社会帮扶、人才培养、康复服务、全域合作等五大脱贫攻坚专项行动，明确扶贫举措和量化目标任务。其中，2019年7月24日，杭州市残联党组书记、理事长钟文静、副理事长胡红生及各区残联理事长一行11人到恩施州开展东西部扶贫协作交流，州残联组织召开杭州市—恩施州残疾人扶贫协作推进会议暨捐赠仪式。全州残联系统东西部扶贫协作工作进入州委对国务院扶贫验收工作汇报材料。

【助残服务及慰问活动】“六一”儿童节前夕，州残联看望慰问在康复机构训练的残疾儿童，送去慰问金30300元。元旦前夕，对恩施市4家康复机构的231名残疾儿童进行慰问，送去慰问金23100元。2019年春节期间，州残联对州直单位399名残疾人及残疾人家属进行慰问，发放慰问金11.97万元。开展2019年春节前州城集中走访慰问活动，不定期开展慰问走访残疾人活动，先后走访慰问残疾人自强创业典型陈兹方、恩施市特校参加第八届全省特教学校学生艺术汇演的残疾学生及部分家庭困难残疾人等。组织开展学雷锋志愿服务活动，利用“助残日”“爱耳日”“世界孤独症日”“残疾预防日”“国际残疾人日”等，组织开展形式多样的爱残助残活动。

（康　慧　万　芳）

法 治

政法委及综治

【概　况】 2019年，恩施州平安建设和政法工作在州委的领导和省委政法委的指导下，没有发生涉政案事件和群体性事件，各项政法工作取得进步。巴东县被国家信访局授予2019年度信访工作“三无”县市。群众安全感、公正执法满意度、矛盾纠纷调处成效率、“扫黑除恶”专项斗争成效率、公正执法满意度均进入全省前列。

【落实党对政法工作的领导】 学习贯彻《政法工作条例》。2019年，州委常委会研究讨论政法工作6次，举办坚持底线思维着力防范化解重大风险专题研讨班暨政法系统政治轮训，召开州委政法工作会议、州委县市党委书记平安稳定工作专题会议等，从全州发展全局和战略的高度研究部署政法工作。

【“迎大庆、保军运”安保维稳工作】 围绕为新中国成立70周年、第七届世界军人运动会创造安全稳定的环境，开展政治安全保卫、社会面防控、校园安全综合治理、应急安全保障等七大专项行动，完成“迎大庆、保军运”安保维稳工作。

【“扫黑除恶”专项斗争】 始终保持对黑恶势力严打高压态势，全年全州摧毁涉黑组织11个、恶势力集团23个、恶势力团伙132个，破获案件763起，刑拘1249人。

【基层基础工作】 州委将基层基础工作列入七届七次全会议题，州委办、州政府办印发《关于进一步加强基层社会治理推进平安恩施建设的决定》。每个乡镇（办事处）设综治中心，与政法办合署办公，由乡镇党委书记任主任，配1名副科级专职副主任、3—5名工作人员。各县市政府采取购买服务方式充实辅警和司法行政辅助人员，加强乡镇派出所、司法所力量。落实“一村一警”，每个村1名定补干部设为综治委员。

【见义勇为表彰】 2019年，经各县（市）平安建设部门组织申报和州委政法委、州见义勇为促进会研究，表彰奖励见义勇为事迹突出的个人和集体：授予赵代昌、王玉琼、朱敏、邓礼才、张秀权“2019年度恩施州见义勇为先进个人”荣誉称号，分别给予10000元奖励；授予以王鑫龙、王光全为代表的来凤县“7·31”抓获盗窃犯罪嫌疑人集体为“2019年度恩施州见义勇为先进集体”荣誉称号，给予10000元奖励。

（谭鹤玲）

公　安

【概　况】 2019年，全州公安机关落实全国、全省公安工作会议和州委七届四次、五次、六次全会部署要求，提升社会治理能力，履职尽责，较好完成各项公安保卫任务，维护全州政治、治安大局平安稳定。全州共有公安派出所104个，其中100个户籍派出所，4个治安派出所。

【政治工作】 2019年，抓好英才行动，开展“不忘初心、牢记使命”主题教育，购买读本、编印资料，全警学习研讨；聘请党校等名师教授，开展不同层级党课培训；以支部为单位，组织党员干部接受革命斗争主题教育，传承红色基因，引导全警“守初心、担使命，找差距、抓落实”。全州公安系统1人获评“湖北最美警察”，4个基层单位获评“全省公安机关群众满意的单位”，5名民警获评“全省公安机关群众满意的民警”，2个基层单位获评全省公安机关创建“枫桥式公安派出所”成绩突出集体，3名民警获评创建“枫桥式公安派出所”成绩突出个人。警务工作与教育训练“双线作战”，组建15人警事教育训练教官团队，开展各层级培训148场次，轮训4658人。坚持在实战中锻炼培养干部，州局提拔重用在驻村扶贫、“扫黑除恶”、重大安保等工作中表现优异、成绩突出民警13人。

【社会管理】 2019年，全州公安机关按照《恩施公安派出所主动警务二十二条》要求，以派出所为单位，组织村居干部、社区网格员、驻村扶贫“尖刀班”等力量，排查各类矛盾纠纷2855起，妥善调处化解2570余起。推动“一标三实”基础信息采集，全州采集实有人口信息2924988条、实有单位信息64897条、实有房屋信息2052785条、从业人员信息292039条。推进“公民安全法治学校”建设，为全州104个公安派出所加挂“公民安全法治学校”牌子。

【信访工作】 2019年，全州公安信访工作接待来信来访1984件次，排查梳理信访积案25件，其中部督1件化解1件，省督3件化解2件，州督22件化解16件。受理上访过程中违法犯罪案件16件，其中立刑事案件6件，起诉5人；受理行政案件10件，行政拘留12人。

【打击犯罪】 2019年，全州立刑事案件8809起，破各类刑事案件1663起，抓获各类刑事犯罪嫌疑人2380人。现行命案发案16起全破，抓获历年命案逃犯5名，带破命案积案3起；破获跨两省传统盗抢骗系列案件3串，抓获盗抢骗嫌疑人4人；打掉电信诈骗窝点9个，刑拘电信诈骗嫌疑人107人。打击治理电信网络和“黑广播”新型违法犯罪。2019年，全州立电信网络诈骗案件1928起，成功办理“杨某被诈骗案”等一系列有影响的电信诈骗案件。抓获部督逃犯来凤籍徐某，抓获省督逃犯恩施籍谭某、利川籍朱某。

【经侦工作】 2019年，开展打击传销行动。立案8起，破案6起，刑拘39人，逮捕37人，移诉38人，涉案金额520732万元，查封、扣押、冻结资产752.93万元，取缔传销窝点6个。打击非法集资专项行动，成功侦办“巴东县陈某涉嫌集资诈骗案”“恩施市某汽车服务有限公司涉嫌非法吸收公众存款案”“恩施某网络科技有限公司涉嫌非法吸收公众存款案”，成功化解“利川市某广告传媒有限公司涉嫌非法吸收公众存款案”。

【安全监管】 2019年，部署开展客运车辆行车安全随车“大暗访”行动，督促整改问题隐患2000余条；创新推进生命防护工程建设，全州安装防撞软墙8万余米、挡车器551处、爆闪灯和黄闪灯600余个，避免伤亡交通事故70余起；落实“公安派出所主动警务二十二条”，组织群众观看《拒绝自杀式骑行》《摩托车之殇》等警示微视频；常态开展骑乘摩托车不戴头盔、开车接打电话、不系安全带、酒驾、毒驾等交通违法治理。通过“平安恩施”微信公众号推出警示案例118条，受警示群众90余万人次，直接挽损300余万元。推进“雪亮工程”建设，全州新建高清探头1万余个。开发“恩施州交通管理应用平台”手机APP，组织民辅警“家访”重点驾驶人并严格考核。

【出入境管理】 2019年，管理临时入境人员11200人。其中外国人1193人，港澳台10007人。常住外国人177人。审批出入境申请184157人次。其中，审批护照申请62076人次，审批内地居民往来港澳地区申请55505人次，审批内地居民前往港澳定居申请54人次，审批大陆居民往来台湾地区申请13123人次，审批往来港澳台再次签注申请53152人次，审批签发外国人签证、居（停）留证件247人次。全州国家工作人员备案情况新增13785人、撤销7587、修改12711人，在库57097人。

【网络安全工作】 2019年，全州网安工作加强侦查打击和执法管理，加大对重点违法有害信息清理整治和重点联网单位执法监督检查，办理涉网主侦立案5起，开展安全检查1000余次，加大对15类主侦案件及网络赌博、网络淫秽色情、跨境网络犯罪案件的侦办力度。

【禁毒工作】 2019年，深化禁毒专项行动和“破小案”工作，打掉电信诈骗窝点11个，破获涉毒刑案126起，打掉涉毒团伙15个，强制隔离戒毒372人、社区戒毒368人。

【全州公安工作会议】 2019年7月8日，全州公安工作会议召开，州委书记柯俊出席会议并讲话，会议传达全国、全省公安工作会议精神。

（胡　源）

检　察

【概　况】 2019年，全州检察机关批捕各类刑事犯罪2045人，起诉3528人，不捕308人、不诉468人。适用认罪认罚从宽制度办理案件1576件2180人。对652人提出幅度型量刑建议，对706人提出确定型量刑建议，适用速裁程序办理案件311件。监督侦查机关立案96件、撤案43件。监督纠正漏捕73人、漏诉123人。监督纠正侦查活动违法情形126件次。对确有错误的刑事判决提出抗诉27件。监督纠正财产刑执行不当38件，监督纠正刑罚执行和监管活动违法情形136件次，办理民事审判程序违法、执行活动违法监督案件65件，提出检察建议39件。办理羁押必要性审查188件，提出释放或变更强制措施建议111件，开展特赦监督，发出特赦检察意见62件。结合办案针对社会治理存在的管理漏洞发出检察建议60余件。办理生效民事裁判、调解书申请监督案件153件，对确有错误的生效裁判提出抗诉6件，发出再审检察建议21件。办理行政审判程序违法、执行活动违法监督案件31件，发出检察建议26件。办理生效行政裁判监督案件23件，监督行政机关依法申请强制执行和审判机关依法审查办理28件，发出检察建议24件。受理监察机关移送审查起诉103人，依法起诉67人，立案查处司法工作人员利用职权实施的侵犯公民权利、损害司法公正案件3件3人。办理公益诉讼案件340件，发出诉前检察建议291件。对经过诉前程序仍未履职到位的，依法提起行政公益诉讼4件，刑事附带民事公益诉讼8件。受理群众来信387件，邀请律师参与接访、组织公开听证、公开答复14件次。12个集体、26名个人获省级以上表彰，其中6名干警获国家级表彰、4名干警入选省级检察人才库，恩施市检察院被表彰为“全国巾帼文明岗”、州检察院第七检察部被表彰为“全省青年文明号”。

【维护平安稳定】 履行批捕、起诉职能，依法严惩各类刑事犯罪。批捕各类刑事犯罪2045人，起诉3528人，同比上升21.9%。严厉打击故意杀人、故意伤害等严重暴力犯罪133人。依法从严从快办理恩施市白杨坪“9·2”故意杀人案。严厉打击“两抢一盗”等侵财类犯罪403人、毒品犯罪200人。依法对建州以来最大生产制毒物品案19名被告人提起公诉。牢记检察官既是犯罪的追诉者，也是无辜的保护者，秉持客观公正立场，依法不捕308人、不诉468人，实现打击犯罪与保障人权的有机统一。

【“扫黑除恶”专项斗争】 保持高压态势，批捕黑恶犯罪案件61件145人，对涉恶案件提起公诉30件157人，对涉黑案件提起公诉7件108人，依法起诉中央挂牌督办的“4·11”“5·26”以及省挂牌督办的“5·10”等重大涉黑专案。把依法客观公正办案作为立足点，加强审前主导和过滤作用，对侦查机关以涉黑涉恶移送审查起诉的，依法不予认定46人，未以涉黑涉恶移送的，依法认定11人，纠正漏捕12人、漏诉24人，确保“黑恶犯罪一个不放过、不是黑恶犯罪一个不凑数”。把“打财断血”作为着力点，通过加强监督，查明“4·11”案件“黑财”（黑社会性质组织的非法聚敛所得财产）4000余万元。把“打伞破网”作为关键点，重拳打击黑恶势力犯罪“保护伞”，起诉7人，依法移送“保护伞”线索68条。把重点行业领域整治作为结合点，深刻剖析黑恶犯罪反映出的社会治理问题，向有关部门发出检察建议14份。

【防范化解重大风险】 开展防范化解重大风险专项工作，做好检察环节防风险、护稳定工作。组建9个金融案件专业办案组，精准打击涉众型经济犯罪及破坏金融秩序犯罪，批捕非法集资、金融诈骗、传销等犯罪58人，起诉63人。及时提前介入，依法批捕起诉涉案人数多、金额大的建始“3·14”传销案，做好风险矛盾化解工作。参与社会治理，落实最高检“三号检察建议”，追赃挽损和维护社会稳定有机结合，清除金融风险引爆点。

【助力脱贫攻坚】 选派120名干警驻村攻坚，对口帮扶25个贫困村、1803户贫困户。以“党建+脱贫攻坚”模式助力精准脱贫。发挥检察职能，以“司法救助+精准脱贫”模式办理扶贫领域司法救助案件40件53人，同比分别上升150%和194.4%，发放司法救助金82.56万元，同比上升231%。

【服务民营企业发展】 落实“新鄂检十条”，加大对民营企业的平等保护力度。严惩侵害民营企业合法权益案件69件。开展涉民营企业案件立案监督和羁押必要性审查专项活动，依法监督纠正不当立案5件，变更强制措施22人，依法不捕17人、不诉29人，防止案子办了，企业垮了。建立涉民营企业案件“绿色通道”，持续开展服务非公经济和创新驱动发展专项活动，主动走访民营企业，送法上门，问计问需，解答企业涉法问题28个，提供意见建议43条。

【刑事检察】 找准监督重点，加强对立案、侦查、审判、执行各环节的法律监督，构建依法监督、同步监督、合力监督大格局。监督侦查机关立案96件、撤案43件。监督纠正漏捕73人、漏诉123人。监督纠正侦查活动违法情形126件次。对确有错误的刑事判决提出抗诉27件。开展监狱巡回检察4次，审查减刑、假释、暂予监外执行案件236件，监督纠正财产刑执行不当38件，监督纠正刑罚执行和监管活动违法情形136件次。开展社区矫正专项检察监督，建议收监执行9人，办理羁押必要性审查188件，提出释放或变更强制措施建议111件，开展特赦监督，发出特赦检察意见62件。增强检察建议刚性，结合办案针对社会治理存在的管理漏洞发出检察建议60余件，督促相关部门进行整改，使检察建议成为“祛病除根”、标本兼治的良方，实现“监”到点，“督”到位。

【民事检察】 准确把握人民群众司法需求，提高民事检察监督精准性。办理民事审判程序违法、执行活动违法监督案件65件，提出检察建议39件。办理生效民事裁判、调解书申请监督案件153件，对确有错误的生效裁判提出抗诉6件，发出再审检察建议21件。对裁判正确的115件民事案件做好服判息诉工作，坚决维护司法权威。出台虚假诉讼案件线索移送机制，监督纠正虚假诉讼案件5件，移送线索5条。咸丰县检察院办理的常某、谭某某、刘某民间借贷纠纷虚假诉讼监督案被评为全省检察机关十大虚假诉讼监督优秀案件。建立民事行政诉讼监督案件专家咨询委员会，提升精准监督能力。

【行政检察】 促进依法行政，提高行政检察监督主动性。办理行政审判程序违法、执行活动违法监督案件31件，发出检察建议26件。办理生效行政裁判监督案件23件，同比上升109.1%。深化行政非诉执行专项监督，监督行政机关依法申请强制执行和审判机关依法审查办理28件，发出检察建议24件，确保行政决定执行到位。

【公益诉讼】 办理“五大领域”公益诉讼案件340件，发出诉前检察建议291件。对经过诉前程序仍未履职到位的，依法提起行政公益诉讼4件、刑事附带民事公益诉讼8件。突出监督重点，持续开展环境资源保护、食品药品安全领域公益诉讼专项监督，办理环境资源保护领域案件237件，宣恩县龙洞水库生态环境保护公益诉讼案被评为全省检察机关长江流域生态保护公益诉讼十大典型案例，办理食品药品安全领域案件35件，开展治理“泔水猪”及农药领域公益诉讼专项行动，持续守护千家万户舌尖上的安全。拓展监督范围，落实省人大常委会《关于加强检察公益诉讼工作的决定》，办理安全生产、文物和文化遗产保护、电信互联网涉及众多公民个人信息保护等领域公益诉讼案件25件。更新监督理念，将诉前程序作为维护公益的最佳状态，推动行政机关主动履职纠错，行政机关法定期限内整改率达99%，形成严格执法和公正司法的良性互动。督促恢复被毁损、占用林地耕地40公顷，恢复治理被污染水源地60公顷，清理被污染水域面积113.33公顷。

【未成年人检察】 对侵害未成年人犯罪坚持零容忍，依法批捕88人、起诉152人，依法建议法院对强奸、猥亵未成年人的51名被告人予以从重处罚。高度重视未成年被害人救助工作，州检察院办理的康某某故意杀人“一站式救助”被害人案件被评为全省检察机关未成年人保护十大典型案例。精准适用未成年人犯罪特别程序，依法不捕36人、不诉61人。持续落实最高检“一号检察建议”，与相关部门形成保护未成年人工作合力。开展“法治进校园”活动，选派55名员额检察官担任中小学法治副校长。

【职务犯罪检察】 在反腐败斗争中发挥检察作用，受理监察机关移送审查起诉103人，依法起诉67人，其中县处级以上干部7人。履行法律赋予的直接立案侦查权，对由检察机关侦查的14类职务犯罪优化侦查体系和工作机制，立案查处司法工作人员利用职权实施的侵犯公民权利、损害司法公正案件3件3人。

【检察窗口建设】 尊重和保障律师执业权利，全面推行电子卷宗、网上预约，设置专门的律师通道和会谈室，为律师阅卷、调查取证提供便利。自觉将“群众来信件件有回复”落到实处。受理群众来信387件，同比上升101.6%，均做到当日受理、当日录入、当日转办，实现七日内程序性回复100%。落实“谁执法谁普法”责任制、首办责任制、领导包案等制度，三个月内办理过程或结果答复100%。对不符合受理条件或审查后不支持的案件，耐心释疑解惑，邀请律师参与接访、组织公开听证、公开答复14件次，促进案结事了。

【内设机构改革】 应对检察职能调整，以内设机构改革推动工作创新发展，坚持一件事情由一个机构负责到底原则，按照刑事、民事、行政、公益诉讼检察案件类型，调整形成“四大检察”“十大业务”法律监督总布局。州检察院检察业务机构规范设置为第一至第八检察部。政法专项编制51—100名的县市检察院内设机构为“8+1”模式［第一检察部、第二检察部、第三检察部、第四检察部、第五检察部、第六检察部、司法行政事务管理局（办公室）、政治部，司法警察大队］，政法专项编制50名以下县市检察院内设机构为“5+1”模式［第一检察部、第二检察部、第三检察部、司法行政事务管理局（办公室）、政治部，司法警察大队］。改革后，机构设置统一规范，专业化突出。充分考虑批捕、起诉职能的关联性，推进“捕诉一体”，坚持同一案件的审查批捕和审查起诉工作由同一个检察官或办案组负责到底，实现捕诉有机衔接。全州检察机关搭建“捕诉一体”办案单元105个，批捕、起诉审查时间大幅缩短，案件退查率降低28.3%。

【认罪认罚从宽制度改革】 推进以审判为中心的刑事诉讼制度改革，发挥检察机关主导作用，推进认罪认罚从宽制度落实，化解矛盾、减少戾气、提升效率。适用认罪认罚从宽制度办理案件1576件2180人。对652人提出幅度型量刑建议，对706人提出确定型量刑建议，量刑建议采纳率为78.22%。适用速裁程序办理案件311件。

【司法体制综合配套改革】 修订完善检察官业绩考评办法、司法责任认定追究机制，建立与检察官主导地位权责一致的监督管理机制。加强员额动态管理，明确应当退出员额的情形，新遴选员额检察官9名，退出8名，形成能进能退的动态管理机制。入额院领导办案常态化，两级院领导办案1310件，其中重大疑难复杂案件131件，列席法院审委会12次。开展流程监控2429次，案件质量评查2124件，及时纠正办案瑕疵12起。

【检察队伍建设】 抓好系统内巡视巡察，自觉接受省检察院巡视，针对问题制定139项整改措施，对2个县市院党组开展系统内巡察。开展全州检察机关“强责任、强管理、强纪律”队伍整训。通报系统内违纪违法典型案例，常态化开展教育整顿、以案促改活动。开展落实“三项规定”专项监督检查，如实填报过问或干预、插手检察办案情况。整治形式主义、官僚主义，制定为基层减负8条措施，切实减轻基层负担。突出专业导向、专业能力和专业精神，开展岗位练兵和业务培训。落实领导干部上讲台、检察官教检察官制度，与相关部门开展联合培训，开展各类业务培训176次，培训1505人次。2019年，全州检察机关12个集体、26名个人获省级以上表彰，其中6名干警获国家级表彰、4名干警入选省级检察人才库，恩施市检察院被表彰为“全国巾帼文明岗”、州检察院第七检察部被表彰为“全省青年文明号”。

【接受监督】 接受人大代表、政协委员、人民监督员和社会各界监督。认真办理代表、委员提出的建议提案，专题向州人大常委会汇报建议办理情况。重视代表、委员联络工作，邀请3名全国人大代表参加最高检专题调研座谈。邀请230名各界人士参加检察开放日活动。邀请人民监督员参与案件公开审查、巡回检察、法律文书宣告送达等556件次。主动公开案件程序性信息4345条、法律文书1963份。在各类媒体发稿1600余篇。

（万莞榕）

法 院

【概 况】 2019年，全州受理各类案件67526件，居全省第4位，同比上升14.93%；结案64882件，居全省第4位，同比上升16.42%；法官人均结案210件，居全省第4位，同比上升17.32%；结案率96.08%，居全省第3位，同比上升1.22个百分点。州中院受理各类案件5174件，同比上升8.36%；结案5030件，同比上升8.78%；结案率97.22%，同比上升0.38个百分点。全州法院获得省级以上表彰、奖励39项，司法改革、审判管理、队伍建设、信息调研等多项工作在全省法院作经验交流。

【刑事审判】 审理各类刑事案件3376件，同比上升12.76%。严厉打击邪教组织、把持基层政权等犯罪，维护国家政治安全。对故意杀人、抢劫、强奸等暴力犯罪保持高压态势，严惩重大责任事故、危险驾驶等危害公共安全犯罪。参与禁毒斗争，审理涉毒犯罪案件187件，遏制毒品犯罪蔓延态势。依法打击生产、销售“毒油条”“毒麻辣烫”等食品药品安全犯罪，保障群众“舌尖上的安全”。推进反腐败斗争，审理职务犯罪案件83件。落实国家主席特赦令和全国人大常委会特赦决定，依法裁定特赦服刑罪犯60人。加强刑事司法人权保障，贯彻宽严相济刑事政策，判处拘役、管制、缓刑1007人，免予刑事处罚30人。落实罪刑法定、疑罪从无原则，对不构成犯罪的9名被告人依法宣告无罪。

【民事审判】 深化家事审判方式改革，与妇联等单位建立沟通联络机制，设立专业化审判合议庭、诉前调解室，审理婚姻家庭、抚养继承等家事纠纷案件6456件。关注教育、就业、医疗、住房等民生诉求，妥善审理追索赡养费、抚养费等涉及群众基本生活保障的案件。促进军政军民团结，建始县法院民一庭被最高人民法院评为“全面停止军队有偿服务工作先进集体”。加大司法救助力度，为符合条件的当事人缓减免诉讼费845.6万元，发放救助金312.6万元。

【行政审判】 监督行政机关依法行使职权，审理各类行政案件1544件，同比上升22.93%。坚持保护相对人合法权益与支持地方发展并重，做好协调和解工作，164件行政案件的原告主动申请撤诉。落实行政机关负责人出庭应诉制度，出庭应诉率94.11%。依法审理国家赔偿案件7件，决定赔偿金额9.6万元，维护赔偿请求人合法权益。延伸行政审判职能，参与党委、政府重大政策、项目的研究论证，提供司法建议和法律服务。

【案件执行工作】 受理执行案件22266件，同比上升26.66%，实际执结率、执行完毕率等多项指标居于全省法院前列，通过“基本解决执行难”第三方评估验收。开展“规范执行年”活动，建成统一的执行办案、指挥管理平台，对案件实行全流程监管，提升执行质效。解决财产变现难题，运用网络司法拍卖平台拍卖1976件，成交额6.73亿元。加强司法强制措施的综合运用，实施司法拘留580人，罚款149人，以拒不执行判决、裁定罪追究刑事责任31人，推动社会诚信体系建设。

【“扫黑除恶”】 审理一审涉黑案件10件115人，涉恶案件48件250人，依法审理中央、省扫黑办挂牌督办的严某组织、领导黑社会性质组织案。注重办案质效，推进以审判为中心的刑事诉讼制度改革，执行涉黑涉恶案件证据收集指引规则，石某某组织、领导黑社会性质组织案入选全省法院“扫黑除恶”十大典型案例。落实“打财断血”部署，制定《关于加大黑恶势力刑事案件财产处置力度的十条措施》，判处财产刑和追缴违法所得2427.3万元。贯彻“打伞破网”要求，严惩黑恶势力“保护伞”，移送涉黑涉恶犯罪线索35条46人，提出司法建议6件。加大打击宣传力度，对刘某某组织、领导黑社会性质组织案等重大案件进行集中宣判、宣传，回应社会公众的关注。《人民法院报》以“重拳出击从严惩处”为题报道州法院“扫黑除恶”工作。

【维护安全稳定】 建立重大敏感案件分析研判、信息专报机制，依法审理来凤安普罗公司非法吸收公众存款案，谢某某、龚某某等非法吸收公众存款案，李某恶势力团伙实施“套路贷”违法犯罪活动案等关乎群众切身利益、社会影响重大的涉众型经济犯罪案件23件。妥善做好恩施州金之易置业公司、湖北恒海置业公司等破产案件的依法审理、矛盾化解和信访工作，实现办案政治效果、法律效果和社会效果的统一。完善律师参与涉诉信访工作机制，348名律师为信访当事人提供法律咨询、诉讼指导，推动涉诉信访工作走上法治化轨道。

【服务三大攻坚战】 严厉打击破坏金融管理秩序、金融诈骗等违法犯罪活动，做好金融借款、民间借贷、融资租赁等纠纷的审理与研判，审理相关案件12327件，防范化解金融风险。重视环境资源保护，建立公益诉讼预审制度，依法支持检察机关、社会组织提起环境公益诉讼，审理环境资源案件200件。推进脱贫攻坚，州中院选派2名院领导、13名干警脱产驻村，全面落实各项工作任务，脱贫 308 户 1148 人。

【法治化营商环境建设】 依法审理破产案件 53 件，推动建立常态化“政府法院破产统一协调机制”和企业破产援助专项资金，构建政府主导风险管控与事务协调、法院主导司法程序的一体化工作模式。成功办理恩施市康世道酒店公司、恩施州新旺牧业公司、恩施山寨皮革公司等破产重整案，化解债务 9.89 亿元；湖北长友现代农业公司破产重整案获评全省法院五大典型破产案例。制定《关于为民营经济发展提供司法保障和服务的意见》《优化营商环境评价指标的实施细则》，营造公平公正的营商环境。尊重市场主体的意思自治，审理合同、证券、保险、知识产权等纠纷案件 24455 件，标的额 57.18 亿元。重视经济发展中的新矛盾、新问题，审理涉房地产开发、建设工程纠纷案件 2308 件，促进房地产市场规范有序发展。开通服务企业“绿色通道”，构建快立快审快执工作机制，依法惩治危害经济发展的违法犯罪活动，保护企业合法权益和正常生产经营，为实体经济发展保驾护航。

【参与社会治理】 发挥调解机制在妥善化解纠纷、节约司法资源、提高办案效率等方面的作用，全州法院民事一审案件调撤率 63.95%。与职能部门联合在乡镇设立调解工作委员会，从村医村教、退休干部中聘请特邀调解员，构建逐层调解、共同调解、能动调解的多元化调解工作格局。开通“人民法院调解平台”，打通线下线上多种渠道，将矛盾化解关口前移，从源头上减少各类纠纷。实施分调裁机制改革，制定《民商事案件分调裁工作实施办法（试行）》，实现案件繁简分流、轻重分离、快慢分道。发挥人民法庭参与社会治理的前沿阵地作用，制定《关于进一步加强人民法庭管理的规定》，主动融入矛盾纠纷层级调处，提升社会治理法治化水平。

【法治宣传】 坚持以公正司法引领社会价值判断，注重在案件办理中释法明理，发挥庭审活动、法律宣讲、司法案例在普法宣传方面的作用，促进公民法治意识提升。落实“谁执法谁普法”要求，运用网站、微博、微信等发布司法动态、案件信息，弘扬社会主义法治精神。落实法治进社区、进校园、进扶贫村要求，通过开展“法院开放日”“国家宪法日”“模拟法庭”等活动，培育和践行社会主义核心价值观。

【司法为民】 推进“一站式诉讼服务中心”建设，启用“湖北移动微法院”“湖北法院诉讼服务网”，构建跨域立案、网上立案、网络缴费、电子送达一体化诉讼服务平台。开通农行掌银 APP、微信、支付宝等移动支付功能，为当事人缴纳诉讼费提供便利。运用微信平台送达、调解，为外出务工人员提供在线法律服务。开展巡回审判和就地办案，形成以人民法庭为点、巡回审判为线、全面覆盖的司法服务网络。

【司法责任制】 落实独任法官、合议庭依法独立行使审判权的要求，突出法官办案主体地位，实行团队负责人和法官双向选择，优化审判资源配置。加强对“四类案件”的监管，实现放权与有效监管相统一。加强办案督导，对结案低于团队人均办案数 80% 的法官进行约谈。注重示范引领，两级法院院庭长办案数占全部案件的 60.46%。完善法律统一适用机制，发挥专业法官会议、审判委员会的把关职能，促进严格公正司法。统筹推进配套改革，完成基层法院内设机构改革，将 85% 以上的人员力量充实到审判执行一线。深化人员分类管理和干部人事制度改革，推动建立法官、法官助理、司法警察、书记员单独职务序列。

【接受监督】 自觉接受人大监督、民主监督，定期向党委、人大及其常委会报告工作，认真抓好审议、决议意见的贯彻落实。加强日常沟通联络，邀请代表和委员出席会议、旁听庭审、见证执行 370 人次，增进对法院工作的了解和支持。认真办理建议提案，对州人大、州政协交办的 6

件建议提案全部办结回复，对代表、委员提出的意见建议，召开专题会议进行研究，并转化为工作举措。

【政治思想建设】 贯彻《中国共产党政法工作条例》，落实意识形态工作责任制，加强法院党的建设，以提升组织力为重点，增强党支部的凝聚力和战斗力。将主题教育与学习老英雄张富清、庆祝新中国成立70周年等相结合，举办全州法院主题演讲比赛，组织学习研讨活动39次，撰写心得体会、征文175篇。

【廉洁司法】 开展“以案为戒、正风肃纪”“突出问题集中整治”“以案促改”等专项整治活动，通过集体廉政谈话、全员自查自纠、逐项整改落实，推动全面从严治党落到实处。完善审判监督制约机制，规范法官自由裁量权的行使，防止审判权、执行权滥用。坚持以发现问题为导向，围绕领导班子建设、廉洁办案、工作作风、财物管理等重点，完成恩施、咸丰、来凤、利川四个县市法院的司法巡查，发现6类18个问题，并全部整改到位。

【荣　誉】 2019年1月9日，咸丰县人民法院被最高人民法院表彰为“全国优秀法院”；2月28日，宣恩县人民法院被省高级人民法院、省人力资源和社会保障厅表彰为“全省先进法院”；2月28日，咸丰县人民法院坪坝营人民法庭被省高级人民法院、省人力资源和社会保障厅表彰为“全省先进法庭”；2月28日，鹤峰县人民法院司法行政科被省高级人民法院、省人力资源和社会保障厅表彰为“全省先进法院”；3月19日，恩施市人民法院龙凤法庭被全国妇联表彰为“全国巾帼文明岗”；7月30日，州中级人民法院被最高人民法院评为“第一届全国法院审判管理‘优秀业务单位’”；12月26日，建始县人民法院被最高人民法院、人力资源和社会保障部表彰为“全国法院‘基本解决执行难’工作先进单位”；12月30日，州中级人民法院刑事审判第二庭被全国妇联表彰为“全国维护妇女儿童权益先进集体”。2月28日，恩施市人民法院张勇（逝世）被省高级人民法院、省人力资源和社会保障厅表彰为“全省优秀法官”；6月30日，州中级人民法院崔华被最高人民法院表彰为“2019年全国‘两会’期间涉诉信访工作先进个人”；7月5日，州中级人民法院史常富被最高人民法院表彰为“全国法院调研工作先进个人”；12月30日，宣恩县人民法院长潭河法庭范韬被全国妇联表彰为“全国维护妇女儿童权益先进个人”。

（杜　靖）

司法行政

【概　况】 2019年3月，根据州委的统一安排部署，州委法治办、州政府法制办与州司法局三家机构完成职能整合，组建全面依法治州委员会办公室，设在州司法局，主要承担统筹全面依法治州工作，履行行政立法、行政执法、刑罚执行和公共法律服务4项职能。直属机构：社区矫正工作局，二级单位：州强制隔离戒毒所。全州执业律师605人，实习律师104人，公证员16人，基层法律服务工作者146人，司法鉴定人57人。2019年，全州公共法律服务标准化建设项目，被省标准化工作领导小组列为省级社会管理和公共服务综合标准化试点单位；省委、省政府决定授予州司法局为“第二届湖北改革奖（单位奖）”荣誉称号；州司法局被省委省政府表彰为第三届“人民满意的公务员集体”。州司法局还先后获得全国维护妇女儿童权益先进集体、全国“七五”普法中期先进集体、2019年全国法律职业资格考试先进集体称号。

【全面依法治州】 2019年5月，州委全面依法治州委员会召开第一次会议，审定出台《州委全面依法治州委员会工作规则》《州委全面依法治州委员会协调小组工作规则》和《州委全面依法治州委员会办公室工作细则》，组建州委全面依法治州委员会立法协调小组、执法协调小组、司法协调小组、守法普法协调小组等。6月，州人大常委会组织法治政府建设专项视察。10月，州委全面依法治州办牵头组织对全州8县（市）开展法治政府建设、优化法治化营商环境专项督查。

【行政立法】 2019年，完成《恩施土家族苗族自治州物业管理办法》《恩施土家族苗族自治州房屋安全管理办法》初审及《恩施土家族苗族自治州农业生产化学投入品管理办法》的征求意见工作；完成涉及公共资源交易制度的州政府规章的清理工作。协同完成《恩施土家族苗族自治州饮用水水源地保护条例》《恩施土家族苗族自治州传统村落和民族村寨条例》等人大立法2部。参与《民法典（婚姻家庭编、继承编）》等5次立法调研活动，完成《湖北省科技成果转化实施办法》等18件立法征求意见工作。完成《恩施土家族苗族自治州旅游资源统筹管理办法（修订）》《恩施土家族苗族自治州残疾儿童康复救助实施办法》《州人民政府关于严禁“低慢小”飞行器在恩施机场净空保护区内违法违规飞行的通告》等5件州政府规范性文件的合法性审查，完成《恩施航空航线专项资金管理暂行办法》《恩施州生态环境损害赔偿制度改革工作实施方案》等74件州政府一般性文件的合法性审查工作。

【行政执法监督】 推动出台《恩施州行政执法行为规范》，统筹推进全州各级行政执法机关开展“三项制度”改革工作。建立健全行政执法各项制度，完成对州直及各县市行政执法部门892人的资格审查工作，办理临时执法证件310件。

【行政复议】 收到行政复议申请33件，办结复议案件33件，其中作出不予受理决定7件，撤销、确认违法、责令履行14件，维持10件，驳回1件，终止1件。收到应诉案件33件，开庭审理15件，判决、裁定14件。全国行政复议工作平台录入案件112件，占全省录入案件总数的5.65%，全省排名第四。

【律师工作】 2019年5月，州律师行业党委组建由28个律师事务所52名律师党员组成的“恩施州律师党员先锋队”；6月，全州律师行业开展党建规范化建设年及“不忘初心·牢记使命”诗词朗诵活动。9月，结合“不忘初心、牢记使命”主题教育，州律师行业党委召开律师行业意识形态工作暨警示教育专题会议。开展“三学三知”、“扫黑除恶·飓风扫毒”、法治讲座等宣传活动，律师进行相关法律法规政策宣传562场次，开展“以案释法”92场次，法治宣传受众10.06万人次。

【“扫黑除恶”】 以“不忘初心、牢记使命”主题教育巡回指导为契机，组织工作专班对全州涉黑恶案件的辩护代理情况开展督查。全年有284名律师完成455起案件的备案工作，其中州外69名律师备案68起案件。组织69人次前往人民法院对部分庭审进行旁听，做好在庭审现场对辩护律师的监督指导工作。

【法治营商环境】 2019年10月，州委副书记、州长刘芳震到州司法局专题调研营造法治化营商环境工作；印发《清理取消无谓证明事项工作方案》，组织48个单位开展清理整治“奇葩证明”问题专项行动，清理出建议取消的证明事项12项；推动出台《恩施州推进法治化营商环境建设实施方案》，选调211名律师组建州非公有制企业法律服务库，对285家民营企业开展法治体检，提出加强民营企业内部治理建议226条、出具法律意见书117份、审理合同695份。

【人民调解】 坚持需求导向，将人民调解进接待大厅、参与化解信访矛盾纠纷工作纳入全州信访体制改革项目目录。全年州、县两级信访接待大厅人民调解工作室现场化解信访矛盾1400余件。贯彻落实州委、州政府《关于坚持和发展“枫桥经验”加强新时代人民调解工作的意见》，推进人民调解员专职化建设，全州有专职人民调解员1580名，占调解员总数的15.3%。全州调解案件总数13251件，调解成功12644件，涉及金额15045万元。

【普法与依法治理】 推进普法依法治理工作，鹤峰县、恩施市获全国法治创建先进县市，州司法局获全国法治宣传先进集体，利川、咸丰、宣恩和23家单位、18名个人获全省“七五”普法中期先进县市、先进集体和个人。组建州融媒体中心，录播“法治恩施”电视专栏40期，刊发“法治恩施”报纸专栏14期，播放广播剧普法微课堂48期，在省司法行政网用稿90余篇、湖北法治网用稿30余篇，司法部、中国扶贫网、中国普法公众号、中新网、《法制日报》、湖北普法公众号等省部级媒体用稿39篇。

【强制隔离戒毒】 加强强制隔离戒毒安全稳定研判分析，开展12次全面警务督察，举办“落实两会安保工作，戒毒人员春节整训”和“‘感恩父母，重塑自我’母亲节亲情帮教”等主题教育活动，自2019年1月22日首批公交车、出租车司机到所开展禁毒教育起，全年40批近3000人、州直110多个单位1650多名干部职工到州强制隔离戒毒所接受禁毒预防教育。走进4个县市的20所学校开展“禁毒宣讲进校园活动”，师生参与人数2.2万人。

【社区矫正】 严格执行社区服刑人员报告、外出、进入特定场所、居住地变更等审批管理制度，百日安全稳定攻坚战期间，摸排社区服刑人员16000余人次，走访严管对象及重点社区服刑人员4200余人次，确定重点社区服刑人员84人，开展社区矫正工作检查暗访23次，发现问题57个，制定整改措施62条。组建社区矫正义务普法宣传队，全州社区矫正义务普法宣传队发放交通安全宣传册和“扫黑除恶”宣传册各4万份。

【安置帮教】 坚持衔接登记制度和每天排查制度，排查走访刑满释放人员21235人次，排查重点帮教人员1320人次。严格落实重点对象帮教责任人和帮教专班成员，高危对象做到“一人一专班”“一天一研判”，B和C类对象做到“一月一走访”，一般帮教人员做到“一个季度一走访”。

【司法所工作】 全面推进司法所规范化建设，按照“硬件更硬、软件不软”的要求，推进统一规范办公场所、统一标识标牌、统一工作制度和公示内容、统一规划功能区域等司法所“四统一”规范化建设。争取落实司法行政辅助人员，全州90个司法所配备253名辅助人员，2019年新增152人，所均4.9人，在全省第三个完成3人所配备任务。

【公共法律服务】 加强公共法律服务队伍建设，办理律师及律师事务所相关行政许可初审59件；开展人民监督员培训，选任人民陪审员959名，完成办理法律援助案件5251件、完成法律援助事项3785件，挽回各类经济损失9210万元；办理各类鉴定案3777件，办理公证6047件。

（黄泽涛）

监狱管理

【概　况】 2019年，湖北省恩施监狱抓好监管安全、队伍安全、生产安全，监狱获全省监狱系统大练兵活动组织奖，刘巍获个人嘉奖；被省监狱管理局授予党建工作先进单位，年度工作目标责任制考核先进单位；被州委、州政府授予“2017—2018”年度州级最佳文明单位，州委政法委员会授予2019年度综治（平安建设）工作优胜单位。外宣刊稿60余篇次，社会媒体和上级信息平台先后30余次宣传展示监狱改造成果；“感恩教育”活动被司法部《黄丝带》刊载；职业技能培训、云课堂微课堂师资、讲好湖北监狱故事改造短片等4个单项工作被省监狱局授予“先进单位”。

【监管安全】 做好司法部驻检查组检查工作，接受省检察院巡回检察，开展安全与执法安全隐患整改。对监狱AB门管理系统、门禁系统、会见室安保升级建设、围墙周界及监舍楼报警系统、老监舍墙门窗锁等监管安全设施进行升级改造；以安全工作为中心，突出重要时段，开展5次节前安全大清查行动、4次“两警”联合处突演练，确保重要节点监狱绝对安全。在狱内开展“扫黑除恶”专项活动，加强涉黑涉恶罪犯的个人物品、岗位设置、互监包夹等管理，为各级政法机关提供有价值的涉黑涉恶线索14条，开展打击“狱内再犯罪”专项活动，罪犯违规违纪率较上年下降40%，净化监管改造氛围。以问题整改为导向，全面整改检查反馈的问题，将反馈的71个问题列出清单，逐一落实整改销号；开展罪犯远程会见290人（次），惠及罪犯家属870多人（次）。运用大数据平台，与公安机关配合，成功抓捕脱逃25年的在逃人员。加强狱内重特大案件预防，排查重点人、危险罪犯，适时进行心理危机干预，成功制止1起罪犯自杀事件。

【刑罚执行】 制定完善减刑假释工作指导意见，提请减刑案件215件，特赦2件，假释1起。与当地司法局（所）联系，落实重点管控刑释人员“必接必送”制度，全年对10名刑释人员实现“无缝对接”；维护服刑人员的合法权利，办理暂予监外执行1件，处理罪犯申诉3件次，控告1件次；开展执法案件清理专项活动，未发现存在案件实体、适用法律和程序违法违规的情况；开展执法开放日、监狱长（区长）接待日等活动，接待服刑人员亲属咨询70余人（次），先后有罪犯亲属、执法监督员、媒体记者等30余人参观罪犯现场、科技法庭、罪犯食堂和远程视频会见室，展示监狱改造新成果。

【教育工作】 罪犯违规违纪率下降40%，顽危犯攻坚转化取得成效；4名服刑人员自愿捐款1600元救助烧伤儿童受到媒体关注。举办巴山润雨讲堂30期，高自考合格率45%，文化教育扫盲合格率达100%。职业技能培训159人，超额完成省局下达的任务指标，获证率达98.7%。加强个别教育，男民警参加个别教育约15480余人次，服刑人员接受个别教育面100%。开展各种专项整顿和主题教育20余次。加强心理矫治工作，引导罪犯消除心理障碍，开展心理健康“大讲堂”和10余次的集体心理咨询，心理健康普及率达100%。走访服刑人员贫困家庭8户，与恩施市义工协会、毕慈卡等社工组织，先后开展4次帮教活动。省级《新生周刊》刊发服刑人员稿件10余篇，1名服刑人员被省监狱局表彰为优秀写稿员。

【廉政建设】 开展监督检查59次，廉政谈话24人次，处理问题线索12起，立案2起，给予党内警告处分1人次，行政警告处分1人次，组织处理6起6人次，在初核的线索中，其中信访举报3起，监督检查发现线索5起，上级交办3起，科部室移交1起；信访举报中，查证不属实澄清反馈2起。召开监狱全面从严治党、党风廉政建设和反腐败斗争会议，对全监全面从严治党工作进行3次考核；在纪律作风集中教育整训活动中对全体民警采取分批次轮训和考试，确保全员参与；开展“八比八看”考核评比；协助监狱党委查摆问题56个，采取整改措施33个；印发监督检查通报7份，通报问题31个，考核扣分民警57人次；构建“蓝竹廉”廉政文化走廊、警示教育走廊；制作廉政警句电脑屏保24幅，内网发布专刊和教育内容33期，向省局纪委推选“七不准漫画”和民警书法作品5件。宣传典型民警4人次；加强身边违纪案例警示教育，汇编典型案例20件。先后在上、下半年开展“廉洁家风”民警职工家庭廉政大走访活动2次。举办纪委工作培训班1次，选派3人参加省局纪委监委举办的业务培训班。对州内党政机关开展涉及39个单位1640人次的警示教育19场次。

【上级检查调研】 2019年1月21日，省监狱管理局党委委员、纪委书记晏先华率考核检查组到恩施监狱进行“两会”“两节”期间监狱安全检查和2018年度考核工作。8月7日，省司法厅党委委员、省监狱管理局党委书记、局长郝爱民到监狱检查指导工作。9月5日，司法部人民参与促进法治局局长罗厚如到恩施监狱检查指导工作。

（李雪明）

仲 裁

【案件仲裁】 全年受理各类案件111件，受案标的额为1.67亿元，主要涉及买卖租赁、房地产、建筑施工、加工承揽、公司股权、民间借贷、物业服务等多个领域。2019年，结案率达71%，调撤率80%。

（黄泽涛）

【劳动仲裁】 2019年，全州88个乡镇劳动人事争议调解中心，250个企事业单位劳动人事争议调解委员会实现调解组织标识、名称、工作职责、工作程序、调解员行为规范和证书管理“六统一”，形成预防功能好、处理渠道多、执行能力强、上下联通、左右衔接的劳动人事争议调解组织网络，全州近30%的劳动争议案件在基层调解组织得到化解。吸纳律师、专家学者等法律工作者担任兼职仲裁员，充实工作力量；坚持疑难案件研讨，统一裁决标准。完善仲裁工作管理制度，规范仲裁文书，优化举证程序。全年处理争议案件2146件，当期结案1905件，按期结案率100%，调解成功率63.1%。

【全州裁审衔接工作培训会议】 2019年11月28日，全州裁审衔接工作培训会议召开。会议邀请省人社厅调解仲裁管理处副处长黄婕讲解《关于劳动人事争议仲裁案件若干问题的处理意见》，邀请荆门市劳动人事争议仲裁院专家宋艳平介绍要素式办案经验。参训人员针对40个裁审衔接典型案例进行讨论分析，会议对下一步完善裁审衔接机制相关工作做具体安排。

（莫长锐）

军　事

中国人民解放军湖北省恩施军分区

【概　况】 2019年，军分区各级认真贯彻党中央、中央军委和习近平主席决策部署。军分区第十二次党代会召开，确定今后五年奋斗目标。严肃党内政治生活，开好主题教育专题民主生活会，协调召开州委常委议军会议，组织县市人武部党委第一书记述职，党管武装持续加强。升级改造军分区军史馆，更新建设营区文化墙，营造浓厚政治氛围。创新发展“131”精准扶贫新模式，在全军脱贫攻坚工作推进会上作经验汇报；建始县人武部开展教育扶贫，援建10个“春苗图书室”；恩施市人武部部长董高被国务院扶贫开发领导小组授予“全国脱贫攻坚创新奖”。加强训风演风考风监察，抓好巡视巡察反馈问题整改落实，梳理5个方面21项具体问题，完成整改任务。抓好意识形态工作，全年未发生任何政治性问题。组织专武干部、民兵教练员集训8期，完成基干民兵训练36期；推进民兵调整改革，完成普通民兵和基干民兵调整组建，首次在州直行业系统编建州民兵应急营，接受省军区综合考评，名列全省第三；组织民兵应急分队参与地方防汛救灾演练，受到州防汛抗旱指挥部通报表扬；完成恩施市沙地乡山林火灾救援、鹤峰县躲避峡山洪救援、利川市凶杀案犯罪嫌疑人搜捕以及民兵配合公安参与“保大庆、迎军运”维护社会治安秩序等行动。参加全省新任职基层武装部长集训，总评名列全省第一；组织专武干部、文职人员集训，提升履职能力。协调完成全州3所高校、39所高中新生军训任务。推动落实国动委机构改革建设，保持现有机构设置和工作运行模式，确保运转顺畅。做好征兵工作，大学生征集比例达76.8%，首次超过全省平均水平，超额完成任务；严格落实廉洁征兵制度规定，4个县市实现“零退兵”，未发生征兵腐败问题，征兵“五率”阶段性考评名列全省第六。加强部队安全管理，在8月迎接军委国防动员部安全大检查中得到肯定，年度安全管理工作排名全省第二。

【学习宣传】 坚持将学习贯彻习近平新时代中国特色社会主义思想和习近平强军思想摆在首位，开展“不忘初心、牢记使命”和“传承红色基因、担当强军重任”主题教育，组织党委中心组理论学习，认真贯彻习近平主席对张富清先进事迹重要批示，开展“扎根山区作奉献、矢志强军当传人”教育实践活动。来凤县人武部政委刘洋被州委宣传部通报表扬为“张富清同志先进事迹宣讲模范个人”，军分区政治工作处主任刘海伦被评为全国、全军“金牌讲解员”。全年在军委国防动员部、中部战区各刊稿1篇，省军区刊稿27篇，要讯工作名列全省第三。

【提升备战打仗能力】 从严规范值勤和应急指挥处置程序，接受省军区以上检查未发生任何问题，修订战备方案，完善预案体系，完成全区传输网络扩容、高清会议系统升级和应急通信建设，确保指挥通联顺畅。落实党委议战议训制度，组织机关基础、课题训练，常态落实早操、军事理论学习、军事体育训练，提高首长机关组织指挥能力，接受省军区年度军事训练考核，名列全省第四。

【安全责任】 明确军政主官为安全工作第一责任人，副职领导负分管责任，业务部门负具体责任，在党委统一领导下，成立安全委员会、保密委员会，落实安全保密形势分析制度，构建起横向到边、纵向到底的安全管理责任体系，有效落实安全制度。组织编印《"35防"安全常识教育辅导教材》，修订完善《士官管理规定》，利用宣传栏、自媒体等多种方式开展经常性学习教育，强化安全意识。严格落实季节转换、重大节日、整组征兵等阶段时机形势分析和抢险救灾、演训考评、精准扶贫等重大活动前安全风险评估制度。注重以条令法规为依据，严肃查处违规违纪人员，树立从严治军的鲜明导向。

【后勤保障】 结合后勤重点行业领域整肃治理"回头看"活动，抓好清查整治。经费投入更加规范，组织营院整修、饮水用电供暖、仓库隔离网施工和山体滑坡排险、原军招危房拆建，修订印发《经费结算报销细则》《食堂伙食管理暂行办法》，抓好家底和结余经费清理。组织停偿项目清查整治和巡视巡查反馈问题整改。推进州民兵武器装备仓库二期征地遗留住户搬离、费用核算、土地办证，完成公寓房超面积处理和清理维修。修订完善军警民联防方案，按照"四查四看"要求，清查装备弹药。组织军车驾驶员集训，完成军车及驾驶员年审、新式军车号牌换发、报废车辆移交以及新式指挥车配发工作。协调恩施市政府以"交钥匙"方式，启动综合训练场建设。请领发放各类被装，推开被装精确化申领工作。完成军人保障卡军属信息扩充采集上报，发放军人子女保障卡，办理职工退休手续。接受省军区停偿专项检查评估，采取听取汇报、查阅资料、现场核查，并依据标准量化打分，评估结论为一级达标。

【专武干部集训】 2019年1月，军分区所属各县市人武部针对专武干部普遍任职时间较短、能力素质偏弱等实际，分别利用7—10天时间组织开展专武干部暨民兵教练员骨干集训。实行封闭式管理，严格对照《民兵军事训练大纲》组织各项基础及专业训练，并对年度民兵整组和征兵工作进行初步安排。

【军分区党委十一届九次全体（扩大）会议】 2019年1月24日，军分区召开党委十一届九次全体（扩大）会议，会议传达省军区党委十二届四次全体（扩大）会议精神，宣读表彰奖励通令通报，听取军分区党委常委作的工作报告。会议总结军分区2018年取得的成就，确定军分区2019年部队建设的指导思想和工作思路。

【民兵工作业务培训】 2019年1月25日，军分区组织所属人武部军事科科长和部分乡镇专武干部开展民兵工作业务培训暨战备方案修订任务对接活动。组织民兵工作管理信息系统安装及操作使用培训，明确系统安装与升级步骤，熟悉系统录入操作流程，逐项统一填报规范。严格对照民兵整组"八步法"，明确各步骤主要工作及具体要求，组织民兵队伍组建重难点问题讨论交流。对年度整组工作进行统筹安排，明确具体时间节点。

【保密重难点隐患问题专项整治】 2019年2月，军分区成立保密专项督查组，利用两周时间，对机关及所属8个县市人武部进行"翻箱倒柜式""地毯式"检查考评，现场指出问题并下达整改通知书，逐一打分排名，下发检查通报，督导机关及所属人武部及时整改消除隐患问题。

【征兵宣传进校园活动】 2019年3月，州征兵办公室在湖北民族学院组织征兵启动仪式；4月，各县市征兵办公室在全州28所高中阶段学校集中开展“征兵宣传进校园”活动；6月，州征兵办公室在辖区高校集中开展“征兵宣传周”活动。3项活动实现征兵宣传院校全覆盖。

【国防动员工作】 协调州、县市两级国防动员委员会领导及成员268人参加省国防动员委员会电视电话会议集训，先后3次组织两级国防动员委员会办公室人员业务培训，参加省国防动员精品课试讲被评为优质课。启动战时动员方案计划修订工作，组织编制国防动员总体预案、首都联合防空支援保障计划，方案体系初步完备。

【军车驾驶员集训】 2019年4月，组织1期军车驾驶员集训，除全区军车驾驶员外，特邀取得地方驾照的官兵职工及部分家属参加。安排观看警示片、学习安全常识和培训驾驶技能，聘请专家专题讲授驾驶员职业道德规范。

【军分区第十二次党代表大会】 2019年5月20—21日，经省军区党委批准，军分区召开中国共产党恩施军分区第十二次代表大会，总结军分区第十一届党委的工作，提出下届党委的奋斗目标和工作要求，选举产生军分区第十二届党的委员会和纪律检查委员会。

【防汛应急军地联合演练】 2019年5月23日，在州防汛抗旱指挥部的统一指挥下，军分区组织州民兵应急营，联合州应急管理局开展防汛应急军地联合演练。重点完成快速集结动员、人员搜救转移、现场排险勘察、物资转运清点以及交通警戒安保。

【出台大学生征集激励措施】 协调州政府出台3项大学生征集激励措施，从2019年起，将州内应征入伍大学生一次性奖励标准提高至大学毕业生4000元/人、本科在校生和新生2000元/人、专科在校生和新生1000元/人；将现行1500元/人的高校征兵工作经费保障标准，调整为大学毕业生4000元/人、本科在校生2000元/人、专科在校生1500元/人；各县市统一按州内最高基数发放大学生义务兵家庭优待金（本科生增发100%，专科生增发50%）。

【学习张富清老英雄先进事迹系列教育实践活动】 贯彻习近平主席关于传承红色基因、推进强军事业的系列重要指示精神，开展向张富清老英雄学习活动。教育实践活动紧密结合军分区系统特点和各类人员思想实际，以党员干部队伍为重点，以“赓续红色基因”为抓手，以“扎根山区作奉献、矢志强军当传人”为目标，在“学英雄、找差距、见行动”中，引导各级自觉坚守信念初心、强化使命担当。军分区本级6月11日组织“时代新人说——我和祖国共成长”暨向张富清老英雄学习主题演讲比赛，6月18日组织学习张富清老英雄先进事迹体会交流活动，邀请州“张富清先进事迹宣讲团”到军分区机关进行集中宣讲。

【防汛险工险段信息采集】 2019年7月，军分区指导各县市人武部会同应急管理、水利、自然资源等部门对辖区防汛险工险段进行调查摸底，了解险工险段历史成因，收集影像资料，分析发展变化趋势，准确核查确定险工险段的类型、危险程度、险工现状、危及范围、抢险方案、抢险物资及抢险队伍。制定危险区域人员逃避险预案，加强对辖区内重点部位隐患的监测预警与防御组织，落实抢险队伍和物资，及时组织训练演练。

【新兵输送】 根据年度征兵工作安排，2019年新兵输送工作从9月10日开始，17日结束，采取铁路输送。9月10日，在恩施火车站组织2019年恩施州新兵入伍欢送仪式，省民族歌舞团和辖区三所高校进行现场文艺会演，州退役军人事务局组织80人腰鼓队参演。

【保大庆治安军地联防行动】 2019年9月中旬至10月底，为弥补警力不足问题，经州公安局请示，会同军分区报州委、州政府批准，军分区派出民兵应急分队协助公安部门参与维护社会治安秩序行动。由公安部门统一指挥，主要配合开展立体管控和道路交通、防盗防骗等安全防范宣传以及“法律六进”、禁毒、扫黄打非等宣传活动，担负辖区内机场、火车站、车站及广场等治安重点部位安保巡逻，学校、医院、行业场所及重要路口等人流密集场所警戒勤务任务，重点执行外围警戒、交通管制、分流疏导和人员疏散等行动。

【“传承红色基因、担当强军重任”主题教育】 2019年9—11月，军分区认真贯彻“守初心、担使命，找差距、抓落实”总要求，按照省军区党委确定的3条标准和5条要求，注重及早筹划，强力督导推进，抓实学习教育，搞好调研检视，从严整改落实，及时召开专题民主生活会，推动“不忘初心、牢记使命”主题教育取得实效。根据2019年全军开展重要教育统一部署，推动“传承红色基因、担当强军重任”主题教育向更深层次发展。军分区将主题教育与党委中心组学习、主题党日党课、纪念庆祝中华人民共和国成立70周年等重大学习教育活动相互融合、整体推进，解决问题。

【文职人员暨基层武装部长集训】 2019年10—11月，军分区组织部分文职人员和基层武装部长集中进行封闭式集训，完成军事理论、业务工作、组织指挥、基本技能及基础体能等科目训练考核，联合州委组织部完成首批基层武装部长资格认证，组织发证仪式，为人武部开展专武干部集训与资格认证提供有效借鉴。

【州委常委会议军会议】 2019年12月13日，召开州委常委议军会议。会议听取军分区工作情况汇报，讨论研究相关问题。会议议定建设军分区应急应战指挥中心、出台《恩施州随军家属就业安置和社会保障意见》《恩施州民兵基层阵地建设规范意见》、解决州民兵武器装备仓库维持性经费缺口。

（代　宇）

中国人民武装警察部队恩施支队

【概　况】 2019年，中国人民武装警察部队湖北省总队恩施支队（简称“恩施支队”）始终坚持用习近平主席系列重要讲话精神武装官兵头脑、加强看齐意识，以“走前列快发展、开新局创一流”为目标，按照“注重帮建强班子、综合施策稳思想、心存隐忧抓安全”思路，先后完成“8·4”鹤峰躲避峡救援和军运会环鄂卡点设卡等急难险重任务。抓好新闻宣传报道工作，先后在《解放军报》《人民武警报》、中央人民广播电台等媒体发稿60余篇，在全总队名列前茅。

【理论学习】 以总队抓学习之风为引领，按照“初始即严、一严到底”要求，将学习贯彻习近平新时代中国特色社会主义思想和习近平强军思想作为首要政治任务，开展“牢记训词，践行使命”专题教育。组织党委中心组理论学习和政治能力训练，制定官兵理论学习措施，采取党委常委带头学、收看新闻及时学、融入教育常态学、邀请专家辅导学等方式，加强对习近平强军思想的理解领悟。开展“不忘初心、牢记使命”主题教育，“学、查、问、改”同步推进。开展“传承红色基因、担当强军重任”主题教育，拓展完善“1+6”思想政治教育模式，

【军民共建】 深化军民共建，多批次组织“军营开放日”活动，向驻地群众展示武警部队良好形象；参加精准扶贫，为扶贫点洞下槽村修建文化广场和军民连心路，该村被列入全国首批乡村旅游重点名录。

【练兵备战】 抓好实战训练，树牢训练必须与标兵荣誉对等、与强军目标匹配、与职责担当配套的观念。首长机关指挥谋划训练，严格落实每周“五个一”体能技能训练，提升参谋“六会”能力，参加各类演习，在总队指挥员、参谋人员岗位大练兵比武和参谋业务技能培训比武中分别获得第3名和第6名。抓好部队训练，按照新大纲

和“八落实”标准，组织勤训轮换、教练员“四会”普考和“创纪录、当标兵”“卫士动力”“一专多能、一兵多用”后勤岗位练兵等群众性比武，通过每月单科目会操，每季度全面考核检验，提升部队训练质效。每季度组织应急班集训，特战排全员参加极限训练，配齐装备器材，开展特战应急力量常态拉动检验考核，在总队各类比武竞赛中名列前茅。抓好勤务运行，贯彻总部、总队中心工作集训精神，抓好规范化执勤，坚持常委带头下队查勤，开展党员干部站示范哨活动，会同目标单位整治软硬隐患。严格程序用兵，加强与州、县政府和目标单位对接，全年临时押解勤务无一差错，完成军运会安保环鄂卡点警戒任务。针对驻地地质灾害频发特点，组织抢险救援演练，完善物资器材储备。2019年8月4日，鹤峰县躲避峡发生山洪灾情，支队官兵持续奋战几十个小时，搜救转移受困群众。

【基层建设】 强化“靠过硬班子带过硬部队”理念，用好“三会一课”载体，抓好党委班子和基层班子自身建设。按照“稳思想、稳任务、稳基层”总体思路，结合“三提一争”专题教育实践活动，增强基层干部“稳心、强能、提气”帮带力度；根据基层需求，开展综合服务下基层活动，及时解决困难。组织条令知识竞赛，强化官兵法纪意识；细化完善经常性基础性工作督导办法措施，坚持挂单列账、跟进督导、精细销号，量化经常落实的、日常检查的和季度考核的末端工作落实绩效；针对驻地山高路远坡陡、营区临山靠水，风险高、隐忧大的实际，突出抓好泥石流、山体滑坡、雷击等自然灾害预防，定期组织车辆维护检修，严格组织驾驶员队伍培训考核，实现多年行车安全无事故。拓展延伸防范重点，指导基层细化制定“一队一案”“一事一策”方案，提升安全防范系数，支队抓安促安和在外人员管控的经验做法分别在总队交流。巩固州（县）两级议军会议成果，官兵生活条件得到改善。

（杨景森）

人民防空

【概　况】 2019年，全州人防工作贯彻省人防办年度职能目标和工作要点，完成各项目标任务。全州人防指挥工程建设进展顺利，恩施市、巴东县正在做前期工作。人防“结建”地下室审批、人防易地建设费征收，防空地下室竣工验收等工作有序推进。各县市除巴东外，均实现开展审批“结建”人防工程，来凤县完成县人防总体规划编制，咸丰县启动筹备中，推进州指挥信息系统工程（二期）建设，恩施市信息系统建设完成立项，鹤峰县建设项目筹备中。全州的警报器均实现“六有”规范化管理。利川市、巴东县完成改频，来凤县在实施中。开展违规减免缓欠人防费的追缴工作，全年目标任务追缴80%，完成追缴总额的87%（含进入诉讼程序的金额）。

【防空警报“9·18”试鸣】 2019年9月18日上午11时整，全州各县市统一进行防空警报“9·18”试鸣，鸣响率100%，纪念“九一八事变”88周年，警示市民勿忘国耻、铭记历史。防空警报信号分为预先警报、空袭警报和解除警报三种。预先警报鸣36秒，停24秒，反复3遍，时间3分钟；空袭警报鸣6秒，停6秒，时间3分钟；解除警报连续鸣3分钟。每种警报信号间隔3分钟。

【防空演练】 参加省组织的“三楚”训练演练活动；到宜昌参加训练比武竞赛初赛，组织观看“楚竞–19”决赛现场视频；组织各县市人防办主任列席观摩省人民防空指挥部“楚天–19”演练活动。

【人防宣传】 全州人防系统以2019年人防宣传月为契机，8个县市开展人防宣传教育进机关、进学校、进企业、进社区、进网络“五进”活动。加强对在校学生的人防知识教育，各县市人防办向城区初级中学发放《人民防空知识》教材。州人防办与恩施市人防办在初级中学组织学生开展疏散演练活动，全州城区初级中学人防知识教育普及率为100%。开展人防法制宣传进社区活动，结合人民防空宣传月活动，各县市人防办工作人员到街道开展宣传，全州发放《居民防空防灾应急手册》共3000余册。在“9 · 18”防空警报试鸣活动前，在电视台、网络开展人防法律法规和人防知识宣传教育专栏，利用户外LED显示器和标语，定期宣传相关人防法律法规知识。在机关事业单位、社区、初中开展人防知识与法制宣传教育，发放宣传资料，促进市民了解人防工作，参与人防建设，增长防空防灾知识。

【腐败问题专项治理自查自纠与整改】 及时传达工作要求，制订工作方案召开动员部署会议；认真自查自纠摸清自身存在问题；及时通报问题提高工作认识程度；针对前期工作约谈部分县市人防办；开展自查自纠“回头看”；配合纪委监委协助检查，开展整改工作，清理并整改与上位法相悖的文件；与财政部门协调，规范整改资金使用行为；对违规减免缓欠人防易地建设费项目进行追缴；结合工程审批制度改革构建长效工作机制，抓住实施工程建设审批制度改革的契机，实施将人防工程纳入审批系统，促使人防工程建设审批及人防易地建设费征收规范化、程序化；完成省人防办和州国动委交办的其他工作；配合省人防办完成“双随机、一公开”年度执法检查；配合省人防办完成对8个县市的人防工程易地建设费、人防专项资金使用管理等问题整改的专项审计；完成年度国防动员潜力统计调查、人防综合数据统计核查工作。

（郑新民）

经济管理

发展和改革

【概 况】 2019年，全州实现地区生产总值1159.37亿元，同比增长6.6%，总量居全省第12位，三次产业构成比为15.6∶25.8∶58.6。社会消费品零售总额增长11.2%；城镇常住居民人均可支配收入增长9.1%，农村常住居民人均可支配收入增长10.4%；全年接待游客人次同比增长14.5%，旅游综合收入同比增长16.5%，全州经济保持平稳较快发展态势。

【计划规划编制和实施】 州八届人大四次会议审议通过《关于恩施州2019年国民经济和社会发展计划执行情况与2020年国民经济和社会发展计划的决议》。完成“十三五”规划中期评估，启动“十四五”规划编制前期工作，编制完成恩施州乡村振兴规划等10余个专项规划。

【固定资产投资】 固定资产投资增长11%，高于全省0.4个百分点，增幅居全省第14位。争取中省预算内投资15.55亿元，剔除易迁专项后增长5.5%。储备库转建设库转化率50%、建设库转达效库转化率33%。民间投资快速增长，全州落地PPP项目25个，总投资164亿元，完成投资58亿元。

【重点项目】 11个省级重点项目完成投资58.4亿元，超计划目标49.4个百分点；123个州级重点项目完成投资247亿元，超计划目标20个百分点。

【推进重大改革及课题研究】 推进供给侧改革，实施减税18亿元、降低社保费1.79亿元、降低行政事业性收费0.4亿元、降低用能成本0.5亿元。推进放管服改革，落实项目审批一张清单制度，州直17个部门并联审批全面实施，运用省投资在线审批监管平台办件量位居全省第七。恩施高新技术产业园区土地平整项目单独核准招标，企业投资项目备案承诺办理时限缩减至1个工作日，标准化厂房项目审批全过程提前近3个月。开展“农业水价综合改革”“全面推进社会信用体系建设”“建立健全城乡融合发展体制机制和政策体系”“建立耕地草地河湖休养生息制度”“建立市场化多元化生态保护补偿机制”“全面实施市场准入负面清单制度”“推进粮食收储制度改革”“清洁能源产业集群建设”“建设现代化经济体系”“完善促进消费的体制机制等重大改革课题研究”“推进能源生产和消费革命，构建清洁低碳、安全高效的能源体系”等重大课题研究。

【易地扶贫搬迁】 2019年，全州实现“十三五”时期72989户242843人100%“交钥匙”目标，搬迁入住率达99.97%；拆除旧房5.75万户，占应拆任务的96.2%，完成旧宅基地土地复垦或生态修复2533.33公顷；1425个安置点全部明确主导产业，163个50户以上安置点配套扶贫车间或厂房147个，7.3万搬迁户全部明确帮扶措施。2019年全省和全国发改系统易地扶贫搬迁现场会先后在恩施州召开，新华社、《人民日报》、中央电视台等媒体多次对恩施州易地扶贫搬迁工作进行宣传报道。中共中央政治局委员、国务院扶贫开发领导小组组长胡春华视察恩施时对恩施州易地扶贫搬迁工作给予肯定。

【"四个三重大生态工程"】"四个三重大生态工程"：3年内，全力推进"厕所革命"、精准灭荒、乡镇生活污水治理和城乡生活垃圾无害化处理工程。恩施州完成农户无害化厕所30.89万户，建成各类公厕2727座；全州77个乡镇的生活污水处理项目和压缩式垃圾中转站完成；实施精准灭荒222.46公顷，占年度任务的123%。统筹开展蓝天、碧水、净土三大保卫战，打好长江大保护十大标志性战役，落实长江经济带绿色发展十大战略性举措，出台《恩施州长江三峡绿色发展示范区实施方案》。

【交通建设】黔张常铁路正式通车，填补渝鄂湘三省交界地区铁路网空白，郑万高铁及宜万铁路高坪站进展顺利，沿江高铁渝恩宜段纳入湖北省铁路中长期发展规划，正争取进入国家"十四五"规划。推进鹤峰东、宣（来）咸、建恩北、利咸、巴张高速项目前期工作，建恩高速通车、宣鹤高速达到通车条件，全州实现"县县通高速"的历史性突破。恩施航空口岸临时开放，开通泰国、柬埔寨、越南、中国澳门等国际（地区）航线，国内外航线达到16条、通航城市21个，恩施机场全年旅客吞吐量达140万人次，同比增长40%。恩施机场迁建纳入湖北省"十三五"民航发展及中长期建设规划，机场迁建选址进入观测数据采集阶段，正争取纳入国家"十四五"规划。

【信用体系建设】全年向省上报信息87万余条，企业红黑名单分别达到1659家、44家，恩施州法人和自然人全部进入省级平台；实施联合奖惩，开展联合惩戒428个、联合奖励134个，督促61个失信主体和11家政府机构退出黑名单。

【现代服务业】现代服务业稳步发展，建立服务业示范园区2家、试点区1家，服务业对GDP贡献率超过50%。建始县被评为"全省服务业发展突出贡献单位"，宣恩县、恩施市被评为"全省服务业发展贡献单位"。

【物价工作】加强价格监测预警，价格监测报告上报率和准确率达100%；规范涉企收费，动态调整收费清单，减少行政事业性收费0.4亿元；降低景区门票价格，14家符合降价政策的国家AAAA级及以上旅游景区在全省率先完成降价工作；开展猪肉保供稳价，建成州级冻猪肉应急储备300吨，争取生猪生产资金1.5亿元，向28万困难群体发放价格补贴1.06亿元；实施价格管理，启动全州垃圾处理收费标准制定工作，两次降低一般工商业电价每千瓦时0.0923元。恩施州2019年居民消费价格指数（CPI）较上年同期上涨3.1%，总体呈现温和上涨的态势。

（瞿显超）

国有资产监督管理

综合监管

【概　况】2019年，全州国资国企改革发展工作，坚持稳中求进工作总基调，推动国有企业高质量发展，打好三大攻坚战，深化国有企业改革，优化国有资本布局，加强国有资产监管，加强国企党的建设，推动国有企业做大资本、做优市场、做实管理。州政府国资委对6家地方国有企业履行出资人职责。

【国有经济主要指标完成情况】2019年，全州国有企业在国资监管部门登记75户，其中纳入财务统计报表系统34户，全州国有企业资产总额422.96亿元，较上年增长1.41%，其中州国资委监管的7家企业54.96亿元，较上年同期增长6.16%。所有者权益208.87亿元，较上年增长7.75%，其中州属7家企业39.16亿元，较上年同期增长 14.92%。利润总额 1.33 亿元，剔除建始县国投利润数据，较上年同期增长 22.74%。负债总额 214.09 亿元，较上年同期下降 4.09%，其中州属 7 家企业 15.8 亿元，较上年下降 10.69%。

【国有资产监管】 加强产权登记、财务监督、资产管理等基础工作的监管，按照构建国资监管一盘棋的要求，加强对全州国企系统产权登记、财务监督的业务培训，到县市开展业务指导，统一业务标准，统一政策口径。严格执行国有资产进场处置要求，对州平安押运公司、州铁路公司、州国投公司、州粮油储备公司等企业的有关项目进行清产核资立项及资产确认备案。下发《关于进一步加强国有资产管理防止国有资产流失的通知》，出台《恩施州政府国资委出资企业资产租赁管理暂行办法》；加强经营业绩考核、项目投资等关键环节监管，修改完善《恩施州政府国资委出资企业负责人经营业绩考核办法》，坚持权责利相统一，建立与企业负责人选任方式相匹配、与企业功能性质相适应、与经营业绩相挂钩的差异化激励约束机制。落实企业投资主体责任，完善投资项目备案管理，加强投资项目后评价和股权投资监测，防范投资经营风险；主动接受人大监督，首次向州人大常委会报告全州企业国有资产监管情况，针对反馈的意见和建议，整改落实。要求县市国资局服务县市政府做好向同级人大报告国有资产监管工作。

【深化国资国企改革】 推动完善法人治理结构，按照建立完善中国特色现代企业制度的要求，督促企业建立完善“三重一大”决策机制，落实企业党组织在法人治理结构中的法定地位和前置程序，发挥企业党组织的政治核心和领导核心作用；深化工资薪酬制度改革，新制定出台《恩施州国有企业工资决定机制实施办法》《恩施州政府国资委出资企业工资总额预算管理实施办法（试行）》，按照“效益增工资增、效益降工资降”的同向联动原则，建立健全与劳动力市场基本适应、与企业经济效益和劳动生产率挂钩的工资决定和正常增长机制。修改完善《恩施州政府国资委出资企业负责人薪酬管理（暂行）办法》，坚持激励与约束相一致，建立与考核评价结果紧密挂钩、与承担风险和责任相匹配的薪酬分配机制。推进州级国有投融资平台市场化、专业化转型，州高新投公司由原州经济开发公司转型，主要服务全州重点项目建设、重大产业投资、州高新区创建国家级高新区和全州“1+8”园区建设。

【打好三大攻坚战】 召开全州国资国企系统“稳增长、防风险、促规范”工作会议，专题安排部署该项工作。州农发担保公司一边抓代偿款清收，一边抓对外债务和逾期债务化解，一边抓在保业务续保。州国投公司加强风险管控，为全州中小企业提供过桥资金共 100 多亿元，其中 2019 年 16 亿多元，全部收回历年逾期过桥资金 1590 万元，无一笔损失。州粮油储备公司针对巡视发现的财务管理风险问题，及时整改落实到位；委机关联合州平安押运公司组成 5 人“尖刀班”驻建始县龙坪乡新场垭村，达到整村脱贫摘帽条件。州属国有企业践行安全生产、绿色发展理念，落实“管行业必须管安全、管业务必须管安全、管生产经营必须管安全”要求，保证枪弹安全、车辆安全、景区安全、项目工地安全，全年未发生重大安全生产责任事故。

【服务重点项目建设】 州国投公司承建的州高新区标准厂房项目、州高新投公司承建的州高新区电子信息标准厂房以及达翔标准厂房建设项目全力推进，保证立讯公司首期顺利投产，服务招商引资和工业经济发展。州国投公司的土司城、龙鳞宫景区改造项目，服务生态文化旅游产业集群建设；州工人文化宫地下停车场建设项目，服务州城基础设施建设。将州平安押运公司与州国投公司合作的库房建设项目、州粮油储备公司启动的粮食质量检验室建设项目提上重要日程，破解自身发展瓶颈、增强发展后劲。

【服务招商引资】 2019年11月25—26日，省政府国资委与州政府签订战略合作协议暨央企省企恩施行活动在恩施成功举行，助推恩施打赢脱贫攻坚战，加快建设鄂西绿色发展示范区。21家在鄂央企省企参会，其中9家央企、省企与州政府签订6项合作协议，与4个县市政府签订4项合作协议，项目投资总额111.77亿元，涵盖信息技术、油气建设、文化旅游、电动汽车、融资担保、城市建设等领域。其中页岩气开发项目、油气建设项目、5G信息技术项目弥补恩施州工业经济短板、骨干财源孱弱等问题。

【东西部协作】 杭州恩施两地国资国企系统精准扶贫、互助合作，杭州市属、区属国企继续落实帮扶资金1200余万元，助力贫困户精准脱贫及产业建设；杭州市种业集团与州农科院围绕富硒米产业进行实质性合作，开展育种试验，确定3个备选品种。州硒康牧业公司在杭州市民中心新设立恩施州农（硒）产品体验展示馆，借助浙江省“政采云”系统、杭州市总工会系统、贝店电商平台等拓宽销售渠道，推进“硒品入杭”工程。

（陈全军）

恩施州高新投资开发有限责任公司

【概　况】 州高新投资开发有限责任公司（简称州高新投公司）于2018年8月由州经济开发公司改组更名而来，注册资本金10亿元，是经州政府批准组建的州级国有独资公司，主要服务全州重点项目建设、重大产业投资、州高新区创建国家级高新区和“1+8”园区建设。2019年，公司总资产达6.7亿元，较2018年增长67.19%；净资产达5.4亿元，增长125.6%；负债1.3亿元，下降20.41%。2019年总收入实现836.11万元，较2018年增长20.38%。利润总额实现60万元，增长175.4%，撬动社会资本额完成6000万元。州国投公司驻恩施市新塘乡下塘坝村开展精准扶贫工作，被州脱贫攻坚指挥部评为“2019年度全州脱贫攻坚先进集体”，被恩施市委、市政府评为“2019年度精准扶贫工作突出队”，被新塘乡党委、政府评为“优秀驻村工作队”。

【创新融资模式】 2019年，州高新投公司与中信建设控股子公司中信建发公司联合组建恩信公司，注册资金1亿元，其中中信建发出资6000万元，占60%，高新投公司出资4000万元，占40%。2019年签订首期项目协议，投资7.2亿元修建达翔电子信息标准厂房（一期投入2.5亿元），2019年底，建安投资完成9000万元。这项工作的完成创造一个借央企信用，以市场化方式解决高新区发展资金之困的实例，探索出具体项目如何平衡，如何规避政府债务的商务模式，实现政府、央企和政府平台公司三方共赢。

【创新招商模式】 2019年，州高新投公司与洲际（香港）食品有限公司签订《招商引资项目资金支持协议》，投入6000万元支持洲际食品项目建设。10月，湖北洲际食品有限公司富硒食品项目开工建设，总投资2亿元，占地5.63公顷，项目建成后，进行富硒农产品的加工，项目全部达产后目标年产值7亿元，税收3000万元，将提供就业岗位600个。引进洲际食品项目，为通过行政招商、平台公司运作的一种行政与市场相结合的招商引资方式。

【创新产业服务平台】 2019年，公司用州政府注入的4亿元资本金竞拍青树林州行政服务中心土地和未完工建筑物建设产业孵化器，建设涵盖金融、商务、管理的产业投资服务平台、市场化产业招商服务平台。

（何　鹏）

恩施州国有资本投资运营有限公司

【概　况】 2019年，州国有资本投资运营有限公司（简称州国投公司）是州委、州政府为深化经济体制改革，有效对接上级投融资支持政策，促进恩施州经济社会实现跨越式发展而建设的国有资本投资运营综合平台。2019 年，公司资产总额 39.23 亿元，较上年增长 3.45%；对外投资总额达 8.57 亿元；全年实现营业收入 1.37 亿元，较上年增长 76.92%；利润总额 8989.83 万元，较上年增长 15.83%；上缴国有资本经营收益 1329.11 万元，上缴各类税费 2752.62 万元，国有资产保值增值率 103.14%，撬动社会资金总额 23.12 亿元。

【主营业务】 2019 年，州国投公司围绕主营主业，精细管理，主营业务保持良好发展势头。资产管理方面，公司管理经营性资产 413 户，全年实现租金收入 2110 万元，较好实现国有资产保值增值。协调州直各部门，开展资产注入，全年完成海口办事处、九立方等 6 宗资产过户，取得不动产权证 26 本。加大收购不良资产处置力度。处置债权 2625 万元，当年实现收益 1548 万元。为全州中小企业提供过桥资金 1249 笔，过桥资金总额 106.67 亿元，其中 2019 年提供过桥资金 226 笔，过桥资金总额 17.12 亿元，有效支持州域中小企业健康发展。2019 年公司管理的恩施土司城景区全面开展木质结构维修和提档升级工程，景区边施工边营业，接待游客 106.72 万人次，实现总收入 3137.14 万元，同比增长 1.3%。

【投融资工作】 2019 年，州国投公司按照州委、州政府的决策部署和自身发展需要，开展投融资工作。对外投资方面，公司完成州平安押运公司并购工作。启动施州古城保护性开发项目，首期投资 1921 万元到位。主动对接湖北长江经济带产业基金，在恩施州设立总规模 8 亿元的县域经济发展基金，完成战略协议签订、储备项目调研及基金管委会审批等工作。融资方面，成功取得农发行 6 亿元、金融租赁 3 亿元计 9 亿元融资批复，2019 年提款 4 亿元。为拓宽融资渠道，推动公司快速发展，启动 AA 信用评级工作，完成前期信用评级机构沟通对接，并按评级要求和公司实际制定工作方案。

【项目建设】 2019 年，州国投公司坚持安全为本、质量过硬、按期交付的要求，统筹协调，推进项目建设工作。州高新区标准厂房项目总建筑面积约 35.8 万平方米，总投资约 10 亿元，截至 2019 年底，建成 28 万平方米，立讯公司于 2019 年 8 月入驻投产。州工人文化宫地下停车场项目地下建筑面积约 6700 平方米，总投资约 4000 万元，2019 年 7 月动工建设，完成地下停车场土石方开挖及支护工程。土司城景区提档升级项目总建筑面积约 1.45 万平方米，总投资约 2.5 亿元，截至 2019 年底完成木质结构建筑维修、生态停车场一期建设，南大门、西大门游客中心等项目进入施工图设计及前期报批阶段。龙麟宫景区提档升级项目总建筑面积约 1 万平方米，总投资约 1 亿元，2019 年完成洞内整体改造工程招标工作。2019 年，除开工建设项目外，公司新增恩施国投・湖北银行金融综合体项目和恩施国投・平安押运服务综合体项目，同时对接州高新区，签订厂房等项目合作协议。

（杨　勇）

财　政

收支与管理

【概　况】 2019 年，全州地方财政总收入完成 174.04 亿元，同比增长 1.7%；全州地方一般公共预算收入完成 80.65 亿元，同比增长 0.5%；全州地方税收收入完成 60.24 亿元，同比下降 1.2%，占地方一般公共预算收入的 74.7%。州直地方财政总收入完成 66.49 亿元，同比增长 0.5%；州直地方公共财政预算收入完成 16.21 亿元，同比下降 7.4%。全州地方一般公共预算支出完成 446.04 亿元，比上年增长 13.85%。一般公共服务支出完成 43.54 亿元，增长 14.76%；公共安全支出 11.58 亿元，增长 4.73%；教育支出 75.86 亿元，增长 5.68%；科学技术支出 6.92 亿元，增长 92.48%；

文化体育与传媒支出7.1亿元，增长24.25%；社会保障和就业支出61.1亿元，增长18.25%；卫生健康支出41.44亿元，增长1.11%；节能环保支出17.04亿元，增长21.86%；城乡社区支出16.47亿元，增长51.78%；农林水支出77.92亿元，增长9.02%；交通运输支出43.87亿元，增长25.64%；资源勘探信息等支出0.93亿元，下降43.18%；商业服务业等支出1.06亿元，下降45.54%；金融支出0.1亿元，下降32.81%；自然资源海洋气象等支出5.31亿元，下降10.27%；住房保障支出16.98亿元，下降15.82%；粮油物资储备支出0.81亿元，下降4.03%；灾害防治及应急管理支出4.5亿元；其他支出6.66亿元，增长400.36%；债务付息支出6.36亿元，增长24.95%；债务发行费用支出0.05亿元。

【脱贫攻坚】 落实财政扶贫资金筹集、分配、统筹、监管责任，统筹整合资金74.39亿元，落实“五个一批”专项资金47.05亿元，争取杭州对口帮扶资金3.8亿元，加强扶贫资金动态监控管理，财政统筹整合资金、扶贫资金支付进度全面达标。助推污染防治攻坚战，加大环保投入，安排污染防治经费4.2亿元，重点支持煤炭行业化解过剩产能、水污染防治、农村饮水安全工程、生态修复与保护、农村生活垃圾分类、厕所革命等，推进全州生态文明建设和生态环境保护。

【政府债务】 政府债务风险总体可控，建立以政府债券为主体的举债融资机制，按照中央和省各项政策文件精神，坚持开好合法合规举债融资“前门”，严堵违法违规举债融资“后门”。实施政府债务动态监控，及时全面掌握政府债务变化情况，开展政府隐性债务清理自查整改工作，加大政府债券资金使用管理督办力度，加快资金支出进度，提高资金使用效益。2019年，全州申报、主动对接，落实转贷债券资金66.4亿元，推动公益性项目和基础设施项目建设。

【改善民生】 2019年，全州一般公共预算支出中民生支出完成371.9亿元，增长11.3%，民生支出占一般公共预算支出比重达83.4%。安排社会保障和就业支出61.1亿元，全面落实社保降费、就业创业政策投入、农民工工资保证金制度、退役军人服务保障体系建设、社会救助兜底等政策，加快完善基本养老保险、失业保险、医疗保险、城镇居民最低生活保障等社会保障体系。安排卫生健康支出41.44亿元，落实医改公共投入、健康扶贫“985”等政策，全力支持基本公共卫生服务项目、公立医院和村卫生室建设，公共卫生服务体系不断完善。安排教育支出75.86亿元，推动城乡义务教育均衡发展。安排文化旅游体育与传媒支出7.1亿元。2019年，全州争取城乡建设资金29798万元，争取中央和省级保障性安居工程补助资金62687万元。

【支持经济发展】 以“四大产业集群”建设为重点，培植骨干财源。2019年预算安排各类专项资金34672万元，支持一谷、两基地、三示范区、四大产业集群建设。创新财政资金使用方式，投放武陵山产业发展基金11.5亿元，采取资本金注入，短期借款等方式投放到企业。发挥财政资金“四两拨千斤”的作用，支持政府性融资担保体系建设，全州7家政府融资性担保公司注册资本14.16亿元，融资担保能力达70.8亿元。推广PPP模式，全州录入财政部信息平台项目46个，项目总投资557.12亿元；落地PPP项目达到23个，总投资154.05亿元。

【财政改革】 以县市生态环境机构改革为契机，开展调查研究，按照财政事权和支出责任相匹配原则，出台《恩施州生态环境领域财政事权和支出责任划分改革方案》。预算绩效管理改革取得成效。围绕“到2021年底州县基本建成全方位、全过程、全覆盖的预算绩效管理体系，实现预算和绩效管理一体化”的总体目标，抓好“预算编制环节突出绩效导向、预算执行环节加强绩效监控、决算环节全面开展绩效评价、加强绩效评价结果刚性约束、推动预算绩效管理扩围升级”五个重点环节工作，开展绩效目标管理，加强技术支撑，提高编报质量，实现州级项目支出和部门整体支出绩效目标编报全覆盖。推进国有资产规范化管理，出台国有资产配置、使用和处置管理实施细则等制度，规范资产配置、使用和处置程序。推进政府投资评审工作，提高财政资金使用效益，州级开展工程预算评审项目20个，送审金额1.87亿元，审定金额1.7亿元，审减金额0.17亿元，审减率9.1%。印发《关于贯彻落实全省减税降费工作会议精神的实施意见》《深入贯彻落实减税降费政策措施的实施方案》，推进减税降费政策落实。全州5942户一般纳税人申报减税；调增个人所得税起征点20.16万人享受税收优惠，新增6项专项附加扣除6.51万人享受税收优惠；放宽小型微利企业标准，744户企业享受企业所得税优惠；小规模纳税人提高免征额4835户免税申报；减征增值税小规模纳税人“六税两费”17624户享受优惠。2019年，全州减税降费24亿元。

【监督效能】 加强监督检查，履行财政监督职能。开展财政支持脱贫攻坚政策落实情况和驻村帮扶资金使用情况监督检查；开展减税降费政策措施实施效果监督检查；开展惠民惠农财政补贴资金“一卡通”专项治理；围绕财经法纪执行情况，开展会计信息质量检查；围绕主题教育专项整改，开展违反中央八项规定及财经纪律等违规问题专项整治活动。完善制度体系，加强内控建设。制定《恩施州财政局内部控制考核评价办法（试行）》，完善州财政局内部控制体系建设，提高财政部门的风险防控能力和内部管理水平；出台《州财政局开展财政监督检查职能清理工作实施方案的通知》，厘清州财政局机关各检查主体的职能职责，对监督检查行为进行流程再造，规范监督检查程序。

【非税收入管理】 2019年，全州纳入一般预算管理非税收入完成204034万元，政府性基金完成916889万元，纳入财政专户管理完成68357万元。编制全州票据需求计划，组织2次票据供应，涉及票据种类33个，及时保证8个县市及州直医疗单位财政票据供给。加强票据的日常管理，重点把住三关：审核发证关，严格实行凭收费类别和项目核发财政票据领用证，单位凭证领用财政票据；限量供应关，实行“总量控制，限量供应，交旧领新”并实行严格的审批制度，杜绝浪费，促进票据规范使用。严把票据核销关，严格执行“按期结算，票款同行”原则，认真审核票据。

（温　艺）

政府采购工作

【概　况】 2019年，政府采购工作落实采购单位主体责任，推进政府采购制度改革，严格政府采购审批程序，加强政府采购监督管理，不断规范政府采购行为，优化营商环境。全州全年采购规模达296502.36万元，其中货物类80457.96万元，工程类171865.33万元，服务类44179.07万元。

【政府采购业务培训】 组织政府采购集中培训3场次，包括：对供应商进行协议供货、定点服务业务培训，对州直预算单位、县市财政局进行政府采购业务培训，对州直预算单位、政府采购代理机构和评审专家就不得在采购文件中违规设置歧视性、排他性等不合理条款进行专项培训。指导县直及乡（镇）业务，在宣恩县财政局举办的县直及乡（镇）政府采购政策培训会上进行专题辅导讲座。

【优化营商环境】 印发《恩施州财政局关于持续在政府采购领域开展专项治理推进扫黑除恶专项斗争的通告》《关于进一步做好政府采购工作优化营商环境的通知》。贯彻执行支持中小微企业发展的政府采购政策，落实中小企业参与政府采购进行价格扣除等政策举措，提高政府采购竞争度和中小企业参与度，要求采购人、采购代理机构停止收取投标保证金。在全州范围内对政府采购领域妨碍公平竞争的行为开展全面清理。印发《恩施州财政局关于严格执行政府采购法律政策不得设置歧视性、排他性条款的通知》，杜绝因违规设置不合理条款而导致采用单一来源采购方式的情形。印发《关于做好州直预算单位采购贫困地区农副产品信息填报工作的通知》，运用政府采购政策鼓励动员预算单位通过优先采购、预留采购份额方式，要求预算单位要做好统筹协调，确定并预留本部门各预算单位食堂采购农副产品总额的一定比例定向采购贫困地区农副产品。

【规范采购行为】 开展执法监督检查，推动采购规范运转。2019 年 6—8 月，按照自查和重点抽查相结合的方式，对州供销社、州高路办、州民建、州外事办、州劳动保障监察局、州老年大学 6 个州直预算单位进行政府采购执行情况检查；10 月，组织 8 个县市财政监管部门，对全州 6 家政府采购代理机构开展监督检查，促进政府采购代理机构规范其代理行为。依法处理投诉举报，肃清采购不法行为。对于投诉和举报，严格按照《中华人民共和国政府采购法》和财政部令第 94 号的规定进行处理。全年全州政府采购监管部门收到政府采购投诉和举报 46 件，按规定受理 36 件，不予受理 10 件，全部如期结案。梳理省委巡视组反馈的问题，责令相关单位整改并对单位约谈，对确有违法行为的采购单位依法进行处理。

【建立健全制度】 印发《恩施州财政局关于进一步落实政府采购政策加大绿色采购力度的通知》，定期进行绿色采购信息统计，督促落实政府绿色采购相关要求。印发《恩施州 2019—2020 年政府集中采购目录及标准执行操作办法》，统一指导采购单位具体实施。印发《恩施州财政局政府采购审批规程》，对审批事项、采购申请、审批程序、审批小组组成作出详细规定，严格政府采购审批。

【提高采购效率】 提高分散采购限额标准，还权于采购人。2019 年，分散采购限额标准由 2018 年的 50 万元提高至 100 万元。为方便采购人和供应商，组织协议供货和定点服务招标，对实行协议供货或定点服务的集中采购品目全部统一纳入电商平台，由采购人直接在电商平台进行采购。

（袁　媛）

会计事务管理

【概　况】 2019 年，全州会计事务管理工作围绕助推州域经济高质量发展目标，以会计改革发展为主线，以振兴实体经济为主责，以党建为统领，以人才队伍建设牵引带动行业工作和行业专业服务能力提升。全州 6627 人通过全国会计专业技术资格考试，其中初级持证 4877 人，中级持证 1653 人，高级持证 97 人。

【夯实会计业务基础】 按照政府会计准则制度实施整体安排，多次组织州直行政事业单位就财政部发布的政府会计准则第 7 号、第 8 号、第 9 号进行专题讲授培训，做到准则制度理论与软件操作学习培训“双管齐下”，确保政府会计准则制度落到实处。组织开展会计事务管理相关法律法规宣传培训。结合财政部 98 号令等会计管理最新法律法规的贯彻实施，组织开展政府会计准则制度、代理记账管理办法、内部控制规范、注册会计师法、会计人员继续教育规定等相关法律法规、准则制度的宣传培训，营造学法、用法、守法的浓厚氛围。

【行业服务】 开展代理记账机构年度报备检查工作。按照分级负责的原则，各县市会计局对代理记账机构年度报备情况进行全面核查，对不符合条件的及时注销。全州新增代理记账机构 10 家，机构总数达到 79 家。加强注册会计师行业监管力度。开展全州会计师事务所从业人员调查摸底，组织全州 10 家会计师事务所 45 名执业会员完成 2019 年度任职资格检查初审工作，组织会计师事务所完成 2018 年度报备及年度财务报备初审工作；加大对会计师事务所的日常监督检查，加大对不正确履行职责、不正当低价竞争等违法违规行为的约谈、检查和惩戒力度，提升执业质量。落实行政事业单位内部控制报告的编报工作。组织全州独立的预算单位编制和上报行政事业单位内部控制报告，规范全州行政事业单位内部控制工作。

【会计队伍建设】 完成初级、中高级会计专业技术资格考试组织工作。首次实行“裸考”模式。全州初级会计专业技术资格考试报名5070人，整体参考率首次达到70%，853人取得合格证，合格率16.8%；中级资格报名1202人，合格119人，中级会计专业技术资格和注册会计师考试报名人数均首次突破千人大关，同比分别增长42%、29%。推进全州会计人员继续教育工作。发布全州会计人员继续教育有关事项公告，做好域内会计人员添加导入、学分登记及日常服务管理工作。组织注册会计师执业会员分批次参加继续教育集中培训和注册会计师非执业会员参加网上培训学习及年检工作。

（许辉燕）

公共资源交易监督管理

综合监管

【概　况】 2019年，恩施州政务服务和大数据管理局（州公共资源交易监督管理局）加强综合监管，推进公共资源交易行政监督平台建设，规范市场秩序，推进各项工作。完成新征集入库评标专家和招标代理机构业务培训，参训人员600人，组织340名新增执业代理机构人员考试，合格率86%，联合行业主管部门对州级评标专家库进行清理，清除评标专家61名，与11名专家进行约谈。收到招标投标领域各类投诉举报30件，其中投诉人投诉9件，社会人举报7件，纪检监察部门转举报件14件。按规定不予受理3件，依据职责分工和属地管理原则移送给相关部门19件。局自办的8件全部办结，移送相关部门办结17件，办结率100%。

【专项整治工作】 2019年11月，联合恩施州住建、水利、交通行业主管部门开展恩施州工程项目招投标领域营商环境专项整治工作。按20%抽查比例对2018年6月1日至2019年11月20日期间内进场交易项目进行“双随机、一公开”抽查。抽检项目47个。通过清理，发现问题17个，共性问题3类。12月，结合抽检结果联合行业主管部门对21家代理公司进行问题反馈和集体约谈，将检查情况进行公示。被约谈代理机构结合专项整治工作中发现的问题进行自查和整改，并提交整改报告。完成湖北省招投标领域专项整治工作，对80个项目的招投标活动进行检查，发现档案资料不规范、信息发布不规范、评标专家执业不规范等90个问题。约谈提醒招标代理机构33家，约谈评标专家9人次，对2名评标专家进行量化计分。

【制度清理】 联合恩施州级行业行政监督部门出台《关于进一步规范工程建设项目招投标活动的四条措施（试行）》。完成恩施州公共资源交易制度清理工作，保留全州性规范性文件62件，拟修订22件，拟予废止20件；保留州公共资源交易管理委员会及办公室、州政务服务和大数据管理局制度11件，修订4件，废止8件，清理结果在州政务服务和大数据管理局门户网站进行公示。

【行政监督平台建设】 按照湖北省电子监督系统数据规范，完成恩施州公共资源交易行政监督平台系统开发与升级改造任务，实现招标文件在线备案、开评标现场实时监控和录像回放、在线投诉、数据统计5个模块功能，行业主管部门和纪检监察机构通过专线对评标现场实时进行监督。

（黄誉娇）

公共资源交易

【概　况】 恩施州公共资源交易中心原为恩施州

公共资源交易监督管理局的二级单位，2019年机构改革调整为州政府直属正县级事业单位，是恩施州进行公共资源交易的有形市场和统一服务平台。为进场交易的工程建设、政府采购、国有产权交易、土地使用权和矿业权出让以及其他公共资源交易提供场所，为交易各方提供服务，为交易信息发布提供平台，为行政监督和行政监察提供条件。2019年，全州公共资源进场交易项目2471个；交易额257亿元，节约资金11.11亿元，增值资金3.69亿元。其中，建设工程交易项目908个，交易额202.98亿元，节约资金9.32亿元，节约率为4.39%；政府采购交易项目1288个，交易额20.2亿元，节约资金1.79亿元，节约率为8.15%；其他公共资源交易项目275个，交易额33.76亿元，增值3.69亿元，增值率为12.25%。2019年，全州公共资源进场交易中，工程建设、政府采购、其他公共资源交易额分别占到交易总额的78.98%、7.86%、13.14%。2019年，州本级公共资源进场交易项目510个；交易额169.65亿元，节约资金7.7亿元，增值资金0.52亿元。其中，建设工程交易项目265个，交易额162.67亿元，节约资金7.1亿元，节约率为4.18%；政府采购交易项目127个，交易额2.43亿元，节约资金0.6亿元，节约率为19.8%；其他公共资源交易项目118个，交易额4.55亿元，增值0.52亿元，增值率为13%。2019年，州本级公共资源进场交易中，工程建设、政府采购、其他公共资源交易额分别占交易总额的95.89%、1.43%、2.68%。

【制度管理】 修订《公共资源交易进场交易规程》，维护进场交易活动的公开、公正、公平和有效竞争，巩固发展综合性和区域性交易平台的创新成果。完善《投标保证金缴退办法》，确保保证金应退尽退，及时足额。印发《政府采购常用法律法规规章文件汇编》，确保各项业务工作严格依法依规按程序办理，维护政府采购活动正常秩序，遏制政府采购活动中不法行为，确保规范有序、公平竞争的市场环境。规范完善《恩施州公共资源交易中心廉政风险防控管理办法》制定相应的防控措施并落实责任主体，加强对制度执行的监督检查，不定期组织各业务科室开展学习和自查自纠，尤其是针对工作中是否严格按照制度办事进行查找和整改，确保各项规章制度落实落地。制定《采购文件编制管理办法》，让采购人在制作采购需求时，不再出现歧视性、排他性条款，让采购中心工作人员必须依法依规编制采购文件。加强评标专家管理，广泛征集评标专家，严格入库资格条件，确保将职业道德好、法律意识强、专业水平过硬、能公正履职的评标专家纳入综合评标专家库。加强评标专家的考评监督，采取“一标一考”的方式，对评标专家在评审活动中的出勤、工作纪律、工作态度、能力水平、履职尽责等方面进行考核评价。建立动态管理和退出机制，加强评标专家的专业技能和职业道德素养培训。

【执纪监督】 协助纪检、监察及各行业主管部门加大案件处理中各类档案资料的查询查证力度，支持查处进场交易活动中违法违规行为，加大违规案件的公开曝光度，维护公共资源交易中心资源交易平台公信力。配合行政监督和行政监察部门做好项目清理工作，查询项目进场登记条件是否具备、交易程序是否规范，为相关部门查询提供进场项目档案资料和音视频资料，为行政监督和行政监察部门案件查询提供条件。2019年，协助综合监管、纪检监察、公安、审计、行业主管部门查询64次，涉及项目82个，借阅档案资料102卷，复印资料145份。

【优化营商环境】 凡重大项目建设相关人员到交易中心或电话咨询办理相关事宜时实行首问负责制，首问责任人必须一次性告知所要办理事项的依据、时限、程序、材料、手续等全部内容以及不予办理理由。执行容缺进场制。对重大建设项目的法定招标条件由项目业主报请相关行政主管部门审查备案后，各级公共资源交易中心可凭行业主管部门相关书面证明资料容缺办理登记进入招标程序，容缺资料开标前补齐。对容缺进场的重大项目，其法定招标条件放宽到项目办理施工许可前补齐，并同步完善招标登记手续。对所有进场交易的重大项目可以采用资格后审制，从进场交易登记到中标公示期止，争取在法定的最短时间内完成；对于法定时间有最低时限和最高时限区间要求的，一律按最低时限办理。推进全流程电子化。州中心推进工程建设招投标项目全流程电子化，指导县市公共资源交易中心完成全流程电子化建设，加强指导培训，确保实现全州全覆盖的工作目标，营造公开、公平、公正的公共资源交易环境。自2019年4月11日起，停止收取中标人缴纳的交易平台信息服务费，加大2017年以来历年收费的清退力度，向企业退费730余万元。推行投标人采用银行保函、担保保函、保证保险的形式缴纳投标保证金。中心开发电子保函金融服务平台，尝试推行担保保函、保证保险等多种方式替代现金交纳保证金。2019年8月26日，全部完成1905.02万元保证金清退工作。发布工程招标、政府采购信息。2019年，在《恩施州公共资源交易信息网》《中国政府采购网》等法定媒体发布工程招标公告公示信息1483条，政府采购信息479条，产权交易339条，综合信息104条，信息发布率达100%。

【全流程电子化建设】 制定《政府购买服务的电子交易平台服务器租赁方案》，以云平台的方式解决服务器升级换代问题，确保全州电子交易平台的运行稳定性。2019年12月底，工程建设施工项目实现全流程电子化，政府采购公开招标项目实行全流程电子化，其他进场的政府采购项目均实行网上报名、网上下载采购文件、网上处理质疑等，均不需要供应商到现场进行办理。组织专业技术人员对各县市交易中心、评标专家、代理机构从业人员等进行专业培训，指导推进全流程电子化工作。

（程　杨）

税　务

【概　况】 2019年，全州组织各项收入237.57亿元，同比增长16.8%，其中税收收入160亿元，同比增长1%；社会保险费67.45亿元，同比增长70.7%；非税收入5.35亿元，同比增长8.8%。全年完成地方公共财政预算收入65.19亿元，占调整后政府预期目标的100.17%。

【减税降费】 推进减税降费，全州税务系统主动向党委政府做好汇报，加强与财政、人社等部门沟通联系，形成减税降费工作合力；层层制定工作方案，成立领导小组及减税办、工作组，压紧压实主体责任；加强宣传培训辅导，加大减税退税力度，确保各项减税降费政策落到实处。全年培训辅导纳税人14万户次，培训税务干部5000余人次，推送政策信息12万余条。

【依法治税】 深化税收法治建设，推行“三项制度”，完善重案审理，开展执法督察，税收执法行为规范。全面推行税务执法“三项制度”，即行政执法公示制度、执法全过程记录制度和重大执法决定法制审核制度，确保税务机关依法履行法定职责，维护纳税人和缴费人合法权益，促进税务执法更加规范、税收治理更加高效。

【税收征管】 推进征管改革纵深发展，推进税收转方式改革。按照税务总局《纳税人分类分级管理办法》要求，以咸丰县为试点，形成“1+N+1”的税收征管新模式。开展行业税收规范管理。以恩施市、建始县为试点，探索出台房地产开发、建筑、餐饮、茶叶、旅游五大行业税收管理指南，五大行业入库税费收入35.09亿元，同比增长8.75%。加强税种精细管理。增值税、消费税、企业所得税和个人所得税入库126.47亿元，占比79.01%。落实个人所得税改革。全州13.27万人申报专项附加扣除，相比税改前，13万余人不用缴纳个人所得税。抓好风险防控工作，启动涉税智汇风险防控平台项目建设，入库风险税收2.3亿元，同比增长41%。发挥稽查职能作用。加强与各级纪委、扫黑办密切配合，做好“扫黑除恶”、打骗打虚、专项检查、双随机等案件稽查工作，进户检查187户，组织自查63户，入库稽查税款1.3亿元。

【纳税服务】 全州投入使用56台自助办税终端，提供24小时“不打烊”办税服务。建始县税务局办税服务厅作为全省首批15个大厅之一，视频直连税务总局，展示良好精神风貌。优化服务方式，推行“最多跑一次”“一次不用跑”清单，落实领导值班、错峰办税、简易注销等制度，组建专业团队进驻大厅答疑解惑，确保征期平稳有序。巴东县税务局设立减税降费党员示范岗，制作减税降费明白卡，提供预约办税、上门讲解等定制服务。恩施市税务局、鹤峰县税务局运用“大数据”和“互联网+”新技术，不断扩大“银税互动”成效。税法宣传受好评。开展税收宣传月、“我身边的税收故事”征文活动及“税法宣传进校园”活动。

【精准扶贫】 2019年，全系统派驻52名干部担任驻村第一书记，抽调176名干部，进驻92个贫困村开展帮扶，千余名干部与7000余户贫困户“结亲”，抽出专项资金300余万元，用于发展特色产业，完善基础设施，改善人居环境，助推脱贫致富。

【荣　誉】 2019年，李汉涛、邱朝霞、王坤权、彭建平、向华被国家税务总局湖北省税务局、省公安厅、武汉海关、中国人民银行武汉分行联合表彰为“2018年打击虚开骗税违法犯罪工作成绩突出个人”。

（王姗露）

审　计

【概　况】 2019年，恩施州审计机关共审计151个项目（单位），审计查出主要问题金额750651万元，其中：违规金额120655万元、损失浪费金额2276万元、管理不规范金额627720万元。审计发现非金额计量问题330个，损益（收支）不实金额8474万元，侵害人民群众利益6万元。审计处理处罚金额396743万元，其中应上缴财政23103万元、应减少财政拨款或补贴472万元、应归还原渠道资金166988万元、应缴纳其他资金20419万元、应调账处理金额185760万元。移送司法机关、纪检监察机关和有关部门处理事项18件，移送处理人员24人，移送处理金额1183万元。审计促进整改落实有关问题资金49479万元，审计后挽回（避免）损失76万元，核减投资额30000万元，移送处理落实事项3件。出具审计报告和专项审计调查报告219篇，被批示、采用41篇次。审计提出建议424条，被采纳287条，推动被审计单位制定整改措施48项，促进被审计单位建立、健全规章制度8项，提交审计信息874篇，被批示、采用418篇次。向社会公告审计结果2篇。

【2018年度州本级预算执行和其他财政收支审计】 2019年5月16日至6月30日，对州财政局2018年度本级预算执行和其他财政收支情况进行就地审计。审计结果表明，2018年财政部门推进各项改革，预算执行和计划下达总体情况较好。不断优化支出结构。加大脱贫攻坚投入，州本级安排精准扶贫、农村安全饮水等扶贫项目建设3.1亿元资金；围绕州委、州政府重大决策，州本级筹集资金9.06亿元支持重点项目实施；支持中小实体经济发展，在落实各项税费优惠政策的同时，争取普惠金融发展专项资金5299万元、创业担保贷款贴息资金1718万元；落实地方政府债券转贷资金52.67亿元，推进全州脱贫攻坚、污染防治

和重大项目建设等。2018 年全州民生支出 334 亿元，占一般公共预算支出的 85.3%，其中教育支出 71.78 亿元，同比增长 8.2%；社会保障和就业支出 51.67 亿元，同比增长 7.4%；医疗卫生和计划生育支出 40.99 亿元，同比增长 3.9%；农林水支出 71.47 亿元，同比增长 30.4%；住房保障支出 20.17 亿元，同比增长 39.4%；稳步推进财政改革。规范州本级与恩施市财政管理体制，建立州本级与州高新区财政管理体制；实现国库集中支付全覆盖，建立预算执行和扶贫资金动态监控体系；出台《恩施州城城市基础设施配套费征收使用管理办法》，规范本级配套费的征收、管理和使用；审计查出问题有效整改。对 2017 年度州级预算执行和其他财政收支审计工作报告反映的问题，各县市、有关部门（单位）按照州委、州政府部署和州人大常委会决议，落实整改主体责任，建立整改台账，采取有效措施，确保整改工作落实落地。截至 2019 年 9 月，审计查出的主要问题得到有效整改，整改金额 12.9 亿元，整改率达 91%，推动完善相关制度 20 项。审计发现的主要问题：财政收入未及时缴库，预算管理不够规范，部分财政资金滞留闲置等。

【预算执行情况审计】 2019 年 6—9 月，对州直部门及所属单位预算执行情况进行审计，重点审计州农业农村局、州教育局、州交通运输局 3 个单位预算执行情况。审计结果表明，2018 年度州直部门及所属单位预算执行情况较好，一般公共预算下达部门（单位）指标合计 312834.32 万元，当年实际支付使用 278028.36 万元，部门预算平均执行率 88.9%。州直 73 家一级预算部门及所属单位“三公”经费支出 2612.56 万元，同比降低 2.8%；会议费和培训费支出 2447.88 万元，同比降低 15.1%。审计发现的主要问题：部分部门预算编报不准确，重复安排项目资金，部门项目推进缓慢等。

【扶贫审计】 2018 年 12 月至 2019 年 4 月，对全州 8 个县市 2018 年脱贫攻坚政策落实和扶贫项目资金管理使用情况进行审计。审计结果表明，全州各级各部门高度重视脱贫攻坚工作，将脱贫攻坚作为当前首要政治责任和重要民生工作，贯彻落实中央、省、州决策部署，履行脱贫攻坚主体责任，推进项目建设，加强资金监督管理，加强扶贫督办检查，全面完成年度减贫任务，全州脱贫攻坚工作取得显著成效。审计发现的主要问题：少数项目支出不实、扶贫及其他财政资金被套取骗取，少数扶贫资金用于非扶贫领域，部分扶贫资金闲置、未发挥效益，部分扶贫项目建设进度缓慢，金融扶贫政策措施未完全落实到位，健康扶贫政策措施未完全落实到位，教育扶贫政策措施未完全落实到位，养老扶贫政策措施未完全落实到位，超范围超标准收取、安排使用易地扶贫搬迁资金，易地扶贫搬迁项目工程管理不规范等。

【保障性安居工程资金投入和使用绩效审计】 2019 年 1—3 月，对宣恩县 2018 年保障性安居工程资金投入和使用绩效情况进行就地审计。审计结果表明，2018 年宣恩县政府积极贯彻落实中央部署和各项政策要求，落实政府主体责任，加快公租房和棚改安置住房建设和分配，调整完善棚改货币化安置政策，加强公租房运营管理，改善住房困难群众的居住条件，较好地保障中低收入家庭基本住房需求。宣恩县先后出台《宣恩县城市低收入及中等偏下收入家庭认定实施细则》《宣恩县公共租赁住房管理办法（试行）》等文件，通过实施公（廉）租住房制度、经济适用及限价商品住房制度，推进棚户区改造工程等，巩固宣恩县住房保障体系，对解决县城城市管理手段落后、服务功能欠缺起到一定作用。审计发现的主要问题：安居工程资金闲置一年以上，挤占挪用棚改资金，处置盘活工业园区公租房中政府奖补的中央财政补助资金未及时收回上缴财政，棚改项目未按计划实施拆迁安置，少收房地产开发建设项目行政性规费，采用挂靠方式承揽工程，公租房未按期交付使用，公租房闲置一年以上，宣恩县财政部门对保障性安居工程资金缺乏监督等。

【民生资金大数据审计】 2018年12月至2019年3月，对建始县和来凤县2017年至2018年6月民生资金进行就地审计。重点审计创业担保贷款财政贴息、交通渔业成品油价格补贴、困难职工补助、普通高中学生免学费、学前教育幼儿资助、就业补助、社会救助、农机购置补贴、耕地地力保护补贴、大中型水库移民后扶、公益林培育、退耕还林还草补助和残疾人补助13类民生资金，对部分重要事项进行必要的延伸。审计结果表明，建始县和来凤县人民政府及相关部门单位高度重视民生资金的管理和使用，改善群众生产生活、保障社会公平和谐，增强群众获得感和幸福感。审计发现的主要问题：部分惠民政策未落实，部分困难群众应享受未享受惠民政策，民生专项资金未及时使用，挤占挪用民生专项资金，虚报冒领专项资金，违规使用民生专项资金等。

【党政领导干部经济责任审计】 2019年全州审计机关对68名领导干部进行经济责任审计，其中，任中审计60人，离任审计8人。审计查出主要问题金额41424万元，其中，违规金额4062万元，损失浪费金额45万元，管理不规范金额37317万元。审计提出建议175条，采用115条，提交审计信息72篇，被批示采用审计信息43篇，推动出台规范国有资产管理等制度5项，增收节支303万元。州审计局第一批次组织完成州外事侨务局、州城乡规划管理局、州质量技术监督局、州移民局、州档案局、州文体新广局、州畜牧兽医局、州工商局、州史志办公室、州食品药品监督管理局、州旅游委、州机关事务管理局、州委、州政府接待处、州公共资源交易监督管理局等14个州直拟撤销、划转和合并部门（单位）主要负责人经济责任审计。第二批次组织完成州交通运输局局长杨盛僚，州残疾人联合会原理事长郭晋、现任理事长李邦和，州总工会常务副主席张银莲3个州直单位（部门）的4位党政领导干部经济责任审计；完成州国有资本投资运营有限公司董事长胡会清、总经理范涌，州农发信用担保公司董事长黄晓笛2个国有企业的3位主要负责人经济责任审计；完成建始县原纪委书记蔡倧、巴东县原纪委书记赵久胜、来凤县原纪委书记丁玲琳3人经济责任审计。

【领导干部自然资源资产离任审计】 2019年，全州审计机关完成领导干部自然资源资产离任（任中）审计项目9个，其中乡镇7个、部门1个、国家级自然保护区1个。审计重点围绕党中央关于打好污染防治攻坚战的决策部署和省委、省政府，州委、州政府工作要求，以促进自然资源资产管理和环境保护方针政策贯彻落实为目标，以摸清自然资源资产实物量和生态环境质量状况变化情况为基础，以领导干部履行自然资源资产管理和生态环境保护责任情况为主线，以大数据审计方法为支撑，重点审计和评价领导干部贯彻中央生态文明建设方针政策、遵守法律法规、重大决策管理、完成目标任务、履行监督责任等方面情况。审计发现的主要问题：违规占用林地、耕地、土地，擅自采伐林木，环保项目实施不到位，饮用水源存在污染隐患，资源设备闲置等。

【政府投资项目审计】 2019年，全州审计机关完成对州强制戒毒所等726个政府投资项目的审计，重点审计投资控制和工程造价情况，重点关注招投标程序，检查项目资金管理和使用情况，跟踪重点投资建设资金流向，重点查找违规使用资金问题，加大经济犯罪案件线索的查处力度。查出主要问题14793万元，核减投资额3亿元。开展重点工程建设项目春风行动，对州委党校、恩施职院等重点工程项目深入一线大走访，通过宣讲政策、提供审计咨询，及时纠正建设过程中有关程序方面的问题，推动审计理念从事后监督向事前事中监督服务转变。

（王　凌）

统　计

【概　况】 2019年，州统计局围绕全州中心工作，落实全国、全省统计工作会议精神，深化统计改革，推进统计治理能力建设，提供统计保障。在第四次全国经济普查工作中，州统计局被国务院表彰为“先进集体”，“七五”普法工作获得中期“先进单位”，综合目标考核连续11年被评为优秀单位。

【全州统计工作会议】 2019年6月28日，全州统计工作会议召开，贯彻习近平总书记关于统计工作的重要讲话和指示批示精神，落实全国、全省统计工作会议精神，安排部署全州统计工作。

【深化统计管理体制改革】 州委、州政府印发《关于深化统计管理体制改革提高数据真实性的实施方案》，明确恩施州深化统计管理体制改革的具体措施，召开县市委书记、县市长和州直单位负责人参加的全州统计工作大会。州委、州政府党组和各级党委（党组）中心组对统计法律法规进行专题学习。健全数据质量管理机制。完善《恩施州统计局数据质量评审会议制度》，建立健全月度、季度、年度数据评审制度。及时更新、完善专业评审办法，不断规范统计数据评审流程和数据评审标准，确保数据评审统一规范、公开透明，将定数权关进制度的笼子。畅通统计违纪违法举报渠道。在州统计信息网上设置统计违纪违法行为举报专栏，公开举报电话和电子邮箱等，保证举报渠道畅通。

【统计基层基础工作】 加强县级统计基础规范化建设，巩固乡镇统计“八有八化”成果，推进村级“五有五化”建设。确保应统尽统。认真组织、专业协作、分级把关，分专业对县市开展3次进退库培训。对全州教育和卫生行业的事业单位进行摸底，挑选39家单位纳入联网直报。优化调查单位名录库，全年新增单位106家，退出单位224家，有“四上”单位1134家，新进规入统“四上”企业64家，同比增长36.2%。加强专题培训。组织470人（次）参加国家、省局组织的培训班及统计讲坛，组织州、县（市）局20名领导干部及业务骨干前往杭州培训，组织县（市）统计局42名领导班子成员进行专题培训，全年培训规模以上文化及相关产业单位统计人员、乡镇统计人员、“四上”企业统计人员1509人（次）。加强调研指导。结合局领导联系县市制度，由局领导带队到部门、县（市）、企业实地调研统计工作，形成9篇调研报告，为全州统计事业发展提供重要参考。与杭州市统计局联系，在浙江工商大学合办第二期“杭州—恩施州统计系统领导干部统计能力提升培训班”。

【统计法治建设】 建立数据质量责任体系，各级统计机构、有关部门主要负责人对数据质量负第一责任，分管领导负主体责任，各专业负责人负直接责任。规范数据生产环节。坚持新增企业凡进必查，把好“入库关”。坚持即报即审，加强对数据报送阶段的审核、评估，把好“上报关”。坚持集体定数，对主要经济数据集体会审，杜绝和防止以数谋私，把好“评审关”。开展“以数谋私、数字腐败”全面排查和专项整治工作，坚决反对统计造假和弄虚作假行为，构建专项检查、双随机核查、执法检查“三位一体”的核查体系，重点核查“四上”企业、投资项目上报数据真实性，以及是否存在虚报、瞒报和漏报现象。全年全州核查企业475家，核查发现数据质量问题企业77家。开展统计专项整治。针对国家局执法检查发现的问题，制定《恩施州统计数据质量整改工作方案》，开展统计造假弄虚作假专项整治，清理纠正违反统计法精神的文件和做法，配合做好宣恩、利川、恩施3个县市统计造假案件追责问责，处理干部48人、企业80家。多次召开会议安排部署，构建严厉查处统计造假、弄虚作假的预防机制。

【统计服务工作】 发挥统计“数库”作用，编印统计月报、武陵山周边地市和全国30个民族自治州主要经济指标季报、《数据恩施》统计折页、数据快递、统计公报、统计资料手册、《统计年鉴》近5500册。按月度向州政府办公室报送主要指标完成进度表，按季度向延边州报送民族州统计季报、与武陵山相邻地市州交换共享统计资料。发挥统计“智库”作用，针对省、州主要领导的关切重点，加快监测频率，加大解读力度，统计分析频次成倍增长。其中，1篇统计分析报告获全省优秀统计分析报告评选一等奖，连续第8年获此奖项；1篇统计资料获全国民族州优秀统计分析报告评选一等奖。运用州、县（市）民调机构全覆盖的优势，反映民意诉求，开展涵盖民生、考核等多领域的社情民意调查，民意调查报告《初心不改·使命在肩》被州委书记柯俊和州纪委书记、州监委主任陈江龙签批。

【恩施州第四次全国经济普查】 完成单位清查、现场登记、审核验收、事后抽查等各项工作。全州经济普查工作得到省统计局党组书记、局长朱慧的肯定和批示，州统计局被国务院第四次全国经济普查领导小组授予“第四次全国经济普查先进集体”荣誉称号。普查结果显示，2018年，全州地区生产总值为1082.31亿元，比原年报数增加211.36亿元，增长24.3%，恩施州地区生产总值首次迈过千亿大关，增幅位居全省市州第1位，增加额居全省市州第2位。4月18日，全省投资领域第四次全国经济普查数据审核分析培训在恩施举行。4月18—19日，省统计局党组成员、副局长吴中志到利川市、恩施市调研第四次全国经济普查入户登记工作，听取利川市和恩施市委、市政府关于“四经普”工作开展情况的汇报。

（王茏茏）

【抽样调查与统计监测】 2019年，国家统计局恩施州调查队组织实施一体化住户、市场物价、粮食产量、月度劳动力、采购经理指数、小微企业固定资产投资、个体经营户跟踪调查等抽样调查工作，开展重点贫困县、农民工、退耕还林、畜禽等统计监测工作，为国家建立经济核算体系和全国统一的基本统计报表提供基础数据，为恩施州争取国家政策提供数据支撑。提升住户数据质量，全州居民收支调查电子记账率稳定在96%左右，居全省市州前列。推进农村调查工作，完成畜禽监测调查样本轮换，运行新网点。开展基础工作检查，推进全省调查系统在恩施的示范项目“三级台账”的建设。跟踪非洲猪瘟对恩施州生猪产业影响，及时向州委、州政府上报情况。推进价格调查工作，做好CPI年度初始化工作。完成采价点和规格品的更新调整，提高样本的代表性。继续推广工价企业调查“宣恩模式”。召开8个县市局队分管领导、业务人员工作会议，开展PPI调查企业检查指导，为验收合格的29家企业授予“价格调查诚信星级企业”称号并挂牌。围绕恩施房价“限降令”开展快速调查，为领导及时掌握情况做好参谋，围绕脱贫攻坚、生态发展开展专题调查。继续与州统计局联合编印《月报手册》《统计公报》等资料，新编《数据恩施》《周边地区及少数民族自治州国民经济主要指标》，做好统计宣传活动。全年完成28个专题调研，9个专题调研报告经总队综合后被国家局《每日调查》、中办、国办采用，5篇调研报告被州委、州政府主要领导批示。被湖北调查总队内网采用信息114篇，被国家局内网采用5篇，被省委办公厅采用1篇，被省政府办公厅采用2篇；媒体采用12篇，其中《中国信息报》采用9篇；1项课题获州社会科学重点课题奖，1项课题获湖北国调系统重点研究课题二等奖。

（赖红丹）

市场监督管理

【概　况】 2019年，恩施州机构改革成立恩施州市场监督管理局，属州政府工作部门，对外加挂州知识产权局牌子。将州工商行政管理局的职责，州质量技术监督局的职责，州食品药品监督管理局的职责，以及州发展和改革委员会的价格监督检查与反垄断执法职责，州科学技术局的知识产权保护职责，州商务局的经营者集中反垄断执法等职责整合，组建州市场监督管理局。不再保留州工商行政管理局、州质量技术监督局、州食品药品监督管理局。2019年1月，省社情民意调查中心公布2018年度全省食品药品安全公众满意度调查结果，恩施州位列全省第三名。3月，州市场监督管理局在全省2018年食品、药品安全工作评议考核中被省市场监管局和省药监局评为“优+”等次；同月，被州政府授予2018年度全州安全生产优秀单位。全年承办州八届人大三次会议代表建议和州政协八届三次会议委员提案19件，办结和满意率均为100%。

【优化营商环境】 推进注册登记便利化，取消企业名称预先核准，推行企业开办全程电子化和个体户微信办照，推进企业开办“一窗通办、一事联办”，压缩企业开办时间至3个工作日内办结。推进企业简易注销登记。深化“多证合一”和“证照分离”改革，对“三十六证合一”的事项实行“一套材料、一表登记、一窗受理”的模式，实现“照后减证”，解决“办照容易办证难”和“准入不准营”的问题。开设企业融资“绿色通道”，为企业、个体工商户办理动产抵押物登记102件，助企业融资11.9亿元。

【市场主体发展】 2019年，全州实有市场主体292676户，同比增长13.16%；实有企业类市场主体总数56280户，同比增长9.69%；实有个体工商户223605户；农民专业合作社12791户，占全省的12.74%，排全省第一名；全年新登记各类市场主体54041户，同比增长17.72%，全省排名第二；新登记企业类市场主体10733户；新登记个体工商户42228户；新发展农民专业合作社1080户。

【食品安全监管】 开展学校食堂食品安全风险隐患排查，春秋季开学期间全州市场监管部门对各级各类学校食堂1385家开展隐患排查整治。中高考期间组织开展全州学校及周边食品安全专项整治，全州检查食品生产企业234家，排查整改隐患98条，检查学校食堂1203家，排查整改隐患831条。推进校园食堂明厨亮灶建设，全州1177家学校食堂完成明厨亮灶改造915家，完成率77.7%。重要节假日期间针对旅游景区、集贸市场、餐饮场所等重点场所及重点食品品种开展风险隐患排查整治。元旦、春节期间部署开展农村假冒伪劣食品专项整治工作，检查食品生产主体688个，食品经营主体6014个，检查批发市场农贸市场136个，收缴假冒伪劣食品603公斤，取缔无证生产主体21个，取缔无照经营主体15个，查处假冒伪劣食品案件79件，查处假冒伪劣食品货值10.85万元，受理和处理消费者投诉和举报75件。开展全州央视“3·15”晚会曝光问题产品专项整治，检查食品生产经营单位2463家，检查“五毛食品”销售者1820家。加强猪肉产品日常排查，全年全州检查批发市场和农贸市场3719家次、商超3981家次、冷冻库794个次、餐饮服务单位13415家次、肉制品生产企业350家次，立案查处违法生猪产品案件26件，查处违法生猪产品44595公斤。全年食品安全抽检完成抽样数8791批次，抽检不合格率4.69%。

【药品安全监管】 2019年全州监督检查药品生产企业及医院制剂室7家、医疗器械生产企业3家、化妆品生产企业3家、药品零售企业2063家、医疗器械经营企业80家、化妆品经营企业200家、医疗机构2525家。检查“村卫生室、个体诊所”药品医疗器械质量安全1438家。全年药品抽检481批次、化妆品抽检50批次，不合格率3.91%。

全年上报药品不良反应3816例，医疗器械不良事件1156例，化妆品不良反应279例，药物滥用病例报告517例。

【特种设备安全监管】 2019年，检查特种设备单位1581家，排查整改隐患562处，立案调查33起，查封扣押7台。开展燃煤锅炉“回头看”，全年淘汰拆除燃煤锅炉256台，停用69台，改造1台，治理达标排放5台。7—12月，开展超期未检设备专项整治，超期未检的1897台设备全部得到有效处置。9—12月，开展液化石油气瓶充装专项整治，检查充装单位47家，发现各类安全隐患110处，查封长期无证充装企业1家，对4家许可证超期的充装单位责令停止充装。11月，启动全州液化石油气气瓶信息化管理工作。

【产品质量安全监管】 围绕危险化学品、烟花爆竹、水泥、电线电缆、絮用纤维制品、电动自行车及食品相关产品开展专项检查。2019年度全州工业产品抽检218批次，合格214批次，不合格4批次，合格率为98.17%。2019年5月开展重点儿童和学生用品生产企业摸底，全州3家学生服生产企业和1家儿童玩具生产企业。加强成品油抽检，抽样116批次，合格112批次，合格率为96.55%，对4个不合格成品油进行立案查处。持续集中整治散煤销售，排查经营商品煤场所85处，抽查商品煤49批次，对2批次不合格商品煤立案查处。

【市场监管领域“四大安全”隐患排查整改专项行动】 2019年9—12月，组织开展市场监管领域“四大安全”（食品、药品、特种设备、产品质量安全）隐患排查整改专项行动，检查特种设备使用单位1214户次，排查整治安全隐患448个；检查食品生产经营企业13568户次，排查整治安全隐患4099个；检查药品生产经营使用单位1670户次，排查整改安全隐患832个；检查工业产品（危化品企业）633户次，排查整改安全隐患207个。

【质量强州】 2019年2月，州委、州政府印发《关于恩施州开展质量提升行动加快建设质量强州的实施意见》；发布恩施州2018年度质量状况；发布恩施州2018年度服务业顾客满意度（CSI）调查与测评报告，旅游业、银行业、零售业等9个服务行业平均满意度为84.08%，较上年度提高10%；启动第四届恩施州清江质量奖评定；恩施玉露产业集群质量提升项目被纳入2019年湖北省中小企业质量提升项目。推进恩施州申报国家级中药材质量监督检验检测中心工作。9月，举办由恩施州、恩施市两级市场监管部门联合举办的主题为“深化质量提升行动，筑牢四大安全底线”的2019年“质量月”活动。

【商标注册】 2019年全州新增注册商标5930件，同比增加39.33%，注册商标19764件，全省排名第7。地理标志商标34件，全省排名第六，在全国30个少数民族自治州排名第二，进入全国地理标志注册40强。成功注册“恩施硒茶”“利川红”地理标志商标。“国家知识产权局商标局恩施州受理窗口”在恩施州市政务服务中心启动运行，可办理商标申请和注册商标专用权质权登记申请业务。

【专利申请和授权】 2019年，全州专利申请1680件，其中，发明374件、实用新型792件、外观设计514件。专利授权762件，其中发明54件、实用新型394件、外观设计314件。全州万人发明专利拥有量0.7件。

【认证认可】 2019年，新增质量管理体系认证企业81家，有效期内达192家；新增涉硒企业通过质量管理体系认证11家，有效期内达31家；78家企业获得有机产品认证证书130张；新增强制性产品认证12家，获证书33张；全州低压电器、安全玻璃、电线电缆等强制性认证企业达21家，获证书77张。

【标准化工作】 2019年，发布《恩施硒茶生产技术规程》等16项恩施州地方标准，其中涉硒种植标准11项，中药材种植标准3项。推进省级地方标准《雪茄烟叶等级质量标准》的制订修订。制定《恩施硒土豆》等8个团体标准。选定12个地产药材规模品种，制定《恩施州中药材产地初加工技术规程（第一批试行）》。实施硒红茶、硒稻谷、硒乌龙茶、硒大蒜和硒藤茶5个州级硒种养殖标准化示范区（基地）建设。

【消费维权】 将“12315、12365、12331、12358、12330”五条热线统一整合为“12315”，推进市场监管全业务诉求集中登记处理。全年受理消费者投诉、举报、咨询18210件，其中投诉6127件，举报1022件，咨询11061件，办结率分别为95.9%、91.3%、100%，为消费者挽回经济损失317.06万元。与《恩施晚报》联合开辟消费教育阵地，2019年发布消费警示9期，公布重点节假日投诉热点3次。针对通信行业被投诉率居高不下的情况，5月对移动、电信、联通3个通信公司进行行政约谈。

【价格监督】 组织开展医疗机构价格行为、港口收费、涉农价费、殡葬领域、水电气领域价费等专项检查，全年检查经营者2626家次，退还用户金额513.49万元。对全州商超、药店和加油站称重计价、结算收银环节采取“四舍五入”“去零取整”等侵害消费者利益的行为进行整治规范，完成整改26家，对7家超市立案调查。在全州组织开展规范供气、供电、供水经营行为专项治理，清退多收气费18.95万元，部分转供电主体通过退还现金、冲抵房租和物业管理费等方式清退多收电费463.98万元。

【反不正当竞争执法专项行动】 全年检查重点场所392个，开展宣传活动398次，查办违法案件3起，罚款69万元。开展公平性竞争审查3次。

【打击传销规范直销】 2019年全州立案查处案件2起，捣毁取缔传销窝点6个，教育遣散传销人员115人，移送司法机关案件2起，移送人员4人，发布警示提示1168条，印发宣传资料14216份。8月，组织召开全州15家直销企业座谈会。

【网络交易监管】 全州网络交易监管平台网络经营主体（网店、网站）入库3311户，开展网上巡查1643个次，下发行政指导意见书1份，限期改正通知书21份。2019年7—12月，联合州公安、网信等8个部门开展2019年网络市场监管专项行动（网剑行动）。

【广告监管】 2019年8—9月，开展药品保健品虚假违法广告专项整治行动，清理拆除各类违规广告77条，各类“牛皮癣”小广告10000余张。到州城4个高校、普通学校及周边开展“非法校园贷”清理整治。开展合同格式条款及房地产广告警示整改工作。

【计量监管】 开展全州计量机构能力提升建设，2019年全州投入县级机构能力建设资金164.6万元，审核通过新建计量标准或改造项目16项。开展煤矿安全计量器具检定，全年抽查25家煤矿的瓦检仪、风速表计量检定情况。开展全州可燃气体报警器强检计量器具专项计量检定，全年完成全州38座加气站点，135台可燃气体报警器检定工作，排查出9台不合格，合格率94%。组织开展加油站“双随机、一公开”检查，随机抽查26座加油站、77条加油枪，合格率为96%。

【稽查执法】 2019年，立案查处各类违法违章案件1255件，涉案案值1327.55万元。推进“扫黑除恶”专项斗争，全州出动执法人员15861人次，检查集贸市场1365个，检查市场主体28531户。排查涉黑涉恶案件线索37条，移交问题线索20条。2019年立案查处侵犯知识产权和制售假冒伪劣商品案件547件，涉案案值350.86万元，移送公安机关查处11件。持续开展联合整治“保健”市场乱象行动，全年全州市场监管部门开展宣传活动719次，检查社区、公园、广场等人员密集场所551个，检查宾馆、酒店等重点场所851个，检查“保健”类店铺2301个，受理消费者申诉举报28次，为消费者挽回经济损失8.39万元，立案查处“保健”市场案件45件，涉案案值1962.09万元。

【信用监管】 对未履行2018年度企业年报义务的3915户企业列入经营异常名录，修复移出市场主体605户，为6家企业申请撤销行政处罚信息。推进部门信息共享，建立完善部门间“双告知”信息推送、信息认领和监管信息共享、部门联合惩戒机制。全年推送市场主体告知信息150491条，推送证照分离信息13539条，推送“多证合一”信息138330条。推进部门联合“双随机、一公开”监管工作，全年全州跨部门“双随机、一公开”录入检查结果并公开1340次。

【重要会议】 2019年4月2日，州政府召开全州市场监督管理工作电视电话会议。4月30日，州市场监督管理局以视频会议的形式召开重点工作推进会，通报前期调研发现的旅游市场管理、食品安全、特种设备安全方面存在的问题。6月5日，州市场监督管理局牵头召开事中事后监管联席会议，落实州委、州政府关于优化营商环境工作要求，推动全州政府部门涉企信息归集工作。9月29日，省市场监管局2019年“万千百”企业质量提升恩施玉露产业集群服务启动会在州城恩施召开。11月18日，州政府第50次常务会议学习贯彻《中共中央 国务院关于深化改革加强食品安全工作的意见》《中共中央办公厅 国务院办公厅印发地方党政领导干部食品安全责任制规定》和新修订的《中华人民共和国药品管理法》《中华人民共和国疫苗管理法》精神，研究部署全州食品药品安全工作。11月20日，州市场监管局、公安局、农业农村局、教育局、畜牧兽医服务中心5个部门联合召开全州食品安全新闻发布会，介绍全州整治食品安全问题联合行动进展情况，向社会公布2019年全州食品案件10个典型案例。

【上级督导调研】 2019年5月20—22日，省市场监督管理局第三督导暗访组对恩施州部分县市食品、特种设备和工业产品质量安全隐患排查治理和“扫黑除恶”专项斗争“回头看”等工作开展情况进行暗访检查和工作督导。7月10日，省知识产权局调研组到恩施州就“利川红”“恩施土豆”知识产权高价值培育工程实施情况进行调研。9月25日，省知识产权局到恩施州调研知识产权工作。10月28日，省食品药品安全委员会第一督导检查组到恩施州开展食品安全督导检查。

【参加“党风政风热线”】 2019年8月22日，州市场监督管理局参加州广播电台“党风政风热线”栏目，介绍州市场监督管理局组建及职能职责，宣传解读食品药品、特种设备、消费者权益保护等工作。

【参加湖北地理标志大会暨品牌培育创新大赛】 2019年9月20日，湖北地理标志大会暨品牌培育创新大赛中，恩施州8个参赛单位获3个金奖，1个银奖和4个优秀奖。“恩施硒土豆”“利川红”“恩施玉露”获金奖，“巴东郡贡茶”获银奖。

（黄家甫　刘乾竹　谭翠平）

恩施海关

【概　况】 2019年5月16日，恩施海关正式挂牌，州政府与武汉海关就恩施海关开关事宜签订《合作备忘录》。9月16日，恩施海关正式迁入新址办公并同步开始调试办理海关业务。完成信息化改造的招投标。10月1日起，恩施海关正式对外全面开办海关业务。全年监管出入境货物及包装合计519批次，货值2320.03万美元，其中，茶叶出口185批次，同比增长43%，出口货值1639.30万美元。出具检验检疫证单446份。审核签发原产地证199份，签证金额1571.42万美元。进出口收发货人注册登记共计453家。共受理报关19票，其中，出口报关11票，进口报关8票，征收关税及进口环节增值税、消费税336566.8元，出具减免税货物担保证明1份。办理出口食品生产企业备案7家，出口食品原料种植场备案9家，出境竹木草制品生产加工存放单位备案1家，出境中药材生产加工存放单位备案1家，进口食品收货人备案1家，办理两简案件2起。

【航空口岸临时开放】 2019年6月30日，保障恩施机场境外包机首航。恩施航空口岸先后开通恩施—澳门、恩施—暹粒（柬埔寨）和恩施—岘港（越南）航班。截至12月31日，恩施海关监管进出境飞机190架次，进出境旅客26205人次，开包查验1544人次，截获濒危物种34次（其中砗磲20次、蟒蛇皮制品14次）、禁止携带入境物若干，查获应税物品5起，补征税12964.80元。做好旅客的宣传宣教和沟通解释工作，未接到一例旅客投诉。恩施海关通过电子屏、海报、宣传册等多种形式宣传国门安全知识，加强与恩施州内职能部门特别是疾控部门的配合，在航空口岸进行医学排查31人次，未发生一次口岸公共事件。

【帮扶企业】 针对恩施州进出口企业特点，举办海关业务培训会，企业包含新型业态的加贸企业、高风险的出口食品企业、小微企业、特色农产品出口企业和有意愿在恩施报关的企业，涵盖恩施所有的进出口企业类型。走访2家大型加贸企业（立讯、达翔），重点帮扶重点企业，为大型和重点企业安排专人提供"一对一"式的保姆服务，第一时间解决企业在进出口过程中遇到的困境和难题。针对恩施州出口产品的特点，重点关注茶业、特色农产品出口，帮助企业积极应对国外新标准，保证出口的稳定性，辖区出口茶叶基地备案约2万公顷，惠及全州8个县市贫困茶农超过10万人。为企业提供"7+24"的预约服务，保证进出口产品第一时间查验，压缩通关时间。

【上级检查调研】 2019年，武汉海关相关领导先后到恩施州调研并就落实武汉海关缉私工作会议精神提出要求；到恩施海关看望并慰问一线关员，就"中美贸易摩擦对湖北外贸经济的影响"等召开恩施海关全体干部座谈会，开展明察暗访和监督调研，查看恩施航空口岸海关监管场所、恩施机场国际航站楼、恩施海关新建办公、生活设施建设情况，了解口岸临开和开办海关业务前的各项准备工作情况，开展"不忘初心、牢记使命"主题教育调研，到恩施海关出席武汉海关普法讲师团启动仪式暨首次宣讲活动。

（刘光耀）

公共检验检测

【概　况】 2019年，恩施州机构改革，整合国家富硒产品质量监督检验中心、恩施州食品药品检验检测中心、恩施州产品质量检验检测中心（一个机构、三块牌子），州农业局的农产品检验检测职责，设立州公共检验检测中心，为州人民政府直属正县级公益一类事业单位，对外加挂国家富硒产品质量监督检验中心牌子，不再保留国家富硒产品质量监督检验中心、恩施州食品药品检验检测中心、恩施州产品质量检验检测中心。3月29日，州委下发三定方案明确中心增加"负责农产品检验检测、农作物种子质量检验检测工作，负责指导县市开展公共检验检测业务技术工作，开展食品、硒产品、中药材等产品标准及检验方法标准科学研究"职责，增设农产品检验检测所、种子质量检验检测所。州公共检验检测中心资产总值18516.63万元，房屋总面积18478.27平方米。检验检测仪器设备762台套，设备总值7784万元。年检测能力约10000批次，检测能力覆盖硒产品、食品、药品、农副产品、饮料、饲料、化工产品、建材产品、轻工机电产品、金属材料及制品、电器安全性能、石油制品等。9月26日，省市场监管局开展省转移食品安全检验任务承检机构监督检查，11月25日省市场监管局下发《省市场监管局关于对省转移市州食品安全抽检任务承检机构检查情况的通报》，中心获通报表扬。

【检验检测】 2019年完成检验检测业务10563批次，同比增长0.67%，产值约1345万元。其中，完成政府指令性计划任务4645批次，占43.97%；完成社会委托送检5918批次，占56.03%。完成食品、药品（化妆品）、工业产品监督抽检任务，执行率100%，无故延误率为零。完成硒博会送检产品检测2066批次。

【检测检验能力建设】 新增检测设备143台套，价值1887万元；开展资质能力扩项及标准更新工作，全年扩项参数17项，完成标准更新省级资质3项。截至2019年底，中心通过国家认监委检验检测机构资质认定和授权，产品199个、参数321项，能力范围包括食品、农副产品、饲料、化肥、土壤等，通过省质监局检验检测机构资质认定，产品1700个、参数2143项，能力范围包括硒产品、食品、药品、化工产品、建筑材料、轻工机械产品等。对实验室进行优化改造，硒检测实验室完成重新装修，优化功能布局，增设实验设备设施及通风系统。部分实验室环境条件完成改造升级，使其与所承担的检测任务相适应；启动CNAS实验室认可申报，委托外部专业机构按CNAS评审要求对中心质量管理体系进行外部评审，按照外部评审结果对不符合项进行整改，对体系文件进行修订，完成网上申报工作；开展业务信息系统升级工作，在政捷检验业务管理系统中编制完成检验模板218个，下载新标准97个，新增政捷系统与国抽系统食用农产品监督抽检信息填报对接功能和检验项目数据网上查询功能，检验管理信息化程度得到升级。

【质量建设】 按照国家认监委要求，完成检验机构2018年度社会责任报告及检验检测服务业统计报告上报工作；推进国家硒检中心法人依托单位变更，申请材料通过省市场监管局报国家市场监管总局，2019年通过审核，等待总局批复；整合部分科室职责，推进内设机构改革，将人事、财务、党办内设机构进行调整，单设计划财务科，人事科与纪检监察室实行合署办公；制订2019年质量控制、质量监督、内审、管理评审等年度计划，组织实施内部质量控制、质量监督、内审、管理评审；组织参加能力验证（外部比对）12批次，其中，国家认监委组织5批次，国家药品监督管理局、中国食品药品检定研究院组织2批次，省市场监管局组织5批次，验证结果均为满意；受理投诉（含异议或复检等）10起，涉及12份检测报告，均按程序处理完毕。

【科研和标准化研究】 开展科研工作，参与湖北省科技项目1项:《道地中药材恩施黄精品种选育与富硒栽培及产品加工关键技术研究》，开展科研项目9项:《多途径分析单体有机硒形态和样品前处理优化方法研究》《富硒食品中有机硒的测定方法》《植物样品中硒形态分析方法研究》《主要作物品种富硒性能筛选技术标准研究》《基于〈富硒农产品 GH/T1135-2017标准中硒形态测定方法对富硒农产品及食品硒形态检测方法〉的优化研究》《恩施州道地药材独活品质及HPLC指纹图谱与硒含量相关性研究》《国家标准〈硒蛋白〉中有机硒分析方法研究》《硒对水稻生长及品质效应研究》《基于〈食品安全国家标准食品营养强化剂硒蛋白〉的优化研究》，其中《基于〈食品安全国家标准食品营养强化剂硒蛋白〉的优化研究》在州科技局立项。开展标准化研究工作，参与制定国家标准1项、恩施州地方标准8项及团体标准8项，参与起草的国家标准《竹叶中多糖的检测方法》在国家标准化管理委员会立项，牵头起草的恩施州地方标准《包装用箬叶》实施。参与国家标准检验方法验证、标准物质验证各1项和陕西省地方标准检验方法验证1项。开展科研合作交流，参与恩施州和中科院上海生命科学院的科研合作讨论，协助出台州政府与中科院上海生命科学院未来五年的基础研究合作方案。邀请中科院上海有机化学研究所研究员、长江大学教授到中心开展学术交流和讲座，与匈牙利籍教授团队共同在中心实验室开展硒形态分析工作。参与组建硒产业技术与健康中国创新平台联盟，成为联盟副理事长单位。与国硒中心第三方评价办公室、中正国际认证有限公司签订战略合作协议，在标准规范构建，评估、认定、认证管理等方面开展合作。

【全州检验检测体系建设】 为加强全州食品、硒产品质量监督检验，推进全州检验检测体系建设，召开由各县市公共检验检测中心负责人参加的全州检验检测体系建设座谈会。开展调研督办，中心调研组就各县市检验检测能力建设情况进行实地调研和督办，对建设工作根据建设进程和实际情况进行跟踪督办，多次派出技术专家现场指导各县市中心建设工作。出台《加快各县市检验检测能力建设的实施意见》等多个支持全州检验检测体系建设的文件。

【项目建设】 国家硒检中心项目及恩施州食品安全检（监）测能力建设项目完工并投入使用，2019年完成工程决算审计。国家硒检中心项目实际总投资7284.42万元，建筑总面积17481.57平方米，其中科技综合楼建筑面积14193.33平方米，建材检验楼建筑面积1790.94平方米。恩施州食品安全检（监）测能力建设项目批复投资概算为2222万元，实际下达资金1917万元，工程实际完成投资20803938.48元，建筑总面积2494平方米，配套检测设备920万元。药品检测所、产品检测所完成搬迁，实现中心各部门集中办公；原药检所办公大楼调剂给州文旅局办公使用。

（罗文雪）

农业和农村经济

综　述

【概　况】2019年，恩施州机构改革成立州农业农村局，将州委农村工作领导小组办公室的职责，州农业局的职责，州发展和改革委员会的农业投资项目、州财政局的农业综合开发项目、州国土资源局的农田整治项目、州水利水产局的农田水利建设项目、水产、渔业监督管理职责，州招商局的硒资源保护与开发职责，以及州畜牧兽医局的行政职能进行整合，组建州农业农村局，作为州政府工作部门，不再保留州农业局，州委农村工作领导小组办公室设在州农业农村局。6月25日，州政府召开畜牧兽医工作协调会议，明确将州农业农村局承担的畜牧兽医行政管理职能全部委托给州畜牧兽医服务中心履行；由州农业农村局组建畜牧兽医工作专班，派驻到州畜牧兽医服务中心工作，接受州畜牧兽医服务中心的领导和安排；全州畜牧兽医工作由州畜牧兽医服务中心直接对州委、州政府负责，由州畜牧兽医服务中心主任负起“一把手”责任，履行畜牧兽医工作的安排部署、指导、检查督办、落实等职责；州防治重大动物疫病指挥部办公室设在州畜牧兽医服务中心，由州畜牧兽医服务中心承担州防治重大动物疫病指挥部办公室职责。全年全州乡村户数95.01万户，乡村人口321万人，乡村劳动力资源200.75万人，其中男性108.76万人，女性91.99万人。全年全州农业总产值180.1亿元，实现农业增加值114.05亿元。全州农村常住居民人均可支配收入为11620元，同比增长10.4%，增幅位居全省前三。

【粮油生产】2019年，全州粮食种植面积367200公顷，较上年减少2.2%；粮食总产量146.32万吨，下降0.25%。其中水稻面积44660公顷，总产35.35万吨；玉米面积145720公顷，总产60.34万吨；红薯面积37906.67公顷，总产13.74万吨；马铃薯面积109800公顷，总产31.66万吨；大豆面积21640公顷，总产3.56万吨。油料播种面积61333.33公顷，较上年增加0.5%，总产12.11万吨，减产1.4%。其中，油菜种植面积48300公顷，总产9.6万吨，同比减少0.7%。

【蔬菜水果生产】全年蔬菜播种面积140080公顷，同比增加0.39%；蔬菜产量267.36万吨，增产1.8%。水果总面积62666.67公顷，同比增加3.4%；投产面积34400公顷，增产4.2%；总产35.46万吨，减产0.6%。全州水果有机食品认证面积为266.67公顷，创建全国有机农业示范基地1个；绿色食品认证有效面积为2760公顷，其中全国绿色食品标准化原料基地面积2000公顷。

【中药材】全年新建中药材基地18666.67公顷，年底中药材留存面积为98000公顷，同比增加4.6%；全年产量9.7万吨，同比增加2.8%；产值

11.4亿元，同比增加8.9%。新建成8个66.67公顷道地药材标准化示范基地。利川黄连和巴东玄参入选湖北省首批10个道地药材“一县一品”优势品种目录。全国道地药材健康种植管理交流研讨会在恩施召开。

【农业产业化】 推进咸丰县小村乡、来凤县旧司镇产业强镇项目建设，建始县花坪镇成功申报2019年产业强镇项目。新创建3个全国“一村一品”示范村镇，总数达到16个，全省排名第一。建始县、宣恩县获得2019年产地初加工设施中央投资项目，计划建设初加工设施127座。鹤峰县茶叶现代农业产业园、利川市黄连现代农业产业园、宣恩县伍家台贡茶产业园、巴东县中药材现代农业产业园、咸丰余杭现代农业产业园、来凤藤茶现代农业产业园被列入2019年湖北省现代农业产业园公示名单，成功申报创建宣恩县伍家台贡茶产业联合体等4个省级农业产业化联合体。组织恩施市和利川市分别申报第三批中国特色农产品恩施玉露、中药材优势区项目。推进一、二、三产业融合发展，发展乡村休闲旅游产业。枫香坡侗族风情寨、二官寨民俗村等22个休闲农业单位入选湖北省休闲农业示范点，总数达到120个。恩施市盛家坝乡二官寨村、利川市建南镇联合村名列中国美丽休闲乡村，全州总数达到8个。宣恩县椿木营滑雪场精品游入选2019中国美丽乡村休闲旅游行（冬季）精品景点线路。7月28日，恩施市白杨坪镇洞下槽村、利川市南坪乡营上村2个村名列第一批全国乡村旅游重点村。全州休闲农业和乡村旅游经营主体达到2190个。推动农产品加工升级和农业产业化重点龙头企业提档升级，新增农产品加工规模以上企业3家，总数达到148家。新增省级重点龙头企业14家，总数达到43家，州级以上龙头企业171家。

【农业品牌建设】 组织企业参加杭州市·都市圈优质农产品迎新春大联展、2019年第20届中国国际食品饮料展览会、武陵山区贫困地区农产品产销对接活动、第十七届中国农交会（南昌）和第十六届中国武汉农博会、第28届中国食品博览会、全国名特优新农产品宣传展示、第二十二届中国农产品加工业投资贸易洽谈会、全国农产品质量安全县优质农产品产销对接会、第二十届中国绿色食品博览会暨第十三届中国国际有机食品博览会（郑州）等各类展会。开展恩施硒土豆商标设计与广告语征集，分别评选出恩施硒土豆商标和广告语一、二、三等奖和入围奖。开展农产品品牌培育行动，向省农业农村厅上报20个重点企业品牌，恩施硒茶列入农业农村部《中国农业品牌目录2019农产品区域公用品牌》，来凤藤茶、唐崖茶、来凤姜成功入选2019年湖北省二十强农产品区域公用品牌。“恩施炕土豆”获评湖北省“楚菜品牌十大楚菜名点”。

【农产品流通】 组织州内企业参加云南（昭通）贫困地区品牌农产品招商对接活动、第二十二届农产品加工洽谈会（驻马店）、“荆风楚韵·仙居恩施”扶贫主题农行公益展卖会（北京），协助农业农村部乡村产业发展司在咸丰县、来凤县分别举办“农业农村部定点扶贫县（咸丰）龙头企业对接活动”“贫困地区特色产品宣介活动（湖北）”，推荐70余种特色农产品进入北京市机关服务中心采购目录、推荐28家企业为中国农业银行系统消费扶贫采购供应商，组织企业入驻“益农融商”公益商城平台。

【农产品质量安全】 宣恩县、鹤峰县成功创建国家农产品质量安全县。利川市、咸丰县和来凤县成功创建湖北省农产品质量安全县。申报创建国家和湖北省农产品质量安全州；推荐利川市、咸丰县和来凤县创建第三批国家农产品质量安全县；推荐恩施市、建始县和巴东县创建第三批湖北省农产品质量安全县。加强农产品质量安全日常监管、源头管控和例行抽检，全州农产品质量安全综合合格率达到99.9%。全年出动执法人员

3138人次，巡查生产经营主体1698家次，查处问题26起，责令整改20起，立案6起，销毁问题农产品数量852.9千克，涉及金额3257元，组织培训511场次，培训人员5809人次。2019年新增“三品一标”认证产品65个，总数达到370个，认证“三品一标”有效企业总数144家；认证规模种植面积190561.33公顷、养殖160.34万头（羽），比上年增加13788公顷。已认证和正在创建的绿色、有机基地达到17个，总面积为94666.67公顷。

【农业面源污染防治】 2019年，实施土壤酸化治理36000公顷，完成任务数的114.9%。完成第二次农业污染源普查工作和数据录入工作，制定《恩施州畜禽养殖废弃物资源化利用工作实施方案》，建始县、宣恩县、来凤县、鹤峰县2018年畜禽粪污整县推进项目全部建设完成；恩施市、利川市、巴东县、咸丰县2019年畜禽粪污整县推进项目顺利实施。农作物秸秆综合利用率达到90%以上，化肥农药使用量保持零增长，茶叶、柑橘、水稻、马铃薯等农作物病虫害专业化统防统治覆盖率在42%以上，主要农作物测土配方施肥覆盖率90%以上。开展农用地土壤污染状况详查，开展重金属污染耕地土壤环境质量类别划定，建立分类清单和技术目录。

【农业信息化建设】 全州除巴东县、来凤县外，其余6个县市均纳入省级农村信息进村入户试点县建设，先行开展益农社试点建设工作，计划建设益农信息社581个，建成315个，聘请益农社信息员235人，覆盖211个行政村，服务农户10.23万户。

【农业行政审批】 领取录入国家、省级政务服务事项487项，明确州农业农村系统行政检查随机抽查事项清单9项。

【农业行政执法】 全年联合相关执法部门出动执法人员2900余人次，检查种子、种苗、农药、肥料、饲料、兽药、农机具等生产企业和经营门店1728家次，下达责令整改通知书69份，调解纠纷105起，立案58起，排查农机违法载客道路安全隐患23起，查处无证经营农药案件15件，收缴农药1000多公斤，办结郑州中植堂农作物保护有限公司经营假农药和劣质农药案件，罚没款143247元。州农业行政执法支队被省农业行政执法总队通报表扬。州农业行政执法支队《关于郑州中植堂农作物保护有限公司经营假农药和劣质农药案》被省农业农村厅评为2019年全省农业行政处罚优秀案例。

【农业机械化】 2019年底，全州拥有各类农机具153万台套，农业机械原值21.3亿元，农机总动力243万千瓦；主要农作物生产机械化综合水平达到50%，落实补贴资金1197.857万元，补贴农机具7828台，惠及6179户农户或经营合作组织，带动投入4609万元。

【农业项目建设】 2019年谋划落实产地初加工、清洁化生产线建设、市场体系建设、品牌建设、新型经营主体提升等特色项目资金超过4亿元，获厕所建改资金9800万元。围绕“十四五”规划谋划涉农项目12个方面265个，总投资628.6亿元；组织申报2020年中央预算内农业投资项目23个，资金5.1亿元，落实2.8亿元；组织申报农业农村领域与金融社会资本对接储备项目11个，资金额度158.52亿元。

【农业招商】 2019年，谋划农业招商项目88个，涉及资金总额约500亿元。由农业农村部门招商引资的红太阳集团有限公司与恩施市政府签订投资协议，投资总规模28亿元，成为进驻恩施的第一家涉农上市企业。

【农业产业扶贫】 实施消除产业“空白村”“空白户”行动，推进特色产业基地建设。新增特色产业基地27533.33公顷，总面积为450000公顷，人均0.14公顷，特色产业带动贫困户的比率为94%。持续推广“121+X”产业扶贫模式，全州729个重点贫困村建立或者引进产业合作社1257

个，建立729个金融互助合作社（站），对接602家龙头企业。完成中央、省、州各类巡视巡察和成效考核整改问题18个。组织15个调研组开展产业扶贫大起底大核查，开展专题调研2次，形成调研报告17个，上报各类书面材料60余份。《强化问题整改 助推产业扶贫》调研报告得到州领导批示。9月6日，在四川省广元市苍溪县召开的全国产业扶贫工作推进会上，咸丰县作题为《坚持“六高”统筹做好产业扶贫大文章》的典型发言。

【农业农村部定点扶贫】 2019年4月3日，农业农村部新媒体扶贫首个项目落户来凤县。支持帮助来凤县、咸丰县建立标准化规模化中蜂养殖示范基地12个，在全州范围内对主要草本中药材全面开展病虫害发生及用药情况调查，开展中药材登记药效、残留、作物安全试验，破解中药材用药难题。

【东西部扶贫协作】 突出“恩施所需、杭州所能”，全方位、多层次，创新总结和打造集机制建立、人才交流、技术支撑、平台建设、浙企入恩、硒品入杭、示范带动、园区引领为一体的“八位一体”产业合作新机制。《配好精准脱贫“金钥匙”杭恩携手走出特色农业产业化之路》作为东西部扶贫协作典型范例上报国务院扶贫办，与杭州市农业农村局联合举办产业扶贫指导员知识更新培训3期210余人次。

【国际交流学习】 2019年8月6日，古巴农业部农业项目设计、管理、分析及南南合作对推动农业发展的作用研修班24人到恩施州调研考察。11月6日，由联合国粮农组织牵头组织的“联合国可持续发展目标示范村”国内首个项目培训班在来凤县开课。

【农业灾害】 2019年，灾害天气及动植物病虫害频繁发生，包括春季低温寒潮、夏季暴雨、秋季干旱、草地贪夜蛾及非洲猪瘟，由于农业防灾救灾减灾工作及时、措施有效，将灾害损失降到最低，保障农业丰产丰收。全年发布州级农作物病虫害发生趋势情报10期，草地贪夜蛾病虫情报9期，发布马铃薯晚疫病预警情报12期。全州发现草地贪夜蛾面积6366.67公顷，防治面积17240公顷，培训技术员3.56万人次，统防统治面积3680公顷，建立性诱检测点210个，83个乡镇实现全覆盖。及时抓好低温冻害防御和防汛抗旱减灾。全州非洲猪瘟防控临时检查消毒点由181个调整为175个，全州排查养殖场（户）、交易市场、屠宰场、无害化处理场746.48万个（次），排查生猪5126.44万头（次）。

【2019年中国马铃薯大会暨世界硒都（恩施）马铃薯博览交易会】 2019年5月26日，以“马铃薯产业与健康消费”为主题的2019年中国马铃薯大会暨世界硒都（恩施）马铃薯博览交易会在州文化中心开幕。农业农村部、中国农科院、中国作物学会马铃薯专业委员会、省农业农村厅及全国28个省区市有关负责人及专家出席开幕式。全国马铃薯界109所高等院校、科研院所的专家教授，238家企业及26家新闻媒体记者等近800名嘉宾出席大会。

【荣　誉】 州农业农村局被农业农村部授予“全国农业农村系统先进集体”称号，州农业农村局党组成员、副局长陶传江（挂职），恩施州农科院院长李卫东，恩施市特产技术推广服务中心何远军获“全国农业农村系统先进个人”称号。鹤峰县“集约养牛绿色循环发展项目”获第三届农业农村创新创业大赛成长组二等奖。在2019年“湖北工匠杯”技能大赛——第四届全省农机职业技能竞赛中，恩施州代表队获“乐星杯”农机维修与驾驶操作竞赛团体赛第二名，州农业农村局获优秀组织奖。钟育海被全国农技推广中心、中国农业科学院评为“西部之光”访问学者“优秀学员”，获2018年度“恩施州优秀人才”称号。

（殷　波）

茶产业

【概　况】 2019年新增茶园面积7926.67公顷，总面积为113286.67公顷，其中无性系良种茶园99413.33公顷，良种化率为84.47%，比全国高26.5个百分点；新增采摘面积3866.67公顷，投产茶园总面积为85200公顷。茶叶产量12.05万吨，增产12.2%，占全省的31.7%、全国的4.31%；其中名优茶产量4.91万吨，同比增长16.9%，占总产量的42.22%。全州茶叶农业产值44.7亿元，同比增长17.6%；干毛茶总产值85.1亿元，同比增加11.8亿元，增幅16.1%；综合产值突破150亿元，同比增长10%。全州茶产业覆盖茶农80万人，茶农人均茶叶收入5587元，同比增长17.6%；春茶鲜叶收购综合均价达到11.07元/斤，同比上涨1.36元，涨幅14.01%。工商注册登记茶叶加工企业达到2247家，其中规上企业50家，龙头企业70家，有出口经营权企业12家。新增电气化制茶企业18家，总数为84家；改扩建厂房73家；新增清洁化生产线74条，总数为269条；新增自动化生产线9条，总数为58条。新增通过SC认证茶企31家，总数为197家，通过ISO质量体系认证总数38家。宣恩县入选2019中国十大生态产茶县。宣恩县、鹤峰县获得第二批“国家农产品质量安全县”称号。宣恩县、咸丰县成功创建“国家级出口茶叶质量安全示范区”。恩施市、利川市、鹤峰县成功创建“省级茶叶出口基地县”。恩施、利川、巴东、宣恩、咸丰、鹤峰6个县市获“全国重点产茶县”称号。恩施、鹤峰、宣恩、咸丰、巴东5个县市名列“2019中国茶业百强县”榜单。

【品牌创建】 “恩施硒茶”成功注册国家地理标志证明商标，入选2019年“中国农业品牌目录2019农产品区域公用品牌”。“唐崖茶”成功通过农业农村部评审为农产品地理标志产品。全州获得国家地理标志注册商标或产品认证（茶叶）11个。恩施硒土豆、利川红、恩施玉露在首届湖北地理标志大会暨品牌培育创新大赛中获地理标志金奖。“利川红”成为第三届中国国际茶叶博览会“品茗千年·中国之夜”品茶招待会唯一指定红茶。

【基地建设】 全州成功创建全国有机食品（茶叶）示范基地3个，获得有机食品认证标识17个；新增有机茶基地3766.67公顷，总面积为8220公顷，占茶园总面积的6.98%。全州创建国家级绿色食品（茶叶）原料标准化生产基地6个，获得绿色食品标识122个；新增绿色食品认证面积4066.67公顷，总面积为39066.67公顷，占茶园总面积的33.2%。新启动巴东县溪丘湾乡、宣恩县万寨乡2个州级茶叶全域绿色化示范乡镇建设，示范乡镇总数达到21个，示范村总数达到129个。5月16日，巴东县被农业农村部认定为第二批国家区域性茶叶良种繁育基地。

【宣传推介】 出台《2019年度恩施硒茶（恩施玉露、利川红）宣传推介行动方案》，通过中央、省级、州级媒体及各类网络媒体专题宣传报道恩施硒茶产业。4月1日，“恩施玉露”“利川红”形象宣传首次亮相央视《新闻30分》栏目。恩施玉露和利川红成为第七届世界军人运动会绿茶类和红茶类的独家供应商，举办第七届世界军人运动会独家供应商新闻发布会暨武汉东湖茶叙展周年茶会。组团参加第三届中国国际茶叶博览会。组织企业参加第二十六届上海国际茶文化旅游节暨上海国际茶业展、2019“一带一路”国际茶产业发展论坛暨第五届中国茶业大会。在北京市、武汉市、杭州市等地设立17块恩施硒茶、恩施硒土豆大型户外广告牌。11月22日，“恩施玉露”广告宣传片亮相央视一套“中国荆楚味 湖北农产品”栏目。

【茶文化建设】 2019年，举办恩施硒茶斗茶大赛暨茶业职业技能大赛和州直机关及企事业单位茶文化培训班。恩施玉露入选第二批中国全球重要农业文化遗产预备名单。

【茶旅融合】 在杭州举行的第二届茶乡旅游发展大会上，宣恩伍家台贡茶文化体验游入选“全国20条茶乡旅游精品线路”、黄金洞大沙坝生态茶园入选“2019中国美丽茶园”。巴东茶店子镇以风吹垭村铜矿岭20公顷茶山为核心区域，建设“茶山云海”户外运动休闲基地。建设恩施市龙马风情街、女儿城·硒茶小镇等茶叶特色小镇。

（殷　波）

渔业渔政

【概　况】 2019年，全州水产养殖面积1248公顷，其中池塘养殖面积756公顷，稻田综合种养面积492公顷。水产品总产量2553吨，其中养殖产量2310吨，捕捞产量243吨。实现渔业总产值1.32亿元。全州有大鲵、西伯利亚鲟、虹鳟特色渔业养殖户59家，产值超8000万元。

【水生生物保护】 全年完成鲢、鳙、草、鳊等经济鱼类增殖放流3500万尾。开展长江流域重点水域禁捕工作，完成153艘渔船退捕上岸和331名渔民转产转业安置工作。推广稻渔综合种养、养殖尾水治理等水产健康养殖模式。加强苗种、饲料、渔药等投入品管理，开展水产品质量安全专项行动，检查水产品生产经营企业111家次。

【监管查处非法捕捞行为】 开展打击电鱼、毒鱼、炸鱼专项执法行动，组织巡查162次，统一渔业执法行动100次，出动执法车辆244台次、执法船艇30艘次，出动执法人员798人次。

（殷　波）

畜牧业

【概　况】 2019年，全州出栏（笼）猪317.76万头、牛6.45万头、羊62.02万只、禽1126.2万只，肉类总产量27.99万吨，禽蛋产量3.98万吨。猪、牛、羊、禽存栏（笼）数分别为179.08万头、20.16万头、61.84万只、884.27万羽。其中，能繁母猪存栏18.73万头、能繁母牛存栏89754头。

【成立州畜牧兽医服务中心】 2019年，恩施州机构改革，原州畜牧兽医局草原资源调查和确权登记管理职责划到州自然资源和规划局，行政职能划转州农业农村局，草原防火职能划转州应急管理局，草原监督管理职责划转州林业局，原州畜牧兽医局更名为州畜牧兽医服务中心，为州政府正县级直属一类事业单位，承担全州畜牧产业发展、动物疫病防控、畜产品质量安全相关技术服务工作。

【行业发展规划】 依托农业农村部规划设计院和中国农科院蜜蜂所分别做好《草食畜牧业发展规划（2019—2025年）》和《湖北省恩施州“一州两县”（恩施州、咸丰县、来凤县）蜂产业发展规划（2019—2023年）》编制工作。做好规划编制基础资料准备工作，到各县市系统调研，召开规划初稿研讨会，完成2个规划的编制工作。

【生猪定点屠宰】 在全州开展为期4个月的生猪屠宰行业专项整治，下发《关于在全州开展生猪屠宰行业专项整治行动的通知》。落实两项制度并上报“三证齐全”的屠宰企业10家，停产5家，开展非洲猪瘟自检企业10家（全部为PCR自检），自检率达100%，按规定派驻官方兽医10家，派驻率100%。

【畜产品质量安全监管】 加大养殖环节“瘦肉精”检测力度。完成“瘦肉精”监督抽检3.47万份，均为阴性；完成畜禽产品质量安全抽样128批次；产地检疫生猪155.86万头、牛2.74万头、羊17.89万头、禽501.39万羽。

【蜂产业发展】 推进武陵山区种蜂基地建设，来凤武陵山区中蜂良种培育基地在三胡乡阳河村租赁9.33公顷土地，全部完成土地租赁。订购2万元中蜂种子，采购人工授精等养蜂设备100万元，2019年向农户投放中蜂9500群。指导来凤杨梅古寨建成年产10万群中蜂养殖标准化示范场和种蜂繁育场。

【非洲猪瘟防控】 逐级完善防控指挥体系，压实防控责任，防控形势总体可控。优化卡点设置，全州非洲猪瘟防控临时检查消毒点由181个调整为175个。加大非洲猪瘟防控督办检查力度，全年开展5次非洲猪瘟防控督查。聘请第三方开展非洲猪瘟明察暗访工作。加大非洲猪瘟防控排查，全州排查养殖场（户）、交易市场、屠宰场、无害化处理场746.48万个（次），排查生猪5126.44万头（次）。

【畜禽粪污资源化利用】 指导咸丰县争取畜禽粪污资源化利用整县推进项目，实施方案得到省农业农村厅批复，项目中央预算内投资3000万元。组织宣恩县、来凤县申报畜禽粪污资源化利用整县推进项目，申报中央投资6000万元。

【生猪生产】 制定《恩施州生猪生产促进转型升级意见》，指导县市向省农业农村厅、省财政厅申报种猪场和规模猪场流动资金贷款贴息项目111万元，2019年生猪规模化养殖场建设补助项目200万元，2019年生猪调出大县奖励资金项目2066万元。

【畜牧兽医技术培训】 加强对基层畜牧兽医专业技术人员、养殖户等的技术培训。先后组织召开非洲猪瘟检测技术培训、畜牧养殖技术培训、蛋鸡养殖技术培训、草食畜牧业技术培训、蜂业养殖技术培训、动物卫生监督执法培训、牛羊高效养殖技术培训、全州畜牧统计工作业务培训等，培训人数超过500人次。

【脱贫攻坚】 争取东西部协作经费45万元，在建始县业州镇代陈沟村建设猕猴桃采摘体验园、中蜂养殖示范园。猕猴桃种植面积26.67公顷，中蜂养殖137群。完成12户非贫困户的危房改造，推进8.6千米的村级主道改扩建，加强公路养护管理。召开精准扶贫话变化、喜迎国庆感党恩的群众会。探索建立“3344”的基层治理模式试点，即：建好“3”支队伍，村民家悬挂“3”件物品，开展“四个一”活动，创建“四美”小区。

（邹　苗）

乡村振兴

【概　况】 推进落实乡村振兴战略，牵头组织改善农村人居环境，推进美丽乡村建设，协调推动农村社会事业发展、公共服务体系和基础设施建设等。2019年，遴选恩施市洞下槽村、鹤峰县石龙洞村为州级乡村振兴试点，州、县两级乡村振兴试点村达到42个。

【美丽乡村】 学习借鉴浙江“千万工程”经验，推进美丽乡村建设，启动101个省级美丽乡村示范村、403个整治村建设。巴东县东瀼口镇牛洞坪村产业发展型、利川市东城街道白鹊山村休闲旅游型、恩施市盛家坝乡二官寨村综合发展型、宣恩县万寨乡伍家台村高效农业型、恩施市龙凤镇推进美丽乡村建设5个典型经验被编入《湖北省美丽乡村建设典型案例汇编》在全省推荐、推广。

【农村人居环境整治】 2019年，全州完成农村户厕16.85万户，完成年度目标任务的147.8%；农村公厕803座，完成年度目标任的109.1%。完成农户三联式沼气厕所改造34108户。组织开展村庄清洁行动春季战役、夏季战役、秋冬战役3场战役，全州2375个村庄面上达到“扫干净、摆整齐”目标。对2016—2018年中央、省级农村能源项目进行重点督办，全州启动小型沼气工程建设32处。

（殷　波）

农业科技

技术推广与培训

【农业技术推广】 2019年1月4日，州农业农村局和州农科院率先试验推广“薯玉豆复合种植模式”被列入湖北省主要高效模式在全省试验、示范和推广。1月17日，“恩施土豆”获得农产品地理标志认证。全年牵头组织水稻、玉米、马铃薯新品种试验示范147个，引进筛选甘薯、荞麦、豆类、高粱、谷子等小杂粮新品种55个。推行良种良法配套，研究推广恩施小杂粮、薯玉X宽幅集成高效模式、农机农艺融合等新技术新模式，完成湖北省山区玉米新品种抗病性鉴定3个组30个品种，湖北省外引玉米新品种抗病性鉴定70个品种，联合体试验3组22个品种，恩施州玉米新品种区试及生产试验抗病性鉴定2组16个品种。组织和参与立项制定恩施硒土豆、油菜、大豆、稻谷、南瓜、糯玉米、八月瓜等农作物生产技术规程。

【农业科技培训】 全年完成新型职业农民培训5073人次，基层农技人员知识更新培训735人次，产业扶贫培训436人次，致富带头人培训251人次，农村实用技术培训32276人次，马铃薯晚疫病综合防控技术培训140人次，农机安全监管人员250人次，农机技术人员2600余人次。实施“一村多名大学生”计划455名。

【马铃薯晚疫病监控预警】 湖北省马铃薯晚疫病监控预警指挥中心在恩施州挂牌成立，负责管理全省113个马铃薯晚疫病监测预警站点。全州建立马铃薯晚疫病监测预警站点101个，远程视频监控站点55个，预警监测站点在全国地市级中居首位，覆盖全州8个县市所有马铃薯主产乡镇。2019年4月1—2日，由国际马铃薯中心亚太分中心主办，州农业农村局、湖北恩施中国南方马铃薯研究中心共同承办的“中国南方马铃薯晚疫病综合防控技术培训”在恩施州举办。

（殷　波）

恩施州农科院

【概　况】 2019年，恩施州农业科学院（简称“州农科院”）全年承担国家现代农业产业技术体系马铃薯岗位科学家，玉米、茶叶、水稻、马铃薯综合试验站，农业农村部华中薯类观测实验站、农业农村部农产品风险评估实验站、湖北省农业科技创新中心鄂西综合试验站及国家、省、州、横向合作等科研创新项目、课题70项，到位资金2194万元。2019年新上项目、课题15项，占总项数的21.4%，新增资金1392.95万元，占总资金额的63.5%。申报的“生物硒资源研究与利用”获2019年湖北省科技进步三等奖；联合申报的“白术规范化生产关键技术集成与应用”获省科技进步二等奖；承担的“土壤有效硒的测定氢化物发生原子荧光光谱法”国家农业行业标准获农业农村部颁布；承担的“高有机硒食品原料”团体标准获中国保健协会颁布，有11项恩施州地方标准发布，有5项湖北省硒产业协会团体标准发布实施；审定、登记作物新品种10项，获国家专利授权11项，其中发明专利6项；有21项科研成果获成果登记；全年发表论文40篇，参编专著9部。其中马铃薯创新团队形成的研究型论文《致病疫霉侵染马铃薯叶片前后期蛋白质组分析》，在国际分子科学杂志上发表，其影响因子达到4.183。完成2019年中国马铃薯大会暨世界硒都（恩施）马铃薯博览交易会各项工作任务。

【成果转化工作】 全年开展66场现场科技培训与服务，有174人次科研人员参加，服务对象达4576人次。开展科企合作和技术服务转化成果10项，其中有偿转让、服务7项，到位资金190万元；有17名科研人员入选省科技厅“三区”科技人才支持计划，7名科研人员入选州科技特派员。开展省农科院“十三五”期间农业科技“五个一”行动，建示范基地333.33公顷，主推新品种、新技术10余项，直接联系服务市场主体14家，组织科技工作者进村入户，结合当地的技术要求和产业技术瓶颈，破解科技难题，培养一线技术人员31名。

【科研创新平台建设】 有序推进农博园规划建设

工作。农科院谋划的“一科技创新中心、一科技示范园区、三科研试验基地”农博园规划建设项目得到州委、州政府肯定，列为重大民生工程项目写进政府工作报告，完成项目选址、立项等前期工作；农业部华中薯类观测实验站建设项目完成建设任务；莲花池智能化温室项目稳步推进；恩施州薯类工程技术研究中心、恩施州茶叶工程技术研究中心进入恩施州工程技术研究中心行列；申报的全国农产品质量安全与营养健康科普工作站获批；“恩施硒土豆”产品团体质量标准获专家组评审通过，“国家食物营养教育示范基地（院校）”挂牌。

【人才队伍建设】 博士后科研工作站启动，2 名博士后参加面试、开题，招进博士后 1 名；与中国农科院生物技术研究所达成共同开展科技攻关的协议，博士后科研团队与农科院共同申报课题、开展联合科技攻关。新招进研究生 6 人；申报副高级专家 4 名；推荐 1 人获全国民族团结进步模范个人，1 人获全国农业农村系统先进工作者，1 人获“湖北青年五四奖章”、州级劳动模范，1 人获“湖北省三八红旗手”；建成恩施州第一个三八红旗手（集体）工作室。

【合作交流】 邀请匈牙利国家科学院农业研究中心 Mihaly（米浩）教授、国际硒研究学会（ISSR）主席 GaryBanuelos 教授、美国康奈尔大学雷新根教授、美国俄勒冈州立大学 JeanA.Hall 教授、美国北达卡他州立大学 JoelS.Caton 教授、中科院油料所陈洪研究员、新西兰奥克兰大学 SiewYoungQuek 教授及博士生 TangjaideePiapat（阿泰）等国内外专家到农科院进行学术交流 12 人次，以《膳食硒摄入安全范围研究（国际合作）》和《富硒富珍稀脂肪酸孕婴营养蛋研发引才项目》项目为依托，开展动物富硒机理研究、食品有机硒检测标准方法制定等；中国农科院院士、中国博士后科技服务团等专家学者等 3 次到院开展学术交流。与国际硒学会合作项目《国际天然硒生物营养强化项目》实施；启动“富硒农产品质量分析与伴生金属危害风险评估”项目；开展硒代蛋氨酸等六种有机硒形态分析测定技术培训；联合完成恩施州主要中药材病虫危害及防治情况调研，为生物医药产业发展提供决策依据。

（杨真杭）

农村经济管理

【概　况】 2019 年，全州 2431 个村启动农村集体产权制度改革工作，569 个村基本完成改革任务，成立“股份经济合作社”或“经济合作社”。2428 个村完成集体成员身份确认，确定成员身份 3288047 人。2431 个村全面完成清产核资工作任务并登录全国清产核资系统，建立农村集体资产数据库。清理账面资产总额 345561 万元，其中经营性资产总额 37609 万元，非经营性资产总额 307952 万元；核实资产总额 714160 万元，其中经营性资产总额 83616 万元，非经营性资产总额 630544 万元；资源性资产 2258666.67 公顷，其中农用地 2158666.67 公顷。

【农村土地“三权分置”改革】 2019 年，开展农村承包地确权登记颁证“回头看”工作，摸清存在的问题和尾欠，全州证书未发至农户 80760 户，涉及面积 32988.33 公顷；暂缓确权农户 7284 户，涉及面积 2095.87 公顷；确权信息不准 5145 户，涉及面积 1762.8 公顷。11 月中旬，全州“回头看”工作基本结束，各县市整改情况报省确权办。土地流转行为进一步规范，据 2019 年农经年报统计，全州农村土地流转总面积 60466.67 公顷，其中出租（转包）45666.67 公顷，占比 75.5%；转让 4066.67 公顷，占比 6.7%；互换 1533.33 公顷，占比 2.5%；股份合作 7000 公顷，占比 11.5%；其他 2200 公顷，占比 3.6%。从流转去向看，流入合作社 31800 公顷，占比 52.6%；流入企业 6800 公顷，占比 11.2%；流入农户或其他主体

21800 公顷，占比 36%。有 16.9 万户农户的土地承包经营权参与流转，签订流转合同 14.4 万份，合同面积 31266.67 公顷。健全土地纠纷调解仲裁体系，2019 年度土地纠纷仲裁考评在全省排名第二。

【农村新型经营主体培育】 据 2019 年农经年报统计，截至 2019 年底，全州有农民专业合作社 12044 家，家庭农场 3866 家。州、县两级分期分批对全州 729 个贫困村 2900 家农民专业合作社负责人进行集中培训，其中州级培训 368 人次。制定《恩施州新型农业经营主体高质量发展 5 年计划》，计划 2023 年，全州“六有”农民专业合作社达 4863 家，“六有”家庭农场达 2902 个，“六有”农业社会化服务组织达 104 个。2019 年争取各级财政扶持资金 2885 万元用于农村新型经营主体培育。开展“空壳社”专项清理，清理出问题社 2464 个，有效处置 1972 个。

【巡视巡察整改】 根据中央、省委巡视，州委巡察反馈问题中涉及村级集体经济薄弱问题，组建工作专班，制订整改措施，明确整改时限。对全州村级集体经济实现形式进行调查摸底，就村级负债产生原因、负债类型、是否有新增负债及有无化解渠道进行重点核实，建立全州村集体经济台账。配合州委组织部、州财政局争取到中央、省级财政和省管党费资金 6760 万元下拨到县市 162 个行政村发展新型村级集体经济。制定《恩施州发展新型村级集体经济的意见》，经州政府常务会议、州委常委会议审议通过，由州委组织部、州财政局、州农业农村局三家单位联合行文（恩州农〔2019〕20 号），其中明确县、乡、村三级要制定村级集体经济发展规划，明确把扶持促发展新型村级集体经济工作纳入县市、乡镇、村三级书记抓基层党建工作责任述职的重要内容和年终目标考核，规划到 2022 年，全州所有村均有比较稳定的集体经济收入。截至 11 月底，中央、省委、州委巡视巡察整改完成。

【精准扶贫】 州农经局牵头，和州大数据中心、州汉口银行驻巴东县水布垭镇苦竹溪村，围绕“两不愁、三保障”和“5 个一批”开展脱贫攻坚工作，全村 212 户贫困户 733 人实现“两不愁、三保障”，102 名贫困学生享受教育扶贫政策，212 户贫困户参加基本医疗保险，落实低保对象 32 户 83 人、特困对象 5 户 5 人，危房改造 152 户，易地扶贫搬迁 38 户，完成 210 户农户厕改和 1 所公厕改建。培育德伟种养专业合作社和村集体经营公司发展柑橘、水稻、小水果等，帮扶 174 户贫困户入社实现产业全覆盖；开展 2 期精准扶贫产业培训班，对 278 户农户进行白柚、柑橘、水稻等产业技术培训；投资 20 万元发展 6.67 公顷小水果和 6.67 公顷柑橘产业，受益农户 199 户 547 人。投资 28 万元新修产业路 2.8 千米，惠及群众 428 户 1356 人；投资 37 万元实施农户入户小路硬化 6.8 千米；投资 7 万元实施产业基础配套灌溉设施，受益农户 94 户 328 人；修建安全用水水池 4200 立方米，解决 14 个村民小组 641 户 1774 人安全饮水；投资 12 万元建设村级文化广场，村文化阵地建设完成；投资 15 万元清理和治理 3 条沟渠垃圾，发放垃圾桶 30 个，建立垃圾分类收集处理制度。

（邓宏娟）

工　业

综　述

【概　况】 2019年，恩施州机构改革，州经济和信息化委员会更名为州经济信息化局，不再承担融资担保行业监管管理职责。全州工业发展围绕生态文化旅游、硒食品精深加工、生物医药、清洁能源“四大产业集群”，发展电子信息产业，做大“4+N”产业格局。实施市场主体倍增、“稳规、进规”、税收过千万企业培育、产值过亿元企业壮大“四大工程”，抓好企业梯级培育。开展招商引资扩增量、技改扩规提质量、联合重组活存量、企业上市增变量“四量”工作，优化法治、政务、信用、金融“四大环境”，解决企业发展难题。培植壮大骨干财源、群体财源、梯级财源、替代财源“四大财源”，提升州域综合经济实力。全州现有烟草、建材、食品、医药、能源等主导产业，有规模以上工业企业296家，2019年规模以上工业企业完成产值161.8亿元，缴纳增值税5.04亿元。全州规模以上工业增加值增速为0.5%，居全省第17位。全州全口径工业用电量为16亿千瓦时，同比增长0.99%，居全省第13位，其中，规模以上工业企业用电量为5亿千瓦时，同比增长1.5%。全州货运量及货运周转量分别为5514.3525万吨和1129496.49万吨千米，同比增长7.85%和13.54%。

【工业园区建设】 2019年全州在建标准厂房35.4万平方米，建成标准厂房33.02万平方米。其中，立讯精密、新农佳科技、中立家具等多家企业入驻投产，科福美发泡材料、新航盛、重庆医药等多家企业签订合同使用。

【重点企业建设】 2019年，恩施州围绕“四大工程”，重点实施规下企业“梯级”培育工程、企业进规成长工程、税收过千万元企业培育及产值过亿元企业壮大工程，抓好工业企业培育，培育市场主体，建设一批细分市场领军企业和行业重点龙头企业。抓好规模以下企业梯级培育，全州规模以下工业企业4039家，规模以下工业企业年主营业务收入为287.65亿元，占全州工业企业年主营业务收入的63.45%。全州新增规模以上工业企业48户，2019年底，经过统计调整，全州规模以上工业企业总数为296户；全州新增税收过千万元企业4家；全州新增产值过亿元企业6家。

【信息基础设施建设】 2019年，围绕“光纤宽带通村到户、4G网络全域覆盖”信息基础设施建设目标，加强统筹协调工作。4家通信企业全年投入16.47亿元用于信息基础设施建设。全年新增4G基站3326个，4G基站达到15350个，铁塔数量达到6975个，电信、移动、联通三家通信公司的4G网络综合覆盖率均在95%以上。新增光纤线路26733千米，光纤线路达到140654千米。在实现所有行政村通光纤宽带网络的基础上，19651个自然村通光纤宽带网络，通光纤宽带网络的自然村占自然村总数（23660个）的83.06%。截至2019年底，恩施州固定宽带用户数达到126.08万户，固定宽带人口普及率为37.51%，超过全省平均水平（32.76%）近5个百分点；全州移动互联网用户数达到292.89万户，普及率为87.14%，超全省平均水平（64.87%）近13个百分点。

【信息产业扶贫】 工作专班严格落实《恩施州2018—2019年信息基础设施建设脱贫攻坚行动方案》，加大对县市及运营商的协调、指导，推进脱贫攻坚信息基础设施建设。经过第三方测试验收，电信、移动和联通3家公司的4G网络覆盖率均达95%以上。所有满足开通光纤宽带规模自然村全部开通光纤宽带，自然村通光纤宽带比例达83%以上。“光纤宽带通村到户、4G网络全域覆盖”的信息行业扶贫指标全面完成任务。

【县域经济发展】 2019年，恩施州抢抓湖北武陵山少数民族经济社会发展实验区建设和全国先进自治州建设机遇，围绕“一谷两基地三示范区”建设，扩总量，转方式，增后劲，全州县域经济延续积极向好的发展趋势。农业经济稳步发展。全州推进农业产业结构调整，注重加强品牌建设力度，走规模化、标准化、产业化发展之路。“恩施硒茶”注册为国家地理标志证明商标，“恩施玉露”“利川红”成为重大国际赛事和会议用茶，新增“三品一标”认证产品65个。全州规模以上工业增加值呈现年初低开、年底回升。全州规模以上工业企业总产值161.85亿元，同比增长6.9%。全州旅游业完善基础设施、建设旅游品牌、丰富旅游产品，注重吃、住、行、游、购、娱六要素配套，民宿旅游、度假旅游、乡村旅游等旅游新业态发展，推进全域旅游示范区建设，恩施市跻身首批国家全域旅游示范区，全州游客满意度连续三年位居全省第一。全年接待游客7117.7万人次，增长14.5%，实现旅游综合收入530.45亿元，同比增长16.5%。

（赵晓辉）

支柱产业

【清洁能源产业】 全州能源企业32家，占全州规模以上工业企业总数的10.8%。2019年实现产值28.9亿元，占全州规模以上工业总产值17.9%。重点企业有湖北清江水电开发有限责任公司水布垭发电、湖北能源集团齐岳山风电有限公司、国电恩施水电开发有限公司等。

【建材行业】 全州建材企业45家，占全州规模以上工业企业总数的15.2%。2019年实现产值45.3亿元，同比增长19.1%，产值占全州规模以上工业企业总产值28%，直接拉动全州规模以上工业现价增长值增速约4个百分点。重点企业有恩施州腾龙水泥有限责任公司、华新水泥（恩施）有限公司、建始县泰丰水泥有限责任公司等。

【医药行业】 全州医药企业10家，占全州规模以上工业企业总数的3.4%。2019年实现产值7.2亿元，同比增长23.9%，产值占全州规模以上工业企业总产值4.4%，直接拉动全州规模以上工业现价增长值增速约0.6个百分点。重点企业有湖北一正药业有限公司、时珍堂巴东药业有限公司、湖北省鹤峰鑫农茶业有限公司等。

【食品行业】 全州食品企业118家，占全州规模以上工业企业总数的39.9%。2019年实现产值46亿元，同比增长1.6%，产值占全州规模以上工业企业总产值28.4%，拉动全州规模以上工业增长值增速约0.2个百分点。重点企业有湖北省思乐牧业集团有限公司、恩施徕福硒业有限公司、湖北大派食品集团有限公司等。

【烟草行业】 全州规模以上烟草企业2家，2019年实现产值2.4亿元，分别为鄂西卷烟材料厂和湖北烟草金叶复烤有限责任公司。另外，2019年湖北中烟恩施卷烟厂生产卷烟生产34.2万箱，实现不含税产值103.6亿元，不属于规模以上工业企业，未纳入统计范围。

（赵晓辉）

行业管理

【民爆行业管理】 2019年，依据《中华人民共和国安全生产法》《民用爆炸物品安全管理条例》《民用爆炸物品生产许可实施办法》《民用爆炸物品销售许可实施办法》等法律、法规和规范性文件的有关要求，开展全州民爆行业管理和安全监管工作，全年实现民爆行业“零事故”目标，全州民爆行业管理工作得到省委军民融合办的肯定和表扬。召开全州民爆行业管理暨安全监管工作会议，全面布置2019年全州民爆行业安全监管工作。开展民爆生产企业生产许可证年检和民爆销售企业销售许可证年检，严格依照有关法规、规章的规定严把企业安全生产条件的初审上报质量关，促进民爆企业加强安全基础工作。各县市民爆行业主管部门每月开展一次以上的对所辖民爆企业的安全生产监督检查，州民爆行业主管部门每季度开展一次对全州民爆企业的安全生产监督检查，对检查发现的问题和隐患及时下达整改指令，要求企业限期整改落实到位，形成闭环管理。2019年，对全州民爆企业，查出问题及隐患97条，下达整改指令35份，整改落实到位97条，整改合格率100%。加强宣传教育，督促民爆企业在年初开工生产和经营前必须开展全员安全教育培训工作，经考试合格后方能上岗。组织各民爆企业开展“安全生产月”活动。加强应急管理，督促民爆企业按照《恩施州工业安全生产应急预案》的有关要求认真开展应急演练。2019年7月，全州民爆企业在恩施中兴民爆恩施分公司仓库进行应急演练。

【食品行业管理】 推进全州规模以上食品工业企业诚信管理体系建设，提高食品工业企业的诚信生产经营管理水平。督促所辖规模以上食品工业企业，严格按照国家质监总局、国家标准化管理委员会批准公布的GB/T33300—2016《食品工业企业诚信管理体系》标准，加强企业防范和控制失信风险、预防失信行为、履行社会责任、建立诚信文化等方面的管理。组织所辖区域内10%规模以上食品工业企业开展诚信体系建设培训，培训覆盖全州8个县市60余家食品工业企业。

【煤炭行业管理】 2019年，全州煤炭行业贯彻落实煤炭行业产业政策，推动煤炭去产能各项工作，开展煤炭行业安全监管，行业形势总体平稳。州煤炭专委会先后5次召开会议，安排部署煤炭行业管理和去产能工作。组织煤矿技术专家对全州煤矿检查48矿次，下发隐患通知书39份，下达隐患整改指令287条，检查矿次同比增加108.7%，下达隐患整改指令同比增加45.7%。开展煤矿标准化建设，新增评定三级标准化矿井2家，全州达到9家。省委巡视组反馈煤炭去产能问题整改工作开展。各县市落实“三个一”包保驻矿盯守，开展煤矿安全巡查、专项整治和行政检查执法，推进关闭退出煤矿生态修复和转型发展。72家关停退出煤矿环境恢复治理通过州级验收，其中64家完成土地复垦；现有21个煤矿企业谋划转型发展项目24个，计划总投资33.3亿元，其中纳入县市重点项目库8个，8个项目落地实施。全州原煤产量22.88万吨，同比下降73.87%，产值7712万元，同比下降72.43%。全州发生1起煤矿安全生产事故，死亡1人，事故起数同比下降75%，死亡人数同比下降85.7%。

【电力设施保护】 按照“建设与保护并重”的总体思路，加强部门联动，发挥部门的职能和协调配合、落实重点举措，推进电力设施建设和保护各项工作，2019年全州未发生外力破坏造成35千伏及以上输电线路倒杆塔事件，未发生对社会造成重大影响的电力设施安全事件。

（赵晓辉）

企业联合会（企业家协会）

【概　况】 2019年，恩施州企业联合会（简称州企联）在恩施州范围内开展政府部门、大型国有企业拖欠民营企业中小企业账款情况调查。先后组织60多人次，参加2019年新火炬襄阳工业思想年会、第四届宁商大会、2019年全国企业家活动日暨中国企业家年会、2019年湖北省劳动关系业务培训班。落实上级有关部门要求，开展自查自纠。做好为会员单位的宣传服务工作，州企联微信公众号发布各类信息35条，总点击率13853次;《恩施企业与企业家》编印4期；州企联官网及时更新。履行社会责任，缓解会员企业融资难、融资贵的问题。召开州企联二届三次会员代表大会，选举产生州企联会长和监事会主席，选齐、配强州企联驻会领导班子。

【交流学习】 2019年4月7—13日，州企联组织专班，分别到荆州、黄石、黄冈、孝感、武汉企联（企协）学习交流。9月10—11日，州企联协助武汉企联完成“湖北企业家领读者放胆发展走荆楚”进恩施活动。

【开展拖欠民营企业中小企业账款情况调查】 按国务院要求，中国企业联合会、中国企业家协会在全国范围内开展相关调查活动。受中企联委托，州企联在恩施州范围内，就政府部门、大型国有企业拖欠民营企业中小企业账款，特别是恶意拖欠农民工工资、民生安全工程款、中央或省级财政下达专项资金预算或通过调剂解决资金渠道的账款、有条件清偿的地方“两款一金”、大型国有企业欠款、按照政策规定入库保留的PPP项目到期应付合同款的问题线索，进行调查。

【参加湖北省企联第14次市州会长会议】 2019年7月25—26日，全省第14次市州企联会长会议在宜昌市举行。会议学习习近平总书记在“不忘初心、牢记使命”主题教育工作会议上的重要讲话精神，联系企联系统实际，总结交流、研究安排工作。州企联秘书长刘力在会上交流汇报。

【自查自纠】 根据州社会组织管理工作领导小组的要求，就州企联在政治责任落实、组织机构运行、重大活动开展、财务制度执行、纪律落实要求、年检制度落实等方面的情况进行自查自纠，按要求提交情况报告。2019年4—6月，通过省委巡视组对州企联2015—2018年的所有会计账目的全面检查。

【参加社会组织扶贫暨东西部社会组织扶贫协作培训会】 2019年11月19日，州民政局组织的州社会组织扶贫暨东西部社会组织扶贫协作培训会在州府恩施举行。杭州、恩施两地部分社会组织负责人参加培训会议。会议围绕社会组织发展概况、社会组织管理有关问题、社会组织党建工作3个方面作专题辅导，对社会组织参与脱贫攻坚进行再动员、再部署。州企联秘书长刘力参会并代表州企联在捐赠仪式上为利川市大坳村捐款5000元。

【州企联二届三次会员代表大会】 2019年12月18日，州企联二届三次会员代表大会在州城恩施举行。会议对州企联《章程》进行修改，增加关于党建内容的相关表述，将州企联的法定代表人由会长担任改为由专职秘书长担任。会议选举产生州企联会长和监事会主席，选齐、配强州企联驻会领导班子。

【参加湖北省企联第15次市州会长会议】 2019年12月27—28日，全省第十五次市州企联会长会议在武汉市举行。会议主题是学习贯彻中共十九届四中全会和中央经济工作会议精神及中企联2019年召开的全国企联系统会议精神，加强和提升企联系统组织代表责任意识和维权意识，发挥企联在国家治理体系和治理能力现代化建设中的作用，做好企联各项工作。

【荣 誉】 2019年9月19日上午，湖北省优秀企业、优秀企业家表彰会暨2019年湖北百强企业发布会在武汉市举行。湖北省烟草公司恩施州公司、恩施州众信房地产有限责任公司2家企业获得湖北省优秀企业（金鹤奖）；恩施州国有资本投资运营有限公司董事长胡会清、恩施州民生天然气

（集团）有限公司总经理谭隆泽 2 位企业家获湖北省优秀企业家（金牛奖）；恩施州民生天然气（集团）有限公司入围 2019 湖北服务业企业 100 强。

（刘 力 傅开宇）

电力工业

国网湖北省电力有限公司恩施供电公司

【概 况】 国网湖北省电力有限公司恩施供电公司（简称国网恩施供电公司）以建设和运营恩施电网为核心业务，为恩施经济社会发展提供安全、可靠、优质电力保障。经营区域覆盖恩施州辖恩施市、利川市、咸丰县、来凤县、宣恩县、鹤峰县、巴东县、建始县，供电面积 24060 平方千米，供电人口 405 万人。2019 年底有用电客户 1536257 户，其中，居民客户 1353860 户；国网恩施供电公司本部设职能部室 11 个，业务支撑和实施机构 7 个，县（市）级供电公司 8 个；在册职工 4275 人。恩施电网西联重庆、东接宜昌，担负恩施州水电外送任务。±800 千伏锦苏线、±800 千伏复奉线 2 条特高压直流穿境而过，是"西电东输"重要通道。恩施电网以 500 千伏为支撑、220 千伏为枢纽、110 千伏为骨架、35 千伏为基础的网络体系逐步完善。电网拥有 500 千伏变电站 1 座、150 万千伏安；220 千伏变电站（开关站）13 座 /285.6 万千伏安，线路 1079 千米；110 千伏变电站 41 座 /192.1 万千伏安，线路 1677 千米；35 千伏变电站（配电站）135 座 /99.76 万千伏安，线路 2158 千米；10 千伏公用配变 2.4 万台 /341.95 万千伏安，线路 1.85 万千米。

截至 2019 年底，恩施地区总发电装机容量 222.406 万千瓦，同比增 7.95 万千瓦。其中水电装机 162.237 万千瓦（比重 72.95%），增加 2.8485 万千瓦；风电装机 49.59 万千瓦（比重 22.30%），增加 5 万千瓦；生物质装机 3 万千瓦（比重 1.35%），同比不变；自备电厂装机 1.71 万千瓦（比重 0.77%），同比不变；火电装机 0.6 万千瓦（比重 0.27%），已关停；光伏装机 5.269 万千瓦（比重 2.37%），增加 0.105 万千瓦。1—12 月地方电厂发电 417804 万千瓦时。其中水电 312697 万千瓦时，占比 74.84%；风电 91006 万千瓦时，占比 21.78%；自备电厂 9269 万千瓦时，占比 2.22%；光伏电厂 4832 万千瓦时，占比 1.16%。

截至 2019 年底，全州全社会用电量 546569 万千瓦时。其中第一产业用电 5102 万千瓦时，占比 0.93%；第二产业用电 186797 万千瓦时，占比 34.18%；第三产业用电 152944 万千瓦时，占比 27.98%；居民生活用电 201726 万千瓦时，占比 36.91%。

2019 年，全州电网建设投资 21.77 亿元。其中：500 千伏电网建设投资 7.74 亿元；220 千伏电网建设投资 1.35 亿元；110 千伏电网建设投资 1.25 亿元；35 千伏电网建设投资 0.8 亿元；10 千伏及以下电网建设投资 10.54 亿元；光伏扶贫（独立二次）电网建设投资 0.09 亿元。

2019 年，公司完成售电量 47.85 亿千瓦时，同比增长 7.94%，增幅居全省第 8 位；售电均价 620.06 元 / 千千瓦时，居全省第 3 位；综合线损率 9.56%，低于计划值 0.04 个百分点；内部概念利润 8.88 亿元，完成年计划的 101.37%；全口径劳动生产率 45.11 万元 / 人 · 年。

【安全生产】 坚持安全第一、预防为主、综合治理的方针，贯彻落实上级安全工作部署，推进"本质安全 · 三年登高"计划实施，实现安全保稳定、供电保有序、效益保增收。制定全员责任清单，抓好领导责任、专业责任、全员责任、监督问责，健全安全责任体系。完成迎峰度夏和庆祝新中国成立 70 周年等重大保电任务，完成"护网 2019"网络安全保障工作。创新培训模式，分级分层开展安全培训。公司连续 5 年获省公司安全生产红旗单位，截至 2019 年 12 月 31 日，恩施电网安全稳定运行 23 年。

【电网建设】 2019年，恩施电网投资总额22.3亿元，其中农村电网投资达19.8亿元。全年梳理供电短板问题2856个，完成项目储备3564项。新建与改造农网高压供电线路3793千米、低压配电线路3365千米，新建与改造变电站8座、容量37万千伏安，新建与改造配电台区3896个、容量41万千伏安。更换老旧电杆3万余根，消除设备安全隐患1514处，消减2873个村组的低电压及用电卡口问题，改善农村生产生活用电条件。恩施城区电力设施布局规划获州政府批准并发布实施；白鹤滩—江苏±800千伏特高压直流输电工程取得属地全部支持性意见，州政府与省公司签署《备忘录》。稳步推进清洁能源外送新通道相关工作，恩施东—朝阳500千伏线路工程获得核准。

【经营服务】 2019年，全年完成“电气化+”项目104个，替代电量1.46亿千瓦时。完成新住配项目48个，新增容量23.1万千伏安。健全异损台区治理机制，台区线损率较年初下降1.01个百分点。深化网格化服务，服务类投诉同比下降14.69%。在省公司系统率先完成储备项目经济性与财务合规性线上审查、国网商旅平台应用。财务多维精益管理考核排名居全省第二位。国网物资专项审计问题整改率100%，原总经理任中审计整改率96%。公司年度审计综合考核排名居全省第三位。完成物资供应6.78亿元。

【行业扶贫】 推进行业扶贫、定点扶贫、对口扶贫、驻村扶贫，开展贫困地区电网改造升级，完成579个贫困村出列、89.7万人贫困人口稳定脱贫配套供电保障任务。用足用好扶贫资金，开展国网定点扶贫巴东县和省公司对口帮鹤峰县红土村相关工作。选派152名专职人员、521名兼职人员担任驻村第一书记和工作队队员，助力贫困村脱贫致富。公司驻村帮扶的建始县土岭村提前脱贫摘帽。2019年5月10日，全国人大常委会副委员长曹建明到土岭村现场调研后肯定公司扶贫工作“用心用情用力”。公司扶贫工作素材编入《国网公司专报》3414期，获全国政协主席汪洋批示。光伏扶贫调研报告被中办采用。

【荣 誉】 国网恩施供电公司获“全国民族团结进步模范集体”称号、国网国网咸丰县供电公司职工林丽获“庆祝中华人民共和国成立70周年纪念章”、国网宣恩县供电公司晓关供电所获“第五届中国最美供电所”、国网恩施供电公司获“国家电网有限公司先进集体”、国网宣恩县供电公司获湖北“五一劳动奖状”称号；国网鹤峰县供电公司走马供电所获“湖北省工人先锋号”。

（罗 萍 冉 佳 田光阳）

国电恩施水电开发有限公司

【概 况】 国电恩施水电开发有限公司（以下简称“公司”）成立于2010年12月16日，经过资产收并购、股权划转和委托代管，2019年管理在运水电站44座，总装机容量63.59万千瓦，资产总额31.36亿元，所有者权益10.72亿元，资产负债率65.8%。公司是恩施区域除水布垭外最大的水力发电企业，自2010年成立至2019年底实现产值47.84亿元，上缴税费11.4亿元。2019年，公司有在职员工1362人，退休员工698人。公司完成发电量14.65亿千瓦时，实现产值5.05亿元，上缴税费7464.44万元；公司获集团公司“安全环保一级企业”。

【安全生产】 在运电站实现连续安全运行3303天。连续9年未发生一般火灾事故、一般人身伤亡事故、一类障碍。2019年，公司对各单位存在的安全环保问题进行集中整治，围绕集团公司和长源公司安全环保“责任落实年”工作部署，编制和落实安全环保重点任务41项，建立月度抽查、季度总结的工作机制，各项任务按节点目标完成。开展季节性和专项安全大检查，发现隐患1819项，整改完成率94%。抓好安全性评价、技术监督评价等发现问题的闭环整改。推进朝阳寺、野三河、龙桥水电站大坝安全注册和定检意见整改，实现18座水电站大坝安全注册全覆盖。提升预控能力，更新现场作业任务风险数据库，组织开展三级应急演练，检验和提高全员应对重大安全事故的反应和处置能力，实现新中国成立70周年及第七届世界军人运动会期间安全环保稳定。所有水电站废弃物处置规范有序，42座水电站生态流量泄放设施整改完成，全年未发生环保通报事件。40座水电站集控系统建设稳步实施，自动化改造正按一站一策有序推进。

（董　珺）

烟草业

湖北烟草金叶复烤有限责任公司

【概　况】 湖北烟草金叶复烤有限责任公司下设非独立法人单位2个：恩施复烤厂、襄阳复烤厂。2019年，公司共加工原烟114.64万担（其中原烟93.64万担、二次配方烟13.44万担，折合原烟21万担），产出片烟成品36590.897吨，实现营业收入27678.11万元，税利10345万元，实现税金总额4252万元。恩施复烤厂仓储区建设项目2018年6月正式动工，2019年9月建成，10月整体投入使用，试生产工作有序进行。

【生产设备】 公司现有2条打叶复烤生产线，其中：恩施复烤厂拥有12000千克/小时打叶复烤生产线1条，襄阳复烤厂拥有9000千克/小时打叶复烤生产线1条，年设计加工能力105万担，实际加工能力160万担。在线生产设备选用昆船顺流式热风润叶机、北京长高节能型打叶机组、秦皇岛双侧进风式叶片复烤机、昆明风动液压打包机等国内先进设备。现有原烟仓库7.6万平方米，可储存原烟87万担，成品仓库3.5万平方米（其中成品高架库5138平方米），可储存片烟成品10万箱。主要检测设备有美国T/A公司厚度仪、张力仪，德国Carl·Zeiss手持近红外等提供产前质量策划，美国Griffin公司的叶片分选筛、罗太普和叶中含梗检测机，德国Brabender和Binder慢速烘箱，英国NDC公司红外水分仪等提供在线过程监测，美国API流动分析仪，德国布鲁克MPA、Matrix-E近红外等，能为打叶复烤加工提供准确、高效的原料检测、在线检测、离线检测等数据。

【精准扶贫】 全年投入精准扶贫专项资金61万元，公司组织干部职工321人次下乡走访，走访贫困户159户1350人，走访非贫困户140户1100人，实现对口帮扶村贫困人口脱贫出列。

（黄　倩）

湖北中烟工业有限责任公司恩施卷烟厂

【概　况】 恩施卷烟厂是湖北中烟工业有限责任公司（简称湖北中烟）下辖六家卷烟厂之一。2019年，库容80万担、投资30603万元的原料库项目动工，年底3栋库房主体结构全部实现封顶。

【生产经营】 2019年，生产卷烟34.2万箱，主要以中高档品规卷烟为主，实现含税产值118亿元，划转及上缴恩施州税收总额68亿元。

【制丝线技改】 2019年，湖北中烟支持恩施卷烟厂对制丝线进行全面升级改造，通过近半年的努力，4000千克/小时和2400千克/小时2条制丝线顺利投产，工厂装备水平实现转变，通过项目技改在工艺流程、设备性能、生产模式3个方面与武汉卷烟厂保持完全一致，实现生产组织更加灵活，柔性加工能力更快捷，市场响应能力更加迅速，加工控制水平更加稳定，自动化和信息化水平更高的总目标。

【精准扶贫】 精准落实帮扶政策，在利川黄田村、利川九龙村、宣恩龙潭河村开展帮扶工作，2019年投入350万元资金，解决饮水困难、住房安全、交通不便、通讯不畅等难题。

（徐　明）

商　贸

商　务

【概　况】 2019年，全州招商引资引进省外资金174.11亿元，同比增长9.44%；社会消费品零售总额686.81亿元，同比增长11.2%；外贸进出口总额8965.9万美元，同比增长2%，其中出口8869.8万美元，同比增长2.4%；直接利用外资2015万美元，同比下降62.9%。

【口岸开放】 恩施海关挂牌并开关运营，恩施机场国际航站楼投入使用，一类航空口岸实现临时开放，先后开通直飞柬埔寨、越南、泰国、中国澳门等国际（地区）航线，飞行境外航班95班次190架次，出入境人员2.76万人次。

【招商活动】 坚持招商引资"一号工程""一把手工程"，推进产业链招商、驻点招商、以商招商、要素招商、资源招商，州、县市党政主要领导到省外招商60多次。组织参加首届世界大健康博览会、2019杭州·恩施招商推介会、2019恩施首届文化产业招商会、天津投资贸易洽谈会、第十一届中博会、2019年中国马铃薯大会、厦门国际投资贸易洽谈会暨丝路投资大会、恩施州硒品入杭暨工业招商推介活动、"央企省企恩施行"等活动，洽谈签约一批重点项目。

【项目建设】 聚焦"4+N"产业集群，推进项目集聚，产业集群。全州新开工亿元以上产业项目97个，同比增长24.36%（1亿元—10亿元的项目94个，10亿元—50亿元的项目3个），其中新开工亿元以上工业项目47个，同比增长27.03%；新开工亿元以上产业项目投资完成率24.34%，同比增长14.35个百分点；新投产亿元以上产业项目40个，同比增长17.65%；引进省外资金174.11亿元，同比增长9.44%。深圳红利来科技、深圳腾音声学、深圳五谷鸟、深圳星光无线、东莞正田科技、深圳金科基电子、浙江诚富电器、乐清日腾电子等配套企业落户；洲际食品、红太阳产业园、安徽菜大师（恩施）产业园、恩施中欧智慧农贸电商产业园等硒食品精深加工产业签约；华阳药业、德林沃中药饮片、武汉千海兴龙药业、北京天下汇通科技等生物医药产业开工或签约。

【招商服务】 推进大员招商、招商部门专业招商、产业部门联动招商、职能部门服务招商、全员支持参与招商氛围；加快园区标准厂房、项目标准地建设，完善园区基础设施；推进投融资平台建设，创新金融产品，加强银企合作，服务实体经济发展；推行"承诺审批""先建后验""服务秘书"项目服务。州、县两级兑现优惠政策32项，折算金额1.474亿元。开展"比招商、抓项目、强产业、促进位"活动。

【外贸出口】 出台《恩施州支持外贸自营出口企业发展的六条意见》，新增对外贸易备案登记企业51家、出口业绩企业10家，出口过500万美元企业1家、过1000万美元企业1家。组织近10家企业参加德国、阿尔及利亚、俄罗斯等国家以及中国香港等地重点展会；组织20多家企业参加125届、126届广交会、东盟博览会等国内知名展会；组织15家企业35人参加第二届中国国际进口博览会，与法国龙漫集团签订“恩施龙漫星际谷建设”战略合作协议。出口产品市场达78个，其中出口“一带一路”国家或地区42个。制定《全州防范化解外贸外资领域重大风险工作方案》，组建涉外风险专家团队，建立应对处置保障机制，应对中美贸易摩擦，管控外贸领域风险。

【外商投资】 融入和服务“一带一路”建设，组织企业参加第二十五届中国兰州投资贸易洽谈会、中国—阿拉伯国家博览会。优化和完善外商投资企业设立及变更备案流程，推进和落实外商投资企业设立工商登记与商务备案“一口办理”。全州实际利用外资2015万美元，新增外商投资企业11家，合同外资金额9634万美元。

【产销对接】 制定《关于促进社会消费品零售总额稳定增长的指导意见》，组织100多家企业参加进博会、健博会、食博会、茶博会、电博会等20个展会活动，达成多项农特产品采购协议和采购意向。建设精品供应链，与中石化合作推进“百企千品进万店”，供应商达到11家，商品133种；与中百集团合作，恩施硒品在中百仓储设立专柜9家，覆盖恩施供应商37家，销售单品74个；对接中国银行、中国建设银行、中国工商银行网络销售平台，30余家企业、117种产品入驻。建成电商县级服务中心11个，村级电商网点1532个，电商产业园区3个，从事电商的市场主体达7377个，实现电商交易额63亿元，增长36%。

【东西部扶贫协作】 打造“1+8+X”体验、产销对接、线上线下融合、基地认购认领、“网红”代销、原产地直供、会展促销、旅游促销等“八大消费扶贫”模式。州、县两级开展电商讲师、农村电商领头人、网红等培训15场次，培训致富带头人5086人，其中建档立卡贫困户144人。落实杭恩扶贫协作项目11个，获对口帮扶资金2285.5万元，出台《关于支持杭州企业来恩施投资的政策清单》，兑现优惠政策32项，折算金额1.47亿元，落地东部地区企业46家，带动贫困人口就业1017人，利益联结带动1351人。线上线下实现销售收入超4.52亿元，带动贫困人口24880人增收脱贫。

【行业监管】 集中开展3次拉网式排查，整治一批重大安全生产隐患。打好蓝天保卫战，完成防渗池或地下油罐改造53个站、181个罐。制定《关于进一步加强报废机动车回收拆解行业监管的指导意见》，加强报废机动车回收拆解行业监管。制定全州商务执法随机抽查事项清单，开展对商业特许经营行业、成品油行业、拍卖行业、报废汽车回收拆解行业、零售行业、单用途商业预付卡发卡企业6个行业17家企业随机检查。建立州级猪肉储备基地，保障猪肉供给和市场稳定。

【深化改革】 深化“放管服”改革，办理成品油经营许可证审批9件，加油站变更或到期换证103件，加油点变更或到期换证23件，拍卖企业变更换证3件。推行“一网覆盖、一网办理”改革，9项行政审批事项录入湖北省政务服务管理3.0系统实现网办。完成行政处罚清单移交。推进国有“僵尸企业”改革，上报州金属回收公司改制方案。制定《恩施州商务技工学校并入恩施职业技术学院实施方案》，推进州商校并入恩施职院工作。

（邓　军）

粮　食

【概　况】 2019年，恩施州机构改革，州发展和改革委员会加挂恩施州粮食局牌子，原恩施州粮食局承担粮食流通行业行政管理、行业指导等职责职能整体划入恩施州发展和改革委员会，增加履行粮食安全行政首长责任制考核及粮食流通、加工行业质量安全监管及安全生产职责职能，原恩施州粮食局全部人员整体转隶到州发展和改革委员会，原恩施州粮食局所属事业单位同步划转。全年认真执行国家收购政策，有序推进地方储备粮油轮换，粮食收购11.5万吨，完成储备粮油轮换任务。规范地方储备粮各环节监督管理，确保绝对安全。会同州财政局等单位出台《关于切实加强政策性粮食监管的意见》。抓好粮食流通统计工作，粮食流通统计工作被评为全省第4名。推进军粮各环节规范化管理，军粮质量合格率、供应满意率100%。加强粮食应急体系建设和管理，落实150个应急供应主体粮食流通统计。

【粮油仓储】 组织全州粮油仓储单位备案管理情况全面清理，规范全州粮油仓储单位备案管理，全州粮油仓储备案单位14个，备案库点30个，备案仓库（油罐）容量173495吨，备案库区面积39.76公顷。建立“两个安全”常态化排查机制，制定《恩施州常态化开展安全储粮和安全生产隐患排查整治工作方案》，推进“两个安全”网格化管理，排查治理各类安全生产风险隐患，防范化解重大安全风险。加快推进准低温（低温）粮库改造等项目实施，完成粮库信息化项目建设收尾，全州实现政策性粮食业务信息化、储备监管信息化全覆盖。先后印发《恩施州粮食熏蒸作业备案管理办法》《关于切实加强国有粮油仓储物流设施保护的意见》等，按照属地管理的原则，规范粮油仓储单位熏蒸作业和储粮化学药剂使用管理及粮油仓储设施安全管理。

【粮食质量】 推进“优质粮食工程”，申报11个项目，总投资3065.7万元，申报中央和省级财政补助资金1393.45万元。推进“库站合一”质检项目建设，开展粮食收获质量调查和品质测报，制定《恩施州2019年度粮食收获质量调查和品质测报及粮食质量安全监测工作实施方案》。开展世界粮食日和全国粮食安全宣传周系列宣传活动。开展“放心粮油”质量专项抽检，抽检样品24个，质量合格率100%，开展放心粮油“三进”活动。

【富硒粮油“走出去”】 先后组织18家粮油企业参加粮食产销合作洽谈会、展销会、交易会，现场销售55.5万元，达成意向协议1065.93吨，金额1890万元。引导粮食产业化龙头企业建立粮油基地16826.67公顷，其中建立优质富硒粮油示范基地1480公顷。加强富硒粮油品牌宣传，推荐恩施市、来凤县等特色粮油食品进入《荆楚味道》纪录片，在省电视台等频道黄金时段播放。组织县市谋划粮食产后服务体系建项目4个，质检体系建设项目6个，“中国好粮油”示范特色粮油企业1个。

【粮食流通执法督查】 结合全州政策性粮食大清查问题整改工作，开展执法检查。规范重点粮食收储企业和粮食经纪人自主收购粮食行为，严防“拖欠售粮款”行为发生。开展秋粮收购市场和政策性粮食销售出库监督执法检查，加强质量安全执法。在全州粮食行业开展“两个安全”专项整治行动，按照属地管理和“谁主管、谁负责”的原则，移交重大安全隐患问题1个。开展全州政策性粮食大清查问题整改规范及执法督查、粮食安全行政首长责任制考核等业务培训。健全信用评价，印发《2019年度恩施州粮食企业诚信评价和分类监管实施方案》，2019年全州申请纳入粮食行业信用评价的粮食企业46家，签订《恩施州粮食经营者信用承诺书》46份，粮食经营者信用评级评为A类27家、B类15家、C类4家。

【国有粮食企业改革】 截至2019年底，全州国有粮食企业9家（各县市和州直分别保留1家），保留粮油收储网点34个，其中中心粮库9个，骨干收纳库11个，一般库点14个。州粮油储备有限公司承担恩施州政策性粮食购销储备业务。

【全国政策性粮食库存数量和质量大清查】 州政府办公室印发《恩施州政策性粮食库存数量和质

量大清查实施方案》，制定《全州政策性粮食库存数量和质量大清查普查工作实施方案》，从全州发改（粮食）、农发行等系统抽调50余人编成8个普查组开展普查工作。全州政策性粮食库存数量和质量大清查普查问题完成整改14个，整改完成率100%。完成全州政策性粮食库存大清查自查、普查、数据审核汇总等工作。

【粮食安全行政首长责任制考核】 履行粮食安全考核牵头职责，组织2018年度考核，牵头组织州直相关单位完成2018年度对各县市粮食安全行政首长责任制的考核评价。完成2018年度州级粮食安全行政首长责任制考核自查自评工作，经州政府审定后报省粮安办。2018年度省对恩施州粮食安全行政首长责任制综合评价结果为“优秀”等次。

（瞿显超）

供销合作

【概　况】 2019年，州供销合作社联合社（以下简称供销社）落实中央关于深化供销合作社综合改革的决定，省社聘请第三方对恩施州深化供销合作社综合改革进行评估，评定为合格。咸丰县供销社被全国供销合作总社命名为“百强县级社”。州供销社被命名为2017—2018年度州级最佳文明单位，州供销社驻咸丰县唐崖镇何家沟村“尖刀班”被评为咸丰县红旗“尖刀班”，何家沟村获得唐崖镇“最美村庄”称号。2019年3月22日，经州政府批准，全州供销工作暨深化供销合作社综合改革推进会召开。

【东西部扶贫协作】 在领办创办的929个农民专业合作社基础上，培育培强茶叶、土豆等特色产业农民专业合作社联合社18个，抱团对接东西部扶贫协作项目，州社主要领导先后4次带队入杭、杭州市供销社2次到恩施对接，2019年9月，两地社有企业联合成立恩施州硒之旅国际旅行社有限公司、恩施龙马聚优电商公司，355人次到恩施旅游，开办脱贫攻坚电商培训5期224人次，签订茶叶订单40吨，销售恩施土豆120万余公斤，“硒品入杭”消费扶贫初显见成效。

【经营服务网络】 组织推荐4家社有企业入选国家“832”政府公益采购贫困地区特色农产品网络销售平台第一批、第二批重点扶贫供应、流通主体，推荐3家市场主体入驻省级电商“荆选”平台，州级层面培训各类电商人才128人次。恩施市加快对接“供销e家”电商平台，完成销售额4500万元。巴东县打造三级物流配送体系，2019年实现工业品下行单量94.2万件，农产品上行单量15.7万件。

【再生资源网络体系】 州供销社3次函邀省再生资源集团到恩施对接项目落地，多次协调州高新区管委会、州环保局等部门，促成环宜再生资源公司在恩施高新区落地，前期投资的临时厂房开展生产经营，后续标准化厂房力争在2020年7月底前开工建设，支持服务全州美丽乡村建设。

【社有资产管理】 完善社有资产经营管理办法、财务管理办法等制度，制定州供销社资产出租合同范本，规范资产租赁、评估等相关程序，通过6起法律诉讼维护资产权益，收回公司债务，2019年州社直属企业经营收入624万元，上缴各种税费63万元。

（赵　旭）

烟草专卖

【概　况】 2019年，州烟草商业系统落实省局党组“强基础、利长远、抓规范、谋跨越”长期工作思路和“改革创新攻坚年”工作部署，全州系统全年实现销售收入50.44亿元，同比减少1.44亿元，减幅2.78%；实现利税19亿元，同比增加0.19亿元，增幅0.96%；上缴税收8.96亿元，同比减少2.37亿元，减幅20.92%。州公司获2019

年度湖北省优秀企业金鹤奖。现代烟草农业推进“5+n”专业化服务，全州专业化育苗、机耕、起垄、植保、分级覆盖率分别达到100%、90.21%、85.36%、93.2%、100%。全年获得4项科技成果，其中省部级2项；申请专利21项、授权专利7项，第四次在国际烟草科学研究合作中心2019年大会上交流。

【烟叶生产】 2019年，全州按照“以质取胜、以诚取信”和“三个只进不退”工作要求，围绕“1+5”目标定位和“2232”高质量发展工程，推进烟叶供给侧结构性改革。全州收购烟叶69.12万担，完成计划任务的104.62%，其中烤烟61.22万担，完成计划任务104.61%，白肋烟7.59万担，完成计划任务104.63%，雪茄烟0.31万担，完成计划任务104.83%。实现烟农现金收入10.69亿元；烤烟户平均收入8.9万元，同比增加1.67万元；销售烟叶63.73万担，较好实现“收得进、卖得出、零库存、有效益、用得好”目标。建设万担乡25个、千亩村101个。11人在全省首届烟叶调制职业技能大赛中进入前12强。

【卷烟营销】 全州销售卷烟98881箱，同比增加830箱，增幅0.85%，销售进度100.08%。单箱均价33374元，同比增加612元，增幅1.87%。建成现代终端640户，建成文明吸烟场所254个，“1342”旅游挖潜新模式在全省推广。

【专卖管理】 全州查处涉烟案件1079起，查获非法“三烟”1159万支，查获烟叶2527.67担，案标值991万元，办理网络案件12起，打击追刑17人；查获万元以上案件330起，5万元以上案件31起，治理违法违规大户51户；鹤峰县局、利川市局2起案件被省局评为典型先进案件。

【基础设施建设】 全州投入项目建设资金1963.77万元，建设烟叶基础设施项目1609件。利川高渡河水库、巴东车沟水库、建始木桥河水库3个项目完工并投入使用；恩施喻家河水库、宣恩官千水库、咸丰龙洞湾水库3个项目正在建设；新项目巴东绿葱坡镇钟坝河水库获省局批复同意。

【精准扶贫】 全年投入精准扶贫专项资金841万元，州局机关和16家县市单位500余名干部职工定期入户走访、结对帮扶，31个“尖刀班”117人入住31个贫困村蹲点扶贫，实现对口帮扶村1333户3960人贫困人口脱贫出列。持续抓好“发展烟叶生产脱贫一批”和“主＋副”“1+N”烟农增收工程，户均增收8000元以上，800余户种烟贫困户实现脱贫。

（孔　伟）

盐业经营

【概　况】 2019年是全国盐业体制改革的第三年，也是湖北盐业集团“三年攻坚、扭亏脱困”工作目标的开局之年。恩施盐业分公司完成年度经营任务目标，基本止住经营业绩大幅下滑的趋势。公司下设施州分公司、建始分公司、巴东分公司、利川分公司、咸丰分公司、来凤分公司、鹤峰分公司、宣恩分公司。

【主业（盐产品）经营指标】 2019年，购进各类盐11169.67吨，其中购进各类普通小袋盐9270.63吨，购进各类多品种小袋盐24.84吨，购进食品加工用盐（含海湖盐）1397.6吨，购进工业盐（含饲料添加剂）476.6吨。截至2019年末，销售各类盐10775.88吨，其中销售各类小袋盐8876.18吨；销售食品加工用盐1374.8吨（含海湖盐）；销售工业用盐524.9吨。

（王　平）

石油销售

中国石化销售股份有限公司
湖北恩施石油分公司

【概　况】 2019年，中国石化销售股份有限公司湖北恩施石油分公司实现成品油销售总量44.3万吨，同比减幅1.94%；实现非油品销售额1.78亿元，同比增幅2%；实现销售总收入40亿元，上缴税收2500余万元。被省人力资源和社会保障厅等五个部门联合表彰为“湖北省劳动保障诚信示范单位”；陈书兰职工创新工作室获湖北省职工（劳模、工匠）创新工作室命名。员工李磊获年度恩施自治州“青年岗位能手”称号，咸丰县分公司获咸丰县综治暨维稳法治工作责任制考评“优胜单位”称号；鹤峰县分公司获鹤峰县消防比武团体第三名；鹤峰燕子加油站获鹤峰县燕子镇“应急救援先进单位”称号；员工周文平被评为咸丰县2019年度脱贫攻坚红旗扶贫干部。驻村帮扶柳家村的扶贫故事被中央、省、州16家媒体报道。

【经营管理】 开展汽油销售竞赛活动，开展柴油竞争性营销，做好“加油湖北APP”推广。物流配送多方协调解决专用线接卸不畅问题；油库克服困难，保障槽车随到随卸，罐车随到随发，全力保供。加规范管理风险可控，公司开展“强基础、防风险、促发展”专项排查和加油站风险防控，增强全员风险防控意识。通过分类制定责任清单、工作清单和项目清单，明确责任分工。通过线上线下督导结合，提升油站经营管理水平。加强“承包商、承运商、供应商”管理，抓好培训，加强施工现场管理，加大处罚力度，杜绝违规指挥和违章作业，保障企业安全平稳有序运行。组织宣讲团，开展“送讲到一线”。到全州8个县市向基层员工宣讲考核办法、宣讲增资途径、宣讲营销政策、宣讲先进典型经验，在全州系统营造奋进、和谐、高效氛围；加强作风建设，成立“双严”工作专班，加强对“双严”工作的督促检查。推进“三项制度”改革，按事权划分科学整合机关管理部门，推进分配制度改革，调动员工积极性和创造力。

【政企合作】 2019年，州纪委监委将公司纳入“培训协作单位”，支持恩施公司企业纪检监察工作与当地纪委监委同速并轨。11月26日，总经理于海平到恩施州参加“央企省企恩施行”活动，与恩施州政府签订《战略合作协议》。

【助力脱贫攻坚】 推进落实“百企千品进万店”行动，利用公司非油销售网络和加油站易捷便利店销售平台，将恩施州的富硒特色产品销往湖北、推向全国各地，用企业转型发展支持恩施百姓脱贫。截至2019年10月，引进恩施土特产供应商35家，其中17家与中石化湖北石油分公司签订购销合同，191种恩施土特产品在易捷便利店实现销售，实现销售额1543万元，覆盖扶贫村30个，扶贫户612户。

（侯秋芳）

中国石油天然气股份有限公司湖北恩施销售分公司

【概　况】 2019年，中国石油恩施分公司在恩施州8个县市拥有44座加油站，员工总数为324人。分公司全年油品、非油品销售持续稳定增长，油品质量抽检合格率100%，安全环保责任事故为零，未发生新闻曝光事件，年度综合考评名列湖北销售公司前列。

【油品营销】 分公司协调推进跨区配送和资源串换，保障恩施地区成品油资源供应。围绕重大项目工程，加大机构客户开发与维护，通过优化服务环节，持续挖掘销售潜能，服务地方经济发展。

【非油经营】 发挥全员销售能动性，推进非油业务发展。分公司结合恩施市场消费特点，突出品牌特色，将旅游资源、土特产、民族文化等元素有机融合，打造民族特色店，拓展非油业务空间。2019年，分公司实现非油销售收入近5000万元，其中销售超过百万元的便利店达21个。

【网络建设】 实时新增加油站网点，加快推进项目开发。分公司完善网络布局，持续开发新城区及城市环线项目，持续优化县域销售网络体系，拓展县域网络布局。2019年，分公司恢复投运加油站 1 座，加油站总数达 44 座。

【安全环保】 严守三条红线，推进 HSE 体系和质量管理体系建设，落实“有感领导”“直线责任”和安全管理“一岗双责”，持续强化全员安全意识，确保全年安全运行。响应国家号召，打好蓝天保卫战，2019 年，分公司加油站油气回收系统改造全部完成，39 座加油站完成双层罐改造，节能环保能力持续增强。

【服务管理】 加强销售合规管理，以操作技能鉴定、服务达人竞赛等方式，提升员工操作技能和服务水平，保障客户消费权益。持续改善卫生间，摩托车加油棚等硬件环境，创建更加优质的消费环境。加强现场卫生管理，细化微笑服务、跑动服务和三声服务，丰富客户消费体验，树立良好的品牌形象。

（张如燎）

经济开发

扶贫开发

【概 况】 2019年，恩施州继续将脱贫攻坚作为重大政治任务和第一民生工程，落实“六个精准”，实施“五个一批”，推进“八个到村到户”，实现“六个清零”“六个全覆盖”，完成年度脱贫攻坚工作任务。全年实现19.78万贫困人口脱贫，贫困发生率降至0.23%。2019年4月29日，省政府发布《省人民政府关于批准阳新县等17个县（市、区）退出贫困县的通知》，根据《中共中央办公厅、国务院办公厅关于建立贫困退出机制的意见》精神，经县级申请、市级初审、省级专项评估检查，国家级贫困县宣恩县、来凤县、鹤峰县达到贫困县退出的标准和条件，批准退出。恩施、利川、建始、巴东、咸丰5个县市实现脱贫摘帽。

【落实脱贫攻坚政治责任】 州委、州政府每两个月，县市党委、政府每月专题研究一次脱贫工作；县市委书记、县市长每月至少5个工作日专抓扶贫工作。2019年，召开州委常委会10次、州政府常务会8次、州扶贫开发领导小组会议2次、州指挥部调度会8次，研究落实全州脱贫攻坚各项工作。开展遍访贫困行动，两年多时间州委书记走访381个村，州长走访296个村；8个县市党委书记、县市长遍访贫困村；88个乡镇党委书记、乡镇长和所有村党组织书记遍访贫困户。2019年1月4日，脱贫攻坚指挥部令第〔2019〕1号发布，继续实施“八个到村到户”“六个全覆盖”，开展以“十看村、十看户”为主要内容的脱贫攻坚“回头看”工作，逐村逐户逐人开展摸底排查，找准“两不愁三保障”和村脱贫出列突出问题，按照“一户一策、一村一策、综合施策”要求，解决突出问题。

【义务教育保障】 2019年，全州义务教育阶段入学率100%、巩固率98.48%。投入改薄资金22.06亿元，全面改善义务教育薄弱学校基本办学条件。发放教育资助资金2.69亿元，惠及贫困学生23.4万人次。

【基本医疗保障】 农村低保、特困救助、困难残疾人缴纳基本医疗保险由财政全额补贴，其他贫困人口由财政补贴50%，贫困人口基本医疗保险参保率为100%，全年33.27万人次贫困人口享受住院治疗政策，实际报销比例比2018年提高8.55%。

【住房安全保障】 全年完成24.28万人易地扶贫搬迁任务，实施“四类”重点对象危房改造1.88万户、非“四类”对象危房改造近3万户。解决饮水安全问题，全年巩固提升31.26万农村人口饮水安全，实现安全饮水问题“清零”。

【社会兜底保障】 全年发放各类兜底保障资金12.03亿元，惠及贫困人口22.4万人。4.8万人享受困难残疾人生活补贴，发放资金2088万元。5.9

万人享受重度残疾人护理补贴，发放资金5436万元。

【基础设施建设】全州县级脱贫攻坚项目库入库项目8508个，实施项目7518个。新建农村公路3998千米，实现村村通硬化公路目标。新建及改造10千伏线路2374千米、配变台区2066个、增容21.5万千伏安，全面解决农村低电压和生产用电卡口问题。加强通信设施建设，新建4899个移动基站，实现村村通有线宽带和4G网络。

【产业就业扶贫工程】2019年，恩施州投入财政扶贫资金16.39亿元，新增产业基地面积26666.67公顷，特色产业基地面积达到45万公顷，农民人均达到0.14公顷。发放扶贫小额信贷4.64亿元，帮助1.09万户贫困户发展脱贫产业。实施“三乡工程”（市民下乡、能人回乡、企业兴乡）“草根创业计划”，组织贫困劳动力参加创业就业培训，落实创业就业优惠政策，采取“扶贫车间”和公益岗位等方式，促进有劳动能力的贫困人口就地就近就业创业。累计组织产业就业培训2.59万人次，20.29万贫困人口实现外出就业、16.1万贫困人口实现就近就业。

【生态补偿扶贫工程】2019年，落实生态扶贫补助资金2.25亿元，惠及贫困人口44.8万人。聘用9682名生态护林员，按每人每年4000元标准发放管护费。落实生态公益林和退耕还林补贴，让贫困户享受生态红利。

【光伏扶贫工程】落实光伏扶贫政策，2019年实施光伏扶贫项目309个，电站容量4.08万千瓦，全部申报纳入国家补贴，惠及贫困村367个、贫困户6979户。

【推进东西部扶贫协作】2019年，杭州市到位财政帮扶资金3.88亿元，各类社会帮扶捐赠资金8840万元，实施项目305个。杭州、恩施州两地召开高层联席会议2次、开展调研对接66人次、结对区县党政主要领导互访30人次。州委、州政府召开东西部扶贫协作领导小组会议4次、专题会议4次，研究落实全州东西部扶贫协作各项具体工作。加强人才交流，互派医生、教师、干部718人挂职锻炼。加强产业合作，实施特色农业、旅游业、硒品入杭、浙企入恩四大提升工程。全年接待杭州游客85万人次，4万名杭州干部职工走进恩施开展疗休养，杭州市帮助销售价值4.52亿元的农特产品，新增落地企业和投资项目47个，实际到位投资12.58亿元。加强劳务协作，帮助有意愿、有能力的建档立卡贫困人口实现异地就业、支持残疾人创业就业脱贫119人次，杭州第一技师学院、杭州轻工技师学院等职业院校招收恩施州贫困家庭学生229名。推进携手奔小康行动，开展“名誉村长走亲连心1+5行动”，211家杭州企业和社会组织与恩施州238个贫困村结对，131位企业家和社会组织负责人担任166个贫困村的“名誉村长”。8月12—15日，杭州市委副书记张仲灿带队到恩施州对接落实扶贫协作工作。

【对接中央单位定点扶贫】农业农村部支持咸丰县和来凤县项目160个，安排资金6.8亿元，支持咸丰县新增茶叶标准化种植面积6000公顷、来凤县建成藤茶基地4866.67公顷。国家电网公司在巴东县投资3.3亿元实施光伏扶贫项目248个，建成3座集中式光伏扶贫电站、118个村级光伏扶贫电站、127个光伏电站接网工程，扶持资金2150万元实施定点扶贫项目57个。中国铁塔股份有限公司在宣恩县和鹤峰县投入通信建设资金1.22亿元，建设移动通信基站铁塔2425座，为2个结对贫困村投入产业发展资金749万元。中国国新控股有限公司投资7000万元开发利川风电项目，为贫困村捐资近900万元。武汉大学投入479万元帮助恩施市建设智慧课堂和数字校园，筹资近600万元援建芭蕉乡白果树村基础设施项目，结对帮扶恩施市中心医院提升医疗水平。华中农业大学组建科技服务队13支、乡村振兴教授团队4个，设立产业攻关项目29个，推进乡村振兴示范点建设项目10个，为建始县培育规模过亿元产业5个，带动近7万人脱贫。

【省委“616”工程和省内部分市对口支援工作】 省委持续实施“616”工程，67家省直部门、省内高校及科研单位、省内重点企业、省级示范高中、省级三甲医院帮扶支持恩施州，全年投入资金44.3亿元，实施帮扶项目330个。省文旅厅帮扶项目资金2257.9万元，支持宣恩县发展生态文化旅游业，创建“仙山贡水”国家AAAA级旅游景区。省农行支持建始支行发放贷款2.6亿元，“惠农e贷”净增3229万元，其中“民俗旅游贷”净增1500万元。武汉协和医院采取“远程会诊和远程教”方式，安排6名专家常年协助鹤峰县中心医院对贫困户进行远程会诊。孝感市、黄石市、咸宁市、荆门市、荆州市、鄂州市、武汉市、襄阳市等省内经济强市对口帮扶恩施州8个县市，帮扶资金7612万元，实施一批脱贫攻坚“补短板”项目。

【“千企帮千村”行动】 2019年，1631家民营企业结对帮扶1134个村，729个贫困村实现全覆盖，投入帮扶资金17.34亿元，带动25.58万贫困人口脱贫。组建扶贫志愿服务团队109支4.9万名志愿者、爱心人士开展志愿服务。建立贫困留守儿童数据库，9155名志愿者与4388名贫困留守儿童实行结对帮扶。筹集善款468.7万元，解决一批农村留守老人、特困残疾人关爱帮扶难题。

【网络扶贫】 发布贫困户帮扶需求4.17万条、成功对接3.75万条，捐助资金194万元、物资3.52万件，488个社会组织捐助资金5783万元、物资6.49万件。

【扶贫领域问题整改和治理】 抓好脱贫攻坚专项巡视反馈问题整改，统筹推进国家对省扶贫开发成效考核、财政资金绩效、专项审计、省委巡视扶贫领域专项检查等各类反馈问题整改，中央脱贫攻坚专项巡视反馈恩施州6个具体问题、全州排查50个具体问题、国家对省扶贫开发成效考核反馈涉及恩施州的6类23个问题、专项审计反馈恩施州107个问题、省对市县扶贫开发成效考核反馈恩施州8类68个问题完成整改。省委巡视扶贫专项检查反馈恩施州24个具体问题，完成整改22个，2个落实整改措施并长期坚持整改。开展领域腐败和作风问题专项治理，追责问责2193人次，处分338人次，通报典型案例271起。落实党中央、省委关于“基层减负年”要求，压减会议和文件，清理各类工作群，减轻基层负担。实施以提升组织力为核心的基层党建“固底板”工程，整顿软弱涣散村（社区）党组织204个，从州、县两级党政机关选派1308名优秀党员干部担任驻村第一书记，实现贫困村、集体经济薄弱村、软弱涣散村党组织派驻第一书记“全覆盖”。坚持在脱贫攻坚战线培养、锻炼、发现、使用干部，提拔县级干部38名、科级干部609名。

【考核验收】 2019年1月5—13日，2018年度国家脱贫攻坚成效省际交叉考核组到宣恩县开展检查。1月13日，2018年度国家扶贫成效第三方评估到巴东县开展评估工作。

【专项巡察“回头看”】 2019年8月11日至9月13日，州委第六巡察组对州扶贫办进行精准扶贫脱贫攻坚、基层党组织建设专项巡察“回头看”。9月28日，巡察组向州扶贫办反馈巡察“回头看”情况。10月15日，州扶贫办党组上报整改方案。12月底，完成整改。

【胡春华在恩施州调研脱贫攻坚工作】 2019年12月24—26日，中共中央政治局委员、国务院扶贫开发领导小组组长胡春华到恩施州调研脱贫攻坚工作。他强调，要深入学习贯彻习近平总书记关于扶贫工作的重要论述，全面落实中央经济工作会议精神，按照党中央、国务院决策部署，以更加扎实有力的工作举措，高质量完成各项任务，确保脱贫攻坚目标如期完成。

【王晓东到恩施州调研督办中央脱贫攻坚专项巡视反馈意见整改工作】 2019年2月17—18日，省委副书记、省长王晓东到恩施州调研督办中央脱贫攻坚专项巡视反馈意见整改工作，听取基层意见建议，强调要深入学习贯彻习近平总书记关于扶贫工作的重要论述和关于巡视工作的重要指示精神，落实省委工作要求，扛起脱贫攻坚政治责任，高质量完成巡视整改工作，坚决打赢打好脱贫攻坚战。

【全省东西部扶贫协作工作现场推进会、全省精准扶贫精准脱贫暨“两不愁三保障”专题研讨班在恩施州举行】 2019年9月28—29日，全省东西部扶贫协作工作现场推进会、全省精准扶贫精准脱贫暨“两不愁三保障”专题研讨班在恩施州举行。副省长万勇出席推进会并讲话，在专题研讨班开班式上作辅导报告。参加推进会人员到恩施市龙马新果实业龙马聚优电子商务、江干区·恩施市职业技能培训中心、恩施市百岁源电子商务等地考察；专题研讨班学员到恩施市龙凤镇双堰塘村、龙马村等地现场学习。

【董高被授予全国脱贫攻坚奖创新奖】 2019年10月17日，恩施市人武部部长董高被国务院扶贫开发领导小组授予全国脱贫攻坚奖创新奖。他深入学习贯彻习近平总书记关于脱贫攻坚系列重要论述，在完成国防动员、兵员征集、战备训练等主责主业任务的同时，探索“老、少、边、山、穷”地区脱贫攻坚方法，对传统“131”扶贫模式进行创新发展，为军分区、人武部参与脱贫攻坚工作提供有益借鉴，其做法在全军脱贫攻坚工作推进会上作经验介绍。

（张祚佳）

老区建设促进工作

【概　况】 2019年，州革命老区建设促进会（简称州老促会）围绕促进全州老区建设和脱贫攻坚，弘扬老区精神，宣传红色文化，募集扶贫资金，做强做大“思源回报工程”，推进产业扶贫，承办召开全国老区宣传工作会议、湘鄂西、湘鄂川黔老区联席会议和州老促会第四届四次会议。被省委组织部、省老干部工作局、省人社厅评为2019年老干部老有所为先进集体，被省老促会、中国老促会分别评为全省、全国先进单位。州促进革命老区发展委员会成立，办事机构设在州扶贫办。

【争取国家出台老区振兴发展规划】 州老促会参与四省一市争取国家出台老区振兴发展规划。在咸丰县主办四省一市的第五次联席会议，交流争取规划进展情况，商议规划争取工作；与发改委一起研究恩施州老区的发展短板，商议关键项目和新兴产业；为全国人大代表代拟关于请求国家出台振兴规划的建议；向省老促会、中国老促会汇报恩施老区的有关情况，中国老促会会长王健中将，副会长、全国政协提案委员会副主任戚建国上将起草关于要求国家出台湘鄂西、湘鄂川（渝）黔老区振兴发展规划的报告，以中国老促会的文件报告国家发改委，国家发改委召开涉及的省市发改委主任会议。

【思源回报工程】 争取相关部门、企业和社会力量对实施“思源回报工程”的重点老区乡镇开展帮扶。州老促会扶持贫困村的特色产业、教育卫生设施、民生工程的改善、革命遗址保护等。扶持“思源回报工程”项目42个，投入资金3100多万元。各县市老促会和一些企业，筹措资金支持老区修桥、修路、修医院、修学校，保护革命老区遗址遗迹。

【参与精准扶贫】 在鹤峰邬阳骑龙茶场、鹤峰走马油茶基地、建始甜柿产业基地、恩施屯堡乡花枝山茶叶基地、利川莼菜基地、咸丰丁寨金丝楠苗木基地建立6个产业扶贫联系点，对6个联系点支持资金120万元，多次到联系点调查情况，研究问题，解决难题。帮助花枝山建设的茶叶加工厂投产，帮助花枝山品牌建设，通过欧盟497项检测全部合格。州老促会参与精准扶贫的6个产业扶贫联系点，带动农民整体脱贫，全部验收。

【开展红色宣传】 州、县市两级老促会通过《中国老区建设》杂志、“红色思源网”、“老区建设网”、《恩施日报》、省老促会《简报》等媒体，宣传中共十九大精神、党和国家扶持老区的优惠政策、社会各界关注老区和扶持老区的典型事迹，形成良好的老区发展氛围。中共中央宣传部将反映恩施州老区为中国革命做出历史贡献的大型文献专题片《看万山红遍》在学习强国平台上展播，州委宣传部通知全州机关和党组织学习收看。与中国老促会、中国摄影与旅游杂志社、张家界老促会，联合编辑发行反映恩施州和张家界老区的红色文化和自然风光的2019第9期《摄影与旅游》杂志。

【全国老区宣传工作会议在恩施州召开】 2019年5月18日，全国老区宣传工作会议召开。州委、州政府，州老促会获得表彰锦旗。会上展播恩施州老区为中国革命做出历史贡献的大型文献专题片《看万山红遍》，瞻仰咸丰忠堡大捷纪念地，参观综合改革试点恩施龙马镇，考察州老促会产业联系点咸丰金丝楠珍稀苗木基地。

（吴建辉）

开发区建设

【概　况】 2019年，全州8家开发区（工业园区），其中省级高新技术产业园区1家即恩施高新技术产业园区；省级经济开发区4家：湖北利川经济开发区、湖北巴东经济开发区、湖北来凤经济开发区、湖北鹤峰经济开发区；省级工业园区3家：湖北宣恩工业园区、湖北建始工业园区、湖北咸丰工业园区。

【州高新技术产业园区和湖北恩施经济开发区整合】 2019年3月13日，武汉国家生物产业基地恩施生物产业园落地恩施高新区。4月9日，省政府批准恩施州高新技术产业园区和湖北恩施经济开发区整合。州八届人民政府第49次常务会议研究恩施高新技术产业园区扩区工作，原则同意恩施高新技术产业园区扩区，园区面积由344.5公顷调整为577.49公顷，园区地块由耿家坪一块调整为耿家坪、松树坪、头道水三块，并按程序报省发改委审核。按《湖北省开发区、工业园区区域性统一评价试点工作方案》要求，在恩施高新技术产业园区及各县市经济开发区（工业园区）全面启动环境影响评价、水土保持、矿产压覆、文物保护、地质灾害危险性、地震安全性、气候可行性、洪水影响等统一评价评估试点工作。此后入驻各经济开发区（工业园区）符合整体规划和功能定位、属于主导产业的投资项目可不再进行单独评价。

（瞿显超）

恩施高新技术产业园区

【概　况】 2019年4月9日，省政府批复同意恩施州高新技术产业园区和湖北恩施经济开发区整合，更名为恩施高新技术产业园区（以下简称恩施高新区）。恩施高新区以湖北恩施经济开发区为基础，核心区面积3.44平方千米，“四至”范围为：东至耿家坪村、金子坝村，南至金子坝村，西至耿家坪村、金子坝村，北至枫香坪村。2019年恩施高新区推进重点项目72个，其中新建38个，续建34个；完成固定资产投资43亿元，同比增长84%；实现规模以上工业总产值17.13亿元，同比增长40%；规模以上工业增加值4.35亿元，同比增长30%；实现财政总收入3.63亿元，同比增长21.1%；完成地方一般公共预算收入2.44亿元，同比增长29.3%，超额完成全年各项工作目标任务。

【发展规划】 坚持生态优先、项目优先，合理空间布局，引导生态要素集约开发、产业集聚发展，形成布局合理、功能齐全、产业互补、产城融合的有机体。六角亭片区面积81.77平方千米，按照“一心、三区、多园”的发展格局建设。“一心”即总部创新核心区，主要承担总部经济、研发创新、孵化加速、科技合作、技术服务、成果转化等功能；“三区”即产业集聚区、配套服务区、生态休闲区；“多园”即围绕高新区主导产业布局建设硒科技园、生物医药园、数字产业园、康养产业园等，建成重要的产业集聚区。金子坝片区规划面积11.66平方千米，重点承载行政办公、公共服务、商业居住等。2019年3月，《恩施州高新区西区（松树坪片区）控制性详细规划》《恩施州高新区东区（金子坝片区）控制性详细规划》获得州政府批复。优化调整东区控规用地性质和西区控规路网布局。

【招商引资】 坚持大招商、招大商，聚焦电子信息、硒食品精深加工、生物医药等主导产业。优质项目加快向园区聚集，全年签约项目12个，计划投资总额44.2亿元。推动落户“1+8”联动园区项目4个。立讯产业园项目于8月20日投产；龙洞河温泉小镇等5个项目开工建设；太楚科技、智慧谷、妍浩实业、盛方实业、科亿电子等一批电子信息及配套项目落地装修，电子信息产业集群初具规模。全年招商引资实际到位资金20.62亿元。

【重点项目建设】 推进重点项目72个，其中新建38个，续建34个。省、州重点项目完成投资9.96亿元，38个新建项目完成投资13.66亿元。达翔产业园一期、立讯产业园一期、金皇电气、瑞格家居、米迪家具、宏基建材等项目投产。华阳药业、人福物流等产业项目加快建设；芳华中学、州中心医院新区医疗中心、恩施民族体育运动中心等一批民生项目加速推进；欣华理想城、盛和景园、碧桂园和恒大御澜庭等商业地产项目有序推进。3月13日，武汉国家生物产业基地恩施生物产业园正式挂牌。

【工业经济】 制定《恩施高新区传统产业改造升级资金使用方案》，园区15家企业申报争取传统产业技改奖补资金200万元。9个技改项目建成投产，山寨皮革完成破产和解所有程序恢复生产，宏基建材、法希饲料完成联合重组建成投产。清阳钢构完成腾退，金华物资完成土地置换，盘活园区企业闲置厂房8万平方米，助力5家招商引资企业落户。制定《恩施高新区2019年工业企业培育方案》，培育进规企业5家，总数达到18家；新增产值过亿元企业2家，总数达到5家；新增税收过千万企业1家，总数达到3家；新增高新技术企业3家，总数达到9家。制定出台《州高新区企业“四板”挂牌奖励实施方案》，协调长江证券公司上门为11家企业提供挂牌辅导服务，师达电子、华娱天信等6家企业于12月20日成功挂牌。联合州人社局、州教育局开展校企合作，推进产教融合，保障园区企业用工需求。鼓励企业通过申报项目促进企业市场竞争力。培育景泰节能等4家企业成功申报省级隐形冠军培育企业。长源轴承被表彰为全国机械工业先进集体，公司磨工车间被授予湖北省“工人先锋号”荣誉称号。

【园区建设】 园区道路建设：金龙大道南段建成通车，立讯产业园、达翔产业园环形路网形成；规划19号路、高旗大道、规划12号路、规划8号路等13条道路立项、可研、财政评审、施工图设计等前期工作有序推进。标准厂房建设：立讯产业园一期8万平方米标准厂房交付使用，二期20万平方米完成主体工程建设；达翔产业园标准厂房2号楼完成主体施工。场平工程建设，洲际食品场平完工；头道水生物医药产业园场平一期、高井河西侧场平工程完成财政投资评审，松树坪物流园场平完成设计，钢波纹管圆管涵施工。配套设施建设：完成虎民路经硒谷路至人民路西段供水管网铺设，完成规划11号路110千伏和220千伏线路迁改、立讯产业园供电线路及2号开闭所、华阳药业地块线路迁改和施工用电工程，市政配套排污管网随道路建设稳步推进。响水坝工业污水处理厂完成PPP项目入库申报。安置小区建设：西区之子溪、石家坡、汪家寨安置小区，建筑总面积约64.6万平方米，估算总投资19.5亿元，完成立项和选址；东区麻场安置小区二期建筑总面积约12.9万平方米，总投资约3.3亿元，完成征地拆迁。自然资源管理：全年班报批土地139.07公顷，收储土地124.55公顷，供应土地94.12公顷，实现土地收益7.44亿元，保障园区建设用地需求。

【服务环境改善】 开展承诺审批、先建后验改革试点，企业开办时间最短压缩至1个工作日，项目从立项到开工审批时限最快达22.5天。立讯产业园项目从进场建设到投产“进规”仅用10个月时间；洲际食品开办全部手续1个工作日办结，企业签约到奠基开工仅用4.5个月，创造“恩施速度”。实行“多评合一”“多规合一”，完成园区环境影响、矿产压覆、文物保护、地质灾害危险性、气候可行性5项评价评估，服务园区招商项目落地建设。落实减税降费政策，减税降费4687万元。引入第三方政务服务公司为企业提供全方位“保姆式”服务，代办、帮办各类证照70余项。做好融资服务，引入社会资本恩信公司参与达翔产业园标准厂房建设；组建高新区融资担保公司，配套建立风险补偿机制，解决园区企业融资难、融资贵难题。

【创建国家高新区】 2019年，州委、州政府成立恩施高新区以升促建工作领导小组，印发《恩施高新技术产业园区“以升促建”工作方案》，明确创建国家高新区工作任务和责任主体。4月9日，省政府批复同意恩施州高新技术产业园区和湖北恩施经济开发区整合，更名为恩施高新技术产业园区。编制完成《恩施高新区发展战略规划》《恩施高新区产业发展规划》，并上报科技部。建立“1+8”园区统计机制，为创建国家高新区提供数据支撑。州委副书记、州长刘芳震，常务副州长丁辉，副州长丁文平先后带队到省科技厅、科技部汇报衔接国家高新区申报工作。恩施州科技孵化器装修完成投入使用，被科技部认定为国家级科技企业孵化器。恩施高新区在20家省级高新区创新驱动发展评价定性考评中位居第二，较2018年前进一位。

（高　航）

区域建设

湖北省恩施市龙凤镇综合扶贫改革试点

【概　况】 中共中央政治局常委、国务院总理李克强在2012年12月视察恩施市龙凤镇时指示，以龙凤为点、恩施为片，在扶贫搬迁、移民建镇、退耕还林、产业结构调整方面先行先试，试点建设形成“国家试点、省级领导、州级推动、市镇实施”的工作模式。2019年，龙凤镇坚持补短板、强产业，持续扩大试点示范效应，各项工作取得成效。全年实现生产总值21.14亿元，三产结构比调整至29∶36∶35。全镇贫困规模从2014年6338户、20618人减少到2019年底74户、178人，贫困发生率由43.9%降至0.29%。城镇常住居民人均可支配收入和农民人均纯收入分别达到27015元和12768元，同比分别增长7.2%、9.9%。承办全省东西部扶贫协作现场会、全省脱贫攻坚培训班现场观摩会。金融服务、镇村治理、农村产权交易、公共服务均等化创新成果在全市推广应用。试点经验做法和建设成果在《人民日报》《光明日报》《经济日报》等媒体宣传推介。

【农村居民安置点和易迁点提档升级】 2019年，龙凤镇完成31个易迁点“平改坡”工程，配备菜地、生产性用房等配套项目建设；实施危房改造480户。建成9个中心社区、2个安置小区、37个一般居民点、31个易地扶贫搬迁集中安置点，完成特色民居改造1702户，5716户、2万多名困难群众从自然条件恶劣、发展后劲不足的偏远区域，梯次搬迁至居民点、安置小区、中心社区、龙凤集镇，住进生态宜居新家园。

【集镇建设与管理】 2019年，有序推进龙凤镇城中村棚户区改造项目，一期工程征地拆迁工作完成92%，新建公厕3座。完善龙马风情小镇基础设施，建成龙马污水处理厂和龙马垃圾中转站，完成投资3.2亿元，其中基础建设及公共服务设施投资2亿元，产业投资1.2亿元，修建小木屋、高空滑索、吊桥等旅游设施。截至2019年底，集镇、中心社区及居民点常住人口规模达到4.52万人，城镇化率达64.6%，“新城区、新市镇、新社区”的城乡结构体系基本形成。

【基础设施建设】 2019年，318绕城线、209绕城线、三龙公路、四水厂等重点项目顺利推进，完成喻家河水源性工程库底清理工作；加大公路网络建设，完成通畅工程9.83千米、“以奖代补”公路建设87.2千米、旅游公路建设10.8千米；实施安全饮水巩固提升工程，延伸管网4.37万米，新建泵站4座，水池3座；优化完善配电网结构，推进低电压治理，完成10千伏带马线新建项目，解决低电压台区8个，新建改造28个台区。

【退耕还林管护】 2019年，龙凤镇坚持“绿水青山就是金山银山”发展理念，加强新一轮2466.67公顷退耕还林管护力度，发放生态补偿5550万元，惠及4850户农户，户均增收1.14万元。试点区域森林覆盖率达67.3%。

【发展抹茶产业】 2019年，龙凤镇抢抓东西部扶贫协作机遇，引进恩施州龙马新果实业有限公司发展抹茶产业，在龙马村建设标准化全流转抹茶示范园33.33公顷，在碾盘、猫子山、柑子坪、佐家坝等村建设订单抹茶基地71.53公顷，实现产值1600万元，直接带动农户520户1907人发展抹茶产业，带动150余人实现家门口就业，年人均增收6000元以上。

【特色产业】 2019年，龙凤镇探索建立“121+X”产业扶贫模式，建成特色产业基地4133.33公顷。坚持以市场主体为龙头，按照“龙头企业+专业合作社+农户+基地”的发展模式，引进培育企业25家、农民专业合作社141家，80%的耕地实现集中规模经营，70%以上农户融入产业链，与市场主体形成利益共同体。全年出栏生猪8.12万头、黄牛680头、山羊1730只，家禽饲养75.3万羽、出笼32万羽。全年新增市场主体427个，其中农民专业合作社16户、私营企业140户、个体工商271户。

【金融扶贫】 2019年，龙凤镇围绕破解“三农”融资难、融资贵、融资慢难题，持续完善金融服务创新机制，“两社”为农业企业、专业合作社及农户融资326笔6.27亿元，其中2019年度融资额度3739万元。开展村级“助保贷”合作业务189笔2028.5万元。金融创新助力徕福硒业、联强农贸等企业成长为省级农业龙头企业，增强辐射带动作用。

【规范农村产权交易】 2019年，龙凤镇鼓励贫困户以土地入股的方式加入专业合作社，让贫困户的资源变资产、资金变资本，实现农民变股民。农村产权交易中心在业务覆盖到全市17个乡镇、街道（管理处）的基础上，规范业务流程，引导农户以土地入股的方式，参与市场主体经营活动，与市场主体形成利益共同体。截至12月底，在全市实现“12万亩资源变资产、8亿元资金变资本、3万农民变股民”，为43家企业开展“两权”抵押贷款1.04亿元，吸引10亿元工商资本流向农村。

（杨新锋）

武陵山龙山来凤经济协作示范区

【概　况】 龙凤示范区是全国14个集中连片特困地区中唯一设立的跨省经济协作示范区。龙凤示范区包括湖南省西北端的龙山县和湖北省西南端的来凤县，地处鄂湘渝三省市交界，武陵山片区腹地，是湖北恩施，湖南吉首、张家界，重庆黔江4个片区中心城市的几何中心，区域面积4473平方千米（龙山3131平方千米，来凤1342平方千米），总人口93万（龙山60万，来凤33万），现有城区面积30平方千米，城区人口30万人以上，初具中等城市规模。

【黔张常铁路建成通车】 2019年12月26日15：45分、15：53分，由长沙开往咸丰的C8052次列车先后驶入龙山北站、来凤站，标志着黔张常铁路正式开通运营，龙凤示范区进入“高铁”时代。龙凤示范区在不到20千米的距离中有两座高铁站（龙山北站、来凤站）。

【重点项目集中开工】 2019年2月18日，龙凤示范区（来凤）3个重点项目集中开工，涵盖公路基础建设、扶贫、房建等领域，总投资7亿元，包括投资4080万元的来凤县农村公路提档升级工程第一批建设项目、投资1245.94万元的来凤县百福司镇安家堡片区扶贫综合开发项目、投资6.5亿元的来凤县碧桂园项目。

【龙凤示范区公积金异地贷款试点】 州住房公积金管理中心出台龙凤示范区公积金异地贷款试点政策，湘西州龙山县公积金缴存职工在来凤县购买公积金中心准入的按揭合作楼盘住房的，可以在来凤办事处申请办理异地贷款。2019年，来凤办事处开展异地贷款134户，发放贷款金额5642.2万元。

【武汉市对口帮扶工作】 2019年，武汉市各级各部门和社会各界继续对口支援来凤县，支援资金物资2863.8982万元，其中，规划内支援资金1917万元，规划外支援资金946.8982万元。

【省“616”对口支援来凤县推进会】 2019年9月18日，省“616”对口支援来凤县推进会召开，县委书记邢祖训汇报来凤县经济社会发展情况及“616”工作情况，提出请求支持事项。会后出台省委专题办公会议纪要〔2019〕第5号，明确对口帮扶来凤县的具体项目。

（严国庆）

金 融

综 述

【概 况】 截至2019年末，恩施州银行机构存款余额1505.76亿元，比年初增加44.74亿元，同比增长3.08%；贷款余额1166.36亿元，较年初增加126.08亿元，同比增长13.15 %。信贷结构持续优化，小微企业和扶贫领域金融支持力度加大，2019年末，恩施州小微企业贷款余额370.68亿元、同比增长9.96%，金融精准扶贫贷款余额219.59亿元、同比增长11.42%。恩施州保费收入52.76亿元、同比减少0.09 %，其中产险18.64亿元、同比增长15.19%，寿险34.12亿元、同比减少6.84%；理赔金额15.49亿元、同比增长13.86%，其中，产险8.78亿元、同比增长15.37%，寿险6.71亿元、同比增长11.95%。恩施州证券交易户数9.47万个，同比增长3.38%；证券交易额407.65亿元，同比增长0.63%。截至2019年末，恩施州共有4家企业在新三板挂牌、207家企业四板挂牌。

（庹 波）

【银行保险机构网点】 2019年末，全州共有州级银行机构10家，各级分支机构（营业网点）366个，从业人员5122人。全州共有保险业机构网点290个，其中州级分支机构37家，支公司98家，营业部29家，营销服务部126家，保险从业人员2.8万人。

（庹 波 曹 湃）

地方金融工作

【概 况】 2019年，恩施州机构改革，组建州地方金融工作局，为州政府正县级工作部门，加挂州金融领导小组办公室牌子。根据相关监管政策及授权，组织实施对小额贷款公司、融资担保公司、区域性股权市场、典当行、融资租赁公司商业保理公司、地方资产管理公司等地方类金融机构和其他地方金融组织的监管。2019年5月15日，经州委编委同意设立州企业金融服务中心，为地方金融工作局所属正科级公益一类事业单位。2019年，引导金融机构开展减费让利，金融机构为民营企业承担或减免的信贷相关费用169.8万元。

【政银企对接平台】 2019年，举办恩施州政银企对接暨“百名行长进民企”活动启动仪式，10家银行与18家企业、10个重点项目签订近30亿元贷款协议；组织金融支持涉硒企业银企对接及线上产品培训会，10家银行与涉硒企业签订近3亿元贷款协议，4家银行机构向企业介绍线上信贷产品；组织金融机构精准对接工业企业签订1.9亿元贷款协议，全年组织银企对接签订贷款协议34亿元。

【类金融机构监管】 理顺压实类金融机构监管责任，加强类金融机构日常监管，对融资担保公司、典当行、小贷公司进行现场检查全覆盖，类金融机构违规经营乱象得到有效整治，建立长效监管机制。推进全州类金融机构清理规范，分类精准施策，依法稳妥推进，推动落实州领导对类金融机构“应出尽出、能出尽出”的总体要求。全州类金融机构65家，民间资本管理公司及民间融资登记服务公司21家。通过采取有针对性的对策措施，截至2019年12月底出清27家。

【防范化解金融风险】 州委书记柯俊，州委副书记、州长刘芳震多次专题研究防范化解金融风险工作，柯俊书记对金融工作“五要”要求（“认识要上去、人员要到位、调度要常态、重点要突出、责任要落实”）得到省金融局的肯定，通过《金融信息》专报给省委、省政府主要领导。在全省率先与州纪委监委机关联合出台防范化解金融风险政治监督六条措施，推动齐抓共管、形成合力。在全州范围持续开展金融宣传“七进”（进机关、进乡村、进社区、进学校、进企业、进单位、进家庭）活动12276场次。加强排查整治，全州排查风险隐患企业107家，按照“一企一策”的办法，逐一制定化解处置措施。对“非法校园贷”开展2轮专项排查，已暴露的“非法校园贷”风险基本化解。通过“四项纳入”推进非法集资陈案积案攻坚行动，完成陈案下降50%、新案下降30%的工作目标。恩施州的作法被省指挥部办公室以第三期《工作简报》上报省委、省政府主要领导，得到州委柯俊书记肯定批示。

【完善融资担保体系】 成功协调省农业信贷担保公司在恩施州设立分公司，2019年，该公司在恩施州的担保户数达322户，担保余额1.93亿元；协调省再担保集团与恩施州开展业务合作，全省首批加入省再担保集团“4321”合作分担机制的26家融资担保公司中，恩施州利川宏财信用担保公司、建始聚信担保公司2家成功入选，省再担保集团给2家公司的授信分别为1.5亿元、3亿元。为加快州高新区的发展，主动向省地方金融监管局汇报，成功争取到省局批准设立恩施州高新区政府性融资担保公司。

【金融队伍培训】 与州委组织部联合举办3期金融人才培训班。围绕“防范化解金融风险、防范与打击非法集资”等主题，通过州综治网格员防范和打击非法集资专题培训班，恩施州金融人才能力提升培训班，州委党校县干班、科干班、乡干班，恩施州（市）防范化解金融风险攻坚战指挥部成员单位专题培训班，全州公安系统防范化解金融风险培训班等培训活动，对全州2万余名综治网格员、100余名金融管理人才、100余名州县乡三级领导干部、70余名州（市）防范化解金融风险攻坚战指挥部成员单位主要负责人、2000余名公安干警进行专题培训。2019年9月15—21日，组织各县市分管金融工作领导到武汉光谷资本市场学院学习金融监管知识，培训干部30人。组织州直和县市从事经济工作的40名中青年骨干在州直各家金融机构跟班学习一个月，进行专业知识实操培训。

【金融工作宣传】 编印《金融政策法规选编》和《一分钟读懂州地方金融工作局职责》《三分钟读懂非法集资》，介绍职能职责，加强与州直部门的协调沟通。全年在中央、省、州各级发表宣传工作做法、亮点、警示、机关扶贫等稿件89篇（条），其中人民法治网20篇（条）、州委“每日要情”8篇（条）、《恩施日报》30篇（条）、云上恩施31篇（条）。在州政协召开的八届四次全会上，州地方金融工作局被表彰为提案办理工作成绩突出单位。

（王　梨）

银行保险监督管理

【概　况】 2019年，中国银行保险监督管理委员会恩施监管分局（以下简称恩施银保监分局）以“支实、化险、改革”为主线强化金融支撑，推动辖内银行业和保险业发展。2019年是恩施银保监分局自2018年12月机构改革后各项工作落地之年，新设立普惠金融科、现场检查科、大型商业银行监管科、中小商业银行监管科、统计信息与风险监测科等，在原有干部队伍保持不变的情况下新增保险监管职能，开始对恩施州37家州级保险公司和61家保险中介机构履行监管职能，获中国银保监会系统2019年新闻舆情工作先进单位、2019年度全州脱贫攻坚先进集体荣誉称号。

【服务实体经济】 对接“一谷、两基地、三示范区、四大产业集群”战略，服务地方经济。持续实施“金融服务网格化”战略和“县域资金回流”工程，指导各银行业机构制订年度信贷计划，向上争取信贷额度，2019年12月末，全州银行业存贷比79%，比年初上升7.3个百分点，其中新增存贷比达345%，排名全省第一。推动责任保险，开展企业财产保险、工程保险、涉农保险等促进生产，开展企业保险、居民养老健康保险、大病保险等促进投资和消费，发挥保险的经济补偿作用。2019年，全州财产险公司赔付支出8.81亿元，同比增加11.3%。在8个县市建立“警保联动”机制和实施巨灾保险试点，赔付鹤峰躲避峡山洪灾害、大峡谷落石等突发事件931.16万元。支持脱贫攻坚，建立银行金融扶贫分片包干责任机制，开展银行业和保险业扶贫领域作风整治，召开恩施州扶贫小额信贷风险防控座谈会，做好中央脱贫攻坚专项巡视反馈意见整改问题销号工作。分局会同全州银行保险机构参与驻村扶贫，派出“尖刀班”人员1019人，其中分局系统19人，银行机构602人，保险机构398人，帮助扶贫村筹资1700余万元。

【防范金融风险】 打好防范化解金融风险攻坚战，召开信用风险防控专题会议和全州银行业防范化解金融风险专题座谈会，开展部分重点领域风险排查专项工作，对不良贷款、房地产信贷风险情况进行专项调查摸底，以法人机构为重点，采取审慎监管会、监管约谈会等形式，督导银行业机构化解不良贷款33.6亿元。印发《恩施州银行业债权人委员会工作实施办法》和《重点风险企业债务化解工作目标》，对7家成立债委会的风险企业，采取“无还本续贷”“展期”“过桥贷”等续贷6.95亿元。化解扶贫小额信贷“户贷企用”风险7.21亿元。开展“巩固治乱象成果”自查和现场检查，派出检查组9个，投入980个工作日，检查机构10个，涉及金额101.3亿元，发现问题113个，涉及金额31.6亿元，处罚机构6家，处罚金额166万元。针对检查发现的问题，督促辖内银行保险机构整改和问责，各机构问责307人次、金额58.36万元，纪律处分31人次，通报批评等其他方式问责68人次。2019年12月末，辖内各机构协助权力机关查询涉黑涉恶账户560个、5858万元，协助权力机关冻结涉黑涉恶账户金额522万元。

【金融改革】 推进金融供给侧结构性改革，丰富金融服务体系。推动银行业机构下沉服务，筹建中国银行咸丰县支行，村镇银行新增1家支行和4家兴福驿站。引进华泰人寿、都邦财险进驻恩施，新增保险机构网点15个。2019年12月末，全州小微企业客户数32.5万户，较年初增加4.7万户，增幅14.57%，小微企业贷款余额与贷款户数连续3年持续增长；全州普惠型小微企业贷款平均利率7.79%，较年初下降0.2个百分点；保险业为266.95万农户提供风险保障金额44.76亿元，支付赔款3532.66万元，受益农户4.54万户次。会同相关部门推进不动产抵押登记全程电子化系统建设，鼓励各银行机构开展线上审批操作，继续深化“银税互动”“银商合作”，联合其他部门举办3场政银企对接会，“银税互动”贷款覆盖全州各个县市。辖内小微企业银税互动合作贷款余额4.99亿元，较年初增加3.49亿元，增速232.39%；银税互动合作小微企业户数912户，较年初增加704户，增速338.46%。引导银行和保险机构深化银保合作，运用保险机制为民营和小微企业融资增信，辖内4家保险公司承保工程履约保证保险63笔，总保额4674.59万元。

（曹　湃）

银行业

中国人民银行恩施州中心支行

【概　况】 2019年，落实优惠存款准备金率政策，对农业银行“三农事业部”、地方法人金融机构落实各项优惠存款准备金率，释放流动性22亿元。加强扶贫再贷款管理与运用，全年发放扶贫再贷款9.4亿元，余额8.9亿元，4家地方法人金融机构获得湖北省首批“再贷款示范行”称号。加强信贷指引和评估结果运用，建立信贷政策执行效果评估的常态化机制，聚焦农商行定向降准工作，确保释放资金流向民营小微企业。加大宏观审慎评估结果运用，引导金融机构信贷投放平稳增长，支持实体经济。宣传债券融资工具，加大直接融资力度，会同工商联建立健全后备库目录，推荐符合条件的民营企业进入银行间市场开展债务融资工具的融资，辅导4家民营企业开展债务融资，其中2家确立为湖北省首批重点支持债券融资民营企业。推进辖内贷款市场报价利率（LPR）改革完善工作，持续跟进辖内金融机构LPR应用推广工作，通过召开电视电话会议、贷款市场报价利率（LPR）专题讲座等多种形式加强政策宣传和公众交流，引导金融机构降低融资成本。2019年，全州金融机构人民币各项存款余额1505.76亿元，同比增长3.1%，增速居全省第13位；人民币贷款余额1166.36亿元，同比增长13.2%，增速居全省第9名。

【深化民营小微企业金融服务】 以“百名行长进民企”活动为载体，推动“百万千亿金惠工程”各项工作在辖内落地，重点支持企业126家（次），银行授信金额6.49亿元，落实贷款金额5.2亿元，其中，首贷企业占比46.8%、涉农企业占比45.2%。搭建政银企合作平台，先后开展4场政银企对接活动，签约金额47.78亿元，履约率92.9%。加大金融产品创新力度，推广应收账款融资服务和“银税互动”产品。2019年，全州普惠小微贷款余额198.82亿元、较年初新增14.07亿元；当年新增首次贷款26.13亿元、新增首次贷款户数2800余户，法人机构普惠小微贷款加权平均利率较年初下降7个BP。持续优化金融营商环境，压缩贷款办理时间，跟踪督导银行机构审批权限内的贷款在15个工作日内办结，需上级行审批的在30个工作日内完成。

【防范化解金融风险】 修订《恩施州防范化解金融风险攻坚战实施方案》，协助分行制定并率先实施《主动防控分类化解金融风险长效机制管理办法》，排查风险点29个，下发风险提示3次，指导风险处置1次，高管约谈3人。持续开展互联网金融风险专项整治，加大对房地产、类金融机构等重点领域风险的监测。建立地方法人机构风险动态监测预警机制，出台《金融风险动态监测管理办法》《重大事项清单化管理制度》，对9家地方法人银行机构先后开展风险动态排查、重大事项核查、央行评级及偿付能力敏感性和流动性压力测试，对各类风险做到“心中有数、精准施策”。做好存款保险归集、核查和宣传工作，研究制定的《一项流程＋两项模板＋三个工作库存保风险差别费率评价方法体系》在全省推广。

【金融精准扶贫】 认真履行金融行业扶贫牵头单位职责，制定恩施州2019年金融精准扶贫工作方案，引导金融资源向深度贫困县倾斜湖北省金融精准扶贫工作推进会在利川市召开，全省银、证、保26家机构参会。探索金融扶贫与产业扶贫、乡村振兴的协调联动机制。2019年，全州扶贫小额信贷余额27.13亿元，投放8.2亿元。

【金融管理与服务】 改进支付服务，全面推进取消企业银行账户许可，优化金融营商环境。推动移动支付便民工程建设，改善农村支付服务基础设施建设。加大农民工工资准备金专户的监督管理，巩固治理农民工欠薪“4+3”模式工作成果。配合做好“扫黑除恶”专案协查，全年受理专案查询52次。围绕“预防为主，突出打击”工作思路，建立全州反洗钱“打防”协作机制，推进“三反”工作，获“打击虚开增值税发票和骗取出口退税违法犯罪工作先进集体”称号，辖内第一起洗钱罪由咸丰县人民法院依法宣判。确保辖内现金供应充足，在利川市汪营镇开展省级现金服务示范区试点，探索农村地区特别是贫困山区改善现金服务的新方法，提升现金服务标准化水平，相关做法被《金融时报》宣传推介。以祭祀用品市场为重点，联合市场监督管理局等单位开展违规使用人民币图样专项整治工作，维护人民币形象。优化国库服务，及时落实减税降费政策，办理小微企业政策性退库业务，办理普惠性税收减免退库超1万户，退库金额590万元。联合地方政府，推进社会信用体系建设，严厉打击逃废金融债务行为。开通金融资产处置绿色通道，支持金融机构化解不良贷款，恩施州连续11年获得金融信用州称号。加强外汇管理，实施外汇服务“四个一工程”，开展银、企外汇业务培训，加大非现场监测和现场核查力度，提高事后监管效率，支持辖区涉外经济发展。开展金融消费者权益保护，受理金融消费者投诉78件，办结78件，办结率100%，评价满意度94.7%；印发12363投诉处理通报制度，下发风险提示函，督促商业银行履行好投诉处理主体责任，提升质量，压降数量。开展违法违规金融广告治理工作，制定专项整治行动全网排查监测方案，监测上报违法违规金融广告200余条，并联合有关部门及时处置。加大金融知识宣传力度，先后开展“3·15消费者权益保护日”“守住钱袋子”及金融知识普及月系列活动，制作的微电影《“金”险时刻》获湖北省第三届法治动漫微电影大赛优秀奖。

（庹 波）

中国工商银行股份有限公司恩施分行

【概 况】 2019年，工商银行恩施分行年末各项贷款余额146.85亿元，比上年净增12.57亿元。全年投放普惠金融贷款70769万元，其中：普惠消费类贷款7034万元，普惠类农户和贫困户经营贷款906万元，普惠型小微业和其他组织贷款62829万元。辖内利川支行成功发放州内首笔并购贷款1亿元。发放“惠农贷”25笔，发放金额2505万元；发放“扶贫小额贷”138笔，发放金额408万元。精准扶贫所驻巴东县官渡口镇西溪坝村2019年被恩施州评为州级文明村，分行被巴东县委、县政府授予2019年驻村帮扶榜样称号。

【金融服务】 成立“贷款审批、普惠金融、个人贷款”3个中心和“不良催收、票据营销、大客户直营”3个团队，推进创新团队建设；推进服务渠道建设，网点标准化、规范化、制度化建设取得成效；通过加大“融e行、融e联、融e购”3个平台推广运用，发展线上业务，线上线下同步发展；推进产品创新，实现投行、票据业务新突破，发放辖内首笔并购贷款1亿元，新增票据贴现客户18户。

【质量管控】 综合运用以诉促谈、法律诉讼、第三人代偿、打包转让、个人贷款证券化等，遏制不良贷款反弹势头。不良贷款控制实现“双降”。2019年末全行不良贷款不良率为1.07%，比年初降低0.37个百分点。账销案存全年现金清收1859万元，完成省分行下达帐销案存清收任务的248%。成功缓释潜在风险贷款13586万元。逾期贷款“剪刀差”较年初减少1097万元，超额完成省行下达控制目标任务。

【内控案防】 防范金融风险工作抓细抓实。开展“十大禁令”巡讲，覆盖率达100%。逐级签订《内控案防责任书》，组织专班对辖内机构负责人“十必做”进行不定期检查。加强重点领域风险治理，抓好违规担保及涉印风险专项检查、开展“银行业市场乱象整治”“回头看”“三违反”“三套利”“四不当”金融乱象等专项检查整治活动。对全行重点行、重点企业、重点业务品种进行逐行、逐户现场督导、排查，加强问题整改和责任追究。

（汤祥松）

中国建设银行股份有限公司恩施分行

【概　况】 2019年，建设银行恩施分行实现考核口径中间业务毛收入10269万元，同比增加532万元，实现账面利润32255万元。全行一般性存款时点余额142.12亿元，较年初下降11.67亿元，一般性存款日均余额145.84亿元，较年初新增3.13亿元。个人存款时点及日均超额完成省行年度目标。年末各项贷款余额143.09亿元。推进普惠金融贷款业务，与税务部门举办33场“银税互动，合力惠企”专场推介会；线上大数据贷款客户639户、较年初新增339户，贷款余额2.76亿元、较年初新增0.84亿元；个人贷款发放80686户18.31亿元，其中“个人快贷”余额4.85亿元。2019年被省分行授予全省“快贷综合贡献奖”“信用卡业务规模贡献奖”“信用卡分期业务发展奖”荣誉，获州委宣传部表彰为张富清先进事迹宣讲模范集体。

【金融扶贫】 全年发放扶贫贷款164户0.53亿元，支持全州金融扶贫工作；在上级行支持下，全年获批公益捐赠资金66.6万元，用于利川、建始、咸丰、巴东4个县市5个定点帮扶村基础设施建设；开展“扶贫日”公益活动和“善心慧思”青智扶贫志愿公益活动。

（万　洋）

中国农业银行股份有限公司恩施分行

【概　况】 2019年，农业银行恩施分行各项存款时点余额177.48亿元，时点余额市场份额31.75%；日均余额180.82亿元，日均余额市场份额32.15%，比年初提升0.33个百分点。各项贷款余额135亿元，较上年净增11.33亿元，余额市场份额比年初增长0.08个百分点。实现中间收入9528万元，市场份额25.07%，比年初提升0.41个百分点。实现营收6.05亿元，同比增加4023万元。实现净利润1.5亿元，同比增加1.7亿元，实现扭亏为盈。分行全年无重大责任事故和案件。创建“三铁”网点6个，恩施翔云支行被评为“湖北银行业文明规范服务全国四星级营业网点”；内控评价工作在全省农行较上年提升6个位次，咸丰县徐家坝支行被授予省级合规标杆示范网点；全州银行业金融机构安全评估同业排名第一。

【处置不良贷款】 2019年，分行不良贷款实现双降，不良贷款余额9154万元，比年初下降9256万元；不良率0.68%，比年初下降0.81个百分点。新生贷款不良率0.27%，全年处置不良贷款2.74亿元，计划完成率171%；现金收回不良贷款1.09亿元，计划完成率188%；核销不良贷款2.12亿元，计划完成率177%。

【普惠金融】 2019年，普惠贷款实现监管双达标，银保监和央行口径普惠金融领域贷款分别净增0.69亿元和1.03亿元。普惠法人贷款余额4.39亿元，较年初增长8357万元，计划完成率134%；普惠法人有贷户204户，较年初增长133户，增幅达187.33%。普惠农户发放“茶农贷”“烟商贷”“民宿旅游贷”等惠农e贷特色产业贷款1.52亿元。社保卡日均存款净增4.07亿元，比2018年同期多增0.95亿元，社保卡代理区域服务点485个，新增社保卡服务点23个，到村覆盖率54.5%；布放惠农通机具1202部，到村覆盖率39%。消费贷款余额53.04亿元，比年初净增5.92亿元，消费贷款占比提升1.65个百分点。

【金融扶贫】 2019年，精准扶贫贷款余额20.35亿元，比年初增加6.3亿元，对301户建档立卡贫困户发放小额扶贫贷款0.15亿元，带动贫困人口54178人；组织协调80余家企业的200多款特色产品参加总行、省行消费扶贫公益展卖活动，线上销量全省第一；分行14个定点帮扶贫困村全部如期脱贫。

（刘清华）

中国银行恩施分行

【概　况】2019年12月末，中国银行恩施分行人民币存款余额763912万元，比年初新增7550万元；人民币贷款余额857952万元，较上年新增194915万元；不良贷款余额14957万元，较年初新增2368万元，不良率为1.72%，较年初下降0.15%；全年实现中间业务净收入7295万元，同比增长768万元，增幅11.76%。继续保持安全生产“零案件、零事故”。

【金融服务】加强恩施州旅游、教育、政府基础设施建设等重点行业信贷投放，新增项目批复14亿元，上报总、省行尽责项目7.2亿元，项目储备达21.2亿元。以州卫健委源头营销为契机，寻找“医共体”、医院统一支付平台等方面的合作机会，通过核心客户供应链模式创新恩施特色模式“医保系”，通过“医保系”模式为8户普惠金融客户投放贷款4230万元。多渠道支持民营企业发展。2019年，分行智能柜台覆盖率达100%。

（钟高慧）

中国农业发展银行恩施州分行

【概　况】2019年，农发行恩施州分行在岗职工158人，年末贷款余额201.35亿元，位居全州银行业金融机构第2位。对公存款余额66.44亿元，存款日均余额73.91亿元，实现账面利润2.76亿元。

【支农扶贫】2019年，围绕国家战略和“三农”发展，全年放贷款57.35亿元。投放扶贫贷款35.89亿元，同比增加6.77亿元，占贷款投放总量的62.58%。推进“金种子”民营小微企业提升工程，新营销涉农小微企业客户12家，超额完成全年客户新增目标，投放贷款2755万元。农发行的做法被中宣部“学习强国”、《湖北日报》、省扶贫办网站等媒体宣传推广。投放长江大保护贷款11.26亿元。投放贷款2.45亿元，支持来凤县高标准农田建设；投放贷款1.1亿元，支持地方粮食储备体系建设；投放贷款0.13亿元，支持市场化粮油企业6家，实现粮油产业链全覆盖。投放棚户区改造贷款23.29亿元，支持拆迁安置棚改户2.3万户。推进“农发行支持咸丰县整体脱贫试点”，投放贷款8.58亿元，支持咸丰高铁新城等重点项目建设。

（秦国文）

中国邮政储蓄银行股份有限公司恩施州分行

【概　况】中国邮政储蓄银行股份有限公司恩施州分行（简称邮储银行恩施分行）2019年末总资产321.55亿元，同比增长6.15%。其中，个人储蓄存款余额282.73亿元，较2019年初净增长16.53亿元，市场占有率27.76%；公司存款余额21.87亿元，较2019年初减少1.46亿元，市场占有率4.78%；各项贷款余额59.8亿元，较2019年初净增6.64亿元；2019年末，邮储银行恩施分行不良贷款金额1.23亿元，不良贷款率2.06%，不良贷款金额较2019年初下降1996万元，不良贷款率下降0.63%，资产质量逐步向好。2019年，邮储银行恩施分行辖内鹤峰县支行获2017—2018年度“省直机关文明单位”，利川市支行营业部被评为2019年银行业文明规范服务三星级营业网点，欧阳长剑获中央金融团工委2019年度“银团合作先进个人”称号。

【服务地方经济】围绕州委、州政府提出的“一谷、两基地、三示范区、四大产业集群”，加大信贷投放。支持水电、风电绿色能源项目，分别向中广核利川元堡风电项目、湖北能源恩施板桥风电项目提供贷款授信3.03亿元、9.58亿元，发放贷款2.7亿元；向国电恩施水电开发有限公司提供贷款授信2.8亿元，发放贷款1.1亿元；支持生态旅游产业集群建设，向生态农业、环保重点企业发放贷款，贷款结余2.06亿元，较2019年初增长5261万元；支持硒食品深加工产业集群，向恩施州硒产品重点企业提供贷款，贷款结余2.68亿元，较2019年初增长5561万元；支持生物医药行业，向医药企业客群发放贷款，贷款结余1.03亿元，较2019年初增长2416万元。

【小微企业贷款】 优化内部流程管理，提升小微企业贷款不良贷款风险容忍度，出台专项激励考核措施，开展“银税互动”、单列小微企业信贷计划，服务个体工商户、小微贷款客户5971户，小微企业申贷获得率94.8%，贷款结余23.2亿元，较2019年初增长9.95%。

【服务三农贷款】 将县域金融工程推广作为重点考核指标纳入绩效考核，提高“三农”考核权重，引导资源投向“三农”领域，2019年投放19.7亿元涉农贷款，涉农贷款结余25.8亿元，较2018年增长1.72亿元，1.5万农户得到贷款支持。

【金融扶贫】 发放扶贫贷款3101笔，金额2.4亿元，贷款结余5454万元。向建档立卡贫困户发放“惠农易贷”2892笔，金额1.31亿元。向带动贫困户就业或脱贫的新型农业经营主体发放“邮储扶贫贷”209笔，金额1.09亿元。连续5年向县市团县委派出团委挂职干部，2019年向鹤峰县团委派驻青年员工欧阳长剑挂职开展驻村扶贫。坚持每年组织“邮爱公益”基金宣传工作，2019年组织全国邮储银行系统17名邮爱公益达人到利川市第五高级中学的贫困学生家中传递爱心。

【普惠金融】 落实普惠金融服务，为城乡居民特别是贫困地区老百姓搭建良好支付结算环境，完善手机银行和网上银行服务功能，全州银行卡结余396.14万张，2019年代发1110.37万笔，金额111.04亿元。其中，代发民政低保175.78万笔，金额5.19亿元；代发财政涉农类补贴46.99万笔，金额4.98亿元；代发养老保险类资金81.25万笔，金额6.62亿元；其他代发806.35笔，金额94.25亿元。推进金融服务网格化建设，零距离服务居民和三农客户，在金融服务空白区域建成网格工作站78个，配备兼职网格员78人，为网格内居民建档8万份，为网格内三农客户建档4000份，建设信用村71个，评定信用户990户，授信贷款3249.5万元。

（陈卫生）

湖北恩施农村商业银行股份有限公司

【概　况】 2019年，全州农商行各项存款余额395.33亿元，比年初净增32.03亿元，增幅8.82%，较上年同期多增5.3亿元；存款市场份额26.78%，较年初提升1.51个百分点，存款净增额占全州银行机构新增存款总量的82.91%，存款总量、增量均持续稳居全州银行业第一。各项贷款余额262.67亿元，贷款比年初净增20.02亿元，增幅8.25%，比上年同期多增9.54亿元；贷款市场份额22.52%，贷款总量持续位居全州银行业之首。全州农商行当年实缴税收2.67亿元，纳税额在全州金融机构排名第一。争取到全州城乡531家单位通过农商行代缴住房公积金存款2.8亿元。《湖北日报》报道恩施农商银行24.5亿元微贷支持恩施脱贫攻坚，《农村金融时报》报道恩施农商银行以金融赋能助力乡村振兴，《农村新报》报道恩施农商银行打造电子银行示范街，《恩施日报》专版报道《汇聚金融活水 服务乡村振兴》。

【微贷转型】 2019年8月，恩施农商银行组建微贷直营团队，累放微贷1.4亿元，净增微贷1.1亿元。2019年9月，“农商税e贷”在全省农商行上线试点，恩施农商银行获得试点推广。到年末，对接小微企业1800余户，成功为240户纳税诚信企业授信1.1亿元，用信余额达6500万元。2019年10月，恩施农商银行自主研发“扫码申贷”服务平台，年末，全州农商行扫码申贷客户1.3万余户，成功授信1000余户，授信1.2亿元。

“扫码申贷”的运用得到省联社的肯定，吸引全省大部分市县行关注与复制。为推动微贷业务发展，开展微贷营销大比武活动，实现全员营销微贷1.4亿元；开展“迎国庆，送好礼”福e贷用信优惠活动，激活睡眠客户200余户，用信7800多万元；开展“迎元旦，备年货”福e贷用信优惠活动，激活睡眠客户1000余户，用信2.5亿元。

【支农支小】 投放500万元以下小微贷款，支持“三农”、小微、民营企业发展。2019年末，全州农商行500万元以下贷款余额140.23亿元，余额占比53.38%，余额比年初净增10.28亿元，增幅7.91%；围绕乡村振兴，制定“整村授信”“整街授信”方案，推动金融服务延伸，各支行先行开展试点逐步进行推广。2019年7月，恩施农商银行沙地支行先后在沙地乡麦淌村组织举办6场屋场会，200多户农户参与，为该村授信170户800万元，提款486万元。8月12日，副州长田金培对恩施农商银行呈报的《村银共建谋发展 整村授信助融资 恩施农商银行积极探索服务乡村振兴路径》专送参阅件上作出批示：“此方式好！是回归本源的有益探索。”贯彻省联社“七单机制”要求，把降准释放资金全部用于支持民营和小微企业，采取展期、借新还旧、循环贷款、无还本续贷等多种方式，帮助企业渡过难关。

【风险防范】 全州农商行清收化解逾期90天以上不良贷款21.23亿元。坚守“不出现高风险机构、不良贷款率控制在5%以下、杜绝弄虚作假”三条底线。组建不良贷款清收部，对一定金额逾期贷款进行筛选，实行集中管理。通过新老划断，清收部专人专管、专职清收，促进逾期贷款压降。向州政府进行专题汇报，州政府按季专题研究部署农商行风险贷款化解工作，派专人督办落实。对接州、市两级法院，争取州院出台《关于建立绿色通道加快全州农商行金融案件审执工作进度的通知》，建立快立案、快审结绿色通道。

【电子银行】“千米商户扫码行动”拓宽应用渠道，通过费率优惠、网格化营销、上门营销、赠送辅助设备、加大后期维护等措施，拓展扫码付业务。2019年6月以来，全州农商行响应交通部门号召，推广ETC，方便高速出行结算。编制智慧银行建设三年规划，出台智慧网点建设标准，将恩施农商银行营业部建设成智慧网点旗舰示范点，对新装修的4个网点实行智慧网点改造。智能柜台占网点办理业务总笔数比例达75%以上。

（覃　磊）

恩施兴福村镇银行

【概　况】 截至2019年12月末，恩施兴福村镇银行各项存款余额53.81亿元，比年初增长14.03亿元，增幅35.27%；各项贷款余额44.01亿元，比年初增长4.96亿元，增幅12.7%；贷款总户数23044户，户均19.1万元。全行不良贷款余额4865万元，不良贷款率1.11%，拨备覆盖率235.5%，拨贷比2.60%。

【“兴福驿站”支撑普惠金融】 下沉机构网点，开设金融便民服务站——“兴福驿站”，以乡镇、农村市场主体为服务对象，通过进村入户、上门服务的方式实施普惠金融服务。截至2019年12月，驿站总数28家。截至2019年12月末，兴福驿站贷款余额10.1亿元，较年初新增1.2亿元，占全行贷款的22.96%；户数8978户，较年初新增460户，占比38.96%，户均贷款11.25万元。支持当地经济社会发展，将业务发展较好、管理成熟的兴福驿站升级成全功能物理网点。

【金融扶贫】 截至2019年12月末，放各类扶贫贷款3169户3.62亿元，其中支持建档立卡贫困户2793户，金额2.09亿元，支持其他市场主体376户，金额1.53亿元；贷款余额44.01亿元，其中农户和小微贷款余额37.01亿元，占总贷款比例84.09%；各类扶贫贷款余额0.6亿元，其中小额扶贫贷款余额0.41亿元，产业扶贫贷款余额0.19亿元。

【信贷产品】 在开发设计信贷产品过程中，实行“一乡一策”“一村一策”“一行一策”产品的开发模式，推出“金扶贷”“福业贷”“民宿贷”“茶户贷”“果农贷”等多个信贷产品，推广MCP移动平台，上线微信申贷平台等。

（黄　璐）

保险业

恩施州保险行业协会

【概　况】 2019年，恩施州保险行业协会（简称州保协）会员单位发展到39家。州保险行业协会贯彻落实全国、全省、全州银保监监管工作会议精神，围绕保险业“治理乱象，巩固成果”的总体要求，按照恩施银保监分局保险业监管统一部署，发挥行业自律职能作用。全年巡查21家财险公司、2家寿险公司、2家车商（4S店）65次，召开自律形势分析会8次、车险专委会3次、现场督导会2次、情况通报会3次，按照行业《自律公约》约定对2家财险会员公司进行违约惩戒。州保险纠纷人民调解委员会全年受理信访62件，当年成功调解61件，涉及调解金额29.9万余元，做到调解结果“双方满意”矛盾不上交。

【参与社会管理】 由太保人寿、中国人寿2家商业保险经办的政府购买大病保险服务项目，“按照协议为全州339.17万人在“城乡居民基本医疗保险”基础上办理“大病保险”，实现应保尽保“全覆盖”，2019年应赔付2018年大病保险25414.61万元，赔付率136.24%。州保协与公安交管部门合作，在全州8个县市启动道路交通“警保联动”，快处案件数在全省考核中排名第三。其中，建始、恩施、利川、咸丰、巴东、来凤、鹤峰7个县市建立“快处快赔”服务中心（网点）。与法院、司法部门合作推进的多渠道、多方式化解“保险纠纷”机制进一步完善，协会人民调解工作有序推进。

【精准扶贫】 2019年，恩施保险业按照州委、州政府统一部署，根据《恩施自治州保险业决战深度贫困精准扶贫“扶贫保”实施方案》《恩施州保险行业协会2018—2020年保险扶贫领域腐败和作风问题专项治理工作方案》，推进行业扶贫、保险机构驻村扶贫工作，助力全州脱贫攻坚。协调完成省保险行业协会、省保险中介协会、省保险学会对巴东园淌子村的“对口帮扶”资助13万元；协会自身或协助部分会员公司到园淌子村开展助学、助老等活动，捐资和捐赠折合5万余元。

【保险宣传】 州保险行业协会通过整合全行业宣传资源，与恩施日报社、电视台、恩施在线等媒体联合制定印发年度宣传方案，主办专版、专栏、专题，开展专项宣传活动。2019年，全行业组织“五进入”等宣教活动131场次，有38家会员公司8419名从业人员参与，设咨询台165个次，印制和发放各种宣传资料、宣传品近20多万份。在各类媒体办专版专栏20期、发专稿39篇，发新闻消息稿件419条，信息公众号“推文”40条次，自办或通过政府部门工作简报发信息149条次。州协会拍摄的《爱，从一份保障开始》短视频获得中保协“优秀创作者”奖。

（吴素素）

保险公司

【中国人民财产保险股份有限公司恩施州分公司】 2019年，人保财险恩施州分公司围绕州委、州政府“打好三大攻坚战、建强四大产业集群、推进项目建设、夯实发展平台、优化营商环境、增进民生福祉”六大重点任务，服务地区经济建设。截至12月31日，公司实现签单保费75984.58万元，其中车险53584.42万元，非车险22400.26万元；处理各类赔案60785笔，支付赔款39152.12万元，占全州保险行业赔款总额的44.59%；上缴各项税款6362万元；解决就业122人。

（周刚秋）

【中国人民人寿保险股份有限公司恩施中心支公司】 2019年，中国人民人寿保险股份有限公司恩施中心支公司实现规模保费29651.16万元，实现标准保费18587万元，同比上升31%。其中新单期交6605万元，完成率104.84%；高价值期交1912万元，同比上升38%，其中20年期达到1557万元，同比上升67%；趸交8207万元，短期险保费1752万，完成率127.01%。在当地15家寿险公司中规模保费市场份额位居第五名。推出客户分级及VIP客户增值服务体系，丰富客户经营管理方式；以“中国人保APP”“中国人民人寿E服务”和“95518客服中心”为载体，升级公司移动化、数字化服务水平。

（张冬敏）

【中国太平洋财产保险股份有限公司恩施中心支公司】 2019年，中国太平洋财产保险股份有限公司恩施中心支公司全年完成保费收入3.06亿元，保费增速26.45%，市场份额16.44%。全年处理各类赔案45309件，支付赔款1.39亿元，综合赔付率70.16%。开通3G移动视频定损，实现事故现场、事故定损和后台监控中心的实时连接和数据传输，提高理赔时效。扶贫项目覆盖全州建档立卡贫困户约150万人，为各县市边缘户提供总保额3亿元的风险保障。“防贫保”产品为全州5个县的临贫、易贫人群提供托底保障。

（杨 徐）

【中国太平洋人寿保险股份有限公司恩施中心支公司】 2019年，中国太平洋人寿保险股份有限公司恩施中心支公司（简称太平洋寿险恩施中心支公司）全年实现总体保费收入5.33亿元，同比增长6%。其中：个人业务标保35578万元，达成率81%，规模全省排名第9位；金融合作期缴和医保合作同比正增长，分别是26%和30%；政保业务新保营业收入10734万元，达成率120%，同比增长30%；个团交叉提前完成全年任务，同比增幅34%，达成率排名第五位。2019年，公司被中国人民银行恩施州中心支行授予“2019年度反洗钱分类评级A类单位”荣誉称号，获恩施市工商行政管理局和消费者委员会授予的“放心消费创建单位”称号。承保全州60%的城乡居民大病保险，承保人数近197万人，全年完成大病保险赔案42192件，支付赔款11211.25万元。渠道业务中心开拓大病保险、航意险、贷款保险、年金险、团重疾等多种业务。2019年，公司承办中华少年儿童慈善救助基金会与巴东县政府共同发起的“儿慈”公益项目。以“太保蓝本”为代表的健康服务体系持续完善。2019年“3·15”国际消费者权益日，组织全辖8家机构同步开展保险“五进入”活动。2019年，恩施中支党支部被湖北分公司党委授予“四强”党组织荣誉称号。

（尹 恒）

【天安财产保险股份有限公司恩施中心支公司】 2019年，天安财险恩施中支传统险保费计划数4000万元，实际完成4024.04万元，计划达成率106%，全年支付赔款1910.28万元，上缴各类税款554.07万元。开展“提高发展站位·推进四五联动”“金秋十一，争创佳绩”国庆假期业务推动活动。全年实现非车险业务823.51万元，达到年初预算目标。坚持“不惜赔、不滥赔”，维护被保险人利益。2019年立案3053件，结案3050件，当年结案率为96.2%。已决赔款1910.28万元，综合赔付率71.3%。开展反洗钱宣传活动，发放宣传手册。在中国人民银行恩施州反洗钱表彰中李玲获得先进个人称号。

（杨 霄）

交通　邮政　通信

交通管理

【概　况】 2019年，全州铺装路面公路总里程38917千米。其中高速公路588千米，普通国省道3436千米，农村公路34893千米，公路网密度为161.3千米/百平方千米。高速公路有沪渝、沪蓉、恩来、恩黔、利万、宣鹤、建恩7条，通车里程588千米，实现"县县通高速"目标。在建鹤峰东、宣咸2条高速公路77千米，规划建恩北、利咸、巴张高速沪蓉沪渝连接线3条高速公路165千米。国道7条1509千米，达到二级公路以上标准的925千米，在建和规划里程584千米；省道有26条1927千米，达到二级公路以上标准的1109千米，在建和规划里程818千米。全州88个乡镇中75个通达国省道二级公路。农村公路：县道2629千米、乡道11356千米、村道20908千米。所有行政村和聚居20户以上自然村通沥青水泥路，所有行政村通客运班车。91个汽车客运站，在营71个，在建和规划20个。其中，一级站2个、二级站12个、三级站11个、四级站8个、五级站42个、简易站10个、未核定站级6个。物流园区10个，4个建成并投入运营、4个在建、2个正进行招商前期工作。全部建成后可实现年货物吞吐量3198万吨。有长江巴东港、清江恩施港2个省级重要港口，溇水鹤峰港、西水来凤港2个省级一般港口（规划待建），各类港口泊位34个。通航航道24条、590千米。其中，长江支流航道5条55千米，清江主航道110千米、支流航道7条235千米，鹤峰溇水航道58千米（在建），其他内河航道10条132千米。内河航道通航里程455.31千米，其中等级航道191.41千米。

【重点项目建设】 2019年，全州完成公路水路固定资产投资103亿元，连续4年突破100亿元大关，争取部省补助投资37亿元。建恩、宣鹤高速建成并实行区间免费临时应急通行，宜来高速鹤峰东段控制性工程开工建设，宣咸高速启动征地拆迁。国省干线公路建设稳步推进，建成353国道咸丰麻柳坝至丁寨沙坝段、318国道利川绕城段、460省道建始三里至高坪段等8个项目，续建318国道恩施虎岔口至吉心段、351国道鹤峰长岭至腊树垭段等16个项目，开工462省道建始高燎至赵家湾段等5个项目。普通公路"建养一体化"项目加快推进，咸丰、巴东、利川、宣恩、恩施、来凤等6个县市完成30个项目施工招标，总里程670千米、总投资达126亿元，制定"建养一体化"项目砂石料选用及自采砂石料价格确定指导性意见和项目建设标准化指南，咸丰县朝阳大桥开工建设，巴东县"建养一体化"第二个项目包挂网招标。启动全州干线公路绿化服务设施建设及路域环境治理。建成"455"安防工程7659千米，改造危桥36座，基本实现国省道、县乡道及通客运班车村道安防工程全覆盖。建成交通厕所86座，两年完成三年的目标任务。鹤峰县溇水航道整治工程开工建设，恩施东升一级客运站主体工程基本完工。

【项目前期工作】 坚持进度和质量“两手硬”，推进交通项目设计精细化特色化，做好事中监管和服务，前期工作质量提升。建恩北段高速工可研通过交通运输部审查，用地预审、规划选址完成；利咸、巴张高速前期工作稳步推进；推进利川至云阳、利川至黔江、来凤至秀山等高速公路项目规划研究。全州普通国省道项目63个1600千米，其中55个项目1401千米获工可批复，48个项目1233千米获初步设计批复，35个项目974千米获施工图设计批复，27个项目开工建设。巴东港总体规划修编获省批复，来凤港入列全省一般港口名录。鹤峰客运中心站、建始交通物流中心等站场物流项目前期工作有序推进。全州公路水路交通重点项目纳入《湖北武陵山片区基础设施领域五年攻坚计划（2019—2023年）》，建立重点项目储备库。把握国土空间规划调整政策，如基本农田、生态红线、林地等要素制约，启动“十四五”交通运输发展规划研究。

【交通脱贫攻坚】 开展“交通脱贫攻坚交账年”活动，实施“行政村通畅完善”“自然村（组）通畅”“农村公路安防”三大工程。破解交通扶贫资金难题，与州农发行合力推进交通扶贫，通过捆绑财政资金、整合扶贫资金、争取银行贷款等方式筹措配套资金，完成行政村通畅完善工程843千米、自然村（组）通畅工程3340千米、自然村（组）砂石路943千米，所有行政村、撤并村、规模以上自然村全部实现通沥青水泥路目标，所有县市按期完成交通脱贫攻坚任务。“四好农村路”创建持续推进，巴东茶店子等4个乡镇成功创建省级“四好农村路”示范乡镇，创建美丽农村路1214千米、提档升级公路2674千米，宣恩县蒙家湾至板寮、椒园镇黄坪村旅游公路示范创建特色鲜明，巴东县农村美丽公路经济带试验建设取得阶段成效。交通建设质量管理机制完善，加强农村公路质量管理。农村客运服务提档升级，解决全州328个行政村通客车不完善问题，巩固“村村通客车”成果，通客车率保持100%。全州交通运输系统驻村扶贫工作按期完成村出列、户脱贫。完成精准扶贫基础设施发展组牵头协调各项工作。州交通运输局、恩施市交通运输局、宣恩县交通运输局、来凤县交通运输局被评为2019年度全州脱贫攻坚先进集体。

【运输服务保障】 2019年，全州完成道路水路客运量3973.06万人，同比增加1.74%；完成道路水路运输货运量5513.9万吨，同比增加7.85%。推进运输结构调整，提升多式联运组合效率，发展甩挂运输、集装箱运输及多式联运企业30家，综合交通运输体系逐渐完善。完成取消高速公路省界收费站、高速公路ETC安装应用发行任务，严格落实高速公路收费优惠政策，交通物流持续降本增效。旅游客运、城市客运优质发展，全州新增旅游客运企业12家，新增旅游客车427辆、旅游船舶6艘。新增新能源公交车101台，新能源公交车占比达66.6%，巴东县野三关镇打造全省首个电动汽车特色小镇，恩施市城郊20千米范围内农村客运班线公交化改造率达50%。“智慧公交”发展、营运船舶升级改造、出租车及驾驶员培训改革等工作有序推进，驾驶员计时培训与公安预约考试平台联网联控工作全省领先。建立农村客运综合服务站45个，参与小件物品送递的农村客运车辆1884台，农村物流网络节点体系建设成效明显。12328交通运输服务监督电话平台质量考评位列全省前茅。完成重大活动和节假日交通运输组织保障任务。

【交通安全生产】 以“平安交通”建设为主线，开展“打非治违”“安全风险隐患排查整改督办百日行动”“亮剑行动”“公路水路旅游安全专项检查”等专项整治行动，落实重点时段安全监督暗访机制，完成各类隐患排查整改。创新“互联网 + 交通运输安全应急”管理模式，加强大数据基础信息支撑，完成全州 594 台公交车生命防护装置安装。全年未发生较大及以上交通运输生产安全事故，行业安全生产形势持续稳定。

【法治交通建设】 推进法治交通建设，普法宣传教育活动和执法人员培训管理取得实效。“双随机、一公开”行政检查事项实现全覆盖，处理“两法”衔接平台行政处罚案件 249 件。推进落实“互联网 + 政务服务”和“一网、一门、一次”改革，“最多跑一次”事项达 84.42%，“零跑腿”事项达 15.58%，“即办件”事项达 17%，交通运输政务服务效能、执法监督实效全面提升。开展交通运输“扫黑除恶”专项斗争“四大专项行动”，加强信用交通建设和招投标领域专项治理，优化交通营商环境。加强治超工作部门联动和区域联合，货车非法改装和超限超载行为路面管控取得成效。

【行政执法改革】 交通运输综合行政执法改革取得阶段性进展，州级执法改革方案获批复，县市执法机构基本组建完毕，利川、巴东等县市执法机构挂牌运行。

【环保督查整改】 推进长江干线非法码头专项整治、港口岸线资源清理整顿、船舶污染防治三大专项战役，完成中央、省各类督察反馈问题整改销号；包保来凤县落实中央、省环保督察反馈问题整改阶段性工作任务完成。

【2019 年春运】 2019 年春运从 1 月 21 日开始，至 3 月 1 日结束。全州公、铁、水、空完成旅客运输量 397.6884 万人次，同比下降 18.39%。其中道路运输 306.6167 万人次，同比下降 20.49%，投入客运运力 177168 辆次；铁路运输 73.1764 万人次，同比上升 8.15%，投入运力 9279 车次；水路运输 2.7079 万人次，同比基本持平（渡运船舶运量按省厅要求未再纳入统计），投入船舶 334 艘次；民航运输 15.1874 万人次，同比上升 46.12%，起降航班 1242 架次。未发生旅客运输伤亡事故、重大服务质量事件和旅客长时间滞留现象。客运总量与上年基本持平但结构发生变化，长途道路客运继续呈下降趋势，铁路、民航以及中短途道路客运需求有所上升。

【全州交通运输工作会议】 2019 年 3 月 7 日，全州交通运输工作会议召开，对 2019 年交通运输重点工作进行安排部署，对交通项目建设、公路水路交通固定资产投资、交通“四大攻坚战”，交通脱贫攻坚等工作进行调度。

【交通运输部在恩施州举行交通扶贫主题宣传活动】 2019 年 3 月 29—31 日，由交通运输部主办、中国交通报社承办的交通扶贫重大主题宣传活动在恩施州举行。由新华社、《人民日报》、中央广播电视总台、新华网、中国新闻社、中国青年网、澎湃新闻、第一财经、《中国交通报》等 20 余家媒体记者组成的采访团，到建始县重点采访报道全州交通扶贫工作经验及交通运输行业带动产业发展、促进经济转型、助力脱贫攻坚的有力举措。

【《道路工程碳纤维电缆加热法融雪化冰技术规程》发布】 2019 年 5 月 15 日，由州交通运输局、州公路管理局参与起草编写的湖北省地方标准《道路工程碳纤维电缆加热法融雪化冰技术规程》（DB42/T1503—2019）由省市场监督管理局予以发布，5 月 28 日正式实施。该技术在包括北京至雄安高速公路、四川乐山至西昌高速公路以及湖北省武汉、宜昌、十堰、神农架等地的公路桥梁、城市高架桥、高铁站得到广泛推广。

【通过交通运输部 2019 年国家干线公路路况检测】 2019 年 5 月 31 日至 6 月 2 日，由交通运输部委托的公路路况检测单位对恩施州 G209、G318 国道开展路况检测。路况检测恩施州必检路段 311.889 千米，实检恩施州 G209、G318 里程 422 千米。全州国省干线以良好的路况和路容路貌顺利通过 2019 年国家干线公路网监测路况检测。

【恩施州4个乡镇获评省“四好农村路”示范乡镇】 2019年6月21日，省交通运输厅发文通报2018年度湖北省“四好农村路”示范县、示范乡镇评选结果，建始县花坪镇、利川市谋道镇、巴东县茶店子镇、恩施市芭蕉侗族乡被授予2018年度“四好农村公路”示范乡镇。示范县、示范乡镇将分别获得400万元、200万元的农村公路建设和养护资金奖励。

【恩来、恩黔、利万3条鄂西高速完成省界收费站拆除】 2019年9月5日，恩施至重庆黔江高速公路朝阳寺省界收费站正线道路，正在进行沥青混凝土的摊铺、碾压，一条标准、规范的双车道高速公路路面逐渐呈现，湖北交投集团鄂西运营公司所辖的恩施至来凤高速鄂西南站、利川至重庆万州高速鄂渝站等3个省界收费站路面恢复工程完成，基本满足全国联网后的通车条件。

【州政府成立州综合交通运输发展协调领导小组】 2019年10月29日，为贯彻落实省长王晓东的讲话精神及湖北省综合交通三年攻坚行动要求，对接省支持恩施州交通运输发展协调小组工作，加快推进全州交通运输重大项目建设，州政府成立由州长刘芳震任组长的州综合交通运输发展协调领导小组。

【建恩、宣鹤高速公路通过交工验收】 2019年12月29—30日，建恩、宣鹤高速公路交安专项暨建设项目交工验收会分别召开，建恩、宣鹤高速公路分别通过交工验收，恩施州2条交通扶贫大通道胜利建成。建恩、宣鹤高速公路建成后，恩施州高速公路里程达到588千米。州府恩施成为湖北继省会武汉市后第二个拥有环城高速的城市。

（王　郑）

高速公路

【建恩高速、宣鹤高速公路通过交安专项暨建设项目交工验收】 2019年，建恩高速、宣鹤高速公路完成投资270868万元，完成年度计划的100%，12月底通过交安专项暨建设项目交工验收，具备通车试运营条件。11月9日，州政府在建始县召开高速公路建设发展现场推进会，对全州高速公路建设进行再部署。

【在建高速征迁协调服务工作】 2019年，完成在建建恩、宣鹤2条高速公路的红线补征地、红线外补拆房屋、“三改”工程、借用道路恢复、“炮震炮损”及“打占压”处理、农民工工资发放等协调服务保障工作，确保其具备通车试运营条件。

【拟开工项目工作】 2019年，鹤峰东段高速项目申请获省发改委核准，初步设计获省交通运输厅批复，项目施工图设计通过交通运输厅审查；8月13日启动推进征地拆迁工作，签订土地及地面附着物安置协议626户，完成98%；签订房屋拆迁协议136户，完成78%。宣咸高速项目初步设计获交通运输部批复，施工图设计完成审查并基本完成修编工作，完成施工监理招标；11月20—21日开展宣咸高速所涉3县6乡（镇）征地拆迁业务培训，11月29日启动征地拆迁工作，完成咸丰段、来凤段33.8千米主线挖沟放线和实物调查。

【项目前期工作】 2019年，安康至来凤国家高速公路渝鄂省界至建始（陇里）段（建恩北高速）项目用地预审、规划选址获批复，交通运输部完成工可研评估并出具资金安排意见。利川至咸丰高速公路压矿专题获省自然资源厅批复，环评、用地等专题报告在编制；州政府召开利咸高速建设专题会议，明确投资人招标相关事项并启动招标工作。巴张高速纳入省综合交通“十三五”规划中期调整，并明确“积极推进巴张高速沪蓉沪渝连接线前期工作，争取尽早开工建设；开展巴东至鹤峰段规划研究，适时启动项目前期工作”，项目过江通道规划上报国家发改委待批复，项目工可研招标启动。利云、利黔、三峡翻坝高速西延线、来秀、恩常等前期谋划高速公路启动规划研究。

（姚　慧）

公路建设管理养护

【概　况】 恩施州公路管理局担负着全州境内国省干线公路建设、公路养护、路政管理等行业管理任务。截至2019年底，全州通车里程达到27929.326千米，等级公路27929.326千米，其中一级公路96.822千米、二级公路2407.344千米、三级公路700.565千米、四级公路24724.595千米；沥青、水泥混凝土路面23648.134千米；公路桥梁2149座/78944.5延米，其中特大桥5座/3598.8延米；公路隧道45道/31173延米；公路密度116.65千米/百平方千米。100%乡镇、100%行政村实现铺装路面。现有国道1508.812千米/7条、省道1926.329千米/26条。

【省道鸦来公路鹤峰县城关至宣恩县当阳坪段改建工程】 项目建设依据《省发改委关于鹤来公路鹤峰县城关至宣恩县当阳坪段改建工程初步设计的批复》。项目起于鹤峰县跳鱼坎大桥，经太平镇、分水岭、岩屋坪、沙道镇，止于宣恩县当阳坪。线路全长63.954千米，其中新建18.8千米。全线设计大桥4座、中桥9座、长隧道3座、短隧道1座、平面交叉12处、涵洞43道。设计速度为40千米/小时的二级公路标准，路基宽度8.5米，汽车荷载等级采用公路—Ⅱ级，设计洪水频率大、中桥1/100，小桥、涵洞1/50。项目概算总投资49244.12万元。根据施工图批复实际新建13.88千米，新建长隧道2座、短隧道1座、大桥4座、中桥2座、小桥1座。2011年9月开工，由于受宣恩七姊妹山国家级自然保护区调规制约，工期受到影响。2019年12月10日全部完工，12月13日完成交工验收，正式通车运营。

【公路养护】 2019年，全州国省干线公路完成路面大中修104.3千米，投资1.15亿元。完成省道巴鹤线巴东县境、省道来智线来凤县境地质灾害治理工程、318国道恩施市境地质灾害防治工程，341省道鹤峰县境、209国道宣恩县境地质灾害治理工程在建，完成投资0.68亿元。2016—2019年，危桥加固改造项目完成67座，投资0.84亿元。完成隧道提质升级2座，投资240万元。2019年，全州完成路面灌缝1317.6千米，坑槽修补98906.9平方米，清理水沟15384.6千米，修复安防设施10715米，标线补划175.6千米，标牌更新和维护1174块。开展实施护栏补短板、桥梁护栏和诱导标专项整治三大行动，完成29座桥梁护栏治理、644处路侧护栏补短板、175处急弯路段视线诱导设施整治。国省干线路面使用性能指数PQI为84.31。

【公路水毁抢险】 2019年，暴雨造成恩施州国省干线公路中断135处/22条，路基损毁21148平方米/0.535千米，沥青路面损毁54317平方米/11.8千米，挡墙损毁2.5万立方米/35处，涵洞损毁2道，边坡坍方6.24万立方米/246处，造成经济损失约3128万元。全州公路部门投入挖掘机、装载机、工程车辆等抢险机械设备502台次，投入人工1162人次，投入抢险保通资金约230万元。

【养护站场建设和配套服务建设】 2016年至2019年，恩施州国省干线公路养护站房改造计划22个，完成16个；恩施州服务设施计划26个，完成25个；2018—2020年，省、州规划国省干线交通厕所62个，完成45个，完成投资8080万元。

【公路渡口】 巴东县南潭河汽车渡口是省道巴来线（S245）上的一个交通枢纽，是恩施州国省干线上保留的唯一的汽车专用渡口，位于清江中游，南靠清江泗淌坪，北依武落钟离山，东接水布垭大坝，西隔桃符口，起止桩号为K75.146—K76.752。2019年开班航次6721航次，渡运车辆75119辆次，船舶改造1次，船舶大修1次，码头整改1次，开展安全生产宣传12次，定期安全检查12次，安全隐患排查整改76次，日常安全演练12次，大型综合应急演练1次。

【路政执法】 2019年，全州拆除违章建筑222处

6554.2平方米，清理占道经营1135处6707平方米，处理违法采挖37起，拆除违法非标5315块，清理公路及用地范围内堆积物2200处56383平方米。检测车辆6271台，其中固定站5490台，流动点381台；查处超限车辆343台，卸转载货物5226.4吨。抄告违法超限信息126台次，其中州内64台次、省内州外37台次、省外25台次。办结涉路施工许可16件，完成跨省大件运输申请审查工作28件。

【科研工作】《生态自密实混凝土材料设计与工程应用研究》课题由州公路管理局会同武汉理工大学共同承担，2015年5月省公路管理局以《关于下达2015年科技项目补助资金计划安排的通知》批复立项，2019年4月在鸦来改扩建工程的车洞河大桥引桥T梁上试验浇筑效果良好，截至2019年底，发表论文11篇，申请专利3项。湖北省地方标准《道路工程碳纤维电缆加热法融雪化冰技术规程》（DB42/T1503—2019）由省市场监督管理局于2019年3月28日发布，2019年5月28日正式实施。州公路管理局作为主要编制单位之一，负责对在全国率先完成的省道南鹤线大垭一、二号桥桥面融雪化冰系统以及建始县红岩至景阳公路沥青路面轨道式融雪化冰系统2个工程案例的相关技术指标进行整理、提炼成为该技术规程的重要内容。

【直属单位】 湖北衡利工程监理有限公司是具有公路工程综合类乙级试验检测资质的专业试验检测机构，具备交通运输部公路工程乙级监理资质，承接二类公路工程监理业务。2019年8月30日，州公路管理局与湖北省中南安全环境技术研究院股份有限公司签订国有股权转让协议，将69.49%国有股权转让给湖北省中南安全环境技术研究院股份有限公司，12月31日，完成工商变更登记。巴东长江公路大桥管理局2019年完成巴东长江公路大桥3#、4#、5#辅墩防船撞设施维护保养及船舶“虹卫1”污水系统改造工程、9#桥台钢支座锚固螺杆断裂病害应急抢修工程施工及斜拉索索力专项检测。完成巴东长江公路大桥经常检查13次、桥区基础设施安全隐患排查14次、日常安全隐患排查12次、重大节假日专项排查6次，开展桥梁定期检测1次。恩施州华泰建设有限责任公司为州公路管理局直属路桥施工企业，主要从事公路工程施工和公路养护工程并具备试验检测能力，具备公路工程施工总承包贰级资质、养护工程一类二甲资质、公路工程交通安全设施资质以及市政工程叁级和试验检测丙级资质。2019年该公司建设项目23个，合同金额4480.95万元，完成产值约2.5亿元。

【荣　誉】 巴东公路管理局南潭河渡口所被交通运输部、公安部、应急部、中华全国总工会、共青团中央授予全国2019年春运“情满旅途”活动成绩突出集体称号。中共恩施州公路管理局委员会被全国公路职工思想政治工作研究会授予“全国公路行业先进基层党组织”荣誉称号。《公路工程机制砂混凝土的应用基础研究》项目被省政府授予2018年度湖北省科学技术进步奖二等奖。鹤峰县公路管理局养护中心被中共湖北省交通运输厅公路管理局委员会评为2019年度全省公路系统先进集体，被州交通运输局评为国省干线养护服务提升成绩突出单位。州公路管理局被州交通运输局评为2019年全州交通运输政务信息成绩突出单位。恩施市公路管理局龙凤坝超限检测站被州交通运输局评为2019年全州交通运输行政执法成绩突出单位。巴东长江公路大桥管理局局长崔恩、宣恩县公路管理局副局长李纪德被州交通运输局评为2019年全州交通运输工作成绩突出个人。

（曾雅君）

【农村公路建设】 2019年，全州农村公路通车里程达24494.185千米，其中县道2535.079千米、乡道11736.336千米、村道10222.77千米。全州农村公路完成投资21亿元，建成“行政村通畅完善工程”843千米，“自然村（组）通畅工程”3340千米，自然村（组）砂石路943千米。创建“美丽农村路”1214千米、提档升级农村公路2674千米。所有行政村、撤并村和规模以上自然村全部实现通沥青水泥路目标，所有县市如期完成交通脱贫攻坚任务。宣恩椒园镇等5个乡镇通过省级“四好农村路”示范乡镇初审。宣传《恩施州农村公路条例》，开展“路政宣传月”活动。州农村公路管理局全年办理完成州人大建议提案2件。

【农村公路管护】 各县市相继出台农村公路规范化养护管理实施方案（办法）、养护评分办法等制度。2019年，全州农村公路养护总里程达到20473.6千米，投入养护资金11755.5万元，较上年增加76.7%。各县市按考评标准加强对养护工作的检查考核，考核结果与养护资金拨付挂钩，养护管理成效提高。完成农村公路“455”安防工程7659千米，占省计划的100%，较上年增加84.4%，基本实现所有县乡道和通客运班车村道安防工程全覆盖。完成27座危桥改造，桥梁安全系数提升。投入资金733.7万元，设置和完善农村公路标识标牌6578块标识标牌。全州投入机械807台次、人员2486人次，抢通水毁公路254条。冰凌期全州储备融雪剂和工业盐928.3吨、防滑料26149立方米、草袋23000条，投入应急机械418台次、人员2423人次，资金380万元，确保农村公路安全畅通。

【农村公路安全生产】 建立安全生产责任体系，健全安全生产管理制度，完善安全生产应急预案，落实企业、县市和乡镇的安全生产主体责任。开展“安全生产月”活动、安全生产风险防控和隐患排查治理“百日行动”，加强农村公路建设工地、物流园区等重点领域安全监管，完成通往42个景区旅游公路安全隐患排查。国庆、军运会期间行业安全稳定。全州农村公路安全生产形势总体平稳。

（张仕斌）

道路运输管理

【概　况】 2019年，全州全年完成客运量3910.4239万人、客运周转量236806.453万人千米，同比增长1.52%、1.65%；完成货运量5427.4525万吨、货运周转量1106631.484万吨千米，同比增长8.13%、14.1%。巴东锦瑞、东顺伟业、恩施宏昌等出租车企业和恩施、建始等公交企业开展“爱心送考”、扶贫济困、无偿献血等活动，在全系统、全行业树立“人便于行、货畅其流、服务群众、奉献社会”的行业价值观。

【道路运输】 全州道路班线客运企业87家、客车3987辆68457座，同比增长1.17%、下降5.76%和3.84%；旅游客运企业43家、客车875辆、34817座，同比增长41.38%、99.54%、99.96%；危货企业17家，车辆381辆、3531吨，同比增长13.34%、13.74%、6.52%；普通货运业户（含个体）6141户，车辆6731辆、69944吨。注销恩施至北京等800千米以上客运班线16条、车辆5台，调整线路客车4台。清理规范长途客运接驳企业11家、线路64条、车辆225台、接驳点10个。完成春运、兵运、黄金周、中（高）考、防汛以及“迎大庆、保军运”、全国革命老区宣传工作会、马铃薯大会等指令性运输保障任务，实现无较大以上安全责任事故、无重大服务质量投诉案件、无严重滞留旅客事件“三无”目标。

【城市客运】 全州有13家公交公司691台公交车，新增纯电动公交车101台，新能源车达到460台（纯电动405台、混合动力55台），占公交总数的66.6%，同比上升11.6%，位居全省前列。长梁至天生、长梁至建始2条公交线路，继2018年投入12辆纯电动公交车版客车后，2019年又将23台柴油中巴车更新为16台纯电动公交车，惠及农村群众5万余人。恩施城区万人公交车达到10.5标台，公交电子货币支付率达60%以上，空调车比率提升至72%，城郊20千米范围内乡镇公交化改造达50%。利川利民公交向凉雾方向延伸、鹤峰利民公交向太坪方向延伸、鹤峰走马公交向升子村延伸等，提升车辆档次，降低票价，方便群众，彰显绿色、共享发展理念。出租汽车提档升级。有19家巡游出租车公司1981台出租车，纯电动出租车达到131台，占比6.6%。网约车平台、驾驶员、车辆合规化进程持续推进，恩施市有10家网约车平台公司、110辆网约车，培训发放网约车驾驶员证907个。恩施市启动巡游出租汽车改革，调整企业与驾驶员利益分配，驾驶员承包费下调600元/月—1800元/月，巴东、宣恩完成出租汽车运价调整。野三关打造湖北首个电动汽车特色小镇，投入60台纯电动出租车、6台电动公交车、2台纯电动旅游车运行，近千辆麻木车退出集镇客运历史舞台，其经验被中宣部“学习强国”平台、楚天都市报、省厅网站推介。

【站场建设】 2019年，全州站场建设完成固定资产投资10935万元，完成年度计划的83.8%。9个重点项目：1个一级站新建项目，恩施东升客运站主体完工；3个二级站新建项目，建始火车站客运站主站房封顶，咸丰综合客运枢纽取得土地、完成项目备案，巴东北站完成立项、选址、总平设计，正在编制工可报告；4个二级站续建项目，巴东汽车客运站一期护边坡工程量完成94%，咸丰坪坝营旅游客运站正在建设主站房，来凤客运中心站正在融资，鹤峰客运中心站因建设业主原因，项目暂停；1个三级站续建项目——宣恩沙道沟客运站开工建设。

【维修检测驾培】 2019年9月1日起，与公安12123考试预约平台联网联控，开展“计时培训、按学时收费、先培训后付费”驾培服务新模式，全州29家驾培机构、1622台教练车、1597名在册在职教练员、847137.6平方米训练场地，年培训能力15万人，年报考人数11万余人。机动车维修检测管理持续加强，906家维修业户落实环保要求，288家机动车维修烤漆房整改达标，覆盖面100%。249家一、二类汽车维修企业安装使用汽车维修电子健康档案系统，覆盖面100%，上传维修数据177654条，上传率47.89%，出具汽车维修竣工出厂合格证61399张，数据上传、竣工出厂合格证使用同比分别提高5%、10%。10家机动车综合性能检测站完成联网升级，率先实现货车环保、安检、综检“三检合一”。从业资格培训有序推进，注册道路运输从业资格培训机构6家，理论培训教室1968平方米，应用能力考试场地7560平方米，培训师资理论教员24人、实操教员25人，无纸化理论考试计算机1500台，多媒体教学设备14台，全年培训学员7450人。持续做好“全省道路运输驾驶员继续教育管理平台”恩施试点推广应用，2家道路运输驾驶员远程继续教育培训机构接入平台，收集信息57886人次，实时记载培训驾驶员信息、完成学时、培训现场图片抓拍、考核试题、考试成绩、合格证书等信息。组织客货运、出租车驾驶员考试203场7450人次，合格3539人次，合格率47.5%；受州局委托，组织危货运输从业人员考试9场434人次，合格232人次，合格率53.5%。

【市场监管】 开展“双随机、一公开”检查。随机抽取执法人员18人，按30%比例随机抽取“两客一危”企业36家，监督检查动态监控、经营行为、安全生产情况，发现问题98个，下达责令整改通知书36份，整改率100%。“两客一危”企业质量信誉考核全覆盖，131家“两客一危”企业2018年度质量信誉考核AAA62家、AA44家、A6家、B19家。信访投诉案件受理办结率100%，受理、处理投诉273件、咨询197件，总量同比下降24%，州处处理阳光信访4件、上访（咨询）18次、上级转办2件。开展“网上稽查”，利用动态联网联控系统抽查车辆1560台次，超速行驶、疲劳驾驶等违规违章车辆443台次，交办县市所（局）调查核实整改率100%。结合“扫黑除恶”专项斗争、“六城同创”、环境周边整治，加强对重点区域、线路、场站运输秩序监管，组织开展各类专项行动40余次，出动执法人员11753人次、执法车辆3780台次，检查车辆30577台次，查处违法行为车辆564台次，罚款194.21万元。抓好源头治超工作，与货运企业签订《规范装载协议》和维修企业签订《不予非法改装承诺书》338份，对年运量10万吨以上的8家货物运输企业进行重点监管，查处违法行为车辆191台次，罚款11.7万元。持续深化道路运输行业“扫黑除恶”，发放宣传手册920余份，运输企业、车站悬挂横幅154条，办宣传标牌68块，1974台出租车、653台公交车不定时滚动播放“扫黑除恶”宣传标语，摸排4条线索均排除涉黑涉恶线索案件。全系统无渎职失职，无行政案件败诉和公路“三乱”行为。

【安全管理】 组织开展汽车客运站“三不进站、六不出站”安全专项整治、“两客一危”领域专项整治、“安全生产月”、安全风险防控和隐患排查治理“百日行动”、重点营运车辆动态监控及安全带使用专项检查五大行动，州、县两级成立检查专班32个，出动执法车568台次、执法人员3219人次，检查企业560家次、检查车辆3306台次，发现安全隐患257起，整改169起。加强日常监督检查：州处成立专班开展明察暗访，督导企业认真落实车辆动态监控、“三不进站、六不出站”等安全生产制度，下发责令整改通知书30余份，整改落实率达90%。湖北车安达信息科技有限公司对全州旅游客车（包车）、县际以上班线客车（包车）、危货运输车、半挂牵引车、重型载货汽车进行全年无休动态监测，落实日报、周报、月报、年报监测分析抄告制度，管理部门、企业加强监测数据结果运用，车辆超速、疲劳驾驶、凌晨2点至5点落地休息、数据异常报警次数同比分别下降92.3%、49.1%、94.5%、59.4%。重点营运车辆联网联控：2308台车辆入网部级平台，车辆入网率100%，月平均上线率86.1%。严肃查处部通报的宣恩长兴、来凤强发快、恩联集团、咸丰恒通、利川新鹏危货、鹤峰景发6家企业31台动态监控车辆涉嫌违规行为，及时消除隐患；2692台农村客车完成动态监控2G、3G升4G任务。启动安全考核：完成道路运输企业主要负责人和安全生产管理人员安全考核56人、客货车驾驶员安全知识考核4331人。1—12月，发生道路客运行车事故3起、危险品运输行车事故2起，造成5死5伤，事故率同比持平，死亡率、受伤率同比分别上升25%、75%。

【窗口政务服务】 “湖北省行政职权和服务事项管理系统”录入行政处罚72项、行政强制5项、行政检查9项、行政确认7项、公共服务4项、其他类事项5项。落实取消4.5吨及以下普通货车运输证和驾驶员从业资格证及运输站（场）经营许可，下放省（市）际、市际、毗邻县行政区域间旅客运输经营许可。完成国家“互联网+监管”系统政务服务一体化平台对接行政许可11项、行政确认2项。新审批危货企业1家、省市际客运企业6家、市际班线1条，核发从业人员资格证4719个，外地转入资格证120个，补换发392个。“一次办好”“一网通办、一窗通办、一事联办”事项全面落实。1—12月窗口办件量17011件，居州直单位第二，窗口服务综合考评100.77分，排名第三。

【荣　誉】 建始县安顺公共汽车有限公司被授予湖北五一劳动奖状，巴东公交驾驶员谭玉玲获湖北五一劳动奖章；州汽车维修工代表队获湖北省交通运输行业第三届“交通工匠杯”维修工职业技能大赛职业组团体三等奖；与州总工会、消费者权益保护委员会、道路交通安全协会联合开展首届重点行业“金牌驾驶人”暨“十佳交通安全诚信企业”评选活动，田辉、杨青山、熊家定等20名金牌驾驶人和恩运集团长途轿车客运分公司等8家“十佳交通安全诚信企业”获奖；龚怡所写征文被州妇联、州禁毒委员会评为“不让毒品进我家，争创禁毒好家庭”征文比赛“优秀奖”；卓辉被恩施军分区授予州民兵应急营集训突出个人。

（龚 怡）

港航管理

【概 况】 2019年，全州内河通航里程455.31千米。有港口5个，汽车渡口6处，人行渡口145处。港航建设全年完成建设投资1.6亿元，比上年增加35%；完成水路运输客运量63.06万人，比上年同期上升18.9%；完成水路运输货运量86.9万吨，比上年同期下降7%；完成各类船舶法定检验业务233艘次、船舶登记业务47艘次。全州水上交通零事故，船舶安全面保持在100%，水上交通安全持续稳定。州港航管理局被授予2019年度全省港航海事系统先进集体称号，岑仲阳被州委、州政府表彰为“百名优秀人才”。

【水上交通安全管理】 推进“打非治违”“扫黑除恶”“百日行动”“亮剑行动”“安全风险隐患排查整改督办”专项行动，持续保持全州水上交通安全稳定。组织专班与全州13家水路运输企业、16家港口企业负责人开展“面对面，谈安全”座谈活动。采取“四不两直”的方式，按季度到县市渡口渡船现场，对县市渡口渡船安全运行及监管情况进行督查。州局联合咸丰县、利川市地方海事处组织开展汛期渡工安全知识培训。组织内河船舶船员培训、考试3期128人参加。清江大峡谷旅游发展有限公司、建始清江旅游发展有限公司分别开展消防、救生应急演练。通过微信、QQ工作群等方式，对重要水上安全信息广泛共享。锁定“人、船、航、港、运”五要素，紧盯“人的安全可靠、物的安全可靠、系统的安全可靠”，深化“坐渡船乘客一律穿救生衣”，全州水上交通实现“零事故、零伤亡、零损失”目标。

【港航建设】 港航工程“十三五”规划的11个水运项目除2个调减外，100%完成前期工作。继清江航道、三峡库区支流航道后，恩施州第三条内河航道项目鹤峰县溇水航道整治工程开工建设并成功争取2019年度长江港航建设补助资金158万元。恩施港景阳港区老集镇综合码头工程客运泊位完成交验，云坛口港区旅游码头一期工程基本完成水下工程施工。《巴东港总体规划（2015—2030年）》获省政府批复。巴东港主城港区西瓖坡旅游码头岸线由省政府批准解禁。来凤港入列全省一般港口名录，西水来凤港总体规划（2018—2035年）获批，南河、仙佛寺两个码头航道条件影响评价获批。根据国家全域旅游示范区和湖北省鄂西绿色发展示范区建设需求，采取政府主导、部门主办、企业主动的方式，合力推进《恩施港总体规划》局部调整工作。

【长江大保护】 非法码头治理、岸线清理整顿、船舶污染防治为主要内容的长江大保护“三大攻坚战”2019年度13项重点任务全部完成。巴东港砂石集并中心按照“先临时、后长期”有序推进，进港集疏运通道如期建成，码头工程有序推进。临时码头2个5000吨级泊位通过阶段性验收后投入试运营，顺利承接巴东港货物疏散，3#泊位克服疫情影响率先复工；长期砂石集并中心完成备案，环评、水保、航道、海事专题获批复，防洪影响评价报告已审待批，岸线使用合理性评估报告加紧编制。非法码头取缔后整体移交给巴东县库岸环境综合整治项目，因地制宜实现岸滩最彻底的生态修复，其做法获得省指挥部肯定。中央环保“回头看”交办的中石化巴东加油趸船拖离至修造船基地并安排专人值守，实现隐患根除、整改销号。恩施州以巴东县岸线清理整顿成果为基础，建立全州岸线资源管理、集约高效利用的长效机制，从源头上杜绝未批先建、破坏岸线行为。港口和船舶污染物接收转运处置设施建设任务提前一年完成资金拨付。巴东县投入资金80万元购置的“保洁1号”清漂船投入使用，每次可收集漂浮物8吨，为清江环境保护担当“清道夫”职能。长江巴东港3个3000吨级客运泊位中，有2个泊位具备供应岸电能力，占比66%，超过50%的年度建设目标，船舶受电装置匹配性改造完成阶段性任务。

【行业管理】 开展“双随机、一公开”检查5次，抽查企业12家、水运工程建设项目2个。受理行政事项467件，办结率100%。开展清江景阳段水路运输市场专项整治，持续推进全州客渡船法定检验工作。完成各类船舶法定检验业务233艘次、船舶登记业务47艘次。长江干线3艘省际船舶升级生活污水处理装置，37艘省际货运船舶通过加装生活污水、油污水贮存柜，实现“零排放”，营运船舶的固体垃圾均实现分类收集储存，通过港口环保接收船舶进行集中转运处置；规范运政和港口管理，核查企业经营资质13家。清江航道视频监控接入全省水上搜救平台，实现上下联动、信息共享。完成中华人民共和国成立70周年水运发展系列宣传，办理清江畅通工程、货运码头建设、卯洞旅游码头规范经营等信访及提案、议案回复工作。

【渔船检验】 2019年，根据机构改革要求，渔船检验和监督管理职责划入交通运输部门。8月，州交通运输局印发《关于全州渔船检验和监督管理工作有关事项的通知》，明确工作职责，落实责任主体。交通运输系统顺利承接全州195艘渔船的检验监督管理工作。

（王树珍）

铁　路

【概　况】 2019年，恩施州铁路建设委员会办公室推进沿江高铁渝恩宜段、安恩张、恩黔铁路项目进程，开展旅游观光铁路前期工作，做好黔张常、郑万铁路征地拆迁及路地协调服务等工作，保障运营铁路安全高效运行。12月26日，黔张常铁路正式开通运营，全州铁路通车里程达到307千米。宜万、渝利铁路旅客年发送量稳步增长，全年发送旅客749.97万人次，较2018年增长8.6%，到达货物171.78万吨，发送货物7.44万吨。2019年，恩施州新增日常线列车12对，经停恩施州列车达到68对，其中动车组列车（含高铁)55对、普速列车13对。乘动车可直达北京、上海、南京、杭州、武汉、郑州、南昌、福州、厦门、重庆等大中城市，基本实现货畅其流、人便其行。

【黔张常铁路】 黔张常铁路西起重庆市黔江区，途经湖北省咸丰、来凤，湖南省张家界、桑植，终至常德。线路全长340千米，设计时速200千米，总投资约376亿元。其中全州境内长约56千米，投资53亿元。2015年12月开工建设，2019年，黔张常铁路全年完成投资8亿元，占年度投资计划8亿元的100%。12月26日，黔张常铁路联调联试完成，正式开通运营。

【郑万铁路】 郑万铁路即河南郑州至重庆万州的高速铁路，途经恩施州巴东并在平阳坝设站，该线路全长818.1千米，估算总投资1195亿元，其中巴东县境内长约34千米，投资约47亿元。2016年12月开工，建设工期为6年。2019年7月，铁总鉴定中心组织召开方案评审会，原则同意巴东北站增加到发线存车线方案。2019年，郑万铁路全年完成投资9.99亿元，占年度投资计划9.18亿元的108%。路基开累完成13.5万立方米，桥涵桩基开累完成710根，承台开累完成62个，墩台开累完成56个，隧道工程辅助坑道开累完成8874米，正洞开累完成21459米。

【沿江高铁渝恩宜段】 沿江高铁渝恩宜段即重庆经恩施至宜昌的高速铁路，是继宜万铁路后决定恩施州交通格局的里程碑项目。设计时速为350千米，全长约514千米，估算投资858亿元。2019年，国家发改委副主任胡祖才、省长王晓东到恩施调研，州委书记柯俊就该项目进行专题汇报争取。全国“两会”期间，州长刘芳震向大会提交尽快开工建设沿江高铁渝恩宜段的建议，争取国家层面支持。7月，州长刘芳震到国家发改委就沿江高铁项目进行专题汇报。常务副州长丁辉多次带队到国家发改委、省发改委、省铁路办就该项目进行专题争取。10月12日，省发改委致函国家铁路集团公司，将该项目作为全省排名前三的项目进行重点争取，力争纳入国家“十四五”铁路发展规划。项目规划研究报告初步编制完成。

【安恩张铁路、恩黔铁路】 安恩张、恩黔铁路是恩施州进入国家中长期铁路网规划（2016—2030年）的铁路项目，2019年两个项目均纳入《湖北武陵山片区基础设施五年攻坚计划（2019—2023年）》。为做好项目前期工作，加快推进项目进程，5月，州政府领导带队到中铁一院、安康、张家界、巫溪、奉节等地就安恩张铁路前期工作进行专题对接。12月17日，州铁路办参加安恩张铁路联席会议，就项目前期工作情况进行梳理，并就下一步争取工作与沿线地方政府达成共识。加强与重庆市交委、黔江区等单位的沟通和联系，推动恩黔铁路项目前期工作。

【恩施旅游观光铁路】 恩施旅游观光铁路连接恩施市、利川市两大重要城市和恩施大峡谷、利川腾龙大两大核心景区，是推动恩施州建设全域旅游的支点项目。项目线路全长约75千米，总投资约158亿元，其中铁路投资约123亿元，旅游综合体投资约35亿元。2019年，工作专班完成项目规划编制，组织招商选商及资源配置等工作。4月16日，州政府与中铁磁浮公司签订战略合作协议。邀请北京、武汉、重庆等地的旅游、规划、轨道行业专家，分别组织开展项目咨询论证和项目预可研评审工作。副州长张勇强带队与中铁磁浮公司就项目资源配置开展多轮磋商与谈判，修订完善资源配置方案，开展资源巡查管控等工作。

【高坪火车站】 宜万铁路新建高坪火车站项目是省政府协调督办的重点项目。项目总投资3.28亿元，主要工程含站前广场约2.6万平方米，通站道路1.4千米，新建侧平式站房3000平方米。经过不断协调争取，2019年6月6日，项目正式开工建设，工程施工总工期为9个月。全年完成投资7881万元，占总投资的24%。

【路地协调服务】 州铁路办加强与武汉铁路局集团有限公司的沟通联系，争取更多的始发列车和动车组列车经停各车站。2019年7月10日起，全国铁路实施新的列车运行图。此次调图中恩施州新增日常线12对。经停恩施州列车达到68对，其中动车组列车（含高铁）55对、普速列车13对。州铁路办做好与恩施火车站及恩施各大旅行社的沟通协调工作，为旅行团团体票的申请提供便捷。

【宜万铁路沿线环境综合整治】 2019年4月以来，州铁路办发挥协调牵头作用，组织相关县市对恩施州铁路沿线开展环境综合整治工作。按照“安全、整洁、美观、干净”总要求，实行2个州直部门负责指导督办1个县市的工作模式，围绕“整改位置、整改问题、整改措施、整改时限、责任单位、督办单位”六要素建清单，实行挂图作战，倒排工期，逐一销号。州领导多次组织巡查督办。10月底，恩施州排查发现问题全部整治完毕，通过省级检查验收。

【安全隐患排查整治】 州铁路办牵头组织州应急管理局、州消防支队、恩施火车站等相关单位人员开展州铁路公司物流园区铁路专用线危化品安全隐患排查整改工作，妥善处理中石化湖北恩施石油分公司油罐槽车中转、停放及待卸专用线货场的安全隐患。联合州消防支队、恩施市铁路办开展铁路沿线仓储物流场所消防安全专项检查整治行动，督促中石化恩施石油分公司采购相关设备，在石油专用线油库大门处安装高清视频监控摄像头，实现铁路沿线仓储物流场所安全管理。落实州政府、州纪委监委要求，对州铁路公司开展清产核资和财务审计工作，确保国有资产安全管理。

（杨斯然　张　帆）

民用航空

【概　况】 2019年4月，恩施机场国际航站楼建成。6月，航空口岸临时开放，开通国际（地区）航线，成为湖北省内第三家开通国际航班的机场，被誉为“恩施速度”。全年安全形势保持平稳，实现连续安全运营26周年。航班放行正常率达93%，旅客满意度达4.3。全年航班起降1.12万架次，比上年增长34.9%；民航运输货物1630吨，下降4.4%；运输旅客142.69万人，增长37.3%。全国机场排名从第92名升至第90名。全年完成营业收入6804.7万元，同比增长30.6%；发生费用6189万元，同比下降0.6%；实现利润1811.1万元，同比增加1534.3万元。

【拓展航线网络】 在地方政府和航司支持下，航空发展专项资金增加到2.23亿元，航司补贴压降2774万元，实现减负增效。不断完善国内网络，稳定航班基数，争取增量，新开武汉—恩施—贵阳、青岛—恩施—南宁航线；武汉每日往返6班，“空中快巴”形成，武汉进出旅客达49万人次。2019年6月30日，首航中国澳门地区，相继开通直飞柬埔寨暹粒、越南岘港、泰国芭提雅的国际旅游包机航线。全年开通19条航线、23个航点。推进航旅融合发展，开展市场推介，部分旅游航线的旅游客源超60%、客座率超80%。

【保障能力建设】 抓安全体系建设，修订机场使用手册、安保方案，修订安全生产、安全信息管理办法，完成SMS—DG手册编制报审。抓资质能力建设，外请11名集团教员培训580人次，集团跟班学习10余人次，消防挂职带队实训3个月，4名战斗员取得民航灭火指挥岗位资格证。以法定自查和安全绩效为重点，持续开展安全大检查、大整顿，完成集团监察和法定自查整改，完成局方整改11项。抓“平安机场”建设，落实对标整改，顺利通过中南局安保审计复审，常态开展航站楼防爆检查、治安巡查，严格落实安全维稳措施，“迎大庆、保军运”安全平稳。抓鸟害防治工作，全年未发生责任鸟击。抓净空环境保护，联动地方开展障碍物排查、光污染治理、管控“低慢小”，严格控高审核，推动政府出台“净空一张图”管理办法。抓应急能力建设，开展消防、反恐大型演练4次，完成年度综合实战演练，局方评为支线样板；启动消防七级建设，采购主力消防车，与地方消防签订保障支援协议，提升消防保障能力。抓一线班组建设，落实月度安全教育，开展多层级“大学习、大练兵、大比武”，评选安全服务明星，飞管部2名员工获湖北辖区净空管理技能竞赛三等奖。

【服务改善】 美化机场环境，公共区道面“黑化”，航站楼增添“绿化”，夜景灯光“亮化”，场区干净整洁。推广“无纸化”通关，临时乘机证明电子化，安检验证人脸识别，增加2台自助值机；推广“经汉飞”中转服务，开展跨航司行李直挂；改造航站楼电梯、到达厅卫生间、吸烟室，添置舒适座椅，拓展商业服务。规范服务管理，地服、安检制定服务岗位SOP，落实“规范着装仪容”“四字一动作”“微笑服务”，总体符合率达80%；特殊旅客、绿色通道服务受社会好评；健全投诉管理制度，畅通投诉渠道，旅客投诉回复处置率100%。提高保障效率，生产运行每日讲评，国际保障定期协调，优化生产调度，落实全过程监管，保障效率和放行正常率居同层级前列。优化“十项服务承诺”，统一商铺装修风格，开展具有民族地域特色的航空旅游推介和品牌特色服务活动，获机场集团“楚天情”服务子品牌综合评比三等奖，支线排名第一。

【机场重点项目建设】 2019年，推进安保设施改造项目，年底完成现场指挥中心建设；推进安全设备设施更新改造项目，初步设计11月获批，完成招标；推进机场供电专线改造项目，经财政评审，12月完成招标；推进消防7级建设，主力泡沫车12月完成招标，营房及车库建设项目完成勘察设计；配合政府推进机场迁建前期工作，11月完成预选场址气象观测站建设，并通过民航中南局验收。

（陈明浩　魏　军）

邮　政

邮政管理

【概　况】 恩施州邮政管理局由中央和地方双重管理。贯彻执行国家邮政法律法规、方针政策和邮政服务标准，研究拟订本地区邮政发展规划，监督管理本地区邮政市场及邮政普遍服务和机要通信等特殊服务的实施，负责行业安全生产监管、统计等工作，保障邮政通信与信息安全，承办上级邮政管理部门和地方人民政府交办的其他事项。2019年，全州邮政业业务量完成8.23亿元，同比增长20.23%，全州邮政业业务收入完成8.35亿元，同比增长9.27%。其中：快递业务量完成1396万件，同比增长21.93%，快递业务投递量完成8280万件，同比增长31.51%，快递业务收入完成2.87亿元，同比增长28.81%。全年全行业无重大服务质量事件及重大安全事故和案件发生，行业平稳运行。恩施州邮政管理局获第九届全国“人民满意的公务员集体”称号，绿色快递综合试点、农村邮政综合服务平台建设、快递进村等多项工作在全国作为典型经验推广。1月23日，国家邮政局局长马军胜到恩施州，调研绿色快递建设、快递信息化管理、邮政快递助力精准脱贫等情况。

【基础能力建设】 贯彻国家邮政局关于农村邮政综合服务平台站点建设项目的推广部署，全州建成54个升级版邮政综合服务平台站点，验收205个标准版站点；快递服务进村总数达1970个，实现83.47%的行政村通快递。引导企业加强分拨中心建设，全州快递分拨处理面积3.44万平方米。引导快递企业与邮政企业开展合作，以宣恩县高罗镇麻阳寨村为试点，按照“村邮站+快递+农村电商”模式探索建设农村邮政综合服务平台，建成20余个快邮合作站点。

【城市快递末端服务体系】 邮政企业、第三方供应商参与推进“快递五进”工程，在政府机关、企事业单位、商厦、写字楼等地面层或人流量较为集中的区域布放安装智能包裹柜和快件箱。2019年，全州智能包裹柜、快件箱格口达6170个格口。快递企业采取邮快融合、快快融合、交快融合、快电融合四种模式开展快递进村工作。宣恩县高罗镇麻阳寨村邮站试点经验得到推广，利川市快递超市设进村快递网点222个，咸丰县快递超市设进村快递网点223个。巴东县捷风物流开辟6条快递进村直达专线，通过定线、定时、定点的物流班车，实现当日递次日达。建始县百世快递走“快递+电商+电信”的融合发展之路，在全县建设村级快递站点124个。巴东中通、申通、圆通、韵达、百世5家快递品牌企业联合，恩施申通、韵达、百世、天天4家快递品牌公司联合，共建共享集中分拨、联合配送站场，探索建设集约化经营服务新模式，开展城区末端共同配送。

【快递服务现代农业发展】 开展“一市一品”农产品进城示范项目。指导邮政企业立足市场，将富硒茶、富硒小土豆、宣恩黄金梨和白柚、来凤生姜、巴东柑橘、鹤峰蜂蜜等多种农特产品纳入“一市一品”示范项目，基本覆盖全州所有县市。2019年，推动快递服务现代农业发展，申报恩施茶叶、柑橘、土豆3个年业务量过百万件的快递服务现代农业项目，发运农产品包裹478万件，实现农产品交易额3.2亿元。州、县邮政企业投资10余万元，为所驻宣恩县沙道沟镇布袋溪村建立"邮政+电商+快递"的综合服务站。

【寄递渠道安全监管】 发挥全州各级寄递渠道安全管理工作领导小组工作机制作用，形成各级政法委牵头抓总，公安、市场监管等部门协作配合齐抓共管的工作格局，使管理要求在县市和乡镇落地。推动企业落实定期安全检查制度，企业自主检查和联合检查双管齐下。2019年，联合企业开展6轮全覆盖的内部检查，检查企业2880家次，发现安全隐患1419处，安全隐患如期整改销号。清理整顿无证无照经营行为，依法监管快递末端网点备案，全年查处4起未按规定办理变更手续、2起开办末端网点未备案的违法行为。履行部门监管职能，做好日常安全巡查检查，全年办理安全监管类案件3起。

【寄递安全"三项制度"】 邮政行业贯彻落实寄递安全"三项制度"（收寄验视、实名收寄、过机安检），2019年，通过日常检查、专题会议和培训、专项执法等方式，落实收寄验视制度。以未实名邮件跟踪倒查机制为抓手，推动落实实名收寄制度。创新实施行业重点监管工作信息化、系统化，对实名制数据实现动态监管。全年全州寄递企业实名率达99.79%，处在全省中游水平。寄递企业安检机配置及"应检必检"过机安检制度执行的监督管理。全州新增安检机1台，保有量达23台。

【执法检查】 2019年，与公安部门联合印发《恩施州寄递企业安全防范工作方案》。开展涉枪涉爆隐患集中整治和违法寄递危险化学品整治，做好邮政业反恐、禁毒、"扫黄打非"、打击侵权假冒、濒危野生动植物保护等专项工作。与公安部门联合开展寄递渠道涉枪涉爆隐患专项整治行动，排查安全隐患22处；与烟草专卖部门联合开展寄递渠道涉烟违法行为专项检查6次。

【普遍服务】 开展邮政普遍服务专项整治行动，提升全州邮政普遍服务质量。开展县级城市主要党政机关《人民日报》当日见报监测、省内和州内邮件时限监测活动，推进建制村投递频次达标工作，全州除4个交通极为不便的建制村外，建制村和农村社区投递频次全部达标。推进建制村投递信息化监测工作。加强巡视专用邮政信箱寄递服务保障，指导社会监督员加强社会监督。开展中央财政和省财政补助的普遍服务建设项目审查和核查。开展纪特邮票销售情况的核查检查。

【依法治邮】 贯彻实施"七五"普法规划，实施《恩施州法治邮政建设规划纲要（2016—2020年）》，以《中华人民共和国邮政法》《湖北省邮政条例》《禁止寄递物品管理规定》为重点，在行业内及全社会加大普法宣传力度。落实"三重一大"决策制度，加强行政行为监督，促进部门依法履职。落实信息公开制度，开展行政权力和服务事项清理，向社会进行公示，接受社会监督。促进部门依法行政，发挥法律顾问制度的作用，为重大决策提供法律支撑。落实行政执法"十条禁令"等制度，建立执法过程记录制度，促进规范公正文明执法。

【快递市场秩序】 2019年，全州128家县级以上企业、71家许可企业持证经营率达100%，416个应备案分支机构和131个末端网点全部备案。全州新增许可快递企业6家，新增快递备案分支机构33个、末端网点96个。联合州经济普查办公室开展邮政业"三新"单位核实认定，全面完成核查任务。开展"三不""三统一"专项治理，督促企业落实离地设施配备、统一服装、不抛扔、不摆地摊等工作要求。采用信息化手段，实现用户便捷取件，湖北民族大学科技学院快递超市、宣恩高罗快递超市、建始景阳快递超市等网点实施取得成效。

【标准化管理】 以建立"一套制度，四本台账"为主要内容，即：同一品牌快递企业统一建立一套以安全和服务管理为主的综合管理制度、1本安全与服务综合管理台账、1本实名收寄信息登记台账、1本会议记录及学习培训台账、1本公文管理台账，在日常管理过程中严格按照相关制度及要求执行并做好台账的登记，推进快递企业标准化管理。全州实现所有企业和网点全面执行“一套制度、四本台账”标准化管理。

【快递从业人员管理】 落实《快递从业人员管理办法》，建立快递从业人员基础信息库和诚信档案，对违法违规、不适宜从事快递业务的从业人员建立“黑名单”制度。组织邮政企业管理人员和员工重点学习《中华人民共和国邮政法》《邮政普遍服务监督管理办法》《邮政普遍服务国家标准》等法律法规和规范。联合州总工会、团州委、州律师协会、州快递行业协会出台《关于全面加强快递从业人员权益保障工作的通知》。与团州委、州快递行业协会共同开展快递从业青年权益维护服务月活动，开设快递从业人员权益维护热线。推进建立民营快递企业工会组织，联合州总工会、州快递行业协会出台《全州快递行业建立工会实施方案》，成立各级工会组织15个，实现全覆盖。联合州文明办、州总工会、州快递行业协会等单位在全行业开展“十星级文明快递（投递）员”评选活动。

【“打黄扫非”工作】 落实邮政业“扫黄打非”工作要点，开展“扫黄打非·清流2019”专项行动，全州寄递企业自查网点500余处。以抽查、明察、暗访、试寄等多种方式，重点检查邮政快递企业“扫黄打非”责任制度建立、执行寄递安全“三项制度”、落实安全管理主体责任以及员工培训，严密防范非法出版物从寄递渠道流通。

【绿色快递建设综合试点】 2019年4月，召开恩施州绿色快递建设综合试点启动大会。联合州发改委、生态环境局、住建局、商务局等部门印发《关于加快推进绿色快递建设综合试点工作的通知》，成立恩施州绿色快递建设综合试点工作领导小组，行业绿色发展齐抓共管。全州快递包装回收箱配备644个，实现乡镇以上邮政快递网点配备全覆盖；建成绿色分拨中心11个、绿色邮政快递网点382个；全行业电子面单使用率达99.57%；92.63%的电商快件不再进行二次包装；除直封总包外，全部使用可循环中转袋替代传统编织袋。全州寄递企业配备新能源运输车辆达36台。在恩施圆通、申通分拨中心建成充电桩2组。全州寄递网点绿色包装材料配置率达85%以上。

【荣　誉】 恩施州邮政管理局获第九届全国“人民满意的公务员集体”荣誉称号。恩施申通快件分拨中心获评全国邮政行业青年安全生产示范岗。恩施州邮政分公司退休干部陈泽维获评“全国离退休干部先进个人”“荆楚楷模”。恩施邮政来凤分公司投递员匡锦梅获恩施州“劳动模范”称号。

（顿艳玲）

中国邮政集团公司恩施州分公司

【概　况】 中国邮政集团公司恩施州分公司属中央国有邮政通信企业，以快递物流、金融、电子商务等为主业，实行多元化经营，对国家规定范围内的邮政业务提供普遍服务，全州邮政共有经营网点103处，邮路72条，邮路总长度4129千米（单程）。2019年全州邮政实现收入5.51亿元，同比增长7%，其中金融板块实现收入4.13亿元，同比增长5.51%，寄递版块实现收入5137万元，同比增长32.71%，全年出口邮件389万件，件量占比行业第一，被湖北邮政分公司评为2016—2018年度先进单位，在普遍服务、电商扶贫等领域工作经验被《湖北日报》《恩施日报》等媒体报道。

【党建工作】 推动州、县、支局三个层面基层党组织争先创优，新增10个标准党支部、10个标杆党支部、5个红旗党支部。实施“131”党建亮点工程，得到集团公司、地方党委推介。先后组织“党员带头站好位、争开千场坝坝会”“党员结对村邮站、平台提能大调研”“千名党员下基层 百名干部上邮路”党建亮点活动。推进中央巡视反馈问题整改，对2个县市分公司进行巡察，首次将州分公司机关纳入巡察范围。

【寄递发展】 贯彻集团公司、省分公司关于深化寄递翼改革的精神，加快恩施邮政寄递翼“网合业合人合心合”融合进程，按照“综合职能横向一体化，生产经营纵向专业化”的改革思路，整合邮速双方资源，设立“中国邮政集团公司恩施州寄递事业部”，保留“中国邮政速递物流有限公司恩施州分公司”的牌子，融合业务经营，实现寄递业务发展提速，全年出口邮件389万件，占比27.88%，件量占比行业第一。打造特色市场、特色产业、特色线路，做好“硒茶速递、硒乡邮礼、硒游寄、硒翱校园”项目，以平台客户带动小微客户，开发平台客户20余户、小微客户200余户，快包收入2410万元；整合网路，整合邮路，二干邮运8个频次、州内三干邮运频次13个、市内转趟邮运频次32个、农村支线邮运频次47个；整合场地，四县市实现同场地作业；完成新一代寄递平台整合上线，实现标快和快包同址同机作业；优化网点段道布局，站点整合23个、新增3个，整合段道162条，段均服务范围缩小至1平方千米，快包城市当日妥投率98.5%。

【平台建设】 在农村电商三级运营体系建设的基础上，从建、维、运、管四个方面推进平台建设与运营，探索“1+2+N”综合服务平台建设路径，国家邮政局局长马军胜、集团公司董事长刘爱力、省分公司总经理任永信等领导先后到恩施州调研。推进“四个一批”站点建设，全州按照宣恩麻阳寨村邮站标准新建示范点12个、达到52个，标准点达到152个，建成村级站点2570个。常态化推进批销业务发展，实现分销额3147万元、批销额4539万元，分销商品毛利率24.44%，居全省第2位；通过“邮政919·丰收欢乐购”、特色农产品展示周、直播采摘等活动，推动农产品销售过500万元。借助行业优势开展电商扶贫，帮助销售苹果桃、黄金梨、土豆等众多农产品，被《湖北日报》《恩施日报》等媒体报道，苹果桃消费扶贫项目，得到地方党委政府和百姓肯定。

【服务管理】 开展平常邮件服务质量大整顿专项活动、收寄“三项制度”大落实检查活动、“三统一”及“三不”达标大检查活动、百名干部上邮路活动、服务质量大提升“回头看”活动等活动，提高普遍服务水平和能力。乡镇、行政村直接通邮率100%，县及县以上城市党政机关重点党报党刊当日见报率100%，2359个建制村投递频次达标，平信条码化率99.99%，条码平信丢损率0.03‰，有理由申诉同比下降75%。重点服务“零投诉”、监管整改“零逾期”。全州获2个三星级窗口、有7个三星级及以上优秀营业员。整合恩施客服中心，实现生产作业“三统一”，客户申诉处理满意率达100%，问题邮件一次解决率93.4%，理赔及时率、出口问题邮件及时有效处理率等均达标。推进绿色邮政建设，电子面单使用率达99%，推广绿色包装箱和瘦身胶带，全面使用新型包装箱。

【网点建设】 全年投资1620万元，推进谋道镇等8个网点、宣恩县三合一场地改造，火车站邮件处理中心完成地勘、设计、建设规划许可及招标工作。对双河等11个支局进行小家房屋维修改造。新增电动三轮车60辆，增配手持PDA280台，前端收寄一体机2台。完成“恩施邮政”微信公众服务平台的推广上线工作，113台ATM/CRS设备完成刷脸取款升级改造，228个台席的统一柜面系统上线，新增63台ATM、7台存折存取款机设备，完成恩施、利川、建始分公司33个网点的视频会议高清改造，自主研发“慧集”手机APP软件投入使用。

【荣　誉】“扶贫愚公”陈泽维先后被评为恩施楷模、荆楚楷模，被中共中央组织部授予“全国离退休干部先进个人”荣誉称号；王大春被省邮政分公司评为最美投递员；匡锦梅被州委、州政府授予全州劳动模范；张美冲“劳模创新工作室”创建升级。新建“省级模范职工小家”6个、“省级示范职工小家”2个，建设省级“职工书屋”2个；成功举办恩施州“首届邮电一家亲职工篮球联谊赛”和“第十届全州邮政系统职工篮球赛”，开展企业文化征文、主题教育演讲、随手拍摄影等48场次活动。

（牟　澎）

交通物流

【概　况】 2019年，恩施州交通物流系统推动物流降本增效初见成效，健全农村物流网络，行业安全生产总体平稳，综合管理水平整体提升。州铁路公司、州易事通汽车运输有限公司和恩施鹏程物流公司等运输企业发展多式联运、甩挂运输等先进运输方式，降本增效取得初步成效。全州完成物流基础设施固定资产投资1.35亿元，占计划的100.8%。恩施市易事通物流园、宣恩县椒园物流园建成。

【农村物流发展】 继恩施市、巴东县“农村交通物流三级网络节点体系”示范县项目建成后，来凤县按照“多站合一”模式建成物流配送中心和仓储配送中心，在8个乡镇设立农村交通物流服务站16个，利用农家店、小超市、村邮站、电商服务点等现有资源，建成村级农村交通物流服务点83个，通过省厅农村交通物流示范项目验收，获奖补资金120万元。咸丰利用现代智能科技发展农村物流，从浙江引进“小黄人”自动化分拣系统，依托县电商物流配送中心，开通运行5条物流运输专线，覆盖11个乡镇，建成“聚源乡村”及“菜鸟网络”2套信息系统，为全县物流货运提供各项信息服务。

（张仕斌）

通　信

中国电信恩施分公司

【概　况】 2019年，以“智慧恩施”建设为载体，推进信息精准扶贫等各项工作落实，按照《恩施州2018—2019年信息基础设施建设脱贫攻坚行动方案》要求，围绕“光纤宽带通村到户、4G网络全域覆盖”工作目标，围绕全州精准脱贫信息化需求，提升通信能力保障和服务水平，完成脱贫攻坚基础设施建设工作任务。州经信局精心组织，州电信分公司科学编制方案。各县市政府于2019年11月对光纤宽带通村到户建设项目进行验收，12月底全部验收完成，提前超额完成建设目标。2018—2019年，公司投资10亿元进行信息基础设施建设，4G网络建设任务提前5个月完成，建成4G基站3876个；光纤宽带建设任务提前2个月完成，光纤宽带端口达到84.5万个。通过规模建设，公司基础网络覆盖率和接入能力进入全国先进行列，全州4G网络覆盖率达到95%以上，行政村光纤通达率100%，规模自然村光纤通达率100%，自然村光纤通达率79.98%；固定宽带用户达到50.2万户，固定宽带普及率达37.5%。光纤宽带双百通村（100兆宽带接入100%规模自然村）投入近3.5亿元，新建光缆17318皮长千米，建设光纤宽带端口20.2万个，新建4G基站518个。

【信息化精准扶贫】 按《省委办公厅 省政府办公厅印发〈关于加快农村互联网发展的意见〉的通知》要求，公司将光纤宽带覆盖逐步从行政村全覆盖向规模自然村覆盖延伸，全州18228个规模自然村100%通光纤宽带，占自然村总数（22790个）的80%。全州乡镇以上所有家庭具备100兆接入能力，全州8个县市城区实现60%以上的家庭宽带用户千兆接入能力。提升全州骨干网能力，总出口带宽达到560G，农村承载网能力倍增，乡镇出口带宽最低达到20G以上，较2017

年底增加5—10倍。4G网络超全域覆盖指标，全州4G网络覆盖跨越式提升，投资近8亿元，建设4G基站2054个，建设规模超规划数276个，测试4G网络平均覆盖率达97%以上，超92%的覆盖率目标。扩大信息化用户规模，公司按州政府“市场主导、政府引导、建用同步、以用促建”建设模式，推进信息化应用，提升恩施州农村宽带入户率。家庭宽带接入户数达到50.2万户，其中农村23.31万户；4G移动用户63.56万户，其中农村39.86万户。州电信公司对口帮扶11个贫困村，顺利通过国检省检；参与普遍服务，脱贫攻坚信息基础设施建设提前超额完成建设目标，光纤宽带双百通村（100兆宽带接入100%规模自然村）。

【重大通信网络保障工作】 维护网络信息安全，开展“护网2019”行动，清理网络安全资产，有效处置130余台主机的系统漏洞，互联网暴露面显著降低，全员网络安全意识明显增强。开展节能减排和风险防控工作，完成武汉军运会、“两会”等一系列重大通信保障和抢险救灾任务。

【企业效益】 形成“划小承包、专业化运营、倒三角支撑”三维联动的恩施电信特色改革模式，有效解决承包人及承包团队“想干、会干、易干”问题。五年内收入规模在省公司平均增长量基础上再增长近2亿元，由2015年第九位上升至2019年第六位。2019年移动用户规模突破75万户，较2015年底增长119%，移动用户规模绝对值全省第六；宽带用户规模突破50万户，宽带用户规模绝对值全省第六；天翼高清用户规模突破32万户，天翼高清用户规模绝对值全省第六；天翼云收入完成近900万元，完成率排名全省第四；物联网开卡净增4万余张，排名全省第五。

（向欣欣）

中国移动恩施分公司

【概　况】 中国移动通信集团湖北有限公司恩施分公司（简称恩施移动）是中国移动通信集团湖北有限公司在恩施州设立的分支机构。截至2019年，恩施移动总资产达11.8亿元，完成收入11.9亿元；上缴税款3910万元。下设8个县市分公司，10个专业部门，在岗员工707人，组建州、县、乡、村立体多层次的服务网络，建立社会渠道近600家、泛渠道300余家，开通热线电话、互联网、微信、码店等多种渠道，客户足不出户，即可便捷办理。2019年，恩施移动扶持12个贫困村，驻村干部39人，年投入扶贫捐赠资金245万元，扶持脱贫人数1254人，完成年度扶贫任务。保障汛期和雪灾期间通信畅通，全州投入抢修人员5372人次，抢修车辆3160台次，油机7530台次，保持网络畅通，为抗洪救灾提供保障。排查整改隐患860处，达成安全生产“三无”目标。

【4G宽带网络建设与5G规划】 2019年，恩施移动4G网络持续覆盖全州所有城区、乡镇及行政村；4G基站达9268个，脱贫攻坚4G网络全域覆盖率达到99.25%。其中恩施98.86%，利川99.06%，巴东99.46%，建始99.40%，来凤98.83%，咸丰99.52%，宣恩99.20%、鹤峰99.82%。宜万铁路4G综合覆盖率达92.47%，GSM全程成功率达91.18%。综合业务区达125个，城乡OTN开通率达100%。传输机房达198个，传输管道达1278管程千米。宽带覆盖总量达107.8万户。2019年底完成全州主城区（恩施市）、高新区、国家AAAAA级旅游景区及长江重要航道的5G规划工作。

【典型信息化发展案例】 通过来凤智慧城市视频监控和大数据运营中心软硬件设备及网络租赁服务项目，满足来凤县“智慧城市”信息化与城市规划、服务、管理等相融合的迫切需求，解决来凤县信息化基础设施薄弱现状。2019年8月，恩施移动联合来凤县大数据中心，以新一代信息技术为引导，通过一个公安外场、两个大中心、四个新应用建设。项目围绕“平安城市”“智慧城管”“智慧来凤运营管理中心”，推动来凤基础设施智能化、社会治理精细化、公共服务便利化、产业经济高端化发展。项目属湖北省内中国移动中标的首例县级智慧城市项目，项目的建成成为省内县域“智慧城市”建设的示范和标杆。咸丰县坪坝营景区酒店电视信号及网络服务项目：恩施移动为鄂旅投湖北省坪坝营旅游发展有限公司森林宾馆酒店709个房间，提供709条企业宽带、625台和TV电视和709个房间Wi-Fi业务。恩施州大数据旅游欢迎短信项目：恩施移动为恩施8个县市游客进行欢迎短信主动触发，支持恩施全域旅游，每年将为游历恩施的游客发送900余万条各县市景点特色介绍，文明旅游平安出行的安全提醒，让游客能够及时了解文旅局的旅游咨询电话，从而达到对各类旅游信息的获取效果。

【精准扶贫】 公司共参与扶持12个贫困村，其中牵头扶持9个村，共派出驻村干部39人，派出驻村第一书记7人，投入扶贫捐赠资金245万元，扶持脱贫人数1254人，完成年度扶贫任务。完成《脱贫攻坚信息基础设施建设合作协议》全部建设任务。恩施移动职工向明在扶贫一线因公殉职，被追授为“中国移动劳动模范”。恩施移动驻大集场村扶贫工作队的《撒尔嗬殡葬新风互助社》获得省民政厅公益创投大赛农村组项目一等奖，参赛选手李晨赫获得十佳优秀选手奖。巴东公司连续两年获“县十佳帮扶企业”称号，驻村书记邓建华获县政府“优秀书记”表彰。

（刁　萌）

中国联合网络通信有限公司恩施州分公司

【概　况】 2019年，联通恩施州分公司全年完成主营业务收入6.9亿元，系统内全省第一；完成考核利润完成率109.2%，完成率系统内全省第二；EVA、经营现金流、投资增收比持续改善；行业份额略有增长，收入份额完成27.7%，同比增长0.6PP，增幅高于行业0.98PP，用户份额完成35.76%，排名全省第一；云计算、物联网、大数据等政企创新业务在教育、医疗、政务等行业取得新突破，“智慧恩施”政务云平台、标准化考场、安全等保、平安社区等项目建设取得成效。开展公众市场、创新领域、安全生产、网络技术、服务支撑等技能培训活动，全年培训费较上年增长42.62%。

【网络基础设施建设】 2019年，以“规建维优一体化”“网业联动”精准规划基站、杆路投资和建设。全州基站总量达到8806个，同比增加32.94%。其中2G基站达到1388个，3G基站达到3198个，4G基站达到4184个，5G基站达到36个。3G/4G在市区、县城、乡镇覆盖率达96%，行政村、主要交通干线覆盖率达92%。全年建设并交付固网端口7.68万线，FTTH端口总量达到43.5万线；开展“漠视侵害群众利益问题”专项整治，推进网络扶贫，农村网络质量和用户满意度得到双提升；做好网络安全保障工作，完成各类级别通信保障28次，配合完成“2019护网行动”“国庆重保”“军运会重保”及“匠心网络万里行”重保活动。

【服务客户】 开展“不忘初心，满意加倍”“全员服务在升级”两个主题活动，强化服务支撑，提升客户满意度。工信部有效申诉控制在管控目标值180件以内，有效申诉量同比下降8.25%，全年有效申诉率管控全省排名第一；全业务普通投诉量19465件，同比下降23.95%，低于全省均值，重复投诉率控制在省分目标值5%以内，均值为4.38%，投诉管控全省排名第一。年度移网NPS平均值22.7分，同比提升4.7分，同比改善提升10.6分，全省排名第一。

【精准扶贫】 公司共帮扶贫困村12个，结对帮扶贫困户1229户，抽调22名干部员工，组建10支工作队，重点围绕“水、电、路、网、房”等基础设施建设，分别按照各县市政府要求在种植业、养殖业等产业发展方面开展扶贫工作，全年公司扶贫资金预算使用率达 96.79%。

（冯　翔）

中国铁塔股份有限公司恩施州分公司

【概　况】 2019 年，铁塔恩施州分公司全年收入完成 2.24 亿元。全州新建铁塔 499 座，共享改造铁塔 3687 座，总体投资达到 2.47 亿元，全州物理站址达到 7098 个，塔类平均站址租户数达到 1.5397 个，塔类站址共享改善率达到 10.93%。其中以乡村覆盖为主，全州乡村近两年新建基站 363 座，共享改造基站 2546 座，投资占比 70%，基本实现城市深度覆盖，农村全域广覆盖。完成黔张常铁路无线网覆盖项目，项目地处山区，地形复杂，桥隧占比高，隧道 29 座，网络覆盖站点选址复杂，施工难度大，运营商接入系统多，该项目是湖北境内第一个在通车前实现三家运营商全网交付的工程，填补州内铁路公网全覆盖的空白，总投资约 2000 万元。

【维护服务】 开展“我爱我塔”全员上站专项行动，提升维护服务质量。高等级站平均站址断电退服时长达 12.84 分钟，标准站达 15.8 分钟；全州达标率 58%，区域达标率 42%；故障处理及时率由 95% 提升至 98%，长故障站址数由 12 个压降至 0 个。完成暴雪应急保障、夏季防汛应急保障、黔张常铁路调测大面积停电通信应急保障、春节及“两会”通信应急保障工作。

【业务拓展】 2019 年，公司依托现有塔、房、电、维护力量等核心资源优势的发挥，推动“通信塔”“社会塔”的大共享，在文体、林业、自然资源、环保、公安、应急管理、水利等领域取得较好效果。承接恩施市校园监控项目、各县市的智慧环保项目、来凤县路灯联网项目等，为政府节约投资，获得社会效益。在发电业务方面，打通社会发电流程，可承接全州社会客户的发电需求，并与中石化、中石油等单位签约发电，建立长期良好的合作关系。在备电业务方面，咸丰县农商银行、恩施州邮储银行等备电系统开始实施，储备大数据局、医院、交警红绿灯等行业备电项目。在售电业务方面，推进低速电动车充电桩端口的建设。

【脱贫攻坚】 利用专业优势，推进信息扶贫，基本完成山区 4G 网络全域广覆盖补盲及城区深度覆盖目标，人民群众 4G 网络体验明显改善。截至 2019 年 12 月，在恩施州信息基础设施建设脱贫攻坚行动中，恩施铁塔新建基站 45 座，共享改造铁塔 1902 座，总体投资达到 8100 万元。实现全州 97% 以上的广覆盖，部分县市覆盖率达 99%，基本完成城市深度覆盖目标。

（田小雄）

湖北广电网络恩施分公司

【概　况】 2019 年 10 月，按照推进广电网络“全省一网”改革和“一体化”管理的要求，省楚天视讯网络有限公司撤更为湖北省广播电视信息股份有限公司直接管理的子公司，省楚天视讯恩施分公司名称应由原“湖北省楚天视讯网络有限公司恩施分公司”变更为“湖北省广播电视信息股份有限公司恩施分公司”（简称湖北广电网络恩施分公司），因资产隶属、市州股东权益关系等原因，暂未在州市场监督管理部门进行重新注册登记更名，原“湖北省楚天视讯网络有限公司恩施分公司”公章沿用一段时间。分公司下设 9 个支公司、88 个乡镇经营部，员工 395 人。12 月，全州数字电视总体用户规模达到 59.36 万户，广电宽带用户达 22.74 万户，OTT 广电智宝盒用户 19.91 万户，全州广电网络资产 11.84 亿元。参与精准扶贫，2 月 3 日，CCTV—17 农业农村频道《攻坚日记》栏目以“四方石村的变迁”为题，对公司与相关州直单位一起所驻咸丰县唐崖镇四方石村扶贫“尖刀班”工作进行报道。

【产业发展】 2019年，投入6225余万元推进基础设施建设。光纤通村工程拓展延伸，全州2359个行政村光纤通达2292个，通村率97.2%；州内北四县沿铁路干线建设竣工，建成宜昌至利川的干线通道，建成州至相关县（市）、乡（镇）36芯的光纤干线传输通道；州传媒中心新核心数据机房建成并投入使用；参与县市融媒体建设，依托恩施广电网络建成的云平台搭建县市融媒体平台，实现“媒体+政务+服务+运营”的运营体系。

【“村村响”“户户通”工程】 参与公共文化服务体系建设。落实国家、省、州广电部门的要求，抓好“村村响”“户户通”重大文化惠民工程的安装运维工作。“村村响”完成2919个村级广播室建设，安装大喇叭18816个、音柱7644个；“户户通”安装55762套设备，安装开通率达97.7%；“户户通”工程的实施解决偏远山区农民看电视难的问题。

【智慧建设】 参与智慧恩施、信息产业链、雪亮工程、综治视联网等建设，加快转型发展。建始县政法委综治指挥中心“社会管理应急调度指挥系统”建成开通，立体防控体系雪亮工程一期工程建成投入使用。2019年9月18日，省股份公司与恩施州广播电视台在恩施签订战略合作协议。

【转企改制】 争取当地党委政府重视与支持，主动与州及县市相关部门沟通商榷，科学研究制定安置方案，做到严把政策关。研判转企改制人员安置工作存在的主要困难和问题，推进转企改制人员安置工作，确保全州广电网络改革发展稳定平稳有序。2019年，除恩施分公司州直外，8个县市相继完成广电网络转企改制人员安置工作。

【安全播出】 在中华人民共和国成立70周年庆典、第七届世界军运会、国家大型节庆活动期间，贯彻落实上级关于广播电视安全播出的有关要求，制定应急预案，加强值班值守，不定期地举行应急演练和安全播出培训，整改隐患和薄弱环节，提高安全播出保障能力，确保各重大节庆活动期间广播电视安全播出。

（刘青岗）

住房和城乡建设

综　述

【概　况】 2019年恩施州机构改革，州住房和城乡建设委员会更名为州住房和城乡建设局。州城市管理执法监督局的行政职能划入州住房和城乡建设局，剥离行政职能后，州城市管理执法监督局由副县级行政机构调整为副县级事业单位。州住房和城乡建设局加挂州人民防空办公室牌子，增加建设工程消防设计审查验收职责，不再承担风景名胜区、自然遗产管理职责和震灾应急救援职责。增设消防工程验收科，建筑工程和装饰装修工程管理科更名为建筑市场监管科，房屋安全鉴定管理办公室更名为房屋安全与物业管理科，划入物业管理职能。隶属管理事业单位8个：州城市管理执法监督局，州建设工程质量监督站［加挂州人防（民防）指挥信息保障中心的牌子，隶属州人民防空办公室管理］，州建筑安全监督站，州建设工程造价管理站，州直房产交易中心（加挂州住房资金管理中心，州房产信息中心的牌子，实行三块牌子一套班子合署办公），州直保障性住房建设管理中心，州建筑节能与墙体材料革新办公室，以上7个均为公益一类；州建设行业教育培训中心（公益二类）。年末全州总人口402.10万人。年末全州常住人口339万人，其中城镇常住人口155.47万人，占常住人口的比重（常住人口城镇化率）为45.86%，比2018年提高1个百分点。12月30日，经省人民政府批准，省民政厅正式发文，批复恩施市盛家坝乡撤乡建镇，这是国务院《行政区划条例》2019年1月1日正式实施以来，全州首个全省首批实施的单位。至此，在全州77个乡镇中（不含6个县城镇、5个街道），建制镇达到48个，建制乡29个。全年实施城镇重点项目372个，开工244个，开工率65.59%，完成投资201.87亿元。州城2019年续建的13个项目完成时序进度63%；新增的16个项目完成9个。2019年，恩施市被正式授牌国家森林城市，宣恩县、建始县创建“省级森林城市”通过验收；恩施州、恩施市、咸丰县被命名第三批国家生态文明建设示范市县。城市“三绿”工作经验在2019年底全省住建工作大会上交流。全州城市污水收集处理设施建设运行管理水平提升，城镇“厕所革命”、垃圾分类、乡镇生活污水治理、农村生活垃圾治理取得成效；建筑业、房地产业、建材业稳步发展。

【住房保障】 至年末，全州棚户区改造开工2784套，开工率100%。全州城镇保障性安居工程基本建成目标任务1163套，基本建成2981套，计划任务完成率256.32%。公共租赁住房补贴发放目标1090户，为1434户住房困难家庭发放住房租赁补贴，目标完成率131.6%。全州由政府投资公租房入住应分配26599套，已分配24465套，入住率91.98%。年底全州完成“四类对象”农村危房改造24270户，完成年度任务。

【城市建成区主要建设指标】年末，8个县市城市建成区面积118.46平方千米，比上年增加4.09平方千米，增长率3.58%。城区人口88.33万人，暂住人口11.83万人。建成区绿化覆盖面积4466.59公顷，建成区绿地面积3966.70公顷，建成区公共绿地（公园绿地）面积1574.33公顷。全州各类公园40个，公园面积951.33公顷。城市建成区道路长度706.64千米，面积1101.03万平方米，其中人行道面积238.84万平方米；公共停车场车位30788个，配建停车场车位25460个，路内停车位6210个；城市道路安装路灯53163盏，照明道路长度659.55千米，城市照明总用电量2541.44万千瓦时，装灯总功率7017.28千瓦。城市各类桥梁142座，其中大桥及特大桥19座、立交桥8座。城市建成区供水管道长度2373.47千米，供水水厂17座，综合生产能力50.2万立方米/日，年供水总量10025.35万吨，用水人口97.86万人，用水户数349552户，其中家庭用户318138户，市政消火栓2195具。天然气供气管道长3353.91千米，全年天然气供气总量17167.47万立方米，总用气户数30.31万户，其中居民家庭用户29.58万户，用气人口67.88万人，天然气汽车加气站8座；液化石油气储气能力993.25吨，供气总量6586.63吨，用气户数54453户，其中家庭用户52059户，用气人口25.1万人。道路清扫保洁面积1304万平方米，其中机械化清扫面积1040万平方米；各类公共厕所290座，其中三类以上284座；环卫专用车辆设备345辆，其中道路清扫保洁专用115辆，生活垃圾运输专用213辆；生活垃圾转运站32座，转运能力976吨/日；城市生活垃圾无害化处理场9个（8个为卫生填埋场，1个餐厨垃圾处理站），无害化处理能力935吨/日；年生活垃圾清运量39.66万吨，生活垃圾无害化处理量39.64万吨，建筑垃圾清运量558万吨；污水处理厂11座（含巴东县城江北神农新区的官渡口污水处理厂），均为二级以上，污水处理能力27.2万立方米/日；城市排水管道长度879千米，其中污水管道346千米、雨水管道180千米、雨合流污水管道353千米；污水排放总量7751万立方米，污水收集总量7376万立方米，污水处理量6752万立方米；干污泥处理能力61吨/日；年干污泥产生量与处置量3466吨。全州城市（县城）市政公用设施水平（含暂住人口）：建成区绿化覆盖率37.71%，绿地率33.49%，人均公园绿地面积15.72平方米；人均城市道路面积11.18平方米，建成区道路面积率9.29%，建成区排水管道密度7.32千米/平方千米；供水普及率97.7%，人均日生活用水量154.46升；燃气普及率92.73%；污水处理率91.54%，污水处理厂集中处理率87.1%；生活垃圾无害化处理率99.95%。

【信息统计】编制各类统计报表，按时报送农村危房改造情况周报、月报。完成乡镇生活污水治理、城乡生活垃圾治理，以及落实《州政府工作报告》所涉及的分解任务进展季度报表等工作。按要求做好住建部、省住建厅统一布置的全州村镇建设统计年报表。完成2018年全州城镇化率的统计汇总，拟定2019年城镇化率指标数据，定期总结住建系统的新型城镇化工作，及时报送任务完成情况。组织各县市参加省厅的城建年报培训，指导各县市住建局、城管局逐项核对数据，纠正上年度误差，完成2018年度全州城建年报编制与上报。

【城建环保问题督办整改】承担中央环保督察整改任务3个。承担省级环保督察整改任务8项。承担中央环保督察“回头看”整改配合共5项，配合牵头单位完成整改销号。督办咸丰县环保问题整改，每季度组织专班，现场蹲点督导一周时间，对所有环保整改问题进行筛查，督办县直相关部门，确保整改到位。

【城市污水收集处理设施建设】2019年，推进污水处理厂提标项目建设，利川市、建始县新城区、巴东县营沱3座污水处理厂年内完成提标改造，建始县主城区污水处理厂提标改造项目1月投入运行，其他6座污水处理厂提标项目均已开工年底完成。推进污水处理厂新建扩容项目建设，利川市污水处理厂5万立方米/日、巴东县营沱污水处理厂0.75万立方米/日扩容项目，年内投入运行，建始县污水处理厂1.5万立方米/日扩容项目1月投入运行，恩施市大沙坝5万立方米/日新建项目，6月投入运行，宣恩县1.5万立方米/日、咸丰县1万立方米/日、来凤县1.5万立方米/日扩容项目年内相继开工年底完成。推进污水收集管网建设，全年新建改造污水收集管网85千米。加强运行监管及业务培训，年内共召开专题会议1次、组织专项督查1次、邀请省厅专家巡回指导1次、组织化验员业务培训1次。

【黑臭水体治理】 全州排查出城市黑臭水体3条，分别为恩施市龙洞河、麻园河、高井河。共争取上级补助资金5887万元。恩施龙洞河整治基本完成，麻园河、高井河的沿河污水管网工程在施工整治中。

【城市地下综合管廊建设】 落实省政府下达的地下综合管廊建设任务，向省住建厅汇报沟通，促进恩施市交通局加快高旗大道管廊建设，该项目完成单仓综合管廊3665米、两仓1460米、三仓280米，合计完成5405米，完成投资1.04亿元。剩余的单仓管廊1000米、两仓管廊59米，因电力设施迁改暂停施工。

【海绵城市建设】 2019年，全州开工海绵城市建设面积1.75平方千米，其中恩施市1.65平方千米、利川市0.09平方千米。具体是恩施市清江带状公园（一期）、凤凰山森林公园改造升级项目；利川市滨江南路景观、滨江北路景观、城市道路人行道改造等海绵城市建设工程。利川市清江生态保护与综合利用项目，因资本金未足额到位等原因暂未开工。

【城市排水防涝】 建立全州住建系统内涝灾害、渍水信息报送制度，实行日报制管理，2019年度全州未发生严重内涝灾情。指导各县市开展城市基础设施汛前隐患排查，对在建施工现场、城镇燃气、桥梁隧道、城市公园等公共场所进行风险隐患排查，提前整治采取防范措施，恩施市、利川市在防涝汛期前进行自查。完善城市排水防涝设施建设补短板项目储备库，上报中央预算内投资项目5个，总投资4亿元。

【城市桥梁安全管理】 开展全州城市桥梁安全管理专项督查1次。2015年上报的17座城市危桥有10座完成加固改造，剩余7座危桥（利川市南门大桥，来凤县凉亭桥、洪山电站桥，巴东县铜盆溪二桥、平湖路二桥、营西三桥、凉水溪大桥）加固改造2019年开工。各县市城市桥梁主管部门排查出安全隐患35处，完成整治。

【河库长制工作】 配合州河库长制办公室，完成2019年河库长制主要任务（城市黑臭水体整治、城乡污水垃圾治理、河库周边环境治理、饮用水源保护等）。完成牵头对忠建河咸丰段和宣恩段全年4次全线巡查的任务，共发现各类问题13处，上报和移交相关职能部门限期整改并跟踪督办。

【垃圾分类】 2019年，全面启动垃圾分类工作，出台《恩施州推进城乡生活垃圾分类工作实施方案》，配合州委宣传部拟定《全州垃圾分类宣传工作方案》。根据《湖北省垃圾分类技术导则》，印制垃圾分类宣传手册1万余份，发放给全州各县市城乡居民。组织媒体开展垃圾分类宣传，《恩施日报》刊发先进地区的试点经验和先进做法，恩施电视台制作垃圾分类宣传片滚动播出。12月1—7日，举办全州城管执法培训班，对全州各县市城管执法局领导班子及400余名执法骨干进行轮训，进行垃圾分类工作的指导授课。12月11日，州住建局在州文化中心广场举办“垃圾分类齐参与、共创文明新时尚”广场宣传活动。开展垃圾分类试点示范，推进机关单位垃圾分类试点，州委、州政府大院、州建设服务中心智能分类设施投入运行。

【垃圾处理】 将生活垃圾收集、运输及处置体系建设作为重点，从线路设置、设备购置、运输调度、终端建设等方面，逐步探索完善垃圾分类收运处置体系。恩施市生活垃圾焚烧发电项目开工建设；利川市、来凤县垃圾焚烧发电项目进入环评阶段；恩施市餐厨垃圾应急处理厂（油水分离站）在进行合同签订及项目场地平整；利川市建成1座日处理30吨的餐厨剩余物处理设施，计划新建1座餐厨剩余物处理厂，项目基础工程完成，主体建设中，处理设备完成投标采购并验收；建始县餐厨废弃物终端处置项目，在进行场地平整和厂房基础设施建设准备，餐厨垃圾资源化处理设施完成招投标采购及合同签订；巴东县餐厨垃圾终端处置设施完成地堪、工程设计及概算，进行项目立项工作；宣恩县厨余垃圾处理站完成主体建设；咸丰县餐厨垃圾终端处理设施完成设备安装调试；来凤县餐厨垃圾资源化循环利用项目，在进行编制环评、可研报告；鹤峰县餐厨垃圾处理场，建成并投入运行，共收集处理餐厨垃圾2149吨。全州77个乡镇生活垃圾中转站，全部建成投入运行。

【垃圾焚烧发电项目建设】 推进恩施市、利川市、来凤县3个垃圾焚烧发电项目建设，州政府组织专题会议3次，州住建局组织专题会议2次，州委、人大、政府、政协领导先后开展多轮现场调研。采取工作周报制，每周开展工作调度，协调省住建厅、州直相关职能部门解决推进的相关问题。恩施市项目开工，来凤县项目做动工前准备，利川市项目待生态保护红线调整后开工。

【厕所革命】 全州年初计划建设城镇公厕159座（其中城区公厕71座、乡镇公厕88座），年底累计完工176座（其中城区公厕完工75座、乡镇公厕完工101座），完成州定任务的111%。自2018年以来，全州城镇公厕完工501座（其中城区公厕176座，乡镇公厕325座），完成省住建厅确定三年任务457座（其中城区任务184座，乡镇任务273座）的110%。

【污染防治攻坚战】 全州污染防治攻坚战84项州直单位具体任务中，州住建局牵头任务16项，其中美丽宜居村庄创建工作移交州农业农村局后，实际承担牵头任务15项。2019年年度工作任务基本完成，向州污染防治攻坚指挥部上报政务信息28篇、各类材料报表20份。

【县市城区建设】 围绕将州城恩施建成50万人以上中等城市目标，按照国家AAAAA级旅游景区标准规划建设，强化经营城市、绿色生态理念，坚持交通枢纽城、山水园林城、生态旅游城、民俗风情城四个定位，加强城市管理，开展城区公共信息标志专项整治，推进“六城”同创，改善人居环境；其他县市城区按照国家AAAA级旅游景区标准规划建设，提升现有城市建成区品质。

【工程建设项目审批制度改革】 恩施州工程建设项目审批制度改革（以下简称“工改”），实现工程建设项目最多90个工作日完成审批。2019年3月，全州统一部署启动“工改”工作，成立“工改”领导小组，州住建局牵头实施。4—5月，依据国务院办公厅《关于全面开展工程建设项目审批制度改革的实施意见》和住建部《住房和城乡建设部办公厅关于印发工程建设项目审批制度改革实施方案编写要点的函》的规定，参考武汉市“工改”实施方案，恩施州“工改”实施方案形成送审稿并报州司法局进行合法性审查。5月14日副州长张勇强召开各相关部门推进会。5—6月，州“工改”审批系统建设启动。6月29日，州工程建设项目审批管理系统完成网络对接，推送正式数据至国家库。7月4日，省政府办公厅下发《关于印发湖北省工程建设项目审批制度改革实施方案的通知》，依照此文件及省住建厅《关于恩施州工程建设项目审批制度改革实施方案的备核意见》的要求，对“工改”实施方案进行调整，形成《关于报送〈恩施州工程建设项目审批制度改革实施方案〉的请示》，提请州政府审议印发。7月5日，湖北省“工改”实施方案宣贯会在武汉举行，省住建厅厅长李昌海对恩施州“工改”进度、审批流程制定、事项清单梳理、审批管理系统建设等给予肯定，恩施州“工改”进度位列全省前列。7月29日，州政府第46次常务会议审议《恩施州工程建设项目审批制度改革实施方案》，强调要“对接省、网络州、服务县（市）”，工程建设项目审批系统由州政府统一建设，县、市主要是审批系统应用，会议原则同意恩施州工程建设审批改革实施方案，要求按照会议的意见修改后报州政府行文。8月31日，州工程建设项目审批系统完成政府投资类房建、工业项目两类项目的上线试运行。9月6日，《州人民政府办公室关于印发恩施州工程建设项目审批制度改革实施方案的通知》印发。9月30日，恩施州“工改”审批系统与湖北省CA、湖北省政务服务网对接；10月3日，与短信平台对接；10月10日，恩施州“工改”系统正式上线，审批数据上报省审批监管平台，州和恩施市等地区政务服务中心设立“一个窗口”，实现“一窗受理、并联审批、一窗办结”，开展州本级、恩施市、巴东县等地区主要审批部门培训。10月17日，审批系统与恩施州电子证照库对接，10月20日，完成水、电、气等市政公用服务网上报装。12月5日，全州“工改”宣贯会及系统培训会在恩施召开，会议要求自12月10日起，在全州范围正式启用“工改”审批系统。至此，基本实现“全流程、全覆盖”的改革要求，完成“覆盖县、网络州、连接省”的阶段性目标。

【行政许可及服务事项办理】 州住建局行政许可及服务事项共30项，入驻州政务服务中心。至2019年12月底，办结州管工程及高新区项目施工许可证22件，工业项目“先建后验”2件；“安全生产许可证”新申请62件、延期34件、变更41件；办结建筑业企业资质135家企业、311项专业；办结工程监理企业资质事项1件，工程设计企业资质事项7件，质量检测企业资质事项10件，造价咨询企业资质事项3件，建设工程企业资质（包括建筑业、勘察、设计、监理、造价咨询、质量检测）变更8件，房地产暂定资质84项、四级资质46项、房地产经纪机构备案28项、估价机构二级备案1项等。

【深化“放管服”改革】 根据《省人民政府关于进一步优化营商环境的若干意见》《州人民政府办公室印发关于进一步优化营商环境的工作方案（试行）的通知》《恩施州优化营商环境重要指标“百日攻坚”行动方案》要求，结合住建工作职责职能实际，协调相关科室，优化施工许可证、供水、供气办理流程。根据“三集中三到位”的原则，落实“一个领导分管、一个科室审批、一个窗口受理、一站式办结”，局机关30项行政许可及服务事项全部入驻政务服务中心，实现企业和群众办事“只进一扇门、只跑一次路、一次就办好”，优化服务环境。工业建设项目在50个工作日内取得施工许可审批改革，由州住建局负责牵头组织协调和督促指导，按照《省人民政府办公厅关于印发湖北省工业建设项目50个工作日内取得施工许可审批改革工作方案》要求，制定《恩施州工业建设项目50个工作日内取得施工许可审批改革工作方案》，围绕“告知承诺+标准地”以及“五个一”，探索推进产业项目“先建后验”，确保实现工业建设项目50个工作日取得施工许可。至年底，恩施高新区有5个工业项目以先建后验及承诺审批制的方式开工，均在取得土地3个月内开工，项目总投资6亿元，建筑面积24.9万平方米。

【承接消防设计审查验收职责】 根据住建部、应急部《关于做好移交承接建设工程消防设计审查验收职责的通知》要求，恩施州原由消防部门承担的建设工程消防设计审查验收职责移交到住建部门。2019年5月7日，州住建局、州消防救援支队联合下发“建设工程消防设计审查验收职责移交承接”的通知，明确恩施州移交承接时限为4月1日至6月1日。自6月1日起，按照项目属地分级管理的原则，由各县市住建局负责行政区域内的建设工程消防设计审查验收职责。州建设工程质量监督站具体负责州本级建设工程消防验收相关工作，4月15日起，行政审批窗口负责消防设计审查接件受理工作。8月15—16日，组织为期2天全州消防设计审查验收人员培训班。州住建局在完成本级的消防设计审查验收工作外，指导帮扶县市完成16个项目。至年底，全州住建系统累计完成241件建设工程消防设计审查验收工作，其中州本级完成79个。

（郑新民）

建筑业

【概　况】 2019年，全州具有资质等级的总承包和专业承包的建筑企业153家，完成建筑业总产值122.66亿元，比2018年增长3.8%，建筑业增加值66.61亿元，增长1.6%。年末共有各类型各专业的建筑业企业458家，其中一级建筑企业8家，二级建筑企业96家。制定《恩施州住建系统“服务企业提质年”活动实施方案》，开展农民工工资和工程款清欠行动，开展优化工程建设项目审批服务活动，启动推进装配式建筑，组织外出观摩学习；开展建筑工程质量安全提质专项活动，开展住建领域“扫黑除恶”专项斗争，净化企业发展环境。2019年度城镇新增绿色建筑面积134.26万平方米，城镇绿色建筑占新建建筑比例达53.6%，超过国家级生态文明建设示范区比例达50%的指标。全州推广绿色建筑面积740.87万平方米，实施既有居住建筑节能改造30.63万平方米，实施既有公共建筑节能改造2.6万平方米，可再生能源应用面积41.425万平方米，取得绿色建筑评价标识项目4个，新增节能居住建筑面积314.56万平方米，新增节能公共建筑面积33.9万平方米，新增建筑节能能力折算标准煤7.95万吨。

【行业监管】 严把招标文件备案关；推行房屋建筑和市政基础设施工程电子评标；对房屋建筑和市政基础设施工程行业评标专家库进行清理，清退条件不符合的评标专家16人，征集新入库专家112人，并对入库评标专家进行专项培训，招投标投诉率明显下降。出台《恩施州房屋建筑和市政基础设施工程项目关键岗位管理人员到岗履责监督管理办法（试行）》，加强标后人员到岗履职监督检查；2019年6月，采取“双随机”方式对6县2市16个在建工程项目参建各责任主体、检测机构市场行为以及工程实体质量安全进行专项检查；9月，对州级层面直接管理的24个在建项目参建各责任主体市场行为以及保障农民工工资支付四项制度落实情况进行专项检查，将有关情况形成通报，督办各项目整改到位。

【注册人员及资质管理】 严格注册人员入库管理，全部注册人员以“湖北省建筑市场监督与诚信一体化平台”记录公示信息为准。严格执业注册管理，对建造师、监理工程师、造价工程师、勘察设计注册工程师、注册建筑师进行“挂证”清理，全年清理共注销1329个、整改1568个。建立执业注册人员台账，对二级注册建造师“实名认证”进行登记造册。全年办理二级注册建造师初始注册317项；重新注册387项；增项注册150项，二级注册建筑师19项；二级注册结构工程师43项。开展资质动态核查。按照“双随机、一公开”的要求，随机抽查52家三级建筑施工企业，对34家建筑企业注册建造师数量不符合资质标准的，下发责令改正通知书限期整改。

【落实保障农民工工资支付“四项制度”】 严把准备金账户开设关，对接劳动监察部门“恩施州建设领域劳动保障监察信息化管理系统”，全州在建项目开设农民工工资准备金账户658个，准备金账户金额余额2.43亿元，436个项目实行银行代发，累计发放农民工工资18.13亿元，农民工注册在线166090人。

【绿色建材与建筑节能】 2019年，恩施州以湖北省城市建设绿色发展三年行动为契机，推进建材行业绿色发展，建筑节能改造推广、项目管理服务、绿色建筑应用、可再生能源利用等工作取得成效。全年水泥产量518.03万吨，比2018年增加4.51万吨，增加0.9%。全年商品混凝土生产量479.41万立方米，比2018年增加118.7万立方米，增加32.9%。全州共有商品混凝土生产企业35家，建成预拌砂浆生产企业3家，水泥生产企业5家，新型墙材企业10家。开展全州建材行业安全生产与绿色建材申报，推进建材企业安全生产标准化申报，其中有6家建材企业获得绿色建材评价标识证书，4家为三星级新型墙体材料生产企业，2家为二星级预拌混凝土生产企业（2019年度申报成功）。另有3家新型墙体材料生产企业和19家预拌商品混凝土生产企业正在申报绿色建材评价标识。根据机构改革后的职能，履行水泥行业安全监管及错峰生产管理职责，开展建材企业安全生产大检查。执行国家最新颁布实施的《绿色建筑评价标准》（GB/T50378—2019）及湖北省地方标准《绿色建筑设计与工程验收标准》（DB42/T1319—2017），支持建设项目申报绿色建筑评价标识。贯彻落实《州人民政府办公室关于大力发展装配式建筑的意见》，推广应用装配式建筑。落实本州《关于进一步加强建筑节能管理促进绿色建筑发展的通知》，指导各县市完成“十三五”期间建筑节能年度目标任务。结合旧城改造、市容整治、城市“双修”、建筑改扩建等工程，实施既有居住建筑和公共建筑节能改造。出台州建材行业“鼓励发展清单”及“限制发展清单”目录。按照《关于省委第九巡视组反馈工业“腿短”突出问题的整改方案》要求，实施工业企业“稳规、进规”成长工程，淘汰落后产能，化解过剩产能，实施州建材行业鼓励与限制“清单”目录管理。开展2019年勘察设计与建筑节能综合检查。

【组织编制土家吊脚楼建筑行业规范】 2019年，在省厅勘察设计与科技处指导下，配合湖北土司匠人古建筑有限公司完成团体标准草案、图集大纲以及初步调研。图集初稿内容完成35%；完成图书8个章节初稿内容，编写完善剩余章节。

【建筑业安全生产】 根据“全省建筑事故多发”相关应对工作指示安排，印发《恩施州房屋市政工程“百日攻坚”行动实施方案》，召开专题会议，部署安全生产工作；结合军运会、国庆节，印发《关于立即组织开展全州住建系统安全生产督查活动的通知》《关于认真做好全州住建领域“迎大庆 保军运”安全防范工作的通知》，组织开展全州督办检查；落实建设行业专业委员会工作职责，印发《关于加强住建行业校园工程安全生产管理的紧急通知》，明确专委会成员单位责任；按照省政府召开“军运会”安保维稳视频会议要求，及时印发《关于认真做好全州住建系统军运会期间平安稳定工作的紧急通知》；调研、走访所有“一体化”建安施工企业，印发《关于开展全州建筑起重机械设备专项清理淘汰，进一步强化设备安全管理工作通知》，明确行业监管责任、企业主体责任。全年重点围绕春节后复工、易地扶贫搬迁、安全生产月、高温汛期、校园安全、百日攻坚、行业安全、建筑起重机械设备、今冬明春9个方面开展对县市安全生产巡查9次。完成14次46个检查组督办检查，其中由局领导带队检查5次18个检查组、省级专家带队检查4次4个检查组、行业企业专家带队检查4次16个检查组、县市交换检查1次8个检查组。8月以来，应对易地扶贫搬迁工程质量安全、校园安全、旅游安全等，州、县两级建设行业主管部门与监督机构，落实行业安全的综合监管责任，严格督办检查，消除隐患，保持下半年安全生产安全。参与拟报《恩施城区“三绿”攻坚行动实施方案》，配合“以市为主”工作要求，抽调监督员参与“裸土复绿”专班工作落实督导责任，州住建局具体落实州直工地监管，并重点代管实施州高新区市政道路、工业厂房、温泉小镇等重点项目裸土复绿日常监管。全年监管州直在建工地42个，完成日常监督巡查175次，下达日常巡查记录129份，限期整改通知31份，停工整改通知书14份，约谈在建工地5个；参与高支模、深基坑、起重吊装等易垮、坍、倒塌等高风险性危大工程的专项施工方案论证、重点环节监控检查23起，基本控制住项目重大安全隐患，规范企业安全生产不良行为。组织全州建筑施工领域“安全生产月”法律法规、事故案例宣贯培训会，500余人参加规范培训；在龙凤生态城项目召开全州安全文明施工标准化观摩，各工地，部门、企业500余人参加；会同州消防支队开展在建工地现场消防安全培训与应急演练；编制完成《建筑施工安全生产法律法规文件汇编》《恩施州安全文明施工标准化指导手册》，免费发放企业作为指导用书。加强安全生产事故责任追究，对年内发生的4起安全生产事故，开展安全生产条件复核全部定为不合格，上报省住建厅暂扣安全生产许可证60天；对项目施工、监理负责人进行不良行为记录的公示，时间6个月。全年下达检查情况通报4次，通报曝光安全生产违法违规行为项目48个，下达执法建议书20份，报请局党组和分管领导，约谈巴东县、建始县、咸丰县主管部门、在建项目主体单位12个相关责任人30余人。

【项目质量监督】 全州年度在建工程1930个，总建筑面积2290.38万平方米；新开工工程859个，总建筑面积974.17万平方米；竣工工程427个，竣工建筑面积422.32万平方米；工程监督覆盖率100%，一次性验收合格率100%。全州全年未发生重大质量事故，总体质量受到有效控制。

【检测机构管理】 2019年7月1日至8月9日，对全州30余家检测机构及分支机构开展全面排查并进行通报，加强对建设工程质量检测机构的监督管理，查处在建设工程质量检测活动中提供虚假检测数据和虚假检测报告等违法违规行为，形成企业自治、行业自律、政府监管、社会监督的格局。按照省住建厅《关于加强工程质量检测信息化管理的通知》要求，恩施市于6月1日开始率先全面实行检测样品二维码唯一性标识，全州至8月1日，除个别县市外均已执行见证取样“二维码”技术，保证建筑材料、制品、构配件等送检样品的真实性。

【易地扶贫搬迁工程质量监督】 下发《关于进一步做好易地扶贫搬迁工程质量安全监督管理工作的指导意见》《州委巡察、州对县市考核及州级督战发现易迁工程质量安全问题整改工作方案》，转发省住建厅《关于开展易地扶贫搬迁工程质量安全集中排查工作的通知》，对易地扶贫搬迁工程在建设过程中、验收环节及交房后质量回访保修等方面提出明确指导意见，确保易地扶贫搬迁工程质量总体受控，安全态势平稳。分别于3月、7月、9月、11月4次对全州易地扶贫搬迁安置点质量进行抽查，对存在质量问题现场交办当地质量监督部门落实整改，对检查的情况进行全州通报，加强对县市易地扶贫搬迁质量问题整改清零的监督指导。至年底，全州除巴东、建始县外，其他县市完成易地扶贫搬迁工程建设任务。全州各县市开展检查54次，其中开展全覆盖排查易地扶贫搬迁工程（包括集中安置点和分散安置点）1次，开展全覆盖排查易地扶贫搬迁集中安置点（共1594个）1次。

（郑新民）

房地产业

【概　况】 全年全州商品房施工面积1448.82万

平方米，比上年下降2.4%；竣工面积73.33万平方米，下降28%；销售面积341.67万平方米，增长0.1%；待售面积34.56万平方米，下降33%。全年商品房销售额181.40亿元，增长6.4%，其中，住宅销售额165.79亿元。全年完成房地产开发投资146.2亿元，同比上升11.8%。州城普通住宅销售均价5862元/平方米，同比下降1.56%。截至年底，全州有房地产企业793家，其中房地产开发企业415家，一级资质1家，二级资质7家，三级资质31家，四级及暂定资质376家；物业服务企业230家；经纪机构141家；估价机构7家。开展“服务企业提质年”行动，引进碧桂园、恒大、中梁、奥山等一大批企业入驻州内投资房地产，培育恩施众信、利川时代置业、建始阳光、来凤海玉等众多本土房地产开发企业。依据《房地产开发企业资质管理规定》《恩施州房地产经纪机构管理办法》等规定，加强事中事后监管，开展全州房地企业和中介机构年度监督检查。依据《恩施州物业服务企业信用年度评价暂行办法》，对物业服务企业2018—2019年信用情况开展评价。2019年3月，向州委、州政府提交《关于恩施州房地产业运行情况报告》；修改上报《恩施州人民政府关于促进房地产市场稳定健康发展实施方案》，制定建立租购并举的住房制度的7条措施，州政府于4月15日印发。为州委常委会9月10日、10月10日两次研究房地产工作和11月19日州长调研房地产及相关专题会提供资料。

【房地产市场监测分析】 2019年，加强房地产市场监测分析。对8个县市房地产市场实行监测月报，坚持房地产交易信息日报制度，对每个县市的新建商品房供应情况、新建商品房成交情况、存量房成交情况进行统计监测，掌握市场运行情况。贯彻落实中央和省、州关于防范化解重大风险的决策部署，坚持“房子是用来住的，不是用来炒的”定位，多措并举防范化解房地产领域风险，化解逾期交房、逾期办证、质量纠纷、车位租售、物业服务纠纷等问题，促进市场平稳健康发展。

【房地产领域防范金融风险】 2019年，制定下发《2019年全州房地产领域防范非法集资等金融风险宣传活动方案》《恩施州政府关于防范化解房地产市场风险专项方案》。5月，下发《关于加强房地产市场风险隐患排查化解的通知》，督促指导各县市持续整顿规范房地产市场，再次排查化解风险隐患，建立排查季报制度，建立排查化解台账。印发《关于推进全州房地产领域重大涉稳风险隐患化解的工作方案》，会同各县市迅速安排部署“双签双交”的隐患问题化解，加强对交办问题项目办理情况的跟踪督办。指导督促县市实行一个项目问题、一名领导、一个专班、一套措施、一抓到底的“五个一”措施，落实责任单位和责任人，落实“包化解、包处置、包稳控、包到底”的“四包”任务。指导县市妥善处置烂尾楼盘，采取一案一策，对症施策解决遗留问题。来凤凤仪佳苑项目办理竣工验收备案证，大部分业主装修入住，正在办理不动产初始登记手续；鹤峰观天下项目通过破产清算依法化解，二期开发领取“建设工程施工许可证”，8月30日开工建设，该项目的成功化解经验编入省住建厅《解决群众反映突出问题典型案例资料汇编》；恩施金易中央公园通过法院指定管理人进行破产重整复工建设，414户业主有300户办理接房手续；利川腾龙金港、巴东山水龙城、咸丰丰润嘉园等项目得以有效处置，确保购房人合法权益。7—9月开展老旧建筑安全排查，加强城市老旧建筑安全管理，坚决防止垮塌事故发生。

【恩施州个人住房信息系统运行】 恩施州个人住房信息系统基本建成，局机房总计有12台服务器正常运行，新建商品房及二手房的交易日报月报正常自动上报。8个县市的数据迁移工作全部完成，2019年11月8日通过验收。12月23日、24日分期对县市管理人员、房地产企业操作人员进行培训。

【开展房地产市场整治】 根据《湖北省治理房地产市场乱象专项行动工作方案》和《恩施州排查整治房地产市场乱象百日攻坚行动方案》精神，持续对发布虚假房源信息和广告，通过捏造或者散布涨价信息等方式恶意炒作、哄抬房价等31种违规行为进行整治。完善商品房预售许可、商品房广告发布、交易合同网签备案、交易资金监管、交易场所明码标价、中介机构备案、企业信用管理等房地产市场监管措施。根据住建部等六部委和省六厅局的部署，在“不忘初心、牢记使命”主题教育中开展专项整治住房租赁中介机构乱象工作。会同市场监督、公安、发改等部门制专项整治工作方案，公布6个部门的举报电话。会同州市场监督局召开全州房地产业、汽车销售业合同格式条款及房地产广告警示整改视频会。组织房地产业协会开展自律自查工作。查处并上报3个典型案例。进行领导干部房产信息核查，落实住建部、省住建厅、州委组织部委托的房产信息查核任务，为恩施州各级换届工作奠定基础。

【2019恩施房地产展示交易会】 2019年12月20—24日，州住建局、恩施市人民政府在州文化中心主办2019恩施房地产展示交易会。网签合同1501套，成交面积17.83万平方米，成交金额111908万元。本届房交会吸引恒大、碧桂园、交投·逸晴湾、龙凤生态城、恩施玺悦、新湖·巴山春晓、中国女儿城·清江新城、恩施飞洋紫郡、中梁·国宾壹号、广银海棠湾、意利·翠湖香榭、武建中港城、意利时代等35家实力房企携各自精品项目参展。购房者在12月13—31日期间成交的住房和商铺，签订《恩施州商品房买卖合同》并加盖“2019年房交会”专用章，均可享受政府全额代缴住房维修基金的优惠。州、市的住建、公积金中心等相关部门的工作人员在现场办公，为购房者解答疑问。房交会期间，除楼盘推出各种的活动外，组委会还举办第四代建筑展、全州房地产管理信息系统培训、全州物业服务企业信用评价系统培训等主题活动。20日，2019年恩施市房地产第一次联席会议暨政企对接会举行召开。23日，2019年恩施土地推介会召开；州建局召开全州房地产管理系统培训会。会议期间还穿插老年大学文艺演出、快闪、平衡车赛等活动。

（郑新民）

城乡建设

【概　况】 恩施州先后获评首批国家全域旅游示范区、国家级生态文明建设示范区，3个县市获得国家级园林城市称号，各县市创建省级园林城市实现全覆盖。2019年集中开展“市容环境整治、道路交通通畅、空气质量改善、“两违”清理整治、城市文明提升”5个专项行动，以及“一把扫帚扫到底”“城市管理攻坚月”活动，提升城市面貌及功能。全州村镇建设抢抓湖北省武陵山少数民族经济社会发展试验区建设机遇，以乡镇生活污水治理和垃圾无害化处理为载体，开展“擦亮小城镇”行动，持续实施农村危房改造。全年办理关于城乡建设的州八届人大三次会议建议主办件2件，会办件4件；州政协八届三次会议提案主办件2件，会办件3件。

【城镇供水节水】 组织城镇供水工作专项督查1次、召开全州供水专题会议1次，指导县市加强供水安全管理、加快备用水源建设、加强二次供水监管。督导各县市城市供水主管部门和企业，严格落实出厂水常规42项指标项目每月检测制度，全年未发生供水水质不达标问题。督促各县市制定管网漏损控制措施，实施城区老旧管网改造，加强水表计量管理和及时更换老旧水表，逐年降低管网漏损率。2019年全州累计建设城区公共供水管网120千米。全州供水企业优化营商环境，实现供水报装接入办理时间压缩至5个工作日，用水报装服务进入当地政务中心“市民之家”大厅。指导督办各县市加快备用水源建设，来凤县建成备用水源，恩施市、建始县、宣恩县正在施工，利川市、巴东县、咸丰县、鹤峰县在进行前期筹备。

【城镇老旧小区改造】 将402个老旧小区列入改造计划，成功申报29个小区列入中央补助支持，10个小区纳入省级老旧小区改造试点。对全州老旧小区开展全面排查，初步摸清老旧小区的数量、建设年代、面积、栋数、户数、人口、房屋结构、居民改造意愿和物业管理等基本情况，按照“实施一批、谋划一批、储备一批”的原则，确定改造总体目标和年度目标任务项目库。2019年，27个老旧小区改造项目申报中央财政城镇保障性安居工程专项资金，涉及4950户、357栋、31个小区，获得4901万元中央补助资金。积极申报2020年中央补助，谋划92个项目，45037户、1811栋，涉及建筑面积486万平方米，225个小区。2019年5月16—17日，组织8个县市住建系统分管领导、相关业务骨干到宜昌市，参观4个改造完成的老旧小区。巴东县组织社区居委会和居民代表到宜昌市进行考察。州政府办公室印发《恩施州城镇老旧小区实施方案》，建立联席会议制度，建立工作进展月报机制，对项目实行台账管理。2019年全州计划开工29个城镇老旧小区改造项目，年内建始县、宣恩县的改造项目开工，巴东县进行招投标公示，恩施市开展前期工作。

【城乡建设重点项目谋划和推进】 落实省厅计财处要求，编制2019年全州城乡建设重点项目清单，按月督办项目进展。完成州政府下达的195亿元的固定资产投资目标任务。完成省厅计财处安排的全省住建领域项目谋划和推进工作，除鹤峰住建及部分城管部门外，重大项目均入库。

【以奖代补资金、中央预算内补助资金审核申报】 完成2018年度全州城乡建设与发展以奖代补资金执行情况汇总并上报省厅；汇总审核申报2019年度全州城乡建设与发展以奖代补资金，获得以奖代补资金1065万元。完成申报城市排水防涝设施建设2019年中央预算内投资计划，共申报5个县市的项目投资4亿元。完成2019年、2020年的中央财政投资计划2项申报工作，2019年全州共获得中央财政城镇保障性安居工程专项资金4901万元，保障性安居工程中央财政预算内投资382万元。

【农村危房改造】 2019年，省住建厅、财政厅分两批下达恩施州危房改造计划，共18813户。目标任务下达后，迅速指导各县市、督导各乡镇召开专题会议组织实施。经共同努力，年底全州总计完成“四类对象”农村危房改造24270户（省级下达任务18813户，县市自筹资金解决5457户），全面完成年度工作任务。实现全州危房清零阶段性工作目标，得到省住建厅的肯定，10月安排《湖北日报》记者采访推介。

【乡镇生活污水治理】 全州纳入省政府考核目标的77个建制乡镇，计划建设污水处理厂76个，建管网的1个（只需接入城区污水处理厂）；76座处理厂总处理规模为8.11万吨/日。至年底，76座生活污水处理厂全部建成通水；主干管设计总长度890.55千米，全部完工；接通住户管网设计长度665.68千米全部完工；全州计划接户112890万户，完成接户111482户，接户完成占比98.75%。

【农村生活垃圾治理】 全州77个乡镇生活垃圾中转站，设计总转运能力2618吨/天，全部建成投入运行，平均日转运处理垃圾2300吨。全州42个非正规垃圾堆放点完成规范销号任务。全州选取24个村作为州级试点，推进农村垃圾分类治理工作。全州所有行政村对照“五有”标准开展垃圾无害化处理工作。2019 年 5 月完成州级农村垃圾治理验收，7 月中旬以州政府名义向省住建厅申请农村垃圾治理验收。

【"擦亮小城镇"活动】 在省级试点的基础上，在全州以集镇垃圾治理、污水治理、秩序整治为抓手，结合人居环境提升和"六城同创"，全面开展"擦亮小城镇"活动，建设一批舒适宜居、具有土苗民族特色的美丽城镇。全州集镇面貌改善，城镇功能更加完善，生态环境更加宜居。成功申报恩施市白杨坪镇、利川市谋道镇、宣恩县椒园镇列入省级第一批试点名单。并积极申请恩施市沙地乡、巴东县沿渡河镇列入第二批省级试点。

（郑新民）

城镇燃气管理

【概　况】 2019 年，全州城镇燃气企业总数 57 家，其中 23 家天然气企业，34 家液化气企业；全年总供气量 1.94 亿立方米，石油液化气 8400 吨。州住建局认真履行业监管职责，安全生产围绕"规范管理、安全至上、保障供应、提升服务"四大目标，全面落实燃气企业主体责任。5 月 31 日，州燃安委办召开全州燃气安全生产座谈会，传达学习省住建厅、省城镇燃气安全生产专业委员会及州安全生产委员会的燃气安全生产会议文件精神，对前期开展的燃气安全生产大检查专项行动进行阶段性总结，对燃气安全生产隐患大排查大整治大会战行动进行再次动员和部署。8 月 14 日，州住建局召开 2019 年房屋市政工程安全生产"百日攻坚"行动及行业安全生产形势分析通报会，州城镇燃气安全生产专业委员会办公室将 8 月初督查全州城镇燃气安全发现隐患问题进行现场交办。11 月 13 日，州城镇燃气安全生产专业委员会办公室（8 月 28 日调整名称）牵头联合州市场监管局，召开全州气瓶信息化管理工作会议，宣传贯彻《全州推进液化石油气气瓶信息化管理工作方案》。

【燃气行业监管】 履行行业部门监管职责，落实燃气企业安全生产责任。州燃安委办先后制定《州城镇燃气安全生产大检查专项行动方案》《燃气安全生产隐患大排查大整治大会战行动方案》。各县市结合实际，分别制定本辖区内的行动方案，组织各成员单位开展大检查和整治行动。开展全州燃气企业防雷设施全覆盖安全检测、液化气钢瓶安全大排查、燃气场站与人员密集场所安全隐患大检查。针对发现的燃气企业安全生产隐患，各成员单位健全隐患台账，下发整改建议书，督促燃气企业加大投入，落实整改措施、责任人、整改时限迅速整改。注重日常监管的同时，在军运会会期、中秋国庆节等重大活动特殊时期，加强督办检查力度。2019 年 8 月，省、州燃安委办对各县市的燃气安全生产开展督查检查。9 月，州燃安委办聘请燃气行业专家，对全州的燃气安全生产进行督查检查，现场交办发现的问题，督促企业按整改要求落实。10 月 3 日，州燃安委会第一主任、副州长张勇强，督查宣恩民生天然气公司安全生产。12 月 19 日，张勇强在调研住建工作、燃气安全工作期间，督查宣恩县椒园液化气站抓好燃气安全。年内全州检查排查燃气安全隐患 967 处，下发限期整改通知书 119 份，查处违规经营液化气"黑气点"2 处，查扣钢瓶 231 只，充装设备 3 台，液化气 400 公斤，暂扣运输车辆一台，移交公安部门 4 人，关停"黑气点"2 处，对 2 家液化气企业违法行为罚款 4.02 万元，关停 1 家有安全隐患的金昇物贸有限责任公司四海液化气站。

【城镇燃气管网建设】 州住建局制定《恩施州天然气乡镇全覆盖五年攻坚行动实施方案》，各县市按照"规划主导，市场运作，平等协商，共同推进，惠及于民"原则，坚持"宜管则管""宜罐则罐"，鼓励燃气企业通过多种方式，将燃气利用加快延伸到乡镇，实施天然气全覆盖乡镇工程。2019年，6个乡镇（高坪镇、椒园镇、沙道沟镇、屯堡乡、沐抚办事处、曲江镇）实现通气；有9个乡镇（红岩寺镇、花坪镇、长梁镇、万寨乡、三胡乡、百福司镇、坪坝营镇、大路坝区、黄金洞乡）埋设天然气管道。加快老旧管网改造，其中利川市改造老旧管网1.6万米。州住建局与州发改委能源办配合，争取上级的天然气利用工程的资金支持，2019年在省能源办争取项目资金450万元，奖励实施项目推进较快的企业。

【天然气供应】 针对州内天然气供求季节性变化的现实，供应量在用气高峰时段不能满足需求增长问题，州住建局修订和完善天然气应急保供预案，指导各燃气公司制订季节性应急调峰预案，成立保供领导小组，统一指挥和协调季节性用气高峰供气保障。根据用气量的缺口大小，及时启动不同级别的响应措施。提前与大用户签订季节性调峰协议；加强调峰用户“清单化”管理，当供气矛盾突出时执行“压非保民”措施，有序关停不同等级的用户。指导各燃气企业主动协调上游气源单位，争取足量的用气指标，有序应对季节性用气高峰时气源不足。做好应急气源的储存、科学调配。

【燃气使用服务】 2019年6月19日，下发《关于规范全州燃气报装流程提升企业服务质量的通知》，统一全州燃气报装流程环节及相关时限，并对有关事项具体说明。督导各燃气公司增加多种便民缴费方式，提升业务窗口服务水平。州、县市燃安委办根据年度工作计划，组织燃气从业人员岗位技能培训考核。督促各燃气企业开展燃气法规、安全和日常管理等员工业务继续教育，通过抽查检查和反馈，各企业基本做到人人持证上岗。各县市燃气办根据工作需要，相应组织开展燃气从业人员、管理岗位等继续教育学习活动。州燃气办在召开全州燃气安全生产管理工作座谈会时，组织各县市燃气办负责人和燃气企业负责人进行行业交流。将恩施职业技术学院和武汉燃气热力学校作为恩施州燃气从业人员考核机构，上报省城建培训中心获得通过。4月和7月组织341人次的燃气从业人员技能培训考核。

【燃气安全宣传教育】 2019年6月16日，州住建局、州燃安委办、州消防支队联合开展安全生产月“616”咨询日活动，恩施市燃气办及州城4家天然气公司现场发放燃气安全使用宣传册，消防人员进行处置突发情况演练。6月17日，在全国第18个安全生产月“防风险除隐患遏事故”系列活动及恩施州“安全生产楚天行”暨安全宣传咨询日活动中，州、市燃气管理部门与燃气公司现场发放宣传册3000份，印有燃气安全用气的宣传购物袋1000个。全年全州共计发放燃气安全宣传手册5万份，集中宣传2.8万人次，通过校园传单方式宣传7万人次，群发燃气安全宣传短信38万条，发放安全用气宣传资料2.08万份，宣传横幅40余条，宣传展牌40余个。各燃安委成员单位加强宣传力度：恩施市利用硒都燃气微信公众号，宣传通报大检查专项行动相关情况；利川市召开各乡镇分管安全生产领导、各燃气企业负责人督办会；公安部门年内拍摄2部燃气安全宣传短视频；消防部门通过“双随机，一公开”监管手段，在消防宣传平台上对发现安全隐患的企业公开曝光；《恩施晚报》针对季节性用气特点，适时专题专栏宣传安全用气常识。

（郑新民）

生态环境

自然资源管理

【概　况】 2019年，恩施州机构改革，组建州自然资源和规划局，将州国土资源局、州城乡规划管理局以及州发改委的组织编制主体功能区规划职责，州水利水产局的水资源调查和确权登记管理职责，州林业局的森林、湿地等资源调查和确权登记管理职责，州畜牧兽医局的草原资源调查和确权登记管理职责整合，为州政府工作部门。机构改革后，州自然资源和规划局统一行使恩施州全民所有自然资源资产所有者职责，统一行使所有国土空间用途管制和生态保护修复职责，加强统筹设计，发挥国土空间规划的管控作用，推进规划选址和用地预审事项整合，为保护和合理开发利用自然资源提供科学指引；加强自然资源的保护和合理开发利用，建立健全源头保护和全过程修复治理相结合的工作机制，实现整体保护、系统修复、综合治理；创新激励约束并举的制度措施，推进自然资源节约集约利用。全年围绕“两统一”（统一行使全民所有自然资源资产所有者职责，统一行使所有国土空间用途管制和生态保护修复职责）核心职能为州域经济社会发展提供资源要素保障。压缩办结时限，用地报批资料符合要求的前提下实现“三人审签，三天办结”；按“一地一策”的思路妥善解决实体经济企业不动产登记办证难，破解实体经济企业融资难题，建成并启用不动产登记汇交监管平台、启动“互联网+不动产登记”信息平台建设。

【自然资源规划审批】 2019年，建成并启用建设工程规划许可电子报批系统，征收城市基础设施配套费1.3亿元。推进“多审合一、多证合一”，探索整合建设用地供应和建设用地规划许可、乡村建设用地审批和乡村建设规划许可，加强建设用地报批前的规划审查，统一资料清单、证书制作及附图附件样式；精简下放审批权，自2019年8月29日下放恩施市城市规划区内（州高新区管辖范围除外）工业（仓储）项目规划审批事项。

【国土空间用途管制】 实行重点项目工作专班服务机制，项目“导游”全程对接122个省州重点项目，没有因自然资源和规划部门因素影响项目推进。构建高新区审批服务快速反应机制，实现工业用地审批“园区不出园”，恩施高新区节约集约用地评价成果全省排名第四。开展基准地价更新，全州工业用地级别和价格实现双降。州土地收购储备中心收储土地188.32公顷，出让土地12宗，面积51.29公顷，收益11.18亿元。

【耕地保护监督】 完善耕地保护责任考核体系，执行最严格的耕地保护制度，将耕地保护纳入县市政府及州直机关目标责任制考核内容，落实36.28万公顷耕地保有量，29.29万公顷基本农田保护目标任务。根据《自然资源部　农业农村部关于加强和改进永久基本农田保护工作的通知》

和《省自然资源厅 省农业农村厅关于全面推进永久基本农田储备区建设的通知》有关规定，下发工作通知，指导各县市充分结合“三调”阶段成果，分析基本农田流量情况，形成永久基本农田储备区划定成果，2019年10月底，通过专家论证，全州划定储备区18.50公顷，达到永久基本农田保护任务的4.21%。按照《州人民政府办公室关于拓宽补充耕地途径落实耕地占补平衡的通知》精神，推进全州占补平衡项目工作，验收3个县市34个子项目，实际新增耕地774.41公顷，其中水田121.93公顷（利川市验收35.87公顷，其中水田28.65公顷；建始县验收300.08公顷，其中水田5.36公顷；咸丰县验收438.46公顷，其中水田87.92公顷）。通过省级备案形成补充耕地指标196.15公顷，其中水田31.45公顷，粮食产能1541559.6公斤。2019年审查使用补充耕地指标挂钩建设用地项目35个批次，占用耕地面积73.11公顷，其中占用水田10.08公顷，粮食产能578476.5公斤，全部落实补充相同数量和质量的耕地，确保全州的耕地占补平衡落到实处。

【国土空间生态修复】 落实环保督察整改任务。2018年省第四环保督察组反馈问题整改涉及环境恢复治理的220家矿山，全系统合力完成整改任务，报专项指挥办销号。煤矿地质环境恢复治理及备用金退还。全州省下拨地质环境恢复治理备用金94家，下拨金额2.15亿元，其中退还备用金55家，退还金额1.54亿元，未退还39家，未退还金额0.61亿元。未退还39家有12家矿山返还部分备用金，正在实施地质环境恢复治理工程，待地质环境恢复治理工程完工后核查验收通过返还剩余的备用金；15家矿山还未办理备用金返还和转基金手续；12家被法院冻结。实施山水林田湖草生态保护修复试点项目。根据《湖北长江三峡地区山水林田湖草生态保护修复工程试点实施方案》要求，在巴东县推进实施山水林田湖草生态保护修复试点工程，试点项目主要包含库岸修复、地灾治理、垃圾污水处理、生态农业、矿山修复五大类，具体细分为18小项，估算总投资14.56亿元，其中申请中央补助资金1.9亿元，地方投资12.66亿元，主要来源于地方统筹（含地方债券）、银行贷款、社会资本投入和争取的省、州专项资金。2019年度绩效总体目标为完成投资6.07亿元，所有项目均启动前期工作，开工项目数量15个。开展长江干支流10千米范围内废弃露天矿山生态修复。按照《自然资源部关于开展长江经济带废弃露天矿山生态修复工作的通知》部署安排，编制《2019—2020年恩施土家族苗族自治州废弃露天矿山生态修复实施方案》，获中央重点生态保护修复治理专项资金1955万元，用于恩施州长江干支流10千米范围内71个废弃露天矿山，涉及面积265.88公顷的生态修复。资金落实到位并分配到各相关县市，正在按照“一矿一策”的要求编制评审施工设计方案。

【自然资源开发利用】 全州供应建设用地1641宗，面积1008.51公顷（新增357.45公顷），成交价款62.02亿元，其中招拍挂出让276宗，面积417.85公顷，出让价款56.75亿元；协议出让1103宗，面积95.60公顷，出让价款5.27亿元；划拨出让262宗，面积495.06公顷。2019年度省厅下达恩施州2009—2016年度批而未供土地处置任务基数1483.47公顷，全州实际消化批而未供土地795.05公顷（其中供地580.98公顷，撤销、撤回、调整批文214.07公顷），消化处置率44.36%，超额完成省厅下达的消化处置任务。省厅下达恩施州年度闲置土地消化处置任务基数677.32公顷，全年消化处置闲置土地566.23公顷，消化处置率83.59%，超额完成省厅下达的消化处置任务。

【自然资源确权登记】 推进不动产登记改革，优化不动产登记办理流程，全面缩减不动产登记办理时限。实现二手房转移登记和一般抵押登记1个工作日办结，新建商品房转移登记2个工作日办结，涉及实体经济企业不动产登记3个工作日办结。化解不动产登记历史遗留问题，解决66个房地产项目“办证难”问题。2019年全州办理不动产权证书96623本，不动产权证明76234份。推进房地一体“三权”确权登记发证工作，全州完成房地一体调查宅基地109万宗（含房屋补充调查），调查宗地面积17740.4公顷，调查房屋面积28581.75公顷；调查集体建设用地9081宗（含房屋补充调查），调查宗地面积330.41公顷，调查房屋面积373.42公顷，外业进度全面完成，正在进行内业建库、资料整理归档工作。全面启动河流和水利工程划界确权工作，根据部、省有关要求，巴东县政府发布《关于开展长江干流自然资源所有权首次登记的通告》。

【第三次土地调查】 根据国家统一安排部署，恩施州第三次土地调查领导小组办公室完成州级技术服务及监理单位招投标工作，在技术单位支持下，完成州级技术培训、县市试点验收等工作，为各县市全面铺开外业调查打下基础。领导小组办公室及技术协作单位安排专人、专车，轮流到各县市进行技术指导和督办检查，及时传达部、省最新调查要求和技术规程。实地开展检查，及时发现问题并加以整改，杜绝大面积返工现象，在抓好进度的同时有效保证恩施州调查成果质量。恩施州8个县市均按时完成外业调查及内业建库任务，通过省级4轮内外业核查和国家级内业核查。8个县市国家级内业核查全县差错率均低于1%（其中恩施市0.83%、利川市0.39%、建始县0.80%、巴东县0.41%、宣恩县0.46%、咸丰县0.44%、来凤县0.12%、鹤峰县0.25%），国家级核查反馈问题下发，12月15日，各县市完成申诉及整改工作，将整改成果上报省厅，开展统一时点更新及2019年度变更调查工作。

【全域硒资源普查】 2019年，恩施州土地质量地球化学评价暨土壤硒资源普查工作完成全部野外工作，采集土壤、农作物、岩石、灌溉水、大气沉降等各类样品95662件，普查总面积17050平方千米，为编制成果报告提供翔实数据基础。

【矿产资源管理】 依法依规审批矿业权，为10家矿山企业颁发“采矿许可证”（新立登记1宗、延续5宗、变更4宗），其中4家为饰面用灰岩矿，4家为方解石矿，1家为耐火黏土矿，1家为重晶石矿；推进矿业权出让制度改革，形成《恩施州矿业权出让制度改革工作实施办法（征求意见稿）》；开展试点，推进“净矿业权”出让，全州有5个采矿权按“净采矿权”要求完成挂牌出让工作；以点带面，恩施州部分矿山推进绿色矿山建设；加大建筑石料市场供应能力，制定《恩施州自然资源和规划局关于加强建筑石料矿业权管理和综合利用提高建筑石料市场供应能力的工作方案》。

【地灾防治】 抓实地灾防治“四位一体”网格化管理，成功预报鹤峰县南渡江滑坡。地质灾害综合防治体系建设工作进展顺利，争取项目资金2.4亿元，启动建设15个地灾治理和监测预警项目。

【测绘地理信息】 按照测绘资质标准要求，履行初审职责。2019年受理完成修改数据29项、基本信息变更8项、资质升级4项、新申请资质业务3项等测绘资质初审业务。按照《省自然资源厅关于开展2019年测绘资质“双随机、一公开”监督检查工作的通知》要求，结合州测绘资质管理工作实际，对州测绘资质单位开展2019年测绘资质“双随机、一公开”监督检查。8—10月，在全州统一开展地图监管，8月29日，结合测绘法宣传日活动，组织开展第16个全国测绘法宣传日进校园活动。完成原规划局办公系统和国土局办公系统的整合工作，开展系统更新、安装、培训等服务。启动“一张图”二期工程项目、恩施州城三维模型更新及单体语义化建设等工作。

【依法行政】 制定《全面推行行政执法公示制度执法全过程记录制度重大执法决定法制审核制度实施方案》，建立联合惩戒机制。按照省厅统一要求，按时上报全系统联合惩戒案例汇总表，全年报送40份。全年受理27件信息公开申请，办结26件，剩余1件正在办理中；建立法律顾问制度，明确要求法律服务所具体负责本单位法律服务招投标的组织、协调、资料准备工作，做好法律服务协议的审定，重大事项会商的召集和记录。

【行政复议与行政应诉】 全年收到行政复议申请21件，依法受理19件，不予受理1件，主动撤销申请1件，按期办结18件，剩余3件正在办理。全年收到行政诉讼10件，其中有2件是2018年结转，开庭8件，撤诉2件，下行政裁定书8件。

【来信来访】 全年办理来信来访140件，所有信访事项得到及时调解和处理，做到件件有落实，件件有回音。全年办理上级交办转办件165件，其中州委、州政府“双交双签”19件，州信访局交办25、州领导包案7件，“不忘初心、牢记使命”主题教育领导小组办公室交办6件，省厅交办6件，省厅转办100件，州纪委转办1件，州人大转办1件，均在规定的时间内办结到位。

【法治宣传教育】 开展“七五”普法宣传，全面完成中期普法任务；坚持正面宣传引导，利用重点时间节点开展宣传咨询活动。全系统书写永久性标语194条，建大型户外宣传牌9块，发放各类宣传资料5000余份，发放法律法规书籍3000余册，解答广大群众咨询16批5228人次。

【开展卫片执法检查】 自然资源部下发恩施州2018年年度遥感监测土地图斑2031个，面积1371.93公顷（耕地688.14公顷）。经各县市核查整改，全州全口径违法比例为10.1%，占耕比为4.62%。自然资源部下发恩施州2018年疑似违法矿产图斑20个，经过现场核查，确定违法矿产图斑5个，全部查处结案；实地伪变化14个，合法1个。前三季度自然资源部下发恩施州土地卫片图斑2262个，面积1737.68公顷（耕地515.74公顷）。经各县市核查举证，合法图斑1343个，面积1074.12公顷（耕地面积287.27公顷）；违法图斑236个，面积62.08公顷（耕地面积25.78公顷）；其他图斑859个。全州全口径违法比例5.46%，占耕比8.25%。自然资源部下发恩施州前三季度疑似违法矿产卫片图斑46个，经各县市核查举证，其中合法图斑13个，伪变化图斑29个，违法图斑4个，全部立案查处。

【“大棚房”问题清理整治】 全州确定并上报“大棚房”问题项目16个，需拆除复耕问题项目13个，占用耕地面积1.33公顷，拆除违法违规建筑19宗，恢复耕地面积1.4公顷，在规定时间内全部整改并销号；需完善手续项目2个，审批并出让供地；需立案处理项目1个，查处到位。

【违建别墅问题清查整治】 全州出动1270人（次），组成180个清查小组，对重点区域进行三轮全面排查清理，排查项目图斑（地块）19447个。经过各县市核查认定，属于违建别墅问题图斑15个，面积1.29公顷，建筑面积9274.65平方米。全州核查认定的15个29栋35套违建别墅问题全部整改到位，通过州级验收。

【违法违规案件查处】 严厉打击违法违规用地行为，全年巡查发现违法案件10件，面积1.1公顷（耕地面积6.3公顷），现场制止违建行为9起，面积0.9公顷（耕地面积0.42公顷）。

【行业扶贫】 运用行业政策助力脱贫攻坚，实施城乡建设用地增减挂钩项目，批复项目221个，立项节余指标10286.67公顷，验收形成节余指标6193.33公顷。2019年交易增减挂指标766.67公顷，收益35.14亿元，为脱贫攻坚提供资金保障。

【城市规划编制】 2019年，州自然资源和规划局启动《恩施州国土空间总体规划（2019—2035）》《恩施市国土空间总体规划（2019—2035）》；完成宣恩县城市总规、建始县城市总规、鹤峰县城市总规的报批工作，为城市控规、各类专项规划、乡镇总规、村庄规划的编制、修订、实施提供法定依据。加快各县市城区控规的编制，对州城控规分区进行重新划分，合并确定为12个片区，州高新区东区（金子坝片区）、西区（松树坪片区）及青树林片区3个片区控制性规划编制通过州政府审批，龙凤新区及枫香坪片区形成规划成果报州政府审批，黄泥坝、小渡船等7个片区控规正在修改中。推进县市城区专项规划编制，提升城区综合服务功能，完成《恩施市中心城区房地产市场研究报告》《恩施市中心城区地下空间专项规划》6个专项规划编制工作。

【城镇乡村规划形成特色】 统筹推进乡镇和村庄规划编制做特做美。全州83个乡镇完成总体规划编制，覆盖率100%，全州有1090个行政村编制村庄规划，其余行政村明确农村居民建房建设管理要求。全面完成2019年度全州101个美丽乡村示范村的村庄规划编制工作。编制完成《恩施州村庄规划编制技术手册（试行）》，为后续美丽乡村规划编制提供指导。完成《恩施市中心城区城市设计》的报批工作。完成《恩施许家坪机场航行服务程序净空保护区域一体化图》的绘制工作及使用管理办法的编制工作，为恩施机场的航行安全提供保障。开展《恩施机场迁建选址规划与交通分析报告》编制工作，为政府决策提供建议。委托上海复旦规划建筑设计研究院完成《施州古城复兴及旅游规划详细设计》编制工作，为古城复兴后续项目实施提供基础。完成《摩天岭历史文化公园修建性详细规划及工程设计》编制并交市政府实施。

【生态环境规划】 贯彻《恩施州山体保护条例》，完成《恩施市中心城区山体保护专项规划及法定图则（2019年修改）》的编制工作，正报市政府审查，待市人大常委会审议后报州政府审批。提升城市公园品质。开展《恩施市中心城区山体开挖及生态修复技术指引》编制工作，为后续建设中山体开挖、回填及山体修复等提供技术指引。按照“300米见绿、500米见园”的要求，完成《恩施市中心城区社区公园专项规划》编制工作，并交市政府逐年实施。

【实施“城市棚改”】 抓住国家棚户区改造政策的最后三年机遇期，会同恩施市政府启动《恩施市中心城区旧城改造近期实施规划》编制。制订州城中心城区旧城及棚户区（含城中村）改造近期实施规划，开展6个片区规划设计方案，其中5个片区审议通过，交由恩施市政府实施。实施“城市出行”工程。编制完成《恩施市中心城区交通问题研究及停车设施专项规划》《恩施市中心城区绿道系统专项规划》。实施“城市智慧”工程。推进城市综合管廊和海绵城市建设，编制完成地下综合管廊专项规划，在恩施市高旗大道二标段工程进行试点建设。

（黄世楚）

水　文

【概　况】 2019年，州水文局为各级防汛部门、服务单位及社会公众提供准确的水文基础数据。全年发送水雨情信息700万余条，20分钟到报率达95%以上，缺报率在2.31%以内，错报率小于0.1‰；发布洪水预报247份，合格率在90%以上，达到起报标准无缺报。参与并完成全省2018年度水资源简报、公报、水资源监测评价工作年鉴的编制任务。完成恩施州及各县市2018年度水资源公报编制。开展国家及省级水功能区、行政区界及县级水功能区、农村安全饮水水质监测评价工作，全年完成917处水质断面的监测、分析、评价工作。向恩施州“四大家”等有关部门报送《恩施州水功能区水质通报》12期、各县市水功能区水质通报54期。完成2019年度水文资料整编工作，包括水位资料58站年、流量资料25站年、泥沙资料1站年、水温资料1站年、降水资料197站年、蒸发量资料4站年。

【水情情报预报服务】 全年完成167个雨量站旬月雨量报送、8个国家基本水文站和18个中小河流水文站流量报送、5个国家基本水文站水位流量旬月极值报送、29个大中水库水情等信息报送，报送率达100%。汛期报送实时信息105.8万份，总体时效性为97.7%，位于全省第一梯队。参加恩施州（市）防汛会商，到大中型水电站水库开展回访服务10余次，为部分水库电站提供每周入库水量计算，编写并推广《郁江流域水情工作手册》。在全州开展向各级党委政府、防汛抗旱指挥部报送水情简报、旬报、月报、专报、土壤墒情信息简报等工作，2019年报送水情简报744份、水情旬报42期、水情月报24期、水情信息专报15期、法定节假日水文信息专播19期、防汛减灾信息7期，发布洪水预报（含洪水预报、趋势预报、来水预测）247份、重要河流（恩施站）预警预报6份、中小河流洪水预报17份、日常化预报90份，发送水情E信173期、水文信息播报183期。5月19日起，向州、市防汛办、恩施电视台、州人民广播电台、《恩施日报》、《恩施晚报》、恩施市门户网站等提供水文信息播报，社会公众可以通过恩施新闻联播、《恩施硒都网》、恩施周刊、乡村广播"村村响"、云上恩施、恩施水文门户网站、微信公众号等多种方式了解水文信息。

【水雨情】 2019年，恩施州气候异常，平均降水量较常年同期普遍偏少，部分区域阶段性异常偏少。短历时暴雨强度大，局地暴雨重现期达到二十年一遇或百年一遇。全州平均降水量为1087毫米，较常年偏少近3成，为近64年来第二少，属枯水年份。州内各县市平均降水量较常年普遍偏少10%—30%，部分区域降水为近64年来最少。4—9月，恩施州发生21轮较强降水过程，多地发生山洪、滑坡、泥石流等灾害，造成人员受困、农作物受灾、基础设施损毁等。7月下旬至10月初，恩施州出现晴热少雨、持续高温天气，造成局部区域粮食减产甚至绝收，旱区部分群众出现饮用水困难。汛期降水（4月1日8时至10月1日8时），全州平均降水量为733毫米，较常年同期偏少34.5%，与2006年同期（731毫米）基本持平。各县市平均降水量较常年同期偏少20%—50%，其中巴东528毫米，偏少46.7%，建始690毫米，偏少42.1%，鹤峰811毫米，偏少38.4%，恩施716毫米，偏少35.8%，宣恩736毫米，偏少35.7%，来凤776毫米，偏少33%，咸丰721毫米，偏少31.9%，利川840毫米，偏少20.9%。单站最大降水量1275毫米发生在利川小河站。2019年，清江恩施城区、溇水鹤峰城区、酉水来凤城区、忠建河宣恩城区、清江利川城区、广润河建始城区、唐崖河大河边、沿渡河石板坪8个重点河段中，均未出现超警戒水位洪水，来凤水文站、建始水文站、大河边水文站监测到最大洪峰流量均为多年来的最小值，其资料年限分别为63年、54年、25年。恩施水文站监测最大洪峰流量为998立方米/秒，建始广润河仅为24.7立方米/秒，其他城区河流最大洪峰流量为154—525立方米/秒。全州各主要河流径流总量较常年普遍偏少20%—50%，其中：清江、酉水、沿渡河、广润河径流总量（亿立方米）分别为14.37、12.28、3.10、1.03，较常年同期分别偏少44.9%、27.1%、27.2%、53.1%。

【水资源监测评价】 2019年，完成州内水文站点的单站还原计算，州内县套四级区单元供水量、用水量、耗水量的分析计算。全年编制水资源公报、延续取水报告、流域水量分配、节水规划、水资源论证、防汛抗旱预案等各类报告20多个。组织开展酉水流域水质水量月报编制。开展恩施州行政区界水量监测站网规划及恩施州水文现代化建设规划水资源部分的编制工作。完成水功能区、水生态、跨行政区界、农村安全饮水等各类水质检测近3000样次。每月按时向省水环境监测中心、长江流域水环境监测中心及州内相关单位提供水质检测报告，质控合格率达100%。通过省水环境监测中心内部评审、水利部检查组评审。开展实验室信息管理系统（Lims）调试、运行工作，举办全省性培训工作，完成无人机采样试验。

【水文勘测】 做好水文测验质量管理和水文资料即时整编，完成2018年全州各类站点水文资料归档入库工作。编制完成《测站工作手册》和全州10个水文站《一站一策》报告。完成全州基层站点“十四五”水文现代化建设规划及水文站网规划编制工作。组织完成2012—2013年度中小河流建设项目质量核备核定工作，完成连珠大桥水文站改造工作。

【水文应急监测】 2019年5月23日，参加州政府组织开展的2019年防汛应急演练。6月10日，参加2019年全省水文应急监测演练。8月，开展暴雨洪水分析，为鹤峰县躲避峡山洪灾害提供应急监测服务。9月26日，应州政府要求，开展城区饮用水水源地大龙潭水库水质应急监测。10月18日，应州委要求，开展恩施市新塘乡双河居委会万家寨水库的水质应急监测工作。

【水文科技工作】 2019年，在国内水利刊物发表学术论文15篇，16篇科技论文入选《全省水文科技会议论文集》，其中一等奖论文1篇、二等奖论文1篇、三等奖论文2篇、参评论文12篇。完成省水利重点科研项目《宣恩忠建河流域水库群防洪优调度对宣恩县城防洪影响探讨》及省水文局重点研究项目《清江恩施城区段纳污能力研究》课题研究工作。推广应用水文测报新技术、新仪器、新设备，举办2019年度水资源监测业务、水文遥测设备运维技术、水情预警预报及水文勘测等各类水文业务培训班，提升干部职工的业务综合素质。

【水文水政监察】 联合地方水行政主管部门开展“世界水日”“中国水周”宣传纪念活动，加大水法律法规的宣传力度，营造依法保护水文监测环境和监测设施的良好氛围。全州各基层水文站点定期对管辖范围内的水文测报设施设备和水文监测环境开展巡检巡查活动。经沟通协调，拆除忠建河内影响行洪和水文流量测验的市政景观工程有关设施。

【水文信息化建设】 加强山洪灾害自动监测站点运维工作的督促检查，建立健全中小河流视频监视系统运行维护管理工作。及时处理各类遥测故障165站次，完成峡口塘水库坝上等10余个水雨情监测站的整改重建及迁移工作。开展三峡水库水文站网、清江梯级水库水文站网运行维护及管理工作，2019年维修分中心在33个三峡水情遥测系统维修分中心中摘取桂冠，获一等奖。每月发布《信息化运维工作简报》，加强“恩施州水文信息GIS共享平台”等维护工作。

【服务河长制工作】 根据全州2019年度碧水保卫战“示范建设行动”评选结果，州水文局和所属咸丰县水文局双双获评“州级示范单位”，张建华获评“州级示范人物”。2019年，组织承办全州河库长制培训。针对7条州级河流制订“一河一策”问题清单，协助制订州级河长巡河方案，作为州级河长管理酉水河的联系部门，参与全线巡查酉水4次，行程800余千米。修订完善108个县级以上方案，开展7个州级“一库一策”和21个乡级“一河一策”方案编制工作。对全州河流和水利工程开展调查，摸清利川市境内河流分布情况，编制首个县市级河流名录，2019年12月23日，此项工作在《湖北河湖长》微信公众号推介。完成水质检测分析1400多样例，为弄清全州水体水质状况提供客观有效的依据。

（袁勤坤）

气　象

【概　况】 2019年，湖北省预报预警一体化平台实现全州正式业务运行。全州8个县市完成湖北省基层气象防灾减灾“六个一”标准化建设。恩施市完成2019年中央财政“三农”气象服务专项建设。二龙寺、杨家湾机场气象观测站建成，11月底开展正式气象业务观测。开展恩施州及8个县市开发区、工业园区区域性气候可行性论证工作、全州气象观测质量管理体系工作。12月底，全州新增综合观测网络站点8个，其中区域站5个，负氧离子观测站1个，区域自动气象站1个，土壤水分站点1个。恩施国家基准气候站、巴东国家基本气象站增添酸雨自动观测系统设备；恩施国家基准站增添多传感器温度雨量融合系统设备。2019年州气象局在全省气象部门目标综合考评中位列第一名。党建、人才队伍建设获省局单项工作奖，信息宣传获全省气象部门创新工作奖。州气象局驻村帮扶来凤县旧司镇小河村，7月11日，小河村通过国务院扶贫办组织的贫困县退出抽检。中国扶贫网先后4次刊登州气象局帮扶工作信息，《恩施日报》、《中国气象报》、湖北气象网、恩施扶贫网、来凤电视台等11次讲述"小河故事"，六幅（组）扶贫作品入展"恩施州脱贫攻坚精彩瞬间"摄影展。

【气候特点】 2019年，气温持续偏高，呈现明显热夏暖冬特征。雨量严重偏少，汛期强降水过程偏少，区域降水均值为60年最少。日照偏少，时空分布不均，创历史极小值。冬季遭遇罕见低温阴雨寡照天气，入汛后局地强对流等气象灾害多发，7月下旬转入盛夏高温，呈现出高温日数多、持续时间长、高温程度强的特点。

【主要气象灾害】 冬季阶段性低温雨雪寡照天气。2019年冬季阶段性强冷空气活动明显，出现3次冷空气过程，分别是12月28日至2019年1月2日、2月9—11日、17—19日，特别是12月底到1月初的强冷空气影响，全州出现大范围大雪和地面积雪，高海拔地区道路结冰严重，对交通、电力、农业及人们的正常生产生活带来较严重影响。2019年全州平均日照时数仅51小时，比常年同期偏少102小时，统计全州8个县市日照时数，为32.5小时（咸丰）—84.5小时（巴东）不等，与历史同期对比均严重偏少，建站60余年排名倒数第一位，创历史极低值。3月21—23日，强冷空气活动引起倒春寒；强对流及其引发山洪、地质灾害。2019年恩施州发生10次较明显强对流天气过程，出现时间分别为：3月20—21日、4月9日、4月24日、5月24—25日、6月5—8日、6月15—16日、6月21日、6月28—29日、7月14日、8月6—7日、8月27—30日。2019年4月24—25日，恩施州8个县市均不同程度遭受风雹灾害的袭击。风雹灾情造成全州11558人受灾，农作物受灾586公顷；灾情造成直接经济损失475.6万元。6月21日，白天到夜间，恩施州出现大范围强降水，全州出现暴雨169站，大暴雨23站，利川文斗24小时降水量达211.3毫米，1小时最大降水量97.7毫米（6月22日0时出现在利川文斗）本轮降雨造成恩施、利川、鹤峰、巴东、宣恩、建始、咸丰7个县市73个乡镇188078人受灾，受灾农作物面积6387.7公顷，灾害造成直接经济损失23268万元。7月，恩施州内低海拔地区高温天气（日最高气温≥35℃）频繁出现，7月20日至8月5日、8月10—26日出现两段持续高温天气过程。降水持续偏少，截至8月19日，全州区域平均雨量仅156.6毫米，比历史同期偏少达210毫米，偏少5—6成。州内除利川外，多站累积降水位列历史后十位，其中，巴东、咸丰创历史同期雨量极小值，偏少达7—8成，创历史新低。干旱灾害造成恩施州巴东县、宣恩县、建始县咸丰县、来凤县、鹤峰县6个县50个乡镇273072人受灾，农作物受灾面积36001公顷；造成直接经济损失19888万元。

【人工影响天气】 全年开展人工影响天气作业491次，其中高炮作业308次，用弹8058发；火箭作业183次，用弹343枚，减损超2亿元。2019年完成高炮自动化改造26门；人影视频监控平台全面完成，全州所有人影工作站全部安装远程视频监控系统，实现室内外双摄像头监控作业流程，提高人影作业安全性。省公安厅、应急厅、人影办联合调研恩施州人影安全工作，州公安局、应急局、人影办联合开展人影安全检查，县（市）、乡（镇）二级同步开展人影安全联合检查，共同做好人影安全监管工作。10月，抽调4辆车载火箭和12名人影作业人员参加第七届世界军人运动会的人影地面保障工作，5天全天候在野外环境中完成人影地面保障任务。

【气象宣传工作】 省气象局宣传科普会议、州科协四届三次全委（扩大）会议上，州气象局作典型发言。第三届湖北省优秀气象科普作品评选中，州气象局作品获特等奖、一等奖等4个。2篇宣传论文参与省气象学会年会交流分获一、二等奖。全年在中国气象报及新媒体发表信息102篇次，湖北气象网发表信息103篇次，正式期刊发表科普宣传论文3篇。恩施气象扶贫宣传报道登上学习强国平台，4次登上中国扶贫网。与省气象学会联合策划省州县乡联合举办科普进校园活动。与恩施广播电视台签订框架合作协议，气象专家14次接收电视台采访、并走进新闻直播间介绍气象为农服务工作。州科协、科技局将气象科普活动纳入重大方案进行部署，州科协携手电视台拍摄气象科普基地宣传片。参与第七届世界军运会拍摄工作，在融媒体发表图片近200幅。将鹤峰“万里茶道茶源地”活动及相关气象科普活动信息推上《人民日报》海外版及人民图片网。参与《全国基层气象政务管理》模块化课程教材编写。

【气象行政执法】 2019年，州气象部门全面依法履行行政职能，受理行政许可办理项21件，受理的许可事项全部通过湖北省政务服务网办理，并在承诺时限内办结。开展雷电灾害防御工作监督检查55次，其中部门联合检查20次，检查防雷安全重点监管对象54家。部门联合检查下达《安全生产隐患问题现场交办单》12份，由牵头检查单位督办完成整改。部门单独检查下达《整改通知书》17份，各级气象部门均逐一复核整改情况。2019年10月，鹤峰县气象局联合县教育局、应急管理局等部门开展校园防雷安全联合专项检查，对全县40所中小学校园建筑物及防雷设施进行防雷安全检测。针对检查发现的防雷安全隐患方面的问题，提出整改意见报经县政府常务会研究后进行整改。

【荣　誉】 2019年，州气象局获全省气象部门目标管理综合考评第一名。“湖北工匠杯”技能大赛（湖北省气象行业天气预报职业技能大赛）中获团体第三名和6个单项奖。推动巴东“绿野仙踪”获得首届“湖北避暑旅游目的地”称号。杨霁获“全国气象部门优秀公务员”荣誉称号。罗菊英获“恩施州劳动模范”“优秀科技人才奖”荣誉称号。覃妍获全国气象科普讲解大赛优秀奖。张洪刚获中国气象报“一先两优”全国优秀通讯员表彰。摄影作品《精彩军运　精准保障》获第十一届全国气象新闻摄影协会会员大赛（气象服务保障类）三等奖。丁乃千获湖北省气象科技成果进步奖。

（张洪刚）

地质资源勘查和地质环境保护

【概　况】 2019年，湖北省地质局第二地质大队承担各类项目435项，财政资金类项目248项，社会资金类项目187项，为全州矿产资源勘查、合理保护和开发利用，地质灾害应急及地质环境保护提供技术支撑。

【恩施州地质构造概况】 恩施州地质构造区划位于扬子陆块区的上扬子古陆块，由北至南分跨上扬子陆块褶皱带、川东前陆盆地、上扬子南部被动边缘褶冲带等构造区。州域内地层区划属扬子区，北西部为四川盆地分区，南东部为黄陵八面山分区，地层发育较齐全，总厚度可达万余米。岩浆岩仅在巴东北部、鹤峰走马坪一带发育少量基性火山岩、煌斑岩脉等。由于州域独特的地质特征，造就区内典型的卡斯特地貌、深切峡谷地貌，沉积矿产、清洁能源、富硒资源和地质遗迹资源等丰富。

【经常性成矿区划】 2019年，开展全州经常性成矿区划年度工作。完成8个成矿区划项目（专项区划1个、优选成矿区1个、优选找矿靶区6个），成功纳入省地勘基金勘查项目库项目3个。实现区划工作由传统固体矿产成矿区划向液体、气体等清洁能源和多门类地质资源综合性区划转变，发挥成矿区划在地质找矿中的引导作用。

【基础地质调查研究】 2019年，开展《鹤峰县走马地区铅锌多金属矿调查评价》基础地质调查研究项目，分析总结锰矿成矿地质环境和条件，成功发现成矿有利地段，适合开展进一步勘查工作。

【地质科研】 开展《恩施富硒高镉土壤区农作物硒镉效应研究》《综合数字测井系统在鄂西地区页岩气调查中的应用与研究》《湖北省鹤峰县走马地区南华系成锰条件及找矿预测研究》《恩施地区新型建筑材料砂岩开发利用研究》《普通建筑石料矿产地质勘查技术规范研究》《硒矿地质勘查规范研究》等地质科研项目，加强恩施地区特色矿产资源勘查开发研究，用科技积蓄推进恩施州绿水青山转化为金山银山。

【固体矿产勘查】 在全州开展省级地勘基金固体矿产勘查项目8个，涉及矿种主要有锰矿、铜铅锌多金属矿、饰面石材、建筑材料等，新发现矿产地5处，其中中型矿床2处，其余矿产地3处。州域在建、新建矿山常规性勘查和技术服务工作按规定正常开展。

【清洁能源勘查】 2019年，启动地热资源勘查工作，实施项目2个。省地质局与州政府联合推动的恩施城区地热资源专项调查与勘探示范项目，完成区域水文地质调查、重点调查区详细调查、勘探靶区勘探线地质专项测量、深部物探、成果分析与井位初步论证工作；湖北省利川市忠路地热资源预可行性勘查项目，完成地表地质调查、物探和钻探工作，成功钻获地下热水，为利川忠路地热田勘查开发取得关键性技术成果。

【试点开展自然资源全域调查】 2019年，试点开展《巴东县长江经济带自然资源全域调查》项目，对巴东县自然资源调查报告、三调数据库及1∶2000正射影像、土地利用现状及土地利用规划、土地地球化学质量和耕地等级评价报告、矿产资源统计年报及总体规划、生态保护红线、林业保护数据库、基本农田数据库等资料进行收集，开展自然资源现状数据库建设及资源承载力评价等工作。

【地质灾害防治技术支撑】 2018—2019年，全州启动实施国家重点省份地质灾害综合防治体系建设，实施调查评价、监测预警、工程治理与搬迁避让、能力建设、信息化建设和三峡库区专项六大工程。深化“四位一体”地质灾害网格化管理，压实各级地质灾害防治责任，推进省地质局与州政府战略合作，发挥省地质局第二地质大队专业技术优势，实现全州隐患点协管驻守全覆盖，夯实地质灾害防治技术支撑服务体系。至2019年底，全州开展利川、宣恩2个县（市）1∶50000地质灾害风险调查评价；启动利川谋道—巴东野三关集中线性工程廊道和野三河流域1∶10000地质灾害详细调查；争取一批监测预警、治理与搬迁避让等综合防治体系建设项目，提高全州地质灾害防治水平。

【生态地质环境监测】 2019年，组织实施全州地下水、地质遗迹和矿山地质环境监测工作，持续推动省级地质环境及地下水监测网络建设。启动并开展全州地质遗迹调查工作。

【农业地质】 推进恩施州全域富硒土壤资源调查工作，完成全域1∶50000和重点区1∶10000地球化学调查，12月野外工作通过省级专家组验收。全州完成1∶50000的生态环境地质调查2.4万平方千米，采集表层土壤、农作物等各类样品9.7万件，获取280万条测试数据信息。初步圈定富硒、富锗、富锌、高有机质土壤分布情况，查明农作物富硒产地分布特征，为全州富硒产业发展、国土空间规划奠定基础。

（付　强　刘斌忠）

水利和湖泊

【概　况】 2019年，恩施州机构改革新组建州水利和湖泊局（加挂州河湖长制办公室牌子），不再保留州水利水产局、州移民局。将州水利水产局的职责，州移民局的职责，以及州支援三峡工程建设委员会办公室的职责整合，为州政府工作部门。将州水利水产局的渔船检验和监督管理职责划入州交通运输局。不再保留作为州发展和改革委员会专设机构的州支援三峡工程建设委员会办公室。新组建的州水利和湖泊局主要职责：负责保障水资源的合理开发利用；负责生活、生产经营和生态环境用水的统筹和保障；执行水利工程建设有关制度并组织实施；指导水资源保护工作；负责节约用水工作；指导水利设施、水域及其岸线的管理、保护与综合利用；指导监督水利工程建设与运行管理；负责水土保持工作；指导农村水利工作；指导水利工程移民管理工作；负责重大涉水违法事件的查处；开展水利科技、信息化和交流合作工作；负责落实综合防灾减灾规划相关要求，组织编制水旱灾害防治规划和防护标准并指导实施。2019年，省水利厅下达恩施州中央及省投资计划59977万元，其中中央投资计划46321万元，地方投资计划13656万元，较2018年总投资增加20027万元，同比增长33.4%。截至12月底，完成全部投资47979.7万元，其中中央投资完成39920.7万元，地方投资完成8059万元，完成全部投资百分比为82.8%。

【饮水安全脱贫攻坚战】 围绕州委、州政府提出的“一管清水进农家”目标和州脱贫攻坚指挥部一号令《恩施州2019年脱贫攻坚作战方案》中安全饮水问题“清零”要求，州水利湖泊局编制《2019年农村饮水安全项目实施方案》和对照州机构改革方案和水利和湖泊局三定方案印发《州水利和湖泊局关于调整〈恩施州水利扶贫三年行动实施方案（2018—2020年）的通知》，确保饮水安全不拖脱贫出列的后腿。2019年，全州完成31.26万人农村饮水安全巩固提升建设任务，如期实现现行标准下的饮水安全“清零”目标。2015年至2019年，全州建成农村饮水工程12987处，其中20人以上集中供水工程4490处、20人以下分散供水工程8407处，解决35.61万农村居民、38.34万建档立卡贫困户人口和128.72万面上巩固提升人口的饮水安全问题，全面完成安全饮水问题“清零”目标。2019年，恩施市、利川市、建始县、巴东县、咸丰县解决31.26万农村居民的饮水安全问题，覆盖全州63个乡镇1001个行政村。筹资14.09亿元修建农村供水工程2796处，其中20人以上集中供水工程1472处、20人以下分散供水工程1324处，修建清水池13986口，安装输配水管网17297千米。按照领导分片包县抓督查的工作制度，对县市进行25次督查，坚持查漏补缺，实现安全饮水“清零”，确保到2019年底前坚决打赢农村饮水安全脱贫攻坚战。为解决农村饮水困难，支持各县市农村饮水项目工程，向省厅争取资金解决季节性缺水问题。

【水利基础设施建设】 根据农村饮水安全实际，加快水源工程建设进度。龙洞湾水库完成大坝浇筑，喻家河水库通过验收下闸蓄水，木桥河水库正在进行竣工验收，高渡河水库完成竣工验收。杨柳溪水库、蛇皮洞水库、田家坪水库被省水利厅纳入全省2020年新建小型水库计划。电站增效扩容改造项目基本完成，全州“十三五”期间有26个增效扩容改造项目，除神州台正在实施外，其余25座电站主体工程均完工，其中9座通过竣工验收。小水电扶贫项目进展顺利，重点水电项目稳步推进，峡口塘水电站完成投资3.5亿元，工程形象进度完成80%，江坪河水电站通过下闸蓄水验收，姚家平水电站拟启动前期工作。河道治理建设稳步推进，2019年4条重要支流兴修河堤12.4千米，完成投资7940.41万元；6条中小河流兴修河堤54.52千米，完成投资6163.6万元；完成建始县东洛河治理工程和建始县榨茨河治理工程2个项目的竣工验收工作。州水利和湖泊局提前安排“十四五”规划编制，10月组织召开全州水利发展“十四五”规划编制暨农村饮水安全工作推进会，要求认真抓好水利发展“十四五”规划谋划工作，为下个五年发展打下坚实基础。通过公开投标方式，确定1家专业设计公司进行规划工作。

【河（库）长制】 推进国家级省级生态文明示范区创建工作，按照省对州政绩目标考核要求，细化措施，抓好“河（库）长制”工作落实。恩施州全面建立河库长组织体系，制定《恩施州全面推行河库长制实施方案（2019—2020年）》，建立健全河库长制管理制度和保障机制。州委书记柯俊、州长刘芳震等州级河长巡河；实现全州5千米以上382条河流河长设置全覆盖，有州级河长7名、县级河长93名、乡级河长575名、村级河长1399名、河流警长110名、民间河长31名、河流管理员668名、信息员1466名、保洁员1381名。所有水库均落实库长。落实巡河制度，解决实际问题。2019年前三季度，7名州级河长巡河52次，督导解决84个问题，93名县级河长巡河631次，解决482个问题。推进“一河一策”治理，360条河流编制完成“一河一策”方案；“清四乱”（乱占、乱采、乱堆、乱建）取得成效，70个河流“四乱”问题全部完成整改；河流划界确权进展顺利，全州完成59条县级河流、34条乡级河流划界，部分河流完成“两桩一牌”（界桩、千米桩和公示牌）安装，正在开展省、州级河流确权工作；开展河流水库垃圾污染整治行动，82处河流水库垃圾污染问题全部完成清理整治；印发《州水利和湖泊局关于加强河道生态治理的指导意见》，加强河道生态治理；对42个跨界河流断面进行水质监测；印发《关于在小微水体推行河库长制的实施意见》，规将小微水体纳入河库长制体系；规范设置全州河库长公示牌，制作各级河库长公示牌参考效果图。开展碧水保卫战“示范建设行动”，2019年全州开展创建10条州级示范河流、10个州级示范水库、40个州级示范单位、80个州级示范人物。2019年7月29日，召开全州推进河库长制工作联席会议第二次全体会议。

【水资源环境保护】 推进水资源管理工作。开展蛇皮洞流域水量分配方案，推动跨县市水量分配工作。规范取水许可审批，对6家取用水户开展延续取水评估和换发取水许可证工作。开展取水工程（设施）核查登记工作。推进节水型社会发展。恩施市县域节水型社会达标建设通过省级验收。6家公共机构节水型单位建设被省水利厅认可。全面防控水土流失。开展水土保持宣传教育，增强社会公众水土保持意识。开展全州生产建设项目水土保持监督执法行动，梳理排查疑似未批先建、未验先投、不依法履行水土保持义务项目257个，核查违法项目128个。实施坡耕地综合整治、清洁小流域、石漠化等治理工程建设，全年治理水土流失面积180平方千米。牵头制定《恩施州饮用水水源地保护条例》，通过州人大三审，正在提请省政府审议批复。

【防汛抗旱】 2019年，按照省政府办公厅关于明确2019年防汛抗旱日常工作要求，全州各级水利部门及时与应急部门进行无缝对接，工作不断档，按照宁可做重、不可遗漏的原则，公开重点工程的防汛责任人，明确责任内容，开展防汛排查，绝不放过任何疑点、难点，不遗漏任何盲区死角，确保各类险情、隐患发现及时、处置有效。实现防汛抗旱“零”伤亡的目标。恩施州各级水利部门把山洪灾害的日常防治和监测预警作为工作重点，山洪灾害防御报率稳步提高。全州通过县级监测预警平台发布重大气象信息210条19.2万人次、暴雨内部预警信息42条5532人次。7月26日，副州长夏锡璠代表恩施州就山洪地质灾害防御在全省防汛抗旱和建筑行业安全生产会商调度视频会议上作典型发言。9月，恩施州山洪灾害数据到报率在全省排列第三，得到省厅的通报表扬。2019年秋季，因旱情巴东县、来凤县、建始县、鹤峰县等县市15.492万人生活饮水及0.354万头牲畜用水出现困难，旱情造成41632公顷农作物受灾、其中成灾19880公顷、绝收10140公顷，粮食因旱损失0.437亿元、经济作物损失0.6255亿元，全州因旱直接经济损失1.5587亿元，旱情发生后，全州投入1.5069万人、960.15万元抗旱资金，启用34处泵站、96辆运水车辆全力保障人畜饮水，确保没有出现大的旱情，确保“大庆”和“军运”期间安全稳定。

【信访工作】 层层压实信访责任，及时调整信访领导小组和工作专班，制定《州水利和湖泊局信访责任清单》，对交办的信访突出问题、信访积案，严格实行“四包”责任制，建立信访月报告、法治信访制度，引导群众通过法律途径反映诉求、解决问题。全州水利系统处理网上信访件28件，当年信访件当年处理完成。全年没有发生大规模集体上访和群体性事件，全州水利设施建设、库区移民总体稳定。

（狄　盖）

硒资源保护与开发

【概　况】 2019年，恩施州机构改革设立州硒资源保护与开发中心，作为州政府直属正县级事业单位。5月，州硒食品精深加工产业集群领导小组调整为州硒资源保护与开发工作领导小组，办事机构设在州硒资源保护与开发中心。全年工作围绕“一谷两基地三示范区”定位，依托特色资源，助推恩施州建设鄂西绿色发展示范区，引导全州硒食品精深加工产业集群高质量发展。全州硒食品精深加工企业达到3096家，总产值124.3亿元，其中规模以上涉硒工业企业105家，完成总产值47.05亿元；产值过亿元企业9家；招商引资落户项目103个，项目总额122.71亿元；新增地理标志证明商标3件；新发布涉硒地方种养殖标准11项、涉硒团体标准7项、涉硒企业标准26项。

【硒资源普查】 2019年8月12—13日，恩施州土壤硒资源普查工作推进会暨技术研讨会在恩施市召开。11月11日，完成《恩施州土壤硒资源普查成果集成及监测示范》的项目申报。11月19日，恩施州土壤硒资源普查工作推进会暨技术研讨会在武汉市召开。12月，恩施州8个县市土壤硒资源普查专项调查工作大部分完成，其中生态环境地质调查18884.8平方千米，完成比例100%；1∶5万和1∶1万土壤调查样品67209件，完成比例100.1%；农作物采样8084件，完成比例100.35%；灌溉水（地表水）采样1283件，完成比例100.71%；大气沉降监测90个点（上半年），完成比例50%；1∶1万土壤水平剖面测量1858件，完成比例116.71%；1∶50土壤垂直剖面测量2315件，完成比例101.45%；1∶5000地质剖面测量1545件，完成比例101.58%；其他样品（如有效态、形态、理化性质、土壤岩矿样等）4511件，完成比例100.27%。

【硒标准建设】 2019年，全州发布地方涉硒种养殖标准11项，发布硒食品安全企业标准26项。12月，全州在省卫计委备案的硒食品安全企业标准159项，发布团体标准7项，内容涵盖富硒茶、硒土豆、富硒藤茶等州内重要涉硒农产品。地方食品安全标准《富有机硒食品硒含量要求》纳入国家食品安全标准制定项目向国家申请立项；州硒资源保护与开发中心和州硒产业发展联合会共同起草的《硒产品专用标志》地方标准向州市场监督管理局申报；州硒资源保护与开发中心推进硒红茶、硒稻谷、硒乌龙茶、硒大蒜和硒藤茶5个州级硒种养殖标准化示范区（基地）建设；宣恩、鹤峰成功创建国家农产品质量安全县；全州建成“全国绿色食品原料标准化生产基地”“全国有机农业示范基地”12个，正在创建中的绿色、有机基地6个，总面积106666.67公顷；堇叶碎米荠和油葡萄申报新资源食品通过国家安评专家组初步安全评估；富硒八月瓜作为地方特色食品向省卫健委申报；竹节参申请保健食品原料通过省食品安全评价中心现场指导。

【硒认证体系】 2019年全州新增经农业部认证的“三品一标”认证产品65个，超额完成年度任务（15个）。全州“三品一标”认证产品总数370个，认证企业总数138家，认证种植面积190754.66公顷、养殖425.43万头（只）；新增硒圣植物科技等11家涉硒企业通过质量管理体系认证，全州有效期内涉硒企业质量管理体系认证达31家。

【硒科研合作】 2019年4月2日，州政府与中国科学院上海生命科学研究院签订《“硒与健康”专项战略合作协议》，重点围绕硒食品精深加工产业集群建设，从产学研对接、创新平台建设、科技攻关、产业规划和人才培养等方面开展长期科研合作。7月8日，州政府与首都医科大学附属北京中医医院签订《硒食品辅助治疗癌症临床研究战略合作协议》，联合开展有机硒对免疫细胞、肿瘤干细胞的影响临床研究，有机硒对中晚期癌症患者化疗后减毒增效、疗效评价等临床试验研究，分析硒食品辅助治疗癌症的作用机理和效果。全州6个涉硒科技项目获省科技厅立项，支持经费520万元。州级科技计划项目将硒食品精深加工产业集群建设纳入重点支持对象，全年立项21项，安排资金1335万元，占州级科技经费的80%。

【硒品牌建设】 2019年注册成功恩施黄牛29类、恩施黄牛31类、恩施硒茶3件地理标志，现有地理标志证明商标34件，利川红地理标志商标进入公示期。9月20日，在湖北地理标志大会暨品牌培育创新大赛中，恩施州获3个金奖（恩施硒土豆、利川红、恩施玉露）、1个银奖（巴东郡贡茶）和4个优秀奖（恩施硒茶、伍家台贡茶、关口葡萄、利川黄连）。“利川红”“恩施玉露”成为第七届世界军人运动会独家茶叶供应商。恩施玉露、恩施富硒茶品牌价值在2019年茶叶区域公用品牌价值评估中分别达到20.54亿元、16.44亿元。

【硒科普教育基地】 2019年3月12日，州硒资源保护与开发中心与州科协联合出台《关于印发〈恩施州硒科普教育基地认定与管理办法〉的通知》。4月18日，中硒健康产业投资集团股份有限公司、恩施硒圣植物科技有限公司、恩施市龙马风情文化旅游管理有限公司被认定为首批“恩施州硒科普教育基地（2019—2023年度）”。7月30日，恩施州龙马生态农业开发有限公司、恩施藻缘硒肽生物科技有限公司、湖北施瓦茨农业集团有限公司、恩施徕福硒业有限公司、硒谷联合科技企业孵化器（恩施）有限责任公司被认定为“恩施州硒科普教育基地（2019—2023年度）”。

【交流合作】 2019年4月8—10日，州硒资源保护与开发中心组织30家涉硒企业参加世界大健康博览会（武汉）。6月15日至17日，副州长丁文平带队参加2019第五届中国安康富硒产品博览会。10月27—29日，副州长丁文平带队参加在长沙市举办的第四届中国富硒农业发展大会，恩施市润邦国际富硒茶业有限公司、恩施市楚丰现代农业有限公司等2个产品获“中国富硒好米”“中国富硒好茶”称号。10月29日，全球硒产品供应链启动大会在恩施市举办。11月1日，州硒资源保护与开发中心与省标准化与质量研究院、SGS通标标准技术服务有限公司、谱尼测试、重庆金质认证有限公司、方圆认证集团等5家国内外知名标准、检测、认证单位签订战略合作协议，为州内涉硒企业争取费用5折的优惠政策，为硒食品精深加工产业发展搭建技术支持平台。

11 月 11 日，科特勒咨询集团对接恩施硒产业项目座谈会召开，与州硒资源保护与开发中心签订硒产业发展战略框架协议备忘录。州政府及 2 家企业入选“中国硒产业 S20 峰会”成员单位名单。11 月 29 日，恩施州与华中科技大学同济医学院药学院硒科研合作项目座谈会召开，州科技局、省富硒产业技术研究院、国家富硒产品质量监督检验中心、省中药材研究所、州硒产业发展联合会等单位参加座谈会。12 月 5—7 日，副州长丁文平率各县市硒食品精深工作专班及硒圣植物科技有限公司、硒多宝饮品集团股份有限公司、德源健康科技股份有限公司、思慧益臣生态农业发展有限公司、楠柏生态农业发展有限公司、楚丰现代农业有限公司、憨土豆农业科技发展有限公司、天天硒博馆等涉硒企业 40 余人参加第一届中国（贵港）国际富硒功能农业大会暨第三届广西贵港富硒农产品博览会并出席开幕式。恩施楚丰现代农业有限公司“十月获”珍硒米获 2019“硒有米”全国斗米大赛银米奖。湖北星斗山泉饮品有限公司“星斗山”矿泉水、硒多宝饮品集团股份有限公司“硒多宝”获 2019 年度消费者可信赖的富硒农产品品牌（产品）。12 月 7—10 日，以“绿色怀化·健康武陵”为主题的 2019 武陵山（怀化）国际健康产业博览会在湖南省怀化市国际会展中心召开，恩施州特色绿色健康硒产品参展，交流健康产业发展经验。

（谈春林　罗　琼）

能源工作

【概　况】 2019 年，围绕州委、州政府建成“清洁能源产业集群”的建设目标，页岩气勘探开发取得进展，恩施州全境被自然资源部纳入“鄂西页岩气勘探开发综合示范区”建设范围。州政府与中石化江汉油田分公司实现战略合作。水电建设总装机达 352 万千瓦，在运总装机 340 万千瓦。鹤峰江坪河电站下闸蓄水。风电、天然气、生物质能等新兴能源得到发展，利川元堡风电投产发电，风电总装机近 50 万千瓦，光伏产业成为全州脱贫攻坚的重要产业。垃圾焚烧发电项目开展前期工作。地热资源成矿条件分析研究有初步成果，初步认为恩施、利川部分区域基本具备地热成矿条件，多能互补格局有望形成。恩施州全境纳入“鄂西页岩气勘探开发综合示范区”建设范围，咸丰活龙坪区块与利川建南区块页岩气勘探气测显示良好。农村能源生产和节能改造进程加快，农村沼气、农业畜禽粪污、秸秆等废弃物资源化能源化开发利用工作有序推进。

【能源生产】 2019 年新增发电装机 7.97 万千瓦，能源建设总装机突破 410 万千瓦，其中水电 352.5865 万千瓦，风电 49.59 万千瓦，光伏 5.27 万千瓦，生物质发电 3 万千瓦，自备电厂 1.71 万千瓦。地区发电量（不含水布垭）41.78 亿千瓦时，同比减少 22.05%。其中：水电 31.27 亿千瓦时，同比减少 30.72%；风电 9.1 亿千瓦时，同比增长 31.92%；自备电厂发电 9269 万千瓦时，同比减少 3.83%；光伏发电 4832 千瓦时，同比上升 15.72%。2019 年建南气矿天然气产量达 1 亿立方米。全州清洁能源产业实现综合产值 67.99 亿元，同比下降 18.44%。其中，规上能源企业产值 28.87 亿元，同比下降 20.12%。

【能源消费】 2019 年全州能源消费总量约为 436.25 万吨标准煤，单位 GDP 能耗比 2018 年下降 3.18%，总量减少 13.52 万吨标准煤。全州能源消费结构优化，其中，煤炭消费 235.9012 万吨，占比 46%，成品油消费 73.59 万吨，占比 24.8%。全州天然气消费量 1.94 万立方米，液化气 8348.3 吨，沼气消费 1.5531 万吨，农村薪柴及其他消费 49.35 万吨。全社会用电量 54.7 亿千瓦时，占比 15.4%，同比增长 6.79%，其中第一产业用电 0.51 亿千瓦时，同比增长 4.1%，第二产业用电 18.68 亿千瓦时，同比增长 0.69%，第三产业用电 15.29

亿千瓦时，同比增加 8.97%。城乡居民用电 20.17 亿千瓦时，同比增长 11.42%。

【能源安全供应】 全州建成 35—500 千伏变电站 185 座，35—500 千伏线路 5462 千米，形成 500 千伏支撑、220 千伏为枢纽、110 千伏为骨架、35 千伏为基础、10 千伏及低压线路联接千家万户的电网体系，存量“卡口”和“低电压”问题得到解决，农网供电可靠率达 99.8%，综合电压合格率达 99.3%。燃气方面，天然气管网建设加快，县乡燃气基础设施建设逐步推进，多条输气管线正在建设和改造，8 个县市的 42 个乡镇（城区办事处）实现天然气供应，2019 年新开通天然气乡镇 6 个，9 个乡镇天然气管道同污水管网一同埋设，建万、西气东输以及川气东送长输管道 3 个气源相互补充，长输管道达 481.5 千米，城镇燃气管道达 1635.5 千米。能源输送和保障能力得到加强。加强天然气长输管道及电力行业安全生产监管，确保源头供应安全，保障能源稳定供应。

【项目建设】 2019 年恩施州境内完成各类钻井 8 口，二维地震 800 千米，总投资超过 7 亿元，其中咸页 1 井和建页 3 井分别在咸丰和利川取得勘探突破，气测数据显示为湖北省目前效果最佳的工业探井之一，气测结果良好。鹤峰江坪河、利川峡口塘等重点项目建设进展顺利，江坪河于 11 月 9 日完成下闸蓄水。2019 年新增投产风电场 1 座，新增装机 5 万千瓦，风电总装机达 49.59 万千瓦。恩施板桥风电具备投产发电条件，正在抓紧开展外送通道建设，鹤峰走马风电启动建设。约 309 座光伏扶贫电站，全部通过国家扶贫开发信息系统审核，认定扶贫规模 3.57 万千瓦，全部纳入国家补贴目录。

（瞿显超）

林　业

【概　况】 2019 年，全州完成造林 40066.67 公顷，其中人工造林 11093.33 公顷。完成退耕还林 5193.33 公顷，占计划的 100%；完成精准灭荒造林 222.46 公顷，占计划任务的 123%，提前一年完成三年的精准灭荒总任务。完成长江两岸造林绿化任务 1920 公顷，占计划的 100%。出台《恩施州加强裸露山体生态修复高质量推动国土绿化三年行动方案》，推进裸露山体生态修复；初步评选州树为水杉，州花为珙桐。恩施市成功创建为“国家级森林城市”，宣恩县、建始县创建为“省级森林城市”。年底全州森林面积达 1578666.67 公顷，森林蓄积量达 8864.98 万立方米，森林覆盖率达 65.60%。生物多样性明显。至 2019 年，全州建立省级以上自然保护地达 20 个，其中自然保护区 6 个（国家级：星斗山、七姊妹山、木林子、金丝猴、忠建河大鲵，省级：二仙岩）；风景名胜区 3 个（国家级：长江三峡，省级：腾龙洞、唐崖河）；总面积 40.5 万公顷，占全州区域面积 16.8%。此外，国有林场有 30 个，经营总面积 74933.33 公顷。

【森林资源管护】 加大林业执法力度。开展“绿卫 2019”“打击破坏野生动物资源违法犯罪”“森林火灾案件查处”“昆仑五号”等行动，全州受理涉林案件 859 起，查处 840 起。其中，刑事立案 267 起（居全省第一），刑事结案 242 起（居全省第一）。加大古树名木保护力度。完成《恩施州古树名木志》编撰工作，完成 1000 棵最美古树评选工作，完成 25 条古树名木旅游线路打造工作。山长制工作稳步推进。初步完成《恩施州山体保护条例实施细则》编制工作，全州落实各级山长 461 人、宗地信息员 252 人，保护山体布设永久性界桩 1664 块，设立公示牌（标识牌）694 块，山长制运行机制更加完善。

【生态补偿脱贫】 落实生态公益林补偿政策促脱贫。全州近 13 万贫困户受益，兑现补助资金达 4900 余万元。实施新一轮退耕还林发展产业促脱贫。全州近 8 万贫困户受益，兑现 7588 万元。贫困人口就地转化为护林员促脱贫。全州落实到位生态护林员9682名，兑现管护费3872万元。争取天然林停伐补助试点政策。在开展天然林停伐补助试点的基础上，争取将县级公益林240000公顷纳入天然林停伐补助，总投入资金5784万元，可为5万农户增收。

【林业产业】 2019年，随着林业供给侧结构性改革的深入，全州林业一、二、三产业融合发展，林业产业布局更趋合理，林业供给力增强，全州林业总产值204亿元。林业产业规模不断壮大。省级龙头林业企业达到28家，示范带动作用显著。森林康养休闲产业发展势头良好。森林公园、国有林场，湿地公园等正在逐步发展为森林康养的主阵地。恩施市铜盆水林场、鹤峰县走马林场以及巴东县巴山林场分别被授予“中国森林氧吧”称号。

【服务重点项目建设】 2019年，全州林业部门发挥林业优势，服务州委、州政府中心工作。为重点项目预留林地使用定额。在有限的定额情况下，优先为州高新区预留林地定额35公顷，优先保障巴东县绿葱坡滑雪场等生态文化旅游项目林地定额。支持易地扶贫搬迁。通过绿色通道，有5个县市（恩施市、利川市、巴东县、来凤县、咸丰县）办理易地扶贫搬迁使用林地项目21个，涉林地14.33公顷。提高林地的审核审批效率。全年办理使用林地审核审批手续584宗1194公顷。

【林业“两防”工作】 做好森林防火的基础工作。投资71.71万元采购防火物资，下发到各县市；投资500余万元建设防火视频指挥系统投入使用，为森林防火预警奠定基础。松材线虫病防治有效。全年伐除53000多株病枯死树，完成2018年年秋季普查100%的除治任务，有效遏制松材线虫病的扩散势头。

（薛月辉）

自然资源保护区和研究所

湖北星斗山国家级自然保护区

【概　况】 湖北星斗山国家级自然保护区位于武陵山系利川市、恩施市和咸丰县境内，辖9个乡镇、74个自然村，分为东部星斗山片和西部小河片，总面积68339公顷，属“森林生态系统和野生植物类型”自然保护区，是第三纪植物的“避难所”、华中天然植物园和种质基因库，是世界上水杉原生种群的唯一分布区，主要保护对象为典型的中亚热带森林生态系统、种类繁多的古老孑遗珍稀濒危野生植物及其生境、世界唯一现存的水杉原生种群及其模式产地、全国罕见的台湾杉原生群落、全国稀有的莼菜野生湖沼植物和种群数量丰富的珍稀野生动物。区内有维管束植物200科、843属、2033种，其中有国家一级重点保护植物水杉、银杏、红豆杉、南方红豆杉、钟萼木、莼菜、珙桐、光叶珙桐8种、二级重点保护植物台湾杉等29种；有陆生脊椎动物378种，其中有国家一级重点保护动物金钱豹、云豹、金雕、林麝4种、二级重点保护动物猕猴等46种。

【资源管理】 按照《湖北星斗山国家级自然保护区管理局资源巡护管理制度》，落实管护责任，加强巡护管理；与地方党委政府联动，形成保护合力，加强共建共管；按照生态环境部印发的《2018年下半年湖北省国家级自然保护区人类活动动态遥感监测报告》，认真开展自然保护区监督检查专项行动，推进环保销号工作；对涉及不符合自然保护区要求及手续不完善的人类活动，按照《在国家级自然保护区修筑设施审批管理暂行办法》执行，开展“昆仑5号行动”“绿剑行动”“绿盾行动”等严打整治活动，查处各种违法违规行为；按照《省人民政府办公厅关于开展全省第五次森林资源普查的通知》文件要求，开展森林资源二类调查；建设水杉母树基因保存园4.67公顷，移栽水杉原生母树扦插幼苗2000余株，更新500株水杉母树二维码挂牌；完成保护区范围和功能分区的核查和确认，初步完成矢量化勘界确界工作；完成星斗山老保护区1070公顷野猪资源调查。

【森林防火】 落实森林防火责任制，把森林防火相关责任落实到山头、地块，工作重心下移到基层村组，召开森林防火专题会议3次，组织森林防火专项督查6次；为站点及相邻村添置防火物资近20万元；根据全省提前进入防火期的要求，自2019年9月中旬开始，保护区提前进入重点防火期，完善联防联保机制，开展森林防火宣传，及时检查和维修防火线、防火器具等防火设施设备，严管野外用火，安排24小时值班值守，确保保护区没有火情出现。

【科研监测】 以防控非洲猪瘟为重点，全面做好疫源疫病监测防控工作；利用布设在东部星斗山片区的50个红外线照相机开展野外拍摄，监测野生动物种群和数量变化，拍摄到鸟类、兽类30余种；探索无人机防治水杉色卷蛾，防治母树1000余株；开展20株珙桐嫁接试验。

【项目建设】 2019年，完成水杉博物馆主体工程建设、水杉基因保存科研基地建设、水杉科普片拍摄和制作；接受日本大阪自然博物馆捐赠水杉化石；完成水杉极小种群保护项目和2018年度林业国家级自然保护区能力建设项目；筹备实施2019年林业能力建设项目，申报GDF和生态站建设项目。

【社区宣传教育】 开展“七五”普法教育，提高林政执法人员的素质、执法水平和办事效率；宣传贯彻《中华人民共和国森林法》《中华人民共和国野生动物保护法》《森林防火条例》《自然保护区条例》等法律法规；通过发放宣传物资和“防火知识进校园”活动等方式，在重点地区、重点时段、重点地段，加强护林防火宣传工作；配合做好野生动植物疫源疫病监测防控宣传工作。

（洪建峰）

湖北七姊妹山国家级自然保护区

【概　况】 湖北七姊妹山国家级自然保护区（简称七姊妹山自然保护区）位于宣恩县境内，北与恩施市河溪村交界，东北属宣恩县椿木营乡管辖，东与鹤峰县太平镇接壤，南与湖南八大公山国家级自然保护区核心区毗连，西与宣恩县长潭乡和沙道沟镇相连，地处北纬29° 39′30″—30° 05′15″，东经109° 38′30″—109° 47′00″。七姊妹山属森林生态系统类型自然保护区，主要保护以珙桐等珍稀动植物为主的森林生态系统和以泥炭藓沼泽湿地为主的湿地生态系统。总面积3.46万公顷，其中核心区1.17万公顷，缓冲区1.17万公顷，实验区1.13万公顷，森林覆盖率68.97%。保护区海拔1650—1950米范围内呈斑块状分布着泥炭藓沼泽湿地974公顷，这片湿地对维持洞庭湖水系沅江支流酉水源头的水源稳定，起着关键性的作用。

七姊妹山自然保护区分布有5个植被型组，9个植被型，30个植物群系。现有包括苔藓植物在内的植物计209科503属1917种，其中苔藓植物34科58属80种；蕨类植物30科69属197种，在调查过程中发现湖北新分布记录科——车前蕨科；裸子植物8科12属20种；被子植物137科364属1620种，其中单子叶植物为16科106属238种，双子叶植物121科528属1382种。保护区区内分布有国家珍稀濒危保护植物41种，国家重点保护植物28种，其中国家Ⅰ级有珙桐、光叶珙桐、红豆杉、南方红豆杉、钟萼木、银杏、莼菜7种；国家Ⅱ级有连香树、水青树、鹅掌楸、红豆树、黄杉、花榈木、香果树等21种。国家珍稀濒危植物有白辛树、紫茎等29种，列入中国15个野生动植物拯救工程之一的野生兰科植物有67种，特有种有宣恩牛奶菜和宣恩盆距兰2种。发现的植物中有32个中国特有属。中国特有的单科、单属、单种植物钟萼木、杜仲、大血藤在保护区分布集中（资料来源《湖北七姊妹山国家级自然保护区植物资源本地调查综合报告》）。七姊妹山自然保护区内有陆生脊椎动物28目96科390种，其中鸟类16目52科249种，兽类8目24科70种，两栖动物2目10科32种，爬行动物2目10科39种。国家重点保护动物56种，其中国家Ⅰ级有林麝、云豹、金钱豹、金雕4种（其中鸟类1种、兽类3种）；国家Ⅱ级有黑熊、猕猴、鬣羚等57种（鸟类40种、兽类14种、两栖动物2种、爬行动物1种）［资料来源《湖北七姊妹山国家级自然保护区（鸟类和兽类）资源本底调查报告》《湖北七姊妹山国家级自然保护区两栖爬行动物考察报告》］。2019年，《湖北七姊妹山国家级自然保护区二期总体规划》获国家林业和草原局批复。由原环境保护部等7部门组织在2017年12月至2018年12月对长江经济带120处国家级自然保护区管理评估中，七姊妹山自然保护区管理评估获优秀等级。

【资源管理】 七姊妹山自然保护区国有林管护面积1586公顷，集体及个人管护面积3.06万公顷，保护区现有专兼职护林员140名，其中专职护林员11名、兼职护林员35名、生态护林员94名。2019年，按期兑现生态公益林面积2.9万公顷，兑现总金额593.62万元。按照局、站、村三级管护网络体系建设，落实生态资源管护责任，制定下发《护林员管理办法》，明确护林员工作职责，落实考核奖惩激励机制，为护林员购买意外伤害险，加强护林队伍管理。开展违规违建别墅清查、林地督查工作，推进生态红线评估和勘界立标，配合做好环保督查整改销号。

【森林防火】 召开护林员培训会，宣讲护林防火知识，开展防火应急演练，提升应急处置能力；张贴防火通告3000份、发放宣传手册200份，制作安置宣传标语40条，大型宣传牌16块，防火警示牌100块，安装太阳能语音宣传杆5套，维护防火隔离带2条10千米，与辖区村民签订安全生产（森林防火）协议书2500份，落实24小时值班制度，保护区全年无火情火警发生。

【生物安全】 经过监测，2019年日本落叶松叶蜂危害在可控范围内，七姊妹山自然保护区辖区内其他地方森林资源稳定健康，邀请省野保总站、华中农业大学等机构的专家实地诊断保护区泥炭藓枯死情况，有害生物危害得到有效控制。做好非洲猪瘟疫源疫病监测和管理，宣传非洲猪瘟知识和防控政策，增强保护区人民群众和相关从业人员的防范意识，辖区内未发生疫源疫病情况。

【安全隐患防治】 在七姊妹山自然保护区重要地段和卡口张贴《关于严禁在湖北七姊妹山国家级自然保护区非法开展旅游探险等人类活动的通告》，依法查处并警告擅自进入保护区人员30余次；管理局排查整治山体滑坡地质灾害，筹集资金9.8万元建设挡土墙、整修路面等，保障3个组32户99人安全出行。

【林政执法】 全年办理刑事案件2起，向检察院移送起诉2人；办理林业行政案件8起，处罚12人，维护辖区林政秩序，资源安全得到保障。

【科研工作】 为加强野生动物监测与保护，辖区设置18条监测样线，野外安装监测红外相机62台。通过监测资料统计显示，国家Ⅰ级保护动物有林麝，种群数量在不断增加，主要分布在七姊妹山和秦家大山，监测视频资料被中央电视台《秘境之眼》栏目展播。投资2万元，新建3个黄杉固定监测样地。与湖北大学合作，开展人工恢复泥炭藓沼泽湿地0.67公顷，《关于七姊妹山泥炭地不同深度腐殖酸物质的特性》的SCI二区论文在《生态指标》上发表。全面完成鸟类和兽类资源调查，新增鸟类24种，兽类3种；完成两栖、爬行类动物调查，调查发现保护区分布有两栖动物；完成黄杉、连香树等植物补充调查。

【宣传教育】 2019年6月21日，野生动植物宣教馆开馆对外开放，收集动物标本有仿真华南虎、金钱豹等84种97件，植物标本42件。围绕《美丽中国·生态万里行》为主题，中央电视台第七套对保护区的生态文明建设予以宣传报道；制作的资源管护宣传短片，在湖北电视台《精彩生活》栏目播出；以《走进七姊妹山，秘境绿幽胜花时》为题在《湖北画报》刊发。为庆祝中华人民共和国成立70周年，“生态保护筑牢绿色发展安全屏障”——七姊妹山管理局打造“示范保护区”发展纪实在《恩施日报》——恩施州发展成就巡礼·宣恩篇专版宣传报道，经济杂志社出版的《辉煌七十年 建功新时代》进行转载刊发。州政府网发布10条，《恩施日报》发布5条，州扶贫网发布1条，恩施文明网发布2条，云上恩施发布9条，云上宣恩发布1条，管理局网站发布新闻45条，州林业局网站采用12条。

【社区工作】 加强社区发展建设，到辖区走访调查，开展自然保护区森林防火法律法规及惠民政策的宣传，完善基本情况调查，摸清底数，实行动态管理，建立矛盾层级调处机制，加强信访工作，全年未发生上访事件。鼓励村民发展特色产业，开办农家乐、民俗、休闲露营20余家，带动老百姓开展生态养殖本地黑猪、野蜂蜜，生态种植猕猴桃36.67公顷，种植药材黄连、大黄66.67公顷，成立农村产业合作社9家，加大环保宣传力度，推进美丽乡村建设。

【项目工作】 执行“1345”项目建设推进工作机制，实行“指挥长+专班”机制。实施项目基础设施建设。建设完成界碑界桩17.2万元、标示牌防火宣传牌31.9万元、管护点及哨卡40.7万元、管护哨卡38.2万元、巡护道路236.8万元、巡护交通工具24.9万元、林业有害生物防治设备13.6万元、森林防火视频监控系统159.4万元、防火物资库等117万元、防火设备19.2万元、宣教长廊64.4万元、宣教设备22万元、大型宣传牌46.2万元、科研监测设备52.5万元、其他工程费31.9万元、预备费33.6万元。投资160万元，以资源管护、科研宣教、森林防火、协同办公等业务为基础，建设完成保护区智慧管理平台，实现保护区业务的信息化管理。投资16.6万元，采购4台无人机，加强保护区标准建设。

（羿成宇）

湖北木林子国家级自然保护区

【概　况】 湖北木林子国家级自然保护区（简称木林子保护区）地处武陵山余脉，位于鹤峰县北部，地处北纬29°55′59″—30°10′47″，东经109°59′30″—110°17′58″。海拔为610—2095.8米，总面积为20838公顷，其中，核心区面积7634公顷、缓冲区面积5621公顷、实验区面积7583公顷。木林子保护区属鄂西南山区，位于华夏系湘黔边境隆褶带的北段，为云贵高原的东北延伸部分，地处武陵山脉石门支脉。全境地势由西北和东南向中间逐渐倾斜，牛池为保护区最高峰，是武陵山在湖北恩施州的最高峰，海拔2095.8米，最低海拔610米。境内喀斯特地貌发育，地貌类型丰富多彩。木林子保护区处于中国地势第二阶梯向第三级阶梯的过渡地带，中亚热带气候，受冰川的影响较小，成陆时间早，由于没有受到第四季冰川运动袭击，是第三季植物区系重要的保存地、第四季冰川运动孑遗植物的避难所、温带向亚热带过渡地域植物区系的摇篮，蕴藏着丰富动植物种类，属自然生态系统类中的森林生态系统类型自然保护区。主要保护对象为中亚热带森林生态系统，伯乐树等30种国家重点保护野生植物及其群落，山顶山脊阔叶矮曲林带，云豹等55种国家重点保护野生动物及其栖息地，独花兰、天麻等62种野生兰科植物及其生境。木林子保护区维管植物2689种，隶属于203科918属。其中，蕨类植物35科76属283种；种子植物168科842属2406种（其中裸子植物7科17属26种，被子植物161科825属2380种）。木林子保护区有列入国际公约或国家保护的珍稀濒危植物153种，其中有76种属于中国特有种。

国家重点保护野生植物有30种，占湖北省总数51种的58.82%。其中，Ⅰ级有红豆杉、南方红豆杉、伯乐树、珙桐、光叶珙桐和银杏6种；Ⅱ级有金毛狗、篦子三尖杉、黄杉、巴山榧树、连香树、樟树、闽楠、楠木、野大豆、花榈木、红豆、鹅掌楸、厚朴、凹叶厚朴、峨嵋含笑、水青树、红椿、毛红椿、喜树、金荞麦、香果树、黄皮树、榉树、崖白菜24种。木林子保护区有陆生野生脊椎动物302种，隶属26目75科190属。国家重点保护种类54种，其中Ⅰ级4种，即哺乳类3种（云豹、豹、和林麝），鸟类1种（金雕）；Ⅱ级50种，即哺乳类10种（猕猴、穿山甲、豺、黑熊、大灵猫、小灵猫、黄喉貂、金猫、鬣羚和斑羚），鸟类38种（褐冠鹃隼、黑冠鹃隼、凤头蜂鹰、黑翅鸢、白头鹞、白尾鹞、鹊鹞、白腹鹞、凤头鹰、赤腹鹰、松雀鹰、雀鹰、苍鹰、灰脸鵟鹰、普通鵟、毛脚鵟、鹰雕、红隼、灰背隼、燕隼、红腹角雉、勺鸡、白冠长尾雉、红腹锦鸡、红翅绿鸠、小鸦鹃、领角鸮、红角鸮、雕鸮、毛腿渔鸮、褐鱼鸮、灰林鸮、领鸺鹠、斑头鸺鹠、鹰鸮、纵纹腹小鸮、长耳鸮和短耳鸮），两栖类2种（大鲵和虎纹蛙）。在木林子保护区首次发现4种湖北省新记录鸟类，即画眉科的灰胁噪鹛、黑头奇鹛、山雀科的褐冠山雀和鹰科的蛇雕。保护区管理机构为湖北木林子国家级自然保护区管理局（简称木林子管理局）。

【资源保护】 2019年，完成新增管护员岗前培训工作，资源管护力量增强。根据保护区实际情况，增设屏山、大五里坪、三家台3个管护点，通过考察考核，新聘请3名管护员，完成岗前培训。加强管护员管理，不定期对辖区管护员的工作开展情况进行检查并通报。发布巡查检查情况通报8期，督促管护员依法履职尽责。继续完善共建共管机制，与邬阳乡政府联合开展生态护林员培训，将保护区内的生态护林员纳入管护体系。5个乡镇129名护林员全部纳入管护体系。开展森林防火巡查工作，消除安全隐患。管理局组织防火宣传车辆80台次，到辖区27个村宣传森林防火相关法律法规，各管护点利用小喇叭作用，进村入户开展宣传工作。与鹤峰县气象局建立信息共享机制，及时分享鹤峰县每周气象信息和防火预警信息，做到科学预防。开展4次野外集体巡护活动，把资源巡护和森林防火、野外拉练实训等工作有机结合，实现巡护范围全覆盖。通过在重点防火期加强值班值守，加密巡护频次，加大宣传力度，保护区秩序稳定，资源环境得到有效保护。完成环保部下发的2018年下半年人类活动变化遥感监测4个点的实地核查及汇报工作；完成省野保站下达的野猪本地资源调查任务。根据古树名木调查结果，整理汇编《木林子保护区古树名木》，填补保护区古树名木记录空白；完成植物资源本底调查工作，经过两年多的调查，查明保护区野生植物近2000种。开展保护区易地扶贫搬迁移民调查工作。

【科研宣教】 为确保“智慧木林子”信息化建设的科学性、合理性，组织相关人员先后到四川卧龙、湖南壶瓶山、后河等自然保护区考察，借鉴国内其他保护区信息化建设经验。完成“智慧木林子”信息化平台建设，GIS数据中心、古树名木、红外相机、社区管理、动植物资源、720全景、智能巡护管理等模块投入使用。以“国际生物多样性日”为契机，设计具有保护区特色的入眼、入耳、入心的警示标志、警示语言及宣传彩页，在燕子镇、中营镇、下坪乡、邬阳乡民族中学开展巡回宣传活动，2400多名师生观看海报展示，发放宣传资料4000余份。在燕子、邬阳、中营管理站新建3处宣传栏，在辖区内新安装警示牌48块。在容美镇组织开展野生动物保护宣传月活动，发放宣传资料1000余份，向保护区社区群众发送生态文明建设公益短信10万余条。

【野生动植物监测】 完成新增100台红外相机安装工作，实现网格化全覆盖；搜集整理红外相机影像资料，监测发现30多种野生动物，监测到湖北省新发现物种——蛇雕；制作《生物多样性实录——野生动物篇》，相关影像资料在中央电视台“秘境之眼”栏目播出；完成小三峡野生动物实时监控试点建设，丰富野生动物监控形式。参与植物本底调查和样地调查，启动古树名木和珍稀植物影像拍摄工作。

【基础设施建设】 基础设施建设基本建成，4个管理站、2个管护点、1个检查站完成总工程量的90%。保护与恢复项目建设、野外宣教点和珍稀植物园建设，具备开展自然教育的条件；信息化项目通过竣工验收。完成“智慧木林子”一期平台搭建，二期宣教中心展馆布展、沙盘制作安装、监控大屏建设等。省林业局支持、联通公司承建的保护区重点道路卡口、高山实时监控22个，全部安装完毕；通过前期谋划和争取，省林业局下达保护区100万元能力建设资金，相关建设正在推进。

（刘松柏　郭　琼）

湖北巴东金丝猴国家级自然保护区

【概　况】 湖北巴东金丝猴国家级自然保护区位于巴东县北部，大巴山东缘，处于中国西部高山向东部低山的过渡区域，北连神农架林区，东与兴山县接壤，南抵平阳坝河谷，属于野生生物类中的野生动物类型自然保护区，主要保护对象是以川金丝猴、金钱豹、金雕等为代表的野生动物及其栖息地，以珙桐、光叶珙桐、红豆杉等为代表的珍稀野生植物资源，以及保存完好的亚热带森林生态系统。保护区西距重庆巫山10千米，南距长江15千米，区内最高海拔3005米，最低海拔240米，森林覆盖率82.73%。地理位置：北纬31°11′50″—31°24′40″，东经110°15′51″—110°29′59″。保护区的前身是“巴东县沿渡河金丝猴自然保护小区”，2002年3月，经省人民政府批准设立，为野生动物类型自然保护区，保护小区面积3000公顷。2010年6月，省人民政府批准建立“湖北恩施巴东神农溪省级自然保护区”，为森林生态系统类型自然保护区。2016年5月，保护区获得批准成为国家级自然保护区。保护区面积10150公顷。2013年12月，省环保厅下文同意保护区扩规及更名工作，保护区更名为“湖北巴东金丝猴省级自然保护区”。2016年5月，保护区获得批准成为国家级自然保护区。保护区面积20909.99公顷。其中核心区9580.38公顷，缓冲区3009.17公顷，实验区8320.44公顷。保护区林地面积18925.86公顷，占90.51%；非林地面积1984.13公顷，占9.49%。林地面积中，有林地面积12529.99公顷，占保护区总面积的59.9%，占林地面积的66.20%。森林覆盖率82.73%。保护区涉及2个乡镇12个行政村，区内有户籍人口1496户3999人，其中实验区897户2491人，缓冲区327户792人，核心区272户716人。截至2019年底，尚在原地居住529户1399人，其中核心区31户82人，缓冲区134户333人，实验区364户984人。管理机构为湖北巴东金丝猴国家级自然保护区管理局，是隶属州林业局管理的正处级公益一类事业单位。

【动植物资源】 2002—2013年，中国林科院、中科院武汉植物园、武汉大学、北京林业大学、华中师范大学、华中农业大学、中南民族大学等科研院所专家教授先后到金丝猴保护区开展科考工作，《湖北巴东金丝猴自然保护区科学考察报告》（2013年编制）显示，巴东金丝猴保护区有陆生野生脊椎动物348种，其中国家重点保护野生动物57种，有国家Ⅰ级重点保护野生动物川金丝猴、林麝、金钱豹、金雕4种，有国家Ⅱ级重点保护野生动物猕猴、黑熊、鬣羚、大鲵、红腹锦鸡等53种。保护区是中国川金丝猴的重要栖息地之一，长期在保护区活动的金丝猴有800多只。保护区内有维管束植物183科827属2308种，其中国家重点保护野生植物21种，有国家Ⅰ级重点保护野生植物红豆杉、珙桐、光叶珙桐3种，国家Ⅱ级重点保护野生植物篦子三尖杉、连香树、鹅掌楸、水青树、香果树、巴山榧树等18种。

【森林防火】 2019年，在春节、清明节、五一等重要节假日时段，在进入保护区的主要路口设立4个临时检查站，严禁火源入山和人员穿越。设卡检查25天，检查车辆600余台次，人员2000余人次，拦截计划到保护区内徒步穿越人员4批50余人，收缴火源火种100余个；对保护区内及周边50米范围内的墓地开展清理登记，清理登记坟头750座明确监管责任人，消除因上坟烧纸、烧香祭祀等活动带来的安全隐患；排查发现保护区内存在安全隐患涉及的输电线路长度约10千米，经过与供电所、国网公司协调后整改；在重点防火期内，安排2台宣传车进行巡回宣传，宣传40天，行程8000多千米，树立中型防火宣传牌9块，张贴森林防火彩色宣传画1000余张，制作张贴小标语700余幅；给保护区内农户送达《森林资源管理和森林防火告知书》700余份，与无民事行为能力的监护人签订森林防火监护责任状40余份。

【资源管护】 全年完成保护区勘界立标工作，树立界牌及宣传标牌100余块；严厉打击资源破坏行为，利用红外相机，有效收集固定2起猎捕野生动物的照片及视频资料证据，2名犯罪嫌疑人被依法采取刑事强制措施；开展"绿盾"专项行动问题整改，4个环境问题全部整改到位并销号，保护区保持连续2年无遥感监测疑似问题信息；开展保护区内二类森林资源外业调查工作，完成保护区二类资源调查外业质量抽查检查；开展违建别墅清理工作，清查房屋信息511处（栋），实现保护区内房屋清查全覆盖。

【联建共管】 加强与周边保护区及当地党委政府协作共同管理保护区。与神农架国家公园管理局联合成立"自然遗产地共管委员会"，与神农架国家公园管理局木鱼管理处、神农顶管理处和下谷管护中心签订护林防火、资源管理联防联管协议。加入鄂西渝东毗邻地自然保护地联盟，参加2次联盟会议。和巴东县政府签订联建共管协议，保护管理站分别和所在地乡镇签订资源管护、森林防火协议。

【项目建设】 2019年，完成2018年保护区补助项目、2018年珍稀濒危野生动物救护与繁育项目建设任务，资金使用达到预期目标；完成2019年公益林信息核对及大数据录入工作，核对公益林补偿疑点172条，确保公益林补偿按时兑付；配合神农架国家公园完成GEF项目有关工作，选派6批12人次参加各类技术培训和外出考察工作，申报1个可持续社区示范项目和3个小型科研项目；配合联通公司完成森林资源动态监测体系15个视频监控点建设；推进天保工程2019年封山育林项目建设，完成造林整地、机械围栏、宣传碑、巡护路整修等主要建设任务。

（谭怀龙　邓正双）

湖北省农业科学院中药材研究所

【概　况】 2019年，湖北省农业科学院中药材研究所在研项目32项，落实到账经费635万元，"白术规范化生产关键技术集成与应用"获湖北省科技进步二等奖1项，评价科技成果1项，评审省级地方标准1项，申报恩施州技术规程10项，主持编写国家团体标准7项，授权专利3项，实用新型专利1项，申请发明专利21项，发表学术论文22篇。黄连、独活生态绿色高质高效生产技术入选湖北省2019年农业主推技术。党组织关系从恩施州委直属机关工委转到湖北省农业科学院，第二党支部被省农科院党委评为"红旗党支部"。引进并聘用4名硕士研究生。推选1名专业技术人员参加专业技术三级岗位评审，推荐2名专业技术人员分别参加正高和副高资格评审。1人入选"湖北省团委青年英才开发计划"，4人分获湘鄂赣第三届农业科研杰出青年、湖北省农科院2019年优秀青年、2019药植论坛培根论文奖。

【平台建设】 2019年，向省发改委申报“湖北省林下经济工程研究中心”“恩施州药业植物保育及利用工程技术研究中心”和“恩施州中药材病虫草害综合防控工程技术研究中心”3个工程技术中心。申报国家农业科技示范展示基地“武陵山中药材农业科技示范展示基地”。完成国家中药材产业技术体系恩施综合试验站、湖北省茶与中药产业技术体系分配任务。加强华中药用植物园的管理，完成园区防雷塔、监控、核心区围栏、园区生活用水改造和610块标识标牌等基建工作。加强湖北省药用植物种质资源库建设，新建中试车间1座、扩建药用植物组培室。

【科技服务】 将农业科技“五个一”行动与精准扶贫工作融合开展，在全省推广中药材新品种、新技术、新模式12项，推广中药材种植面积33333.33公顷。入选国家中药材产业扶贫技术指导专家3人，农业部“三区三州”科技扶贫专家2人，省青年英才1人，省科技特派员1人，省博士服务团成员1人，省“三区”科技人才10人，恩施州科技特派员6人，恩施州产业扶贫（农技）指导员5人，认定技术服务人才29人，在全省开展各类科技服务活动72场（次），培训基层技术人员、种植大户、农民2100人次，解决中药材生产中实际问题。完成科技成果转化项目12项，总金额158万元。

【“湖北省中药材科技创新团队”项目】 项目属省农业农村厅湖北省农业科技创新行动专项，在中药材领域设立12岗3站，其中珍稀中药材、黄连、植保三个岗位及鄂西南武陵山综合试验站设立在中药材所。2019年收集黄连种质资源16份、收集独活种质资源12份、贝母种质资源15份，在华中药用植物园建立种质资源圃；在恩施市三岔乡建立8公顷黄连精细化育苗基地；制定《黄连生态种植技术规程（草案）》《独活生态种植技术规程（草案）》《湖北贝母生态种植技术规程（草案）》，并且建立林下栽连、林下套种重楼、白及、湖北贝母示范基地100公顷；开展黄连、半夏、蕲艾、菊花主要病虫草害调查，编制原色图谱，制定黄连、半夏、蕲艾和菊花主要病虫害绿色防控方案4套。

【“中药材‘三增三减’健康栽培技术协同推广计划”项目】 项目属农业部农业重大技术协同推广计划“园艺作物‘三减三增’健康栽培与加工技术协同推广计划”子课题。2019年在恩施市太山庙居委会建立统一的黄连生产技术规程，建立黄连“三增三减”黄连标准化示范基地30公顷，辐射带动周边766.67公顷黄连基地实现“减肥、减药、减工，增产、增质、增收”。通过精细化育苗、林下套种黄连、精准施肥等措施，黄连病害发生率比其他地区降低40%以上，产量提升15%，劳动成本和生产资料降低近20%。每亩黄连收入由2.6万元增加到3.1万元，去除减肥、减药、减工的投入，平均每年每亩增收800—1000元。

【道地药材种质资源保育项目】 项目属中央引导地方发展专项。对华中药用植物园迁地栽培172种药用植物的萌动期、展叶期、开花期、果实发育期、黄枯期、年生长量等物候期观测，记录每种植物经历的一个生长周期，全年采集图像资料10000张，凭证标本99种500份。收集黄连、大黄、竹节参、贝母等种质资源并建立相应资源圃；开展鄂西南山区道地药材重楼、贝母、党参等的种质资源鉴定技术研究；开展大黄等种质资源保存技术研究，以种子方式入库保存药用植物资源120份；以贝母、白术、大黄、竹节参等为重点，开展鄂西南山区道地药材种子种苗繁育技术研究；申报相关国家发明专利2项；制定中华中医药学会团体标准1项，申报恩施州地方标准6项；发表相关中文论文4篇；开展送科技下乡活动7次，培训药农360人次以上，为药农、药企提供中药材生产技术服务198人次以上。

【“黄连根腐病成灾原因分析及防控技术研究”项目】 项目属恩施州研发计划。围绕黄连根腐病发生情况，开展调研，完成调研报告2份；完成黄连主要病虫害调查和鉴定，对黄连根腐病土壤、化学药剂、生物药剂进行实验和示范。开展黄连良种选育研究，选取500余株优质株苗。在利川汪营镇、恩施市新塘乡等地开展黄连种植技术培训。

【“中药材种子种苗繁育与产品研发”项目】 项目属恩施州支农专项。主要开展资源收集与保育、种子种苗繁育、制定技术规程、产品研发和技术培训。2019年新建药用植物种质资源库150平方米，建有中期库和短期库各一个，设计库容30000份，引进种质资源400多种，1100多份；完成《厚朴生态种植技术规程》《黄连生产技术规程》《独活生产技术规程》等10个恩施州道地药材品种生产技术规程的初稿，完成恩施州重点道地药材竹节参、贴梗海棠、湖北贝母、厚朴、药用大黄、独活、杜仲7个品种《中药材规范化生产技术规程》的国家团体标准初稿编写。新建84平方米中试车间，研制出竹节参酒系列产品、黄连花茶、淫羊藿茶，联合有关企业开展富硒足浴药包、开发中药材精制饮片，部分产品完成小试产品投入市场。在全省开展各类科技服务活动72场（次），培训基层技术人员、种植大户、农民2100余人次。

（罗　倩）

环境保护

环境质量和保护

【概　况】 2019年，全州生态环境保护工作坚持以环境质量改善为核心，围绕生态文明建设示范区创建、恩施州打造“一谷、两基地、三示范区、四大产业集群”、建设鄂西绿色发展示范区、全国先进自治州的目标，聚焦突出问题整改、长江修复攻坚、环境监管执法、营商环境改善、环保能力建设等重点工作，打好打赢污染防治攻坚战，全州生态环境质量持续改善，美丽恩施建设取得成效，环保事业健康有序发展。恩施州被生态环境部授予“国家生态文明建设示范州”称号；州城恩施市成为全省国考城市中首个空气质量达到国家二级标准的城市；恩施州2019年度污染防治攻坚战实施情况考核等级为优秀；恩施州2019年水污染防治行动计划实施情况考核等级为优秀；恩施州生态环境局获全省生态环境系统目标考核“优胜单位”称号。

【大气环境质量】 全州8个县市城区空气质量平均优良天数为350天，平均优良率为96.4%，较2018年同期（95.3%）上升1.1个百分点，可吸入颗粒物（PM_{10}）均值为41微克/立方米，同比下降4.7%；细颗粒物（$PM_{2.5}$）均值为26微克/立方米，同比持平；臭氧日最大8小时第90百分位浓度均值为122微克/立方米，同比上升14%。州城恩施市城区优良天数为344天，同比增加10天，优良率为94.5%。恩施市、利川市、建始县、巴东县、宣恩县、咸丰县、来凤县、鹤峰县优良天数分别为344天、362天、352天、341天、346天、349天、347天、358天，优良天数达标率分别为94.5%、99.5%、96.7%、93.7%、94.8%、97.8%、95.9%、98.1%，与2018年相比，恩施、利川、建始、来凤分别上升2.7%、0.9%、3.3%、6.3%，巴东、宣恩、咸丰、鹤峰分别下降2.4%、0.4%、0.8%、1.1%；可吸入颗粒物（PM_{10}）年均值依次分别为58微克/立方米、34微克/立方米、45微克/立方米、48微克/立方米、33微克/立方米、36微克/立方米、46微克/立方米、31微克/立方米，除恩施、巴东分别比上年上升7.1%、9.1%外，其他县市依次分别下降2.9%、2.2%、21.4%、10%、8%、6.1%；细颗粒物（$PM_{2.5}$）年均值分别为32微克/立方米、19微克/立方米、27微克/立方米、31微克/立方米、26微克/立方米、25微克/立方米、31微克/立方米、21微克/立方米，与2018年相比，恩施、利川、建始分别下降5.9%、9.5%、10%，巴东、咸丰、来凤分别上升47.6%、8.7%、10.7%，宣恩、鹤峰保持持平。按照城市环境空气质量综合指数评价，空气质量监测结果相对较好、相对较差的县市城区依次是：鹤峰、利川、宣恩、咸丰、来凤、建始、巴东、恩施。

【水环境质量】 2019年，全州8个县市辖区内12个县级以上城镇集中式饮用水源地水质进行监测，水质达标率均为100%；经对州内长江、神农溪、清江、郁江、唐岩河、酉水、溇水、广润河和忠建河9条河流的17个断面（8个国控断面、9个非国控断面）进行监测，水质符合Ⅰ－Ⅱ类标准的断面15个、Ⅲ类标准的2个。经对州内14个跨县（市）界考核断面水质进行监测，断面水质均满足考核目标，水质达标率100%。

【声环境质量】 2019年，全州8个县市区域环境噪声昼间平均等效声级范围为49—57.2分贝，平均值为54.3分贝，昼间区域环境噪声质量“较好”，与2018年相比降低1分贝，区域环境噪声质量变好。全州8个县市各类功能区中居住区（1类区）昼间达标率为80.3%，夜间达标率为77%；混合区（2类区）昼间达标率为100%，夜间达标率为92.9%；工业区（3类区）昼间达标率为100%，夜间达标率为95.2%；交通干线两侧区域（4a类区）昼间达标率为100%，夜间达标率为95.8%；铁路干线两侧区域（4b类区）昼间达标率为100%，夜间达标率为100%。道路交通噪声昼间平均等效声级范围为64.4—71.6分贝，平均值为68.4分贝，道路交通噪声强度“较好”，与2018年相比降低0.8分贝，基本保持稳定。

【降　水】 2019年，恩施市、利川市和咸丰县进行降水监测，3个县市采集降水样品数211个，其中酸雨检出率为0。与2018年相比下降2.3个百分点。

【生态环境质量】 2018年，恩施州生态环境状况指数（EI）为78.54，生态环境状况为优，居湖北省所有地市州中第二位，仅次于神农架林区。（因受相关部门数据收集时间所限，生态环境质量评价较其他环境要素滞后一年）。

【生态保护】 2019年，全州继续开展生态县市、生态乡镇、生态村等生态创建活动，实施《恩施州创建国家生态文明建设示范区规划（2015—2022年）》。7月27日，恩施州、建始县、来凤县通过省级生态文明建设示范区创建现场考核验收。8月27日，恩施市、巴东县、宣恩县被省环境保护委员会授予“湖北省生态文明建设示范县（市）”称号。11月13日，生态环境部正式命名恩施州为“国家生态文明建设示范州”，恩施市、咸丰县为“国家生态文明建设示范县（市）”，11月16日，在中国生态文明论坛十堰年会表彰大会上，生态环境部对恩施州、恩施市、咸丰县进行授牌；按照《恩施州创建国家级省级生态文明建设示范县（市）奖励办法》，恩施市、巴东县、宣恩县分别获得州级财政1000万元奖励资金。全州新增省级生态乡镇8个、省级生态村69个，全州成功创建省级以上生态乡镇65个，省级以上生态村642个。加强自然保护区监管，开展“绿盾2017”“绿盾2018”“绿盾2019”自然保护区监督检查专项行动，违法违规问题减少，自然保护区监管水平提升。“绿盾2017”9个违法违规问题全部整改完成，销号8个，1个正在申请销号；“绿盾2018”6个违法违规问题全部整改完成、销号；“绿盾2019”督查行动，未发现涉自然保护区违法违规问题。

【突出环境问题整改】 全州各级党委政府坚决扛起生态文明建设和生态环境保护的政治责任，抓中央、省生态环境保护督察反馈问题整改。2019年底，第一轮中央生态环境保护督察反馈意见涉及恩施州35项整改任务，完成整改24项；中央生态环境保护督察“回头看”及长江保护与湖泊开发专项督察反馈意见涉及恩施州19项，完成整改6项；省环保督察整改反馈恩施州59项整改任务，完成整改40项；中央及省生态环境保护督察交办恩施州的507件信访件整改销号506件，1件因工程建设原因，正在按序时推进。

【总量减排】 全州落实减排任务目标责任制，推进工程减排、管理减排和结构减排，建立齐抓共管的部门联动机制。全州减排二氧化硫985.02吨、氮氧化物387.43吨、化学需氧量1082.15吨、氨氮86.51吨，四项主要污染物排放总量分别较2015年下降15.9%、8.1%、7.38%、4.32%。排污权交易稳步推进，全州12家企业参与交易，总成交额达到35.98万元。

【优化发展环境】 全州生态环境部门持续深化“放管服”改革，抓好重点建设项目环评和全州工业园区规划环评工作。完成对恩施、咸丰、来凤、建始、巴东5个县市工业园区规划环评跟踪评价工作。全州生态环境部门全年依法按程序对55个建设项目进行环评审批，对9个规划进行规划环评审查，全州1257个建设项目进行环评备案登记；依法依规对来凤县重晶石开采等8个不符合产业政策、规划及选址条件等问题的建设项目进行否决。加强对环评报告质量和环评机构管理，对9家环评机构编制的环评报告进行技术复核，对复核结果予以通报。

【蓝天保卫战】 全州推进结构调整优化升级，开展落后产能淘汰工作，非石化能源占一次能源消费比重不断上升，天然气消费量达17081万立方米。开展“散乱污”企业综合整治，全州102家散乱污企业完成整治90家。8个县市政府按照国家相关要求优化调整高污染燃料禁燃区；开展燃煤锅炉专项整治“回头看”，实施工业企业提标改造，全州烟粉尘、二氧化硫、氮氧化物排放量在全省前50名的4家水泥企业完成“一厂一策”减排方案，全州纳入年度无组织排放整治计划的24家企业完成整治22家，全州纳入整治的33个工业窑炉完成整治30个。全州淘汰老旧车19553辆，其中柴油货车534辆、汽油车1502辆；加大清洁能源汽车使用比例，全州新能源公交车比重达到63%，建设集中式充电桩和快速充电桩358个；加大机动车检验机构监管力度，开展机动车排气污染检验机构监督检查3轮次，12家检验机构全覆盖，查处违法企业2家，罚款11万元；加强非道路移动机械管理，8个县市均划定禁止使用高排放机械区域。推进挥发性有机物综合治理，全州220个汽车维修、包装印刷、家具制造等重点行业挥发性有机物综合治理项目完成整治，1211家餐饮单位安装油烟净化设施。加强扬尘管控，各县市城区376个在建建筑工地达到“六个百分之百”要求，城区主要道路机扫率达80%以上，全州在运营的765台渣土车全部实施封闭软篷改装。

【碧水保卫战暨长江保护战】 围绕清江大沙坝、七要口断面开展水质提升专项攻坚行动，利川污水处理厂二期按期通水试运行，推进恩施大沙坝污水处理厂建设。开展长江经济带工业园区污水处理设施整治专项行动，排查出的6个问题全部完成整治。全州8个省级工业集聚区集中污水处理设施全部安装污染源自动监控系统。全州77个乡镇生活污水治理项目（74个厂区，3个管网）通水试运行；全州11座需建设改造的城市污水处理厂，完成一级A调标改造3座。77个乡镇垃圾中转站项目全部建成。巴东港砂石集并中心临时码头完成建设任务，长期砂石集并中心同步开展项目前期工作。县级及以上12个、乡镇及以下304个饮用水源地调查评估工作全面完成，乡镇“千吨万人”集中式饮用水源地专项行动有序推进。全州完成水土流失治理139.95平方千米。和诺生物、凯龙化工等4家涉及沿江化工企业搬迁企业制定搬迁计划。全州需达标改造船舶175只，完成改造157只。

【净土保卫战】 全州完成29家重点行业企业用地调查，畜禽粪污综合利用率达72%以上。推进土壤污染治理与修复工作，对全口径涉重金属行业企业及涉镉等重金属重点行业企业进行再排查，完成恩施州重金属排放量的初步核算。建成全国绿色食品原料基地8个、全国有机农业示范基地4个、省级农业标准化示范县市3个，国家有机、绿色认证总量居全省首位。

【农村环境污染防治】 全州以扶贫开发区域为重点，以农村垃圾、污水治理为主攻方向，推进农村环境综合整治，2019年完成整治103个行政村。全州设置农业废弃物回收点500余个，处置农业废弃物473吨；化肥农药减量工作取得成效，分别减少4000余吨、150余吨；全州纳入考核的规模养殖场632个，粪污处理设施装备配备率达81.62%；全州完成水产禁养区、限养区和养殖区划定，河道全面禁养。

【环境监管执法】 全州生态环境部门全年立案查处环境违法行为99件，实施行政处罚63件，处罚金额3559464元；抓好环境执法与刑事司法联动，执行《中华人民共和国环保法》配套办法12件，其中实施查封扣押案件8件；实施限产、停产案件3件；实施移送行政拘留案件1起。恩施州“12369”环境违法行为有奖举报受理中心办理197件，当年办结174件，核定举报奖金1.06万元。

【环境监测】 全面开展空气、水、土壤环境质量监测及其他环境监测业务工作，在州环保局政务网站、“两微一端”平台等按时发布空气、水、土壤、噪声、降水等环境质量监测信息。加强环境监测质量管理，对全州8个县市环境监测站、在州境内开展环境监测业务的第三方检测机构和机动车环保检测公司，进行环境监测专项检查，将检查结果进行全州通报，督促存在问题的单位按要求完成整改。全州按期完成长沙河、景阳河等2座水质自动站的更新改造和设备安装工作，投入使用。全州建成投运国控空气自动监测站2座，省控自动站11座；正在新建县级以上饮用水水源地水质自动站7座、改建2座；新建地表水断面水站3座、升级4座。

【辐射管理】 开展核安全文化宣传、辐射安全监督检查工作。实施第二次全国伴生放射性矿普查，完成10家伴生放射性矿普查现状核实工作。持续推进全州广电项目清理规范工作，做好涉核社会风险防患与化解，加强核技术利用单位防护设施监督，对存在辐射环境问题的27家单位要求限期整改，对1家DSA项目存在“未批先建”违法行为进行处罚通报。配合国家、省完成“国控大气辐射自动监测站”建设工作。辐射安全管理全面加强，辐射安全许可证管理实现全州全覆盖。

【危险废物管理】 开展工业固体废物、危险废物申报登记，危险废物规范化管理督查考核，“清废行动2019”问题整改等工作，全州全年申报登记危险废物产生、经营、运输单位1028家，产生危险废物4386.5吨。对全州26家单位的危险废物规范化管理工作进行督查考核，抽查合格率100%，“清废行动2019”部督查组交办的7个问题，全部完成整改。

【环保宣传】 开展环保世纪行、“6·5”世界环境日等环保宣传活动，以“美丽恩施·我是行动者”为主题，举行大型宣传纪念活动；联合州摄影家协会举办迎接新中国成立70周年生态文明建设摄影展，联合州作家协会编辑《天赐恩施——恩施州生态文明建设征文选》；组织环保志愿者实地参观州环境监测站试验室、垃圾填埋场、污水处理厂，让公众零距离感受环境保护工作；组织开展“湖北少年环保使者”“湖北青年环境友好使者”推荐工作和“绿色学校、你我共建”活动。在省级、州级媒体平台宣传报道恩施州生态文明建设先进典型，《中国环境报》《湖北日报》头版分别以“念好山水经 走稳致富路 湖北恩施州创建国家生态文明建设示范区成效显著”“以绿为底·山水生金——恩施州冲刺国家生态文明建设示范区”报道恩施州典型做法。

【生态文明体制改革】 全州生态环境行政机构改

革和综合执法改革完成。印发生态环境损害赔偿制度改革实施方案。2019年恩施州机构改革，整合生态环境部门的职责、发改部门应对气候变化和减排职责、国土部门监督防止地下水污染职责、水利部门编制水功能区划、排污口设置管理、流域水环境保护职责、农业部门监督指导农业面源污染治理职责，组建州生态环境局。2019年2月26日，州生态环境局挂牌成立。4月4日，县（市）生态环境分局挂牌成立，州生态环境局正式任命各县（市）分局长。9月，《恩施州环保机构监测监察执法垂直管理制度改革工作实施方案》印发。11月29日，州委常委会审议通过《恩施州生态环境保护综合执法改革实施方案》。12月，州财政局、州生态环境局下发《恩施州生态环境领域财政事权和支出划分改革方案》，明确州、市县分级预算的规定。全州生态环境系统核定各类编制404个，其中，行政编制103个，事业编制297个，机关工勤编制4个。增加州生态环境局高新区分局机构1个，升格9个执法机构级别。

【重要会议】 2019年3月20日，州委、州政府召开全州同步创建国家级省级生态文明建设示范区暨污染防治攻坚战推进会，贯彻落实习近平生态文明思想，部署生态文明建设示范区创建等工作。3月14日，州长江大保护十大标志性战役指挥部2019年第一次会议暨长江入河排污口排查整治专项行动工作启动会在巴东县召开。5月6日，中央第四生态环境保护督察组向湖北省委、省政府反馈“回头看”及专项督察情况，恩施州组织收听收看反馈会，会后，恩施州召开视频会议部署反馈意见整改落实工作。6月20日，州委、州政府召开全州生态环保领域重点问题整改工作推进会。7月5日，州委常委会会议审议《恩施州贯彻落实中央生态环境保护督察“回头看”及长江保护与湖泊开发专项督察反馈意见整改方案》。12月13日，州委常委会会议听取全州污染防治攻坚战、长江大保护十大标志性战役、生态环境保护督察反馈问题整改情况汇报。

（曾　伟）

恩施州环境监测站

【概　况】 2019年，州环境监测站提升环境监测能力，提高质量管理水平，推进监测体制改革，按照《2019年全省生态环境监测方案》要求，完成全年工作目标。实时向公众发布空气质量AQI指数，每日开展城市空气质量七天预报和精细化预报；安排专人负责对自动监测数据审核把关。完成饮用水水源地水质监测，水质达标率100%。完成长江流域重要支流水质断面及清江省控断面水质监测。完成国家采测分离水样分析。完成恩施市大气降水、降尘监测。组织完成全州农村环境质量监测、全州省控地表水监测，全州县级饮用水质量监测、全州噪声环境质量监测、三峡库区水华预警监测。编制全州环境质量月报48份。

【污染源监督性监测】 配合省生态环境厅监督检查，对州内恩施州腾龙水泥有限责任公司、华新水泥（恩施）有限公司、恩施州楚炎工贸有限公司等重点大气污染源进行监督性监测。

【专项环境监测】 完成州城大气污染来源解析项目，完成成果报告评审，摸清州城大气污染物主要来源及时空分布，为州城大气污染防治的精准施策提供科学依据。完成恩施州生态遥感野外核查相关工作，及时提交典型地物准确性、地物边界准确性、地物动态变化、生态灾害核查及典型生态问题等核查成果资料，为验证遥感解译精度、修正解译结果提供参考。开展环境空气非甲烷总烃（NMHC）指标监测工作，重点关注对臭氧生成贡献较大的臭氧前体有机物和影响人类健康的VOCs。抽调专人到州环保局污普办开展污染源普查，参加山西省第二阶段统筹强化监督等工作。

【能力建设】 州环境监测站推动水质自动站建

设，协调解决水站建设过程中的问题，按期完成长沙河、景阳河2座水质自动站的更新改造和设备安装并投入使用。投入资金40万元，拟采购现场采样及实验室仪器设备低浓度烟尘自动测试仪、红外烟气分析仪、手持式多参数水质分析仪等11台套。

【质量管理】 州环境监测站加强站内质量管理考核，抓好数据质量管理工作。开展本站环境监测质量管理和质量保证工作。开展外控管理工作。完成对监测技术人员采取盲样、加标回收、密码样质控措施进行抽查考核。根据《检验检测机构资质认定生态环境监测机构评审补充要求》规定，修订本站的《质量手册》《程序文件》。完成州局下达的对国控污染源以及对各县市站地表水（饮用水）等水质监测进行质控盲样考核工作。参加国家总站开展的第一轮、第二轮实验室监测能力验证考核工作，考核结果满意，完成省站下发的各项盲样考核工作。按时完成省市场质量监督局要求的检验检测机构年度统计上报工作。完成对县市环境监测专业技术人员持证上岗现场考核工作。

（黄光鑫）

科技　教育

科学技术

【概　况】 2019年，恩施州机构改革，州科技局不再承担知识产权保护职责，撤销知识产权科，新承担外国专家管理职责，将农村科技与社会发展科更名为农村与社会发展科技科。增加开展外国专家管理工作，推动建立外国科学家、团队吸引集聚机制和重点外国专家联系服务机制，承担重点外国专家服务工作，会同相关部门做好因公出国（境）培训项目的管理工作等职责。全年全州实现高新技术产业增加值30.78亿元，16家企业通过高新技术企业认定。全年完成技术合同认定登记228项，合同成交额6.2亿元，享受技术合同政策减免金额250多万元，完成各类技术转移40项。3项科技成果获湖北省科学技术奖励。恩施州科技孵化器成功创建国家级科技企业孵化器。3月29日，恩施州科技工作会议召开，安排部署全州科技工作。

【高新产业发展】 牵头国家高新区创建申报工作。组建创建申报工作专班，制定并实施补短板方案；州领导2次到科技部、3次率队到省科技厅汇报创建工作；全年安排高新区州本级科研资金1105万元，占资金总额的66.8%，资金占比较2018年增长58.3%。组织高新技术企业培育申报。筛选35家企业建立后备企业库，对入库企业重点培育；加强宣传培训，组织开展3期培训辅导会，为100余家企业宣讲高企政策、申报条件、申报技巧；全年组织31家企业申报高新技术企业，其中16家通过认定，全州高新技术企业总量达到54家。省统计局将达翔公司等41家企业纳入高新产业统计范畴。2019年全州实现高新技术产业增加值30.78亿元，其中76家规模以上企业完成30.45亿元，同比增长9.3%。

【科技计划管理】 争取上级科技项目44个、资金1217万元。加强州本级科技计划工作，围绕“4+N”产业集群建设，完成2019年度州级科技计划项目立项工作，立项支持31个科研项目，安排资金1655万元，其中安排州高新区项目12个，资金1105万元；硒食品精深加工项目15个，资金965万元；生物医药项目11个，资金545万元。借力中科院上海生科院、北京中医医院科研资源开展硒与人体健康机理、硒与癌症临床2个项目研究。加强科技计划项目管理，验收州级项目52个。

【创新平台建设】 全年全州科技孵化器在孵企业218家、新增入孵企业43家，孵化面积5.7万平方米。指导恩施州科技孵化器成功创建国家级科技企业孵化器。组织硒谷联合科技企业孵化器、女儿城众创空间申报国家级众创空间。组织州级创新平台认定工作，新认定恩施州工程技术研究中心9家。启动州级“星创天地”

的培育工作，认定备案州级星创天地4家。及时兑现省级科技孵化器、省级众创空间补贴政策，补助省级科技孵化器1个、省级众创空间4个，兑现补助资金120万元。

2019年度恩施州科技成果登记一览表

表2

成果名称	申报单位	登记点	登记号
一种人工大量繁殖异色瓢虫的方法	湖北省烟草公司恩施州公司	恩施州科技局	EK2019E240001000382
富含有机硒皱皮木瓜栽培技术及产品研究开发	湖北苗仙聚生物科技有限公司	恩施州科技局	EK2019D240002001201
宣恩县白柚深加工产业化关键技术研究与示范	湖北苗仙聚生物科技有限公司	恩施州科技局	EK2019D240003001202
有机硒强化型杂粮重组营养米的加工技术	恩施硒多多生物科技开发有限公司	湖北省科技厅成果处	EK2019B010413001188
一种山药的无土栽培箱槽的使用方法	恩施州农科院	恩施州科技局	EK2019E240004001317
马铃薯新品种引进与示范	恩施州农科院	恩施州科技局	EK2019D240005001353
高山蔬菜高效安全生产关键技术研发	恩施徕福硒业有限公司	湖北省科技厅成果处	EK2019A010466001360
富硒益生菌关键技术研究与产品开发	恩施清江生物工程有限公司	恩施州科技局	EK2019D240006001401
富硒西兰花高效安全栽培技术集成与示范	恩施徕福硒业有限公司	恩施州科技局	EK2019D240007001402
恩施地方茶树种质资源保护利用及资源保存中心建设	恩施州农科院	恩施州科技局	EK2019D240008001478
恩施硒茶安全生产集成技术研究与示范	恩施州农科院	恩施州科技局	EK2019D240009001479
恩施州茶树病虫害发生规律及绿色防控的研究	恩施州农科院	恩施州科技局	EK2019D240010001480
高聚硒大豆品种筛选与大豆聚硒栽培技术研究与应用	恩施州农科院	恩施州科技局	EK2019D240011001485
土壤有效硒的测定 氢化物发生原子荧光光谱法	恩施州农科院	湖北省科技厅成果处	EK2019C010497001576
富硒食品中无机硒的测定 原子荧光形态分析法	恩施州农科院	湖北省科技厅成果处	EK2020C010001000008
高聚硒魔芋品种的筛选与推广	恩施州农科院	恩施州科技局	EK2019D240012001552
绵7优66	恩施州农科院	湖北省科技厅成果处	EK2019C010503001584
土家织锦图案创作及色彩处理软件	湖北民族大学	恩施州科技局	EK2020E240001000001
马铃薯硒营养强化技术研究	恩施州农科院	恩施州科技局	EK2020D240002000029

【科技人才工作】 争取国家“三区”科技人才150名，省级科技特派员7名，选派州级科技特派员55名，与贫困村、企业、专业合作社对接，提供科技指导与咨询服务。联合杭州市科技局举行恩施州科技扶贫人才培训活动、恩施州科技孵化人才能力提升培训活动。组织16名“三区”科技人才参加科技人员专项计划培训。

【科技成果转化和合作】 推进科技成果转化工作，举办恩施州科技成果对接会，组织华中农业大学等州内外高校院所专家与州内企业参加会议，征集企业技术需求49项，发布科技成果211项，印发恩施州科技成果汇编，现场签订25项科技合作协议。全年登记各类科技成果19项，推荐省科技奖三类8个项目，其中3项获省科技奖励，省农科院中药材所完成的“白术规范化生产关键技术集成与应用”获湖北省科技进步二等奖，州农科院完成的“生物硒资源研究与开发”获湖北省科技进步三等奖，恩施徕福硒业有限公司获湖北省科技型中小企业创新奖。开展国际科技合作工作，全年组织8家州内企业参加5场国际性技术交流合作大会。

【科技活动周】 恩施州2019年科技活动周于5月19—26日在全州范围内开展，科技活动周紧扣“科技强国 科普惠民”的主题，组织开展科技成果对接、科技产品展示、科技产品体验、参观科普基地、科技使者进农村、科技政策进企业等活动。全州有100多个单位参加，500多名专业技术人员、“三区”科技人才、科技特派员、科技工作者进社区、下农村、入学校开展科技普及、技术咨询、技术服务、科技培训、义诊等活动，参与群众3万余人。活动周期间，开展科技下乡30余次，发放各种科技资料4万余份（册），科技咨询1万余人次，赠送农资及物品近8万元，义诊1万多人次、赠送药品4万余元，为企业进行技术诊断180余项，开放科普基地20多个，举办各类培训、现场指导15场。本届活动周获得全国科技活动周领导小组办公室表扬。

（吴　宇）

教育管理

【概　况】 全州有各级各类学校1217所，其中幼儿园562所，义务教育学校605所，高中阶段学校39所，高等教育学校4所，特殊教育学校7所；在校学生645589人，其中学前教育102719人，义务教育398139人，高中阶段教育99293人，高等教育44938人，特殊教育500人；教职工43271人，其中学前教育9348人，义务教育23246人，高中阶段教育6082人，高等教育2704人，特殊教育156人。

【资助贫困学生】 全年发放各类资助资金4.46亿元，惠及建档立卡贫困家庭学生、残疾学生、低保户家庭学生、其他家庭经济特别困难的学生290384人（次）。以州政府名义向29个省（市、自治区）教育厅发函，为在州外就读的恩施州户籍建档立卡贫困学生协调落实“资助随学籍走”的政策，15327名学生中有9405人享受相应的国家资助政策。

【东西部扶贫协作对口帮扶】 恩施州与杭州市结对帮扶学校增加至128对。招收229名建档立卡贫困初中毕业生到杭州学习，选派教师到杭州交流挂职170人次，与杭州市联合开展各类培训42次，培训教师3000余人。

【办学条件改善】 全州启动教育建设项目347个，投入资金134894.6万元，建设面积90.19万平方米（含运动场）。“全面改薄”投入资金完成率、校舍建筑面积竣工率、设备采购资金完成率分别为104.38%、106.06%、100.65%，超额完成五年规划任务。巴东县明德外国语学校、巴东县神农溪中小学、咸丰县春晖学校、宣恩县沙道沟镇松坪小学等新建学校在秋季学期投入使用，最后一批利川市31个未联网教学点成功实现光纤宽带接入。

【教研工作】 出台《恩施州教育局关于实施“六大工程”规范学校管理推进教育高质量发展的意见》，组织恩施州学校管理“六大工程”专题培训。组建首批9个恩施州普通高中学科教学指导委员会。开展“恩施好课堂”评选，评选州级奖项478节，获“湖北好课堂”奖项91节。“一师一优课、一课一名师”活动评选州级“优课”994节，获省级“优课”59节、部级“优课”13节。组织教师参与全国中小学教师实验教学竞赛，获省赛奖项35名，综合成绩排名全省第三。

【教育信息化】 编制完成《恩施州教育云平台建设项目咨询规划》和一期项目建设方案、招标需求方案。组织参与各类教育信息化竞赛活动，在全省教师教育教学信息化交流活动中获奖501件；在湖北省第十四届“教育技术理论与实践”征文暨第十届全国教育技术论文省级评选活动中获奖1798件；在全省中小学电脑制作活动中获奖196件；在第十届“中国移动‘和教育’杯”全国教育技术论文活动中获国评奖次149件，获奖作品件数在全省市州中排名第一。建始县教育局《智慧平台助力少数民族地区教育发展》、建始县民族实验初级中学《深度融合 创新教育 传承经典》入选教育部教育信息化应用与实践优秀案例。

2019 年恩施州各级各类学校基本情况统计表

表 3

类别	校数（个）	毕业生数（人）	招生数（人）	在校学生数（人）	毕业班人数（人）	教职工数（人）	
						总数	专任教师数
一、普通高校	3	10315	11831	38017	10471	2669	2022
湖北民族大学	1	5232	5502	19058	5271	1499	1088
普通		4023	3747	15279	3707	—	—
成人		1037	1501	3076	1348	—	—
硕士研究生		172	254	703	216	—	—
湖北民族大学科技学院	1	2790	2876	10849	2787	562	453
本科		2215	1978	8681	2285	—	—
专科		575	898	2168	502	—	—
恩施职院	1	2293	3453	8110	2413	608	481
普通		2152	3389	7944	2311	—	—
成人		141	64	166	102	—	—
二、成人高校	1	1520	2631	6921	1926	66	49
恩施电大（开放教育）	1	1520	2631	6921	1926	66	49
三、中等职业学校	12	9530	12777	31649	8882	1316	1162
四、普通中学	171	61392	69542	202385	64367	15163	13630
初中	144	41293	45715	134741	42818	9825	9297
高中	27	20099	23827	67644	21549	5338	4333
五、小学	461	44519	41689	263398	44584	14553	14294
六、特殊教育	7	46	75	500	94	156	139
七、幼儿园	562	40989	36595	102719	44479	9348	4146
合计	1217	168311	175140	645589	174803	43271	35442

说明：不含人社部门管理学校

【教师队伍建设】 招聘省级统筹农村义务教育学校教师 662 名、银龄讲学计划教师 32 名，完成农村小学全科教师和公办幼儿园教师定向委培招生计划 480 名，第一批定向委培教师毕业后经考核合格上岗 290 人。组织全州首届中学教师专业发展调研考试。开展全州第二届教师教学技能竞赛活动，决出州级奖项 397 个，组织教师参加全省第六届青年教师技能大赛，获二等奖 1 个、三等奖 4 个。完成中小学教师资格认定 6329 人，教师专业技术职称评审 1795 人，“国培”“省培”教师培训 7138 人次。为 370 名教师申报“励耕计划”和“润雨计划”，资助金额 370 万元。持续开展师德师风专项整治，全州查处师德违规问题 38 起，党纪政纪处分 32 人。

【教育督导】 制定全州优质均衡发展评估规划，督促各县市落实消除大班额计划，全州义务教育阶段大班额比 2018 年减少 654 个，比例下降 8 个百分点。制定全州“六大工程”考核评估指标体系，开展春秋季开学综合督导、全州中小学“全面改薄”项目 20 条底线专项督查工作。完成全州小学阶段教学质量监测、25 所幼儿园办学行为州级复评、中西部教育监测数据州级填报及审核上报工作。推进中小学责任督学挂牌督导工作，遴选 9 个特色督导案例上报省教育厅。

【后勤管理】 全州各级各类学校全面落实陪餐制。推进“健康校园”建设，全州农村学校安全饮水建设、旱厕改造全部完成，学校食堂“明厨亮灶”建成率达 82.5%。开展全州学校食品安全专项行动，各部门联合检查学校食堂、供餐单位及校园周边食品经营者 1094 次，责令改正 144

处。加强食品安全管理培训，培训从业人员4473人次。

【普通话考核】 完成普通话测试24场，测试人数9800人。开展第22届全国推广普通话宣传周活动。组织全州第三次县域普通话调查工作，调查对象3200余人。举办恩施州优秀普通话测试员培训考核班，全州40余名普通话测试员通过考核被聘为省级优秀测试员。

【考试招生】 组织各类教育考试21次，考试规模达285642人次，比2018年增加43040人次。高考考生首次突破3万人，中考考生首次突破4万人。平稳组织实施全州首次普通高中学业水平合格性考试，考生数22062人。全州高中阶段学校录取38723人，录取率为94.20%。其中25所普通高中招生23779人，录取率为57.85%；中等职业教育学校招生14944人，录取率为36.35%。新建标准化考点21个，新增考场1333个。《防范办考风险，提升办考能力——恩施自治州教育考试工作的思考和探索》被省考试院推荐到《湖北招生考试》发表推广，《“十个一”工作法：教育考试工作的恩施实践》收入湖北省第十二届非学历证书考试工作研讨会论文选编《非学历证书考试创新发展》。

【校园安全】 召开州校安委2019年第一次全体会议、全州“平安校园”建设工作视频会议。开展第24个全国中小学生安全教育日、防灾减灾宣传周等安全宣传教育活动。组织全州教育系统“迎大庆、保军运”安全维稳专项行动、全州学校安全及校园周边环境综合整治“百日行动”活动。开展校园安全隐患排查整改，州校安委交办的1425处校园安全问题隐患整改完成1418处，全州平安稳定大督查交办的6635个校园安全问题隐患点全部整改完成。全州校园封闭化管理达到100%，按规定配齐一键式报警器1329个，与属地公安机关联网；按规定配齐保安2797名、安防“八件套”2735套。

【德育工作】 参与省教育厅“十九大精神进校园”精品课程评选活动，遴选上报8节优秀视频课。推进思政课建设，印发《关于开展廉洁教育进中小学思政课活动的指导意见》《关于2019年开展廉洁教育进中小学思政课活动工作清单》。开展中小学生“我为祖国点赞”“祖国在我心中”“中华魂”等主题教育读书活动，获省级比赛奖项5个，州教育局被教育部关工委表彰为“新时代好少年”“我为祖国点赞”主题教育读书活动先进集体。开展中小学生评先推优实施正面激励活动，评选州级优秀学生、优秀学生干部、优秀少先队员、优秀特长生800名。

【素质教育】 加强体育美育工作，组织中小学生参与全州第三届青运会、省十五运会青少组、省教育厅田径啦啦操比赛等赛事活动。申报全国篮球特色校16所、全国足球特色校13所、全国足球特色幼儿园6所。开展全州第二届师生艺术节活动。组织学校参与全省校园戏曲电视展演征集，申报中华优秀传统文化传承校6所。联合州生态环境局命名第五批州级绿色学校36所，联合州科协举办第十五届恩施州青少年科技创新大赛，联合州卫健委开展中小学生爱眼护眼防控近视及贫困家庭青少年儿童眼病救助工作。与州科协联合组织的“湖北省‘大手拉小手——科普报告荆楚行’恩施州巡讲”被中国科学技术协会办公厅评为2019年全国科普日优秀活动。加强法治宣传教育，全州6所学校获评湖北省“法治建设示范学校”，6名师生在湖北省学生“学宪法讲宪法”演讲比赛和知识竞赛中获通报表扬，州教育局入选宪法宣传教育系列活动优秀组织单位名单。

【学前教育】 推进公办乡镇中心幼儿园建设，全州88所公办乡镇中心幼儿园建成，投入使用83所。加强普惠性幼儿园发展引导，督促恩施市、利川市、建始县、宣恩县修订完善普惠性幼儿园认定和奖补标准。开展城镇小区配套幼儿园专项治理，摸排需治理幼儿园28所，全部纳入治理。

组织乡镇中心幼儿园户外自主游戏优秀案例推荐活动，获州级奖项20个，获省级奖项3个。

【义务教育】 出台《关于落实义务教育有保障工作的通知》，全面建章立制，有效控辍劝返，落实关爱保障，加强检查督办，恩施州在全国中小学生学籍系统控辍保学工作台账管理平台中的疑似辍学学生2116人、在省级义务教育控辍保学动态监测平台中的疑似辍学学生2034人，全部实现销号清零。全州义务教育阶段学校入学率100%，初中三年巩固率100%。

【中高考改革】 组织“恩施州初中学业水平考试评价暨教育质量提升”培训。制定《恩施州进一步推进高中阶段学校考试招生制度综合改革实施方案》，经州政府第52次常务会议审定通过。加强新高考政策宣讲，开展普通高校本科招生专业选考科目要求专题宣讲培训，组织各地各校对《湖北省高等学校考试招生综合改革实施方案》进行全面学习和宣传。组织高中三年级两次州级教学质量监测，加强高考复习备考指导、服务工作，2019年高考全州一本上线人数突破4500人，29人上清华、北大。

【职业教育】 加快职教集团建设，完成《关于组建恩施职教集团的调研报告》，报告入选州委改革办州领导牵头改革调研课题成果交流材料。启动恩施职业技术学院整体搬迁工作，州卫生学校整体并入恩施职业技术学院。组织职业院校学生到州高新区重点招商企业顶岗实习，2019年输送4897人。举办全州中等职业学校教师教学能力大赛和首届中职学校班主任基本功大赛。组织学生参加全省中职学生技能大赛，获一等奖8个、二等奖17个、三等奖54个。组织教师参加全省职业院校教学能力大赛、全省中等职业学校公共文化课教师课堂教学展评活动、省总工会五一教学技能大赛，获奖14个。

【特殊教育】 完成全州特殊教育学校办学现状专题调研，举办全州特殊教育学校教育教学研讨会。来凤县、鹤峰县特殊教育学校于秋季学期招生，全州实现8个县市特校全覆盖的目标。8个县市全部建立残疾人教育专家委员会，全面建立对病残儿童实行评估鉴定，分类保障其接受教育的机制。

【荣　誉】 巴东县清太坪镇白沙坪小学志愿支教教师袁辉获第23届“中国青年五四奖章”，湖北省唯一。宣恩县王凌云当选2019“全国最美孝心少年”，刘顺当选“特别关注孝心少年”。鹤峰县实验中学张法英、咸丰县唐崖镇民族初级中学秦有余、巴东县沿渡河镇堆子场小学程祖南、建始县高坪镇望坪初级中学鲍春获全国优秀教师表彰。恩施市龙凤镇龙马民族学校吴艳锋、来凤县旧司镇东流司小学黄中桂获全国模范教师表彰。巴东县第一高级中学张世林、宣恩县民族实验中学熊卉茸、恩施市第一中学潘成兴、咸丰县第一中学王正发、鹤峰县实验小学喻东红、湖北民族大学王亚华获第三届“楚天园丁奖”。鹤峰县铁炉乡民族中心学校熊红霞、恩施市崔家坝镇小学李钦华、恩施市屯堡乡罗针田小学翟红雪获湖北省农村先进教师表彰，巴东县野三关镇民族实验初级中学邓秀武获湖北省农村先进教育工作者表彰。恩施市龙马民族学校吴艳锋入选2019年湖北“十佳师德标兵”。恩施市第三高级中学贺欣怡入选“荆楚好老师”。

（周成伟）

重点院校

湖北民族大学

【概　况】 2019年，湖北民族大学学校面积106.67公顷，教学科研仪器设备价值2.35亿元，藏书180余万册，电子图书320余万种。学校有国家级特色专业点3个，国家级专业综合改革试点1个，国家级大学生校外实践教育基地1个，卓越农林人才教育培养计划改革试点1个，卓越医生（中医）教育培养计划改革试点1个。湖北省普通本科高校“荆楚卓越人才”协同育人计划项目9个，省级品牌专业4个，省级战略性新兴（支柱）产业人才计划项目7个，省级本科专业综合改革试点项目7个，试点学院1个。省级重点实验教学示范中心2个，省级实验教学示范中心5个，省级虚拟仿真实验教学中心2个，省级（示范）实习实训基地6个，省级服务外包人才培养（训）基地1个，省级大学生创新活动基地1个，省级精品课程10门，省级精品视频公开课2门，精品资源共享课4门，湖北省高校精品在线开放课程（立项建设）1门，省级教学团队2个。省级研究生教育创新基地1个，省级研究生工作站4个。有湖北省“十三五”时期省级优势特色学科群2个，“十二五”时期湖北省重点（特色）学科3个，湖北省重点（培育）学科4个，国家民委重点学科2个，国家中医药管理局重点学科1个，民族学一级学科被纳入湖北省协同创新计划。有湖北省“楚天学者”计划特聘教授设岗学科12个。有省部级重点实验室、人文社科重点基地、产业技术创新基地和技术推广中心7个，国家民委人文社科基地2个，湖北省“2011协同创新中心”1个。1所直属附属三级甲等综合医院（附属民大医院），2所非直属附属三级甲等综合医院（附属恩施州中心医院、附属荆门市第一人民医院）。61个本科专业，涵盖经济学、法学、教育学、文学、理学、工学、农学、医学、管理学、艺术学十大学科门类；有民族学、数学、化学工程与技术、林学、中医学、食品科学与工程、中国语言文学、马克思主义理论8个学术型硕士学位授权一级学科，包含文艺学等35个学术型硕士学位授权二级学科，临床医学、中医、（电气）工程、新闻与传播4个硕士专业学位授权点。学校面向全国23个省（市、自治区）招生，全日制在校学生16342人。

【师资队伍】 2019年新增博士17人，预聘在读博士生7人。获批省政府津贴人员1人，楚天园丁奖1人。评定教授资格5人，副教授资格15人。为教龄满30年教职工颁发纪念证书。派出3位教师参加省第八批博士服务团工作。2019年，在全校范围内实施管理创新项目，设立管理创新奖，首期立项创新项目48项。

【学科建设】 组织开展学科动态调整，新增翻译学科专业学位硕士授权点，增列党的建设、功能食品营养与安全2个目录外二级学科点，确定8个校内培育学科。抓住对口支援机遇，推进博士研究生联培工作，3位教师被聘为四川大学博士生导师。获批省级一流线上“金课”2门，省级虚拟仿真实验教学项目1个，13个专业获批省级一流专业立项建设点，临床医学专业获教育部认证通过。与北京广慧金通教育科技有限公司合作申报航空服务艺术与管理专业，开启产学合作协同育人。武陵山中药材检验检测中心成立运行。公共事业管理等5个专业在2019年暂停招生，实施大类招生培养工作，有10个专业分别按新闻传播学类、电气类、物理学类、计算机类招生培养。

【科研工作】 2019年获批省部级以上项目48项，其中国家自科基金15项，国家社科基金3项，教育部人文社科项目3项，省部级项目27项。获批地厅级项目90项，横向科研项目119项。科研项目合同经费3720万元，其中横向科研项目到账经费达到1910万元。论文331篇，被SCI、EI、CSSCI收录227篇，出版专著24部，获授权专利55件。“超轻弹性体材料绿色制造实验室”获得批准，成为学校获批的首个国家民委重点实验室。硒食品营养与健康智能技术湖北省工程研究中心获得省发改委立项。

【招生就业】 2019年普通本科生招生3932人（含预科生230人），毕业4023人，就业率89.11%。研究生招生254人，毕业176人，就业率92.8%。高等学历继续教育招生1532人，毕业1037人。

【人才培养】 组织各级各类学科竞赛196项，获奖人次达1632人次，其中，获中国“互联网+”大学生创新创业大赛省赛金奖1项，银奖1项，铜奖2项，首次获“挑战杯”大学生课外学术科技作品竞赛一等奖。学生公开发表高质量科研论文33篇（SCI收录4篇，EI收录1篇），获得实用新型专利3项、软件著作权登记3项。聚焦“培养高素质应用型人才”目标，全面落实《湖北民族大学全面提高应用型人才培养能力行动纲要（2019—2013）》《湖北民族大学加快学科建设行动纲要（2019—2023）》。学校师生受国务院扶贫办委托，到四川、云南、贵州、海南等地实地开展贫困县退出第三方评估专项检查，形成专项报告17份。

【大学生思想政治教育】 组织“间周”政治理论学习10期，开展每周晚点名、日常思想政治教育，引导学生学习习近平总书记系列重要讲话及“两会”精神，深化理想信念教育、安全教育、心理健康教育。实施大学生思想政治教育质量提升工程，推出思想政治教育微课9部，利用晚点名召开主题班会组织学习，在“青春民大”“小桂花”等微信公众号上阅读量达5万多次。

【李军获评2019年度享受省政府专项津贴人员】 李军，男，土家族，1972年2月出生，湖北利川人，三级教授，中共党员。2019年获评享受湖北省政府专项津贴人员。他1995年7月毕业于湖北民族学院数学教育专业，1999年12月获华中理工大学计算机应用专业硕士学位。现任湖北民族大学科研处处长，中国人工智能学会智能传媒专业委员会委员，中国自动化学会数据驱动控制、学习与优化专业委员会委员。2014年获评全国优秀教育工作者荣誉称号，长期从事教学、科研与管理工作，先后主持湖北省教育厅中青年项目“基于三维NURBS曲面模型数字水印算法研究”、国家社科基金项目“土家族织锦遗产的数字化保护与应用研究”、湖北省自然科学基金项目“非物质文化遗产传承技艺三维虚拟再现”、文化部创新项目“土家族民间表演技艺数字化保护与三维虚拟再现”，科技部“十二五”国家科技支撑计划项目“土家织锦数字化保护与智能生产关键技术研究与示范”和国家自然科学基金“基于运动跟踪的民间表演技艺三维重建关键技术研究”，湖北省技术创新专项“土家织锦元素智能化获取及自动化研究”，发表学术论文30余篇。

（王　旭）

湖北民族大学科技学院

【概　况】 2019年4月26日，省教育厅根据《教育部关于同意湖北民族大学科技学院举办者变更的批复》，批准湖北民族大学科技学院的举办者为湖北民族大学和恩施自治州常青教育发展有限责任公司。学校设7个教学系（部），开设40个本科、10个专科专业以及本科民族班、少数民族本科预科班，涵盖经济学、法学、教育学、文学、理学、工学、农学、医学、管理学、艺术学10个学科门类，现有省级一流专业2个、省级重点本科培育专业3个，恩施州农村精准扶贫订单定向本土化医学生培养项目2个。面向全国18个省（市、自治区）招生，全日制在校生10849人，其中本科生8369人、专科生2168人、预科生312人。2019年，学校承担校外考试包含2次英语四六级考试、1次卫生职业考试、3次事业单位招聘考试及高职扩招考试工作。

【招生与就业】 2019年，学校招生计划3906人，录取3373人，报到3216人，其中本科2031人、专科984人、预科201人。高职扩招计划500人，第一轮录取16人于2019年秋季学期入学，第二轮录取484人将于2020年春季学期入学，100%实现计划利用率。本科报到人数较上年增加53人，增长2.67%；专科报到人数较上年增加102人，增长11.56%。学校招生办公室被湖北教育信息发展中心评为先进集体；湖北民族大学科技学院被华中招生信息网评为热门报考院校、学校招生办公室被评为先进集体。学校有毕业生 2923 人，就业 2565 人，总就业率 87.75%，高品质就业率 28.94%。毕业生参加各类地方基层项目计划 44 人，应征入伍 65 人，特岗教师与农村义务教师 22 人，“三支一扶”与选调生等 17 人，升学出国 130 人。

【参与学科竞赛】 2019 年，全校学生参与学科竞赛获省级及以上奖项 55 项，其中国家级奖项 18 项。建筑与设计学院贺申泰老师获第五届全国高校 GIS 青年教师讲课竞赛三等奖；建筑与设计学院学生获第一届智慧杯全国艺术高校美育作品大赛一等奖 2 个、二等奖 2 个；经济与管理学院学生获第十五届大学生沙盘模拟经营大赛湖北省总决赛一等奖 2 个、二等奖 1 个；音乐与体育学院学生获 2018—2019 年全国啦啦操联赛（武汉站）第二名；在 2019 年湖北高校音乐教育专业教师基本功展示活动中，音体学院邓聪老师获理论作曲组一等奖、个人全能二等奖，韩冬老师获教学展示组二等奖、声乐单项三等奖；文化与传媒学院学生获全国第九届“华文杯”高等院校师范生（语文组）技能大赛一等奖 5 个、二等奖 5 个。

【师资队伍】 2019 年，学校教职工总数 275 人，其中专任教师 133 人，教辅人员 79 人，行政人员 39 人，后勤人员 24 人。具有本科学历 80 人，占比 29.1%；具有硕士及以上学历 149 人，占比 54.2%；具有初级职称 43 人，占比 16.5%；具有中级职称 69 人，占比 25.1%；具有高级职称 25 人，占比 9.1%。以师资队伍建设为核心，加大招聘力度，公开招聘入职 28 人，其中辅导员 9 人、专职教师 12 人，实验员 3 人，行政人员 4 人。盘点学校现有思想政治教育教师队伍，成立思想政治教育教学研究部。

【学科建设】 2019 年，学校新增康复治疗学、卫生检验与检疫、电子商务、茶学 4 个本科专业，新增医学美容技术、应用电子技术 2 个专科专业。财务管理、护理学 2 个专业获批省级一流专业，其中财务管理专业被推荐为国家级一流专业立项建设项目，形成以医学、经济与管理学为龙头的优势专业集群。加大课程建设改革力度，申报《笔译课外实践》《管理学》《土家族民间图案》《基础护理技能》《ERP 综合实验》5 门省级一流本科课程，开设通识课，开启《心理健康教育》O2O 线上线下混合式教学模式。学校现有医学类省级一流专业 1 个，医学类本科专业 9 个、专科专业 6 个，全日制医学类专业在校生 4913 人，医学实验室 33 个，生命科学馆 1 个。成立硒茶学院，2019 年策划并代表恩施州参加第三届国际茶叶博览会（杭州）恩施硒茶全程推介活动。

【共青团员和学生工作】 加强团员青年思想政治和团员干部队伍建设，全年开展政治理论学习及团日活动 12 次；完成第三届学生组织换届，参加省、州级“两红两优”创建活动，校团委 2019 年先后被团州委评为“先进工作单位”和恩施州“五四红旗团委”。开展校内“两红两优”评选活动，表彰五四红旗团总支 2 个、优秀学生会 2 个、优秀团员 374 名、优秀青年志愿者 69 名、优秀团干和学生干部 109 名；罗港同学通过组织推荐获“全国自强之星”荣誉称号。协调二级学院组织开展第二、三课堂活动，出台湖北民族大学科技学院第二三课堂实施细则。为纪念五四运动 100 周年，校团委组织开展“行以安为本——礼让行人”“保护母亲河·龙洞河宣讲活动”五四系列公益活动。2019 年 9 月，学校音乐与体育学院舞蹈学专业 200 余师生受邀参加黄冈市第五届运动会开闭幕式大型文艺晚会。

【科研工作】 2019 年，学校立项校级教研项目 21 项、获得省级课题 1 项、州社科项目 5 项。教师发表省级及以上期刊论文 26 篇，其中 SSCI 论文 1 篇，CSCD 论文 2 篇，出版专著 1 部。

【教育扶贫】 按照州政府统一部署，与州卫健委配合，开展恩施州农村精准扶贫订单定向本土化医学生培养项目——临床医学、助产专科专业的培养。助产专科专业2019年录取37人，临床医学专科专业2019年录取416人（含定向100人），定向医学生在校期间学费全免；6月3日，学校为鹤峰县五里乡潼泉小学送去专项扶贫慰问金2万元；8月27日，为恩施市三岔乡王家村小学送去1万元扶贫慰问金；9月4日，向湖北省“退役军人关爱基金”捐赠1万元。学校从事业收入中提取资金设立伙食补贴40余万元，惠及100余名贫困学子。

【教育助学】 开展家庭经济困难学生资助工作，实现数据资金管理“零差错”、资助工作“零投诉”。评选国家奖学金10人、励志奖学金242人、国家助学金2030人，发放国家奖学金8万元、励志奖学金121万元、助学金394.17万元。设立校内勤工助学岗86个，发放勤工助学金16.2万元。2019年办理学生生源地贷款2122人，贷款总额约1660万元。

【恩施硒茶斗茶大赛】 2019年9月17日，由州政府主办，州农业农村局和州人社局承办的恩施硒茶斗茶大赛在湖北民族大学科技学院举行。全州140个茶样参赛，包括19个恩施玉露、24个利川红、55个其他绿茶、42个其他红茶，斗茶项目有恩施玉露、利川红、其他绿茶、其他红茶4种。

【州茶叶产业（茶艺师　评茶员）职业技能培训班】 2019年12月16日，由州人力资源与社会保障局和州农业农村局联合主办的恩施州茶叶产业（茶艺师　评茶员）职业技能培训班在湖北民族大学科技学院举行开班仪式。培训规模300人，其中，茶艺师培训三期，每期60人。评茶员培训两期，每期60人。两类培训同步开展。

（陈加雄）

恩施职业技术学院

【概　况】 2019年，学校占地54.67公顷，建筑面积25万平方米。拥有数控技术、计算机及应用、生物技术、建筑工程技术4个国家职业教育实训基地和旅游管理、畜牧兽医、生物制药3个省级示范性实训基地。教学仪器设备总值超亿元。在岗教职工718人，教师中具有硕士以上学位205人（其中博士6人），教授11人、副教授166人，享受国务院津贴专家1人、湖北名师1人、全国农业职教名师1人，聘有8名楚天技能名师。学校设11院2部，开办专业36个，在校学生1.74万人。2019年学校总收入25274万元，事业收入3797万元，财政拨款19350万元，总支出25985万元。学院获湖北省优质高职院校称号。

【学科建设】 学校实施高职教育改革创新三年行动计划，经教育部认定，建成全国示范专业点1个、国家骨干专业2个、国家协同创新中心1个、国家生产性实训基地1个、国家职业教育实训基地4个、国家首批“1+X”试点项目1个（建筑BIM试点）。完善学校三大体系构建，完成学校、专业、课程、教师、学生5个层面诊改全覆盖，形成“五化”诊改模式，编印《质量文化宣传手册》和《部门质量工作手册》，完善学校内部质量保证体系，通过教学诊改省级复核。

【技能竞赛】 在全省高校教学能力大赛中获一等奖1项、三等奖3项。在全国导游学生技能大赛中获一等奖1项、二等奖1项；第十一届全国少数民族传统体育运动会上获二等奖4个，三等奖2个。在全省“互联网+”大学生创新创业竞赛中获银奖1项、铜奖1项。在全省技能竞赛中获一等奖4个，二等奖3个，三等奖12个。

【科研工作】 获准立项省科技厅民族专项、州科技计划专项各1项；获准立项省教育科学规划一般课题3项；获州社会科学研究重大项目、重点项目资助各1项并结项；获州科协科普工作专项资助1项。获州委、州政府联合授予“恩施州优秀人才奖”殊荣1项。出台《恩施职业技术学院校内科研项目管理办法（试行）》，安排60万元资金。分3种类型，对23项课题予以立项支持。支持立讯精密、达翔公司落户恩施建厂。组织

1458人分别到立讯、达翔开展工学交替实习。

【师资队伍】 完成49名新教师招聘工作，按评审流程开展2019年度专业技术职称评审工作，71名专业技术人员获得岗位晋级聘用资格。首次开展学校“双师素质”教师认定工作，190多名教师通过认定。重视教师继续教育，全年704人次参加各类培训进修，平均完成继续教育53.4学时。学校恩施玉露制作技艺传承基地的国家非遗传承人杨胜伟老师当选敬业奉献类“中国好人”。

【招生就业】 2019年高职招生录取4066人，计划完成率89.2%；实际报到注册人数3400人，报到率90.88%，超额完成学校高职招生2800人目标任务，比2018年净增1000余人。2019年中高职衔接招生实际报到注册新生2430人。开展“政府订单班”招录工作，2019年州政府定向委培农村小学全科教师及公办幼儿园教师单招考试录取480人，报到480人；神农架林区政府定向委培农村小学全科教师及公办幼儿园教师单招考试录取10人，报到10人。2019年学校继续教育工作社会培训完成27824人日，实现培训收入217.64万元。首届“政府订单班”292名毕业生全部到乡村教学点上班，《人民日报》、《光明日报》、学习强国等媒体以“湖北：让乡村教师安心从教”为题报道恩施州的作法和政府订单班办学成就。截至12月31日，学校2019届高职毕业生2152人，就业率达85.59%；2019届中职毕业生1631人，就业率98.41%。2019届高职毕业生中23人自主创业。2019年在校学生新注册并进入实质性运行4个项目。学校被省人社厅确定为“湖北省高技能人才培训基地”；双创基地被省教育厅授予“湖北省大学生创业示范基地”称号，被省科技厅评定为“省级众创空间”。

【办学条件】 州委、州政府批准3000万元项目资金改善学校办学条件。投入1860万元升级改造7个二级学院（部）20个实训室；投入350万元维修改造5栋学生宿舍，改善学生的住宿条件。投入790万元对主校区、南校区水网、电网进行改造，解决学生公寓长期供水不足和用电无保障的状况。学校争取省财政厅、省教育厅职教奖补项目资金3000多万元。投入500多万元用于“双创”基地、非遗传承基地建设，建成全省大学生创业示范基地，建设恩施玉露制茶技艺、西兰卡普织锦、摆手舞等9个非遗传承基地。投入1000多万元用于8大专业群49个实训室建设，购买服务于学生技能竞赛、技能鉴定、实习管理教学软件，完成部分精品在线开放课程建设、机电一体化专业教学资源库建设。投入800多万元用于校园信息化建设，搭建起5个平台，建成3个核心业务系统、2个数字资源库、8个应用管理信息系统。投入700多万元用于田径运动场、室内活动场馆和校园安全设施建设。为加快推进全州职业教育和全民健身体育事业高质量发展，州委、州政府决定将恩施民族体育运动中心与恩施职院新校区合并建设。2019年3月22日，州八届人大常委会第十五次会议决定实施“兴建恩施民族体育运动中心和整体迁建恩施职业技术学院项目”，州委、州政府成立项目协调领导小组，组建工作专班，恩施职院承担项目建设业主。截至2019年底，完成项目立项、林地土地报批、项目规划建筑设计招标及兴建项目选址意见书办理、项目规划建筑设计方案意见征集、征地拆迁等部分前期工作。

【成立医学院】 2019年8月28日，州政府批复将恩施州卫生学校整体并入恩施职业技术学院，以恩施州卫生学校为基础组建恩施职业技术学院医学院（为恩施职业技术学院二级学院），在恩施职业技术学院新校区建成投入使用之前，给予恩施州卫生学校3年过渡期（2020年1月1至2022年12月31日），2023年1月1日起停止以恩施州卫生学校名义招生，2025年8月待恩施州卫生学校最后一届学生毕业后撤销恩施州卫生学校校牌，同时注销其办学资质。2019年8月28日，恩施职院医学院正式挂牌。2019年底，护理、康复治疗技术、药学3个专业通过省教育厅专业设置备案，预计从2020年秋季学期开始招生。

【学校共青团工作】 2019年新发展团员350人，举办十佳主持人大赛、十佳歌手赛、十八岁成人仪式、国旗下演讲、青马工程培训、社团文化艺术节等“天天向上”系列文化活动12次。形成党建领团、思政铸团、管理立团、文化兴团、实践强团的“五团”建设模式。校团委被团省委表彰为“三下乡”社会实践活动优秀组织单位。

（吴江鑫）

恩施州卫生学校

【概　况】 2019年，学校有在籍学生3348人。开设有护理、助产、药剂、康复技术、医学检验技术、农村医学、中医康复保健、中药8个专业，新生注册1306人，其中农村医学专业招生注册120人。参加2019届护理、助产专业毕业生护士执业资格考试培训599人。2019届毕业生1058人，各专业平均就业率为87%，对口就业率为60%，继续与三峡大学合作开办护理、助产专业自考专科衔接班，继续与三峡职业技术学院、荆州职业技术学院联办医学检验技术和药剂专业“3+2”模式专科教育，完成医学检验专业80人、药学专业128人的“3+2”录取工作。继续与仙桃职业学院开展“技能高考”合作，选送143名学生到仙桃实习、学习、培训。生均教学仪器设备值3070元，较上年增加500元。生均实训实习工位数2.75个，与上一年持平。生均纸质图书数5册。完成州委、州政府安排的扶贫工作任务。2019年8月28日，州政府批复将恩施州卫生学校整体并入恩施职业技术学院，以恩施州卫生学校为基础组建恩施职业技术学院医学院（为恩施职业技术学院二级学院）。给予恩施州卫生学校3年过渡期。

【师资队伍】 2019年，通过专项招聘引进1名双师型教师，通过事业单位工作人员招考引进2名专业教师和1名财务工作人员。完成2名教师的职称申报评定和5名教师的岗位晋级工作。校长参加由清华大学主办的湖北省中职卓越校长培训班学习，选派3名专业教师到武汉参加省级培训2周，选派3名专业教师参加国家级培训4周，安排1名专业教师到医院进修。1名专业教师参与“校企合作”试点，每周进入企业学习工作1天；1名专业教师到杭州参加首届恩施州红十字会救护师资培训并获得资格证；1名专业教师参加第22期红十字会初训班培训。

【科研工作】 在2019年湖北省教育教学信息化交流展示活动中，学校25个参赛作品，13个获省级一等奖，10个获省级二等奖，1个获省级三等奖。组织3位教师参加在湖北三峡职业技术学院举办的2019年省医学职业教育教师临床护理技能竞赛，1名教师获二等奖，另两名教师获三等奖，学校获中职组团体三等奖。向湖北省医学职业教育2019年学术年会组稿交流论文5篇，1名教师代表在大会发言交流。1名教师参加2019年恩施州中职班主任基本功大赛，获二等奖。1名教师参加2019年湖北省工匠杯艾灸技能大赛，获优胜奖。

（舒绍逸）

恩施州广播电视大学

【概　况】 州广播电视大学与州信息技术学校为“一个机构，两块牌子，一套班子”。2019年，利用现代信息技术手段推进教学改革，开放教育体现“便于自学、实用性强、应用面广”的特点，实现课程教学目标。优化教学内容，细化教学设计，合理选择与运用教学媒体；中职教育围绕市场需求开办专业，探索校企合作、订单培养、顶岗实习等办学模式。

【开放教育】 2019年，开放教育招生2637人，比上年增长11.55%。提高办证效率和上网率，减少错证废证率；严格按要求安排学生上网学习并配置导学教师，提高恩施电大系统的网上学习行为排名。教育管理人员及辅导员、导学教师、论文指导老师做好管理和服务，严肃考风考纪，考试确保平稳有序。

【中职教育】 围绕州委、州政府的发展规划，调整招生专业与计划，使专业设置、课程开设符合实际需要，包括会计、电子商务、跆拳道专业等。招生工作实行“统一计划、专班负责、全员参与”运作机制，倾听家长和学生意见，按照招生政策为学生推介合适专业。2019年，州电大信息技术学校招生注册470名中职新生。组织完成春季学期21个教学班180门课程，秋季学期13个教学班130门课程的教学任务。5月，组织参加全州职业技能比赛，获二等奖2名，三等奖11名，优秀奖3名。8—9月，18级10个班级学生345人，分三批到广东见习。实行校企合作，与深圳九叶灵枝电商公司、环球易购、州舞蹈协会及博悦体育文化有限公司合作办学，完善订单式培养就业模式。

【非学历教育】 2019年3月，利川市挂牌成立社区教育指导中心。州广播电视大学联系宣恩职校组织对宣恩县沙道沟松坪移民安置点和上洞移民安置点的社区调研，联系利川市职校组织对利川东城街道办关东社区的调研。11月，恩施市挂牌成立社区教育指导中心。参加2019年湖北省全民终身教育学习活动周开幕式暨社区教育培训活动。研究全州社区教育发展规划，与州教育局、州政协教育组、州民政局、宣恩县社区教育指导中心、宣恩沙道沟镇政府等部门交流探讨谋划社区教育。

（吴安静）

恩施州高级中学

【概　况】 恩施州高级中学（简称恩施高中）位于恩施市龙凤镇三河村，校园占地47.33公顷，建筑面积10万平方米。2019年，在校学生4302人，教职工536人，其中专任教师302人，行政后勤各类管理及服务人员234人。2019年高考，全州理科成绩前10名中恩施高中有8人；文科成绩前10名中恩施高中有7人。雷长松以裸分696分获全州理科状元。一本上线人数1409人。有19名同学被北京大学和清华大学录取，404名同学被“985”大学录取，774名学生被“211”大学录取，813名同学被双一流学科院系选中。2019年4月18日，《恩施日报》以《“四个抓手”助力精准扶贫——恩施高中驻杨家庄村精准扶贫工作纪实》为题报道恩施高中驻村扶贫工作。

【特色办学】 慈善阳光班、理科实验班、文科实验班、常规平行班、美术特长班、音乐特长班、体育特长班、传媒特长班8类班级共同管理和发展。2019年，继续开设生涯规划课，模拟选课走班，竞赛培优探索；继续鼓励校园文学研究，学生自主编印《三味》《青田》《拾光集》《龙凤墨香》等文学作品集成。2019年6月30日，恩高芳华中学举行奠基仪式，由州教育局、恩施市政府、恩施高中、湖北交投鄂西生态新镇投资有限公司一起创办，恩施高中为芳华学校派出校长、教学副校长、德育副校长、年级主任等核心管理团队和骨干教师团队，两校实行统一备课、统一教学、统一教研、统一考试、统一评价等“五位一体”的教学管理模式。

【教师培训】 组织老师考察夷陵中学，华师一附中，武昌实验中学等省内名校，考察衡水中学，衡水市武邑中学，衡水十三中，衡水冀州中学等河北名校，考察杭州二中、学军中学、杭州高级中学、浙大附中等新高考改革名校。学校先后邀请湖北省教科院专家、特级教师周远方和扈华唯以及州教科院7名教研员走进恩施高中诊断课堂教学。

【教研成果】 2019年，在教育部基础教育司主办的第七届全国中小学实验教学说课活动中，恩施高中金岚老师作为湖北省高中组生物学科唯一代表参加实验创新案例现场展示，获“全国实验教学能手”称号。在“一师一优课，一课一名师”活动中，恩施高中53节课获奖，其中省、部级优课5节。恩施高中15人参加2019年恩施州第二届教师教学技能竞赛，12人获一等奖。向高君等9人被州总工会、州教育局授予全州“教学岗位能手”称号。

【学生培养】 组织学生2次到北京，参加中央电视台少儿频道《SK极智少年强》栏目挑战赛。组织学生参加由团省委学校部、省学联秘书处、武汉市学联联合主办的第一届湖北省中学生模拟联合国大会。举办爱国诗歌朗诵大赛、“青春心向党·建功新时代”歌唱比赛、感动恩高教师节颁奖典礼、主题晚会等系列庆祝活动，献礼新中国成立70周年。组织学生参加全州中小学、大专院校学生“中华魂”（爱我中华——新中国成立七十周年）主题教育活动演讲。校团委指导下的学生爱心社团“萤火社”开展多次志愿服务活动。

【德育建设】 开展革命传统教育和爱国主义教育，践行社会主义核心价值观。2019年，围绕“社会主义核心价值观”主题，完成领导演讲8次，学生演讲12次；开展清明远足活动，中国文明网以《厚植红色基因 湖北恩施高中数十年坚持开展“清明远足”》为题报道。成立恩施高中政教处宣传队，编印《立德树人》德育专刊7期。全年召开受资助学生会议4次，落实各类助学金发放，整理学校建档立卡学生的档案。各年级各班组织家校委员会，全年举办4次家长学校。加强心理健康教育，全年接待案例207人次，学校完善危机学生心理评估流程和情绪疏导工作。完成“五育并举”实施现状的调查报告1份。

【校园安全】 上好安全课，开展各类安全演练活动。提升人防物防技防水平。2019年，新增4名保安人员，配齐配足安保8件套，向政府申请专项资金400多万元对全校的监控系统进行升级改造，安装1300多个摄像头，建立1个总控中心、6个分控中心。加强学校门卫工作管理，严格来访人员登记制度，严格学生出入校门管理，严格实行封闭管理。

【信息化建设】 2019年，恩施高中开展大规模信息化建设，4月批准立项，项目概算金额1517.28万元。初步建成公共场所信息发布系统、教师办公大楼弱电系统、考务办公室信息化、自助借阅图书系统、多功能无纸化会议系统，基本完成智慧校园平台系统（“18466+融合”）的建设，包括1个教育数据信息标准，8大中心，4大门户，6个基础应用系统，实现6个统一。

（彭志友）

恩施州清江外国语学校

【概　况】 恩施州清江外国语学校属州教育局直管学校，有总部校区、清外高中部校区、利川九年制校区、宣恩K12校区，来凤、利川2个清外幼儿园，拥有清外文化艺术发展中心、清外昂立教育、尚智教育、国平教育、鹤峰励学、利川嘉卓尔、建始尚智教育7个培训机构，形成涵盖幼儿园、小学、初中、高中、社会培训机构于一体的办学格局，成为恩施州大型民办教育集团。清外教育集团现有教职工1559人，在校学生15818人。州教育局授予学校“依法治校示范校”；被授予“2018中国研学旅行示范学校”；获“湖北省十大民办学校文化品牌”“湖北省十大民办教育品牌”；入围中央电视台中国品牌创新发展工程，被央视特别节目《筑梦年代》栏目组评为“民办教育行业合作伙伴”；总校长姚源波被授予“湖北省民办教育家型校长”；办公室主任刘军被授予“湖北省感动荆楚民办教育工作者”；省民办中小学幼儿园协会授予学校“湖北省最具影响品牌民办中小学”。

【教师队伍】 集团专任教师1076人，其中，湖北名师1人，特级教师2人，硕士研究生学历68人，本科学历683人，高级教师141人，一级教师214人。集团培训部和国平名师工作室构建一套自助式师训系统。

【教学管理】2019年，学校和董事会继续推进ISO 9001质量管理体系，推进管理体制改革，依法治校。按照现代化学校管理制度，组建清江教育集团，建立集团化管理新模式。与上级主管部门沟通，解决36位在编教师的岗位聘任和社会保险的办理问题，借鉴公办事业单位工资体系，结合学校实际，完成集团教师的岗位设置和薪酬福利改革工作，确保教师薪酬福利水平不低于公办事业单位水平。采取“优质输送、资源共享、均衡发展、突出特色”的办法，对教师实行统一管理，加强教师交流，实现资源共享。建设特色学校，加强特色选修、走班制教学。

【高考、中考成绩】2019年，恩施清外高中部文化类考生420人，文科最高分602分，理科最高分617分，第一批本科上线人数116人，本科以上405人。全校本科上线率达96.43%，艺体类本科率达96.8%。宏志班一本上线率45.15%，本科率100%。2019年，恩施清外初中部考生920人，平均分632.3分，最高分711分,700分以上4人，600分以上738人。考取华师一附中21人，民大附中13人，恩施高中479人。5人进入恩施州前10名，余瑞璜同学以711分获全州中考状元。2019年利川清外初中部考生495人，最高分702分，为全市状元，跻身全州前五，其中，司马宛月被华师一附中录取。全校585分以上323人，比2018年多68人。地生中考，恩施清外八年级919人参加考试，高分（90分以上）40人，优分（80分以上）526人，及格898人，占参考人数的97.7%。利川清外八年级514人参加考试，杨博宁98分获全市第一名，95分以上9人，90分以上88人，85分以上234人，80分以上342人。宣恩清外八年级396人参加考试，余雨欣98分获全县第一名（恩施州第二名）；7人进入全县前10名；90分以上高分层全县81人，宣恩县清江外国语学校52人；全县前100名宣恩清外63人；80分以上全县416人，宣恩清外204人。

【荣　誉】2019年3月，恩施清外高中部郭洋、欧阳沁源、牟俊杞3名同学分别被香港中文大学和香港城市大学录取。4月，夏芳老师参加第八届“七彩语文杯”全国小学语文教师素养大赛，获特等奖。5月，清江教育集团在全州骨干教师实验教学能力培训暨“实验教学能力”州级现场展示活动中获5个一等奖、3个二等奖、2个三等奖。5月，华中师大一附中在恩施州专县招生录取结果公布，全州录取18人，16人来自清江教育集团，其中利川清外初中部1人、恩施清外初中部15人。5月，清江教育集团在第七届全国中小学实验教学说课恩施州选拔赛中，获5个第一，3个二等奖，2个三等奖。5月，宣恩清外被州生态环境局、州教育局评为恩施州第五批州级绿色学校。7月，恩施清外九年级学生蔡隆盛、袁明扬被海军青少年航空实验班录取。

（刘　军）

文化　体育　旅游

综　述

【概　况】 2019年，恩施州机构改革组建州文化和旅游局，将州文化体育新闻出版广电局的职责、州旅游委员会的职责整合，组建州文化和旅游局，作为州政府工作部门，州文化和旅游局对外加挂州广播电视局、州体育局牌子，不再保留州文化体育新闻出版广电局、州旅游委员会。9月，启动文化市场综合行政执法改革工作，《恩施州文化旅游市场综合行政执法改革实施方案》提交州政府常务会议研究，经州委常委会议审议通过。全年全州文化和旅游工作贯彻落实全国、全省、全州宣传思想工作会议、中央经济工作会议精神，落实州委七届六次全会、州“两会”精神，围绕高质量发展主题，文化、旅游、体育、广电工作取得成效。全州全年有788家文化旅游经营单位，其中互联网上网服务营业场所339家，经营性互联网文化单位11家，娱乐市场148家，文艺表演团队58家，演出场所经营单位1家，演出经纪机构6家，景区42家，星级饭店63家，旅行社121家，有执证导游1274人。全年受理行政许可事项申请件228件，办结228件，办结率100%，受理行政备案申请48件，办结28件，办结率100%。

【生态文化旅游产业促进脱贫攻坚工作】 生态文化旅游产业促进脱贫攻坚工作是恩施州接受省委2019年度工作目标考核的特色工作。2019年，全州立足生态资源优势和全域旅游发展，坚持“绿水青山就是金山银山”理念，坚持发展生态文化旅游产业与脱贫攻坚相结合，以全域旅游为抓手、以融合发展为重点，重点提升5台文旅融合经典剧目；推进国家AAAA级以上旅游景区提档升级，核心景区接待人数和旅游综合收入计划同比增长10%；启动18个乡村旅游扶贫试点村建设，新增22个休闲农业和乡村旅游示范点；提升4处高山避暑休闲度假聚集地，建设2处森林公园；抓好乡村旅游宣传促销和人才培训，完成年度目标任务，在省对州工作目标考核中实现不扣分的既定目标。为推进旅游扶贫，州文旅局挖掘100个旅游扶贫重点村、100家旅游扶贫重点民宿、10个旅游扶贫重点乡镇、10个旅游扶贫重点景区在旅游扶贫工作中的典型做法，形成《全域旅游破解全域贫困——旅游扶贫的恩施模式》特刊。落实一把手“3+2”工作机制，实行领导班子“四联”制度，召开党组会议专题研究扶贫工作8次，印发《恩施州文化和旅游系统2019年驻村扶贫工作方案》。

【安全生产】 州文旅局认真履行好牵头抓总的职责，加强安全监管和执法检查力度。明确班子成员包县市责任和局机关安全生产“一岗双责”责任制，全员抓好安全稳定工作。9月24日，召开全州文旅系统安全和市场监管视频会，部署“迎大庆、保军运”工作。9月30日，召开国庆安全专题会。10月16日，召开保军运专题会，重点围绕隐患整改开展市场整治，实行书面集中交办、重点县市督办、现场点位查办等方式，实现闭环销号。组织开展3轮安全检查。8月5日，州旅安委会从相关成员单位抽调人员组建专班到各县市开展旅游安全联合检查行动，州联合检查组重点检查旅行社、景区、星级饭店、旅游客运企业，先后检查68家单位，发现290个问题。9月5日，对各县市开展第二轮检查，督查前期问题隐患整改。10月1日，对各县市开展第三轮检查，重点检查娱乐场所、网吧、文博场馆、涉旅未开发区域、地质型景区等，检查53个单位，发现83个问题。安全检查中发现的373个问题完成整改355个，尚未整改完成的18个隐患问题主要集中在安全评估报告和地质灾害排查整改等方面，落实管控措施。

【文物保护利用】 全年申报11个国保工程、17个省保工程立项计划，争取文物保护资金2698万元，先后实施唐崖土司城址保护工程、大水井古建筑群修缮工程、鱼木寨修缮工程、五里坪革命旧址修缮工程等一批重点文物保护工程，改善文物本体保存状况。州博物馆完成3万余件馆藏文物登记工作，《经纬大千——中国土家族西兰卡普主题展》到江苏、云南、广东等地布展，组织“‘画’说七十年　‘图’强恩施州”图片展出。南京民俗博物馆、北京周口店遗址博物馆等到恩施州交流展览。省人民政府办公厅公布《关于印发荆楚大遗址传承发展工程实施方案（2019—2023年）》，鹤峰容美土司遗址、建始直立人遗址、咸丰大寨坪遗址纳入全省国家考古遗址公园和湖北省文化遗址公园建设计划。中国博物馆协会民族博物馆专业委员会2019年恩施年会暨学术研讨会召开。州博物馆启动全州开发区、工业园区建设项目文物保护统一评价工作。

【唐崖土司城遗址保护】 咸丰唐崖土司城遗址管理处实施文物保护及安防工程，总投资1136万元的唐崖土司城址消防工程和唐崖土司城址保护与环境整治（三期）工程在6月开工实施；实施并完成省级文物保护单位蒋家花园文物保护修缮工程；投资501万元的唐崖土司城址展示利用项目11月开工建设；2019年申报唐崖土司城址保护管理设施提升工程、唐崖土司城址石质文物修缮项目、唐崖土司城址防雷项目、唐崖土司城址排水系统项目及唐崖土司城址白蚁防治项目5个项目。

【文物建筑火灾隐患排查整治】 2019年，州文旅局、州消防支队联合开展文物建筑火灾隐患排查整治工作，全州县级层面组成检查工作组12个，出动167人次；检查文物单位117处，博物馆9座。发现文物单位隐患和问题129项，督促整改106项；发现博物馆隐患和问题12项，督促整改12项。

【全州新增7处湖北省文物保护单位】 2019年1月8日，省政府公布第七批湖北省文物保护单位，全州有7处，分别是：万里茶道鹤峰段、鹤峰红三军军部旧址、咸丰大寨坪遗址、宣恩禹王宫戏楼、宣恩黑水河石拱桥、建始文庙、巴东红旗渠。

（魏　娜）

文化艺术

【概　况】 全年开展送戏下乡1800余场，组织文化艺术知识普及活动1225场，开展农村文体活动10172场，组建群众文艺团队573支、群众健身队伍466支，新建扩建农村（社区）文体广场445个，新建健身步道12.45万步。州民族体育运动中心和州图书馆建设项目进入单体设计阶段，推进宣恩县新博物馆、图书馆、文化馆、体育馆建设，建始县全民健身活动中心建设开工，咸丰县文化馆数字馆建设启动。推进文化场馆免费开放工作，州博物馆全年免费接待观众52.28万人次，州文化馆开设舞蹈等17个培训项目，惠及群众6万人次，州图书馆全年新增持证读者2025人，服务读者23万人次。组织第三批湖北省“特色文化村”创建申报工作，利川、巴东、宣恩、咸丰、来凤5个县市有9个村申报创建。

【公共文化服务体系建设】 2019年5月13—24日，州文旅局组成8个调研组，到8个县市专题调研全州文化小康工作。7月，召开专题会议，督办全州公共文化服务体系建设工作。11月，报送请求州政府常务会听取恩施州公共文化服务体系建设情况专题汇报的请示。12月，州八届人民政府第51次常务会议听取公共文化服务体系建设汇报。利川市名列第二批湖北省公共文化服务体系示范区名单。巴东县成为全省第三批公共文化服务体系示范区创建单位。

【文化生态保护实验区创建】《武陵山区（鄂西南）土家族苗族文化生态保护实验区建设（恩施州）工作方案》提交州政府常务会研究审议。利川市公布《利川市文化生态保护实验区建设实施意见》。

【文化交流】 8月27日至9月22日，恩施市非遗保护传承展演中心选送的原生态歌曲《幺姑筛茶来》受邀参加浙江省参加对口地区民族文艺巡演活动，在浙江杭州、嘉兴、温州等11个市区巡演；参加湖北省首届荆楚乡村文化旅游节活动。10月28—30日，全省贯彻学习《国家级文化生态保护区管理办法》培训班在恩施州举办，文旅部相关领导和中南民族大学、浙江师范大学的专家授课。11月2日，举办由杭州市文化广电旅游局、州文旅局主办，杭州江南丝竹宋乐舞传习院、省民族歌舞团承办的“文化走亲——走进恩施”活动。

【非物质文化遗产保护】 全州围绕武陵山区（鄂西南）土家族苗族文化生态保护实验区建设，至2019年，共命名5处省级、20处州级文化生态保护区；56个村寨纳入全国少数民族特色村寨；建设非遗项目传承基地、传习所、传统工艺振兴基地130处，民族文化示范学校40所；非遗项目国家级15项，省级76项，州级120项，县市级574项；非遗项目代表性传承人国家级12人，省级86人，州级236人，县市级919人。全州第六批州级非遗项目代表性传承人新增59人，恩施土家女儿会、利川毛坝髹漆技艺、建始丝弦锣鼓3个项目通过第五批国家级非物质文化遗产项目初审，恩施扬琴入选文化和旅游部曲艺传承发展计划。恩施玉露制作技艺国家级非遗代表性传承人杨胜伟的抢救性记录工程和传承培训计划启动。土家吊脚楼营造技艺建立传习所3所，6月与中南民族大学联合开展为期1月的土家吊脚楼营造技艺传统工艺振兴人才培养。编撰完成《巴东非物质文化遗产概览》《巴东堂戏剧目大全》《巴东皮影戏剧目精选》《土家族撒叶儿嗬普及教程》等有关恩施州非物质文化遗产书籍。

【“文化和自然遗产日”活动】 全州开展“文化和自然遗产日”活动26场，非遗传承人参与人次1004人次，观众56100人次，媒体报道49次，发放非物质文化遗产相关法规宣传资料2.58万份，各县市分别组织非遗节目展演及非遗项目展示，开展非遗进校园活动。

【文艺展演】 省民族歌舞团编排的《连厢幸福歌》，在共和国“亚洲文明对话”北京主场与20多家国内外艺术团同台演出，在第15届中国（深圳）国际文化产业博览交易会演出，受省文旅厅委派到美国俄亥俄州参加亚洲文化节，接受福克斯电视台2次专访和专题拍摄。大型南剧《唐崖土司夫人》在北京民族剧院和呼和浩特第五届少数民族戏剧会演上演出；南剧小戏《金竹背篓情悠悠》在首届“黄河情”全国小戏、小品交流演出季交流演出；南剧小戏《活捉三郎》参加非遗（稀有）剧种小戏展演；省民族歌舞团支持中国西藏雅砻文化节活动演出；《土家吉么列》

代表湖北省在全国第十一届少数民族传统体育运动会开幕式驻停表演；巴东撒叶儿嗬参加“第二届江声浩荡——长江流域非遗音乐展演”系列活动。刻字作品《老屋记忆》成为恩施州首次入围全国书法篆刻展作品；巴东皮影戏表演队在全省皮影戏展演中获团队表演二等奖，传承人田楚龙获优秀个人表演奖；舞蹈作品《山鼓咚咚》在湖北省第九届少数民族运动会表演项目（技巧类）获一等奖；舞蹈《打起连厢庆丰收》获第二届湖北省社会文艺团体展演二等奖；舞蹈作品《念·响》获第五届湖北舞蹈“金凤奖”优秀节目奖；以张富清老英雄事迹为原型的歌曲《大山的情怀》被省委组织部在全省推广；以弘扬爱国教育为题材的快闪作品《中国啊，我的中国》被“学习强国”采用。

【艺术创作】 2019 年，全州五大剧种（南剧、堂戏、灯戏、傩戏、柳子戏）所涉及的县市参与编撰《中国戏曲剧种全集》。省民族歌舞团创作编排廉政文艺节目《背后的眼睛》《烦恼的生活》《烈烈清风》；以精准扶贫为题材的音乐剧《太阳照在屋顶上》进入剧目创编；来凤县以张富清老英雄为原型，完成南剧《本色》剧本创作；鹤峰县创作演出满堂音表演唱《山村新曲》、柳子戏《最美人家》、南剧《罢酒宴》3 出小戏，弘扬乡村新风。

【省级文化惠民活动】 2019 年，省花鼓戏艺术研究院走进利川市和建始县，省文旅厅荆楚“红色文艺轻骑兵”走进恩施州，省文化活动策划中心分别走进恩施市、巴东县，省豫剧团走进宣恩县、咸丰县、来凤县、鹤峰县表演大型豫剧《婆媳冤家》。全年全州开展荆楚“红色文艺轻骑兵”下基层、“戏曲进校园”等演出活动 1800 余场。

【2019 年新春游园会暨“荆楚红色文艺轻骑兵”民间文艺大巡游活动】 2019 年 2 月 8—11 日，由州文体新广局和恩施市委、市政府主办，恩施市委宣传部、恩施市文体新广局承办，恩施市文化馆以及 17 个乡镇、街道协办的 2019 年新春游园会暨“荆楚红色文艺轻骑兵”民间文艺大巡游活动举行，近 1500 名基层民间文艺队员组成巡游队伍与市民共迎新春佳节。2 月 12 日，中央电视台《新闻联播》栏目以《幸福中国年　文化进万家》播放 2019 年春节期间恩施市新春游园会。

【庆祝新中国成立 70 周年“精准扶贫·文化惠民”演出季】 2019 年 4 月 4 日至 11 月 29 日，恩施州举行庆祝新中国成立 70 周年“精准扶贫·文化惠民”演出季活动，含演出季开幕式暨百媒千红文旅户外视频直播秀、“荆楚红色文艺轻骑兵”送戏下乡和文化遗产宣传展示、百日百场公益电影放映和农村公益电影放映、全州社会文艺团队展演（广场舞）大赛。全州送戏下乡 1800 余场，农村公益电影放映 32964 场，百日百场公益电影放映 1000 场。

【参加首届荆楚乡村文化旅游节】 2019 年 9 月 20—22 日，首届荆楚乡村文化旅游节在湖北省钟祥市举行。恩施州选送的《打起连厢庆丰收》、满堂音《重走茶马古道　再访古桃源》参加“文化力量·民间精彩”全省社会文艺团队展演，分获二等奖、三等奖。

（魏　娜）

文艺演出与文化展馆

湖北省民族歌舞团

【概　况】 2019 年，省民族歌舞团完成各类演出 757 场次，其中开展“文化惠民、送戏下乡”和戏曲进校园 167 场，商业演出 50 场，旅游驻演 540 场。其中，以庆祝新中国成立 70 周年、“我们的中国梦”文化进万家、精准扶贫、戏曲进校园、廉政宣教、党纪法规“十进十建”、“扫黑除恶”、禁毒、垃圾分类等为主题，组建荆楚“红色文艺轻骑兵”志愿服务队，全年开展送戏下乡惠民演出 167 场次，惠及群众 20 多万人次，覆盖恩施州88个乡镇，把文化惠民送到最偏远的山寨村落。正月十四至十五，在恩施大剧院开展“百姓元宵喜乐会”，近3000名州城观众观看演出。10月20—23日，省民族歌舞团“荆楚红色文艺轻骑兵”为黄冈市红安县、麻城市、罗田县、英山县及黄石市阳新县送去5场慰问演出，开展“文化惠民全省行”活动。2019年继续统筹整个文化广场的管理及运营，履行文化广场管理办公室各项职能，服务州委、州政府中心工作，为重大会议和重要活动提供保障和服务。

【文艺创作】 2019年，省民族歌舞团生产原创节目52个。打造音乐剧《太阳照在屋顶上》（暂定名），邀请著名编剧彭杨担任编剧，完成剧本第二稿修改。对土家族苗族风情歌舞诗《龙船调的故乡》进行提档升级，打造旅游驻演版本，在恩施大剧院进行市场调研演出。创作节目《幸福连厢歌》,5月12—21日，参加中华人民共和国“亚洲文明对话”北京主场演出活动。以廉政文化为主题，编创《背后的眼睛》《烦恼的生活》《烈烈清风》等主题节目，在党风廉政建设宣传及文化惠民中多次演出。

【文艺产业发展】 2019年，以“文艺+”模式促进文化产业多元发展，全年产业收入446.57万元。“文艺+艺术培训”。开设艺术培训中心，招收少儿及成人舞蹈、钢琴、声乐、台词与表演等培训学员110人，75名学员通过少儿舞蹈一二级考级，营业收入60.1427万元；出台艺术培训中心县市分校加盟方案，签署2家分校协议；承接2期“华彩中国舞”教师培训。“文艺+服装租赁干洗”。成立湖北硒引力洗衣生活馆，对演出服装进行清洗消毒和科学分类管理，对部分演出礼服实行对外定价租赁。“文艺+音乐工作室”。建立省民族歌舞团音乐工作室，工作室除承担团内原创作品的编曲及录音工作外，面向社会提供录音及后期制作服务。“文艺+演艺活动策划”。由单一的商业演出向活动策划、商务推广、品牌营销衍生扩展。独立策划杭州、恩施文化共建活动，包括2019杭州市“文化走亲——走进恩施”文艺晚会、恩施州第二届“文化力量·民间精彩”社会文艺团队展演和恩施州庆祝新中国成立70周年“精准扶贫·文化惠民”演出季闭幕式等。

【文化交流】 2019年，省民族歌舞团参加中华人民共和国“亚洲文明对话”北京主场巡演活动；参加第15届中国（深圳）国际文化产业博览交易会演出；参加天津恩施商会招商宣传演出；受省文旅厅委派，到美国俄亥俄州进行交流演出，在第25届“亚洲艺术节”开幕式主会场、富兰克林公园会场上演；到西藏山南市参加湖北省、西藏自治区携手举办的“藏源·藏缘——奋进美丽时代、筑梦幸福家园”2019中国西藏雅砻文化节；到钟祥市参加《乡约荆楚》——首届荆楚乡村文化旅游节开幕式；到浙江省参加宁波市恩施商会成立盛典；到武汉参加第18届中国（武昌）辛亥首义革命文化节暨武昌区庆祝中华人民共和国成立70周年文艺晚会；到上海市参加《长江之恋——长江流域十二省市国庆主题晚会》录制。优秀青年演员雷淑敏随“中国青年友好使者代表团”到韩国进行为期5天的友好访问，演唱世界25首优秀民歌之一的《龙船调》。

【高校实习基地】 2019年6月10日，省民族歌舞团与湖北民族大学音乐舞蹈学院达成战略合作，“湖北民族大学大学生校外实践教育基地”揭牌仪式在恩施州文化中心举行。7月17日，省民族歌舞团与湖北民族大学科技学院达成战略合作，在恩施州文化中心举行实习基地授牌仪式。

【宣传工作】 歌舞团微信公众号发布宣传推文110条，同步更新官方网站内容，进行百度百科、360百科中“湖北省民族歌舞团”词条修改和认证。在《中国民族报》发表文章1篇，新华社、人民网发表歌舞团工作信息3条，《湖北日报》《湖北民族画报》《文艺之家》等报纸杂志发表文章和消息5篇，州级媒体发布消息20余篇。2019年4月2日，歌舞团形象宣传片《艺旅担当·文化使者——前进中的湖北省民族歌舞团》发布。

【荣 誉】 2019年，朱政获2018年度“恩施州优秀人才奖”，易汉章获第八届“湖北音乐金编钟奖”声乐表演奖，肖波获评湖北省“全省民族团结进步先进个人”；歌曲《太阳照在屋顶上》获湖北省第十届“五个一工程”奖优秀奖，音乐剧《黄四姐》、舞蹈《土家魂》获湖北省第十届屈原文艺奖。

（向莉莉）

恩施州博物馆

【概 况】 2019年，恩施州文博系统服务全州公共文化服务体系建设，加强文旅融合，落实免费开放、文化惠民、文物保护（州博物馆设文物调查勘探队，负责州内8个县市的文物调查勘探工作）等工作。全年全州各博物馆、陈列馆、纪念馆免费接待观众82.6783万人次。州博物馆当选为中国博物馆协会民族博物馆专业委员会副主任理事单位；获“2019年度湖北省文博系统‘十佳’社教团队”；在湖北省文博系统“小小讲解员”讲解大赛上，州博物馆选送的志愿者王培量获一等奖；在“庆祝新中国成立70周年——讲好恩施故事”活动中，讲解员黄萌获三等奖。恩施市抗战历史陈列馆被省政府纳入“湖北省第四批国防教育基地”名单。恩施市板桥镇新田村鹿院坪组、沙地乡落都村、屯堡乡双龙村雾树吼组、白果乡见天坝村水田坝组、芭蕉侗族乡岸口村彩虹山组、盛家坝乡车蓼坝村、麻茶沟村列入中国传统村落名录。新增建始文庙、宣恩县龙河石拱桥和晓关禹王宫古戏楼为省级文物保护单位。

【藏品征集】 2019年，州博物馆接受捐赠“民国巴东县印”1枚，《湖南民国地图》1件，《清代施南府誌》1套14本，《现代黄氏族谱》1套14本，“恩施舰模型”1件，20世纪80年代相机5部、手机1部。利川市文物事业管理局征集民间文物173件。宣恩县民族博物馆征集民俗文物和革命文物429件（套）。鹤峰县文化遗产局配合五里坪革命旧址和中营红三军军部陈展工作，征集民族、民俗文物370件。

【临时展览】 2019年，州博物馆引进江苏南京民俗博物馆《“布”同凡响·南京非物质文化遗产专题展》，浙江宁波服装博物馆《霓赏之真——中国近现代服装变迁展》，广东瑶族博物馆《多彩瑶族——瑶族风情展》，北京周口店遗址博物馆《“我”从远古走来——世界文化遗产：周口店遗址文物特展》，广州南越王宫博物馆《从南越国宫署遗址到海上丝绸之路展》及宁夏博物馆《朔地恋歌——宁夏岩画特展》6个展览。推出原创展览《经纬大千——中国土家族西兰卡普主题展》到江苏南京民俗博物馆、云南文山壮族苗族自治州博物馆、广东清远市连南县瑶族博物馆、云南大理白族自治州博物馆展出。完成《“画”说七十年“图”强恩施州——恩施州建国七十周年图片展》、利川市双庙村中共利川县第一个党支部旧址及海军南海舰队“恩施舰”通道文化建设陈列布展设计。

【中国博物馆协会民族博物馆专业委员会2019年恩施年会暨学术研讨会】 2019年7月8日，州博物馆承办中国博物馆协会民族博物馆专业委员会2019年恩施年会暨学术研讨会，北京、内蒙古、广西、云南、贵州、四川、甘肃、黑龙江、吉林、辽宁、上海、湖南、湖北、广东14个省市自治区的48家博物馆参加。

【学术交流】 2019年，州博物馆分别在云南文山州博物馆、湖北民族大学美术与设计学院、恩施市第一中学、重庆师范大学历史与社会学院、咸丰县文化馆举办学术讲座5次。应邀参加长江师范学院举办的第三届“中国土司论坛”、三峡大学民族学院与长江师范学院武陵山片区民族理论政策研究基地联合举办的“乡村振兴与民族地区经济社会发展”、重庆綦江博物馆与中国三峡博物馆联合举办的“第三届僚学研究”等学术研讨会，提交学术论文7篇。全年在《三峡论坛》《三峡大学学报》《重庆民族研究》《鄂西民族》《宜昌文博》等刊物上发表学术论文8篇，省级以上公开出版刊物发表2篇。印刷出版《风雨恩博——向建国70周年献礼》《恩施州博物馆精品文物之历史篇》。省文物考古研究所在鹤峰县新庄乡屏山村挂牌成立屏山考古工作站，与湖北大学和三峡大学文博学院共建容美土司遗址研究学习基地、大学生社会实践基地。

【调查勘探】 2019年，为配合全州经济开发区“优化营商环境”建设，州博物馆联合各县市博物馆、文物局完成州高新区、恩施市、鹤峰县、巴东县、建始县、来凤县经济开发区文物保护统一评价及文物调查勘探，发现清代墓葬5座。州博物馆与建始县文物事业管理局完成建始县红岩寺蛇皮洞水库、金建大道工程、黄土坎工业园文物调查勘探。鹤峰县文化遗产局完成容美土司遗址古城墙文物调查勘探。利川市文物事业管理局调查发现团堡文氏墓群，元堡徐家院子、长顺七人墓、汪营水杉坝村民居、毛坝楠木村古院落等文化遗存。

【展馆项目】 2019年，州博物馆安防改造升级项目批复立项，12月完成招标，项目总投资696万元；《恩施记忆》固定展陈改造升级项目获州发改委批复同意立项，项目工程预算486万元。来凤县文物局完成张富清先进事迹布展工程，项目资金344万元。

【文物执法】 2019年7月，利川市文物事业管理局联合利川市人民法院及利川市文化市场综合执法大队对省级文物保护单位“太平塘摩崖题刻”纠纷案强制执行，制止被告人长期侵占国有文物3年的违法行为。

【重要活动】 2019年“5·18”国际博物馆日及自然和文化遗产日，州博物馆展览联盟在恩施市一中、咸丰县博物馆及州文化广场巡回展览。开设“博学雅识”课堂，送课华师幼儿园、州民族幼儿园、恩施市龙凤镇中心幼儿园，结合中国传统节日开展“博物馆里迎新年”、父亲节主题社教活动，组织专家讲解30场。与恩施职业技术学院签订合作协议，授牌设立“恩施职业技术学院大学生思想政治实践教学基地”“恩施职业技术学院爱国主义教育基地”“恩施职业技术学院志愿者服务基地”。恩施市文物局开展“我们的节日·清明”系列主题活动；与杭州市“五四宪法”历史资料陈列馆签订友好共建协议；联合六角亭中心学校组织百人行走施州古城徒步活动；参与六角亭中心学校《走访施州古城》校本教材开发座谈会。巴东县博物馆举行第七届长江三峡（巴东）纤夫文化旅游节中国土家族打击音乐会开幕式。

【文物保护项目】 恩施市完成施州城址城墙一、二期修缮工程，启动武圣宫展示利用工程项目，实施沙地天主教堂修缮工程项目，专项资金103万元。利川市完成鱼木寨防雷工程、中共利川县第一个党支部旧址修缮工程、鱼木寨新湾抢险工程、龙井地母庙修缮工程。建始县完成省级重点文物保护单位石柱观修缮工程，建始直立人遗址文化遗址公园项目列入2019—2023年湖北省重点文物保护实施项目。巴东县完成省级文保单位邓玉麟旧居及墓葬的电气设备更新和环境整治工程。来凤县完成仙佛寺安防及局部维修保养专项工程，茶堰坪摆手堂抢险保护工程获省文旅厅批复立项。宣恩县完成彭家寨修缮工程、消防工程项目并投入使用，完成张官铺侗寨、两河口苏维埃政府旧址、小茅坡营苗寨消防工程立项，下达省级文保单位庆阳凉亭街修缮工程项目资金70万元。鹤峰县贺龙旧居、苏维埃政府旧址消防工程获省文物局批复同意，五里坪革命旧址、容美土司遗址安防工程、五里坪革命旧址白蚁防治工程获国家文物局批复立项。

（龚艳萍）

恩施州图书馆

【概　况】 2019年，州图书馆投入购书经费100万元，采购新书31934册，现刊登记304种4376册；接受捐赠图书118种294册，其中地方文献41种105册，文献总藏量819178册，数字资源量达30TB；2019年接待服务读者23万人次，其中馆内12万人次，馆外11万人次，网站点击量达105万次；全年办理新证2025人，持证读者9628人；文献流通25.7万册次，其中馆内11.2万册次，馆外流通服务点14.5万册次。11月26日，州图书馆被省图书馆学会评为“2018年全民阅读先进单位”。12月4日，省图书馆学会第六届四次理事会暨学术交流会在鄂州举行，州图书馆馆长谭华梅在会上作题为《凝心聚力，共谋发展——恩施州公共图书馆抱团发展的实践探索》的交流发言。

【服务“两会”】 2019年1月18—23日，经州人大、州政协领导批准，州图书馆创新服务方式，首次在“两会”服务现场设立信息服务区。重点通过“数字资源”打造服务亮点、“移动阅读”关注民生热点、“参考咨询”把准“两会”要点，为代表、委员们撰写议案提案提供参考。“两会”期间下载电子图书217册，“四大信息平台”检索1718次，信息文献下载394次，发放“数字资源卡”400余张，服务代表、委员3000余人次。

【承办全省公共数字文化工程建设与服务培训】 2019年7月30日，由省图书馆主办，州图书馆承办的全省公共数字文化工程建设与服务培训在恩施州举办，来自全省公共图书馆的120余位学员参加培训。会议作《公共数字文化工程融合实施方案解读》《两法实施后公共图书馆的工作要点与走向分析》《如何利用免费信息提升工作与生活质量》《公共图书馆总分馆建设探索》的学术报告，州图书馆介绍《乡村“四点半学堂”里的图书馆分馆》建设经验。

【州图书馆分馆建设】 2019年4月，州图书馆高罗分馆在宣恩县高罗镇歌乐城社区“四点半学堂”挂牌开馆，是全州第一家公共图书馆分馆，辐射高罗镇7个中小学、6个幼儿园，服务师生5000余名，其中歌乐城社区安置点周边留守儿童2000余名。州图书馆为高罗分馆调拨图书5236册，安装图书自助借还机、智慧墙、安全门等设备。宣恩县高罗分馆建设案例，获第二届全国公共图书馆创新创意三等奖。8月，州图书馆女儿城分馆在恩施市土家女儿城挂牌开馆，是全州第一家设置在景区的公共图书馆分馆，州图书馆为女儿城分馆调拨图书3001册。

【智能图书馆建设】 2019年9月，“恩施州图书馆智慧墙”建设完成，汇集各县市图书馆服务数据以及本馆文献流通、到馆人次、读者数据分析等服务数据，通过大数据进行汇总及分析，全面提升图书馆服务效率。开通“信用”办证，无需提供证件且免交押金，读者只需支付宝芝麻积分在650分以上，同意协议后即可自助办证，引导读者文明诚信借还图书；开通人脸识别、微信和支付宝扫码等借书功能，简化读者操作程序。

【茶文化特色库建设】 2019年5月，州图书馆和州农业局开展业务合作，联系沟通各个县市茶叶专家，对文献专著、非遗名家、茶厂茶师、生产工艺、公开课等文献、图书、视频相关资料进行收集与整理。10月，以网站为载体、数据库为核心，集资源为一体的州图书馆茶文化特色库建成。

【未成年人阅读服务】 州图书馆组织参加湖北省第十六届“童之趣”杯“家国心常在 圆梦我中华”征文大赛，获优秀组织奖，获一等奖2篇，二等奖2篇，三等奖5篇，省级优秀画作4个。组织参加省图书馆举办的“放飞梦想——湖北省少儿画展”征稿活动，获优秀组织奖，10幅作品入选“放飞梦想——湖北省少儿画展”。

【盲人数字阅读服务】 2019年5月，州图书馆在巴东县举行盲人智能听书机发放启动仪式，开展盲人数字阅读推广工作。为全州公共图书馆发放听书机200台，免费提供给视障读者使用。举办2期盲人数字阅读推广培训班，全州公共图书馆业务骨干50余人参训。州图书馆与恩施市特殊教育学校签订建立“馆外听书机流通服务点”协议，为盲童送去听书机14台。

【“施南读书会”】 2019年，“施南读书会”会员152人，秉承“读好书·好读书”理念，助力“全民阅读·书香恩施”活动开展，全年举办让孩子越读悦享读、传统文化交流会等读书会9场，与教育机构、樊登读书、鄂旅投等组织联合开展活动。

（黄 坤）

出 版

【概 况】 2019年，加强《习近平新时代中国特色社会主义思想学习纲要》等重点图书发行，新华书店销售收入突破3亿元。调整州“扫黄打非”工作小组成员，明确职责；推进10个“扫黄打非”进基层示范点创建，开展“清源”“净网”“固边”“护苗”“秋风”专项行动，对出版物市场、印刷企业和网络环境进行巡查检查。开展出版物市场整治活动，对文化经营单位进行全面检查。建立软件正版化领导小组成员单位联席会议制度，组织业务培训，加强督办检查，扩大软件正版化覆盖面。

【出版印刷管理管理】 全年办理包装装潢印刷品和其他印刷品印刷企业新办证18个、换证20余个；根据《内部资料性管理办法》，核发州直单位“内部资料性出版物准印证”17个。按时完成6个公开报刊单位表格统计及核验报告的上报；完成36种连续性内资的年度核验；完成82家印刷企业年度核检及相关数据、表格及核验报告的上报；参加年检的出版物发行零售经营单位204家，198家通过年检，6家因未在规定时间内递交材料而暂缓年度核验。

【市场环境整治】 先后在中小学春秋开学季，寒、暑假期间开展校园周边文化市场环境整治专项行动，加大对中小学校园周边及少儿文化用品销售店档等重点部位巡查力度，收缴各类非法有害少儿出版物和侵权盗版出版物，取缔关闭销售非法有害少儿出版物的游商店档。2019年9月，开展出版物市场整治活动，对出版物市场进行拉网式检查，行动期间全州文化市场综合执法人员出动执法人员520人次，检查各类文化经营单位223家次，下达责令整改通知书22份，行政处罚9家。规范和监督企业守法经营，推进印刷复制发行市场健康有序发展。

【版权管理与服务】 建立软件正版化工作领导小组成员单位联席会议制度，明确领导小组成员各单位的工作责任和联席会议工作规则。出台《2019年恩施州推进使用正版软件工作实施方案》《恩施州使用正版软件工作领导小组成员单位联席会议制度》等文件，召开软件正版化工作领导小组联席会议和软件正版化工作培训会，组织工作专班开展检查督办。10月25日，组织部分州直机关和国有企事业单位召开推进使用正版软件工作业务培训会，聘请软件行业专家现场讲解印发宣传资料，开展技术指导。结合“4·26”世界知识产权日，“12·4”国家宪法日和“绿书签”活动，全州各地开展版权保护宣传活动，通过设立咨询台，签名承诺，派发宣传单，播放公益宣传片、刊载宣传海报等形式，向群众普及版权保护知识。全州各县市集中销毁侵权盗版及非法出版物5000余册。2019年全州文化执法部门查处侵权盗版案件9起，收缴侵权盗版书籍2000余册。

（陈国清）

广播电视

【概　况】2019年，全州广播电视工作通过报道解读州委六届五次全会、州“两会”等重点会议，宣传“三大攻坚战”“四大产业集群”等重点工作，围绕国庆70周年和军运会大事节点，展示宣传建党立国以来的伟大实践和发展成就，凝聚全州人民知党史、感党恩、跟党走的思想共识。推进“村村响”“户户通”和无线数字覆盖工程，截至12月底，全州安装开通“户户通”设备571025套，完成总任务的97.71%；建成“村村响”村级广播室2919个，89个乡镇平台，8个县市平台，1个州级平台。全州中央广播电视无线数字化覆盖工程建设全部完成，咸丰县、建始县、巴东县、利川市完成开播。启动应急广播体系试点建设，巴东县被纳入全省9个试点县之一，《湖北省应急广播体系建设巴东县县级平台建设可行性研究报告》《湖北省应急广播体系建设巴东县县级平台技术方案》获得通过。来凤县、利川市、宣恩县、鹤峰县、巴东县588个村被纳入2019年贫困地区民族自治州所辖县村综合文化服务中心广播覆盖工程建设范围并启动。

【广播电视监管】2019年，完成重要节假日，国庆系列庆祝活动、世界军运会等重要保障期的安全播出保障工作。按照《广播电视广告播出管理办法》规定，对监听监看过程中所发现的播放疑似违规广告和擅自增设广播节目的播出单位，下发违规整改通知书。对IP地址在州内的452家网站逐日巡查。聘请审看审读专家，对全州广播电视节目进行日常审看审读，撰写审读报告上报。

【“村村响”“户户通”工程督办落实】2019年，州相关领导多次专题听取工程建设情况汇报，指导州直相关部门开展工作，督促县市抓好落实。州政府加强检查督导，州督查考评办公室和州文旅局具体督办，对县市工程建设情况一月一督办通报。州文旅局组织召开工程建设推进会、重点工作督查会和工程建设约谈会，组建工程建设专班。湖北广电网络恩施分公司抓好技术培训，严把质量关。

（魏　娜）

文化传媒

《恩施日报》

【概　况】2019年，恩施日报社以习近平新时代中国特色社会主义思想为指导，学习宣传贯彻中共十九大以及十九届二中、三中、四中全会精神，围绕州委、州政府中心工作和重大决策部署，围绕打好“三大攻坚战”“四大产业集群”建设、优化营商环境等，为全州经济社会发展营造良好舆论氛围。全年实现广告经营收入2400多万元。推进印刷厂搬迁项目建设，新厂房一期工程进入实质性施工阶段。加强国有资产管理，确保国有资产保值增值。

【中心工作宣传】围绕州委、州政府中心工作和重大决策部署，以庆祝新中国成立70周年为主线，在日报、晚报、网站开设“壮丽70年，奋斗新时代”“在习近平新时代中国特色社会主义思想指引下——新时代新作为新篇章”“决胜精准脱贫全面小康”“东西部扶贫协作壮歌行”“记者蹲点贫困村”“奋斗新时代，改革再出发”“不忘初心、牢记使命主题教育”“比招商、抓项目、强产业、促进位——推动全州经济高质量发展”等专题、专栏、专版，宣传全州上下学习贯彻中共十九大精神和习近平新时代中国特色社会主义思想的实践行动和打好“三大攻坚战”、建设“四大产业集群”、推进工业经济发展、优化营商环境等方面的务实作为，为建设鄂西绿色发展示范区和全国先进自治州营造强大气场。《湖北报刊审读》对《恩施日报》70周年成就报道给予肯定。

【先进典型宣传】从2019年2月起，按照州委宣传部的统一策划，报社安排记者采写老英雄张富清的典型事迹，推出《英雄本色》长篇通讯和系列评论，推出“深入学习贯彻习近平总书记对张富清同志先进事迹作出的重要指示”专栏，刊发中央、省主流媒体推出的张富清典型事迹报道、重要评论和音视频作品，持续报道全州各地学习典型、宣传典型的情况。开设“爱国情·奋斗者”“恩施楷模”等专栏，推出深山支教青年志愿者袁辉、宣恩诚信典型向胜元、利川自强典型覃凤云和产业扶贫典型田云奇等，宣传各县市、各行业、各系统、各领域的先进典型。

【民生民利宣传】 坚持将工作重心下移，将镜头对准基层，将精力下沉一线，策划实施事关民生民利报道。对“拆围透绿、见缝插绿、裸土复绿”工作进行专题跟踪报道。推出“扶贫问政追踪”专栏，对扶贫领域电视问政曝光问题的整改情况进行监督报道。对人居环境整治、医疗卫生、教育等涉及民生民利的热点、焦点、难点问题进行整体策划和宣传报道。

【新媒体亮点】 恩施新闻网入驻今日头条，恩施日报新媒体矩阵总粉丝数突破百万。推出的媒体融合作品《恩施40年奇遇记》获湖北新闻奖三等奖，恩施发布获评湖北十佳政务微信（市州）。原创手绘土家族苗族人物表情包一经推出，不仅受粉丝欢迎，也成为本地新媒体常用素材。国庆期间制作的《恩施这条路，每一步都让人惊叹不已》等反映恩施发展的系列媒体融合作品得到好评。2019年11月，《恩施日报》创刊70年，新媒体中心推出《恩施日报》H5电子版号外，将反映《恩施日报》变迁的视频与报纸版面形式完美结合，通过H5移动端展现，读者可即时通过手机上传照片生成专属号外，H5点击率超过10万，生成海报近万张。12月，黔张常铁路开通运营，新媒体中心制作的H5作品《穿越黔张常》，以虚拟列车开行的形式，对黔张常铁路进行立体展现，让读者跟随虚拟列车浏览沿途美景美食，欣赏人文风物，感受建设变化。

【媒体融合发展】 围绕“导向为魂、移动优先、内容为王、创新为要”的要求，按照“新闻＋政务＋服务”的思路，打通日报、晚报、网站、微信公众号等各自为营的“信息孤岛”，按照“力量重组、任务对应”的原则，探索“统一调配、共融互通”的采编机制。投资近400万元建成报纸数字化资源平台、融媒体直播平台，恩施发布粉丝超过百万。以州政府网站为基础，加快实施政府网站集约化平台建设项目，对尚未进入集约化平台的3家州直部门网站进行整合，进入集约化平台的部门网站总数达到83个，集约化平台成为政务信息集散地和网络政务服务窗口。完成8个县市政府门户网站的整合迁移。在第十八届中国政府网站绩效评估中，州政府门户网站列全国地市政府门户网站61名，比2018年前进6名，连续四年进入百强。

【外宣报道】 恩施日报社记者拍摄的新闻图片和采写的新闻稿件《向上，攀》《青春绽放在大山深处》《绝壁上的修路人》《湖北：“利川红”制茶技艺》《湖北：手工恩施玉露焕活力》《湖北巴东：手工茶飘香》《湖北巴东：绝壁修路人》《高空攀岩·云端“漫步”》《绝壁攀岩·乐享假期》《湘鄂联舞共迎春》等被《人民日报》、新华社等中央级媒体采用。展现恩施州在脱贫攻坚、乡村振兴、生态文明建设、“四大产业集群”建设、恩施绿色发展高质量发展等方面的特色亮点，宣传恩施州各行各业的先进典型以及推介恩施州民族文化瑰宝和大美山川的100多篇稿件被“学习强国”平台采用。

【6件作品获奖评2019年度时事好新闻】 2019年11月7—8日，湖北省记协时事版面专业委员会第二十四届年会暨2019年度时事好新闻评选活动在黄石举行。《恩施日报》选送的10月31日第六版（编辑：明磊），标题《英国“脱欧”拖，继续拖！（引题）欧盟对再次延期申请说OK（主题）》（编辑：明磊）获一等奖。重大事件报道专

题10月2日第二、三版（编辑：姚代凤），论文《守正引领导向 创新彰显特色》（作者：蒲丹），10月19日第三版（编辑：明磊）获二等奖，4月24日第六版（编辑：明磊）获三等奖。

（张　慧）

恩施州广播电视台

【概　况】 2019年，恩施州机构改革，原恩施州电视台和恩施州人民广播电台组建恩施州广播电视台，属州委直属正县级公益二类事业单位，下辖州电视转播台、红岩寺微波站、铁场荒微波站、舞阳微波站和楚天声屏报社5个二级单位。州广播电视台拥有2个电视频道，2个广播频率以及以“云上恩施”为主的新媒体矩阵。新闻综合频道和公共频道开办《恩施新闻联播》《今晚九点半》《直播恩施》等11档电视栏目，日生产节目约150分钟。FM94恩施交通音乐频率和FM99恩施新闻综合频率开办19档自办栏目，日播出节目约1200分钟。“三微一端多号”的新媒体矩阵中，“云上恩施”手机端总用户数24万户，日发布新闻政务信息150余条；“恩施电视台”微信公众号粉丝55万左右；“湖北恩施电视台”抖音粉丝达100万。全年自办节目播出和节目转播未出现任何事故，完成“迎国庆、保军运”安全播出。2019年，州广播电视台广播宣传工作位列全省市州第一名，电视宣传位列全省市州第五名，云上恩施综合影响力位列全省“云上系列”榜首，“恩施电视台”微信公众号居全国地市级电视公众号前列。精准扶贫帮扶咸丰县唐崖镇邓家沟村，12月通过国家脱贫攻坚成效考核组考核验收。

【主题宣传】 围绕州委、州政府中心工作，统筹全媒体发布平台，开展“学习宣传贯彻十九大精神”、“不忘初心、牢记使命”主题教育、“壮丽70年·奋斗新时代”、“三大攻坚战”、“四大产业集群”、优化营商环境等重大主题宣传报道。推出战斗英雄张富清、敬业楷模邹炜、五四奖章获得者袁辉等先进典型。开展“春拂贫困村”“集群之力”等大型融媒体采访。策划拍摄《恩施一分钟》《戏韵清江》《以生态匠心 绣山水家园》等专题汇报片，拍摄制作《情漫恩施》MV。

【宣传工作】 2019年，在央视《新闻联播》上稿11条，其他栏目76条；在《湖北新闻联播》上稿277条，其他栏目495条。广播FM99《恩施之声》全年在央广发稿88条，其中在《中国之声》发稿18条，进入全国百强城市台；在省台用稿1056条，连续5年居全省第一。新媒体宣传总计625条，集中在省级媒体及大型商业媒体，其中100多条被“学习强国”采用，中央级新媒体采用55条，新媒体宣传稳居全省前列，其中恩施电视台微信公众号位列全国地市级微信公众号前茅。

【舆论监督】 承办电视问政4场，《党风政风热线》有8个县市长、89个部门单位上线，依托《今晚九点半》、《直播恩施》、云上恩施“爆料”等栏目，快速回应民众关切、关心、关注的社会热点焦点。

【媒体融合】 搭建“一区两部”融媒体格局。记者去部门化，编辑淡化平台意识，实现全员“一专多能”。建立每日报题、采编例会、稿件共享、新媒体报料机制，逐步建立“中央厨房”式融媒体联动机制。新版云上恩施手机客户端、官网成功上线，粉丝量总量达23万，每日开机数及活跃用户稳步提升。组织全州融媒体中心主任座谈会，探讨全州融媒体平台建设。牵头建设云上恩施“1+8”平台，打通县市云上资源。8个县市网站、App数据迁移和改版升级有序推进，上线融媒体生产平台，初步建成全州融媒体平台。入驻抖音、微视等微视频平台，开通头条号、搜狐号、网易号，形成“三微一端多号”新媒体矩阵。短视频在各视频平台最高单条点击率超过1000万。

【产业经营】 全年策划执行百场各类线上线下

活动，做好“3 · 15”晚会、广电车展、广电房交会品牌活动。举办迎新年戏曲展演、“最美鹤峰”、恩施女儿会、宣恩水上运动会、少儿春晚、创新创业大赛等各类活动。结合节庆，开展“五四”“青春心向党 · 建功新时代”、喜迎70周年“我爱我的祖国”红歌快闪等活动。面对市场疲软，硬广下滑压力，完成全年经营任务。

【广播电视信号覆盖】 中央地数覆盖节目州本级主站及市级乡镇6站点开播；省地数覆盖节目利用机顶盒开播三套电视节目。持续跟进“村村响”，州级平台基本建设完成。2个频道高清同播的申请报备获省广电局批准。完成广播频率的全州覆盖、监控工程和维护工作。

【传媒中心广电大楼建设】 州传媒中心广电大楼内部装修于2019年3月开工，计划总投资1.3亿元，截至年底完成75%以上工程量。配套的4+2讯道高清转播车和广播调频车改造升级完成，直播服务延伸至乡村和社区；新型10+2讯道高清电视转播车投入使用，是湖北省地市州及武陵山区第一台10+2讯道高清转播车。

（吴承明）

全民阅读

【概　况】 2019年，继续建设“书香恩施”，各地各单位加强各类书店、书吧、书屋、图书馆建设，完善公共阅读设施。开展读书活动，举办第十九届爱国主义主题读书教育活动、“4 · 23”世界读书日暨2019年“全民阅读 · 书香恩施”等活动。围绕“世界读书日”“孔子诞辰日”“十进一创”等重大节日、品牌阅读，组织各机关企事业单位开展丰富多彩的全民阅读活动。报纸、电视、新媒体上设置全民阅读栏目，营造全民阅读氛围。以“丽声诵祖国 · 辉煌七十年”为主题，以女性群体为主的首届“风雅颂”巾帼诵读大赛在全州范围内展开，为国庆七十周年献礼。11月30日，在武昌洪山礼堂举行的湖北省首届“风雅颂”巾帼诵读大赛总决赛上，恩施州选送的3个节目分别获得二等奖、三等奖和优秀奖，恩施州全阅办获优秀组织奖。

【恩施州第十九届青少年爱国主义读书教育系列展示活动】 2019年6月14日，由州委宣传部、州全民阅读活动指导委员会等单位主办，湖北省新华书店（集团）有限公司恩施州分公司、州广播电视台承办的以“祖国在我心中、我为祖国点赞”为主题的恩施州第十九届青少年爱国主义读书教育系列展示活动在州电视台演播中心举行，来自全州各中小学的39名选手参加。

（陈国清）

【恩施州全民阅读暨第四届长江读书节活动】 2019年4月22日，由州委宣传部、省图书馆、州文旅局、恩施市委宣传部指导，州全民阅读活动指导委员会、恩施市全民阅读领导小组、州公共图书馆阅读推广联盟举办，恩施州、恩施市图书馆及省新华书店集团有限公司恩施州分公司联合承办的恩施州（市）全民阅读暨第四届长江读书节启动仪式，在州城文化中心举行，州直及市直全民阅读活动小组成员单位、相关学校300余人现场参加活动。4月23日，宣恩县2019年全民阅读暨第四届长江读书节启动仪式在高罗镇举行，来自宣恩县直部门、高罗镇中小学师生、歌乐城社区居民、全州公共图书馆馆员2000余人参加活动。

【“春雨工程 · 网络书香”阅读推广活动】 2019年8月1日，“春雨工程 · 网络书香”阅读推广活动在恩施土家女儿城举行。活动由国家图书馆主办，省图书馆、州图书馆承办，恩施土家女儿城梦想小镇分馆协办，全省公共图书馆120名馆长及业务骨干参加。国家图书馆代表“春雨工程”为州图书馆捐赠图书1万册。活动期间，国家图书馆举办“聚力整合发展，创新公共数字文化服务业态”展览，省图书馆推介“e海阅读”湖北省图书馆数字资源。阅读推广活动中开展题为《数字图书馆资源建设与服务》的业务培训。

（黄　坤）

社会科学

【概　况】 2019年，全州社科工作坚持正确政治方向，提升工作质量，完成各项工作任务。全州社科类研究会、协会、学会发展到40个，会员近万人。在各类社科活动中，州社科联履职尽责，加强指导，为社科团体和会员提供服务。

【组织完成恩施州社科课题评奖】 2019年，根据《恩施州土家族苗族自治州社会科学优秀成果奖励办法》的规定，制定《关于征集和申报2019年度恩施州社科课题的方案》。10月9日，州社科联在恩施新闻网、恩施文明网发布《关于征集和申报“2019年度恩施州社科课题”有关事项的通知》，收到课题300项。制定《恩施州2019年度社会科学课题评审标准和原则》，经过评审委员会初评、复评、终评，评选出2019年度重大社科课题12项、重点社科课题20项、优秀社科课题48项，11月22—29日，在《恩施日报》、恩施文明网进行公示，向获奖者发放奖金和获奖证书。

2019年度恩施州社会科学重大、重点、优秀课题一览表

表4

类别	课题名称	课题申报者	申报者所在单位	合作者
重大课题	加快推进恩施州国家全域旅游示范区创建的建议	谭志喜	湖北民族大学	吴开松　李闻一　胡　芬　谭　宇
	从“女儿会”到“女儿城”：少数民族文化的产业转化研究	毕　曼	湖北民族大学	万　利　池永文　牟冬生　袁　渊
	关于激励干部担当作为的调研报告	蔡望雄	中共恩施州委组织部	陈清全　张应仑
	基于风险成本视角的恩施州银行机构小微信贷模式分析	陈世华	恩施州地方金融工作局	杨凌雁　孙　涛　刘雪琴
	美丽乡村背景下的恩施州乡村生态旅游开发模式研究	沈　炜	恩施职业技术学院	曾晓芳　李昌隆　叶春汉　周　妮
	高质量推进中医药事业传承与发展的实践与探索	谭金生	恩施市卫生健康局	丁　娟　舒友文　廖建洲
	恩施州政治生态评价指标体系研究	陈启富	恩施州纪委监委	李荣娟　唐其锐
	恩施州产业扶贫专题调研报告	徐　焘	中共恩施州委办公室	周辉军　匡乐轩　张　华
	用“4+3”模式破解农民工工资支付难题	苏　勇	恩施市人民政府	
	关于政府公文办理质效问题的研究——以恩施州政府办公室公文办理情况为例	贺　兵	恩施州人民政府办公室	刘　澧　江　娅　陈薇薇
	推动机关党的建设高质量发展探索与思考	孙　娇	恩施州委直属机关工委	石明义　张　红
	基层民主协商视阈下加强人民政协自身建设路径探究——基于湖北省恩施市政协的实践经验	蔡世鄂	湖北民族大学	郑　艺　蔡万高
重点课题	大数据驱动恩施州精准扶贫产业结构创新发展实践研究	周　劲	湖北民族大学	刘双燕　张明波　李远明
	民族体育文化与产业融合发展研究	万　利	湖北民族大学	毕　曼　向　政　王　佳
	逆周期视角探析民营企业金融供给短板及解困路径	田远佑	恩施州金融学会	齐佳胜　池　欢　田薏欣
	法治视野下民族地区“行为贫困”的表现、成因与对策	李华霖	湖北民族大学	
	关于恩施州“易地扶贫搬迁中安置点后续发展”的若干思考	陈　烨	恩施职业技术学院	吴绍杰　李立平　曾　稳　蔡　平
	关于防范化解金融风险促进恩施州经济持续健康发展的调研报告	杨凌雁	恩施州防范化解金融风险攻坚战指挥部	
	恩施州乡村文化振兴机制与路径探讨	何　蓉	中共恩施州委党校	倪　妮　刘炫梓
	“一带一路”背景下武陵山区硒茶外宣翻译研究	官　霞	湖北民族大学	骆贤凤　杨年芬　覃　军　徐　琼
	全州脱贫攻坚战况深度调查分析报告	于德鹏	中共恩施州委办公室	周辉军　吴远东　程松杰

续表4

类别	课题名称	课题申报者	申报者所在单位	合作者
重点课题	恩施生猪遭遇“三座大山”的微观察	雷敬勇	国家统计局恩施州调查队	
	经济犯罪兜底罪状解释研究	邓　浩	湖北民族大学	冉瑞恩　蔡世鄂　雷国平
	恩施州工业经济发展的调研报告	孙　涛	恩施州政府办公室	陈世华　丁　恒
	恩施州全域旅游示范区建设路径研究	郭　静	恩施州政府办公室	
	民族地区村干部廉政认知与腐败问题调研报告	张　恩	湖北民族大学	徐铜柱　张卉琳
	恩施州中小学思想政治学科建设暨教师队伍专业成长的现状与对策研究	肖秀菊	恩施州德育研究会	肖希成　刘本喜　龙爱斌　姚胜权
	关于恩施经济高质量发展的思考与建议	陈　兵	恩施州委政研室	向世贵
	提高农村小规模学校教学质量的策略研究	姚光炳	恩施市教学研究和教师培训中心	向　彪　向　波　唐清碧　柳兴平
	美丽中国建设视域下恩施州饮用水水源地保护立法建构	李　勇	湖北民族大学	冉艳辉　李华霖
	贫困地区实施乡村人才振兴政策瓶颈调研	马开星	中共恩施州委组织部	马林祥　周成伟　张　力
	恩施州反腐败斗争形势分析及其对策研究	裴达顺	恩施州纪委监委	杨春浩
优秀课题	恩施州产业集群背景下人才振兴问题探究	向成和	中共恩施市委党校	
	汇聚强大合力 创建“国家全域旅游示范区”	罗康友	州委理论信息中心	
	武陵山少数民族地区乡村生态振兴机制与路径——以恩施土家族苗族自治州为例	穆华桂	中共恩施州委党校	陈袁丁　张永群
	恩施文艺新论	李　莉	湖北民族大学	
	恩施方言歇后语研究	吕　行	中共恩施州委宣传部	何洪峰
	精准扶贫驻村机制对基层社会治理的影响研究	黄泽涛	恩施州司法局	胡耀文
	用绿色发展打造特色产业增长极——恩施州践行“绿水青山就是金山银山”的实践	陈　华	恩施州生态环境局	曹　平
	恩施州融入长江经济带发展研究	代文婷	恩施州中心医院	向囿霖　张　鹏
	恩施州对建设鄂西绿色发展示范区的路径探索	刘广达	中共恩施州委办公室	匡乐轩　周辉军　于德鹏　邓海森
	恩施州住房公积金与房地产市场的关联性调研分析报告	李仁杰	恩施州住房公积金中心	黄竹娟　吴　瑜　杨和美　蒋晓敏
	武陵山少数民族地区脱贫攻坚与乡村振兴的有机衔接路径探析——以鹤峰县五里乡中坪村为例	宋　巍	中共恩施州委党校	陈　胜　穆华桂
	李达法学思想及其当代价值研究	蔡诗敏	湖北民族大学	
	着力建构现代课堂　培养学生核心素养——利川市“引领深度课改　推进深度改课　凸显学科育人”的实践探索	徐光华	利川市教研培训中心	
	恩施州财源建设的出路	吴贤勇	恩施州财政局	唐明义　何　鹏　王春瑶　张　毅
	恩施州茶叶产业链建设的调查与思考	余　江	恩施州计量检定测试所	牟文韬　谭世雄
	恩施州推行河长制建设的现状、存在问题及优化路径调研报告	朱士华	湖北民族大学	徐铜柱　廖建洲　谭贤楚　张　恩
	以深化财税体制改革为引领 全力推动恩施州经济高质量发展	何　鹏	恩施州财政局	张安俊　赵　洪　涂燕琼　刘　勇
	恩施市二官寨乡风文明建设探析	杨兴凤	中共恩施市委党校	杨　琳
	恩施州教育脱贫的实证研究——以恩施市新塘乡贫困家庭儿童精神脱贫为例	赖　文	湖北民族大学	雷大红　侯　燕
	民族团结进步州创建的文化机理研究——以恩施土家族苗族自治州为例	冉红芳	湖北民族大学	田　敏　吴　琦
	“精准扶贫”背景下恩施市白杨坪镇洞下槽村乡村宜居环境营造策略研究	邹维江	湖北民族大学	杜　锐　王海军　祝卫东　于　军
	恩施州精准扶贫中易地搬迁农民的生存状态调查	邱世兵	湖北民族大学	
	张富清精神的基本内涵与时代价值	刘　杨	中共恩施州委党校	何　蓉　覃章梁

续表 4

类别	课题名称	课题申报者	申报者所在单位	合作者
优秀课题	恩施州乡镇卫生院健康服务能力的现状和对策调研报告	阮 熔	恩施州卫健委	杨祖旺 秦 慧 全昌龙 杨智勇
	恩施州产业扶贫绩效研究	田 莉	湖北民族大学附属民大医院	
	整治违反中央八项规定精神及省委六条意见、州委实施细则突出问题对策研究	邓仕彦	恩施州纪委监委	
	乡村振兴视野下边缘农村空心化现象及其治理路径研究——以利川市文斗乡板桥村为例	刘 欣	中共恩施州委党校	刘 杨 沙石磊 倪 妮
	以"三治融合"构建乡村治理新体系	黄 敏	恩施市板桥镇人民政府	廖建洲
	绿色信贷给力长江经济带绿色发展的瓶颈与路径	闵达律	中国人民银行恩施州中心支行	徐宗理 严继先 田远佑 于龙辉
	做深做实"六大功课"为乡村振兴起步开局夯实基础	王怀俊	中共鹤峰县委党校	
	关于受处分党员干部回访教育工作的实践与思考	彭科伟	恩施州纪委监委	陈忠敏
	乡村振兴下之养老服务发展难题破解探析	肖碧兰	中共鹤峰县委党校	
	贫困村党组织后继乏人问题研究	陈清全	中共恩施州委组织部	蔡望雄 刘海涛 王慧君
	供给侧改革视角下恩施州生态文明示范区建设初探	陈袁丁	中共恩施州委党校	穆华桂 陈 胜
	恩施州应急管理系统队伍建设现状与发展研究	袁 坤	中共恩施州委党校	向 荣 赵彬睿 吕武圆
	多维度推进恩施硒产业持续健康发展	张乔会	恩施州农业科学院	杨永康 殷红清 康 宇 李亚杰
	基于恩施地域性品牌设计的西兰卡普文创产品开发策略研究	王泳力	湖北民族大学	李 嘉 姜蓓美 卢明镜 田顺子
	农村基层党组织战斗堡垒作用发挥的探析	钱春华	中共咸丰县委党校	
	贫困地区财政探索支持产业建设新路径	唐明义	恩施州财政局	吴贤勇 张 毅 王春瑶
	恩施州学前教育教师队伍建设现状调查及对策建议	曹道静	恩施州教育局	熊 菲
	对建立脱贫攻坚与乡村振兴衔接机制的调查与思考	陈大平	中共利川市委党校	杨思敏 杨召弟
	恩施州硒产业高质量发展研究	李新华	恩施州硒资源保护与开发中心	罗 琼 卢海锋 陈洋洋 卢浩宇
	一统三治，着力健全乡村社会治理体系——关于鹤峰县邬阳乡"乡村振兴"战略之"治理有效"的实践与探索	冯忠映	中共鹤峰县委党校	
	关于恩施市乡村振兴的路径探究——以二官寨、洞下槽等村为例	蔡峻峰	中共恩施市委党校	
	建立区域内教育信息化装备有效管理机制	石 磊	恩施州电化教育技术装备站	徐达全 刘新康 邓星红 李春霞
	关于恩施州学前教育发展的思考与建议	李红梅	恩施州民族幼儿园	
	恩施市农业高质量发展实践与探索	周 昌	恩施市农业农村局	周骅平
	基于教师维度的高中生思想政治课学业困难的调查与思考——以恩施州 78 名政治教师为样本	龚 华	宣恩一中	王 玲 徐 杨 周 瑶

【展示社科成果】 2019 年，州社科联联合恩施日报社推出 3 期《恩施日报·恩施社科》专版，分别刊登州优秀社科课题、围绕恩施州实际思考总结而形成的优秀调研论文、恩施州社科专家关于宣传贯彻中共十九届四中全会精神的评论文章。

【联合州委党校召开"乡村振兴与高质量发展"理论研讨会】 2019 年 7 月 9—10 日，乡村振兴与高质量发展暨恩施州党校系统第 30 届理论研讨会在利川市召开。研讨会由州委党校、州社科联主办，利川市委党校承办。湖北省委党校、宜昌市委党校、重庆各区（县）委党校等有关单位参加会议。研讨会收到参评论文 285 篇，评出一等奖 35 篇、二等奖 48 篇、三等奖 58 篇，参与学者地跨湘、渝、鄂三地边界，为州委、州政府科学决策提供理论支持。

【学习宣传贯彻中共十九届四中全会精神理论研讨会】 2019年12月23日，组织恩施州社科专家召开全州学习宣传贯彻中共十九届四中全会精神理论研讨会，阐释中共十九届四中全会精神，在学习领会上、阐释宣传上、总结提炼上下功夫，当好理论武装的研究员、宣传员。

【完成“湖北省社科专家市县行”在恩施州的调研活动】 2019年7月22—25日，省社科联领导率调研组到恩施州调研全域旅游发展现状，先后到恩施市沐抚古镇、恩施土家女儿城、利川市白鹊山民宿、建始县花坪镇、恩施市芭蕉侗族乡枫香坡实地走访，开展特色旅游集群产业、“创业+旅游”发展、乡村民宿旅游等调研，形成《加快推进恩施州国家全域旅游示范区创建的建议》调研报告。

【恩施州巴文化建设情况调研】 2019年3月10日，州社科联、省社科院恩施分院联合四川省达州市巴文化研究院，考察调研恩施州巴文化建设情况。实地考察州博物馆、州巴文化研究会、恩施土家女儿城、巴东县水布垭镇，了解古代巴人在恩施地区的文化遗存及恩施州民族文化，围绕巴文化研究、宣传、交流和成果转化运用展开座谈，为恩施州打造巴文化品牌建设交流经验。

【参加湖北省社会科学院2018年度分院（所）优秀调研成果评选】 省社会科学院恩施分院与州金融学会联合课题组的调研成果《贸易战背景下银企合作共赢机制研究——州金融支持工业增长情况的调查与思考》，参加省社会科学院2018年度分院（所）优秀调研成果评选，获二等奖。

（陈国清）

档案工作

管理与接收利用

【概　况】 2019年3月，机构改革将全州各级档案局（馆）的行政职能划入党委办公室，党委办公室对外加挂档案局牌子。原州档案局（州档案馆）的行政职能划入州委办公室，州委办公室对外加挂州档案局牌子，原州档案局（州档案馆）有关工作人员转隶至州委办公室，按要求设立档案行政管理科，负责《中华人民共和国档案法》等法律法规的贯彻落实，监督检查档案法律法规执行情况；负责档案行政复议及应诉、受理和查处违反档案法律法规的行政案件；负责全州档案执法队伍建设；负责拟定全州档案工作规划和政策；负责制定档案业务工作流程和制度，监督、指导、检查和验收档案工作。9月，州档案局到恩施市、建始县、宣恩县、咸丰县、来凤县5个县市和恩施市芭蕉侗族乡，建始县高坪镇、邺州镇，宣恩县椒园镇等6个乡镇，调研机构改革后档案工作开展情况、涉改单位档案处置等情况。利川市档案馆被评为全国档案系统先进集体。2019年，全州各级综合档案馆接收档案41196卷、175726件。其中，州档案馆接收档案4172卷、17467件；恩施市档案馆接收档案138卷；利川市档案馆接收档案10996卷、55626件；建始县档案馆接收档案547卷、9168件；宣恩县档案馆接收9600卷、69件；咸丰县档案馆接收档案1213卷、16567件。全年全州各级综合档案馆接待查询利用档案、资料20773人次，查询档案114344卷（件）次。

【涉改单位档案处置】 全州各级档案部门加强指导涉改单位做好档案管理与处置工作，明确档案归属流向，明确档案交接过程各环节原则要求，确保档案安全。2019年3月，州档案局出台《州直涉改单位档案处置办法》，召开专题会议安排部署，对机构改革中涉及重新组建、职能变更以及不再保留的单位情况进行梳理，指导涉改单位做好档案收集、管理与处置工作。截至12月，全州完成116个涉改单位档案登记，审批174个单位档案“三合一”制度，其中，州档案局完成21个涉改单位档案登记，28个单位“三合一”制度审批。各级综合档案馆接收 27 个涉改机构档案 6712 卷、48846 件。

【档案目标管理考评】 全州纳入档案工作目标管理考评单位 2272 个，2019 年度完成档案目标管理考评单位 739 个。其中，州直单位实现目标管理 149 个（省特级 25 个，省一级 68 个，省二级 56 个）。州直副县级以上单位实现档案工作目标管理全覆盖，县市直副科级以上单位覆盖面达到 90%。

【档案执法检查】 按照“双随机、一公开”的要求，各级档案部门结合档案安全风险排查、涉改机构档案处置等工作，开展档案行政执法检查工作。州档案局对州司法局、州民族幼儿园、湖北烟草金叶复烤有限公司恩施复烤厂等 8 个单位开展档案行政部执法检查，对检查中发现的问题提出整改意见，要求责任单位限时整改，确保档案管理集中规范、安全保密。

【档案宣传工作】 2019 年 6 月 9—16 日，利用“6·9”国际档案日，以“新中国的记忆”为主题开展多种形式的档案普法宣传活动。利川市举办“利川档案馆开放日”活动，以“老故事·新利川”展厅为载体，讲述该市经济社会发展足迹。全州张贴“新中国的记忆”海报 40 余份，发放宣传资料 1600 余份，培训 500 余人次，组织参观学习 200 余人，显示屏、宣传条幅等约 1500 余条内容。

【档案安全管理】 2019 年 5 月，组织全州各级档案部门开展档案安全风险隐患排查整治，通过单位自查与档案局抽查相结合，重点排查档案防火、防盗、防水、防泄密等隐患，对来凤县档案馆库房内配备的罐装七氟丙烷消防设备未与大楼消防系统连接等问题进行跟踪督办，督促相关单位加强安全隐患的整改销号，确保档案实体安全和信息安全。持续开展全州国家综合档案馆电子档案数据容灾备份工作，加强对档案数字化外包工作的监管，确保不发生安全事故。通过档案安全风险隐患排查整治等工作，提高各单位档案安全管理意识，健全“人防、物防、技防”机制，守住档案安全底线。

【档案馆建设】 截至 2019 年 12 月，利川市、咸丰县、鹤峰县、建始县、来凤县 5 个县市档案馆新馆投入使用，恩施市档案馆装修接近尾声，宣恩县档案馆主体工程竣工验收（预计 2020 年正式投入使用），巴东县档案馆因条件不成熟暂未立项。州档案馆建设项目完成立项批复、可研报告编制，正在进行勘察设计招标和用地规划许可办理。

【档案资源建设】 2019 年 5 月，组织全州档案部门参加国家档案局、国家发改委开展的建设项目档案微视频征集活动。征集到“桃园治水记——恩施市冷水河治理工程（小溪段、罗坡段）”“路有尽·梦无疆——318 国道利川绕城线工程项目”等 7 个建设项目档案微视频。对土家语档案资料进行抢救整理，对硒博会等具有民族特色和历史文化的档案、资料和实物进行收集接收，不断丰富馆藏资源。

【档案信息化】 全州各级综合档案馆加快推进馆藏纸质档案数字化进程，州档案馆全年完成全文扫描 1796 卷、17467 件，8 个县市档案馆全年完成全文扫描 26985 卷、157592 件。各立档单位按照“存量数字化，增量电子化”的要求，对室存纸质档案进行数字化扫描，推进档案信息化建设。

（杨亚玲　彭永熬）

州档案馆

【概　况】 2019 年，恩施州机构改革将州档案局（馆）的行政职能划入州委办公室，州史志办并入州档案馆，组建恩施州档案馆，挂州史志研究中心牌子，为州委直属事业单位（正县级）。全年做好涉改单位档案处置、馆藏重点档案抢救保护、档案数字化工作，提升档案服务利用效能，推进档案馆新馆建设。2019 年，州档案馆被州委、州政府评为州级文明单位，被巴东县委、县政府表彰为驻村帮扶榜样。

【档案接收与整理】 州档案馆召开涉及机构改革的州直单位档案工作会议，制定接收计划，部署相关档案接收工作。接收州档案局、州史志办、州汉办、州交通技校等单位档案3620卷、18175件。完成会计账本、凭证等整理46305卷，录入案卷级目录46305条、文件级目录15861条。

【档案利用】 全年接待查询利用档案1563人次，查阅档案47029卷次、13558件次，提供复印档案资料7444页。8月20日，州档案馆启动异地查档服务，查档群众在本地档案馆可查阅省档案馆学历方面的民生档案，截至年底，提供异地查档服务66人次。

【档案信息化】 全年完成档案数字化9561990幅，截至2019年12月底，累计完成档案原文扫描842265幅、完成馆藏量的91.5%。向省档案馆报送馆藏开放档案目录数据，其中案卷级目录共报送11453条、文件级目录共报送298902条。

【档案安全】 定期开展档案库房安全检查，落实"八防"措施，确保档案实体安全。维修馆藏档案数据管理服务器并进行数据备份，确保档案数据安全。全年送交省档案馆异地容灾备份档案数据光盘100张。全年修复民国档案142卷（6157张）。

【档案编研与宣传】 编印《中华民国湖北省政府施政报告》（续二）（内部资料）。利用电子显示屏、门户网站广泛宣传档案工作和档案知识，开展"6·9"国际档案日活动；向接收档案的州直单位宣传档案安全及档案管理注意事项。

【州档案馆新馆建设】 2019年4月27日，州八届人民政府第41次常务会议研究同意建设恩施州档案馆新馆。州档案馆迅速组建工作专班，推进项目建设前期工作，完成项目建议书的编制、项目的立项审批、项目选址意见书的审批、地形图勘界图的测绘、用地规划许可和土地划拨手续的办理、全过程咨询服务公司的招标、可研报告的编制、勘察设计单位招标等相关工作。

（张　淋）

史志工作

【概　况】 2019年，恩施州机构改革，州档案馆挂州史志研究中心牌子，为州委直属事业单位。全年全州史志工作持续推进地方党史、组织史编撰和方志编纂工作，完成地方口述史料专题征编，推进地方志"两全目标"任务实现。

【党史正本编研】 2019年，中国共产党湖北省恩施历史（1949—1978）》经州委终审后，由中共党史出版社公开出版。启动地方党史第三卷（1978—2002）编撰工作，拟定纲目，完成资料收集，进入资料长编撰写。

【口述史料征编】 2019年，完成并向省委党史研究室报送《鄂西会战始末记》《日军空袭恩施目击记》等6篇关于抗日战争时期口述史料稿件。开展改革开放时期口述史料征编工作，收录亲历者口述史料3万余字，录制视频资料240余分钟。完成"恩施建立少数民族自治州的历程见证""武陵山龙山来凤经济协作示范区创建及发展"2个专题的征编任务。

【组织史资料编写】 2019年，完成组织史初稿40余万字，收编记述2008年1月至2012年12月，中共恩施州党的地方组织以及政权、军事、政协、群团和部分企事业单位六大系统的领导班子建设、干部队伍建设、基层组织建设、党员队伍建设、基本制度建设的具体思路、重大决策、主要措施、相关效果，以及领导人名录和图表等内容。

【旧志整理】 2019年，启动《施南府志（道光版）》《施南府志续编（光绪版）》《增修施南府志（同治版）》3部旧志的校注出版三年行动，2019年完成《施南府志续编（光绪版）》的校注稿。

【湖北要览丛书编纂】 按照《湖北要览丛书》要求，《恩施州要览》修改形成的10万余字定稿，

2019年底上报省文旅厅地方志工作处，进入出版程序。州史志研究中心加强对县市要览编纂的督导，除长江出版社公开出版的《建始县要览》《巴东县要览》以外，2019年进入公开出版程序的有《恩施市要览》《利川市要览》《来凤县要览》。

【方志业务培训指导】 2019年8月30日，鹤峰县举办修志编鉴培训会，州档案馆副馆长马兹河以《部门志编纂的体例体裁要点及注意事项》为题授课。加强对咸丰县《唐崖镇志》的业务指导和编审，该书2019年出版发行。

【年鉴工作】 加强对各县市“一年一鉴、公开出版”日标任务督办，恩施州及8个县市共9本地方综合年鉴（2019卷）全部交由出版社进入公开出版程序。全年组织全系统相关人员参加省文旅厅组织的年鉴业务培训，中指组在青海省、吉林省举办的志鉴培训。8月，在四川泸州召开全国地方志系统精准扶贫工作座谈会暨志鉴出版资助工程成果出版座谈会上，恩施州以《借民族地区年鉴资助出版之东风 扎实推进恩施州志鉴“两全目标”工作》为题作交流发言。咸丰县、来凤县、鹤峰县开展年鉴撰稿培训，邀请东西部结对帮扶城市杭州市《临川年鉴》主编唐剑平等专家授课。马兹河撰写的《民族地区年鉴编纂中如何更好体现新时代民族思想之探讨》入选7月在山西省晋中市举办的第三届全国年鉴论坛征文。转化年鉴成果，《恩施州年鉴（2019）·实用手册》以内部资料性出版物印刷出版，发放给年鉴编辑委员会相关单位和人员。完成《湖北年鉴》恩施州及8个县市撰稿。

【宣传教育】 2019年，为配合第二批“不忘初心、牢记使命”主题教育活动的开展，州档案馆在主题教育活动启动之际，编撰“不忘初心、牢记使命”主题教育应知应会手册。建始县档案馆开放“建始记忆”红色教育基地及韦君宜档案馆，指导建设店子坪村史档案馆，完成主体结构建设，店子坪村档案整理完毕，正在进行展厅布展设计。鹤峰县档案馆完成中营镇红岩坪村党史故事资料收集。

【县市史志编研成果】 利川市与中南民族大学合作，开展巴蔓子课题研究，形成论文3篇：《文本书写与社会记忆：巴蔓子葬身都亭山历史人类学考察》（段超、李然）、《用忠烈抒写的历史：巴蔓子精神的现代意释》（萧洪恩）、《巴蔓子英雄形象构建与文化认同》（段超、刘安全）；本土民俗专家谭宗派通过调研采风，在《恩施日报》发表《关于清江源都亭山巴蔓子墓的调查研究》；本土方志专家刘志尚通过收集整理书稿资料，撰写《巴蔓子、都亭山、清江源探微》。恩施市完成《恩施土家族历史概览》《恩施市人物录》《恩施市革命老区发展史》编写。

（张 淋）

体 育

【概 况】 全州建成体育运动中心9个、大型体育场馆11个、大型健身广场49片、羽毛球场96片、篮球场2179片，完成2000多个行政村、188个社区农民体育健身工程、健身路径、新全民健身示范工程，文体小广场建设基本实现全覆盖，城区15分钟体育健身圈基本建成。全年全州体育场地总面积增加到388.4万平方米，较上年增加75.14万平方米，全州人均体育场地面积1.15平方米。全州1997个各类体育场所推行免费或低收费开放政策，开放时长47.75万小时，惠及群众212万人次。州级体育协会25个，县级体育协会97个，协会会员24万人。全年全民健身活动参与228万人次，体育人口占比提升至55.6%。全年州、县、乡、村四级举办各类群众赛事2000余场，包括全州老年人运动会、“三八”趣味运动会、乡镇运动会、州直职工运动会、业余篮球赛、乒乓球联赛、足球联赛等。全州有19个国家级、省级青少年体育俱乐部，县市体育俱乐部40

个，省级青少年足球训练中心1个，省级体育传统项目学校3所，省级足球特校17所。组织教练员和运动员参加各类培训，10月28—31日，恩施州选派6人参加在孝感市举行的2019年全省青少年体育俱乐部管理人员培训班。

【全民健身组织网络建设】 发挥州、县各级实施全民健身条例工作委员会作用，完善全民健身工作统筹联动机制。围绕便民惠民抓好全民健身各项工程建设，推动基本公共体育服务在地区、城乡、行业和人群间均等化，全民健身公共服务资源向农村倾斜。全州形成以各级全民健身组织为面，以社会团体为线，以基层体育指导站为点的州、县（市）、乡镇三级社会化群众体育健身组织网络。全年全州各级各类社会体育指导员9834人，城市社区每万人拥有3—6名社会体育指导员。2019年组织22名体育工作人员参加省一级社会体育指导员再培训和选拔组织4名优秀体育工作者参加2019年国家级社会体育指导员培训。

【全民健身场地设施建设】 构建"15分钟健身圈"，加强城市绿道、健身步道、自行车道、全民健身中心、体育健身公园、文体小广场以及足球、冰雪运动等场地设施建设。2019年，省体育局援建恩施州新全民健身场地建设资金2590万元，正在实施的新全民健身示范工程有："一场两馆"1个、乡镇街道（社区）运动健身中心A类6个、乡镇街道（社区）运动健身中心B类6个、村（中心村）文体广场项目A类13个。安排州本级体育彩公益金1000万元用于体育场地建设。各县市全年投入场地器材建设资金1500万元，基本形成县市城区15分钟健身圈。农村以"易迁点"、脱贫村的农村文体广场建设为重点，配备全民健身体育器材。推进恩施民族体育运动中心，巴东县全民健身中心、建始县全民健身中心、宣恩县全民健身中心建设。

【全民健身活动】 2019年6月，中国山地马拉松系列赛"湖北交投杯"利川站（国际赛）举行，来自美国、英国、法国、肯尼亚、埃塞俄比亚、丹麦、瑞士、葡萄牙等13个国家和全国各地的4000余名山地马拉松爱好者参加。8月6日，2019年中国宣恩内陆河水上运动会暨武林山区龙舟争霸赛在宣恩贡水河举行，为期一周，来自浙江、湖南、广东，湖北汉川、襄阳、宜昌等地及恩施州直和州内各县市108支代表队2300多名运动员参加。8月8日，全州开展"全民健身日"活动。8月11日，巴东县"小康之约"2019秘境巴东高山森林国际半程马拉松在野三关镇举行，5000余名爱好者参加。8月12日，2019中国·恩施"梭布垭·石林杯"十大拐自行车爬坡赛在恩施市太阳河乡政府（起点）至梭布垭石林景区（终点）举行，来自湖北、湖南、上海、内蒙古、福建、广州、四川、重庆等20多个省市400多名选手参赛。2019年巴东县绿葱坡高山滑雪场营业，举办高山滑雪赛事活动。

【国民体质检测】 州民族体育馆承接恩施州国民体质检测工作，"走出去"到政府部门、企事业单位，开展体质测试上门服务活动，每周二、周四下午"请进来"在州民族体育国民体质测试中心开展免费体质测试，全年开展测试活动13次，测试群众1500余人。

【竞技体育】 全年全州选拔运动员169名参加湖北省青少年项目锦标赛系列，其中举重项目获3枚金牌、2枚铜牌，男子团体第二名；跆拳道项目获4枚银牌、1枚铜牌；游泳项目获4枚银牌、4枚铜牌。8月14日，代表湖北队参加全国第二届青年运动会的来凤籍举重运动员杨海元获男子甲组89公斤级铜牌，恩施州有3名举重运动员和1名赛艇运动员取得参赛资格。11月，恩施州组织36人参加省冬季运动项目选材测试，5人进入省队试训。

【体育产业】 全年利用体育场馆举办各类赛事300余场次，吸引参赛、观赛人员100万余人次，参与体育健身消费人数200余万人，实现体育健身消费收入1.45亿元。全州体育用品商店、体育赛事活动公司、健身房、体育俱乐部等各类体育及相关产业经营组织456家，年经营收入4.56亿元，以年均102.64%的速度增长。中国山地马拉松利川站、宣恩水运会、巴东高山森林国际马拉松赛和冬泳邀请赛、恩施梭布垭自行车爬坡赛等“一县一品”系列重大赛事直接拉动旅游、餐饮、住宿、购物、交通等消费，全年品牌体育赛事消费60亿元。恩施市硒谷篮球公园、力海施博运动公园游泳馆、建始花坪鸡公岭飞拉达攀岩运动基地，巴东绿葱坡滑雪及高山运动度假小镇、建始江钓小镇、宣恩县椿木营运动休闲旅游区、咸丰坪坝营掠燕体育示范基地等户外休闲运动产业相关项目开业运转。

【体育彩票销售】 全年体育彩票销售额5.08亿元。5月1—12日，利川市举行即开户外销售，12天销售1574万元。近三年恩施体育彩票销售为恩施州体育事业募集公益金约8000万元。

【全州青少年运动会】 2019年7月24日，全州青少年运动会青运会开赛，举行跆拳道，游泳，乒乓球，羽毛球，足球，田径，篮球7个大项121个小项的比赛，产生334枚金牌、167枚银牌、156枚铜牌，运动会中各项目运动员注册1541人，教练员217人、工作人员28人、裁判员211人，较上年增加约400人。

【第28届恩施州老年人运动会】 2019年11月1—5日，由州文旅局、州老年人体育协会联合主办，鹤峰县政府承办的第28届恩施州老年人运动会在鹤峰县举办，州直及8个县市10支代表队600多名运动员，近200名裁判员及工作人员约1000人参加。

（魏　娜）

旅　游

【概　况】 2019年，全州接待游客7117.71万人次，同比增长14.5%，实现旅游综合收入530.45亿元，同比增长16.48%。利川市营上村、恩施市洞下槽村名列全国乡村旅游重点村名录，建始县花坪镇成功创建湖北旅游名镇，利川市白鹊山村成功创建湖北旅游名村。恩施“旅游+扶贫”模式入选联合国减贫案例进入2019年湖北省政府工作报告，大峡谷“旅游+扶贫”、恩施土家女儿城“文化+旅游+扶贫”、芭蕉乡“茶旅融合促扶贫”模式被省文旅厅推选为全国文旅融合典型案例，《中国湖北省：侗族乡“茶旅融合”走出扶贫新道路》入选中俄蒙旅游部长会议典型案例，新华社刊发州委书记柯俊关于旅游扶贫工作署名文章《湖北恩施探索全域旅游扶贫》，芭蕉茶旅融合等9个典型案例入选《湖北省文旅融合发展案例汇编》，包含220篇典型材料、7篇综述文章的《旅游扶贫的恩施模式》由湖北日报传媒集团《支点》公开出版。宣恩县旅游强县创建完成验收，利川苏马荡成功创建省级旅游度假区，腾龙洞大峡谷地质公园晋升为国家地质公园，恩施大清江、宣恩仙山贡水、宣恩狮子关启动创建国家AAAA级旅游景区工作，州城文化中心启动创建国家AAA级旅游景区工作，绿葱坡高山滑雪场建成运营。全年新建旅游厕所53座，改建7座，设立第三方卫生间47个，超额完成厕所革命年度任务。

【旅游项目】 全州在建旅游项目21个，投资金额18.16亿元，完成全年计划投资的95.68%。有63个文旅项目入选全省“十四五”规划长江经济带重大项目库，中国土家泛博物馆项目入选全国优选旅游项目，恩施青云崖文旅特色小镇、巴东绿葱坡滑雪小镇等12个项目入选全省旅游重点谋划项目，恩施旅游观光铁路项目等7个项目入选2019年全省新谋划文旅重点项目，恩施土司城、巴东花天河等4个项目入选省直重点文旅谋划项目。全州梳理项目资金缺口45亿元，通过银企对接，青云崖、女儿城、腾龙洞、仙佛寺等项目得到融资。杭州市援建、恩施旅游集团有限公司参与的全州智慧旅游项目服务旅游需求，“一部手机游恩施”，大数据分析应用、应急调度系统、游客服务平台三个核心板块上线运行。

【全域旅游示范区创建工作】 调整全域旅游委员会组成，州委、州政府召开全州旅游发展大会，州人大出台《关于推动生态文化旅游业高质量发展的决定》，州政府常务会议专题研究旅游资源统筹等工作。对照国家文化和旅游部印发的《国家全域旅游示范区验收、认定和管理实施办法（试行）》《国家全域旅游示范区验收标准（试行）》，下发创建任务清单，落实县市人民政府创建主体责任。2月12日、4月7日、5月4日中央电视台报道恩施州全域旅游发展成效。5月18日，中宣部在深圳召开文旅融合发展座谈会，州委书记柯俊在会上作《做好文旅融合大文章 打造全域旅游新恩施》的经验交流发言。恩施州游客满意度连续三年蝉联全省第一，恩施市以全省第二名的成绩成功创建全国首批全域旅游示范区。省文旅厅厅长雷文洁署名文章《湖北发展全域旅游的恩施样本》在《政策》第九期刊登，10月6日，《湖北日报》头版头条刊登《恩施连续三年游客增长过千万》，报道恩施州全域旅游成效。巴东县、来凤县全域旅游规划通过州级组织的专家评审，全州形成“1+8”规划体系。县市的旅游景区规划一律由州级评审。

【东西部旅游扶贫协作】 继续执行“杭州人游恩施”优惠政策，开展“杭情施意，恩施等你”系列旅游推介。借助乡村旅游、民宿旅游、智慧旅游杭州模式，邀请浙江省文旅厅相关领导到恩施州就民宿发展作专题讲座，举办乡村旅游、民宿经营人才培训班，组织经营业主到杭州学习，杭州市文体新广旅游局援建的恩施州智慧旅游平台上线。州文旅局2次到杭州提出11项具体请求，世界旅游联盟入盟工作、旅游规划编制等工作得到支持，联合举办“文化走亲 走进恩施”文艺晚会，组织恩施民歌《幺姑筛茶来》到浙江巡演。

【旅游资源统筹】 按照“全域规划、州级审批、县市实施、协同推进”要求，州政府出台《恩施州旅游资源统筹管理办法（修订）》，对清理出来的旅游资源开发项目制定“四个一批”的具体措施，督促县市政府加强整改。制定《恩施州旅游资源统筹管理简易流程》《旅游资源统筹项目评审细则》，从制度上对审批程序进行规范。完成恩施铜盆水、恩施富尔山2个项目的审批论证流程，报州委、州政府批准。

【州旅游条例修订工作】 2019年，启动《恩施州旅游条例》修改工作。4月，拟定修改工作方案报州政府，组建修改工作领导小组，明确专家组成，申请工作资金，按照政府采购程序确定修改工作服务机构。9月，州人大、州政府和相关部门领导以及武汉大学法学院专家组成的起草工作考察团到山西、云南省开展学习考察，形成立法课题研究报告报州人大常委会，起草《恩施州旅游条例（修改稿）》。11月，召开《恩施州旅游条例》修改工作座谈会。

【乡村旅游】 2019年，经过县市申报、州级推荐、省级优选，利川市营上村、恩施市洞下槽村跻身全国乡村旅游重点村名录。建始县花坪镇成功创建湖北旅游名镇，利川市白鹊山村成功创建湖北旅游名村。利川白鹊山位列“荆楚乡村旅游十大美景”，宣恩伍家台、建始店子坪等进入“荆楚乡村旅游十大主题线路”。

【红色旅游】 2019年7月7日，州文旅局召开红色旅游发展推进会。各县市交流红色旅游发展工作情况，安排部署推进红色旅游发展七项任务：提高思想认识；推进红色文化挖掘；修订完善红色旅游规划；推进红色景区提升；推进红色旅游线路串联；红色旅游基础设施建设；推进红色旅游融合发展。7月31日至8月1日，全州文化和旅游系统“庆祝新中国成立70周年 讲好恩施故事”大赛举行，来自全州8个县市、恩旅集团、州博物馆等单位的30位导游和讲解员参加比赛。指导鹤峰满山红景区按照国家AAAA级旅游景区进行提档升级；指导建始店子坪当代红色教育基地创建国家AAA级旅游景区。

【景区和旅游度假区建设】 根据国家文旅部、省文旅厅关于严格景区管理的通知精神，由县市组织专业机构对国家AAAA、AAAAA级旅游景区进行检查，提出问题清单，推进达标升级。指导宣恩狮子关对照标准创建国家AAAA级旅游景区，迎接省文旅厅验收。恩施大清江、宣恩仙山贡水旅游区进入全省AAAA级旅游景区创建计划。根据《国家旅游局关于印发〈旅游景区质量等级管理办法〉的通知》《湖北省旅游发展委员会关于进一步规范和完善全省A级旅游景区管理工作的通知》《省文化和旅游厅关于开展2019年全省A级旅游景区复核工作的通知》，取消宣恩上好硒博园国家AAA级旅游景区、利川市福宝山生态综合开发区国家AA级旅游景区质量等级。省文旅厅公告取消利川佛宝山大峡谷漂流国家AAAA级旅游景区质量等级。利川苏马荡成功创建成为省级旅游度假区。

【恩施州全域旅游大数据平台项目】 2019年9月30日，投资175万元的恩施州全域旅游大数据平台项目上线启动，是东西部扶贫协作的重点项目之一，项目结合恩施信息化建设现状，通过多源数据的融合、分析、应用搭建的大数据可视化分析平台，系统建设1个大数据中心、3个支撑体系、3个应用服务平台。主要包括综合视窗、全域管控、旅游服务、交通在线、景区管控、酒店管理、团队游监控、消费洞察、投诉分析、市场预判、精准营销、节庆效果、旅游互通13个模块，通过省文旅厅、州直部门数据共享，个推、外部购买、景区提供，美团、银联、携程、大众点评等应用平台抓取等方式来获取数据并应用。

【景区视频指挥调度系统（试点）建设】 恩施州全域旅游大数据平台的配套设施——恩施州景区视频指挥调度系统试点建设完成，实现大峡谷、女儿城、腾龙洞、神农溪纤夫文化走廊、野三峡5个景区视频监控融合，将景区实时监控画面接入恩施州全域旅游大数据平台显示大屏并进行实时监测。实现IP广播应急联动，实现点对点，一对多的通知喊话，可以向景区内播放及时消息或应急指挥，恩施大峡谷建成1个试点。完成州到各县市文旅局视频应急指挥调度系统建设，可对8个县市文旅局指挥调度、即时视频或业务会议及培训。实现景区安全管理员的实时单兵通讯及现场画面上传，景区管理员可将景区应急情况发送至州或所在县市局指挥中心，及时将第一现场报告联动，恩施大峡谷试点完成工作部署。

【旅游行业监管】 2019年，州政府办印发《关于进一步明确旅游市场综合监管职责的通知》，厘清行业主管部门监督责任、乡镇政府的未开发区域主体责任；出台《恩施州民宿管理暂行办法》，支持新兴市场主体的规范经营，明确乡镇的属地管理责任和行业部门的监管责任；联合公安、民政、市场监管等部门发布告示，规范行业协会和其他组织户外探险活动；与州公安局一起下发《关于进一步发挥部门职能作用加强旅游市场综合监管的通知》，构建执法联动机制。全年全州出动执法人员6662人次，检查经营单位2716家次，下达责令改正通知书218份，立案查处违规经营案件65件。

【旅游专项治理】 2019年10月16日，《州旅游安全生产专业委员会关于加强景区地质灾害防治工作的通知》印发，开展地质灾害隐患点排查排险，落实隐患区域封闭措施，开展地质灾害治理；开展安全风险评估，完善景区和高危项目的安全风险评估，在12月31日之前未取得合格安全风险评估的景区要暂时关闭整改；形成长效机制，景区至少每半年要开展1次全覆盖、拉网式地质灾害安全隐患排查整治，聘请专业机构开展常年排查排险，落实日常早晚巡查工作机制。全州42

个景区中有12家景区完成安全评估报告，其余30家中，7家在整改建设或暂停经营，督促另外23家景区开展安全评估。

【旅游市场规范】 梳理安全大检查中发现的问题，抓好质量保证金核查，合同规范清理等，全面开展旅行社整顿。对照安全标准，开展国家A级旅游景区和星级饭店复核工作，对不符合条件的景区、星级饭店坚决摘牌。8月，省文旅厅对恩施州1家国家AAAA级旅游景区取消质量等级，州文旅局对2家A级景区取消质量等级，取消5家星级饭店质量等级，取消1家A级旅行社质量等级。对全州120家旅行社、39家旅行社分公司开展旅游服务质量保证金清理核查工作，落实旅行社退出机制。

【全州旅游发展大会】 2019年4月30日，全州旅游发展大会召开，动员全州上下加快建设生态文化旅游产业集群，举全州之力创建国家全域旅游示范区，推动生态文化旅游业高质量发展。州委书记柯俊出席会议并讲话。会议宣读《州人民政府关于2018年度全州旅游工作先进单位和先进个人的通报》；解读《恩施州人大常委会关于推动生态文化旅游产业高质量发展的决定》《恩施州旅游资源统筹管理办法》《恩施州国家全域旅游示范区县市创建任务清单》。巴东县、州文旅局、恩旅集团交流发言。

【侗族乡“茶旅融合”案例入选《中俄蒙“万里茶道”文化和旅游高质量发展案例》】 2019年6月23日，“万里茶道”文化旅游发展创新论坛在内蒙古自治区乌兰察布市举行，会上发布《中俄蒙“万里茶道”文化和旅游高质量发展案例》，恩施市芭蕉侗族乡选送案例《中国湖北省：侗族乡“茶旅融合”走出扶贫新道路》，是全省唯一入选案例。

（魏　娜）

【恩施州到港澳地区开展旅游推介活动】 2019年6月24—28日，应香港旅游促进会和澳门特别行政区旅游局邀请，州文旅局、州委外办、州发改委、州商务局和恩施州重点旅游景区、旅行社、景区负责人组成恩施州旅游推介代表团到香港和澳门成功举办“2019恩施州旅游推介会”，拜访当地旅游、商贸相关部门，系统推介恩施旅游资源和旅游产品。

（付绍华）

市场营销

【概　况】 2019年，恩施州推出“氧生福地、硒有恩施”的宣传口号，《新闻联播》《地理中国》《朝文天下》轮播恩施美景和文旅盛况，在武汉、广州等客源城市和航空、铁路、高速等处推出恩施旅游形象广告，全州文旅部门到厦门、西安、北京、重庆、成都、广东、香港、澳门等地开展促销推介，举办户外视频直播秀、西湖龙船赛歌会等推介活动，国际直航出入境旅游人次2.76万人次。新浪、百度、“12306”等线上媒体平台在国内外展播恩施文旅形象，恩施州文旅品牌获2019年大交通旅游风云榜、中国高铁文旅十佳城市、博鳌国际旅游奖等文旅营销奖项，“中国好山水天赐恩施州”文旅项目推广案例获IAI国际旅游奖IP类形象铜奖、获评微博2019文旅整合营销案例。

【国内市场营销】 2019年，在央视1套《新闻联播》栏目前投放恩施州旅游形象广告；在北京西站、广州南站、武汉天河机场、武汉站、汉口站LED屏投放恩施州旅游宣传广告；在4条跨省（市）高速公路上的户外大牌上投放恩施州旅游形象广告。6月，在香港、澳门地区举办恩施州旅游推介会，在香港中心地带户外LED大屏投放恩施州旅游形象宣传广告。

【媒体营销】 联合百度、新浪、“12306”等互联网平台开展线上营销，锁定中高端人群开展广告投放，支持旅游企业利用抖音等平台进行网络营销。2019年，恩施州与百度平台合作，通过品牌形象端口打造、开屏广告、活动传播、口碑建设、百度直播、“线下+分享传播”、百家号发文等形式，实现恩施州百度展示传播量超12400万次，用户关注量超1650万次，恩施州互联网年关注度率191%；与新浪联合开展海内外宣传活动，定向北美、英国海外的微博开机海报，制作优质原创内容，招募文旅大V免费畅游恩施州，打造“恩施王老虎”萌系IP形象登录香港维多利港湾，落地武汉地铁嘉年华，利用武汉军运会之机邀请全球游客游恩施，收获1.5亿的微博话题阅读量和过百万的海外曝光。2月12日，中央电视台《新闻联播》栏目以《幸福中国年 文化进万家》播放2019年春节期间恩施市新春游园会场景。3月20—25日，中央科教频道CCTV-10《地理·中国》连续播出恩施专题节目《解密奇峰身世》（上、下）、《梭布垭的秘密》、《大地的伤痕》、《腾龙巨洞》（上、下）。5月1日，恩施州旅游形象广告在央视一套《新闻联播》前黄金时段播出。5月4日，央视新闻频道播出恩施大峡谷景区“五一”小长假旅游盛况及景区在达到限量峰值时的劝返分流措施。6月，与铁路“12306”达成战略合作，在其平台开展以“中国好山水天赐恩施州”为主题，以”恩施文旅号“为载体的平台宣传，覆盖全国各地的铁路出行人群，包含一对一到达恩施—宜昌—武汉地区的行程短信90+万条，覆盖高铁乘客1688万人次。《人民日报》、新华社、学习强国等多次刊登发布恩施文旅新闻。

【营销活动】 全年举办2019百媒千红恩施州文旅户外视频直播秀、2019恩施州非遗潮流文化城市邀请赛、杭情施意·恩施等你——2019恩施州对杭州首届西湖龙船赛歌会、2019江浙沪地区房车游恩施洞房之旅活动。组织各县市文旅局及文化旅游企业参加2019北京国际旅游博览会、2019第六届中国西部旅游产业博览会、第十五届海峡旅游博览会、2019亚洲文化旅游展、第33届香港国际旅游展、又见名城·中国城市品牌合作论坛、2019海南世界休闲旅游博览会、2019长江文化旅游博览会等。全州组织开展“精准扶贫·文化惠民”演出季、非遗pk潮流、“花young文旅·乐享恩施”、宣恩伍家台贡茶开园、建始县乡村文化旅游节、宣恩水上运动会、利川山地马拉松赛事、巴东森林马拉松赛事等活动。

（魏　娜）

卫　生

卫生管理

【概　况】 2019年，恩施州机构改革将州卫生和计划生育委员会的职责，以及州民政局的老龄工作职责，州安全生产监督管理局的职业安全健康监督管理职责整合，组建州卫生健康委员会（简称州卫健委），作为州政府工作部门。州卫生健康委员会对外加挂州中医药管理局牌子。不再保留州卫生和计划生育委员会。3月，明确州中心医院、州卫生学校、州妇幼保健计划生育服务中心、州疾控中心、州卫生计生综合监督执法局、州计划生育协会、州中心血站、州麻风病防治中心、州计划生育药具站、州卫生计生信息中心、州计划生育流动人口管理站主管部门由原州卫计委调整为州卫健委；将州药业产业化领导小组办公室的主管部门由州林业局调整为州卫生健康委员会。行业管理单位：湖北民族大学附属民大医院、州优抚医院。州管民营医院：恩施慧益眼科医院、恩施亚菲亚妇产医院、恩施华龙总医院。全年全州各级拥有医疗卫生机构2947个：医院53个，其中综合医院29家、中医医院7家、中西医结合医院1家、民族医院2家、专科医院14家；专业公共卫生机构30个；基层医疗卫生机构2856个，其中社区服务中心15家，乡镇、街道卫生院86家、村卫生室2235个、诊所、卫生所、医务室505个、门诊部15个；其他卫生机构8个。全州各级医疗机构有床位数2.5万张；卫生计生专业技术人员2.38万人，其中执业（助理）医师0.86万人、注册护士1.16万人、其他（药师、技师、见习医师等）0.36万人。拥有国家级重点专科4个，省级重点专科100个，州级重点专科183个；国医堂89个，名医堂9个，养生堂8个，知名中医工作室34个。

【医疗卫生体制改革】 2019年3月，州卫健委、州人社局、州财政局联合印发《恩施州公立医院绩效评价实施方案》，组织辖区内三级医院参与全国三级公立医院绩效考核信息系统考核。9月，配合州财政局对4所省州属公立医疗机构进行医改绩效考核和医改资金分配。控制医疗费用不合理增长，差异化设定各级各类公立医院医疗费用控制指标，严格控制非治疗性营养性辅助药品使用，加强公立医院医疗费用监测和考核。继续推进国家基本药物制度，确保国家基本药物在公立医院的主导地位。截至12月，全州8个县市全部完成县域医共体组建工作，全州县域内住院量为86.39%，基层诊疗人次明显上升。

【医疗基础设施建设】 2019年，全州卫计系统开工建设的中央预算内投资项目有宣恩县中西医结合医院业务综合楼、宣恩县长潭河侗族乡中心卫生院、州妇幼保健计生服务中心项目、州疾控中心建设项目。宣恩县中西医结合医院业务综合楼总建筑面积15604.14平方米，总投资6577.47

万元，中央预算内投资5000万元；宣恩县长潭河侗族乡中心卫生院整体搬迁建设项目总建筑面积6649.42平方米，总投资2000万元，中央预算内投资490万元；州卫生健康委主抓的重点投资项目州妇幼保健计生服务中心项目总投资估算39498.33万元，其中工程建设费用21576.67万元，完成7579万元，完成工程建设占比35.13%。

【医政管理】 开展医疗服务体系建设、医疗质量提升、服务质量提升“三大工程”。推进健康扶贫相关医疗工作，组织开展健康扶贫荆楚行活动，开展恩施州健康扶贫“百千万”活动。加强县级医疗机构服务能力建设，组织评审183个专科为州级临床重点专科，17个专科为州级临床重点专科建设单位。联合州市场监督管理局开展全州村卫生室、个体诊所药品及医疗器械质量安全专项整治工作，监督检查583家医疗机构。开展省、州属医院联合县市医院对口支援重点旅游景区卫生院，建立急救医疗点。州中心医院负责对口支援大峡谷、苏马荡；湖北民族大学附属民大医院负责对口支援绿葱坡、坪坝营。2019年1月，州卫计委下发《关于支持民营医疗机构发展的十条措施》。3月，将华龙总医院等3家民营医疗机构纳入到州干部保健体检定点机构。5月，组织州民营医疗机构协会开展庆祝国际护士节护理技能竞赛。6月，和相关部门联合制定下发《恩施州疾病应急救助基金管理办法》。

【中医药管理】 2019年5—6月，州人大组织部分人大代表、专家学者视察全州中医药事业发展情况。加强中医药服务体系建设，投资6000万元的鹤峰中医院建设项目稳步推进，投资1.48亿元的宣恩县民族医院建设项目完成土建工程。启动基层中医药康复能力建设工程，争取省级补助资金105万元，在利川毛坝、恩施崔坝、巴东官渡口、宣恩晓关、来凤绿水、咸丰清坪等7个乡镇卫生院开展试点示范。加强“十三五”中医重点专科建设，创建省级中医重点专科15个、州级中医重点专科32个。组织参加全国中医药特色人才培训项目选拔，有4人进入全国中医药骨干创新人才、技术特色传承人才、临床特色技术传承人才、西学中骨干人才等培训项目。实施精准扶贫农村医疗服务能力提升工程，培训农村中医骨干661名。开展恩施州第三批“中医大师”“中医名师”评选，按程序评选出的11名“恩施州中医大师”、29名“恩施州中医名师”命名。组织参加全省中医药技能比赛，利川市民族中医院覃孟渊获中药炮制个人三等奖。加强宣传推介，《民族画报》、《湖北日报》、人民网等媒体介绍恩施州推进中医药发展经验和成效。撰写《恩施州中医药产业发展路径研究》在《今日恩施》（2019年第4期）刊发。开展“中医中药村村行”活动，覆盖423个行政村，服务群众33.55万人次。利川黄连、巴东玄参入选全省首批道地药材“1+10”优势品种，其中利川黄连获50万元省级专项建设资金。

【药政管理】 2019年，继续执行药品和高值医用药材网上采购政策。全州所有医疗机构药品和高值医用耗材均按照要求在省网上采购。保障药品供应，全州所有医疗机构开展短缺药品监测，分析评判临床药品供需情况，如实填报短缺药品信息，及时将信息上传给上级部门，为上级部门综合研判药品短缺原因及应对提供准确的决策依据。加强合理用药工作，持续加大对抗菌药物、辅助用药、麻精药品等重点药品的监管力度。全州各级各类医疗机构开展处方点评工作，发挥临床药师的作用，加强合理用药。开展抗菌药物和辅助用药专项整治活动和抗菌药物“双随机、一公开”检查，加强麻醉药品和第一类精神药品的监管。根据临床需求和诊疗能力将17种抗癌药纳入医院供应保障，不得以医保总额控制、药占比等为由，影响17种抗癌药的供应保障与合理需求。

【基层卫生和公共卫生服务】 2019年，全州有乡镇卫生院及社区服务中心90家，其中中心卫生院29家，编制床位数7040张，实际开放8460张。有村卫生室2235个，村医3096人。实施健康扶贫工作以来，在精准扶贫易地搬迁点新建、改建村卫生室80个，全州8个县市全部实施乡村医生养老保险政策。家庭医生签约服务覆盖率为51.29%；城乡居民规范化电子档案建档率为93.92%；全州免疫接种654111剂次；辖区内经上级定点医疗机构确诊并通知基层医疗卫生机构管理的肺结核患者3041人，已管理的肺结核患者3006人；重性精神病患者应管尽管；辖区内65岁以上老年人健康管理率为74.11%；高血压患者规范管理率为83.03%；糖尿病患者健康管理率为81.71%；老年人中医药健康管理率为74.15%，0—36月儿童中医药健康管理率为85.01%。开展公共场所卫生、生活饮用水、医疗卫生、放射卫生等专项督查，全州卫生监督协管信息报告率为100%，传染病及突发公共卫生事件报告和处理率均为100%。开展乡镇卫生院健康服务能力现状和对策工作调研，起草《关于进一步加强基层卫生工作的实施意见》送州政府审议；开展基层卫生综合改革省级联系点工作，启动优质服务基层行和社区医院建设试点工作，经省卫健委复核，确定宣恩县为基层卫生综合改革省级联系点，优质服务基层行恩施州乡镇卫生院和社区卫生服务中心达到推荐标准6家，基本标准11家，社区医院建设试点合格单位4家。联合州医保局下发《关于印发〈恩施州基层医疗卫生机构一般诊疗费标准和医保支付政策实施〉的通知》，明确一般诊疗费乡镇卫生院、社区卫生服务中心每人次13元，村卫生室、社区卫生服务站每人次8元的标准；开展中国——盖茨基金会农村基本卫生保健项目，举办健康扶贫帮扶暨基层卫生健康人才队伍能力提升、精准扶贫骨干村医、基层人才能力提升护士培训。

【健康恩施】 2019年4月，健康恩施办公室成立，10月，州健康恩施工作领导小组成立。健康恩施考核八项指标纳入党政领导政绩目标年度考核（人均预期寿命、重大慢性病过早死亡率、孕产妇死亡率、婴儿死亡率、医保基金总额预付和结余留用政策落实率、县域内住院量占比、重点病种费用增长率、国家卫生乡镇创建）。

【爱国卫生】 2019年，国家卫生乡镇创建纳入健康恩施建设八个考核指标之一，全州按照每个县市不少于1个的创建目标开展国家卫生乡镇创建，全年成功创建10个国家卫生乡镇；巴东县顺利通过国家卫生县城复审。2019年，全州新申报创建省级卫生乡镇5个，通过复审6个。新申报创建恩施市芭蕉侗族乡灯笼坝村等347个省级卫生村、恩施市舞阳坝街道办事处官坡社区等29个省级卫生社区和恩施市公安局等144个省级卫生先进单位。2019年，宣恩县、建始县通过省级健康促进县验收。6月，全州农村“厕所革命”工作牵头单位调整到州农业农村局。

【疾病预防控制】 2019年，全州完成免疫规划的接种剂次任务数，以乡镇为单位每年接种率保持在90%以上。抓好传染病病例报告及突发公共卫生事件报告，每年的报告率及及时报告率均达到规定标准。通过报纸、网络、讲座、现场咨询、发放宣传资料、短视频等多种形式开展健康教育，引导健康生活方式。根据《国家基本公共卫生服务规范》，做好老年人、高血压患者、2型糖尿病患者管理工作，提高管理率和规范管理率。在全州所有医疗机构全面推行肿瘤登记和心血管监测、慢性病及其危险因素监测、死因监测、高危人群主动发现、35岁以上人群首诊测血压等工作，落实老年人、慢性病病人等重点人群的健康管理措施。65岁及以上老年人健康管理率在70%以上。推进结核病防治工作模式转型，做好肺结核病筛查及推介转诊、入户随访、督导服药等工作，通过乡村医生落实患者健康管理服务，加强肺结核病人的全程管理，结核病规范管理服务率在95%以上。严格按照国家基本公共卫生服务规范、重性精神疾病管理治疗工作规范和严重精神障碍管理治疗技术方案的要求，做好辖区内在册患者建档建卡、随访服务及日常管理工作。截至12月底，在册严重精神障碍患者管理率达95.76%，精神分裂症治疗率达65.66%。重视艾滋病感染者和病人随访管理工作，将免费抗病毒治疗工作由疾控中心转交到定点医疗机构。针对借助社会公益组织对社区高危人群开展宣传教育、干预工作。提高高危人群宣传教育、干预检测覆盖面，提高防艾知识知晓率。2019年艾滋病感染者和病人随访达100%，高危人群干预达95%。

【卫生应急】 2019年5月，参加全省、全州防汛应急演练。10月14—18日，以州中心医院医务工作者为主力队员的恩施州紧急医学救援队，作为湖北省派出的唯一一支应急救援队伍，参加在四川省自贡市举行的“2019年长江中上游五省（市）卫生应急联合演练”，恩施州紧急医学救援队的突出表现得到国家卫健委和各省市卫健委领导及救援队员好评。

【人口监测与家庭发展】 围绕促进生育政策与经济社会发展衔接，不断完善全面两孩配套政策。对本州范围内参加城乡居民医疗保险且依法生育的孕产妇家庭，住院分娩期间发生的符合规定的医疗费用，扣除国家专项补贴后纳入城乡居民医疗保险基金支付范围，不分孩次全部落实800元定额补助。全州建成母婴室131个，通过新增互联网位置查询服务、设置醒目的导向标识等方式，推广母婴室服务。2019年，全州出生34122人，其中一孩13646人，二孩16747人，多孩3729人。出生人口中男孩17744人，女孩16378人，出生人口性别比108.34；全州为58489名奖扶对象发放奖扶资金5615余万元、3839名特扶对象发放扶助资金2577余万元，特扶家庭发放一次性抚慰金272人，落实独生子女保健费、企业退休职工一次性奖励政策，为1563名企业退休职工和432名城镇居民发放3500元一次性奖励金，全年对计划生育特殊家庭住院护理费用进行保险赔付49余万元。全州有留守儿童56602名，对留守儿童开展信息采集、建档立卡，建立留守儿童家庭定期联系制度，定期开展入户走访，解决实际困难。

【妇幼健康服务】 全州辖区活产数34719人，孕产妇死亡率23.04/10万，婴儿死亡率为3.83‰，孕产妇系统管理率为91.97%，0—6岁儿童系统管理率为90.75%；完成免费孕前优生健康检查13132人，免费婚前医学检查8176人；继续实施预防艾滋病、梅毒和乙肝母婴传播、增补叶酸预防神经管缺陷、妇幼卫生监测、危重孕产妇监测、孕产妇健康管理、0—6岁儿童健康管理、出生医学证明管理、贫困地区儿童营养改善、贫困地区新生儿疾病筛查、新生儿耳聋基因筛查项目；开展湖北省贫困妇女“两癌”检查项目，完成宫颈癌检查73943人，任务完成率102.56%；乳腺癌检查74513人，任务完成率103.35%；组织开展孕产妇和新生儿死亡评审，三级以上计划生育手术并发症复核和州级鉴定，指导各县市开展病残儿医学鉴定工作；利川市妇幼保健院“安全产房”试点建设投入使用。

【卫生执法监督】 2019年，全州抽取国抽双随机任务996单，任务完结率100%，州级10项“双随机、一公开”监督检查任务如期完成交账。开展全州民营医疗机构、学校医务室依法执业专项整治行动，主要围绕城区民营医疗机构和学校医务室依法执业、医疗广告发布、医疗机构命名、违法出租（或变相出租）科室、医疗服务行为规范、药品保管使用6个方面开展，全州各县市监督检查医疗机构508家，查处案件50件，处罚金额26.35万元，警告处罚医技人员3人，暂停3个月执业1人，注销“医疗机构执业许可证”2家，州卫健委组织开展全州民营医疗机构、学校医务室依法执业专项整治行动督导抽查，督导组对各县市下达问题移交清单8份，各县市卫生监督机构对移交问题进行处理。6月和10月，分别开展医疗固体废物处置的明察暗访和“回头看”督导检查。开展医疗机构产科、新生儿病房医院感染管理专项执法工作和学校、托幼机构和校外培训机构采光照明专项抽检。抓好放射诊疗日常监督管理工作，监督放射诊疗场所142个、放射诊疗设备135台；完成对2家职业卫生技术服务机构、9家职业健康检查机构、1家职业病诊断机构、1家职业病鉴定机构的日常监督检查，下达监督意见书79份。开展职业卫生监督执法检查活动，全州监督检查有关用人单位221家，下达责令整改卫生监督意见书195份，立案7起，责令限期改正74家，罚款50005元。做好计划生育服务监督，全年查处案件2起。创新餐饮具集中消毒服务单位监管新模式，全州检查餐饮具集中消毒单位22家，全年监督抽检集中消毒餐饮具样品213份，10月，来凤县在全州率先运用餐饮具集中消毒远程视频监控系统，对餐饮具集中消毒服务单位生产过程中除渣、粗洗、浸泡、清洗、烘干、消毒、包装、质检等关键环节进行实时动态监管，结合日常监督检查，定期抽样检测并及时公示检测结果，摸索建立全时段、全方位长效监管机制。

【医疗人才培养】 2019年，全州县乡医疗卫生机构通过考试公开招聘、专项公开招聘医生313人。组织实施国家卫生专业技术资格考试、国家医师考试、国家护士执业资格考试恩施州考点考务工作。加强基层服务队伍建设，精准扶贫农村医疗卫生人才能力提升工程结项。在武汉同济医学院举办州卫生计生系统基层综合改革能力提升班。全州继续医学教育申报国家级项目10个，获批10个，执行10个；申报省级项目59个，获批56个，执行46个。医疗机构继续医学教育覆盖率为100%。全州医疗机构晋升高级职称人员学分审验上报56人，经省审核合格48人；副高职称申报319人，合格319人。组织实施全省卫生系列高级职称水平能力测试恩施考点考务工作。组织实施恩施州卫生系列专业技术职务任职资格区域评审，正高级职称参评18人，通过12人；副高级职称参评134人，通过108人。继续委托湖北民院科技学院订单定向培养本土化医学生，委托州卫校订单定向培养农村医学生。7月26日，州委常委会议研究通过《恩施州卫校并入恩施职业技术学院实施方案》。

【宣传工作】 2019年，全年在《健康报》、新华社客户端、《湖北日报》、《恩施日报》、恩施电视台等中央、省、州级媒体刊发478篇稿件，其中，《杭州恩施牵手健康扶贫——“杭情施意”融进魏巍武陵大山》被“学习强国”平台转载。在《恩施日报》、恩施电视台、恩施广播电台开辟“全民健康专栏”，制作（刊发）19期。创作1期公益微视频《三减三健 · 全民行动》在全媒体平台刊播。在云上恩施开设“开展2019年恩施州‘中医大师’‘中医名师’评选活动”专栏。在恩施主要媒体推出“庆祝中国医师节 · 医路有你”——典型人物系列报道。向州政府办公室报送的《恩施州村卫生室及乡村医生现状情况》被国务院办公厅《政务信息综合》采用。全年主动公开政府信息962条，组织各类在线访谈，媒体专访14期，回应办理信访件106件。依托恩施州党政干部人口与卫生健康理论教育科研基地，加强卫生健康理论教育，全年584名党政干部接受人口与卫生健康科学知识和政策法规的学习培训，涉及班次10个，其中县级干部97人、科级干部157人、普通干部330人。3篇学术理论研究成果在公开期刊上发表。州卫生健康委员会课题组的调研成果《恩施州中医药产业发展路径研究》在《今日恩施》刊登。利川市建南镇中坪村原村医张家国获“荆楚楷模”称号。组织参加湖北省首届健康科普大赛，湖北民族大学附属民大医院苏林冲获冠军。

【老龄事业】 2019年，全州常住65岁以上老年人口353583人。配合省完成医养结合价格政策有关资料的收集和调研，完成“十四五”期间恩施州医养结合发展的对策建议。州发改委、州卫健委带队到青岛市西海岸新区考察学习医养结合及社区居家养老服务工作经验。开展主题为“懂健康知识，做健康老人”老年健康活动周、“向上向善·孝老爱亲”的“敬老月”活动、第26个“世界阿尔茨海默病日”主题宣传等活动。组织参加湖北省第十四届中老年人才艺大赛，选送的《土家儿女庆丰收》《盼红军》分别获得大赛银奖和铜奖，摄影作品获得嘉奖。全省第一批城乡特困供养服务机构试点县市恩施市和宣恩县完成初步方案，咸丰申报第二批试点县。

【养老服务】 2019年，开展65岁以上老年人健康体检281224人，健康管理率79.54%，享受高龄津贴85083人，发放资金300多万元。享受经济困难失能老人护理补贴80人，发放资金7.25万元；享受经济困难高龄老人养老服务补贴12373人，发放资金299.82万元。加强养老机构安全生产监管，开展安全隐患排查。重点排查民政服务机构131所，其中公办养老机构99所，民办养老机构16所，殡葬服务机构8个，流浪乞讨救助机构8个，排查隐患437处。各县市民政局争取当地政府的支持，落实资金400余万元，为全州98所福利院配备专职门卫和保安，配齐安保“八件套”等安全设施设备。开展村委会和社区涉老机构标识标牌和涉老工作制度牌的清理行动。按照省民政厅《关于开展农村老年人互助照料中心运营管理情况排查整改的紧急通知》要求，对建立的1300个农村老年人互助照料中心进行问题排查整改。

【行政审批】 2019年，全州办理行政审批事项22213件，行政服务事项13728件，窗口接受群众咨询40000多人次。其中，州本级办理行政审批8670件，行政服务3539件，窗口接受群众咨询10557多人次。在湖北政务服务网完成政务服务1.0系统向2.0、3.0系统的替换，包括服务事项42项，依职权事项46项。完成全部44类行政许可、行政确认事项一次性告知书的制定和宣传。

【信息化建设】 恩施州远程医疗服务平台建设全面建成，形成以省、州属三甲综合医院为中心，县级医疗机构为平台，乡镇卫生院、社区卫生服务中心和村卫生室为网点的四级远程医疗服务体系，实现远程会诊、远程心电、远程影像、远程视频、双向转诊等综合应用功能。完成州级远程医疗中心的数据中心与会诊中心建设，以及全州8个县市所有中心卫生室的硬件安装与软件部署。完成州级区域病理中心建设，制定《恩施州区域病理中心建设方案》和《恩施州区域病理中心采购项目需求说明》，完成项目建设方案评审、项目招标和建设工作。2019年，对全州8个县市医疗机构信息系统与城乡居民医保系统接口改造进行检查督办，4月，完成医疗机构信息系统与城乡居民医保系统“两网融合”“系统对接”工作，5月中旬，陪同省卫生健康委完成对恩施州城乡居民基本医保系统对接改造验收。推进州急性胸痛救治中心建设，拟订并组织《恩施州急性胸痛救治中心建设方案》和《恩施州急性胸痛救治中心需求说明》及专家评审，完成恩施州急性胸痛救治中心建设的阶段性任务。

【健康扶贫】 2019年，全州因病致贫贫困户从2017年的78100户、220373人下降到22280户、34038人。按照州政府要求，州卫生计生委组织开展二次健康扶贫考察，组织由人社、财政、扶贫等部门参加的到红安县考察健康扶贫体系建设，组织卫生计生行业主管部门和各医疗机构参加的到江陵县考察“先诊疗后付费”和“一站式”结算活动，向州脱贫攻坚指挥部上报考察报告。按照省委办公厅、省政府办公厅印发的《关于进一步完善农村贫困人口基本医疗的若干措施》文件要求，由州医保局牵头、州卫生健康委、州财政局、州民政局共同对制定的新“985”报销政策进行研究，7月29日，州政府办公室下发《关于进一步完善农村贫困人口基本医疗保障扶贫政策的通知》，重新对贫困人口医疗保障政策进行调整。截至2019年12月24日，25种大病需救治人数70726人，救治70708人，救治率99.97%、救治人数达到144085人。组建家庭医生签约团队1350个，参与签约服务医务人员4907人，结合基本公共卫生服务项目，签约服务贫困人口105.16万人。慢性病需救治人数142799人，救治人次数142539次，救治率99.82%，救治人数252753人次。重病需救治人数32996人，救治人数32992人、救治率99.99%，救治人次数71307人次。常见病多发病需救治76017人，救治75981人，救治率98.95%。截至2019年底，按50%标准资助参保的建档立卡贫困人口885640人，资助金额9742.07万元；按100%标准资助参保的建档立卡贫困人口191088人，资助金额4203.94万元。2019年1月至12月22日，享受门诊特殊慢性病政策的人数为23663人，报销费用3343万元；享受门诊重症贫困人口为2667人，报销费用8119万元万元，总费用8677万元，门诊重症患者报销比例93.57%。2019年1月至10月报销比例比2018年提高5.8%。2019年1月至12月22日，贫困人口住院人数19.03万人，住院率为17.79%，住院人次数33.27万人次，发生住院费用160273.81万元，报销补偿及医院分担比例137173.04万元，报销分担比例85.59%。2019年1月至12月22日，实际报销及分担比例比2018年提高8.55%。乡村医生养老保险财政补助政策于2019年10月实现全覆盖。

【东西部扶贫协作】 2019年，杭州62家医疗卫生单位对口支援恩施州78家医疗卫生单位。州卫生健康委利用杭州市政府捐赠的智慧医疗资金开展远程病理系统建设投入使用。截至12月中旬，州中心医院、湖北民族大学附属民大医院两个会诊中心接到病理诊断申请280例，下达诊断报告200例。在2019年11月1日开幕的2019年中国胸痛中心大会上，在杭州师范大学附属医院的帮扶下，湖北民族大学附属民大医院胸痛中心正式通过中国胸痛中心的认证。利用杭州的师资资源全面展开培训工作，开展村医生培训、乡镇卫生院临床医生培训、临床业务技能培训和临床重点学科创建培训。截至2019年11月，开展医技人才培训66期2000人次、其中州本级1017人次。选派医务人员到杭州学习一个月以上167人，其中州本级37人，杭州方选派医务人员到恩施对口支援163人，其中州本级21人。2019年，医疗机构与杭州创新开展“每周一课”讲课次数130次，医疗机构临床人员参加杭州市对口支援临床专家“每周一课”人次数1994人次。卫生系统接受杭州市各级各类物资折合价值1072万元，2019年卫生系统（含村卫生室）接受杭州市捐赠资金数1393.15万元。

（谌　刚）

生物医药产业集群建设

【概　况】 2019年，生物医药产业集群建设牵头单位由原州食品药品监督管理局调整为州卫生健康委员会。全年抓好项目建设、市场主体培育、中药材基地建设，生物医药产业建设取得成效。生物医药产业集群全产业链（中药材种植及加工，医疗健康服务及康养产业）综合产值达到160亿元，较上年增长18.5%。2019年6月3日，州政府第43次常务会审议通过《恩施州生物医药产业规划（2018—2030年）》。

【基地建设】 围绕《恩施州生物医药产业规划（2018—2030年）》确定的16个重点品种布局，建设40个药材生产重点乡镇、200个药材生产重点村。全年新建中药材基地18666.67公顷，完成计划任务的112%，年底中药材留存面积达98000公顷，同比增加4.6%；重点品种全年产量9.7万吨，同比增2.8%；重点品种产值11.4亿元，同比增加8.9%。建成8个66.67公顷道地药材标准化示范基地。

【招商引资】 全州谋划生物医药产业项目25个，计划总投资81.52亿元。1—11月，全州签约生物医药产业项目8个。恩施市引进红太阳集团投资28亿元建设国际数字富硒健康产业、引进重庆医药投资1亿元进行中药饮片生产；宣恩县与北京同仁堂健康有机产业（海南）有限公司签订有机中药产业战略合作协议；巴东县时珍堂药业与武汉国药中联药业合作建立“巴东独活地产标准化生产加工基地”；湖北晟美康药业有限公司落户巴东县；杭州朝翔农业开发有限公司投资1.5亿元在鹤峰发展中药材产业；建始县政府与湖北省鼎途旅游文化股份有限公司、国药控股湖北有限公司签订投资合作协议，建设高坪青花田园综合体项目，计划投资15亿元；圆通生物科技完成投资3000万元开展中药材加工；湖北德林沃药业有限公司10月落户建始工业园区。组织各类企业参加世界大健康博览会、第十二届全国生物产业大会、第十一届中博会、第二届中国（甘肃）中医药产业博览会，杭州招商推介会、中国·天津投资贸易洽谈会、“2019硒品入杭暨工业招商推介会”、湖南怀化健康博览会、中国马铃薯博览交易会等活动。

【企业培育】 围绕重大投资项目和重点投资企业，优化营商环境，坚持问题导向、实行专班服务。全州培育各类种植、加工、营销生物医药企业148家；规模以上生物医药企业10家（2019年新增2家），产值过亿元企业3家；限额以上医药零批企业22家；中药专业合作社700余家，新建中药材初加工厂17家。协助八峰药化换发保健食品生产许可证，协助湖北一正药业申报三七和石斛冻干粉标准，取得省市场监管局颁发的药品地方质量标准批件，完成新建GMP冻干粉生产线，指导湖北一正药业开展中药配方颗粒标准制定。协助香连药业换发GMP证书。指导湖北硒谷神奇科技公司、湖北圣峰药业公司、湖北思慧生物科技公司等企业开展中药材保健食品研发和生产。指导2家中药材种植专业合作社建设中药材溯源系统。加强全州中药材生产质量安全建设，检查中药饮片使用单位1418家，零售单位1066家，责令整改182家，立案查处10起。

【园区建设】 完成《恩施高新技术产业园区发展战略规划（2019—2025）》《恩施高新技术产业园区产业发展规划（2019—2025）》相关编制工作，对生物医药产业园区发展进行规划定位。武汉国家生物产业基地恩施生物产业园于2019年3月正式挂牌成立，加强与东湖高新区合作，推进科研、信息、资源共享。全年累计完成生物医药项目土地报批或出让23.87公顷，收储项目用地近千亩。园区开工建设项目2个（华阳药业公司中成药生产基地，人福医药物流园项目），总投资3.8亿元。签约项目2个（千海兴龙中药饮片及保健品生产项目、北京天下汇通科技发展有限公司中药饰和保健食品生产项目）。洽谈项目1个（九州通医药集团中药饮片生产项目）。

【中药科研】 在湖北民族大学建设国家级中药材监督检验检测中心，待省检中心验收后进行国家级检验中心申报。完成《中药材北柴胡生产技术规程》《白术病害绿色防控技术规程》省级地方标准申报，完成省级地方标准《中药材党参栽培技术规程》评审、12个中药材生态种植技术规程州级地方标准的制定及申报，完成中华中医药学会团体标准《200种中药材生产技术规程》中7个品种的标准起草，参与国家《新版中药材GAP实施指南》编写工作，开展3个恩施州道地药材品种选育工作，推进科研成果转化项目12项。

【品牌创建】 开展利川马蹄大黄地理标志产品申报，利川山药、来凤姜入选湖北省优势商标名录（第一批）。利川黄连、巴东玄参入选全省10个道地药材“一县一品”省级规划。

【经费投入】 2019年，州支农专项中安排中药材种质资源保护和良种繁育专项资金100万元，东西部协作项目安排资金3万元支持中药材产地初加工和种植基地建设，争取省科技厅支持资金328万元对马蹄大黄、黄精、白术等6个项目开展品种选育、标准制定和产品研发，争取省级科研经费500万元开展硒食品辅助治疗肿瘤临床研究，中央财政农业转移支付项目120万元用于奖补12家中药材种植专业合作社。

（聂蜀露）

重点医院

恩施州中心医院

【概　况】 恩施州中心医院是恩施州及周边地区第一所集医疗、科研、教学和保健于一体的三甲医院，湖北硒与人体健康研究院，武汉大学恩施临床学院，湖北民族大学附属医院，是综合医院、中医医院两个国家级住院医师规范化培训基地，湖北省住院医师规范化培训示范基地。医院编制床位1900张，实际开放病床2600张。拥有3.0T核磁共振仪、64排128层容积/电子束CT、平板血管造影系统、实验室自动化流水线检验系统、医用直线加速器等总价值近5亿元的大型尖端设备600余台（件）。2019年，门（急）诊病人1603908人次，比上年同期增长8%；入院病人103556人次，比上年同期增长17.3%；开展手术31133台次，比上年同期增长25.1%；州外门诊病人94020人次，州外住院病人9033人次。全年获集体荣誉37项、州级以上表彰个人荣誉132人次。

【武陵山区域医疗卫生中心建设】 2019年，“武陵山医疗集团”成员医院增至63家，医疗联合体签约挂牌8家县市医院，龙凤医疗中心各项工作有序推进。抓好中医内涵建设，做好中医三甲复审工作。推进医院新区建设。

【落实医改政策】 开展三级公立医院绩效考核和现代医院管理制度省级试点工作，建立健全控费机制，促进医疗费用合理增长。平均住院日同比下降，药占比同比基本持平。实施临床路径管理和按单病种收付费工作，推进医保支付方式改革。推进“周末特需门诊＋节假日手术管理”，拓展门诊和住院特需服务范围。提高核心人才、业务骨干津贴标准，全年津贴发放增额达900余万元；启动行政管理创新奖励制度；建立医用材料管控体系，下调496个医用耗材品种价格；11月30日起取消医用耗材加成；料占比略有下降。

【学科建设】 2019年，新增15个省级临床重点专科，共35个专业，涵盖43个临床医技科室创建成为西医或中医省级临床重点专科。组织开展新业务新技术135项。

【人才队伍】 2019年招录（聘）工作人员135名；推荐“国家卫生健康突出贡献中青年专家”“省突贡”“省贴”专家候选人3人；推荐“西部之光访问学者”3人；推荐“省新世纪高层次人才工程人选”候选人1人；1人入选湖北省第二届医学领军人才培养对象；2人入选湖北省医学青年拔尖人才；实行“胡萝卜”人才考核“按月申报制”。“青年人才成长工程”取得成效，3人博士毕业。

【医疗、教学、科研工作】 申报国家、省自然科学基金项目10项，获得省自然科学基金面上项目2项、省卫健委中医药项目3项、州科技开发重点项目1项、州指导性项目11项、“陈孝平基金会”资助项目1项；获得国家级继续教育项目5项、省级23项；发表论文220余篇，其中SCI论文33篇。开展硒与人体健康研究，启动“恩施州青少年硒水平基础调研”工作。承办湖北省基层卫生人才能力提升培训班；开展青年教师教学活动竞赛、首届住培学员技能操作大赛、2019年度临床教学培训竞赛活动；完成湖北民族大学临床医学专业认证工作。2019年，48位医疗专家获得湖北民族大学教学职称，其中教授15人、副教授33人；40位医疗专家成为专硕研究生导师，招收专硕研究生 58 人。在省级及以上学会换届连任或新当选任职 68 人，其中主委 2 人、副主委 8 人、常委 16 人、委员 42 人。国际科研合作取得新进展。选派 2 名青年人才到瑞典卡洛林斯卡医学院阿诺实验室进修学习；遴选 8 名业务骨干国外进修；举办“美国医学专家中国行”（恩施站）巡讲活动。

【感控工作】 州中心医院感控工作获全国“SIFIC 2019 感控实践优秀基层医院”“共同成长团队奖”；医院感染管理入选“恩施州劳模和工匠人才创新工作室”项目，“肖雪琴劳模创新工作室”挂牌成立，创新举办恩施州首届基层感控“五个一”工程建设活动。

【中医发展】 突出和发挥中医特色优势，推广应用中医适宜技术，重点提高中医药治疗率和中药饮片、中医自制制剂、中药膏方、非药物中医诊疗手段的使用率，建立中药饮片使用的激励机制。全面做好中医三甲复审迎检工作。重点支持培育康复医学中心、肛肠科、骨伤科等中医民族医特色专科建设发展。整合资源，重视名医堂建设和师徒传承。

【硒与人体健康研究】 在坚持以医疗为主体的基础上，开展硒与人体健康相关研究。发挥湖北硒与人体健康研究院及医学实验中心的大平台、大数据作用，支持开展医学临床和“硒与人体健康”等领域的科学研究。2019 年硒研究相关论文发表 10 篇，其中 SCI 论文 2 篇，国家级期刊论文 1 篇，CSCD 级别论文 1 篇，省级期刊论文 3 篇。与硒研究相关的科研立项 7 项，其中省级项目 1 项，州级计划项目 1 项，州级指导项目 5 项。多次参加政府硒与人体健康研究汇报会、接待专家学者参观交流和各级政府在研究院调研活动。

【医德医风建设】 2019 年，医务人员电话随访满意率达 97.79%，受到患者点名表扬医护人员 28504 人次，由患者评选出最满意科室 78 个次、最满意科主任 87 人次、最满意护士长 89 人次、最满意医生 88 人次、最满意护士 88 人次；全年医务人员拒收红包 467 人次，收到锦旗 654 面、感谢信 319 封、牌匾 19 块。

【社会公益】 全年募集“医疗助困慈善基金”4280 万余元并规范管理和使用，住院优惠减免 40729 人次、2075 万元；其他大病救助 2149 人次、优惠金额 1018 万元；关爱农民工活动优惠 217 万元，惠及 2 万余人次。精准扶贫门诊人次 438 人，减免金额 45 万元，精准扶贫对象住院 900 人次，减免金额 99 万元。筹备成立“州中心医院爱心诚信基金”。先后选派 131 名专家前往龙凤医疗中心及医联体成员单位等开展授课、查房、会诊、手术示教等对口帮扶指导；开展“616”“三级医院对口帮扶贫困县县级医院”、支援恩施大峡谷和利川苏马荡景区所在地卫生院等对口支援工作；援建利川、建始、巴东 6 个村卫生室；开展第七届“关爱农民工·新春献爱心”“七彩阳光·守护童安校园行”安全爱心包捐赠、“阳光彩虹”留守儿童免费体检、“健康扶贫文化惠民”活动、“向祖国献礼——志愿者在行动”科普活动、“耳听心言”基金会公益项目、白内障及小儿脑瘫救助行动、大型义诊等各种公益活动和志愿服务；持续开办健康讲座，普及健康知识。

【荣　誉】 2019 年，州中心医院获州委、州政府表彰为驻村帮扶榜样集体，被省委全面依法治省委员会办公室、省普法工作办公室评为法治建设示范医院，获省医院协会评为优秀医务志愿服务项目三等奖、优秀奖及服务团队，医务志愿服务优秀团队，优秀区域护理质控中心，获省卫健委组织的“生命之光”急救技能竞赛三等奖，获共青团恩施州委表彰为 2018 年度全州共青团工作先进单位，获共青团恩施州委、州文明办表彰为 2017—2018 年度恩施州青年文明号。金选贵获州委、州政府表彰为“恩施州民族团结先进个人”，肖雪琴获“民革湖北省委会参政议政工作先进个人”一等奖，刘勇、姚云华分别获省卫健委颁发“湖北省卫生应急技能竞赛个人”一等奖、二等奖，李霖获省医院协会开展的“开展医务社工和志愿者活动改善医疗服务”征文优秀奖，刘计伟、黄绍坤获州委、州政府表彰为“驻村帮扶榜样个人，谭飘飘获共青团恩施州委表彰为“恩施州优秀共青团员”、陈澄获“恩施州优秀共青团干部”、李印获“2019 年度恩施州青年五四奖章”，李锦貌、吴波、胡兴荣、崔应东获州委、州政府“优秀专业技术人才奖”，秦开烈获州政府、恩施军分区表彰为“2018 年度征兵工作优秀个人”，李顺振家庭获州委宣传部、州委文明办、州妇联表彰为“2019 年恩施州最美家庭提名”。

（代文婷　王玉蓉　李先云）

湖北民族大学附属民大医院

【概　况】 2019 年 3 月，医院由湖北民族学院附属民大医院更名为湖北民族大学附属民大医院（简称“民大医院”），是国家三级甲等综合医院、省卫生计生委直管医院、恩施州红十字医院。医院占地面积 10 万平方米，建筑面积 7 万平方米，开放床位 1006 张。现有职工 1206 人，其中高级职称 140 人，博士 21 人，硕士 250 人。民大医院现有 17 个临床教研室，开设临床医学、护理学、影像诊断学、康复理疗学、检验医学、中医学 6 个本科专业和临床医学、中医学 2 个一级学科硕士学位点。2019 年，医院总收入 6.37 亿元，同比增长 13.67%，资产总额达到 9.88 亿元，同比增长 18.46%。全年出院人数首次突破 4 万人次，同比增长 13.81%，门诊量同比增长 18120 人次，DRGS 入组率由 95.12% 上升至 99.6%，CMI 由 0.92 上升至 1.06。

【医疗技术质量】 落实“三基三严”培训和考核，组织 50 余次应急处置考核，提高医生应急处置能力；执行三基培训标准，对全院医生进行三基技能考试和理论考试。2019 年开展 60 余项新技术、新业务，填补医院或州内的多项空白；多学科协作诊疗（MDT）团队救治水平提升，一批重大疾病救治成功的案例达到省内领先水平。全年三四级手术 8000 台，三四级手术率 73.9%，同比增加 14.09%。南丁格尔护理志愿服务队参加湖北省医务社工志愿服务项目大赛，获二等奖。2019 年，迅速有效地处置恩施州新生儿埃可病毒感染突发事件。

【教学科研】 2019 年，承担本科教学任务 25000 余学时；新增专业学位硕士研究生导师 6 人，29 名硕士研究生顺利毕业。医院重视临床医学专业认证迎评工作，完善教学管理架构和教学评价体系；建立 OSCE 考试中心、仿真模拟实训室、一体化手术演示教室；创新教学方法，采用 PBL、TBL、CBL 及三明治教学。连续三年获得国家自然科学基金、湖北省自科基金项目。获批各类科研项目 38 项，科研经费到账 193 万元。全年发表科研论文 180 篇，其中 SCI 论文 12 篇，单篇 SCI 论文影响因子最高达 15 分。陈娟获湖北省医学青年拔尖人才第二层次人才荣誉称号。

【学科建设】 2019 年，病理科、肾病内科、护理专科、中医肝病科成功创建湖北省省级临床重点专科。推进“火炬计划”，胸痛中心通过评审；推进运动医学、肺结节治疗、超声介入等学科建设；远程心电网络基本建成。新成立州临床分子诊断学学会、慢病护理学会、普外科胰腺专科联盟、医学检验科专科联盟、心功能科专科联盟、武陵山临床医学教育专联盟。

【基础设施建设】 全科临床培养基地大楼通过竣工验收并投入使用；完成门诊广场、CCU、神经外科 ICU、新生儿 ICU、一体化产房等改造；体检中心、OSCE 考试中心、学术报告厅等投入使用；完成医教协同三区建设项目总体规划和功能布局设计，进行“三通一平”施工作业。HIS 信息系统等级保护达到国家三甲医院要求；搭建恩施州首家 4K 手术直播平台；建成医院核心医疗信息集成平台，建立医院大数据中心，存储核心业务数据700G，可实现跨医疗机构数据共享；医院HRP综合运营管理平台项目75%的模块上线运行，实现人流、物流、资金流和信息流四流合一，耗材全流程闭环管理，降低管理风险。

【交流合作】 在原有的鹤峰县中心医院、咸丰县人民医院等医联体成员单位的基础上，吸纳来凤县妇幼保健院为新的医联体成员。创新医联体建设模式，与鹤峰县中心医院超声影像科、耳鼻咽喉科及咸丰县中医医院麻醉科进行专科共建。牵头建成恩施州区域病理中心，与各县级医院、卫生院联通远程影像诊断平台，与605个中心村卫生室联通远程心电诊断平台。

（聂 颖）

恩施州优抚医院

【概 况】 恩施州优抚医院为州退役军人事务局二级事业单位，现由“三院四中心”构成：州优抚医院、州优抚医院附属民康医院、州精神病人福利院和州精神卫生中心、州优抚疗养中心、州失能老人养护中心、州精神病残疾康复技术指导中心。2019年8月，根据《中共恩施州委机构编制委员会关于同意调整州优抚医院有关机构编制事项的批复》，州优抚医院由恩施州民政局主管调整为州退役军人事务局主管，医疗卫生业务由州卫生健康委员会监管，失能老人养护、精神病人福利业务由州民政局监管，戒毒业务由州司法局、州公安局监管。2019年，完成疗养252人次；门诊就医40278人次，住院收治精神病人4179人次，精神病人日均占用床位847张，出院患者3306人次，治愈率13.31%，好转率84.06%；司法精神病鉴定107例，医学鉴定1例；托养老人138人次，出院133人次；美沙酮门诊2019年治疗人数为105人，治疗人次为5570人次，全年服药总量为221712毫升，全年新入组服药人员21人，重入组服药人员108人，转入4人，转出4人。公安戒毒所医务室、司法戒毒所医务室分别为843人次、449人次戒毒人员提供医疗服务。

【养老服务】 州失能老人养护中心入住老人138人次，出院133人次，临终关怀护理12人。开展“共庆三八，感恩母亲”“百年奋斗中国梦，五四精神代代传”等节假日及文娱活动5次，“生命有道，健康之树常青”心理知识讲座1次，接受志愿者服务356人次。

【精神公共卫生职能】 到恩施市、建始县、巴东县、鹤峰县、来凤县、宣恩县、咸丰县开展重性精神病排查疑似患者4000例，确诊严重精神障碍患者2616例，2526例纳入管理系统，完成672例精神障碍患者的扶贫数据比对。到恩施市、鹤峰县、来凤县、宣恩县、咸丰县各乡镇开展评残547人次，开展智力测定581人次，减轻患者负担。在“世界精神卫生日”“全国扶贫日”及“服务百姓健康行动”等重要时间节段，医院组织专家到巴东县水布垭景家坪村、巴东县大支坪镇野三坝村、湖北民族大学科技学院、硒都广场开展心理咨询义诊活动。分别于5月、7月、11月开展全州性精神卫生管理人员及医务人员培训350人，12月，组织全州从事精神疾病管理人员到长阳考察学习。

【基础设施建设】 州精神病人福利院建设项目主体工程建设完工，进入装修装饰及附属工程建设阶段。投资250万元对附属民康医院规范布局、增设电梯、病房改造、手术室及化验室改造，对附属民康医院及疗养楼消防隐患改造。

【对口支援】 2019年，杭州市第七人民医院安排专家20名，分10批次到州优抚医院开展技术帮扶，开展专业知识讲座11次，开展远程会诊业务8次。州优抚医院安排4名医务人员到杭州市第七人民医院开展为期半年的进修学习，选派15名中层干部开展为期半月的经验交流。

（彭贻龙）

社会生活

社会保障

就业创业

【概　况】 2019年，全州全年城镇新增就业4.61万人，城镇登记失业率为2.31%，城镇失业人员再就业0.89万人，就业困难人员再就业0.49万人，扶持创业043万人，带动就业1.07万人。全州农村外出就业人员89.58万人，其中省内州外从业10.27万人，省外从业58.50万人。发放创业担保贷款16867万元，累计贴息2185万元，全州申报稳岗返还企业数为465家，涉及返还金额1386.74万元。州本级扶持“草根创业”项目105个、精准扶贫就业创业项目97个，扶持资金807万元。打造双创示范平台，入驻基地企业（农户）1100余户，直接带动贫困劳动力就业1.2万余人。全州建立“就业扶贫车间”87间，“就业扶贫合作社”1719家，吸纳建档立卡贫困劳动力就业5.1万人。全年立讯精密、达翔技术等重点招商企业招工10503人。搭建高技能人才技能研修平台，打造出首批以杨胜伟、邱建红等为牵头人的10个恩施州技能大师工作室，每个工作室给予5万元建设补助资金。

【劳务招聘会】 2019年1月25日，全州8个县市就业部门同步举办立讯恩施公司用工专场招聘会，进场3048人，达成就业意向292人，发放各类宣传资料10600份。2月21日，以“春风行动惠民生·劳务协作助脱贫”为主题的杭州市·恩施州东西部劳务协作专场招聘会在恩施市桥西广场举行。357家企业提供岗位10415个，进场求职人数5000多人次，达成就业意向913人。5月24日，省就业援藏援疆暨脱贫攻坚专项招聘活动在湖北民族大学举办。9月4日，“浙鄂携手 共奔小康2019‘两不愁三保障’就业扶贫劳务协作浙江—湖北招聘会（恩施专场）”在州城喜福汇广场举行。

【就业创业培训】 推进“我选湖北·绿色恩施梦”大学生就业创业行动，建立就业见习基地69个，近1.9万余名大学生参加实习实训和就业见习，位居全省前列。开展补贴性职业技能培训人数12.43万人，“以工代训”培训产业工人700余人。组织开展恩施硒茶斗茶大赛暨茶叶职业技能大赛，40余家茶企、140个茶样、百余名茶业技能人才参赛。推进东西部劳务协作，开展“恩施月嫂”“恩施护工”“恩施司机”劳务品牌培训，培训贫困人数3085人，任务完成率为154.25%。向杭州转移就业621人，任务完成率为155.25%。开展贫困村创业致富带头人培训2231人，其中创业成功1275人次，带动贫困人口脱贫8107人次。

【隶属管理学校工作】 隶属管理3所民办技工学校，分别为州民族技工学校、利川民族技工学校和咸丰县民族技工学校。州民族技工学校，2019

年在校专职教师39人，在校学生887人，其中2019年招生558人，开设14个专业，学校现有校区2个，占地面积3.67公顷，建筑面积2万平方米。利川民族技工学校，2019年在校专职教师35人、兼职教师6人，在校学生1027人，其中2019年招生703人，开设14个专业，其中特色重点专业5个，分别为计算机网络运用、汽车驾驶、汽车维修、幼儿教育、护理专业，学校占地面积8991平方米，建筑面积1.2万平方米。咸丰县民族技工学校，2019年在校专职教师24人，在校学生450人，其中2019年招生285人，开设专业7个，学校现占地面积1.47公顷，建筑面积14260平方米。

【恩施硒茶斗茶大赛】 2019年9月17日，由州政府主办，州农业农村局和州人社局承办的恩施硒茶斗茶大赛暨茶业职业技能大赛在湖北民族大学科技学院举行，来自全州的140个参赛茶样参加大赛。

【第九届全国大学生电子商务创新、创意及创业挑战赛】 2019年5月12日，由湖北民族大学和州人社局主办的第九届全国大学生电子商务创新、创意及创业挑战赛湖北民族大学校赛总决赛暨恩施州青年创新创业大赛高校分赛、第三届全国互联网+大学生创业节恩施赛区复赛在州传媒中心举行。

【恩施州3人获评“湖北省技术能手”】 2019年5月，省人社厅发布关于授予2018年全省职业技能竞赛优秀选手“湖北省技术能手”称号的通报，湖北省第十届茶业职业技能大赛恩施州选手李霞、罗朝勇，2018年湖北省家政服务业职业技能大赛恩施州选手向芙蓉等3人作为优秀技能人才，被省人社厅授予“湖北省技术能手”称号。

（莫长锐）

社会保险

【概　况】 2019年末，全州城镇职工基本养老保险参保人数54.80万人，其中企业参保人数42.36万人，机关事业单位参保人数12.44万人。城乡居民社会养老保险参保人数207.77万人，其中农村居民参保人数204.22万人。工伤保险参保人数22.80万人，其中农民工参保5.12万人；失业保险参保人数16.84万人。全面落实降低社会保险费率政策，企业负担进一步减轻，单位缴费比例从19%降至16%，为企业降低社会保险费1.796亿元。做好退役士兵养老保险接续工作。加快推进工伤保险州级统筹和全省企业职工基本养老保险省级统筹工作。

【机关事业单位工作人员养老保险制度改革后续工作】 推进机关事业单位工作人员养老保险制度改革后续工作，年末机关事业单位参保人数为123310人，完成“中人”新办法计发。社保共享实施方案顺利实施，同步调整企业和机关事业退休人员基本养老金，全州20.88万人受益。

【建档立卡贫困人口社会保险】 为全州11.5万人建档立卡未标注脱贫的贫困人员代缴最低标准100元的养老保险费，为全州60周岁以上建档立卡贫困人员245764人每月发放最低待遇103元。未脱贫对象参加城乡居民养老保险参保率100%、符合条件的精准扶贫对象享受城乡居民养老保险待遇100%。

【电子社保卡签发及应用工作会议】 2019年7月30日，恩施州电子社保卡签发及应用工作会议召开。会议传达部、省相关文件精神和要求，介绍电子社保卡签发及应用基本情况，对全州电子社保卡的签发和应用工作作出安排。

【上级督办调研】 2019年7月19日，省社保局副局长陈军到恩施州调研社会保险经办服务工作并召开座谈会。8月6—8日，人社部农保司副司长汪泽英到恩施州开展推进城乡居保工作和落实中央脱贫攻坚巡视整改工作调研活动。

（莫长锐）

劳动保障

【概　况】 2019年，治欠保支“4+3”（农民工工资准备金、农民工工资银行代发、农民工实名制信息化管理、农民工欠薪银行代偿4项制度，联席会议、追责问责、失信惩戒3项机制）恩施经验得到国家、省、州领导多次批示和相关专家学者的肯定，国务院《保障农民工工资支付条例》采纳吸收，在全国农民工工资支付保障制度推进会上作经验交流发言，全国18省（地区）57批次组团到恩施考察交流。2019年12月，州劳动保障监察局被人社部表彰为“全国人力资源和社会保障系统2017—2019年度优质服务窗口”；同月，被省委、省政府表彰为第三届湖北省“人民满意的公务员集体”。

【劳动监察】 2019年，恩施州委、州政府将保障农民工工资支付工作列为州委工作要点，写入政府工作报告。恩施州委、州政府将此项工作纳入对地方党政领导班子政绩目标考核和全州督查调研内容。开展根治欠薪夏季专项行动和冬季攻坚行动，在专项行动期间，发出通报、专报、简报12期，组织专项督查和明察暗访5次，查找督办“四项制度”落实不到位的项目283个。分批次对州直和县市职能部门相关人员，银行分管行长、业务主管及经办柜员，建设工程项目的项目经理和监理工程师近1200人次进行保障农民工工资支付工作业务培训、指导。全州各级劳动保障监察机构受理、办结投诉举报案件64件，案件办结率为100%。开展清理整顿人力资源市场秩序专项行动、用人单位遵守劳动用工和社会保险法律法规情况专项检查、农民工工资支付情况专项检查，检查用人单位2544户，发现违法行为361起，接待咨询3887人次。全州开展各类政策法规宣传活动9次，发放宣传资料1.2万份，发放维权手册0.8万份。《劳动保障报》、信用中国、恩施电视台、《恩施日报》等新闻媒体对恩施州保障农民工工资支付工作进行报道。

【解决企业工资拖欠问题培训和会议】 2019年1月24日，恩施州、恩施市解决企业工资拖欠问题部门联席会议办公室联合召开培训会，对州、市相关职能部门及和润城承建单位进行保障农民工工资支付工作业务培训。5月23日，州解决企业工资拖欠问题部门联席会议办公室组织开展全州保障农民工工资支付法律法规培训，州直和县市行业主管部门60余人参加培训。8月8日，州政府组织召开州、县、乡三级电视电话会议，对根治欠薪夏季专项行动进行再动员、再部署、再推动。11月27日，全州根治欠薪工作电视电话会议召开。对根治欠薪冬季攻坚行动进行再动员、再部署。

【上级督办调研】 2019年1月13—15日，省委考核组到恩施，对恩施州党政领导班子保障农民工工资支付工作进行考核评价。7月10—12日，人社部劳动保障监察局副局长李新旺到恩施州开展保障农民工工资支付等相关工作调研。8月15—16日，首都经济贸易大学劳动经济学院院长冯喜良、中国人民大学劳动关系研究所所长常凯等专家学者到恩施州调研保障农民工工资支付工作。

（莫长锐）

医疗保障

【概　况】 2019年2月27日，恩施州医疗保障局挂牌成立，主要担负原州人力资源和社会保障局的城镇职工和城乡居民基本医疗保险、生育保险职责，原州发展和改革委员会的药品和医疗服务价格管理职责和原州民政局的医疗救助职责。下设州医疗保障服务中心，为直属公益一类事业单位（正科级）。全年州医疗保障制度基本实现全民覆盖，其中，参加城镇职工基本医疗保险285105人，基金收入14.14亿元，享受待遇178344人，基金支出10.8亿元；参加城乡居民基本医疗保险3417962人，基金收入29.15亿元，享受待遇1529164人，基金支出24.87亿元；参加生育保险114494人，基金收入3193万元，享受待遇3291人次，基金支出3542万元。全州医保部门管理服务的定点医药机构达3848家，其中，定点医疗机构2634家，定点零售药店1214家。参保人员州内就医购药全部实现联网结算，跨省、跨市州及州内跨县市就医全面实现直接结算。

【医保扶贫】 按照中央脱贫攻坚“基本医疗有保障”工作要求，州医疗保障局做好全州建档立卡贫困人口的医疗保障工作。2019年贫困人口参加城乡居民基本医保1104936人，其中异地参保、参加其他保险，死亡或失踪、参军或服刑等18505人；本地参保1086431人，贫困人口参保实现全覆盖；全额资助贫困人口参保人数185417人，资助金额4079.17万元；半额资助贫困人口参保人数874623人，资助金额9620.85万元。贫困人口就医进行“一站式、一票式”结算，享受“先诊疗、后付费”和“985”（农村贫困人口住院医疗费用个人实际报销比例提高到90%左右，大病、特殊慢性门诊医疗费用个人实际报销比例提高到80%左右，年度个人实际负担医疗费用控制在5000元以内）优惠报销政策，在州域内及部分省级定点医院就医享受“3810”（贫困人口省内住院政策外费用一旦超过规定比例，费用将由医疗机构埋单。规定比例为县域内一级医院3%以内，县域内二、三级医院8%以内，县域外三级医院10%以内）控费政策，超限额部分费用由医疗机构分担，全年通过基本医保、大病保险、医疗救助和兜底资金为贫困人口报销医疗费用15.48亿元，切实减轻建档立卡贫困人口的医疗负担。驻村干部徐超被州脱贫攻坚领导小组评为“全州十佳扶贫干部”。

【医保待遇】 2019年，根据中央和省局部署，结合恩施州实际，调整部分医疗保障待遇政策，以州政府办公室名义印发《恩施州城乡居民基本医疗保险实施办法（试行）》，完成医保信息系统升级和医院信息系统接口改造；印发《关于调整恩施州基层医疗卫生机构一般诊疗费标准和医保支付政策的通知》《关于落实城乡居民高血压糖尿病门诊用药保障机制有关问题的通知》，调整基层医疗机构一般诊疗费标准和医保支付政策，明确“两病”门诊用药保障对象、范围、标准和就医结算规定，兑现党和政府对人民的庄严承诺；会同卫健、财政等部门印发《恩施州生育保险和职工基本医疗保险合并实施方案》，按照统一参保登记、统一基金征缴和管理、统一医疗服务管理、统一经办和信息服务的要求，完成生育保险信息管理软件开发，2020年1月1日起正式合并实施；全面开展医保未结算费用清理，摸清2018年1月以来州、县、乡三级医药机构未结算医保费用底数，完成医保资金拨付；扩大异地就医联网医院数量，全州所有二、三级定点医院、10%以上其他定点医院接入国家异地就医结算系统；会同退役军人事务局印发《关于退役士兵职工基本医疗保险接续补缴工作有关事项的通知》《关于做好部分退役士兵职工基本医疗保险接续补缴经办工作的通知》，明确医保补缴政策和办理程序。全州完成补缴对象身份认定和参保关系核查4273人。

【医药价格】 2019年，持续加强医保药品目录管理，全面推进国家40种谈判药和17种谈判抗癌药落地实施，全州二级以上公立医疗机构按要求落实谈判药品采购；配合国家医保药品目录调整工作，遴选报送评审专家35名；推进医药价格改革。按程序审核修订医疗服务价格50项，全面落实取消医用耗材加成政策；推进药械联合带量采购工作，主动对接药械招采工作，与州卫健委完成医药耗材带量采购职责的移交，完成首批35个国家带量采购药品品种试点扩围的各项准备工作，印发《恩施州医疗保障局药械带量采购工作规则》，规范带量采购药品工作程序。

【打击欺诈骗保】 2019年，根据中央和省统一部署，全州医疗保障、卫健、市场、公安、人社、财政、司法等部门联合开展打击欺诈骗取医保基金专项治理工作，采取集中宣传、现场检查、交叉检查、抽查复查和飞行检查等手段，落实举报奖励制度，畅通24小时举报渠道，依法查处一批违法违规典型案件，公开曝光一批典型案例，对医保违法违规行为形成有力震慑，全州欺诈骗取、侵占浪费医保基金的势头初步得到遏制，专项治理工作取得初步成效。全年检查定点医药机构2950家，处理定点医药机构473家，追回医保基金1433.02万元，处理参保人员17人，追回医保基金33.18万元，累计追回被骗医保基金1466.2万元。给公安部门移交刑事案件5件，抓获犯罪嫌疑人5名，通报涉嫌犯罪案件线索3个。

【政务服务】 按照优化营商环境和推进政务服务事项一网覆盖要求，2019年，全系统对政务服务事项全面梳理，科学设置登记核定、转移接续、定点申报、生育保险等服务事项。4个县市的医疗保障经办服务事项进驻政府行政服务中心，另外4个县市和州本级设立独立规范的医保经办服务窗口，为服务对象提供"一站式"服务；逐一优化规范服务事项受理条件、申报材料、办理流程、办结时限、办理地点等内容，认真执行省、州关于清理、取消证明事项的通知精神，取消外伤证明、死亡证明、诊断证明等可采取承诺或本部门可自行核实的证明材料，优化定点医药机构结算流程，简化申报资料，公布政策咨询电话及投诉监督电话；所有医保服务窗口和业务股室均实行一次性告知和首问负责制，所有业务实行"一窗受理，一次办结"，让群众少跑路。提高政策咨询、转诊备案、异地结算、离休干部医疗费报销等待遇保障业务办理的便利化程度，将异地备案转诊、零星报销业务受理、新生儿登记等部分公共业务办理权限及部分审批业务受理权限下放到乡镇办便民服务大厅，打通便民服务"最后一公里"；推进"互联网+医保"，加强部门间的协作与数据共享，连通"湖北税务""鄂汇办""云上恩施"等多个政务APP，实现医保缴费、查询、年审等业务网上办理。

（杨　彪）

住房公积金

【概　况】 2019年，全州住房公积金系统加大制度扩面力度，完善住房公积金使用政策，提升信息化水平，健全完善风险防控机制，全州住房公积金事业稳定健康发展。州住房公积金管理委员会有25名委员，由州政府和相关部门的分管领导组成，召开六届三次全体会议，审议通过2018年度住房公积金归集、使用计划执行情况，对其他重要事项进行决策。2019年每人每月缴存公积金上限调整为5894元，缴存下限为138元，缴存比例为5%—12%；个人住房贷款最高限额调整为50万元，其中单位缴存职工最高额度40万元。全系统精准扶贫联系帮扶12个村。

【住房公积金归集】 2019年，全州归集住房公积金32.52亿元，同比增长8.91%，完成年度目标任务的112.14%。截至年底，累计归集总额181.79亿元，较上年同期149.27亿元增长21.79%。2019年底全州住房公积金余额为93.92亿元，较年初净增12.67亿元，增长幅度为15.59%。

【住房公积金个人贷款】 全年发放个人住房贷款0.56万笔22.4亿元，同比分别下降21%、20%，完成年度计划任务的124%。其中州直属营业部发放个人住房贷款1035笔、4.27亿元。截至年底，累计发放个人住房贷7.87万笔、140.07亿元，贷款余额82.71亿元，分别比上年末增加7.66%、19.04%、19.01%。个人住房贷款率为88.07%，比上年同期增加2.53个百分点。当年全州回收个人住房贷款9.19亿元，较上年同期增长1.7%；全州住房公积金逾期贷款率为0.25‰，远低于行业控制1‰的标准。

【住房公积金提取与增值收益】 全年提取住房公

积金19.85亿元，同比增长4.97%，占当年缴存额的61.05%，比上年同期减少2.28个百分点。年底累计提取总额87.88亿元，同比增长29.2%。全年实现住房公积金增值收益1.47亿元，完成年度任务的147%。

【公积金政策调整】 根据中央“房住不炒”的精神，对个人提取、贷款相关政策进行调整。主要是暂停因本人或家庭成员（夫妻、父母、子女）患重大疾病、发生不可预见重特大事故提取住房公积金；“购买、建造、翻建、大修自住住房提取住房公积金”调整为“在恩施州境内或户籍地购买、建造、翻建、大修自住住房提取住房公积金”；“偿还购买自住住房贷款本息提取住房公积金”调整为“偿还购买恩施州境内或户籍地自住住房贷款本息提取住房公积金”；房屋买卖合同、商业银行借款合同或不动产登记证为夫妻一人单独所有的，其配偶不得提取住房公积金；建立提取黑名单制度；规范贷款对象；修改二套房认定标准；优化还款方式；明确信用状况审核标准；提高按揭合作项目准入的形象进度要求。

【维护房地产市场稳定】 2019年，州住房公积金中心（简称州中心）贯彻落实州委、州政府有关房地产市场的决策部署，坚持“房住不炒”的原则，主动发挥住房公积金制度在稳定房地产市场中的作用，维护房地产市场稳定。在住房公积金使用上，应贷尽贷，应提尽提，保证缴存职工刚需有效释放。在业务办理上，优化业务流程，提高业务办理时效。2019年提取住房公积金18亿元，为5484名职工办贷款21.82亿元。全面评估准入企业信用风险，从贷款房源准入环节源头入手控制贷款风险。坚持底线，因案施策，支持重点房地产项目风险化解。

【信息化和窗口建设】 在信息建设方面，继续加大对信息建设的投入，优化完善新的核心业务系统，加强微信公众号、手机APP、支付宝等信息查询、业务办理平台的建设。开通单位版网厅、开发商网厅和手机APP。截至2019年底，有342家缴存单位、16家开发商签约网上业务，近8万缴存职工注册手机公积金。在窗口建设方面，宣恩县办事处顺利搬迁到新营业场所，恩施市、来凤县两个办事处营业场所完成装修。新购置建始县、咸丰县2个办事处营业场所。全州8个县市办事处基本上都拥有自主产权的营业场所，服务管理更加规范，为缴存职工服务的环境进一步改善。

【党建云平台建设】 在调研、听取意见、到外地考察学习党建信息化建设经验等前期准备的基础上，2019年正式启动党建云平台建设，当年11月投入使用，投入资金80多万元。党建云平台依托住房公积金核心业务系统软件开发技术，紧密结合住房公积金系统党建工作实际，设立党员发展、理论学习，领导干部讲党课，支部主题党日，红旗党支部创建等功能模块，各项党建活动从通知、签到到档案资料保存全流程均可以通过党建云平台完成，提高党建工作效率和质量。州直机关工委领导2次到州中心现场调研党建云平台的开发和应用。

（向宏卫）

优抚安置

【概　况】 2019年，恩施州退役军人事务局负责军队转业干部、复员干部、退休干部、退役士兵的安置工作和自主择业退役军人服务管理、待遇保障工作，组织开展退役军人教育培训、优待抚恤等，指导全州拥军优属工作，负责烈士及退役军人荣誉奖励、军人公墓维护以及纪念活动等。州委退役军人事务工作领导小组先后2次召开专题会议，推进落实服务体系建设、保险接续等重点工作。州委退役军人事务工作领导小组2次通报退役军人服务体系建设情况，严格按照时间节点督办落实。州委常委夏锡璠先后3次调研督办服务体系建设和保险接续工作，召开领导小组专题会议、重点工作推进会议推进落实；要求建立工作进展情况定期通报制度，经常性督促县市分管领导；要求领导小组办公室随时掌握工作进展情况，组建工作专班到县市、乡镇暗访督导。恩施州退役军人事务系统明确州直各部门4个方面的共性职责，将领导小组成员单位的主要职责细化为63条，实行清单化管理，形成各部门通力协作抓落实的工作机制，确保各项服务保障工作落实落地。

【五级服务体系建设】 2019年5月31日，州、县、乡、村四级2596个退役军人服务中心（站）全部挂牌成立（2018年11月26日，按期组建全州退役军人事务机构）。核定州、县、乡三级服务中心（站）事业编制270名。州、县、乡三级服务中心（站）主要负责人应配备98人、班子副职应配备13人，州、县、乡三级服务中心（站）工作人员到位263人，到位率达97%，全州2498个村（社区）服务站站长由村“两委”成员兼任。州及各县市服务中心全部按“四室一厅”要求设置到位，绝大部分乡镇（街道）服务站按“一窗三室”要求落实到位。村（社区）服务站普遍与党员群众服务中心、综合服务站等资源整合，统筹开展服务保障工作。州优抚医院、县市光荣院等优抚事业单位按期转隶，人员、资产等整体划转。2019年11月24—27日，全州退役军人事务系统培训会在州委党校展开，州及各县市136名新进人员参加。

【思想政治引领】 在退役军人信息采集过程中，发现战斗英雄张富清，及时协调宣传部门及新闻媒体挖掘、广泛宣传。联合州委宣传部、恩施军分区等4个部门建立“最美退役军人”评选发布工作机制，2019年，恩施州评选发布“最美退役军人”10名，推荐表彰“全国模范退役军人”2名、“全省模范退役军人”4名、“荆楚楷模·最美退役军人”1名。在恩施、鹤峰等县市，成立退役军人志愿服务队。

【双拥创建】 调整双拥工作领导小组及成员单位，明确财政、人社、宣传、教育等成员单位职责和双拥创建任务。开展走访慰问活动，投入资金129万元对驻军单位和优抚事业单位进行走访慰问，投入资金978万元走访慰问退役军人和其他优抚对象2万余人次。庆祝新中国成立70周年，为中华人民共和国成立前参军入伍的老战士、老同志发放纪念章335枚。“恩施舰”成功下水，投资30万元建设文化通道，开启与人民海军的双拥共建。

【优待抚恤】 调整提高抚恤补助标准和义务兵家庭优待金标准，增幅10%左右。为2万余名重点优抚对象足额发放抚恤补助金，为2000余名义务兵家庭发放优待金3794万元。对新评、补评的116名伤残退役军人进行残情等级鉴定，审批134名带病回乡退役军人。开展国家机关工作人员持有伤残证情况专项清查，全面核查全州174人的档案资料。投入资金902万元，解决8000多名退役军人的生活、住房、就医、就业等实际困难。安排294名伤病残退役军人住院治病疗养，为11名残疾军人配置康复辅具。开展信息采集工作，采集恩施州退役军人和其他优抚对象信息88857人次。开展悬挂光荣牌工作，全州悬挂光荣牌86679块。组织开展关爱退役军人“慈善一起捐”活动，通过线上线下两种方式募捐筹款765万元。

【军供保障】 建立军供物资采购供应网络，组织开展应急演练，建立临时保障站点，提高区域保障能力。联合宜昌、枝江军供站举行野外保障训练。完成恩施州2019年度新兵运输保障任务。

【退役军人安置】 移交恩施州符合政府安排工作条件的退役士兵和军队转业干部，按照“阳光安置”政策全部安置到位。协助部队和相关部门办理文职人员落户。全州接收安置2018年秋冬季自主就业退役士兵，地方一次性经济补助金发放到位，发放1211万元。按时完成2019年度自主择业军队转业干部的安置接收和关系接转，完成历年安置的自主择业军队转业干部的年度登记、退役金发放等服务性工作。

【退役军人就业创业】 开展全州各县市退役士兵职业教育和技能培训工作，举办培训班20期，培训704人。全年举办招聘活动37场次，参与企业1216家。实施创业扶持政策，为7名退役军人提供创业扶持资金19万元。开发岗位促进退役军人实现优质就业，全州退役军人事务系统安排47个岗位专项招聘退役军人，全州教育系统、公安系统从退役军人中招聘辅警、中小学安保人员1000余人。开展网络培训，全州自主择业转业干部的就业创业率达85%以上。

【烈士公祭日活动】 2019年，开展清明节烈士祭扫300余场次，近20万人参加祭扫。举行“9·30”烈士公祭日活动，恩施州及各县市1万余名干部群众参加。开展边境祭扫工作，恩施市、利川市、建始县6批70人在当地政府的组织下前往广西的凭祥市、龙州市、南宁市进行祭扫。开展烈士纪念设施信息完善工作，对9处县级以上烈士纪念设施信息进行校核，采集烈士信息3425条，有序开展零散纪念设施数据采集校核工作。严格落实烈士评定相关政策，全年完成1名烈士评定的审核申报工作。

【落实军休“两个待遇”】 全年接收安置军休对象，落实全州军队离退休人员“两个待遇”，按照相关要求及时调整待遇，按月足额发放离退休费和各项生活补贴。组织参加“全国军休干部庆祝新中国成立70周年文艺汇演”，土家山歌剧《吃刨汤》获全省优秀节目奖。探索和全面推进军休服务精细化、规范化工作，坚持“五必访”制度，提升服务水平。

【重要会议】 2019年5月28日，召开州委退役军人事务工作领导小组第一次全体会议，会议学习贯彻习近平总书记关于退役军人工作重要指示和批示精神，传达中央、省委退役军人事务工作领导小组会议精神，听取全州退役军人事务工作情况汇报，审议通过州委退役军人事务工作领导小组有关文件，审核全国模范退役军人和全国退役军人工作模范单位、模范个人拟推荐名单。12月13日，召开州双拥工作领导小组全体会议，会议传达学习中央、省双拥工作领导小组会议和全省退役军人工作会议精神，听取全州双拥工作情况汇报，审议恩施州双拥工作领导小组工作规则、办公室职责和工作制度、成员单位工作职责等文件。

【上级调研督查】 2019年4月24—26日，省退役军人事务厅厅长周振武到恩施州调研退役军人事务工作，到省厅精准扶贫驻村点咸丰县高乐山镇龙家界村调研精准扶贫工作，到来凤县看望慰问老英雄张富清，到咸丰县忠堡烈士陵园调研建设情况，实地查看恩施州及咸丰县、来凤县、恩施市退役军人服务场所，调研工作中存在的突出问题。6月12日，退役军人事务部副部长方永祥到来凤县调研退役军人服务工作。7月25日，省退役军人事务厅副厅长周绪铎走访慰问建始县部分优抚对象和兵站。11月6日，省退役军人事务厅二级巡视员曹传铎就解决部分退役士兵社会保险接续工作到建始县专题调研。

（杨　姗）

社会救助

【概　况】 2019年2月28日，州民政局救灾科划转至州应急管理局，老龄办划转于州卫健委，医疗救助职能划转至州医疗保障局。3月9日，隶属事业单位州减灾备灾中心划转至州应急管理局。8月14日，隶属事业单位州优抚医院划转至州退役军人事务局。划出退役军人优抚安置、老龄、救灾、医疗救助4项职责。从残联划入残疾人“两补”发放职责，从妇联划入留守妇女关爱职责，从卫生健康部门划入老龄高龄津贴发放职责。州民政局主要承担城乡居民最低生活保障、特困人员救助供养、临时救助，老年人福利，儿童福利，社会组织登记管理，城乡基层群众自治建设和社区治理，婚姻登记、殡葬管理和困难残疾人、生活无着流浪乞讨人员、精神病患者救助管理等职责。州民政局隶属事业单位：州社会福利服务中心，州居民家庭经济状况核对中心。2019年，出台《恩施州脱贫攻坚指挥部办公室关于广泛引导和动员社会组织参与脱贫攻坚的通知》《恩施州未脱贫建档立卡贫困人员参照单人户纳入农村低保实施细则》《恩施州非火葬区重点救助对象死亡报告办法》《关于进一步加强农村“三留守”人员关爱保护工作的通知》《州民政局、州财政局、州扶贫办关于在脱贫攻坚兜底保障中充分发挥临时救助作用的通知》等文件。3月4—7日，省民政厅厅长、党组书记柳望春率调研组到来凤、宣恩、建始就精准扶贫、乡村振兴、社区管理及民政工作进行实地调研。

【城乡低保】 全州有农村低保对象12.47万户、23.1万人，占全州353万农业人口的6.54%，占现有建档立卡贫困人口110.5万人的20.9%，农村低保月人均补助水平达到312.01元，同比增长27.66%，达到农村低保标准的85.48%。现有城市低保5739户、8516人，城市低保月人均补助水平达到478.3元，同比增长15.65%，达到城市低保标准的79.72%。调整全州社会救助标准，农村低保标准超过扶贫线507元，在全国30个自治州中位居前列。推进殡葬体制改革，开展专项整治。规范城乡社区治理，发挥村规民约的作用，两条村规民约入选全省优秀村规民约。开展遍访贫困户活动，全州所有民政干部下基层、进农户、看实情、讲政策。

【特困供养、临时救助】 农村特困供养标准统一提高到7920元/人·年，全州农村特困供养对象17625人，其中，集中供养3501人、分散供养14124人。加强福利院安全管理，落实福利机构风险管控和隐患排查，完成“平安工程”建设任务。全年支出临时救助资金6707.85万元，救助41530人次，人均救助1615.18元，人均救助水平同比增长13.28%。

【服务“三留守”人员】 建立州、县（县市）、乡镇（街道）三级信息平台。全州农村留守儿童61764人，农村留守老人56800人，留守妇女24090人，全部录入“全国农村‘三留守’人员信息管理系统”。落实儿童督导员和儿童主任制度.选优配强乡镇、村居儿童工作队伍，全州配备91名乡镇儿童督导员、2548名村（居）儿童主任。

【孤儿养育、残疾人补贴】 提高孤儿养育标准，实行孤儿机构集中养育。州政府从2019年4月1日起调整全州社会救助标准，散居孤儿养育标准由1120元/人·月提高到1200元/人·月，机构集中供养孤儿养育标准由1792元/人·月提高到1920元/人·月。出台《恩施州民政局关于实施孤儿集中供养的通知》，州市共建的恩施儿童福利院于3月27日正式启动运行，各县市陆续将现有集中供养在养老机构的孤儿送到该院托养，2019年底，儿童福利院集中供养42名孤儿。落实残疾人两项补贴制度，全年全州发放残疾人生活补贴57.57万人次，发放资金2879万元，发放残疾人护理补贴70.64万人次，发放资金7064万元。

【流浪乞讨救助管理】 全州有救助床位190张，滞留三个月以上的有181人，床位利用率达100%以上。全州全年救助5103人（次），其中未成年人60人，流浪妇女294人，精神病人254人（次），全年支出救助资金816.5万元。

【慈善活动】 州慈善总会救助癫痫病患者初诊393人，复诊313人，总救助金额4981859.61元。救助慢粒白血病患者13人，救助金额1680550元；救助白内障患者6993人，救助金额9751350元。拜科奇项目救助人数44人次，救助资金129849.8元。大学生救助100人，救助资金20万元。冠名基金救助6707人，救助金额3871572.7元。帮扶11个贫困村，总资金2493018.26元，使用

1124373.75元。全州除巴东县外其他7个县市均开办慈善阳光班，8个学校1000人受益，救助金额310万元。全州“童享阳光”困境儿童助养计划项目筹集社会捐赠资金1265500元，“慈善医疗众筹”自筹金额7940694.41元，“幸福家园”村社互助筹款7618560.66元。州退役军人关爱基金捐款1831990.94元，其他捐款506569元，捐款金额19163315.01元。

【重要会议】 2019年4月10日，全州兜底保障工作专题会议召开。4月11日，州民政局举办全州民政系统兜底保障工作业务培训会。省社会救助办领导到会作辅导培训，会议解读社会救助政策。4月11日，民政部政策法规司和省社会救助办在恩施州召开《社会救助暂行办法》实施情况座谈会，就当前社会救助政策存在的问题和意见建议进行交流。8月8日，恩施州召开殡葬领域突出问题专项整治工作新闻发布会，州民政局、州自然资源和规划局、州林业局、州市场监督管理局、州文旅局相关领导，《湖北日报》、《恩施日报》、恩施电视台等10余家媒体参加发布会。11月19日，恩施州社会组织扶贫暨东西部社会组织扶贫协作培训会召开。杭州、恩施两地部分社会组织负责人参加培训会议。

（刘　骞）

社会事务

【社会组织管理】 2019年，州级开展社会组织登记38个，其中社会团体新成立登记8个，变更登记20个，注销登记5个。州级民办非企业单位新成立登记1个，变更登记4个。登记合格率100%。开展网上年检工作，144个州级社会组织完成年检，其中社会团体126个，民办非企业单位18个，年检合格率100%。完成对44个社会组织进行撤销登记的行政处罚工作。在州级媒体公示2363个社会组织基本信息。

【婚姻、收养登记】 2019年，全州办理结婚登记23370对，离婚登记11102对。办理国内公民收养登记78例。

【殡葬管理】 全州有城市公益性公墓3个、农村公益性公墓5个、城市经营性公墓6个。实施“破千年旧俗、树文明新风”的殡葬突出问题专项整治行动。以州殡葬领域突出问题专项整治行动办公室名义下发《全州殡葬领域突出问题专项整治行动方案》。

【社区建设】 指导和推动宣恩县易地扶贫搬迁社区治理体系申报第二批全省社区治理和服务创新试验区。推进农村社区综合服务设施建设，逐步提高农村社区综合服务设施覆盖率，2019年，全州有177个村进行农村社区建设，其中43个试点村获得下拨省级“以奖代补”资金950万元。咸丰县唐崖镇四方石村村规民约和恩施市红土乡龙角坝村村规民约获“湖北省优秀村规民约”称号。

【社会组织参与扶贫】 2019年，杭州市50多家社会组织到恩施州开展活动，捐赠款物资金到位755.56万元，直接受益人口总数达20万多人，全州488个社会组织参与脱贫攻坚，直接投入款物达5783万元，物资64925件。

【养老服务】 开展养老机构服务质量专项行动。对照《养老机构服务质量基本规范》，完成养老服务机构服务质量检查专项行动自查测评。推进恩施、宣恩、咸丰特困供养机构管理体制机制改革创新试点工作。建成社区居家养老服务中心数92个，覆盖率达100%。农村老年人互助照料活动中心1296个，覆盖率达53.5%，日间照料床位7139张。2019年全州发放80周岁及以上的老人高龄津贴90725人，4932.535万元。

【福利彩票】 2019年，全州完成福利彩票体制机制改革工作，销售福利彩票60004.56万元，总销量排名全省第4位，筹集福彩公益金约1.74亿多元。

（刘　骞）

移民工作

【概　况】 落实大中型水库移民后期扶持政策，完成大中型水库移民后期扶持数据稽核登记和数据录入工作，全州后扶人口为63849人，其中原迁人口52096人、新增人口2704人、核定到村5779人、核减3270人。完成2019年度51692人后期扶持直补资金兑现3101.52万元；实施后期扶持项目105个，完成投资11036.43万元；完成全州大中型水库移民后期扶持资金稽察整改情况的上报工作；2018年度大中型水库移民培训资金和小型水库后期扶持资金绩效评价工作；组织对2018年度后期扶持资金进行稽察，对2016—2017年度稽察整改情况进行监测评估；配合省厅完成2018—2019年度大中型水库移民后期扶持政策实施情况的监测评估工作；完成7个移民美丽乡村示范点建设和验收，获奖励资金1200万元。

【在建工程移民搬迁安置】 鹤峰县江坪河水电站完成移民补偿12700万元，完成470米淹没线下库底清理工作；完成电力、通讯设施复建，推进交通设施复建；完成江坪河电站库区滑坡体移民避让搬迁规划编制和11户滑坡体移民避让搬迁工作；完成下闸蓄水阶段移民自（初）验工作，通过省级终验。利川市峡口塘水电站完成11个村661户征地移民补偿4143.49万元；完成移民搬迁安置42户、143人，拆迁房屋8026.57平方米，完成生产安置人口143人。来凤县落水洞电站全面启动专项建设，完成古树保护投资570万元；完成2座机耕桥复建投资200万元，全部启动21座人行桥复建；完成渡口和公路复建投资80万元。完成搬迁安置3户14人投资150万元和4户房屋加固投资60万元。完成438米阶段性蓄水移民自（初）验工作，并通过省级终验。

【三峡工程后续项目】 下达资金计划的140个项目完工112个，其中完成自验111个，竣工验收65个，开展财务决算且资金清零的项目29个，在建25个，调整项目3个，资金拨付率97.1%，自验率99%，资金拨付率88%。根据水利部资金使用要求，加快项目施工进度和资金拨付进度。对2017年及以前年度的三峡后续项目专项资金全部清零。涉及47个项目现结余结存资金7534.12万元，其中办理财务清算的项目31个结余资金1201.71万元，在建未完工清算的项目13个结存资金2159.41万元，取消调整的项目3个专项资金4173万元。报备省水利厅，统筹调整到3个项目，其中郑万铁路巴东北站至巴东县城连接公路建设项目7015.7万元，信陵镇西五路至绕城线连接线道路黑色化项目455万元，取消的沿渡河、东壤口、神农溪3个污水项目的前期费用63.42万元。2018年项目进展较快，完成工程量88%；2019年项目全部启动，完成工程量76.3%。呈报2020年度三峡后续项目17个，其中续建项目6个，新建项目11个，项目总投资5.79亿元。申请专项补助资金4.88亿元。其中移民安稳致富与促进库区经济社会发展项目11个，项目总投资2.46亿元，申请专项补助资金2.42亿元；库区生态环境建设与保护项目4个，项目总投资2.75亿元，申请专项补助资金1.87亿元；库区地质灾害项目2个，项目总投资0.59亿元，申请专项补助资金0.59亿元。17个项目全部通过合规性审查，报水利部备案。

【北京市对口支援】 2019年，北京市下达援助资金9190万元，援建项目15个，项目全部开工，完工5个；北京市政府投入资金200万元建成北京消费扶贫双创中心巴东馆和房山分中心，实现销售额近50万元；通过北京市消费扶贫光彩行动，实现线上销售额10余万元；房山区4个乡镇（街道）与巴东县4个乡镇结对帮扶捐赠资金240万元；通过重庆万州第十二届全国对口支援三峡库区经贸洽谈会（支洽会）签订茶店子镇建设茶店驿站项目20亿元的投资协议。部分项目开始发挥帮扶效益，特别是援助资金1800万元支持建设的神农中小学校，于2019年8月底投入使用，是具现代化水平的九年一贯制中小学校，700多名小学生享受优质的教学资源。援助资金3000万元实施的茶店子镇集中供水工程于2019年6月3日凌晨通水，解决茶店子集镇70多年的缺水难题。此项工程被水利部评为解决山区饮水问题经典案例。

【移民脱贫解困】 通过采取基础设施建设、产业扶持、培训等帮扶措施帮助建档立卡贫困人口脱贫，完成2019年度5个县市建档立卡贫困移民脱贫600户1489人。完成2018年度三峡库区州直及县市驻巴东县城搬迁单位移民困难补助兑现工作，核减不符合政策规定的补助对象15人，兑现723人困难补助资金28.92万元。

【解决移民遗留问题】 协调落实水布垭库区滑坡体居民避让搬迁资金2673万元，完成避让搬迁安置567人；完成来凤县金龙滩电站库区移民信访积案问题影响范围的认定，取得开展实物指标调查和编制规划方案的实质性进展；完成利川市大滩口水库移民后期扶持人口的再次核实认定工作。

（狄　盖）

居民生活

全体居民生活

【全体居民收入】 2019年，恩施州全体居民人均可支配收入为18203元，比上年增加1607元，增长9.7%，扣除价格因素后实际增长6.4%。2019年，恩施州全体居民人均可支配收入比全国平均水平30733元低40.8%，比全省平均水平28319元低35.7%，在全省17个市州中，绝对额排第十七位，增幅排第五位。在武陵山区6个市（州、区）中，恩施州绝对额排第三位，增幅排第三位。

【全体居民消费】 2019年，恩施州全体居民人均生活消费支出为14294元，比上年增加1477元，增长11.5%。全体居民恩格尔系数为35.8%。

2019年恩施州全体居民人均可支配收入情况表

表5

指标	2019年		2018年		2019年比2018年		
	绝对额（元）	构成（%）	绝对额（元）	构成（%）	增加额（元）	增幅（%）	贡献率（%）
全年可支配收入	18203	100	16596	100	1607	9.7	100
1. 工资性收入	8562	47.0	7817	47.1	745	9.5	46.4
2. 经营净收入	4675	25.7	4258	25.7	417	9.8	25.9
3. 财产净收入	972	5.3	881	5.3	91	10.3	5.7
4. 转移净收入	3994	22.0	3640	21.9	354	9.7	22.0

2019年全国、全省及省内各市州全体居民人均可支配收入情况表

表6

地区	2019年		2018年		2019年	
	绝对额（元）	市州位次	绝对额（元）	市州位次	增幅（%）	市州位次
全国	30733	—	28228	—	8.9	—
全省	28319	—	25815	—	9.7	—
武汉市	46010	1	42133	1	9.2	14
黄石市	29672	2	27092	2	9.5	10
十堰市	22211	14	20287	14	9.5	11
宜昌市	28772	3	26193	4	9.8	1
襄阳市	28558	5	26028	6	9.7	4
鄂州市	28573	4	26203	3	9.0	17
荆门市	28459	6	26073	5	9.2	16

续表 6

地区	2019 年		2018 年		2019 年	
	绝对额（元）	市州位次	绝对额（元）	市州位次	增幅（%）	市州位次
孝感市	26312	10	24070	10	9.3	13
荆州市	26543	9	24174	9	9.8	3
黄冈市	20990	15	19144	15	9.6	6
咸宁市	24093	12	21995	12	9.5	9
随州市	23788	13	21752	13	9.4	12
恩施州	18203	17	16596	17	9.7	5
仙桃市	27172	7	24884	7	9.2	15
潜江市	26882	8	24523	8	9.6	7
天门市	24383	11	22206	11	9.8	2
神农架	19764	16	18037	16	9.6	8

说明：表中增幅只保留 1 位小数使部分市州表现数值相同，但其位次按计算增幅数值排列

2019 年武陵山区全体居民人均可支配收入情况表

表 7

地区	绝对额（元）	绝对额位次	增幅（%）	增幅位次
湖南省湘西州	16934	5	9.7	3
湖南省张家界市	18026	4	9.5	5
湖南省怀化市	18574	2	10.6	2
重庆市黔江区	24298	1	10.8	1
贵州省铜仁市	—	—	—	—
湖北省恩施州	18203	3	9.7	3

说明：截至 2020 年 4 月，贵州省尚未发布包括铜仁市在内的市州全体居民收入数据

2019 年恩施州全体居民人均生活消费支出情况表

表 8

指标	2019 年		2018 年		2019 年比 2018 年增减	
	绝对额（元）	构成（%）	绝对额（元）	构成（%）	绝对额（元）	幅度（%）
生活消费支出	14294	100	12817	100	1477	11.5
1. 食品烟酒	5116	35.8	4605	35.9	511	11.1
2. 衣着	1111	7.8	1001	7.8	110	11.0
3. 居住	2816	19.7	2528	19.7	288	11.4
4. 生活用品及服务	949	6.6	857	6.7	92	10.7
5. 交通通信	1375	9.6	1216	9.5	159	13.1
6. 教育文化娱乐	1470	10.3	1308	10.2	162	12.4
7. 医疗保健	1182	8.3	1051	8.2	131	12.5
8. 其他用品和服务	275	1.9	251	2.0	24	9.6

城镇居民生活

【城镇居民收入】 2019 年，恩施州城镇常住居民人均可支配收入为 31561 元，比上年增加 2643 元，增长 9.1%，扣除价格因素后实际增长 5.9%。2019 年，恩施州城镇常住居民人均可支配收入比全国平均水平 42359 元低 25.5%，比全省平均水平 37601 元低 16.1%，在全省 17 个市州中，绝对额排第十六位，增幅排第十二位。在武陵山区 6 个市（州、区）中，恩施州绝对数排第三位，增幅排第二位。

【城镇居民消费】 2019 年，恩施州城镇居民人均生活消费支出为 23251 元，比上年增加 2289 元，增长 10.9%。城镇居民恩格尔系数为 32.7%。

2019年恩施州城镇常住居民人均可支配收入情况表

表9

指标	2019年		2018年		2019年比2018年		
	绝对额（元）	构成（%）	绝对额（元）	构成（%）	增加额（元）	增幅（%）	贡献率（%）
全年可支配收入	31561	100	28918	100	2643	9.1	100
1. 工资性收入	18684	59.2	17093	59.1	1591	9.3	60.2
2. 经营净收入	4069	12.9	3750	13.0	319	8.5	12.1
3. 财产净收入	2625	8.3	2394	8.3	231	9.6	8.7
4. 转移净收入	6183	19.6	5681	19.6	502	8.8	19.0

2019年全国、全省及省内各市州城镇常住居民人均可支配收入情况表

表10

地区	2019年		2018年		2019年	
	绝对额（元）	市州位次	绝对额（元）	市州位次	增幅（%）	市州位次
全国	42359	—	39251	—	7.9	—
全省	37601	—	34455	—	9.1	—
武汉市	51706	1	47359	1	9.2	11
黄石市	38725	2	35327	2	9.6	7
十堰市	33577	11	30771	11	9.1	13
宜昌市	38463	3	35011	3	9.9	4
襄阳市	37297	4	33947	4	9.9	3
鄂州市	34541	9	31742	8	8.8	17
荆门市	36805	5	33779	5	9.0	16
孝感市	35695	7	32685	6	9.2	10
荆州市	35910	6	32590	7	10.2	1
黄冈市	31812	14	28978	14	9.8	5
咸宁市	33191	12	30337	12	9.4	8
随州市	31961	13	29237	13	9.3	9
恩施州	31561	16	28918	15	9.1	12
仙桃市	34541	9	31672	9	9.1	14
潜江市	34627	8	31574	10	9.7	6
天门市	31753	15	28825	16	10.2	2
神农架林区	30728	17	28176	17	9.1	15

说明：表中增幅只保留1位小数使部分市州表现数值相同，但其位次是按计算增幅数值排列

2019年武陵山区城镇常住居民人均可支配收入情况表

表11

地区	绝对额（元）	绝对额位次	增幅（%）	增幅位次
湖南省湘西州	26756	6	8.2	5
湖南省张家界市	26811	5	8.0	6
湖南省怀化市	29107	4	9.0	3
重庆市黔江区	35322	1	8.9	4
贵州省铜仁市	32158	2	9.3	1
湖北省恩施州	31561	3	9.1	2

2019 年恩施州城镇常住居民人均生活消费支出情况表

表 12

指标	2019 年		2018 年		2019 年比 2018 年增减	
	绝对额（元）	构成（%）	绝对额（元）	构成（%）	绝对额（元）	幅度（%）
生活消费支出	23251	100	20962	100	2289	10.9
1. 食品烟酒	7609	32.7	6884	32.8	725	10.5
2. 衣着	2061	8.9	1854	8.9	207	11.2
3. 居住	4753	20.4	4305	20.5	448	10.4
4. 生活用品及服务	1452	6.3	1300	6.2	152	11.7
5. 交通通信	2511	10.8	2242	10.7	269	12.0
6. 教育文化娱乐	2607	11.2	2338	11.2	269	11.5
7. 医疗保健	1752	7.5	1580	7.5	172	10.9
8. 其他用品和服务	506	2.2	459	2.2	47	10.2

农村居民生活

【农村居民收入】 2019 年，恩施州农村常住居民人均可支配收入为11620元，比上年增加1096元，增长 10.4%，扣除价格因素后实际增长 7.1%。2019 年，恩施州农村常住居民人均可支配收入比全国平均水平 16021 元低 27.5%，比全省平均水平 16391 元低 29.1%，在全省 17 个市州中，绝对额排第十五位，增幅排第三位。在武陵山地区 6 个市（州、区）中，恩施州绝对额排第二位，增幅排第三位。

【农村居民消费】 2019 年，恩施州农村居民人均生活消费支出为 9880 元，比上年增加 1077 元，增长 12.2%。农村居民恩格尔系数为 39.4%。

2019 年恩施州农村常住居民人均可支配收入情况表

表 13

指标	2019 年		2018 年		2019 年比 2018 年		
	绝对额（元）	构成（%）	绝对额（元）	构成（%）	增加额（元）	增幅（%）	贡献率（%）
全年可支配收入	11620	100	10524	100	1096	10.4	100
1. 工资性收入	3574	30.8	3245	30.8	329	10.1	30.0
2. 经营净收入	4973	42.8	4508	42.8	465	10.3	42.4
3. 财产净收入	157	1.3	136	1.3	21	15.4	1.9
4. 转移净收入	2916	25.1	2635	25.1	281	10.7	25.7

2019 年全国、全省及省内各市州农村常住居民人均可支配收入情况表

表 14

地区	2019 年		2018 年		2019 年	
	绝对额（元）	市州位次	绝对额（元）	市州位次	增幅（%）	市州位次
全国	16021	—	14617	—	9.6	—
全省	16391	—	14978	—	9.4	—
武汉市	24776	1	22652	1	9.4	14
黄石市	16516	13	15125	12	9.2	17
十堰市	11378	16	10295	16	10.5	2
宜昌市	18134	9	16514	10	9.8	4
襄阳市	18933	6	17305	6	9.4	13
鄂州市	19313	5	17609	5	9.7	6
荆门市	20556	2	18776	2	9.5	9
孝感市	17510	11	15988	11	9.5	8
荆州市	18893	7	17300	7	9.2	16

续表 14

地区	2019 年		2018 年		2019 年	
	绝对额（元）	市州位次	绝对额（元）	市州位次	增幅（%）	市州位次
黄冈市	14490	14	13238	14	9.5	10
咸宁市	16591	12	15116	13	9.8	5
随州市	18094	10	16538	9	9.4	12
恩施州	11620	15	10524	15	10.4	3
仙桃市	19891	3	18177	3	9.4	11
潜江市	19494	4	17797	4	9.5	7
天门市	18138	8	16598	8	9.3	15
神农架林区	11171	17	10091	17	10.7	1

说明：表中增幅只保留 1 位小数使部分市州表现数值相同，但其位次是按计算增幅数值排列

2019 年武陵山区农村常住居民人均可支配收入情况表

表 15

地区	绝对额（元）	绝对额位次	增幅（%）	增幅位次
湖南省湘西州	10046	6	9.4	6
湖南省张家界市	10480	4	9.6	5
湖南省怀化市	10870	3	10.8	1
重庆市黔江区	12975	1	9.9	4
贵州省铜仁市	10259	5	10.7	2
湖北省恩施州	11620	2	10.4	3

2019 年恩施州农村常住居民人均生活消费支出情况表

表 16

指标	2019 年		2018 年		2019 年比 2018 年增减	
	绝对额（元）	构成（%）	绝对额（元）	构成（%）	绝对额（元）	幅度（%）
生活消费支出	9880	100	8803	100	1077	12.2
1. 食品烟酒	3888	39.4	3482	39.6	406	11.7
2. 衣着	643	6.5	580	6.6	63	10.9
3. 居住	1862	18.9	1653	18.7	209	12.6
4. 生活用品及服务	701	7.1	638	7.2	63	9.9
5. 交通通信	815	8.2	711	8.1	104	14.6
6. 教育文化娱乐	909	9.2	800	9.1	109	13.6
7. 医疗保健	901	9.1	791	9.0	110	13.9
8. 其他用品和服务	161	1.6	148	1.7	13	8.8

（周大开）

市场价格运行

【市场价格总体运行】 2019 年，恩施州全年 CPI 累计上涨 3.1%，涨幅较上年扩大 1 个百分点。其中，食品烟酒价格上涨 7.6%，非食品烟酒价格上涨 1.2%；服务、工业品、消费品价格分别上涨 2%、0.3% 和 3.8%。

从同比看，2019 年 CPI 单月同比涨幅“震荡上行”，从 2 月 0.9% 的低点逐步攀升至 11 月 5.2% 的高点，创近 5 年新高。1 月受元旦的影响，CPI 以 2.2% 的增幅高开；2 月受春节错位影响，市场价格总体偏低，CPI 落至年内 0.9% 的最低点；3—6 月，由于鲜果等价格持续高走，猪肉价格呈恢复性反弹，CPI 运行在 3.5% 左右；7—8 月，房租翘尾因素消失，CPI 落至 2% 左右；9—11 月，随着猪肉价格及其他肉类价格高涨，推动市场整体行情，CPI 攀升至 5.2% 的高点；12 月，随着生猪生产各项扶持政策落地落实，猪肉消费价格开

始回落，CPI落至4.9%。从环比看，2019年CPI环比指数上下波动。1—2月，受元旦、春节等节日因素影响，价格波动较为明显，环比分别上涨0.3%和0.9%；3月随着春节效应消退，鲜活食品价格回落，CPI环比下降0.2%；4—7月，鲜果价格上扬，各月环比涨幅相对平稳，均在0.2%以内；8—10月，猪肉价格大幅上升，CPI环比上涨最高达1.5%，11月—12月，随着猪肉价格逐渐回落，环比指数一路走低，12月环比下降0.1%。

【八大类消费品价格】 2019年，恩施州八大类消费品“七涨一跌”，除交通和通信类下跌2.2%外，其他七大类都普遍上涨。食品烟酒类涨幅位居八大类之首，全年累计上涨7.6%；居住类累计上涨3.2%位居第二；其后的其他用品和服务类、衣着类、医疗保健类分别上涨3%、2%和1.1%；其余大类累计涨幅均在1%以内。八大类消费品中，食品烟酒类价格指数对总指数上涨贡献率最大，达73.2%，拉动总指数上涨2.27个百分点，紧随其后的分别是居住、衣着和医疗保健类，分别推动总指数上行0.68、0.16个和0.10百分点，除交通和通信类外，其余大类对总指数的推动均在0.10%以内。恩施州市场价格累计涨幅与全省3.1%的累计涨幅一致，略高于全国2.9%的累计涨幅。和省内其他地市横向比较，恩施州的累计涨幅处于中间位置，低于黄冈、荆门、孝感等地市，高于襄阳、宜昌、咸宁等地市。

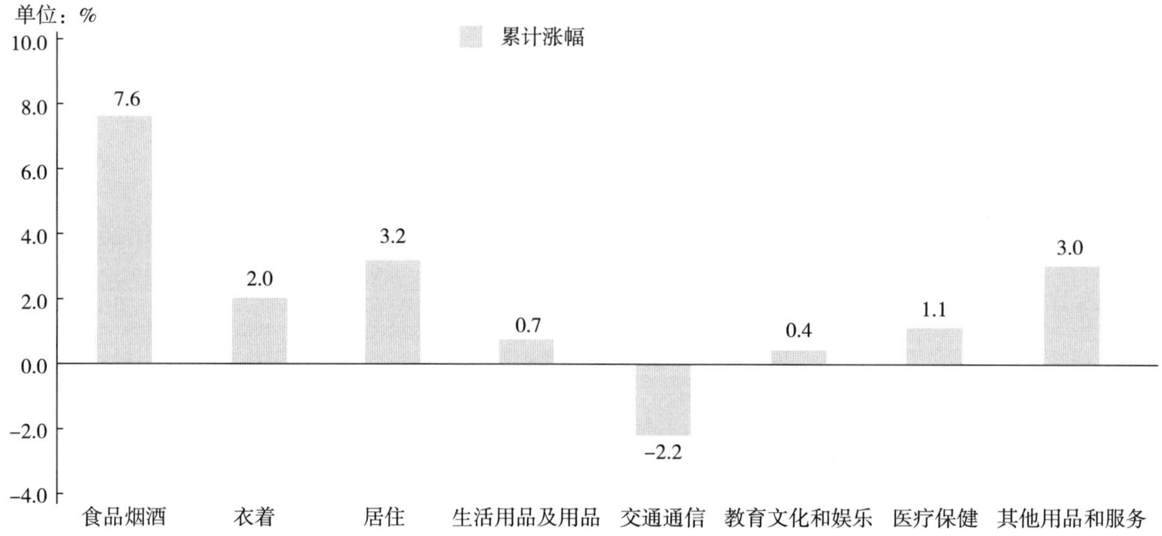

图1　2019年恩施州CPI八大类累计涨幅图

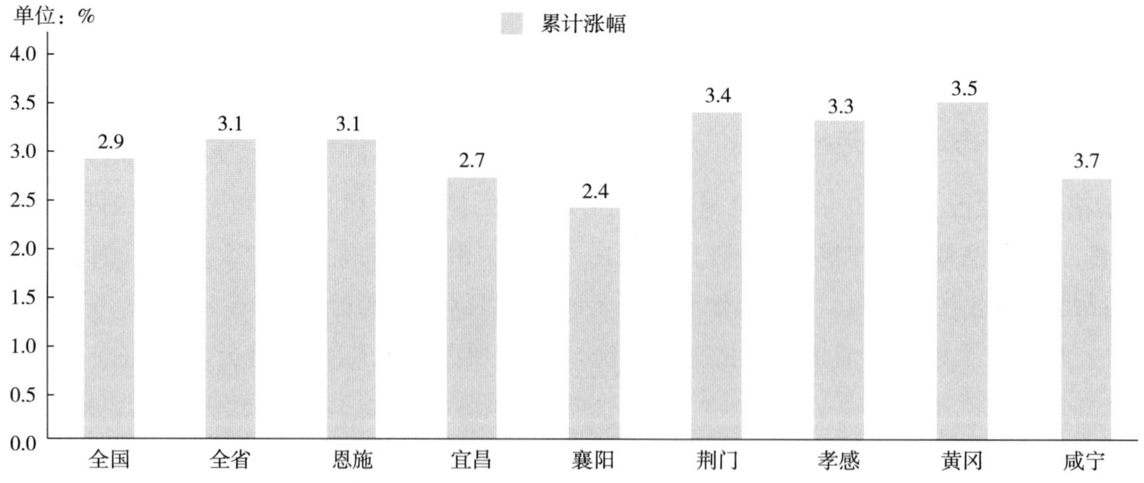

图2　2019年恩施州CPI累计涨幅与全国全省及部分地市对比图

【主要食品价格】 2019 年，恩施州畜肉类、禽肉类价格全年累计分别上涨 32.4%、15%，推动 CPI 总指数分别上涨 1.30%、0.15%，其中猪肉价格持续高位运行是推动 CPI 总指数大幅上涨的首要推手。2018 年下半年至 2019 年 2 月，“非洲猪瘟”疫情限制猪肉跨区域调运，而恩施州作为生猪调出主产区外销受阻，本地市场消化能力相对有限，导致猪肉价格下跌；3—7 月，猪肉价格恢复性反弹；8—11 月，因生猪供应紧缺，猪肉价格一路上扬；12 月，随着生猪生产各项扶持政策落地落实，肥猪收购价格下跌，猪肉价格开始回落，但同比仍翻一番。猪肉价格的大幅上涨，消费量下降，带动其他畜肉类的牛肉、羊肉以及禽肉类的鸡、鸭消费增加，价格跟着涨价，牛肉、羊肉、鸡、鸭累计分别上涨 8%、8%、16.6%、22.7%。恩施州鲜菜、鲜果价格全年累计分别上涨 4.5%、17.98%，推动 CPI 总指数上涨 0.12%、0.32%。

鲜菜价格受季节、气候等自然因素影响明显，春季因长时间低温阴雨天气影响，价格总体高于往年，特别是春节前后鲜菜价格出现较为剧烈的波动，夏秋两季由于本地蔬菜大量上市，供过于求，市场价格总体稳中有降，冬季由于本地蔬菜供应减少，外运蔬菜价格偏高，推动蔬菜价格出现明显上涨。鲜果价格上涨幅度较大，主要受水果原产地天气影响产量偏低，水果经销商进货量下降，同时本地经销商的进价成本增加，带动水果的消费价格上涨。1—3 月，鲜果价格稳中有升，4—6 月，鲜果价格直线上升，是全年价格上涨最快的 3 个月，入秋后，应季水果大量上市，供应充足，价格逐渐回落。

【服务类价格】 2019 年，恩施州服务类价格累计上涨 2%，推动 CPI 总指数累计上涨 0.76%，是支撑恩施州 CPI 的重要因素，其中房屋租赁、教育服务和旅馆住宿服务价格上涨影响较大。受 2018 年房租等部分规格品价格上涨带来的翘尾因素影响，租赁房房租全年累计上涨 4.8%，推动 CPI 总指数累计上涨 0.08%。教育服务受部分民办学校学费上涨影响，全年累计上涨 4.1%，推动 CPI 总指数上涨 0.28%。恩施州成为国家级全域旅游示范区，旅游经济持续发展，到恩施旅游的人数逐年增多，带动旅馆住宿价格上涨，旅馆住宿类价格全年累计上涨 18.8%，推动 CPI 总指数累计上涨 0.05%。

（杨　炼）

县市概览

恩施市

【概 况】恩施市位于湖北省西南部，武陵山北部，清江中上游，北纬29°50′33″—30°39′30″、东经109°4′48″—109°58′42″，是恩施州首府，为全州政治、经济、文化中心和交通枢纽。东邻建始，西接利川，南毗鹤峰、宣恩、咸丰，北连重庆奉节。境内5千米以上河流76条，其中发源于市域内58条，地表水资源量42亿立方米，入境水量41亿立方米，出境水量70亿立方米，年平均径流量42亿立方米，天然落差38—68.5米，水能资源理论蕴藏量75.6万千瓦，技术可开发量为69.8万千瓦，经济可开发量为57.27万千瓦。市内建成水电站71座，装机126台，总容量8.1万千瓦。全市有高低等植物199科、929属、2447种，红豆杉、珙桐等国家重点保护植物33种。全市林业用地面积272653.33公顷，占总面积68.71%；森林覆盖率65.78%；森林蓄积量1329.43万立方米。发现矿产43种，占全省已发现矿产109种的39.8%，占全州已发现矿产60种的70.16%。探明具有D级以上储量的矿产10种，产地18处，其中硒资源蕴藏量位居全国首位，具有分布广、储量大、埋藏浅等特点。

2019年，全年实现地区生产总值379.52亿元，扣除价格因素，同比增长7.7%。人均GDP达48516元，比上年提高3480元，扣除价格因素，同比增长7.1%。第一产业实现增加值30.75亿元，增长3.7%；第二产业实现增加值152.38亿元，增长7.4%；第三产业实现增加值196.39亿元，增长8.9%。三次产业结构由上年的8.4∶41.6∶50.0调整为8.1∶40.2∶51.7。其中一产业比重下降0.3个百分点，第二产业比重下降1.4个百分点，第三产业比重提高1.7个百分点。

【区划、人口】2019年，全市辖7个乡6个镇3个街道1个风景区管理处和172个行政村36个社区。境内多民族聚居，少数民族44个，主要少数民族28个，少数民族人口占总人口的40.66%。以土家族居多，苗族、侗族居次。年末全市户籍总人口81.3万人，其中，男性41.68万人，女性39.62万人，男女性别比为105.2（女性为100）。常住人口78.36万人，按城乡划分口径分：城镇人口（含城区及城郊区和乡镇集镇辖区）44.66万人，乡村人口33.70万人，常住人口城镇化率57%，比上年提高1个百分点。当年出生人口8231人，当年死亡人口4742人，人口出生率9.28‰，人口死亡率5.35‰，人口自然增长率3.93‰。年末60岁以上老年人口15.76万人，占总人口的19.38%。全市人口密度为197.53人/平方千米。按农业口径分：全市乡村人口为63.69万人，乡村户数18.73万户。

2019 年恩施市乡（镇、街道、管理处）基本情况表

表 17

乡（镇、街道、管理处）	区域面积（公顷）	耕地面积（公顷）	总户数（户）	总人口（人）	村（社区）（个）			村（居）民小组（个）	粮食产量（吨）	党委书记，乡镇长、管理处主任（12 月底在职）
					小计	村	社区			
新塘乡	41115	6075.9	14204	50532	13	10	3	124	23287	张晓军　袁铭方
红土乡	22872.1	5582.2	14870	45528	13	11	2	97	23281	张　涛　王　祎
沙地乡	18111	2580	12614	34221	10	9	1	97	17604	戴　锐　赵　林
太阳河乡	24477	4430	6014	20026	13	12	1	72	12056	张丽红　钟　辉
屯堡乡	25174.5	5475	12571	45169	14	13	1	123	7862	雷世军　马承恩
白果乡	32450.1	6669.7	8839	28358	12	11	1	66	10502	胡　志　彭钦钊
芭蕉侗族乡	28477.3	5001.34	18390	65765	18	17	1	150	11207	龙　慧　张　义
三岔镇	26112	2930.2	11086	42000	13	12	1	65	14733	查忠权　谭海鹰
崔家坝镇	22277	2718	13944	40565	12	11	1	108	14017	钟迎松　薛成功
白杨坪镇	26898.5	7.51	16000	60400	13	12	1	120	14138	张金元　陈铁丹
板桥镇	30400	2680	5018	23103	5	4	1	34	9901	郭永伦　蒲晓斌
龙凤镇	28615	3583	23662	69451	19	18	1	148	8150	程俊毅　涂　家
盛家坝镇	36919	8801	13267	38235	11	10	1	130	21840	李华军　徐　瑞
小渡船街道	3639	317.4	19791	48268	9	3	6	21	591	付定平　黄　鹤
六角亭街道	8152	1712.8	17203	45889	8	4	4	62	3602	李文静（主任）
舞阳坝街道	11621	2930	67592	126696	19	10	9	90	6963	史光武　程　凯
大峡谷风景区管理处	16741	3480	7902	28750	6	5	1	46	9327	向异华　黄　猛
合计	404051.5	64974.05	282967	812956	208	172	36	1553	209061	—

【农　业】 全市实现农、林、牧、渔业总产值 55.97 亿元，扣除价格因素，同比增长 3.6%。其中，农业产值 30.15 亿元，同比增长 3.5%；林业产值 4.76 亿元，同比增长 2.9%；牧业产值 16.91 亿元，同比增长 3.5%；渔业产值 0.31 亿元，同比增长 2.2%；农林牧渔服务业产值 3.84 亿元，同比增长 5.3%。主要农产品种植结构不断调整，粮食产量基本稳定，经济作物总体增收。全年粮食产量 20.91 万吨，与上年基本持平。其中，夏粮产量 4.98 万吨，比上年增产 18.4%，秋粮产量 15.93 万吨，比上年减产 5.1%；蔬菜（含魔芋）产量 61.73 万吨，增产 4.2%；油料产量 2.02 万吨，减产 7%；烟叶产量 0.59 万吨，减产 21%；茶叶产量 2.65 万吨，增产 13.4%；水果产量 4.06 万吨，增产 5%，药材产值 1.56 亿元，增产 4.1%。全市生猪出栏 61.13 万头，比上年下降 28.9%；牛出栏 1.76 万头，下降 20.4%；羊出栏 9.75 万只，下降 31.5%；家禽出笼 203.55 万只，比上年增长 2.7%。

【工业、建筑业】 2019 年末，全市规模以上工业企业 76 家，实现工业总产值 52.66 亿元，比上年增长 12.2%（不含恩施卷烟厂和州市供电公司数据。包含恩施卷烟厂和州市供电公司数据，则工业总产值为 165.99 亿元，比上年下降 0.5%）。全部工业（包括恩施卷烟厂、州市供电公司及限下）实现增加值 133.81 亿元，可比增长 8%。其中，规模以上工业增加值可比增长 7.9%。规模以上工业（不含恩施卷烟厂和州市供电公司数据）实现营业收入 52.42 亿元，同比增长 9.5%。实现利润总额 6.4 亿元，实现利税总额 8.73 亿元，比上年增长 10.4%。全市拥有资质等级三级及以上建筑企业 51 家，其中一级建筑资质 2 家，二级建筑资质 16 家，三级建筑资质 14 家，二级装修资质 11 家，三级装修资质 7 家，建筑业劳务企业 1

家。全年实现建筑业总产值60.56亿元，增长4%。

【固定资产投资、房地产】 全社会固定资产投资完成额比上年增长18.2%（不含农户），其中5000万元以上项目投资73.41亿元，比上年增长2%。房地产开发投资70.95亿元，同比增长14.8%。全年城镇投资施工项目370个，其中，当年新开工项目119个。全年商品房销售面积149.33万平方米，比上年增长10%，其中住宅销售138.48万平方米，比上年增长6.9%。实现商品房销售额90.49亿元，同比增长6.5%。

【贸　易】 2019年，实现社会消费品零售总额215.78亿元，同比增长11.6%。分行业看，批发业、零售业、住宿业、餐饮业分别实现零售额44.35亿元、154.14亿元、7.32亿元、9.97亿元，较上年分别增长18.6%、9.8%、8.8%、12.5%。全年实现出口额1652万美元，比上年增长183.1%。市场物价平稳运行。居民消费价格总指数比上年上涨3.1个百分点；商品零售价格总指数比上年上涨1.9个百分点。新签招商引资合同（协议)14个，合同（协议）金额139.2亿元，比上年增长18.4%。全年实际到位境内省外资金33.61亿元。全年实际利用外资858万美元，较上年增长1.4%。

【财政、金融】 2019年，全市实现财政总收入34.94亿元，较上年下降1.8%，其中一般公共预算收入22.86亿元，下降1%。税收收入30.48亿元，同比下降1.2%；财政收入4.46亿元，下降5.5%。一般公共预算收入中税收收入18.4亿元，占比80.5%。全年公共财政预算支出87.23亿元，增长21.2%。全市年末金融机构人民币存款余额511.86亿元，比上年末增长0.1%，其中城乡居民储蓄存款余额261.12亿元，比上年末增长4.3%。金融机构人民币贷款余额529.02亿元，比上年末增长13.1%。贷存比103.35%。

【交通运输、邮电】 2019年，全市境内拥有四级及以上公路里程达4360千米，按管理级别分：国道282千米、省道358千米、县道428千米、乡道2576千米、村道路716千米。按技术等级分：一级公路29千米；二级公路417千米；三级公路134千米；四级公路3780千米。年末拥有公共汽车营运车辆数257辆（328标台），营运线路35条，营运线路总长度600千米，全年客运量5400万人次，实现营运收入6918万元。市内客运出租汽车840辆。年末拥有固定电话用户4.18万户，拥有移动电话用户111.03万户，宽带网用户55.94万户。

【旅　游】 全年接待国内外旅游总人数2374万人次，增长12.5%。全年实现旅游综合收入200.39亿元，增长11.6%。其中，旅游入境人数6575人次，下降3.3%。外汇收入324万美元，增长26.1%。

【教育、科技、卫生】 2019年，全市辖区拥有幼儿园124所，小学108所，初级中学26所（含九年一贯制学校4所），高级中学8所（含十二年一贯制学校3所）。中等职业学校2所，特殊教育学校1所，乡村教学点75个。学前教育幼儿园在园人数24278人，小学在校学生53448人，小学学龄儿童入学率100%，普通初中在校学生29453人，初中学龄入学率100%，初中毕业生升学率91.1%，九年义务教育巩固率99.9%。普通高中在校学生19080人。特殊教育学校在校学生107人。学前教育拥有教职工2385人，其中专任教师990人。小学教育拥有教职工3785人，其中专任教师3428人。初级中学拥有教职工2772人，其中专任教师2397人；高级中学拥有教职工2704人，其中专任教师2012人。全市新增高新技术产业企业9家，年末高新技术产业企业达到31家。全年实现高新技术产业总产值387961万元，增加值200039万元，分别占地区生产总值的10.22%和5.27%。规模以上企业设立研发机构的占规模以上企业总数的25%以上；完成“硒都菁英汇”人才计划项目征集20项，发布省“揭榜制”科技项目3个，对接技术成果需求5项；完成《恩施市创新型市建设方案》编制和创建申报工作。全年专利申请647件（其中发明专利申请244件），专利申请总量比上年增长60.9%；专利授权258件（其中发明专利授权37件），专利授权总量比上年增长22.3%。卫生健康事业稳步发展，城乡医疗服务网络、设施和技术水平不断改善和提高。2019年，全市辖区拥有卫生机构220个，其中，医院16个，乡镇卫生院及社区卫生服务中心17个，村及城区卫生室（所）181个，其他卫生机构6个。全年财政直接用于卫生健康支出7.36亿元。全市辖区医疗机构年末拥有医疗床位8195张，按常住人口计算每千人拥有医疗床位10.5张；拥有卫生技术人员8043人，其中：执业（助理）医师2775人，注册护士4257人。

【人民生活】 2019年，全市城镇常住居民人均可支配收入34300元，增长9.1%，年人均生活消费总支出25269元，增长10.9%。城镇居民恩格尔系数32.7%。农村居民生活水平逐步改善。据农村住户监测资料显示：农村常住居民年人均可支配收入12050元，增长10.6%；年人均生活消费支出10246元，增长12.4%。农村居民恩格尔系数39.4%。农村自来水普及率90.14%。城乡全体居民人均可支配收入22099元，增长9.6%。城乡居民人均生活消费支出17031元，增长11.4%。全体居民恩格尔系数34.9%。城乡居民收入比为2.85 : 1。2019年全市城镇单位在岗职工年平均工资57898元，比上年增长3%（全州平均水平）。

【社会保障】 全市城镇新增就业人数8461人，城镇登记失业人数3050人，城镇登记失业率为3.3%。参加各种社会保险人数140.09万人，其中，企业基本养老保险10.57万人；机关事业单位基本养老保险2.03万人；城乡居民养老保险38.26万人；城镇职工基本医疗保险7.32万人；城乡居民医疗保险66.43万人；失业保险4.42万人；工伤保险7.28万人；生育保险3.79万人。全年征收各种社会保险基金149865万元。全年社会救助城乡居民最低生活保障人数34445人，低保户数15893户。其中，城市居民最低生活保障人数2432人，低保户数1577户；农村居民最低生活保障人数32013人，低保户数14316户。农村特困人员救助供养3347人，城市特困人员救助供养65人。临时救助1371人次。

【城市建设】 完成市政公用设施建设投资24.49亿元。其中，城区道路桥梁建设投资10.37亿元；园林绿化建设投资9.69亿元；城区亮化建设投资3.2亿元；供水新扩建投资0.76亿元；污水处理及管网建设投资0.37亿元；环境卫生设备设施建设投资0.1亿元。城区面积120平方千米，其中建成区面积41.28平方千米。新增城市道路9.21千米，年末城市道路长度达204.04千米。本年新增城市道路面积21.08万平方米，年末城市道路面积达312.33万平方米。年末安装路灯道路长度196.87千米，年末道路照明灯17743盏。年末公共停车场停车位数14621个，配建停车场停车位数12416个。年末城区绿化覆盖面积2500公顷，其中建成区1705.5公顷，建成区绿化覆盖率41.3%。年末城区园林绿地面积2076公顷，其中建成区1525公顷。城区公园6个，面积198公顷。新增供水管道长度73.28千米，年末供水管道长度1321.12千米，综合生产能力17.3万立方米/日，全年供水总量4773.96万立方米。用水户数153267户，用水人口28万人。城市饮用水水质综合合格率100%。天然气供气管道长度1330.57千米，储气能力10万立方米，全年供气总量7906.42万立方米，用气户数110157户，用气人口24万人。液化石油气储气能力380吨，全年供气总量915吨，用气户数7233户，用气人口2.8万人。2019年末，拥有市容环卫专用车辆112辆，道路清扫保洁面积379万平方米，年清运生活垃圾12.43万吨，清运建筑垃圾165万吨，生活垃圾无害化处理率100%。全年污水排放总量3350万立方米，污水处理量3122.14万立方米，污水处理率93.2%。

【生态环境】 全年能源消耗总量134.22万吨标准煤，比上年增长4.09%。单位GDP能耗0.3955吨标准煤/万元，比上年下降3.35%。单位工业增加值耗能比上年下降12.38%。单位GDP电能消耗493.8千瓦时/万元，比上年降低0.8%。主要污染物总量减排完成省、州下达任务目标；全年空气质量优良天数达344天（其中优145天，良199天），城区饮用水源水质达标率100%。森林覆盖率达65.53%。

【中共恩施市委九届六次全体（扩大）会议】 2019年7月28日，中共恩施市委九届六次全体（扩大）会议召开。州政协副主席、市委书记向前进代表市委常委会作题为《牢记初心使命、弘扬斗争精神、坚决打好防范化解重大风险攻坚战》的报告。会上讨论通过《中共恩施市委、恩施市人民政府关于打好防范化解重大风险攻坚战的意见》，审议通过《中共恩施市委关于落实意识形态责任制情况的报告》《关于恩施市盛家坝乡撤乡设镇行政区划调整的报告》。

【恩施市第十届人民代表大会第四次会议】 2019年1月5—7日，恩施市第十届人民代表大会第四次会议召开。市人民政府向大会作政府工作报告。1月6日上午，恩施市第十届人民代表大会第四次会议第二次全体会议召开。大会听取《恩施市人大常委会工作报告》《恩施市人民法院工作报告》《恩施市人民检察院工作报告》《恩施市人民政府关于市十届人大三次会议以来及“聚力脱贫攻坚·人大代表在行动”代表建议、批评、意见办理情况的报告》。1月7上午，恩施市第十届人民代表大会第四次会议闭幕。大会选举万亨东为市人大常委会副主任，并举行宪法宣誓。会议表决通过议案审查委员会议案审查情况报告，计划、预算审查报告和有关决议、决定。会议通报2018年度人大工作突出单位，会议还对政府工作部门、法院、检察院工作“满意度”进行测评。

【政协恩施市第九届委员会第三次会议】 2019年1月3—5日，政协恩施市第九届委员会第三次会议召开。市政协主席郑晓斌代表政协恩施市第九届委员会常务委员会向大会作报告；大会报告市政协九届二次会议以来的提案工作情况，通报政协恩施市第九届委员会第一次会议以来政府系统提案办理情况。1月5日上午，全体政协委员列席市第十届人大四次会议，听取《政府工作报告》。下午，政协恩施市第九届委员会第三次会议召开闭幕式。会议通过有关政协常务委员会组成人员请辞事项，增选吴秀忠为政协恩施市第九届委员会副主席。会议表彰九届二次会议以来优秀政协委员、优秀政协工作者、支持政协工作先进单位、提案办理先进单位、提案办理先进个人和优秀提案；会议通过《政协恩施市第九届委员会第三次会议政治决议》。

【脱贫攻坚“三大行动”动员会】 2019年3月29日，恩施市召开脱贫攻坚“三大行动”动员会，全面启动全市脱贫攻坚各类问题清零、帮扶质量提升、文明乡风引领“三大行动”，并提出相关工作要求。会议提出恩施市从2019年4月开始，集中6个月时间，聚焦“六基”重点，实施“三大行动”，重点解决当前工作中存在的各类突出短板和薄弱环节，推进中央专项巡视、各级督查考核、审计等各类问题整改。会上解读《进一步加强贫困人口门诊特殊慢性病筛查鉴定工作实施方案》。

【湖北省恩施市龙凤镇综合扶贫改革试点工作】 2019年，湖北省恩施市龙凤镇综合扶贫改革试点（简称“龙凤试点”）建设巩固试点成效，发挥试点特色，推进乡村振兴。实现工农业总产值21.14亿元，三产结构比为29∶36∶35。城镇常住居民人均可支配收入和农民人均纯收入分别2.7万元和1.28万元，分别同比增长7.2%、9.9%。承办全省东西部扶贫协作现场会、全省脱贫攻坚培训班现场观摩会，扶贫经验得到推广。全镇贫困规模从2014年6338户2.06万人减少到2019年底74户178人，贫困发生率由43.9%降至0.29%。

【机构改革】2019年，恩施市机构改革按照中央、省委要求，党政机构限额为37个。改革后，党委、政府直属事业单位各4个，直属事业单位削减11%。建立健全市委对重大工作的领导体制机制，加强市委职能部门的统一归口协调管理职能，根据上下基本对应和因地制宜相结合的原则，新组建或重新组建11个党政机构，调整优化25个部门职能配置和机构设置，统筹设立10个议事协调机构，单设市民族宗教事务局和市林业局。按照“不立不破、先立后破”和“编随事走、人随编走”的原则，新组建部门和涉及职责、机构、人员编制调整的16个单位377名行政编制人员完成转隶。截至2019年12月31日，全市有行政机构62个，其中党委序列10个，政府序列27个，群众团体机关6个，经济开发区1个，人大机关1个，政协机关1个，乡镇机关13个，街道办事处3个；事业单位624个。

【“裸土复绿”攻坚行动】2019年6月，根据省、州第一批主题教育问题整改的要求，恩施市继续推进“裸土复绿”工作，在城区开展“裸土复绿”攻坚行动。成立由市委书记任指挥长、市长任常务副指挥长、相关市级领导任副指挥长的指挥部，出台《恩施城区裸土复绿专项攻坚行动方案》，明确工作机制，组建5个工作组和4个片区工作专班。通过航拍和现场踏勘，恩施城区有裸露土地约1.42公顷（平面约1.28公顷；立面约1362公顷），涉及地块224个，播撒草籽和树种33万余斤，完成3.7万米花池修建工作，沿山脊开挖种植槽2400余米，栽植藤蔓植物88.29万株。第一阶段平面草籽和树种播撒，立面山脚花池修建和藤蔓植物栽植、喷播等工作完成。

【精神文明创建】2019年是创建2017—2019年度省级文明城市的关键之年，文明乡风引领行动是精神文明创建工作中的重要内容。5月22日至6月3日，恩施市组建道德巡回宣讲团，在全市17个乡镇办及村开展道德巡回宣讲活动。开展“五佳”“五好”评选。开展“扫黑除恶”专项斗争、律师进村、法律便民及“三学三知”宣传教育活动。7月，恩施市印发《关于做好村规民约和居民公约工作的实施意见》，提出“2020年6月底前全市所有村、社区制定或修订并形成务实管用的村规民约、居民公约”的目标任务，9月19日湖北省2019年优秀村规民约发布会在恩施举办。做好垃圾处理、污水处理、村容村貌提升，开展以屋边、路边、田边、沟边、河边等“五边”地带为重点，清理生活垃圾、清理河塘沟渠、清理畜禽废弃物，整治乱搭乱建、乱堆乱放、乱拉乱接等行为，整治村庄人居环境。建立分级负责、全面覆盖和“户分类、组保洁、村收集、乡（镇）转运、市处理”为主的垃圾处理机制。加强公共服务配套建设，结合精准扶贫，抓好环境卫生、道路交通、集镇停车场、垃圾填埋场、菜市场、文化广场、文化墙宣传等公共服务配套建设，助推文明乡风引领行动。建设一批乡村文化设施和活动场所，包括乡镇文化站、村文化室、农村电影放映厅、阅览室、农家书屋、文化大院，文化广场等。

【荣　誉】2019年，恩施市被省委办公厅、省政府办公厅表彰为扶贫开发工作综合评价好的县市、10个“三农”发展进位显著的县（市、区）、全省县域经济工作考核中成绩突出单位第三类县（市、区）、金融信用县（市、区）。恩施市西兰卡普传承人田若兰获湖北省“荆楚工匠”荣誉称号，芭蕉侗族乡肖孚云劳模工作室获湖北省职工（劳模、工匠）创新工作室。

（姚懿予）

利川市

【概　况】利川市位于鄂西南隅，东与恩施市接壤，南与咸丰县毗连，西南与重庆黔江、彭水两区县相邻，由西至北依次与重庆石柱、万州、云阳、奉节诸区县毗连，为清江、郁江发源地。地跨北纬29°42′—30°39′，东经108°21′—109°18′，东西距宽92千米，南北长105千米，总面积4606平方千米，是恩施州面积最大的县级市。境内生物、矿产、水能、风能资源丰富。森林资源有维管植物200科、843属、2033种，其中有国家一级保护树种7种，二级保护树种36种。境内盛产坝漆、黄连、莼菜、山药，也是地球上的珍稀孑遗树种水杉树的发祥地，利川被誉为坝漆之乡、黄连之乡、莼菜之乡、水杉之乡、山药之乡。有野生动物300余种。主要粮食作物10余种，家畜家禽10余种。矿产资源门类齐全，天然气、卤水、煤炭、生物礁、石膏、石灰石蕴藏量较大。水能资源理论蕴藏量70万千瓦，可开发量50万千瓦。风能资源蕴藏量180万千瓦，可开发量120万千瓦。位于谋道集镇东南的水杉古树，是地球上已知的最大、最古老的一棵水杉母树，树龄500余年，人称“天下第一杉”。位于毛坝镇东南部的星斗山，植被区系庞杂，起源古老，植物种类丰富，是国家级自然保护区。全市有古遗址15处、古墓葬18处、古建筑33处、石窟寺及石刻6处、近现代重要史迹17处、近现代代表性建筑1处，均列为市级以上文物保护单位。其中大水井古建筑群、鱼木寨为全国重点文物保护单位；太平塘摩崖题刻、石龙寺、如膏书院、三元堂、花梨岭天主教堂、范家老屋、中共湘鄂西前敌委员会旧址、谢家老屋等18处为省级文物保护单位；鞍山古墓群、永顺桥、中共湘鄂西中央分局十字路会议旧址3处为州级文物保护单位，支罗遗址等71处为市级文物保护单位。全市有国家AAAA级旅游景区4个。

2019年，全市完成地区生产总值204.89亿元，比上年增长6.7%。其中，第一产业增加值36.87亿元，增长3.2%；第二产业增加值34.15亿元，增长9.5%；第三产业增加值133.87亿元，增长7%。三次产业结构比为17.99∶16.67∶65.34。按年均常住人口计算，全市人均生产总值达到30426元，增长6.7%。年末全市有市场主体53399户，比上年增长11.7%。实有企业类市场主体7747户，增长14%。实有个体工商户41465户，增长12%。农民专业合作社3174个，增长5%。新登记各类市场主体7412户，其中新登记企业类市场主体1627户。

【区划、人口】 2019年，利川市辖14个乡（镇、街道），585个村（居）民委员会（545个村，40个社区），5818个村民小组。全市面积4606平方千米，年末全市户籍总人口为91.88万人，比上年末增加1716人。全市常住人口67.44万人，比上年末增加2000人，其中城镇常住人口30.55万人，城镇化率45.3%，比上年提高1.1个百分点。全年人口出生率为8.93‰，人口死亡率为4.25‰，人口自然增长率为4.68‰。出生人口性别比106.4（女性为100）。2010年第六次人口普查，全市户籍人口89.91万人，少数民族53.22万人，占总人口的59.2%，其中土家族47.13万人，占52.43%；苗族5.46万人，占6.07%；蒙古族0.22万人，占0.25%；其他少数民族人口0.41万人，占0.45%。

2019年利川市乡（镇、街道、开发区）基本情况表

表18

乡（镇、街道、开发区）	区域面积（平方千米）	总户数（户）	总人口（人）	村、社区（个）	粮食产量（吨）	党委书记，乡（镇）长、街道、开发区主任（12月底在职）
都亭街道	30.09	32680	71290	14	1690	吴兴灿　闫鹏飞
东城街道	91.16	16510	37119	18	8159	熊大昌　向　阳
柏杨坝镇	579.93	26231	88465	58	44023	佘　军　张志权
谋道镇	338.27	25204	71369	56	24646	陈建平　邓永宝

续表 18

乡（镇、街道、开发区）	区域面积（平方千米）	总户数（户）	总人口（人）	村、社区（个）	粮食产量（吨）	党委书记，乡（镇）长、街道、开发区主任（12 月底在职）
忠路镇	513.62	29845	84310	61	30733	龚友明　梁凤翔
团堡镇	447.72	23146	69630	57	15806	张文生　谭　彪
汪营镇	355.02	36792	102241	53	36547	朱定攀　覃征操
建南镇	325.95	24313	73045	54	29682	李　兰　陈伦峰
元堡乡	266.16	12513	35839	26	9361	陈显祥　叶志坚
凉雾乡	419.04	24822	72216	45	25024	黄佑东　张全胜
毛坝镇	325.42	14763	42309	44	6704	刘　宇　陈　粟
南坪乡	148.46	20063	60914	21	38676	周德燕　周远宗
沙溪乡	292.86	12975	36584	22	15929	刘玲芳　杨海明
文斗乡	431.89	24387	73482	56	32369	李中革　李同生
福宝山生态综合开发区	39.94	—	—	—	—	赵玉超
湖北利川经济开发区	—	—	—	—	—	何文建　熊大昌
合计	4605.53	324244	918813	585	319349	—

说明：因四舍五入，各乡（镇、街道、开发区）粮食产量不一定等于合计数

【农　业】 全年全市农、林、牧、渔业总产值658711万元，扣除价格因素，比上年增长3.6%。其中农业总产值368127万元；林业总产值55054万元；牧业总产值185763万元；渔业总产值3403万元；农林牧渔业及辅助活动总产值46364万元。农林牧渔业增加值388644万元，比上年增长3.6%。其中，农业增加值238934万元；林业增加值29920万元；牧业增加值97722万元；渔业增加值2118万元；农林牧渔业及辅助活动增加值19950万元。全年粮食种植面积76433.33公顷，比上年减少2533.33公顷。粮食总产量31.94万吨，比上年减少0.18万吨，减产0.6%。油料产量1.49万吨，减产0.1%。烟叶产量0.73万吨，减产26.5%。蔬菜产量77.77万吨，增产0.3%。茶叶产量2.2万吨，增产26.7%。园林水果产量4.86万吨，增产2.6%。全年猪牛羊禽肉产量3.71万吨，比上年下降33.7%，其中猪肉产量3.02万吨，比上年下降39.6%。禽蛋产量0.94万吨，比上年增长0.6%。受非洲猪瘟影响，年末生猪存栏17.31万头，比上年下降54.8%，生猪出栏39.53万头，比上年下降40%。

【工业、建筑业】 全年全部工业增加值22.43亿元，比上年增长9.3%。规模以上工业企业40家，规模以上工业增加值增长10.1%，全年规模以上工业产销率为98.2%，每百元营业收入中的成本72.3元，比上年减少4元，营业收入利润率16.4%，增长3.7个百分点；每百元营业收入中的费用10.69元，减少0.34元；每百元资产实现的年营业收入31.80元，增加0.84元；资产负债率52.1%，下降4.8个百分点。全年全市实现建筑业增加值11.87亿元，比上年增长9.9%。全市具有资质等级建筑业企业25家，完成建筑业总产值12.3亿元。

【固定资产投资、房地产】 全年固定资产投资比上年增长17.9%。其中民间投资完成67.91亿元，增长15%；工业项目投资完成15.14亿元，增长38.9%；工业技改项目投资完成2.1亿元，下降14.1%。分产业看，第一产业投资增长20.8%、第二产业投资增长38.9%、第三产业投资增长14.8%。全年商品房施工面积336万平方米，下降23.1%；竣工面积18万平方米，下降32.5%；销售面积83万平方米，下降21.7%；待售面积12万平方米，下降47.7%。全年商品房销售额44.2亿元，下降14.2%，其中住宅销售额38.25亿元，下降9.4%。

【贸　易】 全年社会消费品零售总额1205977万

元，比上年增长 11.3%。分地域看，城镇社会消费品零售额 905461 万元，增长 11.3%；乡村社会消费品零售额 300516 万元，增长 11.4%。分消费类型看，批发业零售额 149722 万元，增长 11.4%；零售业零售额 856562 万元，增长 11.3%；住宿业零售额 76526 万元，增长 11.1%；餐饮业零售额 123167 万元，增长 11.4%。全年引进省外资金 334857 万元，比上年增长 6.3%。

【财政、金融】 全年地方财政总收入 219230 万元，比上年增长 10.8%。其中，地方一般公共财政预算收入 119476 万元，增长 8.5%。在地方一般公共预算收入中，税收收入 87035 万元，增长 9.4%。全年一般公共预算支出 726461 万元，增长 7.2%。年末金融机构存款余额 274.91 亿元，比年初增加 17.79 亿元，增长 6.9%。其中，住户存款 206.18 亿元，增长 13.4%。金融机构贷款余额 200.66 亿元，比年初增加 36.12 亿元，增长 22%。

【教育、科技、卫生】 全市有幼儿园 141 所，在园幼儿 24290 人。小学 119 所，毕业 11748 人，招生 11113 人，在校学生 69951 人。初中 25 所，毕业 10239 人，招生 11986 人，在校学生 35283 人。高中 5 所，毕业 4498 人，招生 5396 人，在校 15210 人。全市 10 家高新技术产业企业实现增加值 46363 万元，占全市地区生产总值比重为 2.3%。全年获专利授权 161 件，其中发明专利授权 6 件。年末有效注册商标 3238 件。全年新注册商标 988 件。全市地理标志商标 7 件，地理标志保护产品 4 件。年末全市有卫生机构 706 个，其中医院 8 个，卫生院 13 个，妇幼保健院 1 个，疾病预防控制中心（防疫站）1 个。卫生技术人员 4278 人，其中执业（助理）医师 1549 人，注册护士 2152 人，药师 174 人，技师 184 人。实有床位数 5178 张。

【文化、体育、旅游】 利川市创建省级公共文化服务体系示范区，柏杨镇被省文旅厅命名为 2018 年至 2020 年湖北省民间文化艺术之乡，白鹊山村被命名为 2019 年湖北旅游民村，市文旅局获中国登山协会授予 2019 年度中国山地马拉松系列赛“体育＋创新”奖。全市公共图书馆 1 个，藏书 9.6 万册。文化馆 1 个，乡镇综合文化服务中心 14 个，村（社区）综合文化服务中心 584 个，村级文化活动广场 540 个，百姓舞台 255 个。全市共建成体育场馆 4 个，全民健身中心 1 个，体育运动学校 1 所。举办 2019 年中国山地马拉松系列赛“湖北交投杯”利川站（国际赛）户外体育运动，10 余个国家及全国 30 多个地区的 3500 名选手参加本站赛事。全年接待游客 1800 万人次，比上年增长 22.6%。旅游综合收入 108.68 亿元，增长 24.5%。全市有星级饭店 12 家，旅行社 14 家，旅游车队 2 家，旅游购物商店 20 余家、有一定规模的旅游餐饮企业 40 多家、星级农家乐 200 家。全市旅游直接从业人员 2 万余人，间接从业人员近 8 万人。苏马荡创建省级生态旅游示范区和省级旅游度假区。营上村被文旅部命名为全国乡村旅游重点村。

【人民生活】 全年全体居民人均可支配收入 18000 元，比上年增长 9.8%，扣除价格因素，实际增长 6.5%。城镇人均可支配收入是 31429 元，增长 9.1%，扣除价格因素，实际增长 5.8%。农村居民人均可支配收入 11533 元，增长 10.7%，扣除价格因素，实际增长 7.4%。全体居民人均生活消费支出 14145 元，增长 11.6%，扣除价格因素，实际增长 8.2%。城镇居民人均消费支出 23154 元，增长 10.8%，扣除价格因素，实际增长 7.5%。农村居民人均消费支出 9806 元，增长 12.5%，扣除价格因素，实际增长 9.1%。

【社会保障】 2019 年，全市参加基本养老保险 54.52 万人，其中城镇职工基本养老保险参保人数 7.96 万人；城乡居民基本养老保险参保人数 46.56 万人。医疗保险参保人数 82.81 万人，其中城镇职工基本医疗保险参保人数 4.60 万人；城乡居民基本医疗保险参保人数 78.21 万人。失业保险参保人数 3.06 万人。工伤保险参保人数 2.98 万人。生育保险参保人数 2.97 万人。城镇新增就业人员 8047 人，城镇登记失业率 1.1%；年末收养性社会福利单位 15 个，床位 1182 张。年末 1489 人享受城市最低生活保障，68191 人享受农村最低生活保障，全市特困供养 3922 人，全年临时救助 5210 人。

【资源环境、应急管理】 全社会用电量 90630 万千瓦时，增长 9.2%。其中，工业用电量 28414 万千瓦时，增长 7.9%；城乡居民用电 31082 万千瓦时，增长 14.6%。年末耕地面积 11.11 万公顷。全年完成人工造林 2120 公顷，森林覆盖率 63.9%。全市自然保护区 3 个，总面积 46701 公顷。全市城区空气质量优良天数 362 天，优良率为 99.5%。全年发生各类安全生产事故 15 起，死亡人数 15 人，直接经济损失 639 万元。发生火灾事故 180 起，死亡人数 2 人，直接经济损失 122 万元。

【服务业】 全年批发和零售业增加值 15.33 亿元，比上年增长 5%；交通运输、仓储和邮政业增加值 9.41 亿元，增长 7%；住宿和餐饮业增加值 10.14 亿元，增长 7.9%；金融业增加值 12.36 亿元，增长 15.1%；房地产业增加值 31.28 亿元，增长 1.2%；其他服务业增加值 53.21 亿元，增长 8%。年末全市公路通车里程 5594.33 千米。等级公路 5499.37 千米，比上年增加 625.96 千米。全年邮政业务总量 12968 万元，比上年增长 7.6%。邮政业务收入 12029 万元，增长 6.9%。快递业务收入 939 万元，增长 17.6%。电信业务总量 4.57 亿元。年末全市固定电话用户 4.14 万户。移动电话用户 61.13 万户。固定宽带接入用户 16.9 万户。

【机构改革】 2019 年机构改革，全市党政机构限额为 37 个，涉改行政单位 55 个，通过对部门机构的整合、撤销、新设，将党政机构个数调整到限额内，党政机构削减 30%。设置党委、政府直属事业单位，全市原有党委直属事业单位 4 个，政府直属事业单位 6 个，将党委政府直属事业单位个数调整到限额内，党委、政府直属事业单位各 4 个，直属事业单位削减 20%。按照“不立不破、先立后破”和“编随事走、人随编走”的原则，新组建部门和涉及职责、机构、人员编制调整的部门 1296 人完成人员转隶。统一设置 23 个党政机构。新组建或重新组建 11 个党政机构，调整优化 14 个部门职能配置和机构设置，统筹设立 11 个议事协调机构，设立市智慧城市建设服务中心、市招商服务中心、市融媒体中心，单设市民族宗教事务局和市林业局。截至 2019 年 12 月 31 日，全市有行政机构 59 个，其中党委序列 10 个，政府序列 25 个，群众团体机关 6 个，政法机关 2 个，人大机关 1 个，政协机关 1 个，乡镇机关 12 个，街道办事处 2 个；事业单位 527 个。

【产业建设】 推动四大产业集群发展，实现综合产值 171.4 亿元。开展全国全域旅游示范区创建工作，建成全省首个民宿体验馆，全年接待游客 1800 万人次，实现旅游综合收入 108.68 亿元。新增“三品一标”认证产品 93 个、高标准农田 4680 公顷，培育硒食品精深加工规模以上企业 14 家，特色产业基地达 10.75 万公顷，创建全省特色农产品优势区。“利川红”注册为国家地理标志证明商标，成为第七届世界军人运动会、第四届楚商大会等赛事活动用茶。“利川黄连”入选全省首批道地药材“1+10”优势品种，黄连现代农业产业园入选省级现代农业产业园创建单位。完成建页 3 井钻探任务，风电水电装机总容量突破 80 万千瓦。通过全国电子商务进农村综合示范县验收，成为全国淘宝直播样板县，农产品网上交易额突破 10 亿元。建成物流配送仓库 1.4 万平方米，交通物流园成为全州最大的实体经济混合所有制项目。

【脱贫攻坚】 对“大学习大走访大整改”活动中督战发现的问题和危房改造、易迁拆旧复垦工作中弄虚作假的行为进行严肃追责问责，确保如期完成脱贫攻坚的政治任务。全年统筹整合扶贫资金15.39亿元，实现农村危房改造、饮水安全普及率、4G信号覆盖率、稳定用电覆盖率均达100%。市“四大家”班子成员靠前指挥，担任乡镇指挥长、政委和副指挥长，带领4800余名“尖刀班”成员、1.6万名党员干部在一线开展扶贫工作。深化东西部扶贫协作、中直部门定点扶贫、省直“616”部门对口支援工作，对接落实项目资金3.9亿元。建立“政府+市场主体+农户+基地+银行+保险”的“六位一体”产业扶贫推进机制，扶贫特色产业覆盖率达100%。硬化农村公路1705.9千米，实施农村危房改造7299户，完成整村推进和补短板项目建设任务，实现贫困群众“两不愁三保障”到户达标目标。开展“百企帮百村、脱贫奔小康”行动，引导210家企业与141个重点贫困村开展结对共建。承办全省易地扶贫搬迁后续扶持工作现场推进会、全省金融扶贫现场会。6年来，全市脱贫21.9万人，减贫人数全省第一，贫困发生率从27.4%下降至0.25%，141个贫困村全部出列。

【防范化解风险】 有效管控夏季肠道病毒感染、非洲猪瘟疫情、“6·21”洪水抗灾零伤亡，完成重点时段安保维稳任务。规范化设置14个乡镇（街道）综治中心，推进法律顾问进乡村、矛盾纠纷层级调处、治安形势研判“三项机制”，实行“一村一警”工作机制。建成300个村级综治视联网。督导行政负责人出庭应诉，应诉率达到99%。开展“扫黑除恶”专项斗争，处理涉黑涉恶腐败和“保护伞”问题线索78件95人，立案36人，留置11人。防范化解金融风险，化解政府隐形债务7113万元，连续四年获评“全省最佳金融信用市”。全市全年未发生重特大生产安全事故。

【污染防治】 推进国家主体功能试点示范建设，通过省级生态文明示范市复核验收，县域生态环境考核排名全省第三。打击破坏生态环境违法行为，立案查处企业43家。推进违法建设分类处置工作，将“三违”行为纳入失信惩戒，查处违法建筑总面积56.3万平方米。整治苏马荡和西兰卡普违法占地违法建设行为，追责问责党员、干部13人，拆除违建房屋76栋，实施复耕复绿22.33万平方米。实施“拆围透绿、见缝插绿、裸土复绿”工程，新增城市绿地6万平方米。健全市委书记任第一总河长、市委常委任市级河流河长的组织领导体系，城区污水处理厂二期工程通水运行，建成乡镇污水处理厂14座，清江七要口断面水质达标，集中式饮用水源地达标率100%。加强扬尘综合管控，开展禁鞭工作，空气质量优良天数比例达99.5%，排名全省前三。推进美丽乡村建设，打造美丽乡村示范村7个，新增省级生态村9个，谋道镇、元堡乡、忠路镇分别获评省“四好农村路”示范乡镇、省级生态乡镇、州级茶叶生产全域绿色化示范乡镇，“厕所革命”试点获评“湖北省表现突出市”。

【中共利川市委八届八次全体（扩大）会议】 2019年7月11日，中共利川市委八届八次全体（扩大）会议召开。市委书记沙玉山代表市委常委会向全会作《不忘初心 牢记使命 切实加强党的政治建设 为全市高质量发展提供坚强政治保证》的主题报告。

【“利川人”大会】 2019年4月5—7日，举办以“决战脱贫·振兴乡村”为主旨的第二届“利川人”大会，邀请全国各地近300名乡贤游子和嘉宾友人回到故乡投资兴业。通过“利川人”大会平台，开展民营企业招商、“扶贫车间”、农村特色产业、民宿专项推介，以及“利川红”品牌推介、采茶节等系列活动，与30余家企业达成投资意向，签订13个项目合作协议。

【签订第七届世界军人运动会红茶独家供应商协议】 2019年4月24日，第七届世界军人运动会独家供应商签字仪式在州府恩施举行。武汉军运会执委会市场开发部与利川市飞强茶业有限公司签订红茶独家供应商协议。

【中国山地马拉松系列赛湖北利川站（国际赛）】 2019年6月2日，举办2019中国山地马拉松系列赛“湖北交投杯”利川站（国际赛）赛事活动，13个国家4000余名运动员参赛。比赛设置山地马拉松42千米个人赛和群众健身赛2个项目，起点设在白鹊山民宿广场，个人赛终点在腾龙洞景区。

【湖北省易地扶贫搬迁后续扶持工作现场推进暨业务培训会在利川市召开】 2019年6月19—21日，湖北省易地扶贫搬迁后续扶持工作现场推进暨业务培训会在利川市召开。利川市、宣恩县、广水市、郧西县、远安县5个市县作交流发言。

【湖北省金融精准扶贫现场推进会在利川市召开】 2019年7月4日，湖北省金融精准扶贫现场推进会在利川市召开。会议传达和贯彻落实全省脱贫攻坚现场推进会精神，总结交流金融精准扶贫工作经验，分析研究当前工作存在的问题和困难，安排部署今后两年金融助推脱贫攻坚工作重点，交流助推脱贫攻坚工作经验。参会人员到毛坝镇楠木村冷后浑茶园实地调研考察。

【“中华一家亲”海峡两岸乡村民宿旅游发展交流活动】 2019年6月2—3日，“中华一家亲”海峡两岸乡村民宿旅游发展交流活动在利川市举办。海峡两岸专家学者、民宿业主探讨两岸乡村民宿旅游协作发展。活动期间，与会嘉宾参加中国山地马拉松赛利川站（国际赛）开幕式和“利川红”茶叶推介活动，参观考察东城白鹊山民宿、凉雾乡北夷城民宿体验区、民宿体验馆和苏马荡省级生态旅游示范区，观看腾龙洞民俗表演。本次活动由国家民委指导，省民宗委、州政府支持举办，利川市政府承办，台湾少数民族研究会、台湾中华民族贸易促进会协办。

【荣　誉】 利川市南坪乡党委书记周德燕被国务院表彰为全国民族团结进步模范个人。柏杨坝司法所被司法部表彰为“全国模范司法所”，柏杨坝司法所所长雷红兵被表彰为“全国模范司法所长”。利川市档案馆被人力资源社会保障部、国家档案局表彰为“全国档案系统先进集体”。市工商联被中华全国工商业联合会表彰为“2018—2019年度全国‘五好’县级工商联”。

（刘海燕）

建始县

【概　况】 建始县位于湖北南边陲、武陵山腹地，东连巴东县，以野三河为界；西接恩施市，以太阳河为界；南邻鹤峰县，以长河、茶寮河为界；北与重庆市奉节、巫山两县接壤。县域版图形似蘑菇，南北长89千米，东西最宽64.5千米，最窄12.5千米，总面积2666平方千米。地处北纬30° 06′—30° 54′，东经109° 32′—110° 12′，境内生态优良，资源富集，素有“金建始”美誉。县城距省会武汉市607千米，距恩施机场59千米。318国道和209国道、宜万铁路、沪渝高速公路、清江黄金水道，以及正在建设的银百高速贯穿县境。

全县发现有开采价值的矿产资源有煤、硫、铁、石灰石、石煤、陶瓷土、硅石、耐火土、紫色砂岩、大理石、东湖砂岩、石英砂岩、五花岩、铝土、石膏、磷石等20多种，其中以煤、硫、铁、硅、石灰石等储量最大。建始是国内连片面积最大、平均硒水平含量最高的富硒生物圈。县境内水资源丰富，多年平均降水量40亿立方米，大气降水的85.5%形成径流，其中14.5%被蒸发掉。在85.5%的径流（年总径流量32.2亿立方米）中，地表径流量26.4亿立方米（不含清江景阳段过境客水62.13亿立方米），占降水量的60%，入渗补给地下径流7.8亿立方米，占降水量的19.5%；多年人均拥有淡水量约5100立方米，耕地每平方公顷拥有淡水量约70000立方米。全县水能资源理论蕴藏量24.3万千瓦，可开发量17万千瓦，水库库容量12268.59万立方米。

据县林业局专业调查队近年调查，县内有野生动物资源106种，其中兽类29种、鸟类54种、爬行类13种、两栖类10种。县境内主要用材林、经济林树种约52科115属231种。稀有树种有鹅掌楸、金钱槭、连香、银杏、川黔紫薇。药用植物已查明的有维管束植物163科627属1118种，低等植物有176科644属1206种。牧草优良品种54个分属10科。野生花卉植物有木、藤、草3类计200多种。蜜源植物有48科121属193种。野生菌类50余种。2019年全县林业用地面积199406.16万公顷，占区域总面积的74.8%，其中森林面积178131.61万公顷。人工造林面积626公顷，新增封山（沙）育林面积1501公顷。森林覆盖率66.99%，森林蓄积量985.54万立方米。

2019年，全县完成生产总值120.48亿元，按可比价计算，比上年增长6.8%。其中，第一产业完成增加值23.18亿元，增长3.3%；第二产业完成增加值24.72亿元，增长4.6%；第三产业完成增加值72.58亿元，增长8.8%。按年均常住人口算，全县人均生产总值28742元，可比增长6.3%；三次产业结构由上年的18.8∶21.4∶59.8调整为19.3∶20.5∶60.2。在第三产业中，交通运输仓储和邮政业、批发和零售业、住宿和餐饮业、金融业、房地产业、其他服务业增加值分别增长4.3%、4.5%、10.6%、5.2%、4.5%、13.1%；市场主体增量提质，全县新登记市场主体5008户，其中，新登记私营企业1099户，新登记个体工商户3784户，新登农民专业合作社125户。脱贫攻坚安排资金3417.9万元用于发展主导产业和到户产业奖补，谋划主导产业项目160个，新发展特色产业2066.67公顷，省、州级农业龙头企业分别达到2家、18家。全年实现25个贫困村脱贫出列，35963人稳定脱贫，年度减贫任务完成率102.27%。

【区划、人口】 建始县辖3个乡，7个镇，410个村（居民）委员会（367个行政村，43个社区居民委员会）。年末全县常住人口42.4万人，其中，城镇18.10万人，乡村24.30万人。城镇化率达42.7%，全年出生人口4332人，出生率为8.21‰，死亡人口3577人，死亡率为6.78‰，人口自然增长率为1.43‰。根据全国第六次人口普查，全县总人口50.97万人中，汉族、土家族、苗族3个民族409291人，占总数的99.34%。其中，汉族258547人，占总数的62.75%，土家族144410人，占总数的35.05%，苗族6334人，占总数的1.54%。

2019年建始县乡（镇）基本情况表

表19

乡（镇）	区域面积（平方千米）	年末耕地面积（公顷）	总户数（户）	年末总人口数（人）	村（个）	社区（个）	村民小组（个）	居民小组（个）	公共财政收入（万元）	党委书记、乡（镇）长（12月底在职）
业州镇	372.84	6760	42045	112688	36	18	400	130	7049.1	姚永红　冉云峰
长梁镇	398.14	6460	26693	79027	60	6	520	46	14159.7	谭　明　鄢浩然
茅田乡	219	2800	7683	23346	28	1	227	5	434.02	冯成碧　范　妮
龙坪乡	229.87	3560	8877	27161	28	1	261	6	5752	米敦文　王勤富
三里乡	177	2850	12629	44992	32	5	283	59	5175.55	胡北平　向　军
高坪镇	292	3570	15581	50742	36	6	283	62	576.82	金　鑫　朱翠萍
红岩寺镇	86	1890	6468	20266	13	2	110	24	725.5	姚建军　熊　健
花坪镇	421	6850	18050	55366	56	1	535	5	10669.4	向　帆　陈　伟
景阳镇	160.02	3590	10691	39330	30	2	240	21	8960.1	姚代武　谢小虎
官店镇	372.64	5830	16346	54529	48	1	374	6	71.14	毛传顺　刘　伟
合计	2728.51	44160	165063	507447	367	43	3233	364	53573.33	—

【农　业】 全年全县农、林、牧、渔业增加值24.33亿元，按可比价格计算，比上年增长3.7%。

全县粮食总产量20.64万吨，下降0.1%，其中夏粮喜获丰收，增长10.6%；秋粮小幅减产3%。种植面积49040公顷，下降1.4%。蔬菜及食用菌产量21.45万吨，增长3.6%；茶叶831吨，增长16.2%；柑、橘、柚、桃、葡萄、雪梨等园林水果2.37万吨，增长38.8%；受非洲猪瘟疫情等影响，生猪出栏45.66万头，下降25.3%；牛出栏3904头，增长4.9%；羊出栏16.78万只，增长0.7%；家禽出笼177.67万只，增长11.2%；禽蛋产量5409吨，增长14.3%。全年实现牧业产值14.12亿元，增长23.1%；全年渔业恢复性快速增长，水产品总产量303吨，较上年增长2倍。业州镇杉木村，长梁镇鹿鸣塘村入选省农业农村厅2018年度“村级集体经济发展进步村”公示名单。

【工业、建筑业】 年末全县规模以上工业企业达到31家，规模以上工业增加值同比增长5.7%。其中非金属矿物制品业增长8.9%，快于规模以上工业增加值3.2个百分点，占规模以上工业增加值的比重达59.8%。皮革、毛皮、羽毛及其制品和制鞋业，煤炭开采和洗选业，非金属矿物制品业分别拉动规模以上工业增加值增长8.5、6.8、5.1个百分点。全年规模以上工业销售产值增长13.7%，产品销售率93.7%，较上年增加0.8个百分点；全县具有总承包和专业承包资质建筑企业13家，较上年净增2家，完成总产值14.43亿元，增长14.6%。

【固定资产投资、房地产】 全县完成固定资产投资增长2.6%，民间投资占固定资产投资的比重43.2%。其中工业技改投资增长147.2%，房地产开发投资下降30.5%。商品房销售面积23.31万平方米，下降4.7%；实现商品房销售额9.67亿元，增长8.8%。全年新签约项目15个，实施5000万元以上重点项目83个，完成投资56亿元，其中15个州级重点项目完成投资20.7亿元，完成州定目标的161%。

【贸　易】 全年实现社会消费品零售总额76.95亿元，增长11.4%。城镇实现零售额55.04亿元，增长11.3%；乡村实现零售额21.91亿元，增长11.4%。其中限额以上企业（单位）实现消费品零售额4.49亿元，增长25.1%；限额以上批发和零售业销售额6.95亿元，增长17.1%，销售额中零售快于批发5.5个百分点；限额以上住宿和餐饮业营业额5849万元，增长32.7%，其中通过公共网络实现的客房收入增长30.8%。全年引进省外资金23.58亿元，同比增长14.8%；当年实际利用外资298万美元，自营出口200.6万美元。

【财政、金融】 全年全县完成财政总收入12.63亿元，同比增长5.3%。其中，地方一般公共预算收入6.88亿元，增长10%。在地方一般公共预算收入中，税收收入5.14亿元，增长6.8%。地方一般公共预算支出48.7亿元，增长3.1%。全年用于教育、文化体育与传媒、社会保障和就业、卫生健康、城乡社区、节能环保、农林水事务、住房保障等方面的民生支出达到42亿元，增长1.6%，占财政支出的比重86.2%。其中用于教育、卫生、社会保障支出占比44.7%，较上年增加2.7个百分点。年末全县金融机构人民币各项存款余额141.13亿元，比年初增加5173万元。其中，住户存款107亿元，增加14.49亿元，同比增长15.7%；非金融企业存款15.93亿元。金融机构人民币各项贷款余额89亿元，比年初增加9.27亿元，同比增长11.6%。其中，住户贷款44.56亿元，增加2.43亿元，增长5.8%；非金融企业及机关团体贷款44.43亿元，增加6.84亿元，增长18.2%。

【交通运输、邮电】 年末等级公路里程达到3709.61千米，同比增长27.1%。实有城市公交车8路，公共汽车营运车辆92辆，增长4.6%；实有出租汽车100辆；行政村客车班车通达率100%。年末全县机动车保有量9.22万辆，同比增长11.9%。其中汽车类5.4万辆，摩托车类3.72万辆，农用运输车911辆，挂车98辆。当年新增9819辆，其中小型汽车3371辆，摩托车

6309辆，低速车57辆；邮电业务持续扩大。全年完成邮电业务总量3.48亿元，其中，邮政业务总量5015万元，比上年增长23.5%。年末固定电话用户1.28万户，移动电话用户36.35万户。固定电话、移动电话互联网宽带接入用户普及率分别达到33.8%和75.5%，较上年提高6.8、6.7个百分点。

【教育、科技、卫生】 2019年末，全县有各类学校234所，其中普通中学20所，中等职业技术学校1所，小学144所。现有在校学生63345人，其中普通中学21796人，中等职业技术学校2828人，小学27450人。幼儿园68所，在园幼儿11211人。有专任教师4345人，其中普通中学1765人，中职教育189人，小学1848人。学龄儿童入学率100%，九年义务教育完成率100%，初中毕业生升学率99.1%；全年新申请专利157件，同比增长12.1%，其中发明专利16件；授权专利89件、其中发明1件。转化专利4件，其中实用型3件；全年新申请商标653件，注册公告507件，新注册有效商标497件。全年实现高新技术产业增加值8041万元，占地区生产总值比重0.67%，较上年提升0.32个百分点。全县医疗卫生机构409家，其中医院3家，乡镇卫生院10个，村级卫生室377个，妇幼保健院1个，疾病预防控制中心1个。全县卫生工作人3066人，卫生技术人员2371人，其中执业（助理）医师773人，注册护士1219人；全县卫生机构床位3191张，其中医院床位2099张。

【文化、旅游】 2019年末，全县公共图书馆1个，图书总藏量158.75千册，剧场2个，乡镇文化站10个，有线电视用户2.8万户。广播、电视综合人口覆盖率99.82%、99.96%。全县广播村村响建成1个县级中心机房，10个乡镇机房，369个行政村村级广播室，安装音柱600个，喇叭3200个，安装开通6.56万户，开通率96.6%，实现全年安全正常播出。创作《四姐新唱》歌曲一首；开展送文化下乡、送戏曲进校园进乡村50场次、群文辅导培训60场次，红色革命歌曲创作4首。五阳书院申报国保单位完成省级评审，由省文旅厅签发推荐文件2月报送国家文物局，编制《五阳书院陈列布展设计方案》并组织省级专家评审。石柱观修缮工程通过州文旅局专家验收组现场验收。建始文庙成功申报第七批湖北省文物保护单位，筹措资金建设五阳书院、石柱观、建始文庙、石垭子老街4处重点古建筑微型消防站。对业州北环路道路双拱石桥进行最大限度保护。征集收藏长梁镇下坝村五组村民黄金甫家收藏的清康熙三十三年“巡抚四川都察院条约碑”一通。完成建始县第五批县级非遗代表性传承人和代表性项目评审公布和第六批州级代表性传承人推荐申报。州级非遗项目高腔山歌《没得鞋穿问哪个》到中央电视台进行录制。推进全域旅游示范区创建及野三峡、地心谷联创国家AAAAA级旅游景区，推进高坪青花、长梁双河口、业州猫儿坪等5个田园综合体建设；红岩寺、景阳集镇游客集散中心，官店照京坪红色教育基地建成投运；发展业州罗家坝、当阳坝、茅田雪岩顶、三里石牌湖、龙坪楂树坪等乡村旅游；继续开展“CALL响全世界，畅游金建始”旅游推介活动和采摘节、赏花节、钓鱼大赛等活动。全年实现旅游综合收入35亿元，增长23%；旅游接待人数503万人次，同比增长19.6%；旅游外汇收入0.97万美元。拥有星级饭店5个，星级饭店客房总数566间。旅游服务配套功能增强，接待能力和服务质量逐步提升，旅游与其他产业加快融合发展。

【人民生活】 全县城镇常住居民人均可支配收入29680元，增长9.02%；农村常住居民人均可支配收入11560元，增长10.76%。

【社会保障】 年末全县城镇新增就业6402人，城镇失业人员再就业796人，就业困难人员再就业595人，城镇登记失业率2.3%，低于年度控制目标1.8个百分点。组织大学生参加实习实训3879

人，高校毕业生就业661人，开展补贴性职业技能培训13977人，新增返乡创业633人。年末参加养老保险33.44万人，增长1.6%，其中参加城乡居民基本养老保险26.62万人，机关事业单位职工参加基本养老保险1.55万人，企业职工参加基本养老保险5.27万人，城镇离退休人员参加基本养老保险2.4万人。参加城乡居民基本医疗险，46.69万人。参加工伤保险2.7万人。参加生育保险1.25万人。参加失业保险1.17万人。全年全县城镇居民最低生活保障对象1506人，农村居民最低生活保障人数26982人，国家抚恤、补助各类优抚对象3571人，农村五保户供养对象2644人。社会福利事业不断发展，年末全县社会福利收养单位床位1401张，全年销售社会福利彩票6693万元，筹集社会福利彩票公益金483万元，直接接受社会捐赠629万元。

【生态环境】 全年平均气温16℃，年降雨量963.7毫米，年平均空气湿度为76%。城区空气质量优质天数达到352天，优良率达97.6%，同比增加3个百分点。全县18个重点集中式饮用水水源地水质达标率为100%；望坪村等3个动态村的空气质量均优于环境空气质量标准二级。年末森林面积178130公顷，森林覆盖率66.99%。完成天保工程人工造林66.67公顷、封山育林266.67公顷。建设生态公益林37533.33公顷，生态公益林补偿惠及建档立卡贫困户10899户、32697人。完成年度坡耕地造林340公顷，石漠化综合治理工程工造林143.34公顷、封山育林7401公顷、植被管护492.37公顷，精准灭荒造林75.65公顷。完成县域内国道、省道、县道、乡道、河流及大型沟渠沿线2548千米的多层次、多色彩的生态景观林带；集镇绿化443公顷、村庄绿化14986.67公顷，乡村绿化率达65%；红岩寺镇凉水埠村成功创建“湖北省绿色乡村”。全县森林城市网络功能完善，成功创建湖北省森林城市。有省级自然保护区7个。

【安全生产】 全年发放各类安全知识宣传单2.45万份，张贴宣传图画、标语0.23万份；检查煤矿和非煤矿山80矿次，排查整改隐患436处；检查烟花爆竹企业230家，发现并消除隐患78个。全年未发生较大及以上事故，除建筑施工、交通运输领域外，其他工矿商贸等领域未发生生产安全事故。

【中共建始县委十五届六次全体会议、经济工作会暨2019年脱贫攻坚整县摘帽推进会】 2019年2月13日，中共建始县第十五届委员会第六次全体会议、全县经济工作会暨2019年脱贫攻坚整县摘帽推进会召开。会议听取关于经济工作的报告和关于脱贫攻坚工作的报告，审议通过《中共建始县委关于进一步激励干部担当作为、干事创业的实施意见》，安排部署2019年经济工作和脱贫攻坚工作。

【中共建始县委十五届七次全体会议】 2019年12月15日，中共建始县委十五届七次全体会议召开。会议听取《中共建始县委常委会向县委十五届七次全会的工作报告》《中共建始县委常委会2019年抓党建工作情况报告》。县委书记作题为《始终坚持底线思维、防范化解重大风险，确保全县经济持续健康发展和社会大局平安稳定》的讲话。会议安排部署防范化解重大风险等工作。

【建始县十八届人大第四次会议】 2019年12月17—19日，建始县十八届人大第四次会议召开。会议通过县人民政府工作报告和县人大常委会、县人民法院、县人民检察院的工作报告以及其他报告，作出相应的决议、决定。补选县监察委员会主任、县第十八届人民代表大会常务委员会委员。会议对乡镇、县直部门进行民主测评，通报表扬2019年代表建议办理优秀单位和先进个人。

【政协建始县九届四次全体会议】 2019年12月16—18日，政协建始县九届四次全体会议召开。会议通过县政协九届四次全会提案审查情况报告、县政协九届四次全会关于常务委员会工作报告的决议、县政协九届四次全会政治决议，协商讨论《政府工作报告》及其他报告，通报表扬优秀提案、提案承办先进单位。

【黄美清获评第五批“湖北省岗位学雷锋标兵”称号】 2019年3月5日，是第56个学雷锋纪念日。湖北省命名第五批“湖北省学雷锋活动示范点”“湖北省岗位学雷锋标兵”。建始县黄美清获第五批“湖北省岗位学雷锋标兵”称号。

【恩施地心谷获评“湖北旅游十大新发现”】 2019年3月22日，由长江日报传媒集团主办的“2018湖北旅游新发现”投票活动中，恩施地心谷景区获评“湖北旅游十大新发现”。长江日报传媒集团组建近百人团队的专业文旅传播机构——长江文旅研究院，举行针对湖北各地区的“世界军运·湖北深行”游客倍增计划发布暨“湖北旅游新发现”TOP10颁奖大会。

【2个企业获省青年创新创业大赛奖项】 2019年5月11日，创青春2019湖北省青年创新创业大赛落下帷幕。建始县青创会代表团3个项目入围本次大赛农村电商组决赛12强。建始县青创会代表团熹妃藤茶项目获金牌，硒多稀少新农业项目获铜牌，飞思欣优选项目获决赛优胜奖。

【新疆年轻干部到店子坪村红色教育基地现场教学】 2019年5月27—29日，按照课程安排，新疆生产建设兵团第五师双河市优秀年轻干部进修班，到湖北建始县店子坪村红色教育基地进行新时代愚公精神现场教学。参观当代红色教育基地店子坪村，走访农户，走过茶盐古道、体验愚公路，参观产业园、特色村寨，迈进新时代“愚公支书”王光国家，面对面座谈，聆听先进事迹报告会，观看视频《村路弯弯》《憾山》，重温入党誓词。

【官店镇红色革命历史陈列馆开馆】 2019年7月1日，官店红色革命历史陈列馆开馆。建有“赤湖主题公园”“红色陈列馆”“九烈士纪念园”“万人大会遗址”，修缮维护20余处红色遗迹、苏区革命事迹，收集鉴定50余件珍贵文物，搜集整理40多个红军烈士故事。新建的红色农家乐，推进照京坪“红军村”红色文化旅游区建设。

【“Call响全世界·畅游金建始”文旅推介活动走进陕、豫、津】 2019年6月24—27日，以“Call响全世界·畅游金建始”为主题的建始文旅推介活动分别在陕西省西安市、河南省郑州市及天津市举行，推介建始县丰富的旅游资源以及民族风情，推介恩施地心谷、飞拉达极限攀岩、信义汪家寨悬崖酒店、清江蝴蝶岩等代表景观。

【获得全国、全省青少年科技创新大赛奖项】 2019年6月28日，建始县科协收到来自第33届全国青少年科技创新大赛及第34届湖北省青少年科技创新大赛的系列获奖证书。花坪镇民族初级中学李黄创作的少年儿童科学幻想绘画《航天造车机》获全国三等奖、建始县第一中学唐浩喆申报的青少年科技创新成果《一种新型水管伸缩节》、花坪民族初级中学刘雅婷申报的少年儿童科学幻想绘画《未来发电树》获省二等奖、建始县民族高级中学刘洋申报的《中性笔转换笔头》和张国琪、谭凯、石泽锋集体申报的《玻璃水杯防摔防滑套》获省三等奖。

【万其珍获第七届全国道德模范提名奖】 2019年9月5日，第七届全国道德模范座谈会在北京举行。会议公布第七届全国道德模范名单，建始县三里乡大沙河村民万其珍获提名奖。

（谢国文）

巴东县

【概　况】 巴东县位于北纬30°13′—31°28′，东经110°04′—110°32′，居恩施州的东北部。东连湖北省兴山县、秭归县、长阳县，南接湖北省五峰县、鹤峰县，西临湖北省建始县、重庆市巫山县，北靠神农架林区。边界线全长529千米，其中省界80千米，县界449千米。辖2个乡10

个镇，1 个经济开发区，296 个村 26 个社区，区域面积 3352 平方千米。

巴东县土壤类型多样，全县有 10 个土类、20 个亚类、52 个土属、235 个土种，土地利用率为 51% 左右。全县耕地面积 40720 公顷。全县河流落差大，水能资源丰富，多年平均径流量为 33.05 亿立方米，多年平均径流深为 903.2 毫米，地下水 10.84亿立方米。水能理论蕴藏量24.12万千瓦，可利用量 15.47 万千瓦，平均每平方千米 45.04 千瓦。全县探明矿产种类 23 个，矿产地 93 处，其中大型铁矿床 1 处，中型煤矿床 2 处，中型铁矿床 4 处。煤炭、铁矿、石灰石、硅石为四大骨干矿产，其中煤炭总储量 8727 万吨，占全州的 36% 左右，占全省 14.9%。巴东地处中国植物区系分布关键地区的东缘，承东接西，南北交汇，植物种类繁多，品种资源丰富。北部属神农架著名植物“基因库”的一部分。已知的蕨类和种子植物约有 166 科 734 属 1870 多种，全县高等植物不少于 2000 种，其中第三世纪前后孑遗、残遗及特有稀有植物 50 余种。全县野生动物和驯养动物品种多，其中有 18 种脊椎动物受国家保护。已知的鱼类有 9 目 16 科 63 种。旅游资源有神农溪、无源洞、格子河、莲峡河，小神农架自然保护区、水布垭等自然风光，有古遗址、古墓群、古建筑等文化遗址，有“杀官夺印旧址”“九峰岩农民起义军旧址”“巴归兴县委扩大会议旧址”“贺龙旧居”“段德昌殉难处”“巴东县革命烈士陵园”等革命历史纪念地。2019 年 8 月 29 日，省环境保护委员会授予巴东县“湖北省生态文明建设示范县”称号。

2019 年，全县完成地区生产总值 127.46 亿元，较上年增长 4.9%。其中：第一产业增加值 22.65 亿元，同比增长 3.3%；第二产业增加值 31.49 亿元，同比下降 1.3%，其中工业增加值 21.57 亿元，同比下降 6.4%，建筑业增加值 10.35 亿元，同比增长 14.6%；第三产业增加值 73.32 元，同比增长 8.6%。按常住人口计算，2019 年全县人均生产总值达到 29511 元，同比增加 3258 元，增长 12.4%；人均公共财政预算收入 1555 元，同比减少 1 元；人均储蓄存款 26625 元，同比增加 3570 元，增长 15.5%。产业结构优化，三次产业构比为 17.8：24.7：57.5，第一产业占比较上年增加 1.2 个百分点，第二产业占比较上年下降 2.2 个百分点，第三产业占比较上年提高 1 个百分点。全县现有市场主体注册户数 32814 户，同比增长 5.92%；其中企业 6178 户，个体 24208 户，农民专业合作社 2428 户，总注册资本为 271 亿元。按产业结构来分析，第一产业占总数的 14%、第二产业占 10%、第三产业占 76%。

【区划、人口】 2019 年，巴东县辖 2 个乡 10 个镇，296 个村 26 个社区。全县年末户籍总户数 187644 户，户籍总人口 48.6 万人。其中男性 25.29 万人，占比 52.04%；女性 23.31 万人，占比 47.96%。全县年末常住人口 43.19 万人，城镇化率 40.3%。全县全年出生人口 4126 人，人口出生率为 7.55‰；全年死亡人口 3966 人，人口死亡率为 7.07‰；人口自然增长率为 0.48‰；出生人口性别比为 113（女为 100）。

2019 年巴东县乡（镇）基本情况表

表 20

乡（镇）	区域面积（平方千米）	年末耕地总面积（公顷）	总户数（户）	年末总人口（人）	村、社区（个）			村（居民）小组	粮食产量（吨）	地方一般预算收入（万元）	党委书记、乡（镇）长（12 月底在职）
					小计	村	社区				
东瀼口镇	109.1	1410	9905	26351	16	14	2	163	10898	661	王发堂　张绪刚
溪丘湾乡	264.6	3810	17341	45246	33	33	0	284	20548	1826	舒显伟　李　初
沿渡河镇	484.6	4640	18731	49754	39	36	3	396	24581	1870	黄祖贵　贾旺刚

续表 20

乡（镇）	区域面积（平方千米）	年末耕地总面积（公顷）	总户数（户）	年末总人口（人）	村、社区（个）			村（居民）小组	粮食产量（吨）	地方一般预算收入（万元）	党委书记、乡（镇）长（12 月底在职）
					小计	村	社区				
官渡口镇	327.6	4520	20977	58109	40	37	3	377	23785	1511	熊学红　肖　辉
茶店子镇	266.3	3080	13198	33488	32	32	0	311	12882	1150	宋　良　郑爱华
绿葱坡镇	280.6	4100	8549	23666	22	21	1	264	10034	1039	田恒勇　谭先吾
大支坪镇	211.8	2240	7840	21392	15	15	0	221	11199	525	向　明　谭　红
野三关镇	529.1	7520	28204	70096	33	26	7	508	33383	6377	伍晓锋　谭联才
清太坪镇	279.2	4020	15133	39750	32	31	1	314	17937	789	裴成龙　陈君琪
水布垭镇	328.8	5130	17816	45572	30	28	2	374	21338	1252	田祚立　贺齐政
金果坪乡	182.3	2350	8321	24311	14	14	0	171	12039	799	王　卿　卢宗旺
信陵镇	87.7	720	21629	48290	16	9	7	82	3701	8013	焦旭东　万运泰
合　计	3351.7	43540	187644	486025	322	296	26	3465	202325	25812	—

说明：区域面积和年末耕地总资源两项数据，为 2018 年度数据

【农　业】 年末常用耕地面积 60640 公顷，有效灌溉面积 3206.67 公顷，旱涝保收面积 19006.67 公顷。全年农村用电量 5068.11 万千瓦时，农用化肥施用量（折纯）39384.16 吨。2019 年完成农、林、牧、渔业总产值 416540 万元，全年实现农、林、牧、渔业增加值 238582 万元，同比增长 3.7%。其中种植业增加值 141603 万元，增长 4.3%；林业增加值 17952 万元，增长 3.3%；牧业增加值 66462 万元，增长 2.2%；渔业增加值 512 万元，下降 24.6%，农、林、牧、渔服务业增加值 12053 万元，增长 8.7%。全年粮食播种面积 59666.67 公顷，同比下降 2.1%；粮食产量 20.23 万吨，较上年持平。蔬菜播种面积 16146.67 公顷，同比增长 3.7%；蔬菜产量 32.55 万吨，增长 5.8%。中草药材播种面积 11806.67 公顷，增长 4.8%，采收面积 4900 公顷，产量（干品）15791 吨，亩产（干品）215 公斤，价值达 3.5 亿元以上。烟叶播种面积 2960 公顷，产量 5085 吨。油料种植面积 15773.33 公顷，同比略降；油料产量 2.64 万吨，同比略降。茶叶面积 10200 公顷，同比增长 23.3%；茶叶采摘面积 3960 公顷，增长 3.7%，茶叶产量 3405 吨，增长 8.5%。全县农副产品加工业产值 45950 万元，同比下降 2.8%；农副产品加工业产值占农业总产值的 11.03%。人工造林完成面积 2502 公顷，封山育林 1912 公顷，退化林修复 3200 公顷，森林抚育 5950 公顷。实现林业产值 33254 万元，按可比价格计算，比上年增长 3.4%。受非洲猪瘟影响，生猪出栏 45.78 万头，同比下降 32%；生猪存栏 24.2 万头，同比下降 34.8%。牛出栏 3186 头，同比增长 11.9%，羊出栏 18.02 万头，同比增长 1%，家禽出笼 97.98 万只，同比增长 2.2%。肉类产量 3.97 万吨，同比下降 28.3%，禽蛋产量 0.74 万吨，同比下降 1.6%，水产品产量 156 吨，同比下降 18.3%。2019 年末，全县乡村劳动力资源 26.53 万人，乡村从业人员 24.9 万人，乡村外出务工人员 8.9 万人。1 月，巴东县名列全国“平安农机”示范县。5 月 16 日，巴东县被农业农村部认定为第二批国家区域性良种繁育基地。

【工业、建筑业】 2019 年末，全县规模以上工业企业 36 家，较上年减少 13 家，完成规模工业总产值 213725 万元，同比下降 11.9%；实现规模工业增加值 91252 万元，扣除价格因素，同比下降 19.2%。在总产值中，轻工业完成产值 9.16 亿元、同比增长 13.6%，重工业完成产值 12.21 亿元，同比下降 24.2%。完成规模工业销售产值 21.18 亿元，同比下降 11.7%；工业产品产销率为 99.1%，同比增加 0.3 个百分点。全县规模工

业产值完成情况分行业涉及14个中类，其中酒、饮料和精制茶制造业完成26140万元，同比增长13.1%；木质家具制造完成5265万元，同比增长21.4%；中药饮片加工产值完成18047万元，同比增长48.3%；电力生产完成88325万元，同比下降35.1%。全年规模以上工业企业主营业务收入205494.3万元，同比下降12.22%。全县具有资质等级以上的建筑企业18家，房地产企业14家。全年完成资质建筑业总产值113100万元，同比增长26.2%；实现全口径建筑业增加值10.35亿元，同比增长14.6%。

【固定资产投资、房地产】 全年投资500万元以上施工项目112个，完成固定资产投资同比增长17.3%，其中500万元—4999万元项目投资同比增长27.8%；5000万元及以上项目投资同比增长12.1%；房地产开发投资同比增长144.1%。分产业看，第一产业投资同比增长46.9%、第二产业投资同比增长17.1%、第三产业投资同比增长14.9%。全年商品房施工面积17.62万平方米，比上年下降1.1%；竣工面积1.71万平方米，同比下降75.9%；销售面积8.73万平方米，同比增长102.9%；空置面积4.90万平方米，同比下降43.1%。全年商品房销售额31789万元，同比增长142.5%，其中住宅销售额31789万元，增长338.6%。

【贸　易】 2019年，实现社会消费品零售总额77.63亿元，同比增长11.2%。按经营地统计，城镇消费品零售额63.66亿元，同比增长11%；乡村消费品零售额13.97亿元，同比增长12.2%。分行业看，批发业零售额14.43亿元，同比增长10.4%；零售业零售额55.49亿元，同比增长11.3%；住宿业零售额1.79亿元，同比增长9.4%；餐饮业零售额5.92亿元，同比增长12.9%。分限额看，限额以上企业实现零售额4.81亿元，同比增长14.46%；限额以下企业实现零售额72.82亿元，同比增长11%。全县引进省外资金24.03亿元，同比增长29.5%；实现进出口总额1217.9万美元，其中出口额1191.3万美元，同比增长150%。

【财政、金融】 全年完成地方财政总收入103252万元，比上年增长0.72%，其中公共财政预算收入67168万元，增长0.14%。公共财政预算收入中，税收收入47100万元，下降0.5%。全年公共财政预算支出577600万元，同比增长20.24%，其中一般公共服务支出52583万元，同比增长4.6%；教育支出85406万元，同比增长6.8%；科学技术支出3160万元，同比增长2.2%；社会保障和就业支出97072万元，同比增长38.3%。年末全县金融机构人民币存款余额1653306.42万元，增长7.61%，其中住户储蓄存款余额1149922.04万元，同比增长15.67%。金融机构人民币贷款余额810641.73万元，同比增长8.83%。其中农业及支农贷款余额125974.55，同比下降7.86%，金融机构网点数50个。

【教育、科技、卫生】 全县拥有各类学校76所，其中普通中学24所，中等职业学校1所，小学50所，特殊教育学校1所。拥有专任教师3341人，在校学生53537人。幼儿园75所，在园幼儿10366人。全县学前三年毛入园率、小学学龄儿童净入学率、初中阶段毛入学率、高中阶段毛入学率分别达85.3%、100%、99.9%、93.6%。小学六年巩固率、初中三年巩固率达100%、99.7%。九年义务教育巩固率达98.7%。6岁及以上人均受教育年限9.8年。全年有R & D活动企业达到12个，其中有研发机构企业数8个，研发项目20项，有专利申请企业数2个，有新产品销售企业数2个，实现新产品销售收入2300万元；R & D活动人员达到298人，期末有注册商标5件，研发项目经费支出1336.7万元，高新技术产业增加值1.27亿元，高新技术产业增加值占地区生产总值的比重为1%，达到州定目标。全县拥有各类专业技术人员4891人。其中中级技术职称以上3325人，农业技术人员291人。全县各级医疗卫生机构444个，其中医院5个，卫生院12个，疾控预防控制中心1个，妇幼保健院1个，村卫生室346个，诊所79个。全县医疗卫生机构技术人员2610人，其中执业（助理）医师990人，注册护士878人。卫生资源总量持续增长，卫生机构床位数2497张，每千人口医疗卫生床位数达到5.79张，每千人口卫生技术人员6.05人。人民健康水平稳步提高。农村卫生厕所普及率达95%，新生儿死亡率1.42‰。城乡居民基本医疗保险参保人数42.01万人，同比下降2.18%。

【文化、旅游】 全县公共图书馆2个，总藏书量8.8万余册；广播覆盖率99.8%，电视覆盖率99.8%。拥有剧场、影剧院3个，文物保护区116个。全年接待游客1043万人次，同比增长20%。实现旅游综合收入80.04亿元，同比增长20.1%。全县国家AAA级以上旅游景区6个，星级饭店9家，星级客房798间。

【人民生活】 居民消费价格总指数104.9%，同比上涨4.9个百分点。商品零售价格总指数上涨3.1%。八大类消费价格指数呈“六升二降”态势：食品烟酒价格上涨15.6%，衣着价格上涨0.9%，居住价格上涨0.1%，生活用品及服务价格上涨0.6%，教育文化和娱乐价格上涨3.8%，其他用品和服务价格上涨2%，交通和通信价格下降2.6%，医疗保健价格下降0.9%。全年居民人均可支配收入16826元，比上年增加1502元，增长9.80%。农村常住居民人均可支配收入11471元，比上年增加1085元，增长10.45%；城镇常住居民人均可支配收入30183元，比上年增加2543元，增长9.20%。全体常住居民人均消费支出13325元，增长11.64%，城镇常住居民人均消费支出22236元，增长10.98%；农村常住居民人均消费支出9753元，增长12.26%。

【社会保障】 全县新增城镇就业人员5116人，全年实现下岗再就业1454人。城镇登记失业率控制在1.10%以内。全县城镇职工基本养老保险参保人数42122人，比上年增加985人；城乡居民基本养老保险参保人数313494人，比上年增加10524人；失业保险参保人数14047人，比上年增加2687人；工伤保险参保人数17747人，比上年增加1986人；生育保险参保人数6552人。全县提供住宿的社会工作机构15个，床位数1316张，社区服务机构总数303个，民政事业费支出达到1.89亿元。城乡居民最低生活保障人数30411人。2019年全县扶贫资金统筹投入129479万元，专项投入66592万元，当年减少农村贫困人口数44807人。贫困发生率0.34%，比上年下降10.16个百分点。31个贫困村实现全部脱贫出列。

【城市建设】 2019年基本建成棚户区459套（户），公租房分配入住4846套（户），发放住房租赁补贴219户。城市公园绿地面积140.1公顷，建成区绿化覆盖率40%。用水人口90800人，年供水总量572万立方米，其中居民家庭用水218.79万吨。城市道路长度92.16千米，道路面积101700平方米。城市排水管道长度78.88千米，城市污水处理率94%。

【服务业】 全年批发和零售业增加值10.1亿元，比上年增长4.9%；交通运输、仓储和邮政业增加值6.79亿元，增长4.2%；住宿和餐饮业增加值3.35亿元，增长11.5%；金融业增加值7.84亿元，增长11.5%；房地产业增加值11.98亿元，增长9.7%；其他服务业增加值31.62亿元，增长9.4%。全县通车总里程达到8000.1千米，其中等级公路5960.1千米，包含高速公路70千米，改扩建公路374.8千米。农村通公路行政村达100%。全年实现邮政业务营业收入5767万元，同比增长4.14%；移动业务营业收入13481万元，下降1.91%；联通业务营业收入5178.99万元，下降1.34%；电信业务营业收入6180万元，下降2.52%。年末固定电话用户28970户，同比下降38.5%，移动电话用户363612户，增长25.2%，年末互联网宽带接入用户发展到430264户，较上年增长18.9%。

【中共巴东县委十五届九次全体(扩大)会议】 2019年12月14日，中共巴东县委十五届九次全体(扩大)会议召开。会议审议通过《巴东县乡村振兴战略实施总体规划(讨论稿)》《中共巴东县委十五届九次全体(扩大)会议决议(草案)》；作《巴东县乡村振兴战略实施总体规划(讨论稿)》编制情况说明。

【巴东县十八届人大第三次会议】 2019年1月4—6日，巴东县十八届人大第三次会议召开。听取和审议巴东县人民政府工作报告；听取和审议关于巴东县2018年国民经济和社会发展计划执行情况及2019年国民经济和社会发展计划的报告，审查批准巴东县2019年国民经济和社会发展计划；听取和审议关于巴东县2018年财政预算执行情况和2019年财政预算的报告，审查批准巴东县2019年财政预算；听取和审议巴东县人大常委会工作报告、人民法院工作报告、人民检察院工作报告。选举县人大常委会副主任2名、县监察委员会主任、检察院检察长。

【政协巴东县九届三次会议】 2019年1月3—5日，政协巴东县九届三次会议召开。政协主席作工作报告。审议通过《政协巴东县第九届委员会第三次会议提案审查情况报告(草案)》《常委会工作报告的决议(草案)》《关于九届二次会议以来提案办理情况报告的决议(草案)》《中国人民政治协商会议巴东县第九届委员会第三次会议政治决议(草案)》。12名政协委员议政发言。会议通报表扬县政协九届二次会议以来的先进政协联络组、优秀县政协委员。

【巴东冬泳赛纳入国家级赛事】 2019年1月8日，国家体育总局游泳运动管理中心复函巴东县政府，同意将巴东“畅游神农溪·横渡大三峡”冬泳邀请赛纳入2019年“7·16”全国游泳公开水域系列赛(巴东站)。

【巴东野外综合试验场被认证为中国产学研合作创新示范基地】 2019年1月5—6日，由中国产学研合作促进会主办的第十二届中国产学研合作创新大会举行，经过申报、答辩、评审，由中国矿产资源与材料应用创新联盟推荐，巴东野外综合试验场以中国地质大学(武汉)长江三峡库区地质灾害防治野外综合试验基地的名义，被认证为2018年中国产学研合作创新示范基地。

【野三关镇红军小学获“雷锋班”授牌】 2019年3月11日，巴东县野三关镇红军小学举行“雷锋班”授牌仪式。授牌由中共中央党校、中国延安精神研究会、中国关心下一代工作委员会等联合授予。

【签订《巴东县农广校所属国有不动产无偿划拨协议》】 2019年3月11日，县政府与中国地质大学签订《巴东县农广校所属国有不动产无偿划拨协议》。主要内容是县政府将农广校校园土地、房屋及构筑物等资产无偿转让给中国地质大学，让其用于教育、教学、科研等公益用途。

【神农溪220千伏变电站充电成功】 2019年5月16日，总投资3.8亿元的新建湖北恩施巴东神农溪220千伏变电站工程1号主变电站充电成功，巴东神农溪220千伏输变电工程投产送电。该工程是恩施州、巴东县“十三五”时期电力建设重点工程。工程建成后，全州新增220千伏主变容量18万千伏安、220千伏线路121.2千米、110千伏线路10.27千米、35千伏线路3.48千米。

【2019靓丽中国行第一站落地巴东】 2019年5月16日，第十五届中国(深圳)国际文化产业博览交易会在深圳开幕。宣布2019靓丽中国行第一站落地巴东，2019年7月在巴东举办靓丽中国行2019时尚运动音乐节。前海广电传媒与湖北扬帆旅游发展有限公司正式签署战略合作协议。

【巴东链子溪景区更名为巫峡口旅游景区】 2019年5月20日，巴东县链子溪景区更名为恩施州巴东县巫峡口旅游景区。巴东县巫峡口旅游景区是第四套人民币伍圆币背景图案所在地，位于长江三峡巫峡东端出口，景区规划面积约80平方千米，核心区域及重点部位近10平方千米，包括巫峡口、大面山、链子溪、火焰石及周边可开发景点。

【《一路走来》摄制组到巴东县实地拍摄】 2019年5月20日，中央广播电视总台纪录片《一路走来》摄制组到巴东县沿渡河镇石板坪村、神农溪纤夫文化走廊和罗溪坝社区实地拍摄。摄制组在石板坪村拍摄该村组织群众开展“最美石板坪人”评选活动现场，到罗溪坝社区易地扶贫搬迁集中安置点，走进搬迁房楼下的扶贫工厂，在扶贫车间看贫困户如何实现“搬得出、稳得住、能致富”的目标，展现巴东县“易迁+”的多维扶贫模式。

【省民政厅到巴东组织开展脱贫攻坚专项帮扶行动】 2019年6月25—27日，省民政厅组织省慈善总会、省浙江总商会等46家省内社会组织到巴东，开展社会组织参与脱贫攻坚专项帮扶行动，达成46项合作意向，捐赠物资500余万元。

【渝黔湘鄂人大工作联席会在巴东县召开】 2019年7月3—5日，渝黔湘鄂部分县（市、区）人大工作联席会第五十八次会议在巴东县野三关镇召开。重庆市黔江区、武隆区，贵州省石阡县、玉屏县，湖南省凤凰县、龙山县、桑植县、吉首市，湖北省巴东县、来凤县、建始县等24个人大工作联席会成员单位100余人参加会议。

【巴东列入全省森林保险试点】 2019年7月24日，省财政厅、省林业局等5个部门以鄂财金发〔2019〕20号联合行文，将巴东县列入全省森林保险试点。巴东县公益林、商品林可以参加政策性森林保险，获得财政保费补贴。巴东有国家、省级公益林108666.67公顷可参加政策性森林保险。

【巴东获“湖北避暑旅游目的地”称号】 2019年7月30日，2019首届“湖北避暑旅游目的地”授牌发布会暨“气象助力全域旅游发展”论坛在武汉举行。巴东源梦·绿野仙踪旅游度假区获“湖北避暑旅游目的地”称号。

【秘境巴东高山森林国际半程马拉松赛】 2019年8月11日，以“纵情野马·为爱奔跑”“小康之约”为主题的源梦·绿野仙踪“小康之约”2019秘境巴东高山森林国际半程马拉松在野三关镇开赛，有8个国家、30个省市的5000余名运动员参赛。赛程点为野三关集镇到森林花海景区，设有半程马拉松、11千米健康跑和6千米欢乐跑3个比赛项目。

【2019国际候鸟（野三关）旅居文化节】 2019年8月26日，2019国际候鸟（野三关）旅居文化节暨“巴人谷硒核桃熟啦”采摘月系列活动在野三关镇举行。活动当天，游客们参观张骞塑像和千年核桃树，举行长桌宴和硒康养生活品鉴，进行青皮核桃、玉米、土豆等特产义卖，支持消费扶贫。

【巴东4个休闲景区名列2019年湖北省休闲农业示范点】 2019年8月27日，巴东县硒果山休闲度假村、巴东县野花村、巴东县九端茶业观光园、巴东县黄莲坪生态休闲观光园名列2019年湖北省休闲农业示范点。根据省农业农村厅办公室《关于开展省级休闲农业示范点监测认定工作的通知》精神，省休闲农业示范点从经营管理、基础设施、服务保障、创新发展4个方面20个指标进行综合评价。

【巴东西溪坝葡萄品种获金奖和银奖】 2019年8月28日，由西安市人民政府、国家葡萄产业技术体系、中国园艺学会葡萄与葡萄酒分会主办的中国葡萄产业科技年会鲜食葡萄评比大赛中，巴东县西溪坝葡萄种植专业合作社选送的夏黑、瑞都红玉两个品种的葡萄分获金奖和银奖。

【8人获“恩施州优秀人才奖”】 2018年度“恩施州优秀人才奖”评选活动揭晓。巴东马海林等8人被授予2018年度“恩施州优秀人才奖”。其中专业技术人才4名：巴东县第一高级中学教务处副主任兼年级主任马海林、巴东县文化馆馆长

马尚松、巴东县地质灾害防治监测中心常务副主任向险峰、巴东县中医医院副院长朱英杰。农村实用人才 3 名：湖北楠柏生态农业有限公司董事长邓绍南、巴东县西溪坝葡萄种植专业合作社理事长伍海贤、巴东县将军山生态农业专业合作社理事长谭显猛。企业经营管理人才 1 名：湖北博宇科技有限公司董事长胡典兵。

【光伏扶贫电站首批纳入全国 356 座光伏智慧运维工程示范】 2019 年 9 月 3 日，国家重点研发计划“分布式光伏系统智慧运维技术”启动会上，巴东县 118 个村级光伏扶贫电站首批纳入全国 356 座光伏智慧运维工程示范。该项目由国网电子商务有限公司牵头，汇集国网电商、古瑞瓦特，天津大学、东南大学，中国电科院，湖北电力，中民新科等 17 个国内一流的“产、学、研、用、维”联合攻关团队。

【《远方的家——长江行》节目组到巴东县录制节目】 2019 年 9 月 5 日，中央电视台中文国际频道（CCTV—4）《远方的家——长江行》节目组到巴东县录制节目。巴东是节目组进驻湖北进行节目录制的第一站。《远方的家》栏目于 2019 年 7 月推出系列节目《长江行》。10 月 16 日 17：15，《远方的家》百集系列特别节目《长江行》之《巴东：峻秀巫峡 崭新风貌》在中央电视台中文国际频道（CCTV—4）播出。

【巴东郡贡茶获评湖北地标名片获品牌创新培育大赛银奖】 2019 年 9 月 20 日，省知识产权局举办的“湖北地理标志大会暨品牌培育创新大赛”结束，巴东郡贡茶成功入选湖北 101 张地标名片获品牌创新培育大赛银奖。

【“巴东玄参”入选“一县一品”老区扶贫产品】 2019 年 10 月 11 日，由中国老区建设促进会、中国优质农产品服务协会和中国品牌建设促进会联合举办的“一县一品”老区扶贫产品选品对接会在北京举行，“巴东玄参”成功入选，签订品牌扶贫行动合作协议。

【巴东县国有巴山林场获评“中国森林氧吧”】 2019 年 10 月 18 日，2019 年中国森林旅游节在江苏省南通市开幕，旅游节上举行 2019 年第五届“中国森林氧吧”授牌仪式，巴东县国有巴山林场被授予“中国森林氧吧”。

【参加第十五届中国茶业经济年会】 2019 年 10 月 22 日，第十五届中国茶业经济年会暨 2019 中国英德红茶文化节在广东省英德市举行，巴东县名列 2019 中国茶业百强县；中国茶叶流通协会公布 2019 世界红茶产品质量推选活动结果，“正山堂・巴东红小神农架野茶”获产品质量金奖，“正山堂・骏眉中国・巴东红”获银奖。

【三峡水库坝前水位试验性蓄水】 2019 年 10 月 31 日 8 时，实时水情显示，三峡水库坝前水位达到 175 米，实现 2019 年试验性蓄水目标。三峡水库连续 10 年完成 175 米试验性蓄水任务。按照水利部关于三峡水库 2019 年试验性蓄水实施计划的批复意见，三峡水库于 9 月 10 日启动 2019 年 175 米试验性蓄水。

【巴东北站由中间站变为始发终到站】 2019 年 11 月 5 日，中国国家铁路集团有限公司、省政府对《关于新建郑州至万州铁路巴东北站增加到发线及动车存车线 I 类变更设计》的批复发布，巴东北站由中间站变为始发终到站，具备始发、终到功能。

【“7・16 全民游泳健身主题系列活动”暨“畅游神农溪・横渡大三峡”冬泳邀请赛】 2019 年 11 月 16—17 日，由国家体育总局游泳运动管理中心、中国游泳协会、中国救生协会、省体育局、省体育总会、州政府主办的 2019 年“7・16 全民游泳健身主题系列活动”暨“畅游神农溪・横渡大三峡”冬泳邀请赛在巴东长江南岸亲水广场举行，全国 11 个省市（区）的 62 支队伍，1200 余名游泳爱好者参赛。设横渡大三峡、水上趣味赛、500 米个人竞技赛、6×500 米混合接力赛 4 个项目。赛事期间，举办特色文艺表演和特色美食、特色农产品展销活动。

【《拒执罪》在恩施开机】 2019年11月24日，以巴东县人民法院执行工作案例为题材的电影《拒执罪》在恩施开机。最高人民法院执行局、省高级人民法院执行局、州中级人民法院领导、县相关领导及电影主创人员参加发布会。

【上级检查调研】 2019年3月16日，国家生态环境部调研组到巴东县，调研生态环保和脱贫攻坚工作，从自然条件受限、基础设施落后、公共服务不配套、生态补偿和转移支付力度与基本公共支出不相适应等方面，了解脱贫攻坚与环境保护政策衔接存在的具体问题，听取产业发展、基础设施、公共服务、生态补偿等方面需要给予政策倾斜的具体要求与建议。5月21—22日，水利部水土保持植物开发管理中心总工程师蔡建勤到巴东，调研长江经济带坡耕地利用情况，评估陡坡耕地退耕对农民收入和生计的影响，指导坡耕地治理工作。7月3—4日，北京市扶贫支援办研究室主任邵明阳带领督查组到巴东，督查北京市对口支援项目，协商对口支援工作开展相关事宜。7月25日，水利部水库移民司副司长赵晓明到巴东，调研指导对口支援及三峡后续相关工作。8月28日，新疆维吾尔自治区博尔塔拉蒙古自治州水利局党组副书记、局长苏布塔带领考察组到巴东县野三关镇，查看车沟水库，考察交流水利工作。9月27日，水利部三峡工程管理司副司长万志勇到巴东，巡查三峡水库蓄水安全。11月8—9日，国家林业和草原局专家组到巴东县，考察评估拟设立湖北巴东国家森林公园工作。

【荣　誉】 2019年1月，巴东县清太坪镇白沙坪小学支教教师袁辉获2018年“马云乡村教师奖”；巴东县民族职业高中三（1）班学生向田州获评全国“最美中职生”称号。4月，巴东县清太坪镇白沙坪小学支教教师袁辉获评2018“荆楚楷模”年度人物；获评第23届“中国青年五四奖章”。8月，巴东县金果坪乡人力资源和社会保障服务中心主任易盛荣获评全国民族团结进步模范个人。9月，巴东县沿渡河镇堆子场小学教师程祖南获得教育部表彰为“全国优秀教师”；巴东县第一高级中学教师张世林获评湖北省第三届“楚天园丁奖”，巴东县野三关镇民族实验初级中学教师邓秀武获评“湖北省农村先进教育工作者”。10月，湖北西谷核桃股份有限公司董事长田高勇获全国绿化委员会颁发“全国绿化奖章”；巴东县大支坪镇野三坝村黄在兴家庭获全州“最美家庭”表彰。12月，在湖北省退役军人工作会议上，巴东县退役军人王祖华被表彰为全省模范退役军人。12月，国家教育部通报表彰2019年“一师一优课、一课一名师”国家（部）级“优课”教师，巴东县水布垭镇杨柳池小学教师向琼英执教的小学科学课、清太坪镇民族初级中学教师桂兰兰执教的初中英语课获表彰。2019年2月，共青团湖北省委办公室印发《关于2018年全省共青团工作先进单位的通报》，共青团巴东县委受到表彰。6月，交通运输部、公安部、应急部、中华全国总工会、共青团中央印发《关于表扬2019年春运“情满旅途”活动成绩突出集体和个人的通报》，巴东县南潭河渡口所获突出集体表彰。10月，沿渡河派出所被省公安厅表彰为全省公安机关群众满意单位。12月，巴东县公安局绿葱坡派出所被表彰为湖北省第三届“人民满意的公务员集体”。

（傅瑞丰　沈丽萍）

宣恩县

【概　况】 宣恩县位于恩施州南部，地处北纬29°32′46″—30°13′36″，东经109°10′50″—109°55′52″。南北长73.9千米，东西宽71.5千米。东接鹤峰，西南邻咸丰、来凤，东北、西北及北部与恩施市交界，东南与湖南省龙山、桑植等县接壤。全县土地面积2737.20平方千米，分别占全省、全州土地面积的1.47%、11.39%。年末常用耕地24750公顷。209国道由北入至西南出，椒（园）石（门坎）省道、鸦（雀岭）当（阳坪）省道一北一南横串东西呈“工”字形。县城距恩施许家坪机场53千米，距宜（昌）万（州）铁路恩施站51千米，距沪蓉西高速公路恩施西入口40.5千米，距长江巴东港234千米。县境内恩来恩黔高速起于恩施松树坪，至晓关侗族乡倒洞塘野鸡坳分蘖成“人”字型三岔互通枢纽，向南经康家坡、忠建河大桥、大茅坡隧道，纵贯高罗镇、沙道沟镇、李家河镇，至来凤县关口，是国家高速公路网银北（银川至北海线）的一部分；向西经大岩坝隧道、龙桥湾大桥、至咸丰茶园坡隧道，对接恩黔高速公路重庆段，为包茂（包头至茂名）高速公路的一部分。恩来恩黔高速宣恩境内有宣恩（椒园）、晓关、高罗3个出入口（收费站），有李家河、晓关2个服务区，县城距宣恩（椒园）收费站11.5千米。

县境内两大水系（贡水、西水）4条主要河流的水能理论蕴藏量为55万千瓦，勘察论证可开发量为40万千瓦，占理论蕴藏量的73%。探明的矿有33种，矿产地（矿点）132处。主要矿种有煤矿、铜矿、铁矿、铅锌矿、硫铁矿、炭质页岩、石英矿、白云岩、生物大理石、石灰岩、菊花石、黑滑石、紫砂陶土等。据1998年全县野生动物调查统计，境内有野生动物8目20科176种，其中兽类45种，鸟类94种（候鸟12种），爬行类19种，两栖类18种；另有昆虫类60余种。境内高等植物达5000余种，维管束植物183科752属2027种，常见乔、灌木有96科215属882种及63个变种。国家一级保护树种有水杉、珙桐、光叶珙桐、银杏、伯乐树（钟萼木）、红豆杉、南方红豆杉、苏铁、银杉等9种；国家二级保护树种有36种。按国家标准《旅游资源分类、调查与评价》（GB/T18972—2003）中旅游资源的分类分级系统，在旅游资源类型的8大主类31个亚类和155个基本类型中，宣恩县旅游资源8大主类齐全，31亚类中宣恩县有22亚类，占71%，在155个基本类型中，宣恩县有58个，占37%。

2019年，全县完成地区生产总值79.05亿元，比上年增长4.6%。其中，第一产业增加值18.91亿元，增长4.1%；第二产业增加值11.87亿元，下降2.9%；第三产业增加值48.27亿元，增长7%。三次产业结构比为23.9∶15.0∶61.1。按年均常住人口计算，全县人均生产总值达到25645元，增长4%。根据第四次全国经济普查结果和GDP统一核算制度规定，2018年全县地区生产总值修订为76.42亿元。年末全县实有市场主体23169户，比上年增长7.3%。全年新登记市场主体2522户。私营企业新增476户。实有私营企业2895户，增长11.6%；实有个体工商户18772户，农民专业合作社917户。2014—2019年，脱贫27895户92248人，其中2019年脱贫166户451人。留存贫困户15户43人。70个重点贫困村全部出列，全县贫困发生率降至0.0136%。

【区划、人口】 2019年，宣恩县辖4个乡（晓关侗族乡、万寨乡、长潭河侗族乡、椿木营乡）5个镇（珠山镇、椒园镇、沙道沟镇、李家河镇、高罗镇）和1个工业园区，5个社区，279个行政村，2726个村（居）民小组。年末全县总人口35.76万人，其中男性18.77万人，占总人口的52.5%；女性16.99万人，占总人口的47.5%。年末常住人口30.92万人，其中城镇常住人口12.09万人，占常住人口的比重（常住人口城镇化率）为39.1%，比上年提高1.1个百分点。全年新出生3282人，其中一孩人数1284人，一孩率39.12%；二孩人数1540人，二孩率46.92%；多孩人数458人。人口出生率8.69‰，人口死亡率1.58‰，人口自然增长率7.11‰。

2019 年宣恩县乡（镇）基本情况表

表 21

乡（镇）	区域面积（平方千米）	年末常用耕地面积（公顷）	粮食作物播种面积（公顷）	粮食产量（吨）	总户数（户）	年末总人口（人）	村、社区（个）				税收收入（万元）	党委书记、乡（镇）长（12 月底在职）
							社区	居民小组	村	村民小组		
珠山镇	163.78	1601	2356.6	9936	17011	46003	5	52	19	172	22348	曾　伟　戴　青
椒园镇	175.98	1363	1942.2	6842	8386	25883			21	188	1716.6	袁永灿　向莲花
沙道沟镇	649.96	4281	5344.5	21652	22094	66515			49	522	1029.5	朱朝春　秦正才
万寨乡	183.57	2253	2807.1	10813	9750	29997			24	244	453.32	谭华军　张艳丽
晓关侗族乡	421.38	4272	4680.3	18194	14670	42239			40	441	1298.3	唐　猛　黄　义
李家河镇	216.79	3302	3674.7	15840	14745	52254			40	352	479.4	明关祝　熊茂平
长潭河侗族乡	432.71	3720	4317.1	15432	13584	37123			39	361	613.46	龚家邦　谢迭胜
高罗镇	287.19	2635	4399.4	16866	14555	45294			32	313	239.98	彭　超　陈　涛
椿木营乡	205.84	1323	1311.1	3982	4548	12245			15	84	683.19	尤　浩　徐兆海
合计	2737.20	24750	30833	119557	119343	357553	5	52	279	2677	28861.75	—

【农　业】 全年实现农、林、牧、渔业总产值 34.45 亿元，扣除价格因素，比上年增长 3.8%。全年粮食种植面积 30830 公顷，比上年减少 820 公顷。粮食总产量 11.96 万吨，比上年减少 0.13 万吨，减产 1.1%。全年油料产量 6811 吨，减产 1.8%。烟叶产量 5620 吨，增产 0.2%。蔬菜产量 149447 吨，增产 6.4%。茶叶产量 18230 吨，增产 4.2%。水果产量 111508 吨，减产 7.2%。全年畜禽肉总产量 38747 吨，比上年下降 2.6%；其中猪肉产量 34709 吨，下降 3.9%。禽蛋产量 3673 吨，下降 3.3%。生猪出栏 44.33 万头，下降 1.8%。年末生猪存栏 31.02 万头，比上年增长 5.8%。10 月 21 日，宣恩县获“中国茶业百强县”“2019 中国十大生态产茶县”称号。11 月 2 日，在农业农村部举办的第二届国家农产品质量安全县和农产品经销企业对接活动在江苏徐州启动，启动仪式上公布宣恩县被命名为第二批“国家农产品质量安全县”。

【工业、建筑业】 全年实现工业增加值 8.22 亿元，比上年增长 5.5%。全县规模以上工业企业 33 家，规模以上工业增加值增长 1.4%。全年规模以上工业产销率为 90.7%。每百元营业收入中的成本 82.37 元，比上年增加 1.78 元；营业收入利润率 3.9%，下降 2.8 个百分点；每百元营业收入中的费用 14.81 元，减少 1.06 元；单位成本费用 97.18 元，增加 0.72 元；每百元资产实现的年营业收入 104.2 元，减少 3.6 元；资产负债率 54.5%，上升 2.9 个百分点。全年建筑行业实现增加值 3.65 亿元，比上年下降 19.2%。全县具有资质等级的总承包和专业承包的建筑企业 8 家，完成建筑业总产值 4.44 亿元，比上年下降 26.9%。

【固定资产投资、房地产】 全年固定资产投资额比上年增长 2%。其中，500 万元以上城镇和非农户项目投资下降 32.1%；房地产开发投资增长 121.2%。项目投资分产业看，第一产业投资下降 90.2%、第二产业投资下降 1%、第三产业投资下降 32.6%。民间投资下降 65.1%。全年商品房施工面积 78.18 万平方米，比上年增长 76.2%；竣工面积 0.69 万平方米，下降 17.9%；销售面积 19.16 万平方米，下降 18.3%；待售面积 0.89 万平方米，增长 111.9%。全年商品房销售额 9.61 亿元，增长 6.2%，其中住宅销售额 9 亿元，下降 0.5%。

【贸　易】 全年社会消费品零售总额 51.60 亿元，比上年增长 10.5%。其中，批发零售业零售额 42.30 亿元，增长 10.6%；住宿餐饮业零售额 9.30 亿元，增长 10.1%。全年引进省外资金 19.28 亿元，比上年下降 14.4%。自营出口 1130 万美元，增长 4.7%。

【财政、金融】 全年地方财政总收入 5.78 亿元，比上年下降 2.8%。其中，地方一般公共预算收入 3.96 亿元，增长 3.2%。在地方一般公共预算收入中，税收收入 2.93 亿元，增长 2.7%。全年一般公共预算支出 37.14 亿元，增长 6.7%。年末全县金融机构人民币存款余额 100.07 亿元，比年初减少 0.48 亿元，同比下降 0.5%。其中住户存款余额 67.44 亿元，比年初增加 6.13 亿元。金融机构人民币贷款余额 67.79 亿元，比年初增加 6.50 亿元，同比增长 10.6%。其中住户贷款 29.66 亿元，比年初增加 3.79 亿元。

【教育、科技、卫生】 全县幼儿园 45 所，在园幼儿数 8623 人。小学 38 所，新招生 3360 人，在校学生 21842 人。普通中学 15 所，在校学生 15320 人。中等职业学校 1 所，在校学生 1526 人。全县 9 家高新技术产业企业实现增加值 1.25 亿元，占全县地区生产总值比重为 1.58%。全年获专利授权 80 件，其中实用新型专利 23 件，外观设计 17 件。全县各级卫生机构 276 个，实有床位数 1522 张，卫生技术人员 1917 人，其中执业（助理）医师 583 人，注册护士 787 人。

【文化、体育】 举办 2019 年元宵灯会、“浪漫宣恩·茶贡天下 2019 中国宣恩春季茶旅融合系列活动”、“中国内陆河水上运动会”、“武陵山龙舟争霸赛”等活动，在茶旅融合活动和水运会活动中同步开展“千车万人自驾游宣恩”“仙山贡水，浪漫宣恩短视频创作赛”，营造全民营销氛围，建设“两会三赛四节”品牌。10 月 18 日，以“休闲城市，美好生活”为主题的 2019 世界休闲发展高峰论坛在杭州国际博览中心举行，宣恩县城“仙山贡水”旅游区获“中国文旅融合创新奖”。全年培训文艺宣传队伍 14 支；新建文艺宣传队伍 28 支；开展非物质文化遗产项目的挖掘与整理，录制文化艺术视频资料 3000 余分钟，图片资料 200 多张，收集各类相关光碟 6 张，文字资料 5 万余字；完成送戏下乡 109 场，观众 9 万人次。12 月 12 日，宣恩县被命名为 2018—2020 年度“湖北省民间文化艺术（滚龙连厢）之乡”。举办 2019 中国（宣恩）内陆河水上运动会暨武陵山区龙舟争霸赛，重庆、湖南、浙江及湖北省内 50 多个县（市、区）108 支代表队的 2300 余名运动员参赛；举办恩施州气排球联赛，全州各县市及湖南龙山代表队 108 支参赛队的 300 多名运动员参加；开展农村文化体育活动 190（场）次；新建健身步道 4000 步。

【人民生活】 全年全体居民人均可支配收入 16108 元，比上年增长 9.71%；人均生活消费支出 12828 元，比上年增长 11.59%。农村常住居民人均可支配收入 11396 元，比上年增长 10.21%；人均生活消费支出 9690 元，比上年增长 12.04%。城镇常住居民人均可支配收入 29446 元，比上年增长 9.25%；人均生活消费支出 21693 元，比上年增长 11.03%。

【社会保障】 年末全县城镇职工基本养老保险参保 42840 人，城乡居民社会养老保险参保 190086 人，工伤保险参保 12420 人，失业保险参保 10006 人；城镇职工基本医疗保险参保 18199 人。全年城镇新增就业人员 5503 人，城镇登记失业率 2.51%。城镇失业人员再就业 1583 人，城乡劳动者就业培训 6787 人。

【服务业】 全年批发和零售业增加值 9.19 亿元，比上年增长 4.7%；交通运输、仓储和邮政业增加值 3.42 亿元，增长 8.3%；住宿和餐饮业增加值 2.69 亿元，增长 12%；金融业增加值 5.45 亿元，增长 11.5%；房地产业增加值 8.96 亿元，增长 4.9%；其他营利性服务业增加值 5.25 亿元，增长 11.4%。年末全县公路通车里程达到 2811.70 千米，其中高速公路 120.1 千米。全年公路运输货物 333 万吨，运输旅客 125 万人次。全年邮政业务收入 0.46 亿元，比上年增长 6.5%。其中快递业务收入 0.04 亿元，增长 72.1%。全县邮政行业业务总量 1.32 亿元，增长 10.2%。年末全县固定电话用户 9674 户，移动电话用户 259761 户，固定宽带接入用户 64138 户。

【资源环境】 全年全社会用电量 3.4 亿千瓦时，比上年增长 6%。其中工业用电量 0.75 亿千瓦时，比上年增长 0.2%。单位 GDP 能耗继续保持下降态势，顺利完成节能降耗目标。全县环境质量总体稳定。地表水 2 条河流中忠建河、酉水河水质符合Ⅱ类，总体水质状况为良；2 个跨县水质考核断面均能满足功能区划要求。县城集中式饮用水源地水质达标，达标率 100%；9 个乡镇的 8 个集中式饮用水水源地水质达标率 100%；3 个地下水均达到《地下水环境质量标准》（GB/T14848-2017）Ⅲ类标准；5个地表水均达到《地表水环境质量标准》（GB3838-2002）Ⅱ类标准；城区空气质量按照《环境空气质量标准》（GB3095-2012）中 PM_{10}、$PM_{2.5}$、SO_2、NO_2、CO、O_3 6 个基本项目进行评价，优良天数为 346 天，平均优良天数达标率为 94.8%；区域环境噪声质量级别为三级。8 月 27 日，省环境保护委员会授予宣恩县等 11 个县（市、区）“湖北省生态文明建设示范县（市、区）”称号。12 月 27 日，国家林业和草原局公布《2019 年试点国家湿地公园验收情况》，宣恩贡水河国家湿地公园通过验收。全县年末森林覆盖率达 63.83%，年末森林面积 175091.12 公顷。创建“省级森林城市”通过验收。

【应急管理】 全年发生各类安全生产事故 2 起，比上年下降 33.3%。死亡人数 3 人，与上年持平；直接经济损失 280 万元，比上年下降 12.5%。全县自然灾害造成直接经济损失 0.34 亿元，占地区生产总值的 0.4%。

【裸土复绿】 2019 年末，环保督察要求 2019 年整改交账的 29 家关闭矿山全部整改，全面完成年度关闭矿山生态修复，完成高速公路沿线椒园白泥坝矿区开采边坡的边坡挂网生态修复治理，完成长潭河侗族乡高粱子矿山关闭后有地质灾害隐患的治理工程；全县供而未用土地 11 宗 31.11 公顷，完成 4 个裸露地块，面积 19.43 公顷的复绿；对 48 个各类在建项目全部采取封闭施工，并对裸露土地进行临时覆盖。

【中共宣恩县委十五届七次全体（扩大）会议】 2019 年 8 月 9 日，中共宣恩县委十五届七次全体（扩大）会议在召开。县委书记做题为《统一思想 担当有为 奋力推进新时期宣恩高质量发展》的讲话。全会听取相关单位上半年经济工作进展情况的汇报；会议通报全县上半年主要经济指标和有关工作完成情况。

【中共宣恩县委十五届八次全体（扩大）会议】 2019 年 12 月 20 日，县委常委会主持在召开中共宣恩县委十五届八次全体（扩大）会议。全会听取县委常委会书面工作报告和县纪委书面工作报告，审议通过《中国共产党宣恩县第十五届委员会第八次全体（扩大）会议决议》。

【全州公路安防设施建设现场推进会】 2019 年 1 月 18 日，全州公路安防设施建设现场推进会在宣恩县召开。参会人员到长潭河侗族乡凉风台，椿木营乡晒坪、神州台等地，现场参观防撞软墙、交通劝导站、挡车器等建设情况。座谈会上椿木营乡主要负责人介绍全乡在公路安防设施建设方面的工作情况。

【机构改革】 2019 年 2 月 22 日，经省委、省政府批准，州委、州政府正式印发《宣恩县机构改革方案》。全县党政机构限额为 37 个，涉改行政单位 21 个，通过对部门机构的整合、撤销、新设，将党政机构个数调整到限额内，党政机构削减 20%。设置党委、政府直属事业单位。全县原有党委直属事业单位 3 个，政府直属事业单位 6 个，将党委政府直属事业单位个数调整到限额内，党委、政府直属事业单位各 4 个，直属事业单位削减 11%。按照“不立不破、先立后破”和“编随事走、人随编走”的原则，新组建部门和涉及职责、机构、人员编制调整的部门 310 人完成人员转隶。根据《县机构改革实施意见》要求，统筹优化县级党政机构设置和职能配置，统一设置37个党政机构，与省、州党政机构职能基本对应。建立健全县委对重大工作的领导体制机制，加强县委职能部门的统一归口协调管理职能，根据上下基本对应和因地制宜相结合的原则，统筹设立11个议事协调机构；单设县民族宗教事务局和县林业局。2019年末，全县有行政机构55个，其中党委序列10个，政府序列27个，群众团体机关6个，政府派出行政机构1个，人大机关1个，政协机关1个，乡镇机关9个；事业单位381个。

【2019中国宣恩旅游推介会】 2019年3月12日，2019中国宣恩旅游推介会在武汉举办。推介会围绕“浪漫山水、浪漫乡村、浪漫风情、浪漫美食、浪漫礼道、浪漫节庆”，通过播放专题片，解说推介和特色文艺节目表演，向武汉市民展示浪漫宣恩的秀美风光和风土人情，介绍伍家台茶旅融合系列活动。重点推介“浪漫宣恩·茶贡天下”2019年中国宣恩春季茶旅融合系列活动，解读宣恩旅游优惠奖励政策。宣恩旅游委及狮子关景区分别与湖北广电国旅签署合作框架协议。

【人大代表议案、建议和政协委员提案交办会】 2019年3月29日，宣恩县召开2019年人大代表议案、建议和政协委员提案交办会。县“两会”期间，人大代表和政协委提出107件建议、提案和转信，全部交由县政府系统承办，其中重要建议2件、一般建议47件、政协提案51件、转信7件。

【宣恩贡米获地理标志产品保护】 2019年4月17日，国家知识产权局发布《关于核准江苏鑫瑞源食品有限公司等44家企业使用地理标志产品专用标志的公告（第305号）》，核准宣恩县珠山粮食购销公司、宣恩县沙道粮食购销公司生产的宣恩贡米使用地理标志产品专用标志，获得地理标志产品保护。

【“聚力脱贫攻坚 人大代表在行动”活动】 2019年5—8月，宣恩县开展“聚力脱贫攻坚 人大代表在行动”活动，围绕脱贫人口“回头看”主题，对州委“八个到村到户”持续推进和“六个清零、六个全覆盖”任务落实情况进行监督，突出“是否脱真贫、真脱贫，扶贫政策是否落实，脱贫成效是否可持续，巡视巡察问题整改是否落地”4项重点；对照“两不愁三保障”的国家验收标准，结合宣恩县脱贫攻坚工作实际，将活动内容具体细化为到村“十看”、到户“十看”，突出监督重点、统一监督标准，便于人大代表精准监督。活动期间，全县114名全国、省、州、县人大代表，分乡镇编成9个活动小组；乡镇辖区的县人大代表和乡镇人大代表编为55个代表小组，实行“两集中一分散”开展活动。以2015年后已脱贫人口中的受灾户、大病户、边缘户和存疑户为重中之重，到农户和田间地头，与群众交心谈心，逐项核实，既不吊高胃口，也不降低标准。9个县人大常委会活动小组、55个代表小组全部开展活动，1名全国人大代表、5名省人大代表、35名州人大代表、195名县人大代表、514名乡镇人大代表参加，参与率达98%，走访脱贫户26873户、覆盖率达99%。收集问题640个，其中“两不愁三保障”类136个，占21.3%；“政策落实”类78个，占12.1%；“巩固提升”类359个，占56%；“其他”类67个占，10.6%。对640个问题、140条建议，以问题清单、代表建议形式进行交办。活动结束时，解决问题515个，正在解决79个，暂时无法解决或无法解决46个；办结建议96条，正在办理34条，暂时无法办理10条。

【9个村名列第五批中国传统村落】 2019年6月6日，住房和城乡建设部、文化和旅游部、国家文物局、财政部、自然资源部、农业农村部决定将椒园镇水田坝村、沙道沟镇大白溪村、沙道沟镇药铺村、李家河镇中大湾村、高罗镇腊树园村、高罗镇清水塘村、万寨乡金龙坪村、晓关侗族乡中村坝村、晓关侗族乡骡马洞村等2666个村

落列入第五批中国传统村落名录。

【签订暴雨洪涝巨灾保险保单】 2019年6月25日，宣恩县正式签订暴雨洪涝巨灾保险保单，由政府全额为辖区居民购买保险，对相关人身伤亡和财产损失给予基本经济补偿。宣恩巨灾保险年保费支出近113.6万元，由省、县财政按6∶4比例分担。巨灾保险是指对突发、危害严重的暴雨洪涝等重大灾害引发的财产损失和人身伤亡，给予切实保障的风险分散制度。

【椿木营第七届露营节】 2019年8月10日，椿木营第七届露营节暨2019“听高山清韵，享清凉一夏”首届高山音乐节在椿木营乡勾腰坝村四组五子岩运动休闲旅游区举行。活动由赛马会速度赛、马术比赛花样趣味赛、天池摸冷水鱼大赛、模特美人鱼表演、特色民俗节目表演、篝火啤酒狂欢、草地露营七部分组成，与椿木营乡七姊妹山上的“清凉、风景、风物、风情”融合，形成山水椿木、生态原乡的景象，游客1万余人参加。

【覃遵江获评2019年度“江苏见义勇为新市民”】 2019年6月6日18时许，无锡市惠山区居民周某步行至洛社镇花苑村陈巷附近时，遭到一名黑衣男子抢夺手提包，抢夺未果逃跑。无锡市振中园林建设工程有限公司的职工覃遵江（宣恩县长潭河侗族乡中坝村人）以及驾驶面包车经过的本地人徐雪钧、沈云夫妇合力制服歹徒。9月17日，覃遵江因奋不顾身制止抢劫行为，成功制服歹徒的英勇事迹，被江苏省公安厅、江苏省见义勇为基金会表彰为2019年度“江苏见义勇为新市民”。

【首条盘山彩色旅游公路建成投用】 2019年，宣恩县首条盘山彩色旅游公路建成使用，为在原209国道基础上改扩建而成的乡村旅游公路，起点在珠山镇封口坝蒙家湾，终点在高罗镇板寮村入口，全长27千米，路基宽6.5米，路面宽5.5米。路面结构采用旧路面处置加水泥稳定碎石基层，中粒式普通沥青混凝土，细粒式橡胶改性沥青混凝土建成，公路一侧用细粒式橡胶改性彩色沥青混凝土铺装2米宽的山地自行车赛道。

【“学习强国”推送苗语版《我和我的祖国》】 2019年10月14日，“学习强国”学习平台发布由高罗镇组织党员干部、高罗镇中心小学师生用苗语歌唱《我和我的祖国》短片。高罗镇拥有湖北省唯一保留苗语的苗族村寨——小茅坡营村，被称为苗族语言的“活化石”，用苗语翻唱《我和我的祖国》，为祖国献上最美好的祝愿。

【“浪漫宣恩 · 柚香酉水”2019贡水白柚文化周】 2019年11月15日，宣恩县举行贡水白柚产业发展研讨，邀请华中农业大学、湖北工业大学、湖北民族大学、恩施农科院等高校及研究院的生物、农业、食品等方面专家教授、学者，针对宣恩县贡水白柚产业发展现状提出建设性的意见。11月16日，“浪漫宣恩 · 柚香酉水”2019贡水白柚文化周在沙道沟镇栏杆坪村举行开幕式。活动设酉水河、白柚果园、加工厂房3个会场，分别举行土家歌曲联唱、民俗舞蹈、对山歌等特色节目，游柚园、品柚果、赏柚景，颁发“十佳种植大户”“贡水白柚优质奖”，文化周签订440吨白柚采购合同。

【范韬获评“全国维护妇女儿童权益先进个人”】 2019年11月28日，全国妇联表彰维护妇女儿童权益先进集体、先进个人，宣恩县人民法院长潭河人民法庭庭长范韬获评“全国维护妇女儿童权益先进个人”荣誉称号。

【参加全省第三届社区矫正对象个案矫正典型案例评比】 2019年12月5日，宣恩县司法局代表恩施州在仙桃市参加全省第三届社区矫正对象个案矫正典型案例评比活动。推出参赛作品《矢志改造，用汗水荡涤灵魂》。宣恩县司法局获个案评比一等奖，李家河司法所所长马昌新获评“湖北省社区矫正个案矫正能手”。

【“富美宣恩 · 放心消费”城市创建】 2019年12月19日，宣恩县召开“富美宣恩 · 放心消费”

城市创建工作推进会，会议提出通过3—5年的努力，重点围绕“五个放心”，即消费安全放心、消费质量放心、消费价格放心、消费服务放心、消费维权放心，逐步创建一批“放心消费”单位、行业、街道和商店，把宣恩创建成为省级“放心消费”城市。

【上级检查调研】 2019年3月5日，省民政厅调研组到宣恩县高罗镇歌乐城易地扶贫安置小区、福利院，椒园镇黄坪村，珠山镇甘溪易地扶贫安置小区，宣恩殡仪馆，调研精准扶贫、乡村振兴、社区管理及民政工作。3月6—7日，省商务厅、商务部驻武汉特派员办事处调研宣恩县电商扶贫、全国电子商务进农村示范县创建、企业外贸出口等工作。3月21日，国家民委调研组到椒园镇庆阳坝村、万寨乡伍家台村，了解民族经济工作发展情况。5月9日，省委统战部调研组到宣恩县调研统战、民营经济和“千企帮千村”工作开展情况。5月20—21日，江苏省扶贫工作领导小组副组长胥爱贵到宣恩县调研脱贫攻坚工作。5月31日，省文旅厅领导到宣恩县调研地方志编纂“两全目标”工作情况。6月12—13日，杭州市政协副主席、工商联主席冯仁强考察宣恩县东西部帮扶项目。7月16日，省人大常委会副主任刘晓鸣在宣恩县主持召开省2019年“聚力脱贫攻坚、人大代表在行动”推进会，州人大常委会交流经验。8月13日，省委巡视工作领导小组、省委巡视办领导带调研组到宣恩县，调研基层巡察机构和队伍建设、村（居）巡察全覆盖工作推进情况。8月14日，省委主题教育第九巡回指导组，省林业局领导带调研组到宣恩开展主题教育问题整改调研、检查督办“裸土复绿”工作。8月15日，省发改委调研组到高罗镇周家堡易地扶贫搬迁安置点、沙道沟镇松坪易地扶贫搬迁安置小区，开展“不忘初心、牢记使命”主题教育专题调研。

（江安鸣）

咸丰县

【概　况】 咸丰县位于恩施州西南部，云贵高原东延武陵山余脉与大巴山之间，地处北纬29°19′28″—30°2′54″，东经108°37′8″—109°20′8″。南北长80.38千米，东西宽68.95千米。东接宣恩，东南邻来凤，南与重庆酉阳接壤，西界重庆黔江，北连利川，东北接恩施市。全县区域面积2550平方千米。县治高乐山镇至州府公路里程93千米、至省府655千米。

县内河流分属乌江、清江、沅江三大水系，主要有忠建河、曲江、龙洞河、南河、青狮河、龙嘴河、蛇盘溪、冷水河、白家河、唐崖河。境内湖泊主要有小南海和汪大海，小南海距咸丰县城西75千米，为全国保护完好的地震遗址之一。全县有地表水资源23.85亿立方米，多年平均入境客水7.56亿立方米，多年平均每平方千米产水量93.97万立方米。县内出露较大山泉有91处，常年流量在0.1立方米/秒以上的36处。2005年《咸丰县“十一五”水电农村电气化建设规划》测算县水能蕴藏量为24.68万千瓦，可开发量为22.85万千瓦（水电装机容量14.5051万千瓦）。县境内开发利用和发现的矿产有煤炭、石煤、铝土矿、高岭土、耐水性黏土、硅矿、磷矿、铁矿、铅锌矿、铜矿、汞矿、萤石矿、重晶石、白云石、大理石、石灰石等20余种。煤炭资源量4962万吨，其中探明资源量3846万吨。大理石属石灰岩型，总储量3.8亿立方米。方解石主要位于忠堡、丁寨等地，仅忠堡矿区探明资源量525万吨。境内有木本植物100余科，300多属，1000余种。属国家一级保护植物有9种。国家二级保护植物有41种。百年以上的乔灌木和胸径80厘米以上的大乔木均属省级保护植物。挂牌保护古树名木619株。发现草本植物160多科900多种，拥有珙桐、古杜鹃、南方红豆杉、红豆杉（所有种）、水杉、银杏、秃松（台湾杉）、伯乐树、苏铁、银杉等10多种世界级珍品树种群落。素有天然植物园之称。发现药用植物182科1100余种。药用植物鉴定有178科，650属，1172种。其中名贵药材主要有天麻、鸡爪黄连、鸡腿白术、党参、甜味绞股蓝、七叶一枝花、竹节人参等10余种。县境野生动物有52科、376余种，有林麝（獐子）、白鹤、金钱豹、中华虎凤蝶等国家一级重点保护野生动物5种；有猕猴、穿山甲、黑熊、大灵猫、果子狸、大鲵（娃娃鱼）等国家二级重点保护野生动物20种。建有坪坝营国家森林公园、忠建河大鲵国家级自然保护区。自然景观资源主要有坪坝营生态旅游区、唐崖河旅游资源带、小南海地震遗址区、二仙岩高山湿地、县城及城郊旅游资源区。人文景观资源主要有唐崖土司城遗址世界文化遗产，严家祠堂、十字路风雨凉桥、蒋家花园、飞凤楼、黄金洞炼硝场遗址、大寨坪遗址，秦国镛、温朝钟故居等。另有忠堡大捷遗址、大村会议旧址、龙潭司暴动、贺龙收编黑洞神兵、鄂川边独立团遗址等革命历史遗址。

2019年，全县实现地区生产总值96.18亿元，比上年增长7%。其中，第一产业实现增加值19.67亿元，增长3.1%；第二产业实现增加值16.38亿元，增长6.4%，其中工业实现增加值9.55亿元，增长7.2%；第三产业实现增加值60.13亿元，增长8.6%。优化产业结构，三次产业结构比由2018年的19.8 : 17.7 : 62.6调整为20.5 : 17.0 : 62.5。按年均常住人口计算，2019年全县人均生产总值为30976元。年末全县实有市场主体24694户，比上年增长6.3%。其中内资企业3584户（私营企业3328户）、个体工商户20108户、农民专业合作社1002户。全年新登记各类市场主体2885户。

【区划、人口】 2019年，咸丰县辖11乡镇（区），263个村，15个社区。全县区域面积2523.4平方千米。年末耕地总资源48144公顷。全县户籍总人口385386人，其中男性203240人、女性182146人，年底143698户，常住人口31.14万人，其中城镇常住人口13.64万人，占常住人口的比重（常住人口城镇化率）为43.8%，比上年提高1个百分点。全年出生人口3606人，死亡人口2466人。

2019年咸丰县乡（镇）基本情况表

表22

乡（镇）	区域面积（平方千米）	年末耕地面积（公顷）	总户数（户）	年末总人口（人）	村、社区（个）			村（居）民小组（个）	党委书记、乡（镇）长（12月底在职）
					小计	村	社区		
高乐山镇	322	5054	33778	79501	41	35	6	377	尹健康　张宏武
忠堡镇	140	1880	6594	16786	13	12	1	86	李成舟　罗朝远
朝阳寺镇	83	1357	5544	14813	8	7	1	57	孟　奎　曾胜阳
清坪镇	305	8071	16727	45657	34	34	—	248	杨　俊　杨建平
坪坝营镇	347	6240	19869	57996	43	41	2	425	赵红敏　彭明舟
曲江镇	182	3383	11980	33173	22	21	1	127	严克远　刘兴华
黄金洞乡	215	3924	9485	25776	20	20	—	148	何　祥　杨万明
小村乡	224	3263	7337	21947	13	12	1	108	田　毅　吴　娟
唐崖镇	318	6170	15373	41300	38	37	1	356	蔡　玲　张　进
活龙坪乡	314	7382	13921	39066	38	37	1	427	谭　皓　刘平
大路坝区工委	100	1420	3090	9371	8	7	1	40	田守兵　甘露
合计	2550	48144	143698	385386	278	263	15	2399	—

说明：耕地面积来自县国土资源局2018年度土地变更调查

【农　业】 全年实现农、林、牧、渔业总产值36.55亿元，按可比价格计算，比上年增长3.8%，其中农业产值19.12亿元，增长9.4%；林业产值2.95亿元，增长22.3%；牧业产值11.78亿元，增长 23.9%；渔业产值 0.12 亿元，下降 14%；农林牧渔服务业产值 2.58 亿元，增长 20.5%。实现农林牧渔业增加值 20.77 亿元，按可比价格计算，比上年增长 3.8%，其中农业增加值 12 亿元，增长 9%；林业增加值 1.49 亿元，增长 14.9%；牧业增加值 6.1 亿元，增长 24.6%；渔业增加值 0.07 亿元，下降 12.3%；农林牧渔服务业增加值 1.1 亿元，增长 21.6%。主要农产品产量平稳增长。粮食播种面积 45440 公顷，比上年下降 1.6%；粮食总产量 20.14 万吨，比上年增长 0.4%。油料播种面积 7150 公顷，比上年增长 3.17%；总产量 19610 吨，比上年增长 2.46%。烟叶（未加工烟草）播种面积 3670 公顷，比上年减少 2.13%；烟叶总产量 5816 吨，比上年下降 1.42%。蔬菜播种面积 18750 公顷，比上年减少 6.81%；蔬菜产量 267424 吨，减少 6.54%。药材面积 17070 公顷，比上年减少 7.18%。年末实有茶园面积 18302 公顷，其中可采摘面积 12753 公顷，全年茶叶产量 10320 吨，比上年增长 13.16%。共有各类果园面积 15562 公顷，比上年减少 2.13%；园林水果总产量 22782 吨，比上年减少 2.99%。年内共出栏生猪 45.22 万头，比上年下降 5.42%，猪肉总产量 36097 吨。年末生猪存栏 39.23 万头，比上年增长 4.45%。其中能繁母猪存栏 3.61 万头，比上年增长 4.34%。年末牛存栏 28943 头，羊存栏 15098 只。农村生产生活条件得到改善。全县通汽车的村 263 个，通电话的村 263 个，自来水受益的村 261 个。化肥施用量（折纯量）3.51 万吨，比上年减少 4.36%；实施精准扶贫。2019 年建档立卡 43990 户、149900 人，脱贫 43559 户、148931 人，脱贫 66 个村。加强农村基础设施建设。解决 34.1 万农村人口饮水安全问题，农村饮水安全普及率达 100%，农村生产生活条件得到改善。2019 年 10 月，农业农村部发布关于公布第九批“一村一品”示范村镇名单的通知，咸丰县小村乡入选。

【工业、建筑业】 全县实现工业增加值 9.55 亿元，扣除价格因素比上年增长 7.2%，在全县生产总值中的比重为 9.9%。全县规模以上工业企业 23 家，实现规模以上工业总产值 11.16 亿元，增加值扣除价格因素比上年增长 5.3%。全县规模以上工业企业全年实现主营业务收入 97684.8 万元，实现利润总额 4826.6 万元，工业品产销率 98.9%。全县具有资质等级以上建筑企业 17 家，实现建筑业总产值 14.77 亿元，比上年增长 10%。房屋施工面积 90.35 万平方米，比上年下降 25.9%；房屋销售面积 21.07 万平方米，比上年增长 21.7%。

【固定资产投资、房地产】 全年实现固定资产投资比上年增长 17.6%。其中 5000 万元以上项目投资增长 9.2%；5000 万元以下项目投资增长 16.9%；房地产开发投资增长 77.4%。截至 2019 年底，全县具有资质等级以上房地产企业 11 家。商品房销售面积 21.07 万平方米，其中住宅类销售面积 19.71 万平方米；商品房销售额 9.15 亿元，其中住宅商品房销售额 8.62 亿元。

【贸　易】 全年实现社会消费品零售总额 555327 万元，比上年增长 10.8%。按经营地统计，城镇消费品零售额 446117 万元，比上年增长 10.9%；乡村消费品零售额 109210 万元，比上年增长 10.4%。全年实现自营出口 1322 万美元，引进省外资金 15.98 亿元，比上年下降 27.9%。

【财政、金融】 全年实现地方财政总收入 81283 万元，比上年增长 3.4%。地方一般公共预算收入 47295 万元，比上年增长 2.5%，其中实现税收收入 35162 万元，比上年下降 3.6%，税收收入占地方一般公共预算收入的比重达到 74.3%。实现政府性基金收入 77954 万元，比上年增长 270.5%；实现社会保险基金收入 58083 万元，同比增长 76.22%。全年一般预算支出 419890 万元，同比增长 17.5%。全县金融机构年末各项存款余额 1271035 万元，比年初增加 119349 万元，其中住户储蓄存款余额 939914 万元，比年初增加 121647 万元。金融机构各项贷款余额 803715 万元，比年初增加108948万元，其中短期贷款余额122654万元，比年初减少9747万元，中长期贷款余额265179万元，比年初增加55343万元。

【交通运输、邮电】 全县通车公路里程4023千米，其中国道98千米、省道125千米、县道372千米、乡道1241千米、村道2187千米。按等级分，一级公路15千米、二级公路208千米、三级公路322千米、四级公路1934千米、等外级公路1544千米。农村通公路行政村比重达到100%。全社会客运量288万人次，旅客周转量47172万人千米；货运量490万吨，货物周转量81265万吨千米。年末共有公交4路、36辆，出租车200辆。邮电通信行业全年邮政业务总量5090万元，电信业务收入2.2亿元，下降6.4%。年末全县固定电话用户2.43万户；移动电话用户32.42万户，其中4G移动电话用户25.32万户。宽带互联网接入用户11.65万户。

【旅　游】 全年旅游接待人数677万人次，比上年增长11%，实现旅游综合收入61.73亿元，比上年增长10.5%。

【教育、科技、卫生】 2019年，全县各类学校67所（不含幼儿园及教学点），其中中等职业学校1所，普通中学17所，完全小学48所，特殊教育学校1所。有普通高中专任教师243人，中等职业教育专任教师135人，普通初中专任教师971人，小学专任教师1169人，特殊教育学校专任教师2人；全县在校学生53696人，其中高中在校学生4195人，中等职业学校在校生3804人，普通初中在校生23331人，小学在校生22334人，特殊教育在校生32人。全县初中适龄人员入学率达到100%，初中三年巩固率达到100%。全县幼儿园40所，专任教师357人，在校学生10661人。全县高新技术企业3家，全年专利申请170件，其中专利发明16件；全年专利授权80件，其中发明专利3件。普及科技教育，全年举办少儿科技竞赛1次、297人次；举办少儿科技教育培训2次、1200人次；科技推广服务机构5家，农民技术协会12个，县直专业协会15个。全县拥有医疗卫生机构362个（含村卫生室），全县拥有职业医师（含助理医师）人员837人。卫生机构床位数2298张，每千人拥有床位数（含卫生室）7.38张，每千人拥有医生（含助理）数2.69人。

【人民生活】 全县城镇常住居民人均可支配收入29588元，比上年增长9.36%；人均生活消费性支出21797元，比上年增长11.1%。农村常住居民人均可支配收入11476元，比上年增长10.45%；人均生活消费性支出9758元，比上年增长12.3%。全年居民消费价格比上年上涨3.1%。商品零售价格上涨1.9%。构成居民消费价格的八大类商品价格涨跌幅度为：食品烟酒价格上涨7.6%，衣着价格上涨2%，居住价格上涨3.2%，生活用品及服务价格上涨0.7%，交通和通信价格下跌2.2%，教育文化和娱乐价格上涨0.4%，医疗保健价格上涨1.1%，其他用品和服务价格上涨3%。

【社会保障】 各种社会福利收养性事业单位12个，各种社会福利收养性事业单位床位1026张。全年最低生活保障人数28792人、保障支出7022万元。其中城镇居民最低生活保障人数976人、支出810万元，农村居民最低生活保障人数27816人、支出6212万元。基本养老保险参保人数245071人，其中城镇基本养老保险参保人数46608人，城乡居民基本养老保险参保人数198463人；基本医疗保险参保人数366208人，其中城乡居民基本医疗保险人数343352人；工伤保险参保人数14628人；失业保险参保人数14432人；生育保险参保人数22856人。全县乡村从业人员17.28万人，其中农村外出从业人员7.63万人，比上年增加0.44万人，占乡村从业人员总数的44.2%。按外出地点分，县内乡外0.87万人，省内县外1.82万人，省外4.94万人；按外出人员从事行业分，第一产业0.08万人，第二产业5.34万人，第三产业2.21万人；按外出从业目的分，务工6.57万人，经商0.62万人，其他0.44万人。参加过职业技能培训的3.34万人，持有职业技术资格证书的有1.14万人。

【生态环境】 2019年，城市建成区绿化覆盖率37.3%，城市人均公园绿地面积17.61平方米，城市生活垃圾无害化处理率100%。全县环境优良天数349天。煤矿、非煤矿山、危险化学品、特种设备、消防等重点行业和领域没有发生重大安全事故。全县全社会用电量36272.26万度，比上年增长9%。第一产业用电量648.15万千瓦时；第二产业用电量12099.09万千瓦时，其中工业用电10559.25万度，比上年增长2.5%；第三产业用电量9364.64万千瓦时。全县2019年能源消费量47.33万吨标准煤，比上年增长3.23%。全县单位GDP能耗0.565吨标准煤/万元，比上年下降3.52%；单位GDP电耗433.31千瓦时/万元，比上年上升1.9%。

【渝鄂直流"背靠背"联网工程南通道换流站投产】 2019年6月24日，位于咸丰县高乐山镇杉树园村的渝鄂直流"背靠背"联网工程南通道换流站建成投产。工程历时757天，涉及40余家建设、监理、设计、施工单位，1500余人投入建设。据国网湖北检修公司介绍，±420千伏施州换流站正式投运，首次将柔性直流输电电压提升至±420千伏，将川渝电网送华中电网（包括湖北）的最高输电能力由260万千瓦提升至500万千瓦，可大幅提高川渝电网与华中电网间的互济能力，促进西南水电开发和大规模外送，促进西南清洁能源的消纳，推动节能减排和大气污染防治目标的实现。

【咸丰大道建成通车】 2019年9月30日，咸丰大道建成通车，比预计工期提前3个月竣工。咸丰大道是湖北省首批PPP示范项目。项目起于县城麻柳坝，接楚蜀大道，止于曲江镇大坪，与在建的249省道相接，路线全长10.7千米，路基宽度40米，双向6车道，设计时速为60千米/小时。项目总投资10.8亿元，于2017年4月开工建设，工程由河南省路桥建设集团有限公司承建。

【黔张常铁路通车运营】 2019年12月26日，黔张常铁路正式通车。黔张常铁路在咸丰县境内途经3个乡镇12个行政村。起于朝阳寺镇大坪隧道，止于丁寨乡土落坪高山隧道，正线全长26.34千米，总投资约30亿元。黔张常铁路咸丰站在曲江集镇附近设客货共用站，站内设站台2座，到发线5条。站房6000平方米建筑规模。

【机构改革】 2019年，咸丰县机构改革，设置党政机构37个，直属事业单位8个，派出机构的设置按上级要求逐步调整规范。涉改部门机构挂牌、班子配备、人员转隶、资产清理、档案交接、"三定"规定制定等工作完成。编制资源调整优化，明确在不突破现有编制总数的前提下，将编制资源向二、三产业部门倾斜。理顺部门职责关系，把"项目建设、招商引资、安全生产"等职责写入相关部门"三定"规定，加大内设机构和职责整合力度，推行大科室制，实现行政审批职能向一个股室集中。本次改革，35个党政机构领导职数精减21.97%，内设机构精简22.95%，每个股室人员编制达到2人以上。深化县纪委监委机构改革和派驻（出）机构改革，设立7个县纪委监委派出纪检监察组，增核24名行政编制，选调26名工作人员充实纪检监察力量。加强退役军人服务保障体系建设，成立县乡退役军人服务中心（站），配强配齐中心（站）人员。完善医疗保障经办服务体系，成立县医疗保障服务中心，同步划转15名事业编制及人员，招聘公益性岗位7人派驻乡镇，确保每个乡镇有2名人员承担医疗保障服务工作。以乡镇（区）食药监所为基础，设置乡镇（区）市场监管所，并加挂乡镇综合执法中队牌子，确保乡镇食品药品安全监管到位。推进乡镇社会治理体制机制建设，设立县、乡社会治安综合治理中心，加强公安、司法等力量，实现"一村一警"全覆盖，夯实社会治安综合治理基层基础。加强应急能力建设，设立减灾备灾中心。

【“大寨坪遗址”保护】 大寨坪遗址位于清坪镇马家坪村，距离咸丰县城30千米。遗址集中呈现为山顶外围悬崖峭壁上依山势垒砌石墙围合的不规则平台，涉及范围近40公顷。寨墙四周围合，仅东西两面各有一个寨门进出寨内。其地理位置在唐崖土司城址与龙潭土司遗址中轴线上，寨门与寨墙巧妙结合，构成“一夫当关、万夫莫开”的防御体系。2019年1月7日，“大寨坪遗址”历史文化价值国家级专家评估论证会召开，专家组成员实地考察“大寨坪遗址”。1月8日，省政府公布“大寨坪遗址”为湖北省文物保护单位。2月2日，省政府印发《荆楚大遗址传承发展工程实施方案（2019—2023年）》，大寨坪被纳入湖北省文化遗址公园建设项目。2月20日，“大寨坪遗址”被省文旅厅纳入湖北省申报第八批全国重点文物保护单位的重点推荐项目。

【《唐崖镇志》公开出版】 2019年12月10日，第四届全国名镇志论坛暨第四批中国名镇志丛书出版座谈会在湖南省吉首市召开，会议由中国地方志指导小组（简称中指组）办公室主办。第四批中国名镇志共15部，《唐崖镇志》名列其中。唐崖镇政府代表在大会上作经验交流发言。该志由咸丰县档案馆和唐崖镇政府联合编纂，2018年启动并申报中国名镇志工程，2019年8月完成编纂。

【“土家族吊脚楼营造技艺”入选首批湖北省传统工艺振兴目录】 2019年1月，省文旅厅、经济和信息化厅公布《第一批湖北省传统工艺振兴目录》，咸丰县“土家族吊脚楼营造技艺”入选。

【咸丰在余杭区设立富硒农特产展销示范点】 2019年7月25日，杭州市余杭区小芳超市市民之家店、大联动店等8个门店，设立“咸丰特产消费扶贫”销售区域，咸丰 · 余杭电商园供应链体系平台展销示范点在余杭正式启动。4月，余杭区帮助咸丰引进杭州专业电商运营公司“良中控股”，建设咸丰县农产品供应链体系，开展咸丰“硒”礼上线暨农特产品（旅游商品）对接活动，开设咸丰“硒”礼特产超市，上线“农淘优选”咸丰馆，策划“咸丰有礼”系列伴手礼等系列项目。两地政府安排专项资金支持消费扶贫，帮助销售咸丰农特产品316万余元。

【“616”工程对口帮扶】 2019年6月21日，省委下发《2019“616”工程对口帮扶咸丰县专题会议纪要》，明确2019年“616”工程对口帮扶咸丰县项目清单，涉及项目63个，资金16.12亿元。咸丰县委、县政府争取省直部门重视和支持，专题研究“616”对口帮扶工作，每月汇报并调度一次对口帮扶项目推进情况。11月12日，在武汉召开“616”工程对口支援咸丰县协调会议，加大项目资金争取力度。截至2019年底，完成项目57个，到位资金122177万元。

【生态修复】 2019年，咸丰县加强生态修复工作，完成13个非煤矿山的恢复治理，补植复绿约6.67公顷，栽种适宜苗木5000株，栽种攀延植被1900多株；完成13个煤矿恢复治理工作，补植适宜苗木3000多株，播撒草子面积约5.3公顷，恢复面积约7.12公顷；开展裸土覆盖工作，覆盖面积约16000平方米。完成20个地方投资整治项目，生成耕地指标429.361公顷，其中水田87.9232公顷，旱地345.0378公顷。以加强“三线”管控为保障，严格执行耕地保护制度。完成全县耕地48180公顷和基本农田29553.33公顷目标；严格执行建设用地耕地“占补平衡”制度，完成补充耕地14.87公顷；严格执行《土地复垦条例》，收取矿山企业土地复垦保证金119.53万元，临时用地土地复垦保证金82.64万元，设施农用地土地复垦保证金22.05万元；完成4宗违法用地的复垦验收。

【邹炜、李勇获评“中国好人”】 2019年12月27日，中央文明办在湖北襄阳举办全国道德模范与身边好人现场交流活动，并发布12月“中国好人榜”，咸丰县在调研扶贫的途中发生交通事故因公牺牲的干部邹炜、李勇上榜。

【《农产品地理标志质量控制技术规范唐崖茶》通过评审】 2019年9月，农业农村部通过《农产品地理标志质量控制技术规范唐崖茶》评审。地理标志地域保护范围为咸丰县唐崖镇、高乐山镇、清坪镇、活龙坪乡、小村乡、黄金洞乡、曲江镇、坪坝营镇、朝阳寺镇，全域面积100平方千米。地理坐标为北纬29°19′28″—30°2′54″、东经108°43′33.09″—109°0′9.89″。使用“唐崖茶”农产品地理标志，须经标志所有权人（咸丰县茶叶协会）授权，符合《农产品地理标志使用规范》，印刷“唐崖茶”农产品地理标志。“唐崖”公共品牌商标授权县内22家企业使用，产品包括茶叶、花生、大米、响壳李等特色富硒农产品。

【脱贫攻坚】 2019年，全县脱贫9761户27153人、24个贫困村出列，累计脱贫43506户147455人，留存未脱贫贫困户597户1246人，综合贫困率由最初的39.67%下降至0.35%。全县有263个“尖刀班”、1977名“尖刀班”成员，借助农业农村部、杭州市余杭区、省“616”工程以及鄂州市对口支援的政策，全年投入扶贫资金70多亿元，实施一大批交通、通信、能源、电网、农业、水利、生态建设项目，全县基础设施条件大幅改善。投入产业扶贫项目资金5.5亿元，建成33.33公顷以上特色产业基地263个，养殖基地95个，带动3.82万户贫困户实现稳定增收。整合资金63.8亿元用于产业发展和基础设施建设项目，平均每个乡镇投入5.8亿元、每个村投入2400万元，实施并完成“五批次”饮水项目290个；实施并完成电力补短板项目598个；实施农村公路建设项目1178个、里程2262千米，通村水泥路、通组砂石路均达100%。全县就业扶贫、教育扶贫、综合保障性扶贫、金融扶贫等各类惠民政策投入11.68亿元。落实贫困人口参加城乡基本医疗保险14.88万人，参保率100%，全面落实“四位一体”医疗保障政策；资助贫困学生25.52万人次，金额23082.87万元，资助率100%；全县享受“雨露计划”中、高等职业教育的贫困生2.2万人次，资助资金4775.65万元，资助率100%。新时代文明实践工作和“一统三治六联”治理实施，打通服务群众“最后一公里”，开展脱贫攻坚宣讲130余场次，教育引导群众11.6万人次，评选“脱贫攻坚榜样”139名，表扬287名“红旗扶贫干部”、20名“红旗扶贫标兵”、76个“红旗尖刀班”、33名“定点扶贫及东西部协作扶贫先进个人”、5名“脱贫攻坚特别贡献奖”。

【3个村名列第五批中国传统村落名单】 2019年6月，住房和城乡建设部、文化和旅游部、国家文物局、财政部、自然资源部、农业农村部六部委下发通知，公布第五批中国传统村落名单，咸丰县高乐山镇官坝村、龙家界村和牛栏界村3个村入选。

（陈江陵）

来凤县

【概　况】 来凤县是一个少数民族聚居地区和革命老区，属于国家扶贫开发工作重点县。地处鄂西南最南端，地处北纬29°06′15″—29°41′05″，东经109°01′00″—109°25′45″。东南邻湖南省龙山县，西南毗重庆市酉阳县，东北与宣恩县接壤，西北与咸丰县相连，素有“一脚踏三省”之称。县城所在地翔凤镇，东距省会武汉市公路640千米，北距恩施城区公路86千米。县境东西距长42.5千米，南北距长61.3千米。来凤县与湖南省龙山县以酉水为界，两个县城逐渐连成一体，2011年10月，国务院以国函〔2011〕125号文件批复《武陵山片区区域发展与扶贫攻坚规划（2011—2020年）》，并设立武陵山龙山来凤经济协作示范区。

来凤县河流属长江流域沅江水系酉水北源，境内溪河密布，有5千米以上河流27条，总长500余千米，较大溪流38条，总长138.6千米，流域面积在100平方千米以上的较大河流有5条。酉水干流在境内流程约100千米，来凤县金龙滩以上控制流域面积4119平方千米，境内汇水面积1332平方千米。酉水在境内有主要支流4条：老虎洞河流程31千米，流域面积110平方千米；新峡河流程39千米，流域面积260平方千米；老峡河流程47千米，流域面积427平方千米；忧道河流程23千米，流域面积696平方千米。来凤县水资源丰富，多年平均年降雨：来凤县雨量站1348.9毫米；酉水来凤水文站1566.1毫米；酉水纳吉滩站1581.2毫米。来凤县水能资源年平均水资源总量约为42.069亿立方米。可开发利用水量约为23.1亿立方米。理论蕴藏量为19.2万千瓦，经济开发量18.37万千瓦。根据山区溪河密布，河床坡降大，利于阶梯级开发的特点，开发利用21处，装机12.4045万千瓦。中华人民共和国成立以来，全县建成中小型水库55座，总蓄水量2.1359亿立方米，其中中型水库4座，蓄水量1.6381亿立方米；小（1）型水库21座，蓄水量0.4346亿立方米；小（2）型水库29座，蓄水量0.0631亿立方米；塘堰299口，蓄水量0.059981亿立方米。主要水产品为各种淡水鱼虾，全县可养水面333.33公顷，其中水库66.67公顷，精养鱼池233.33公顷，河沟33.33公顷，主要养殖四大家鱼。另有特色水产大鲵养殖户250户，养殖大鲵3万余尾。

来凤县煤炭资源普查地质333、334储量约为1771.37万吨，每年开采量约为20万吨—30万吨。重晶石矿普查地质333、334储量约为3366.39万吨，每年开采量100万吨。萤石矿普查地质333、334储量约为1200万吨，每年开采量约为5万吨。方解石矿普查地质333、334储量约为5000万吨，每年开采量约为100万吨。2011年经地质部门进行初步勘探，发现新矿点29处，方解石333、334资源量2457.45万吨，重晶石、萤石333、334资源量2366.39万吨。白云岩（氯化镁），普查地质333、334储量约为4000万吨，尚未开发。水泥用灰岩矿6385.75万吨，每年开采量约为100万吨。建筑用灰岩矿每年开采量约为200万吨。硅石基础储量约800万吨，尚未开发利用。大理石根据赋存条件预测资源潜力在1000万立方米以上，矿层厚度大。页岩气资源储量692亿立方米—1350亿立方米。位于本县大河镇境内的“来页1井”设计井深1050米，由中国华电集团清洁能源有限公司设计，湖北省页岩气开发有限公司投资，江汉钻井一公司中标并组织实施钻探。其优质页岩段平均含气量为每吨2.856立方米，甲烷含量平均达99%。

据动植物资源普查，全县有植物资源161科，706种。其中乔木树种51科237种，灌木树种40科128种，木质藤本10科20种，野生草本60科321种。主要用材林优势树种有杉木、马尾松、柳杉、水杉、柏木、栎类、枫香、椿树、樟木、楠木、高擦、马褂木、泡桐等。主要经济林树种有油桐、油茶、漆树、五倍子、柑橘、杜仲、厚朴、棕榈、板栗、银杏、茶叶、蚕桑、杨梅、核桃等。动物资源有脊椎动物68科213种，其中哺乳动物17科50种，爬行动物5科20种，鸟类33科90种，两栖动物4科10种，鱼类9科43种。

来凤县千年古寺仙佛寺为全国重点文物保护单位、国家AAAA级旅游景区，上依绝壁，下临深潭，摩岩雕凿的佛像为江南之最。酉水之源，灵山秀水，如诗如画。龙嘴峡、阿塔峡、卯洞峡或洞峡相映，或奇趣灵秀，或悠然静谧。百福司地质公园有世界级地质遗迹1处，国家级地质遗迹3处，省级地质遗迹21处。杨梅古寨景区为国家AAAA级旅游景区。酉水古镇百福司历史文化厚重，明朝嘉靖年间，辰州同知徐珊奉旨到卯洞采集楠木修皇庙，著有《卯洞集》存世。黄柏园、徐家寨、茶岔溪古村落古风古韵犹存。南方天池白岩山生态极佳，为康体养生休闲度假之所。舍米湖摆手堂保存完好，原生态土家摆手舞享誉中外。摆手舞、地龙灯、南剧为国家级非物质文化遗产。土家油茶汤是独具特色的东方茶文化。土家织锦西兰卡普是土家艺术的奇葩。金丝桐油1958年曾获国务院颁发的"卯洞桐油，质量第一"锦旗。凤头生姜、松花皮蛋、大头菜、宝石花漆筷、古杨梅、藤茶声名远播。来凤县先后获评"中国最美生态文化旅游名县""中国土家人文艺术名都""武陵山自驾游基地""中国民间文化艺术之乡""全省旅游发展先进县""湖北旅游强县"，是全省首批9个公共文化服务体系示范区之一，百福司镇获评"湖北旅游名镇"。

2019年，全县完成地区生产总值84.66亿元，扣除价格因素，比上年增长5.9%。其中第一产业增加值15.2亿元，增长3.4%；第二产业增加值15.2亿元，增长2.7%；第三产业增加值54.26亿元，增长7.7%。三次产业结构比为18∶17.9∶64.1。按年均常住人口计算，全县人均地区生产总值达到33898元。根据第四次全国经济普查结果和全国GDP核算制度规定，2018年来凤县地区生产总值修订为80.39亿元。5家企业20个产品获得绿色食品认证。来凤藤茶全国绿色食品原料标准化生产基地创建通过国家验收，来凤藤茶、来凤姜入选湖北省农产品区域公用品牌二十强。发展特色产业基地3960公顷，全县特色产业基地达到32966.67公顷，带动贫困户16140户，带动比率95.21%。新建油茶加工厂3个，发展香菇200万棒、中蜂2万箱（群）。出台《来凤县开展消费扶贫促进农业龙头企业发展的实施意见》，"凤凰出山"名优农产品销售超过1380万元。加强农村水、路、电、讯、房建设，投资3.75亿元的农村自来水"大管网"基本建成。农村公路密度达到1.71千米/平方千米，位居全州第一。投资5377万元改造全县农村配电网，3个输变电项目建成投产。农村固定宽带普及率在全省三类县市中位居第二。完成农村危房改造487户，实施东西部扶贫协作项目32个，帮扶资金4050万元。

【区划、人口】 来凤县辖2个乡6个镇1个省级经济开发区，11个社区居民委员会，185个行政村。全县总面积1342.05平方千米。年末全县总人口33.45万人。其中男性17.38万人，占总人口的52%；女性16.07万人，占总人口的48%。年末全县常住人口25.02万人，其中城镇人口11.08万人，城镇化率44.3%。全年出生人口3464人，出生率9.76‰；死亡人口1695人，死亡率6.11‰；人口自然增长率3.65‰。出生人口性别比110.19（女为100），保持在正常范围。是一个多民族聚居县，居住着土家、苗、黎、汉等26个民族群众。2010年全国第六次人口普查，以土家族、苗族为主的少数民族人口占总人口56%。其中土家族占总人口34%，苗族占总人口20%，其他少数民族占总人口2%。土家族大姓为覃、田、向、冉、白、彭，苗族大姓为张、吴、杨、廖、石、龙。

2019年来凤县乡（镇）基本情况表

表23

乡（镇）	区域面积（平方千米）	常用耕地面积（公顷）	年末林地面积（公顷）	总户数（户）	年末总人口（人）	社区、村（个）		粮食产量（吨）	公共财政收入（万元）	乡（镇）党委书记、乡（镇）长（12月底在职）
						社区	村			
翔凤镇	137.78	4433.6	6446.04	32604	103642	4	28	14335	5620	覃玉斌　田征西
绿水镇	115.48	3038.4	6531.40	7370	25426	1	17	10826	1427	满　涛　向寿刚
漫水乡	133.58	3297.87	9907.78	6299	23295	1	13	9584	603	向　峰　宋　宇
百福司镇	190.14	5426.4	12918.14	9625	31478	1	23	21391	850	向雪峰　刘继任

续表 23

乡（镇）	区域面积（平方千米）	常用耕地面积（公顷）	年末林地面积（公顷）	总户数（户）	年末总人口（人）	社区、村（个）		粮食产量（吨）	公共财政收入（万元）	乡（镇）党委书记、乡（镇）长（12 月底在职）
						社区	村			
旧司镇	198.54	5037.13	15196.43	14870	49150	1	32	22821	554	尹　宾　李尚海
大河镇	324.84	6951.8	25402.06	16004	50953	1	40	18935	916	黄祥平　赵　军
三胡乡	125.42	2895.93	9217.12	9147	30221	1	15	14538	674	田　慧　龙显著
革勒车镇	116.27	3254.6	7503.80	6288	20267	1	17	20549	549	张冠华　徐　骏
合计	1342.05	34335.73	93122.77	102207	334432	11	185	132979	11193	—

说明：上述年末林地面积统计不含国有胡家坪林场 2456.49 公顷

【农　业】 全年农、林、牧、渔业总产值 275780 万元，比上年增长 3.6%（可比价增幅，下同），其中，农业产值 152937 万元，增长 5.1%。林业产值 22319 万元，增长 3.8%。畜牧业产值 81581 万元，增长 1.1%。渔业产值 1120 万元，增长 4%。农林牧渔服务业产值 17823 万元，增长 5.8%。年末耕地总资源 34333.33 公顷，比上年增长 35.68%。全年粮食种植面积 28700 公顷，比上年下降 1.78%。油料种植面积 5500 公顷，比上年增长 0.55%。药材种植面积 2620 公顷，比上年下降 6.09%。烟叶种植面积 366.67 公顷，比上年下降 59.6%。蔬菜种植面积 6393.33 公顷，比上年下降 3.62%。农村用电量 4023 万千瓦时，比上年增长 37.35%。化肥施用量（折纯）9185 吨，比上年下降 4.56%。2019 年 11 月 6 日，“联合国可持续发展目标示范村”国内首个项目培训班在来凤开课。

【工　业】 全年规模以上工业企业 25 家，完成工业总产值 125410 万元，同比增长 14.2%。实现销售产值 123575 万元，同比增长 13.7%。规模以上工业增加值同比增长 7.9%。全县 25 家规模以上工业企业实现营业收入 141125 万元，同比增长 26.9%；实现营业利润 9071 万元，同比下降 15.6%；资产总计 248820 万元，同比增长 0.66%；负债总额 139867 万元，同比下降 1.67%。

【固定资产投资、房地产】 2019 年，全县具有资质等级以上的建筑企业 8 家，完成总产值 16802 万元，比上年下降 56.6%；建筑业增加值 2.56 亿元，扣除价格因素下降 20.3%。全年固定资产投资同比增长 17.8%。年末全县一套表上报本地法人房地产开发企业 17 家。商品房施工面积 130.47 万平方米，同比下降 2.1%；商品房竣工面积 31.83 万平方米，同比下降 12.6%；商品房销售面积 29.54 万平方米，同比增长 22.7%；商品房销售额 140211 万元，同比增长 40.2%。

【贸　易】 2019 年，全县限额以上商贸企业 37 家。其中，批发企业 3 家、零售企业 24 家、住宿企业 6 家、餐饮企业 4 家。完成社会消费品零售总额 486939 万元，比上年增长 10.5%。其中限额以上商贸企业完成 102260 万元、限额以下商贸企业完成 384679 万元。按销售地分：城镇零售额 353983 万元，增长 10.3%，乡村零售额 132956 万元，同比增长 10.9%。按行业分：批发业销售额 31497 万元，同比增长 11%。零售业销售额 397218 万元，同比增长 10.5%。住宿业营业额 10792 万元，同比增长 9.5%。餐饮业营业额 47432 万元，同比增长 9.9%。全年外贸出口总额 645 万美元，同比增长 382.3%。利用外资 859 万美元，同比增长 119.7%。引进省外资金 15.09 亿元，同比增长 41.8%。中心商业广场基本建成。组织 27 家次企业参加各类展销会。

【交通运输、邮电】 2019 年 12 月 26 日 15：53，由长沙开往咸丰的 C8052 次列车驶入来凤站，标志着黔张常铁路正式开通运营，来凤县进入“高铁”时代。来恩、来咸、来智三条出口路段改造完成，龙凤游泳中心、龙凤大道延伸段、凤舞二路、栖凤一路、栖凤二路项目动工。完成农村公路提档升级 102 千米，农村公路安防工程 251 千米。投资 7000 万元的 S367 猴（栗堡）革（勒车）段完成主体工程，实现乡乡通二级公路目标。全县固定电话用户 0.96 万户，移动电话用户 24.04 万户，计算机互联网用户 7.48 万户。

【财政、金融】 全年实现财政总收入 94125 万元，增长 8.9%，其中地方公共预算收入 42198 万元，增长 3.2%，税收收入占地方公共预算收入比重 76.6%。年末全县金融机构各项存款余额 1054426 万元，比年初增加 50094 万元，比年初增长 5%。其中住户存款 848826 万元，比年初增加 104651 万元，比年初增长 14.1%；非金融机构企业存款 95300 万元，比年初减少 27141 万元，比年初下降 22.2%；广义政府存款 110272 万元，比年初减少 27421 万元，比年初下降 19.9%；境外存款 20 万元，比年初减少 4 万元，比年初减少 15.9%。金融机构各项人民币贷款余额 792555 万元，比年初增加 64965 万元，比年初增长 8.9%。其中住户贷款 375466 万元，比年初增加 30272 万元，比年初增长 8.8%；非金融企业及机关团体贷款 417089 万元，比年初增加 34693 万元，比年初增长 9.1%。

【教育、科技、卫生】 全县学校总数 54 所，其中小学 46 所；普通中学 7 所；职业学校 1 所。年末全县专任教师总数 2487 人，其中小学教师 1366 人；中学教师 1033 人；职业学校教师 88 人。在校学生总数 45273 人，其中小学在校生 25735 人；普通中学在校生 18221 人；职业学校在校生 1317 人。全县幼儿园 46 所，在园幼儿数 11335 人。全县小学适龄儿童净入学率 100%，初中三年巩固率达 95.64%。总投资 1.88 亿元的职校迁建工程取得重大进展，土堡小学扩建二期工程竣工，在全州率先实现每个乡镇建成一所公办幼儿园。全县 4 家高新技术产业企业实现增加值 18097 万元，占地区生产总值比重 2.14%。全县各级医疗卫生机构 203 个，床位数 1944 张；卫生技术人员 1833 人，其中执业（助理）医师 649 人，注册护士 846 人。全县婴儿死亡率 2.86‰，5 岁以下儿童死亡率 5.16‰。卫生资源总量持续增长。每千人口床位数 7.44 张，每千人口卫生技术人员 7.35 人。启动紧密型医共体建设，村卫生室建设实现全覆盖，医疗卫生服务质量得到提升。

【文化、体育、旅游】 全县有剧场、影剧院 3 个，公共图书馆 1 个。县级公共文化场所继续免费开放，打造以张富清英雄事迹为蓝本的南剧《本色》，村级文体广场实现全覆盖。旅游综合收入 16.9 亿元，比上年增长 12.7%。接待游客 330 万人次，比上年增长 9.6%。全域旅游规划、阿塔峡景区规划通过专家评审，成功举办百福司龙舟赛等系列活动，成功入选首批“荆楚文旅名县”创建县市。

【人民生活】 全县全体居民人均可支配收入 16238 元，同比增长 9.83%。农村常住居民人均可支配收入 11342 元，同比增长 10.32%，人均生活消费支出 9644 元，同比增长 12.1%，农村居民恩格尔系数 39.35%。城镇常住居民人均可支配收入 30334 元，同比增长 9.3%，人均生活消费支出 22347 元，同比增长 11.1%，城镇居民恩格尔系数为 32.72%。

【社会保障】 全年就业人员 19.8 万人，其中城镇就业人员 2.23 万人；年末城镇登记失业人员 422 人，城镇登记失业率 1.67%。年末全县机关事业单位养老保险参保人数 47123 人，城乡居民社会养老保险参保人数 139357 人。城镇职工基本医疗保险参保人数 17888 人，城乡居民基本医疗保险参保人数 281720 人。工伤保险参保人数 13299 人，生育保险参保人数 5108 人，失业保险参保人数 7036 人。

【环境保护】 开展省级生态文明示范县创建工作，通过专家组验收，三胡乡石桥村入选全国乡村治理示范村，百福司镇观音坪等 5 个村落入选国家传统村落保护名录。来凤入围中国乡村振兴新闻传播影响力 500 强。完成中央、省环保督察交办件和反馈意见整改序时进度任务。开展

"百日治违"、机场清理专项行动，深化"六城同创"，完成城北家禽市场搬迁，推进"拆墙透绿""见缝插绿""裸土复绿"工作。总投资2.6亿元的乡镇污水处理全覆盖工程实现通水调试，水质监测断面和集中式饮用水水源地水质达标率100%。完成第五次森林资源普查和1333.33公顷生态造林任务，年末全县森林覆盖率58.11%，森林面积77864公顷。全县自然保护区6个，总面积25223公顷。城区空气质量优良天数达到347天，较上年增加29天，优良率95%。

【脱贫攻坚】 2019年，县委召开县委常委会20次，县政府召开县政府常务会12次，县脱贫攻坚指挥部召开工作会5次，研究部署脱贫攻坚工作。出台《来凤县脱贫攻坚巩固提升三年行动实施方案（2018—2020年）》和《中共来凤县委 来凤县政府关于巩固脱贫攻坚成果推进乡村振兴战略的决定》。县脱贫攻坚指挥部研究下发5个作战令、27个重要文件。2月，湖北省第三方实地评估验收，认定来凤县错退率为零、漏评率为零，综合贫困发生率为0.41%，群众认可度为98.57%。4月29日，省政府发布《省人民政府关于批准阳新县等17个县（市、区）退出贫困县的通知》，根据《中共中央办公厅、国务院办公厅关于建立贫困退出机制的意见》精神，经县级申请、市级初审、省级专项评估检查，来凤县达到贫困县退出的标准和条件，批准退出。7月，国家贫困县退出抽查第三方实地评估反馈来凤县"两不愁三保障"得到有效解决，脱贫质量较高，基础设施建设取得长足进步，农村整体面貌发生明显变化，群众认可度较高，贫困县退出程序规范、退出标准把握比较准确、退出结果真实，脱贫摘帽成果得到当地干部群众普遍认可。全县脱贫353户、1091人，留存39户、150人。全县统筹整合使用财政资金78947.42万元，整合到位率88.39%，其中产业发展方面投入6497.47万元，为"两茶一果一菇一蜂"基地建设和经营主体发展提供资金保障；基础设施建设方面投入67009.4万元，支持村级公路硬化、组级公路通畅、高标准农田生态建设、饮水安全、农田水利设施建设等；公共服务投入8633万元，用于危房改造、生态补偿等方面；教育投入2517.27万元，用于教育资助和技能培训等方面；社会保障投入4659.86万元，用于五保供养、农村低保、残疾补助、重特大疾病救助、临时救助、基本医疗报销、保险救助兜底等方面。全面落实教育资助政策，全年资助贫困学生32212人次，资助金额2344.403万元，贫困家庭学生资助比率100%。发放雨露计划教育资助3357人，资金839.25万元，雨露计划覆盖率100%。严格执行"985"健康扶贫政策，运行"四位一体"健康扶贫体系，实行"一站式服务、一票制结算"。全年为建档立卡贫困对象代缴医保73893人、961.7万元，贫困人口参保率100%。2019年，确定农村四类重点对象危房487户并全部完成改造，补偿资金845.29万元；认定农村住房共27128户，认定完成率100%，贫困户住房安全有保障达到100%。加强农村低保与扶贫开发两项政策衔接，全年发放农村低保8122户、16712人、6160.79万元；发放农村特困供养金1049人、1007.85万元；落实临时救助4138人次、512.5万元。抓好助残扶贫，发放困难残疾人生活补贴4495人、135.705万元；发放重度残疾人护理补贴4484人、269.01万元。2019年3月27日，来凤县政府与北京字节跳动网络科技有限公司举行"山货上头条"扶贫项目签约仪式。

【对口帮扶】 2019年4月2—4日，来凤县党政考察团到杭州市拱墅区，对接东西部扶贫协作工作，召开拱墅区来凤县东西部协作工作座谈会。4月18日，省直单位定点扶贫来凤县和区域协作扶贫联席会在来凤县召开。5月7日，农业农村部种业司司长张延秋到来凤县调研。5月13日，武汉工程大学党委书记程幼金到来凤县第一中学开展对口帮扶工作。5月14—16日，杭州市拱墅区委书记朱建明率队到来凤县开展东西部扶贫协作工作。杭州市拱墅区祥符街道社区卫生服务中心与来凤县妇幼保健院签订一对一帮扶协议。6月11日，杭州市拱墅区政协副主席金志明到来凤县，调研东西部协作对口帮扶项目。6月17—19日，杭州市拱墅区总工会党组书记、常务副主席吴杭芳到来凤县考察对口帮扶工作。7月24日，农业农村部在北京召开来凤县定点扶贫工作专题对接会。

【学习老英雄张富清】 2019年2月21—24日，中央广播电视总台记者到来凤县，采访95岁退伍老战士张富清深藏功名64载事迹。3月29日至4月3日，按照中宣部要求，由新华社、人民日报社、光明日报社、中国日报社、中新社、中国军网等多家央媒组成的采访团，到来凤县采访九旬战斗英雄张富清的先进事迹。4月23日，省委宣传部宣教处副处长金明到来凤县调研张富清革命英雄事迹。4月25日，省退役军人事务厅党组书记、厅长周振武到来凤县调研，并探望战斗英雄张富清老人。4月30日，来凤县举行张富清同志先进事迹报告会。5月6日，州委书记柯俊到来凤县看望慰问退役军人张富清。5月14日，省委常委、省军区司令员马涛到来凤县，看望慰问深藏功名六十余载的战斗英雄张富清。5月21日，中国建设银行党委书记、董事长田国立到来凤县看望张富清。新华社北京5月24日电：中共中央总书记、国家主席、中央军委主席习近平近日对张富清先进事迹作出重要指示。6月17日，为贯彻落实习近平总书记重要指示精神，中央宣传部在来凤县向全社会公开发布张富清的先进事迹，授予他“时代楷模”称号。6月27日，党中央决定，授予张富清“全国优秀共产党员”称号。6月，《初心——向共产党员张富清学习》由新华出版社出版。7月1日，中央组织部有关负责人到来凤县看望慰问张富清，向张富清颁授“全国优秀共产党员”证书、奖章，并转达习近平总书记和党中央对其先进事迹的肯定、对他本人的关心慰问。为认真学习贯彻习近平总书记重要指示精神，中央组织部、中央宣传部、退役军人事务部、中央军委政治工作部联合印发《关于开展向张富清同志学习的通知》。7月4日，省委在武汉举行张富清先进事迹报告会。7月26日，中共中央总书记、国家主席、中央军委主席习近平在京会见全国退役军人工作会议全体代表，同张富清亲切交谈并致以诚挚问候。7月31日，中宣部、退役军人事务部、中央军委政治工作部和湖北省委，在人民大会堂联合举行张富清同志先进事迹报告会。全国妇联授予张富清家庭、马旭家庭全国五好家庭荣誉。9月12日，来凤县党员干部收看张富清同志先进事迹电视纪录片《本色》。9月17日，张富清被授予“共和国勋章”。9月29日，张富清参加国家勋章和国家荣誉称号颁授仪式。10月1日，张富清参加中华人民共和国国庆70周年阅兵。

【重大项目】 2019年，来凤县重大项目集中开工仪式在西商农商城项目建设现场举行。总投资6.16亿元的家和荣城和总投资5亿元的来凤西商农商城项目工程开工。联合国可持续发展目标示范村项目在北京启动，来凤县名列其中。

【中共来凤县委十五届六次全体（扩大）会议暨全县经济工作会议】 2019年1月17日，中共来凤县委十五届六次全体（扩大）会议暨全县经济工作会议召开。全会书面听取《中共来凤县委常委会向县委十五届六次全会的工作报告》《中共来凤县委常委会2018年度抓党建工作情况报告》《关于县领导2018年度联系点工作推进情况的综合报告》，听取县委书记受县委常委会委托所作的主题报告，听取《全县经济工作报告》，讨论通过《中共来凤县委、来凤县人民政府关于大力支持民营经济持续健康发展的实施办法（讨论稿）》，要求根据全会讨论意见修改完善后下发实施。

【中共来凤县委十五届七次全体（扩大）会议】 2019年12月13日，中共来凤县委十五届七次全体（扩大）召开。全会全面落实习近平总书记关于乡村振兴的重要论述和省委、州委安排部署，听取县委书记受县委常委会委托所作的主题报告，讨论通过《中共来凤县委、来凤县人民政府关于巩固脱贫成果推进乡村振兴的决定（讨论稿）》。

【来凤县十七届人大四次会议】 2019年1月4—7日，来凤县十七届人大四次会议召开。听取和审议政府工作报告、人大常委会工作报告、、法院工作报告、、检察院工作报告，审查计划和财政预算工作报告，并作出相应决议决定。

【来凤县十七届人大六次会议】 2019年12月23—26日，来凤县十七届人大六次会议召开。会议听取和审议政府工作报告、人大常委会工作报告、法院工作报告、检察院工作报告，审查计划和财政预算工作报告，并作出决议决定；补选县人民检察院检察长、县十七届人大常委会委员；票决确定2020年县人民政府民生实事项目。

【政协来凤县九届四次会议】 2019年12月22—25日，政协来凤县九届四次会议召开。会议审议并批准政协来凤县第九届委员会常务委员会工作报告、提案工作情况报告。委员列席来凤县第十七届人大第六次会议。根据《政协章程》规定和选举办法，选举产生政协来凤县第九届委员会秘书长和6名常务委员。

【拜耳作物科学（中国）有限公司到来凤县考察】 2019年3月11—12日，拜耳作物科学（中国）有限公司全国市场准入经理姜业奎率调研组，到来凤县翔凤镇老茶村三木林农合作社的特色中药材种植基地及旧司镇新街村、翔凤镇狮立坪村农园果蔬专业合作社的大宗蔬菜种植基地调研。

【“村党组织书记县级备案管理”的经验做法在古田干部学院交流】 2019年5月27日，在福建古田干部学院举办的“学习贯彻《中国共产党农村基层组织工作条例》示范培训班”上，来凤县县委书记邢祖训应邀向全国各省区、市州党委组织部代表介绍“村党组织书记县级备案管理”的经验做法。

【武汉卓尔控股有限公司到来凤考察】 2019年11月5日，武汉卓尔控股有限公司副总裁、卓尔文旅集团有限公司总裁吴奇凌到来凤县，就构建县域经济商贸经济综合体，特色旅游等相关产业项目发展进行考察座谈。

【上级检查调研】 2019年1月11日，省民政厅领导到来凤县督查民政工作。1月14—18日，农业农村部调研组到来凤县，调研脱贫攻坚与乡村振兴战略衔接工作。3月7日，中央纪委国家监委驻农业农村部纪检监察组副组长蔡晓率调研组，到来凤县调研精准扶贫、乡村振兴等工作，并召开座谈会。3月27日，省司法厅法制宣传处二级调研员陈风华率考核组到来凤县，考核验收全省第三批“省级法治文化建设示范点”建设工作。4月24日，省植物检疫执法专项检查组第二组到三胡乡安子村常规水稻良种繁育科普示范基地、水稻区试生产试验基地、水稻新品种试验示范基地检查。4月26—27日，省林业局检查组到来凤县开展松材线虫病防治中期评价工作。5月14日，湖南省政协副主席张大方到高平实验学校考察调研。5月25日，水利部乡村振兴农村供水保障组到来凤县调研农村供水建设情况。5月31日，省文旅厅调研组到来凤县，调研地方志编纂工作。7月25日，省生态环境厅二级调研员王建平带领评估验收组到来凤县，验收生态文明建设示范县创建工作。8月23日，国家发展改革委地区振兴司司长童章舜率调研组到来凤县专题调研易地扶贫搬迁、后续产业发展等项目。10月16日，农业农村部种植业管理司司长潘文博到旧司镇调研特色产业扶贫。

（杨　林）

鹤峰县

【概　况】 鹤峰县位于湖北省西南边陲，恩施州东南部，地处北纬 29° 38′—30° 14′，东经 109° 45′—110° 38′，县境东西最大跨度 85 千米，南北最大跨度 67 千米，全县区域总面积 2868 平方千米。境内地形西北高，东南低，山岳连绵，沟壑纵横。海拔最高点牛池 2098.1 米，最低点江口 194.6 米，两地相对高差 1903.5 米。地表坡陡，全县耕地平均坡度为 18.1 度，地形地貌具典型山地特征。属亚热带大陆性季风湿润气候，四季分明，春凉夏热、秋爽冬寒、雨热同季、降水充沛、无霜期长。年平均气温 16.4℃，比历年值高 0.8℃。年降水量 1082.8 毫米，比历年值少 580.1 毫米（-34.9%）；年日照时数 1072.4 小时，比历年值少 99.4 小时。东北邻湖北省五峰县，东南与湖南省石门县、桑植县接壤，西靠宣恩县、恩施市，北连建始县、巴东县。县城距省会武汉市 603 千米，距州府恩施市城区 178 千米，距长江巴东港、枝城港分别为 251 千米和 272 千米。距张家界火车站与张家界荷花机场 190 千米。

鹤峰县境内土壤分为 10 个土类，23 个亚类，65 个土属，169 个土种。全县土地划分为农用地、建设用地、未利用地，构成“八山一水一分田”的土地利用状况。境内河溪分属澧水、清江、沅水三大水系。全县水资源平均总量为 44.25 亿立方米，其中地表水资源总量 34.25 亿立方米，占 77.4%，人平水资源 2.06 万立方米，居全省第一位。全县水能资源理论蕴藏量 78.76 万千瓦，可供开发利用的有 97 处，可调峰开发装机 95 万千瓦。位于溇水干流的江坪河与淋溪河水电站，总装机 62 万千瓦，占全县水电理论装机 95 万千瓦的 65.26%。境内已知矿物有煤矿、磷矿、钒矿、铜矿、镍矿等 31 种，重点开采煤、硫、铁、磷、硅石、生物大理石等，走马磷矿区是湘鄂磷矿的重要矿区。

鹤峰县自然条件得天独厚，生态环境多样化，林木植被种类繁多，根据 2009 年中国地质大学生态环境研究所调查共有 206 科 943 属 2797 种。其中，蕨类植物 35 科 76 属 283 种，种子植物 171 科 867 属 2514 种。其中：国家Ⅰ级保护的有水杉、红豆杉、伯乐树、珙桐、光叶珙桐和银杏 6 种，国家Ⅱ级保护的有黄杉、秃杉、榧树、篦子三尖杉、鹅掌楸、楠木、红椿和峨眉含笑等，集中分布在县境内的木林子国家级自然保护区，因受人为干扰较小，大多处于原生状态。茶叶面积、产量和薇菜、箬叶出口量居全省第一。五鹤续断等道地中药材 1800 多种，稀有珍品葛仙米产地面积 666.67 公顷。境内发现的陆生野生脊椎动物 303 种，隶属 4 纲 26 目 75 科 190 属。其中，国家Ⅰ级保护的有豹、林麝、黄腹角雉等，国家Ⅱ级保护的有黑熊、大灵猫、小灵猫、红腹锦鸡、红腹角雉、苏门羚等。水生动物常见的是鱼类和两栖类动物，鱼类有 1 科 25 种。其中大鲵（娃娃鱼）属国家Ⅱ级保护动物。境内旅游资源丰富，自然景观有国家级自然保护区木林子、溇水峡谷、董家河、屏山峡谷等；人文景观有列入第六批全国重点文物保护单位的“容美土司遗址”和“五里坪革命旧址”为代表的各级文物保护单位 100 多处，五里坪系列景区入选全国红色旅游 300 处景区名录。另有通过国家工业旅游示范点验收的“八峰生态工业园”，被列为全国农业旅游示范点的走马镇、董家河等。傩愿戏、打溜子为国家级非物质文化遗产，柳子戏、满堂音、鹤峰山歌、鹤峰花鼓灯为省级非物质文化遗产。

根据第四次全国经济普查结果和 GDP 统一核算制度规定，2018 年全县地区生产总值修订为 62.36 亿元。2019 年，全县完成地区生产总值 67.13 亿元，按可比价格计算，比上年增长 6.2%。其中：第一产业完成增加值 13.71 亿元，可比价格增长 3.8%；第二产业完成增加值 13.24 亿元，可比价格增长 2.8%；第三产业完成增加值 40.18 亿元，可比价格增长 8.3%。三次产业结构比 20.4 : 19.7 : 59.9。按平均常住人口计算，全县人均县域生产总值 32706 元，比上年增加 2744 元。

【区划、人口】 2019 年，鹤峰县辖 5 镇 4 乡 1 个经济开发区，14 个城镇社区，205 个行政村。辖区面积 2868 平方千米。年末全县户籍总人口 216237 人，其中男性 112042 人，女性 104195 人，性别比 107.5（女性为 100）。年内人口出生率 8.2‰，死亡率 6.6‰，人口自然增长率为 1.6‰。全县常住人口 20.55 万人，其中：城镇人口为 8.01 万人，乡村人口为 12.54 万人，城镇化率达到 39%。据 2010 年第六次人口普查，全县有土家族、苗族、白族、蒙古族、壮族、侗族、朝鲜族、瑶族、满族、回族等 28 个少数民族，其中土家族占全县总人口的 70.57%。土家族、苗族等其他少数民族分布于全县各地，蒙古族主要分布在中营镇，白族主要分布在铁炉白族乡和走马镇。

2019 年鹤峰县乡（镇）基本情况表

表 24

乡（镇）	区域面积（平方千米）	年末耕地总资源（公顷）	常用耕地面积（公顷）	总户数（户）	户籍总人口（人）	村、社区（个）			村（居）民小组（个）	粮食产量（吨）	财政收入（元）	党委书记 乡（镇）长（12 月底在职）
						小计	村	社区				
铁炉白族乡	228.41	960	950	4990	14946	12	12	0	104	3721	1504033	谷成辉　龚丽娜
走马镇	498.03	3700	3510	17536	47699	36	33	3	237	16485	29564512	黄凤协　陈　刚
五里乡	379.7	2300	1830	7261	21142	22	21	1	165	8021	4804190	刘万红　覃　辉
燕子镇	369.92	2840	2200	8441	21834	30	29	1	196	7892	18351398	陈卫锋　蔡彬权
下坪乡	160.67	1700	1680	5185	14891	14	13	1	88	5452	2736204	米惠莲　杨年武
邬阳乡	186.14	1250	1170	5363	15268	17	16	1	148	4772	3755271	刘迪成　徐　斌
中营镇	415.45	4190	2790	8400	23150	34	32	2	179	12047	13601905	向诗兵　田洪波
太平镇	320.22	1790	1640	6164	16628	19	18	1	90	5308	19953017	危　俊　李勉进
容美镇	309.72	1800	1790	17112	40679	35	31	4	162	8454	130934398	黄宏启　张道勇
合计	2868.26	20530	17560	80452	216237	219	205	14	1369	72152	225204928	—

【农　业】 年末耕地总资源 20530 公顷，常用耕地面积 17560 公顷。全年农作物播种面积 46290 公顷，其中粮食作物种植面积 17820 公顷，经济作物种植面积 28470 公顷。全县农、林、牧、渔业现价总产值 25.06 亿元，同比增长 15.5%。其中农业产值 13.80 亿元，增长 12.9%；畜牧业产值 6.18 亿元，增长 20%；林业产值 1.98 亿元，增长 20.1%；渔业产值 0.08 亿元，下降 22.3%；农、林、牧、渔服务业产值 1.78 亿元，增长 14.7%。2019 年 9 月 24 日，中国农业农村部公布全国第九批“一村一品”示范村镇名单，燕子镇新行村（蔬菜）名列其中。

【工　业】 全县规模以上工业企业 32 家，规模以上工业增加值增长 1.1%。全年规模以上工业产销率为 94.1%。每百元营业收入中的成本 78.57 元，比上年增加 14.29 元；营业收入利润率 7.7%，下降 2.2 个百分点；每百元资产实现的年营业收入 65.49 元，增加 1.69 元；资产负债率 46.3%，下降 4.7 个百分点。全县资质建筑企业产值同比下降 37%；实现增加值 3.71 亿元，可比价格下降 4.1%，占第二产业增加值的 28%。

【固定资产投资、房地产】 2019 年，固定资产投资额比上年增长 17.5%。其中 500 万元以上城镇和非农户项目投资同比增长 15.7%；房地产开发投资同比增长 54.2%。按投资分布占比来看，民间投资同比增长 17.2%；工业技改投资同比下降 21.1%；基础设施投资同比增长 12.5%；改建和技术改造投资同比下降 1.3%。全年商品房施工面积 236584 平方米，同比增长 45.8%；全年商品房销售面积 73500 平方米，同比增长 415.9%。全年商品房销售额2.82亿元，同比增长420.8%，其中住宅销售额2.79亿元，同比增长414.8%。

【贸　易】 全年实现社会消费品零售总额39.03亿元，同比增长10.6%。其中批发零售业32.77亿元，住宿餐饮业6.26亿元，分别同比增长10.6%、10.5%。全年批发零售和住宿餐饮业实现增加值8.38亿元，增长5%，占第三产业的20.9%。全年旅游接待人数239.4万人次，同比增长24.2%，实现国内旅游综合收入13.34亿元，同比增长23.5%。全年实现出口总额1072万美元，同比增长84.4%。引进省外资金9.07亿元，同比增长200.9%。

【财税、金融】 全年完成财政总收入4.41亿元，同比下降10.6%。地方公共预算收入3.13亿元，同比增长1.1%，其中税收收入2.42亿元，同比下降0.4%。全年财政支出28.21亿元，同比增长0.2%。年末金融机构各项存款余额79.93亿元，比年初减少1.9亿元。其中住户存款余额59.91亿元，比年初增加4.66亿元；非金融企业存款余额10.37亿元，比年初减少1.71亿元。各项贷款余额39.2亿元，比年初减少1.51亿元。其中住户贷款18.88亿元，比年初增加1.3亿元；非金融企业及机关团体贷款20.32亿元，比年初减少2.81亿元。

【交通运输】 2019年，全县公路里程2841.9千米，其中高等级公路330.1千米，农村通公路行政村比重达到100%；公交车路数11路，公共汽（电）车运营车26辆，出租汽车50辆。

【教育、文化、卫生】 全县有各类学校65所，其中，普通中学15所，中等职校1所，小学48所。年末全县专任教师1544人，在校学生17828人，其中，普通中学在校学生6423人，中等职校在校学生1239人，小学在校学生10132人。全县幼儿园27所，在园幼儿3887人。小学适龄儿童净入学率100%，小学学生辍学率0%；初中学生入学率100%，初中学生辍学率0%。初中毕业生升学率97.3%；高中毕业生升学率95%。九年义务教育完成率100%。全县有剧场影剧院2个，公共图书馆1个，图书室226个，公共图书馆图书总藏量8万册。全县拥有卫生机构165个，卫生机构床位1023张，医院病床使用率105%，卫生技术人员1069人，其中执业医师370人，注册护士401人，卫生防疫人员70人。

【人民生活】 全县居民人均可支配收入17138元，比上年增加1515元，同比增长9.7%。其中城镇常住居民人均可支配收入29929元，比上年增加2514元，同比增长9.2%。农村常住居民人均可支配收入12153元，比上年增加1126元，同比增长10.2%。2019年4月29日，经省人民政府批准，鹤峰县退出贫困县序列，实现“整县摘帽”。

【社会保障】 年末参加城镇基本养老保险人数3.7万人，参加城乡居民养老保险人数12.1万人；参加失业保险人数0.8万人；工伤保险人数1万人。全县就业人员4.36万人，城镇登记失业率2.43%。年末各种社会福利性收养单位11个，收养人数249人；农村社会救济人数10671人，其中农村居民最低生活保障人数7271人，城镇居民最低生活保障已保人数483人。年末全县广播覆盖率98.8%，电视覆盖率99%。

【生态环境】 全县森林覆盖率73.4%，自然保护区面积20838公顷；城区空气质量优良天数358天。

【省级文物保护单位保护】 2019年1月31日，湖北省公布1处全国重点文物保护单位、45处湖北省文物保护单位的保护范围和建设控制地带，鹤峰县5处文物保护单位名列其中。分别为红二军团总指挥部旧址；工农革命军第四军军部旧址；万里茶道鹤峰段，包括连三坡古茶道、红茅尖摩崖石刻；鹤峰红三军军部旧址。

【万里茶道茶源地·湖北鹤峰第二届茶商大会】 2019年4月23日，万里茶道茶源地·湖北鹤峰第二届茶商大会在走马镇召开，国内外茶商、茶界专家学者、文化遗产专家、高等院校教授、申遗协作县市领导、县内茶叶企业负责人和新闻媒体记者300人参加会议，鹤峰县致辞重点推介鹤峰有机茶产业，参会人员观看鹤峰县有机茶产业建设宣传片，参观阳河村前山茶园、红罗沟有机茶基地和鑫农茶业公司，会议期间在中国最美茶园木耳山举行“万里茶道茶源地”揭牌仪式。

【4个村落名列第五批中国传统村落】 2019年6月21日，国家文物局公布第五批列入中国传统村落名录的村落名单，鹤峰县容美镇屏山村、大溪村，五里乡湄坪村，邬阳乡邬阳村名列其中。

【联合开展扶贫协作领域专项巡察】 2019年7月15日，杭州市上城区委、鹤峰县委扶贫协作领域联合专项巡察启动。上城区委与鹤峰县委通过跨省视频会，安排部署两地扶贫协作领域联合专项巡察工作。会后，两地被巡察单位上城区6个街道办及区相关部门、鹤峰县9个乡镇及县直相关部门同时在醒目位置贴出巡察公告。

【宜都至来凤高速公路鹤峰东段获得核准批复】 2019年7月15日，宜都至来凤高速公路鹤峰东段项目获得省发展改革委员会核准的批复。项目投资人为湖北交投鹤峰东高速公路有限公司。项目起点位于鹤峰县与宜昌市五峰县交界的田家屋场附近，与规划的宜来高速公路宜昌段对接，向西经郑家岩、燕子镇、石龙洞、云来庄，跨溇水河后于龙潭坪附近接在建的宜来高速公路鹤峰（容美）至宣恩（当阳坪）段。路线全长40.42千米。

【躲避峡突发山洪灾害】 2019年8月4日傍晚，鹤峰县躲避峡（地处鹤峰县燕子镇新寨村与容美镇屏山村交界处）山洪暴发，造成外地自驾驴友被困遇险。躲避峡谷全长5千米，两岸绝壁林立，遇险峡谷为未经开发且禁止进入的河段。灾害发生后，省委、省政府主要领导要求全力组织力量开展救援。副省长曹广晶紧急赶到现场指导救援和善后处理工作，省应急管理厅、省消防救援总队负责人和恩施州、鹤峰县党政主要负责人现场组织施救，700名公安、消防、民兵应急分队、卫生健康等部门人员和医疗专家参与救援和伤员救治。截至8月6日14时25分，最后一名失联人员遗体被找到，灾情造成13人死亡，成功救出被困人员61人。

【南华纪大塘坡式锰矿找矿研究学术交流会】 2019年9月5—6日，南华纪大塘坡式锰矿找矿研究学术交流会在鹤峰县走马镇召开。会议由省地质学会主办，省地质勘查基金管理中心协办，省地质局第二地质大队承办。会议作《中国主要锰矿床地质地球化学特征与成矿模式》《鄂西地区前寒纪地质研究进展概述》的学术报告。省地质局第二地质大队、省地质局地球物理勘探大队、省地质局第六地质大队、省地质科学研究所等会员单位分别就《鹤峰县走马地区锰矿找矿工作进展情况》《鹤峰县走马地区南华系锰矿科研成果》《湖北省鹤峰县走马地区南华系“大塘坡式”锰矿勘查物探试验工作与最新进展》《鄂东北地区锰矿找矿进展及成果》《开展地质旅游资源调查助力鹤峰全域旅游发展》《远安地质遗迹保护与开发利用的对策与建议》进行学术交流。会议组织与会专家和代表到走马锰矿勘查现场，实地考察具有代表性的南华系地层岩性剖面，讨论和研究该区域后续工作。

【县域医共体建设】 2019年9月6日，鹤峰县全面启动县域医疗卫生服务共同体（简称医共体）建设。按照县域医共体建设要求，以鹤峰县中心医院为龙头，各乡镇卫生院为成员，村级医疗机构为延伸，整合县、乡、村三级医疗卫生资源，形成服务、责任、利益、管理共同体，构建县域医疗卫生服务体系，建立县域医共体管理体制，完善县域医共体运行机制，全面提升县域医疗卫生服务能力。

【杭州上城区和鹤峰县签订精准扶贫战略合作协议】 2019年9月26—27日，杭州市上城区政府组织发改、经信、科技局及浙江省茶叶集团负责人到鹤峰县，考察调研并对接东西部扶贫协作工作，和鹤峰县签订精准扶贫战略合作协议。挂牌成立浙江省茶叶加工技术研究院鹤峰富硒有机茶分院。考察组还到邬阳乡实地考察有机茶基地。

【中国公众标准茶首发式发布推介鹤峰茶】 2019年10月8日，北方销区十六省市茶业合作秘书处在唐山市举行新闻发布会，确定鹤峰县、平阳县、泰顺县、湄潭县、新昌县、筠连县6个茶叶产区县为全国首批公众标准茶产区示范点。11月9日，在北京举行第二届南北茶业产销合作开发年会暨中国公众标准茶品牌首发式上，发布并推介鹤峰县、泰顺县、筠连县、新昌县的恩施硒茶·鹤峰茶、三杯香茶系列、川红茶、大佛龙井茶等17种中国公众标准茶品牌。会议确定2020第三届南北茶业合作产销开发年会在鹤峰县举行。

【鹤峰县入选全国第二批新时代文明实践中心试点县】 2019年10月11日，中央宣传部、中央文明办在北京召开深化拓展建设新时代文明实践中心试点工作电视电话会议。公布全国第二批“新时代文明实践中心建设试点县（市、区）名单”，鹤峰县入选，由新时代文明实践中心省级试点县升级为全国试点县。3月，鹤峰县被确定为全省新时代文明实践中心建设试点县后，全县围绕“突出特色、打造样板、树立标杆”的工作目标，建起文明实践志愿服务队伍网络，建成县级新时代文明实践示范基地1个、实践所9个、实践站218个、文明实践岗100个，试点乡镇、村、社区覆盖率达100%，招募志愿者3.5万人，统筹开展文明实践活动3300余场（次）。

【钟锦鹏获“我的驻村故事”征文一等奖】 2019年10月14日，由《中国扶贫》杂志社主办的全国扶贫日系列论坛驻村帮扶扶贫论坛在北京举办。会上揭晓“我的驻村故事”主题征文获奖作品名单，鹤峰县审计局驻中营镇铁牛坪村第一书记钟锦鹏的《我的初心，我的五年驻村路》获一等奖。

【渔山村脱贫案例入选《中国减贫奇迹》】 2019年10月16日，由新华社制作的系列微纪录片《中国减贫奇迹》第二集《天堑通途》播出，介绍鹤峰县渔山村以“从山川阻隔到天路横越”的脱贫案例，渔山村脱贫案例成为中国减贫奇迹之一。

【走马林场获评第五届“中国森林氧吧”榜单】 2019年10月18日，由国家林业和草原局、文化和旅游部、江苏省政府共同主办，在江苏南通举办的以“绿水青山就是金山银山——江海之约·森林之旅”为主题的“2019中国森林旅游节”上，对第五届“中国森林氧吧”进行授牌，鹤峰走马林场入列“中国森林氧吧”榜单。

【鹤峰县获评“中国茶业百强县”】 2019年10月22日，由中国茶叶流通协会、广东省农业农村厅、广东省供销合作联社、清远市人民政府联合主办的第十五届中国茶业经济年会上，发布“2019中国茶业百强县”“2019中国茶业百强企业”名单，鹤峰县再次获“中国茶业百强县”称号，排名第14名。

【进入“万里茶道”沿线县域旅游目的地影响力TOP10】 2019年10月26日，文化和旅游部2019“一带一路”文化产业和旅游产业国际合作重点项目——2019“万里茶道”文化和旅游国际营销论坛在福建省南平市举办，发布《2019“万里茶道”文化和旅游影响力调查报告》，鹤峰县进入“万里茶道”沿线县域旅游目的地影响力TOP10。

【周家院子被命名为湖北省家风家教实践基地】 2019年11月1日，省妇联、省教育厅、省文明办命名首批7家湖北省家风家教实践基地，鹤峰县下坪乡周家院子名列其中。周家院子位于鹤峰县下坪乡岩门村，因院子里的人大多数姓周而得名，距今有五百多年历史。周家院子现有8户人家90余人，培养出2名博士、2名硕士、14名教师和12名党员。周家院子有“崇文重教、励志笃行”的家族文化，家家户户恪守祖训“正直廉洁、尊卑有礼、勤俭持家、取财有道”。2019年9月12日，周家院子周安秀家庭被评为2019年“荆楚最美家庭”。

【江坪河水电站下闸蓄水】 2019年10月18—22

日，受省能源局委托，水电水利规划设计总院组织专家组到鹤峰对江坪河水电站工程开展蓄水验收现场检查和技术预验收。10月29—31日，省水利厅及省自然资源厅、省卫生健康委员会、省林业局、省委办公厅档案行政管理处、宜昌市水利和湖泊局、州水利和湖泊局及专家组等组成验收委员会，到鹤峰县走马镇，对江坪河水电站下闸蓄水阶段征地补偿及移民安置进行验收，评定江坪河水电站具备下闸蓄水条件。11月9日，江坪河水电站正式下闸蓄水。

【2个项目被认定为国家级非物质文化遗产代表性项目】 2019年11月12日，文化和旅游部办公厅公布国家级非物质文化遗产代表性项目保护单位名单，鹤峰县传统音乐类“土家族打溜子”、传统戏剧类“鹤峰傩戏”被认定为国家级非物质文化遗产代表性项目，保护单位为鹤峰县文化馆（鹤峰县非物质文化遗产保护中心）。

（李悟珍）

人物

时代楷模　全国优秀共产党员

张富清　男，汉族，1924年12月生，陕西洋县人，1948年3月在陕西瓦子街参加中国人民解放军西北野战军，1948年8月加入中国共产党，1955年1月转业到来凤县，先后在县粮食局、三胡区公所、卯洞公社、县外贸局、县建设银行工作，1985年1月离休。他在解放大西北系列战斗中荣立西北野战军特等功一次、军一等功一次、师一等功一次、师二等功一次和团一等功一次，被授予军“战斗英雄”称号、师“战斗英雄”称号和“人民功臣”奖章。离休后，张富清保持艰苦朴素的作风，住老房子、穿老衣服、用老家具、过老生活。2012年，88岁高龄的他因病截去左腿，为了不让子女照顾自己影响工作，他装上假肢，艰难练习，重新站了起来。2019年4月，习近平总书记对张富清的先进事迹作出重要指示强调，老英雄张富清60多年深藏功名，一辈子坚守初心、不改本色，事迹感人。在部队，他保家卫国；到地方，他为民造福。他用自己的朴实纯粹、淡泊名利书写了精彩人生，是广大部队官兵和退役军人学习的榜样。要积极弘扬奉献精神，凝聚起万众一心奋斗新时代的强大力量。恩施州委出台关于在全州开展向张富清学习活动的决定；湖北省委发出通知，认真贯彻习近平总书记重要指示精神，在全省广泛开展向张富清学习活动。6月17日，为贯彻落实习近平总书记重要指示精神，中央宣传部在来凤县向全社会公开发布张富清的先进事迹，授予他“时代楷模”称号。6月27日，党中央决定，授予张富清“全国优秀共产党员”称号。9月29日，中华人民共和国国家勋章和国家荣誉称号颁授仪式在北京人民大会堂金色大厅举行，中共中央总书记、国家主席、中央军委主席习近平向“共和国勋章”获得者张富清颁授勋章。2019年，张富清还先后获得5月敬业奉献类“中国好人”、“全国模范退役军人”、第七届全国道德模范“全国敬业奉献模范”、“全国民族团结进步模范个人”、“最美奋斗者”、全国五好家庭等荣誉。

（陈国清）

全国民族团结进步模范个人

吴　辉　男，土家族，1984年11月生，湖北咸丰人，中共党员，咸丰硒源巴特网络科技有限公司总经理。自2009年起先后创立咸丰县辉煌信息咨询服务中心、残疾人励志创业园、残疾人就业创业孵化基地、咸丰道知味生态农业有限公司。吴辉五岁时，不幸被高压电击中，双臂高位截肢，他用强大的正能量，激励带动一批残疾人士，投身新时代创造新生活。2018年被推选为全国残疾人代表大会代表，2015年、2017年吴辉所创办的残疾人创业园2次被省残疾人联合会评为湖北省残疾人就业创业扶贫品牌基地。2019年9月，被评为全国民族团结进步先进个人。

汪明菊 女，苗族，1973年2月出生，湖北宣恩人，中共党员，宣恩县珠山镇上湖塘社区居民委员会党总支书记、主任。她是一名普通的乡镇基层干部，参加工作23年来，在平凡的工作岗位上兢兢业业，任劳任怨，不忘初心，用实际行动践行全心全意为人民服务的宗旨和一名共产党员的高尚品质，把党的民族方针政策宣传贯彻到千家万户，带领群众逐步实现“共同团结奋斗、共同繁荣发展”美好愿景。2019年9月，被评为全国民族团结进步先进个人。

向极钎 男，土家族，1967年11月生，湖北恩施人，中共党员，州农业科学院副院长，正高职高级农艺师。他献身民族地区农业科技事业，探索科技创新、科技成果转化有效服务三农之路，创新科技发展理念，打造创新平台，为恩施州民族团结稳定、农业人才培养、农业经济发展作出贡献。是湖北省有突出贡献中青年专家、湖北省企业科技创新领军人物，入选湖北省高层次人才工程第二层次人选；曾获湖北省“争先创优”活动优秀党员，中国农学会首届全国农业科技园区优秀工作者、中国技术市场协会金桥奖。近五年，获中国农科院青年科技创新奖、省科技进步二等奖各1项，湖北省科技登记成果8项，国家发明专利47项，制定地方标准14项、企业标准11项，参编专著2部，主持国家自科基金1项，湖北省科技攻关计划项目2项。2019年9月，被评为全国民族团结进步先进个人。

易盛荣 男，土家族，1970年2月出生，湖北巴东人，巴东县金果坪乡人力资源和社会保障服务中心主任。27年来，他坚守偏远乡镇基层一线、服务群众一线，“结穷亲，帮穷亲，拔穷根”，是群众的“邮差”，是留守老人的“儿子”。跑16万千米只为打通便民服务的“最后一公里”，累计义务为群众“跑腿”3万余人次，赢得广大干部群众的尊敬和爱戴。2017年、2018年被人社部表彰为全国人社系统先进工作者、服务标兵；2019年被省委宣传部表彰为岗位学雷锋服务标兵。2019年9月，被评为全国民族团结进步先进个人。

周德燕 女，土家族，1974年6月生，湖北利川人，中共党员，利川市南坪乡党委书记。她几十年如一日扎根山区，用一名共产党员的信仰，一名少数民族干部的情怀，一个土家族女儿的坚韧，用真情浇灌民族团结之花，当好“领航员”，当好“引路人”，当好“宣讲员”，当好“示范员”，干群关系似亲人。2019年9月，被评为全国民族团结进步先进个人。

（孙云逸）

全国五一劳动奖章

邱建红 男，汉族，1964年9月出生，湖北利川人，高中学历，利川市飞强茶业有限责任公司副总经理，州第三届“优秀高技能人才”；享受省政府专项津贴人员；“恩施工匠”“荆楚工匠”获得者。2019年4月获全国五一劳动奖章。

（曾　冬）

全国巾帼建功标兵

秦　娥 女，土家族，1985年出生，湖北省建始县德溢民生态农业开发有限公司董事长。她先后获得2017年恩施州农村实用人才带头人创业大赛三等奖、恩施州“创业能手”，2018年湖北省“农村创新创业创意”二等奖，2018年湖北省优秀农村实用人才资助项目暨创业创新项目创意大赛二等奖，2018年恩施州“青年创新创业”优秀奖。2019年3月1日，被全国妇联表彰为全国巾帼建功标兵。

（李　琼）

中国青年五四奖章

袁 辉 男，汉族，1988年8月出生，大学本科学历，巴东县清太坪镇白沙坪小学志愿支教教师。曾获中国好人、中国青年志愿者优秀个人、湖北省先进工作者、荆楚楷模等称号。2012年9月他到巴东县清太坪镇姜家湾教学点从事支教工作，后进入白沙坪小学工作至今。他积极动员各方力量援助本地教育和困境儿童，无偿为患有成骨不全症而不能到校学习的孩子上门送教。2019年4月25日，共青团中央、全国青年联合会决定，授予他第23届“中国青年五四奖章”。

（罗舒木）

2018年度享受国务院特殊津贴人员

郑明辉 男，汉族，1972年7月出生，湖北嘉鱼人，湖北民族大学二级教授，中共党员。1995年7月毕业于湖北民族学院数学教育专业，2004年12月获华中科技大学信息安全专业硕士学位，2008年6月获华中科技大学信息安全专业博士学位，是湖北省新世纪高层次人才工程第二层次人选，享受省政府津贴。2019年1月，经国务院批准，郑明辉成为2018年度享受政府特殊津贴人员。他长期从事信息安全教学、科研与管理工作，主持国家自科基金面上项目3项，《基于云计算的网络虚拟磁盘系统》《安全的组密钥协商基数研究与应用》2项科技成果经省科技厅鉴定为国际先进水平，分别取得湖北省科学技术成果鉴定证书和湖北省重大科技成果鉴定证书，排序为1；获得湖北省科技进步三等奖，排序为1；获得湖北省科技进步一等奖，排序为6。在国际学术刊物发表论文8篇，其中SCI文章6篇，EI文章2篇。

（王 旭）

中国好人

易满成 男，土家族，鹤峰县人，1958年10月生，高中文化，中共党员，鹤峰县燕子镇司法所退休干部，他生长在农村，工作在基层，24年如一日投身基层维稳工作。2019年4月，被中央文明办评为敬业奉献类“中国好人”。

袁金芝（1956—2019） 女，1956年8月生，初中文化，建始县茅田乡梦花岭村人。她用勤劳善良的品格、优良的家风，感染一个大爱的家庭。2019年4月，袁金芝在江苏南通务工期间因车祸抢救无效脑死亡，她的家人捐出她的肝脏、肾脏、眼角膜，去帮助别人。2019年6月，被中央文明办评为助人为乐类“中国好人”。

陈显兵 男，汉族，1968年9月生，小学文化，巴东县大支坪镇尚家村人。三年来，他在扶贫工作队鼓励下，勇于向贫困挑战，2018年被巴东县委、县政府评为“百佳脱贫示范户”。自2017年5月起，他一个人打通围绕在悬崖半山腰长约5千米的“路”，用敢于拼搏、永不言弃的精神和自强不息、努力奋斗的可贵品质在自家林地里勾勒和铺就一个人的“景区”梦。2019年7月，被中央文明办评为敬业奉献类“中国好人”。

杨胜伟 男，苗族，咸丰县人，1937年6月生，大学学历，中共党员，恩施职院退休教师。1959年5月到1997年6月，在恩施农校任茶学教师。退休后20多年，他无偿服务恩施州46家茶叶企业，培训授课96期，培养恩施玉露制作技艺传承人684名，出版专著《恩施玉露》，为恩施硒茶产业发展壮大、群众脱贫致富作出贡献。2019年9月，被中央文明办评为敬业奉献类“中国好人”。

向胜元 男，土家族，1963年4月生，小学文化，宣恩县沙道沟镇咸池村人。2019年6月3日，向胜元推着妻子到州中心医院结清2年前欠下的32万元医疗款。6月15—17日，《湖北日报》《人民日报》及本地多家媒体相继报道其事迹，网友们表示感受到医者仁心救人与患者诚信守诺的良性互动，为向胜元一家的诚信还款行为点赞，从中感受到满满的正能量。2019 年 10 月，被中央文明办评为诚实守信类“中国好人”。

邹炜（1979—2018）、**李勇**（1986—2018） 邹炜，男，土家族，1979 年 12 月生，巴东县人，研究生文化，中共党员，生前系中共咸丰县委副书记。李勇，男，土家族，1986 年 3 月生，利川市人，大学文化，中共党员，生前系咸丰县委办公室工作人员。2018 年 12 月 18 日 9 时 50 分左右，邹炜、李勇在前往咸丰县忠堡镇调研扶贫的途中发生交通事故，因公牺牲。2019 年 12 月，被中央文明办评为敬业奉献类“中国好人”。

（陈国清）

全国最美孝心少年

王凌云 女，2007 年出生，宣恩县沙道沟镇栏杆坪小学学生。她家境贫寒，父亲独臂，母亲患有癫痫病和智力障碍，爷爷奶奶七十多岁，在家务农。父亲在外打工收入微薄，勉强维持一家人的日常开销。12 岁的她白天她在学校认真学习，放学后做完家务再做家庭作业，她不但承担着家务劳动，还要照料时常患病的妈妈，照顾妹妹，妈妈多次发病都是她精心照料，从不惊慌。每逢双休日，她还跟随爷爷奶奶到地里劳动。2019 年 11 月 1 日由中央广播电视总台主办的大型公益活动《众里寻你—— 2019 寻找最美孝心少年颁奖典礼》播出，王凌云当选 2019“全国最美孝心少年”。

逝世人物

谢宝璇（1940—2019） 男，民革党员，1940 年 10 月出生，湖北省监利县人，州政协原副主席、州中心医院原副院长，副厅级。因病医治无效于 2019 年 8 月 29 日去世，享年 79 岁。他 1964 年 9 月参加工作，历任宣恩县晓关卫生院医师、主治医师、州人民医院放射科副主任、主任，州中心医院副院长、主任医师，州第一、二届政协常委，第三、四、五届政协副主席，湖北省第七、八、九届省政协委员，民革省委委员，州中心医院副院长等职务，2008 年 8 月退休。

黄兆沛（1926—2019） 男，中共党员，1926 年 6 月出生，山东省郯城县人。州中级人民法院原党组书记、院长，副厅级。因病医治无效于 2019 年 10 月 13 日去世，享年 93 岁。他 1945 年 10 月参加革命工作，1945 年 10 月加入中国共产党，历任山东省郯城县马头镇公安员，河南省新郑县四区区长、人民法院副院长，中南政法委员会调研组组员，湖北省高级人民法院民庭副厅长，恩施地区商业局局长，州中级人民法院党组书记、院长等职。1986 年 6 月离休。

（徐珊珊）

附　录

主要组织机构及负责人名录

（2019 年 12 月 31 日在职）

中共恩施州委员会

书记：柯　俊

副书记：刘芳震（土家族）　柯东海

常委：柯　俊　刘芳震（土家族）　柯东海
吕　星　沙玉山（回族）　尹　达
涂元玲（女，土家族）　丁　辉
唐志信　张　淼（女）
吴槐庆（挂职）　李　岩（挂职）
黄　璟（挂职）

秘书长：郑开国（2019 年 12 月免州委常委）

副秘书长　匡乐轩（土家族）　吴远东
胡　铭　曾召辉（苗族）
向　辉（土家族）
向定山（土家族）

州人大常委会

主任：吕金施

副主任：邓正平（土家族）
陈晓燕（女，土家族）
陈学明（苗族）　王小平　张在勇

秘书长：向文虎（土家族）

副秘书长：刘海燕　唐登峰（土家族）
杨局成　卓万俊（土家族）

州人民政府

州长：刘芳震（土家族）

副州长：丁　辉　吴槐庆（挂职）
李　岩（挂职）
黄　璟（女，挂职）
田金培（土家族）　张勇强
夏锡璠（土家族）
高敬佩（女，苗族）　孔发阶

产业顾问：丁文平

秘书长：周辉军（土家族）

副秘书长：李国庆　余和平（土家族）
刘　琳（女，苗族）　谭鉴锡
周兴发（土家族）
王　兵（土家族）
孙　伟（挂职）

政协恩施州委员会

主席：刘建平（土家族）

副主席：肖谏诚（土家族）
谭建军（蒙古族）　王继刚
刘晓冰（女，土家族）
向宏贵（土家族）
张全榜（土家族）　何义发
向前进（土家族）

秘书长：张树香（女，土家族）

副秘书长：谭志国（土家族）　黄卜生
陈　华（女，土家族）

段绪慧（女，土家族）

中共恩施州纪律检查委员会、监察委员会

州纪律检查委员会

书记：吕　星

副书记：石遵广　王　峰

常委：吕　星　石遵广　王　峰　李木林
　　向宏明　杨　峻　严　芳

州监察委员会

主任：（空缺）

副主任：石遵广　王　峰

委员：李木林　李　君　向宏明　杨　峻
　　邓友章

法院

州中级人民法院

党组书记、院长：许一鸣

检察院

州人民检察院

党组书记、检察长：刘恒明

州委工作机关

州委办公室（国安办、档案局）

主任：匡乐轩

州委组织部（公务员局、州委两新工委）

部长：尹　达

州委宣传部［州文明办、州政府新闻办、州新闻出版局（州版权局）］

部长：尹　达

州委统战部［州委台办（州政府台办）、州政府侨办］

部长：涂元玲

州委政法委

书记：柯东海

州委政策研究室（州委改革办、州委财经办、州政府研究室）

主任：向定山

州委网络安全和信息化委员会办公室（州网信办）

主任：周　清

州委外事工作委员会办公室（州政府外办）

主任：邓习猛

州委机构编制委员会办公室

主任：秦顺富

州委直属机关工作委员会

书记：郑开国

州委巡察工作领导小组办公室

主任：李培军

州信访局

局长：向　辉

州国家保密局

局长：单　雷

州委老干部局

局长：杨　华

州督查考评办公室

主任：曾召辉

州人大机关

常委会办公室

机关党组书记、办公室主任：向文虎

法制工作委员会

主任：吕世安

监察和司法工作委员会
主任：卓俊杰

财政经济工作委员会
主任：杨安明

教育科学文化卫生工作委员会
主任：朱德云

民族宗教侨务外事工作委员会
主任：汪 敏

农村工作委员会
主任：朱克清

环境资源保护工作委员会
主任：马天平

社会建设工作委员会
主任：（空缺）

法规研究室（规范性文件备案审查室）
主任：邓明才

代表选举人事任免工作委员会
主任：卢群林

预算工作委员
主任：唐洪贵

政府工作部门

州政府办公室
机关党组书记、办公室主任：周辉军

州政务服务和大数据管理局（州公共资源交易监管局）
党组书记、局长：周后培

州民族宗教事务委员会
党组书记、主任：向莉萍

州退役军人事务局（州委退役军人办）
党组书记、局长：任伦杰

州应急管理局
党组书记、局长：程 飞

州公安局
党委书记、局长：孔发阶

州司法局（州委依法治州办）
党组书记、局长：万雪峰

州经济和信息化局（州委军民融合办）
党组书记、局长：向应才

州农业农村局（州委农办）
党组书记、局长：汪 云

州商务局（州招商局）
党组书记：田 首
局长：张远虚

州人民政府扶贫开发办公室
党组书记、主任：向金洲

州发展和改革委员会（州粮食局、州能源局）
党组书记、主任：杨天龙

州财政局
党组书记、局长：张安俊

州审计局（州委审计办）
党组书记、局长：王新国

州统计局
党组书记、局长：侯　斌

州人民政府国有资产监督管理委员会
党委书记、主任：姚茂易

州市场监督管理局（州知识产权局）
党组书记：吴贤勇
局长：张紫阳

州地方金融工作局（州金融办）
党组书记、局长：王　牟

州交通运输局
党组书记、局长：杨盛僚

州自然资源和规划局
党组书记：吴时刚
局长：雷纯忠

州林业局
党组书记、局长：邓升志

州水利和湖泊局（州河湖长制办公室）
党组书记、局长：刘　剑

州生态环境局
党组书记、局长：黄　波

州住房和城乡建设局（州人防办）
党组书记、局长：向　辉

州科学技术局（州国防动员委员会科技动员办公室）
党组书记、局长：曾彬文

州教育局（州委教育领导小组秘书组、州人民政府教育督导室）
党组书记：严　斌
局长、教育督导室主任：胡　泽

州文化和旅游局（州广电局、州体育局）
党组书记：王坤德
局长：（空缺）

州卫生健康委员会（州中医药局）
党组书记、主任：段怀刚

州人力资源和社会保障局
党组书记、局长：郑开廷

州医疗保障局
党组书记：吴耀先
局长：许　强

州民政局
党组书记、局长：黎华辉

州政协机关

州政协办公室
机关党组书记、办公室主任：张树香

提案委员会
主任：孙兴无

经济委员会
主任：蔡　平

教科卫体委员会
主任：廖于实

人口资源环境委员会
主任：黄本维

民族宗教委员会
主任：黄宏伟

文化文史和学习委员会
主任：曾凡培

社会法制港澳台侨外事委员会
主任：郜志中

农业和农村委员会
主任：陈明海

委员工作委员会
主任：谭德明

民主党派

中国国民党革命委员会恩施州委员会
主委：许　强

中国民主同盟恩施州委员会
主委：何义发

中国民主建国会恩施州委员会
主委：谭建军

中国民主促进会恩施州支部委员会
主委：陈晓燕

中国农工民主党恩施州委员会
主委：杨德华

群众团体

州总工会
主席：涂元玲
党组书记：李　新

共青团恩施州委
书记、党组书记：沈浩然

州妇女联合会
党组书记、主席：王兰英

州科学技术协会
党组书记、主席：陈　芳

州工商联
主席：王继刚
党组书记：张　蓉

州残疾人联合会
党组书记、理事长：李邦和

州红十字会
会长：高敬佩

州贸促会
会长：王祥群

州委、州政府派出机构

州委恩施高新技术产业园区工作委员会（恩施高新技术产业园区管理委员会）
工委书记：丁　辉
管委会主任：黄　敏

特殊经济组织

州供销合作社联合社
党组书记：谢俊泽
主任：向仕莲

州委直属事业单位

州委党校（州社会主义学院、州民族干部学校、州行政学院）
第一校长：柯　俊
校长：张建文
州社会主义学院院长：涂元玲

州行政学院院长：丁　辉

恩施日报社
党委书记、社长：粟　勇

州档案馆（州史志研究中心）
馆长：覃遵国

州机关事务服务中心
主任：刘俐萍

州广播电视台
台长：贾继璠

州政府直属事业单位

州住房公积金中心
党组书记、主任：陈怀玉

州公共资源交易中心（州政府采购中心）
党组书记、主任：谭立文

州公共检验检测中心（国家硒检中心）
党组书记、主任：程银阶

州畜牧兽医服务中心
党组书记、主任：王新林

州硒资源保护与开发中心
党组书记、主任：张祖清

州大数据中心
党组书记、主任：陈朝晖

部门所属行政单位

州森林公安局
局长：黄家斌

州强制隔离戒毒所
所长：杨　军

部门所属事业单位

州委组织部党员教育中心
主任：（空缺）

州委理论信息中心
主任：黄希俊

州警示教育基地
主任：向极怀

州政府驻武汉办事处
主任：符金操

州政府驻北京联络处
主任：董兴培

州政府驻红花套办事处
主任：（空缺）

恩施职业技术学院
党委书记：戴清堂
院长：张　捷

湖北鹤峰革命纪念地管理中心
主任：（空缺）

州农业科学院（湖北恩施中国南方马铃薯研究中心州硒应用技术与产品开发研究所）
院长、中心主任：李卫东
党委书记：王　波

州农村经济管理局
局长：熊坤赤

州农业综合开发办公室

主任：（空缺）

州不动产登记中心
主任：冯 强

湖北星斗山国家级自然保护区管理局
局长：黄照林

湖北七姊妹山国家级自然保护区管理局
局长：罗永生

湖北木林子国家级自然保护区管理局
局长：肖刚清

湖北巴东金丝猴国家级自然保护区
局长：（空缺）

湖北恩施腾龙洞大峡谷国家地质公园管理局
局长：（空缺）

州公路管理局
党委书记、局长：王 勇

州高速公路建设委员会办公室
主任：杨盛僚

州道路运输管理处
主任：陈文虎

州港航管理局
局长：朱一进

州农村公路管理局（州交通物流发展局）
局长：陈宇峰

州铁路建设委员会办公室

主任：（空缺）

州发展和改革研究中心
主任：李秀萍

州住房公积金中心
党组书记、主任：陈怀玉

州会计事务管理局
局长：陆贤忠

州非税收入管理局
局长：陈元斌

州财政监督局
局长：张 洁

州广播电视大学
党委书记、校长：田中华

州高级中学
校长：谭 斌

州卫生学校
校长：覃太敏

州中心医院
党委书记：李元红
院长：李 拓

州药业产业化领导小组办公室
主任：贺永红

州妇幼保健计划生育服务中心
主任：王 勇

州疾控中心
主任：彭再生

州卫生计生综合监督执法局
局长:（空缺）

州优抚医院
院长：赵廷君

州文化市场综合执法支队
支队长:（空缺）

湖北省民族歌舞团
党委书记、团长：燕　冰

湖北恩施唐崖土司城遗址管理处
党工委书记、主任：白　斌

州社会保险管理局
局长:（空缺）

州公共就业和人才服务局
局长：陶文胜

州人事考试院
院长：陈妮芳

垂直（代管）单位和其他机构

州税务局
党委书记、局长：黄成元

州气象局
党组书记、局长：孙学军

恩施海关
关长：田　帅

州环境监测站
站长：张念胜

省地质局第二地质大队
党委书记、队长：杨波涌

恩施监狱
党委书记、监狱长：胡晓山

州消防救援支队
党委书记、政治委员：胡　涛

国家统计局恩施州调查队
党组书记、队长：吴立锋

湖北省农科院中药材研究所
党委书记、所长：刘翠君

州水文水资源勘测局（省水环境监测中心恩施分中心）
党委书记、局长：杨松元

国网恩施供电公司
总经理：宋全清
党委书记：邱　炜

国电恩施水电开发有限公司
执行董事、总经理：冉启月
党委书记：徐胜军

州邮政管理局
党组书记、局长:（空缺）

中国邮政集团公司恩施州分公司
总经理：李茂山

中国电信恩施分公司
党委书记、总经理：胡玉辉

中国移动通信集团湖北有限公司恩施分公司
党委书记、总经理：熊　胜

中国联合网络通信有限公司恩施州分公司
党委书记、总经理：刘学锋

中国铁塔恩施州分公司
总经理：胡　平

州烟草专卖局（公司）
党组书记、局长（经理）：谭志平

湖北烟草金叶复烤有限责任公司
党组书记、总经理：程瑞武

湖北中烟工业有限责任公司恩施卷烟厂
党委书记：何中柱

中石化恩施石油分公司
总经理：谭逢文
党委书记：王志东

中国石油湖北恩施销售分公司
党委书记、总经理：马朝军

恩施盐业分公司
党委书记、总经理：陈家乐

恩施机场公司
总经理：覃遵勇
党委书记：聂成志

湖北民族大学
党委书记：吴建清
校长：顿祖义

湖北民族大学附属民大医院
党委书记：谭庆丰
院长：刘伦志

湖北民族大学科技学院
董事长：马凤余
党委书记：覃红斌
校长：廖　云

州清江外国语学校
董事长：李瑞成
总校长：姚源波

中国人民银行恩施州中心支行
党委书记、行长：吴剑峰

州银保监分局
党委书记、局长：姜　涛

中国工商银行股份有限公司恩施分行
党委书记、行长：左垚峰

中国建设银行股份有限公司恩施分行
党委书记、行长：向　黔

中国农业银行股份有限公司恩施分行
党委书记、行长：孔爱平

中国银行股份有限公司恩施分行
党委委员、代职行长：周建峰

中国农业发展银行恩施州分行
党委书记、行长：黄志强

中国邮政储蓄银行股份有限公司恩施州分行
党委书记、行长：张　涛

湖北恩施农村商业银行股份有限公司
党委书记、董事长：何　涛
行长：彭　辉

恩施兴福村镇银行
董事长：徐　燕
行长：张宏飞

中国人民财产保险股份有限公司恩施州分公司
党委书记、总经理：王　辉

中国人民人寿保险股份有限公司恩施中心支公司
总经理：鄂爱国

中国太平洋财产保险股份有限公司恩施中心支公司
党委书记、总经理：陈银桥

中国太平洋人寿保险股份有限公司恩施中心支公司
副总经理（主持工作）：刘春艳

天安财产保险恩施中心支公司
总经理：李明锦

州保险行业协会
会长：王　冰

州企业联合会（企业家协会）
会长：谭隆泽

县（市）

恩施市

中共恩施市委员会
书记：向前进（土家族）
副书记：苏　勇（土家族）　易善翔（土家族）
常委：向前进（土家族）　苏　勇（土家族）
易善翔（土家族）　谭祖沧
董　高（土家族）
郭亚妮（女，苗族）
谢　奎（土家族）　崔宇辉
冉茂和（土家族）
孙继为（满族，挂职）
姚洪华（挂职）　田贵周（土家族）
任建华（土家族）

恩施市人大常委会
主任：刘　凡
副主任：金德钧（土家族）　余秋红（女）
黎昔品（侗族）　王学渊（土家族）
杨　帆（土家族）
万亨东（土家族）

恩施市人民政府
市长：苏　勇（土家族）
副市长：崔宇辉　孙继为（女，满族）
姚洪华　张友刚（土家族）
汪业民　徐　卫（土家族）
杨凯军　何永福
徐贵尧（女，土家族）
张　娟（女，彝族）

政协恩施市委员会
主席：郑晓斌（土家族）
副主席：蔡万高（土家族）　李家忠
柳诲龙　刘庆华（女，土家族）
吴秀忠（土家族）

利川市

中共利川市委员会
书记：沙玉山（回族）
副书记：张 涛（苗族） 赵秀峰（土家族）
常委：沙玉山（回族） 张 涛（苗族）
赵秀峰（土家族） 刘言成（土家族）
邓 勇（土家族）
刘 勇（女，土家族） 顾 问
何文建 吴建华 曾建辉 周 霆
彭必武（土家族）

利川市人大常委会
主任：蒋代成（土家族）
副主任：周峥嵘（女） 郭益超
王 梅（女，土家族） 黄佑军
汤明田（土家族）
肖耀俊（土家族）

利川市人民政府
市长：张 涛（苗族）
副市长：何文建 吴建华（挂职）
彭必武（土家族）
雷凌云（女，土家族）
李学森（挂职） 洪 超（土家族）
张也俏（挂职） 钱 鹏（挂职）
谭忠友（蒙古族） 黄建国

政协利川市委员会
主席：卢智绘（土家族）
副主席：郭莉萍（女） 肖传武
周志刚（土家族）
王代轩（土家族）

建始县
中共建始县委员会
书记：向红林（女，土家族）
副书记：张渊平 蔡 倞
常委：向红林（女，土家族） 张渊平
蔡 倞 周和平（土家族）
陈久奎（土家族） 刘天林
胡永康 张作明 汪 栾（挂职）
许 刚（挂职）
张 媛（女，土家族） 李世祥
崔晓龙

建始县人大常委会
主任：吴以忠（土家族）
副主任：胡文江 汪 平 姚永红
姚冬菊（女，土家族）
米敦文（土家族）

建始县人民政府
县长：张渊平
副县长：刘天林 汪 栾（挂职）
许 刚（挂职） 田真明 曾玉平
周爱华（女，土家族）
陈万胜（土家族）
孙玉斌（土家族） 赖栋才（挂职）

政协建始县委员会
主席：曾凡忠（侗族）
副主席：吴绍溶
柳毓廷（土家族） 张 华（女）
颜昌泉（土家族） 李 丽（女）

巴东县
中共巴东县委员会
书记：单艳平（土家族）
副书记：郭 玲（女，土家族）
王国玮（土家族）
常委：单艳平（土家族）
郭 玲（女，土家族）
王国玮（土家族） 谭若峰

田爱民（土家族） 牟来举（土家族）
邓亚敏 钱才东（土家族）
伍晓峰（土家族） 贾继建
韦 锋（挂职） 李庆峰

巴东县人大会常委会
主任：向 东（女，土家族）
副主任：师 艺 潘世奎（土家族）
王德曙（土家族） 唐 耘（女）
易开美（土家族）
谭文胜（土家族）

巴东县人民政府
县长：郭 玲（女，土家族）
副县长：钱才东（土家族）
黄艳妮（女，土家族）
雷玉龙（土家族） 李斯君（挂职）
王爱忠（挂职） 皮剑飞（土家族）
肖谨诚（土家族）
贺申富（土家族）

政协巴东县委员会
主席：刘太可
副主席：向凤英（女，土家族）
李 闯（土家族）
刘传谊（土家族）
向孔辉（土家族）
向秀忠（土家族）

宣恩县
中共宣恩县委员会
书记：刘智勇
副书记：习 覃（女，土家族）
刘红艳（女，土家族）
常委：刘智勇 习 覃（女，土家族）
刘红艳（女，土家族）
曾志敏（土家族） 周志斌
邵爱华（土家族） 谢世鸿（土家族）
覃国锋（土家族） 赖于明
姚元文（侗族） 刘 勇 裘 凯

宣恩县人大常委会
主任：唐 斌（土家族）
副主任：姚元文（侗族） 覃正彪（土家族）
史红珍（女，土家族）
乾维德（土家族）
李 川（土家族） 黄光华

宣恩县人民政府
县长：习 覃（女，土家族）
副县长：邵爱华（土家族） 裘 凯（挂职）
向建强（土家族）
李家锦（土家族） 胡晓洪（侗族）
向重臣（土家族） 胡明辰（挂职）
刘伯松（挂职） 柯高峰

政协宣恩县委员会
主席：黄同元（土家族）
副主席：黄玉贤（土家族） 钟昌泽（侗族）
陶 华（女，土家族）
姚 敏（侗族） 李明然

咸丰县
中共咸丰县委员会
书记：郑东来（苗族）
副书记：杨 皓（苗族）
李 娟（女，土家族）
常委：郑东来（苗族） 杨 皓（苗族）
李 娟（女，土家族） 卢小志
梁爱民（土家族） 宋爱军（土家族）
刘拥军 宋庆平 田应贵（土家族）
万玉强 张志奇 郑 颖（挂职）

咸丰县人大常委会
主任：欧阳开平
副主任：蔡红萍（女，朝鲜族）　张建清
邓启胜（土家族）
曾永国（土家族）
邓　华（女，苗族）　谭　皓

咸丰县人民政府
县长：杨　皓（苗族）
副县长：宋庆平　郑　颖（挂职）
李好文（土家族）　黄光英（女）
杨志高（土家族）
熊海淞（土家族）　连　庆（挂职）
李红斌（挂职）

政协咸丰县委员会
主席：邹玉萍（女，苗族）
副主席：黎生华（土家族）
李方胜（土家族）
徐子轩（土家族）
刘玉学（土家族）

来凤县
中共来凤县委员会
书记：邢祖训
副书记：李　伟（土家族）
洪家进（土家族）
常委：邢祖训　李　伟（土家族）
洪家进（土家族）　郭玉锋（土家族）
费国华（土家族）　刘　涛（土家族）
向子明（土家族）　甘应绪（土家族）
管民桦（土家族）　林正高（苗族）
刘发勋　林　林（挂职）

来凤县人大常委会
主任：邓家斌
副主任：彭远仪（土家族）
赵昌青（土家族）
向清堂（土家族）　蔡　勇（苗族）
张　钧（苗族）
田　慧（女，土家族）

来凤县人民政府
县长：李　伟（土家族）
副县长：向子明（土家族）
林　林（挂职）　牟林炎（土家族）
熊　庆（土家族）　曾　军（苗族）
汪建敏　黄祥平（苗族）
杜建斌（挂职）　潘　睿（挂职）
宋文建（挂职）

政协来凤县委员会
主席：田延初（土家族）
副主席：向　莉（女，土家族）
彭云宪（土家族）
廖金芳（女，土家族）
滕建刚（苗族）　张冠华（苗族）

鹤峰县
中共鹤峰县委员会
书记：王小平
副书记：彭元洪（土家族）
覃正炜（土家族）
常委：王小平　彭元洪（土家族）
覃正炜（土家族）　王　闯（土家族）
钱成玉（女，土家族）
熊　翔（土家族）　刘支皇（土家族）
滕晓东（土家族）　胡明义（蒙古族）
程志强（挂职）　杨　驹（土家族）
黄凤协（土家族）

鹤峰县人大常委会

主任：罗申贵（土家族）
副主任：陶拥政　杨振凡（苗族）
向宏安（土家族）
王红艳（女，白族）
章银华（女，土家族）
彭远明（土家族）
林　洪（土家族）　赵　虎
阳如海（苗族）　熊　敏（土家族）
陈栋良（挂职）　朱海东（挂职）
王守红（挂职）　程志强（挂职）

鹤峰县人民政府
县长：彭元洪（土家族）
副县长：滕晓东（土家族）
覃长玉（女，土家族）

政协鹤峰县委员会
主席：张真炎（土家族）
副主席：符良成（苗族）　夏德术（苗族）
夏依忠（苗族）　郑　平（土家族）
张甄秀（女，土家族）

通讯报道

英雄本色

——记离休干部张富清

记者　向相辉　向竹清

95 岁的张富清是中国建设银行来凤支行离休干部，1948 年参加中国人民解放军。他英勇善战、舍生忘死，多次荣立战功。退伍后，他自愿申请转业到当时条件艰苦的来凤县工作，深藏功名六十四载。2018 年底退役军人信息采集时，工作人员发现老人一张泛黄的立功登记表，才知道他是一位功勋卓著的战斗英雄。

来凤县退役军人事务局负责人上门探望，询问张富清老人有什么要求。他动情地说：“当年和我并肩战斗的那些战友，好多都牺牲了，还有一些整连整排牺牲的战友，他们根本没有机会提任何要求。比起他们，我今天吃的、住的已经好很多倍了，我有什么资格居功自傲，给党找麻烦、提要求呢？”

浴血疆场　功勋卓著

去年 11 月，来凤县退役军人事务局进行退役军人信息采集工作。张富清配合信息采集，出示了一张立功登记表、一张报功书、几枚徽章等原始资料，令家人和工作人员震惊。

泛黄的立功登记表和报功书上，记录着他在解放战争时期的不朽功勋：大军区特等功一次、军一等功一次、师一等功一次、师二等功一次、团一等功一次，并被授予军战斗英雄称号和师战斗英雄称号。

此时，人们才知道，这是一位有着卓著功勋的战斗英雄。

1948 年 3 月，陕西省汉中市洋县 24 岁的穷小伙张富清参加中国人民解放军。

张富清说，当时不分白天黑夜战火正猛，他记不清打了多少仗，但记忆最深的是永丰城那一仗。

1948 年 10 月一天的拂晓，张富清作为十四团六连班长，和两名战友组成突击组，率先攀上永丰城墙。他第一个跳下城墙，冲进敌群展开近身混战，也不知道战友去哪里了。他端着冲锋枪朝敌群猛扫，突然感到头顶仿佛被人重重捶了一下，后来又感觉血流到脸上，用手一摸头顶，一块头皮翻了起来。

击退外围敌人后，张富清冲到一座碉堡下，刨出一个土坑，将捆在一起的8颗手榴弹和一个炸药包码在一起，拉下手榴弹的拉环，手榴弹和炸药包一起炸响，将碉堡炸毁。这场战斗一直持续到天亮，他炸毁了两座碉堡，缴获两挺机枪。战斗结束，他死里逃生，而突击组的另两名战友却再也没有见到了。

张富清说，他多次参加突击组打头阵，其实当年他的身体很瘦弱。他打仗的秘诀是不怕死，“一冲上阵地，满脑子是怎么消灭敌人，决定胜败的关键是信仰和意志”。

因为勇猛善战，彭德怀到连队视察鼓劲的时候，多次接见张富清和突击组战士。永丰战役后，彭德怀握着他的手说：“你在永丰战役表现突出，立下了大功。”

永丰战役，老人荣获西北野战军特等功、军一等功。

1948年6月至9月，老人参加壶梯山战役，攻下敌人碉堡一座、打死敌人两名、缴获机枪一挺，并巩固阵地；在东马村消灭外围守敌，占领敌人一座碉堡，为后续部队打开缺口；在临皋执行搜索任务，发现敌人后即刻占领外围制高点，压制敌人火力，完成截击敌人任务。

扎根山区　深藏功名

1955年，张富清自愿申请转业到来凤工作，先后在县粮食局、三胡区、卯洞公社、外贸局、县建行工作，1985年在县建行副行长岗位上离休。几十年里，他从未向外透露自己的战斗经历。

20世纪60年代，张富清调到三胡区工作，妻子孙玉兰在三胡供销社上班。随着精简退职工作开展，张富清动员妻子从供销社离职，减轻国家负担。当时，粮管所、供销社与食品站是最让人羡慕的工作。

“我不让你下岗，怎么好去做别人的工作。”张富清对妻子说。妻子理解丈夫，辞去供销社工作成为手工业社社员，靠做缝纫补贴一家六口的生活。

“张老为人正派，从不倚老卖老、夸夸其谈，工作中总是挑最困难的任务，从未听张老讲过去打仗的经历。”68岁的田洪立曾与张富清在卯洞公社共事4年多，“当年公社班子成员分配工作片区，张老抢先选了最偏远的高洞片区，那里不通路、不通电，是全公社最困难的片区。”

在建行来凤支行，许多人知道张富清，但没听说过他的英雄事迹，33岁的年轻行长李甘霖对张富清敬佩有加。

李甘霖告诉记者，去年11月，他得知张老要去武汉做白内障手术，需要植入人工晶体。他嘱咐老人：“您是离休老干部，医药费全部报销，可以选好一点的晶体，保证效果。”后来老人做完手术回来，李甘霖发现老人只选了价值3000多元、最便宜的晶体。

张富清说：“我90多岁了，不能再为国家做贡献了。医生给我推荐7000多元到2万多元的晶体，我听到同病房的一位农民只选了3000多元的，我也选了跟他一样的，为国家节约一点是一点。”

在老人家中，有一个搪瓷杯用了67年。67年里，老人先后拿它当茶杯，茶杯有洞，老人用锡修补后再用，修了一次又一次，后来杯把又坏掉了。杯子补后不能受热就用作漱口杯，杯把掉后不方便拿来漱口，就用来放牙具。

如今，杯子虽有3个补丁，杯把掉了，却见证着老人67年的平凡生活。

不忘初心　永葆本色

3月2日，张富清戴上假肢拄着支架，和84岁的老伴孙玉兰去超市买菜。

“老伴腿有残疾，但每天都坚持锻炼。”孙

玉兰说。

2012 年 4 月，张富清左膝盖脓肿，辗转县、州医院治疗不见好转，武汉的医生建议截肢。

“战争年代腿都没掉，没想到和平时掉了。”术后醒来，乐观的老人自嘲地说道。

伤口刚愈合，老人就沿着病床移动。回到家中，老人起初沿着床沿锻炼，后扶着墙壁练习走路，如今墙壁上还有老人跌到后手抓墙壁留下的痕迹。

经过近一年的锻炼，老人能拄着支架打扫卫生、择菜，帮助做一些力所能及的家务活。“人要自立，不能给组织添麻烦。”老人说。

在老人卧室，摆放着一张书桌，上面书籍摆放整齐。一本《习近平总书记系列重要讲话读本》（2016 年版），黄色封面的四周已经磨成了白色，打开书籍，上面用黑色的水性笔打着点、横线记号。翻开 1983 年版《邓小平文选》，里面同样有老人研习后留下的墨迹。

老人有两本《新华字典》，一本 1953 年版、一本 1979 年版。

张富清只上过中央军委航空速成中学补习班，1955 年转业到地方工作后，文化成了“拦路虎”。如何提高文化水平？张富清买来《新华字典》进行自学。

几十年下来，靠着两本《新华字典》，老人利用工作间隙学习《毛泽东选集》《邓小平文选》等著作，阅读《人民日报》《红旗》(《求是》)《半月谈》等报刊，掌握党和国家的大政方针。

退休后，张老每天坚持读报，作读书笔记。最新一本报刊剪集，里面有 2015 年至 2016 年《人民日报》《湖北日报》《恩施日报》刊载的时评和重大时事消息。如今，老人每天仍坚持读报和看央视新闻。

“爷爷，现在国家形势怎样？”2 月 28 日，央视记者问张老。

“全党集中力量搞好精准扶贫，让贫困地区富起来。长江沿线要搞好生态保护。持续做好反腐倡廉工作，确保党永不变色。”张富清响亮回答，完全不像一名 95 岁的老人。

短评——

英雄精神，激励我们不断前行

不朽功绩永不磨灭，英雄精神熠熠生辉。95 岁的张富清老人平凡而又不凡的人生经历，令人肃然起敬。

枪林弹雨中视死如归、大义凛然，在信仰面前，流血牺牲算得了什么？和平时期夙夜在公、甘于奉献，在初心面前，艰难困苦更不值一提。张富清老人的一生，正是中国共产党人这个先锋群体，在革命、建设和改革时期，始终冲锋在前、艰苦奋斗、示范引领的缩影。老人用自己的人生经历，诠释了英雄的含义。

“一个有希望的民族不能没有英雄，一个有前途的国家不能没有先锋。”和平年代，英雄事迹和精神，仍是激励我们不断前行的强大力量。

当前，我们正处在决战决胜脱贫攻坚的历史关口，这是一场没有硝烟的战争。我们要传承好英雄精神，赋予这种精神新的时代内涵，让英雄人物、英雄精神成为心中的精神坐标，用英雄精神激励我们努力夺取新时代伟大征程中一个又一个新胜利。

（原载《恩施日报》2019 年 3 月 7 日 A01 版）

重要法规

恩施土家族苗族自治州传统村落和民族村寨保护条例

（2019 年 6 月 5 日恩施土家族苗族自治州第八届人民代表大会常务委员会第十六次会议通过，2019 年 9 月 26 日湖北省第十三届人民代表大会常务委员会第十一次会议批准）

第一章 总则

第一条 为了保护和利用传统村落、民族村寨，维护村（居）民合法权益，传承弘扬优秀传统文化，推进乡村振兴，根据《中华人民共和国城乡规划法》《中华人民共和国文物保护法》《中华人民共和国非物质文化遗产法》等法律、法规的规定，结合本州实际，制定本条例。

第二条 本州行政区域内传统村落、民族村寨的保护和利用适用本条例。

本条例所称传统村落，是指本州行政区域内列入县级以上名录并命名，拥有物质形态、非物质形态文化遗产，具有较高历史、文化、科学、艺术、生态等价值的自然村或者行政村。

本条例所称民族村寨，是指本州行政区域内列入县级以上名录并命名的少数民族特色村寨，即少数民族人口相对聚居，且比例较高，生产生活功能较完备，少数民族文化特征及其聚落特征明显的自然村或者行政村。

第三条 传统村落、民族村寨保护和利用应当遵循保护优先、科学规划、合理利用、可持续发展的原则，实行政府主导、村民自治、社会参与的工作机制。

第四条 州人民政府负责本行政区域内传统村落、民族村寨保护和利用工作的统筹指导。县（市）人民政府负责本行政区域内传统村落、民族村寨的保护和利用工作。

州、县（市）人民政府应当将传统村落、民族村寨的保护和利用纳入国民经济和社会发展规划及城乡总体规划，将保护和利用资金列入本级财政预算，定期对本行政区域内传统村落、民族村寨保护和利用工作进行检查、考核，并将检查、考核情况向同级人民代表大会常务委员会报告。

第五条 州、县（市）住房和城乡建设主管部门会同文化和旅游主管部门负责传统村落保护和利用的统一管理，民族事务主管部门会同文化和旅游主管部门负责民族村寨保护和利用的统一管理，其他相关部门根据各自职责负责传统村落、民族村寨的保护和利用工作。

乡（镇）人民政府应当组织编制传统村落、民族村寨保护和利用规划并负责实施，依法履行传统村落、民族村寨文化保护、经济发展、环境整治、安全防范等工作职责。

第六条 传统村落、民族村寨所在地村（居）民委员会应当协助乡（镇）人民政府、街道办事处开展工作，组织、引导村（居）民参与保护和利用，发挥村规民约、居民公约在保护和利用中的作用。

第七条 州、县（市）、乡（镇）人民政府应当加强传统村落、民族村寨保护和利用的宣传教育，增强公众的保护和利用意识。

州、县（市）、乡（镇）人民政府应当挖掘传统村落、民族村寨中传统文化、民族文化蕴含的优秀思想观念、人文精神、道德规范，培育文明乡风、良好家风、淳朴民风。

第八条 州、县（市）人民政府应当建立传统村落、民族村寨保护和利用专家咨询制度，传统村落、民族村寨申报、认定、规划、建设等重大事项应当组织专家开展咨询、论证。

第九条 州、县（市）人民政府应当鼓励企

业、社会团体和个人以捐赠、赞助、投资等方式参与传统村落、民族村寨保护和利用。

对在传统村落、民族村寨保护和利用工作中做出突出贡献的单位、个人应当给予表彰和奖励。

第二章 申报认定与规划编制

第十条 县（市）人民政府应当在本行政区域内组织开展传统村落、民族村寨资源普查，根据普查情况提出申报传统村落、民族村寨的建议名录。

第十一条 县级传统村落、民族村寨由所在地乡（镇）人民政府、街道办事处根据建议名录申报。州级传统村落、民族村寨由县（市）人民政府从县级名录中申报。评审、认定、命名的具体办法由州人民政府组织制定。

国家级、省级传统村落、民族村寨的申报按照国务院、省人民政府有关部门的规定执行。

第十二条 具备下列条件的自然村或者行政村，可以申报县级传统村落：

（一）传统建筑体现一定历史时期风貌，主体结构及使用功能基本保存完好，具有地域、民族特色；

（二）村落选址、规划和建造具有历史、文化、科学、艺术、生态等价值，地形地貌、山川水系、街巷空间、生产生活配套设施等整体格局形态保存较完整；

（三）历史文化沉淀较深厚，拥有文物古迹或者非物质文化遗产；

（四）生态环境良好。

申报县级传统村落应当经村（居）民会议或者村民代表会议讨论同意。

第十三条 具备下列条件的自然村或者行政村，可以申报县级民族村寨：

（一）少数民族人口比例不低于百分之三十，村（居）民户数不低于二十户，特色民居比例不低于百分之三十且布局协调、风格典型；

（二）民族传统习俗保存较好，民族风情浓郁；

（三）民族民间传统艺术、工艺留存完好，或者保存有与民族传统文化以及重要历史事件、历史名人相关的文物古迹；

（四）生态环境良好。

申报县级民族村寨应当经村（居）民会议或者村民代表会议讨论同意。

第十四条 乡（镇）人民政府应当自传统村落、民族村寨名录公布之日起一年内组织编制完成保护和利用规划，县（市）人民政府应当予以支持。

传统村落、民族村寨保护和利用规划应当与乡镇总体规划、村庄规划、土地利用规划等相衔接。

第十五条 编制传统村落、民族村寨保护和利用规划应当包括下列内容：

（一）保护原则、保护范围、保护对象、保护要求；

（二）核心保护区、建设控制地带、风貌协调区的划定；

（三）传统格局、历史风貌保护；

（四）传统建筑、特色民居、历史环境要素、文物古迹保护；

（五）非物质文化遗产保护传承；

（六）基础设施、公共服务设施、生态环境改善；

（七）利用与发展项目；

（八）法律法规规定的其他内容。

编制传统村落、民族村寨保护和利用规划，可以根据实际情况预留允许建设区。

第十六条 传统村落、民族村寨保护和利用规划应当经村（居）民会议或者村民代表会议讨论同意后公告，公告期不得少于三十日。公告期满报县（市）人民政府批准后公布实施。

依法批准的传统村落、民族村寨保护和利用规划不得擅自修改。因公共利益需要或者自然环境发生重大变化等原因确需修改的，按照前款规定执行。

第三章 保护与管理

第十七条 传统村落、民族村寨的保护内容包括：

（一）具有地域、民族特色的整体风貌；

（二）传统建筑、特色民居、历史环境要素、文物古迹；

（三）非物质文化遗产及其相关的实物、场所；

（四）生态环境、人居环境；

（五）法律法规规定的其他内容。

第十八条 县（市）人民政府住房和城乡建设、民族事务、文化和旅游主管部门应当按照一村一档要求，建立传统村落、民族村寨档案及信息管理系统。

第十九条 县（市）人民政府应当在传统村落、民族村寨的主要出入口按照有关规定设置标识。任何单位和个人不得擅自设置、移动、涂改或者损毁标识。

第二十条 传统村落、民族村寨保护范围包括核心保护区、建设控制地带、风貌协调区。保护范围内禁止下列行为：

（一）破坏传统建筑、特色民居、历史环境要素、文物古迹的；

（二）进行开山、采石、采砂、采矿等活动破坏村落整体风貌的；

（三）破坏非物质文化遗产及其相关的实物、场所的；

（四）擅自修建生产或者储存爆炸性、易燃性、放射性、毒害性、腐蚀性产品的工厂、仓库的；

（五）破坏森林、绿地、河道水系等自然景观的；

（六）造成生态环境损害的；

（七）违反法律法规规定的其他行为。

第二十一条 传统村落、民族村寨风貌协调区应当保护好现有的自然景观环境，不得影响建设控制地带、核心保护区轮廓线和主要视线通廊。

传统村落、民族村寨建设控制地带内新建、改建、修缮建（构）筑物，应当符合保护和利用规划，建筑形式、体量、高度、色彩应当与村落整体风貌相协调。

第二十二条 传统村落、民族村寨核心保护区应当整体保护，保持传统格局、历史风貌和空间尺度。除保护和利用规划所确定的基础设施和公共服务设施外，不得擅自新建、扩建建（构）筑物，不得建造坟墓。

本条例施行前传统村落、民族村寨核心保护区内建成的破坏整体风貌的建（构）筑物和其他设施，应当逐步予以改造或者拆除。

第二十三条 传统村落、民族村寨保护范围内所有建设项目应当经自然资源和规划、住房和城乡建设等主管部门批准后实施，批准前应当征求有关专业机构或者专家的意见。

第二十四条 传统村落、民族村寨保护范围内新建、改建、修缮建（构）筑物应当遵守相关技术规范。国家、省未制定技术规范的，州人民政府应当根据需要组织制定技术规范。

传统村落、民族村寨保护范围内新建、改建、修缮建（构）筑物的，鼓励优先采用传统工艺、技术和材料，可以采用有利于古建筑保护的新工艺、技术和材料。

州、县（市）、乡（镇）人民政府应当对传统村落、民族村寨传统工艺、技术的传承利用及传统材料的生产供应给予支持。

第二十五条 传统村落、民族村寨的村（居）民可以对保护范围内传统建筑、特色民居的日照、通风采光、节能保温、给排水、环境卫生等生活设施进行内部改造，完善生活功能，但不得破坏村落整体风貌。

第二十六条 传统村落、民族村寨保护范围内传统建筑、特色民居的改建、修缮由所有权人负责，县（市）人民政府可以给予适当补助。

传统村落、民族村寨保护范围内传统建筑、特色民居所有权人死亡无法确定继承人或者所有权人下落不明的，可以由村（居）民委员会代管。代管期间，所有权人申请认领的，应当予以返还。

第二十七条　州、县（市）、乡（镇）人民政府应当对传统村落、民族村寨非物质文化遗产予以保护，鼓励非物质文化遗产项目代表性传承人开展传承活动，支持村（居）民开展健康有益的民俗文化活动。

第二十八条　州、县（市）人民政府应当建立传统村落、民族村寨保护和利用专家学者、传统工匠、民间艺人等人才库，采取培训、授予称号、给予补助等措施加强专业人才队伍建设，支持专业人才进行传统村落、民族村寨文化遗产收集、整理、研究、传承等工作。

第二十九条　县（市）、乡（镇）人民政府应当负责传统村落、民族村寨的消防工作。县（市）人民政府应急管理部门应当定期开展消防安全检查，及时消除安全隐患，指导村（居）民委员会做好消防工作。

县（市）、乡（镇）人民政府应当组织相关部门开展传统村落、民族村寨地质灾害和白蚁防治工作。

第三十条　州级、县级传统村落、民族村寨因保护不力致使其历史、文化、科学、艺术、生态等价值受到严重影响的，应当由批准机关予以警示并责成所在地下一级人民政府整改。自发出警示之日起6个月内未整改的，或者整改后未达到预期效果且拒不继续整改的，应当予以除名。

国家级、省级传统村落、民族村寨因保护不力致使其历史、文化、科学、艺术、生态等价值受到严重影响的，州人民政府应当予以警示并责成所在地县（市）人民政府整改，并将有关情况报送批准机关处理。

第四章　利用与发展

第三十一条　州、县（市）人民政府应当根据传统村落、民族村寨保护和利用的需要制定支持政策。

乡（镇）人民政府、街道办事处应当依据保护和利用规划，因地制宜谋划、申报、实施利用与发展项目，推进现代农业、文化旅游等绿色产业发展。

第三十二条　州、县（市）、乡（镇）人民政府应当鼓励和支持各类市场主体依法利用传统村落、民族村寨资源，发展多种形式的适度规模经营，开发休闲农业、乡村旅游、民俗文化等特色产品。

鼓励和支持传统村落、民族村寨所在地集体经济组织利用资源优势，发展村级集体经济。

鼓励和支持传统村落、民族村寨村（居）民利用空置土地、闲置住房等资源，发展乡村民宿等特色产业。

第三十三条　为了公共利益的需要，确需征收、占用传统村落、民族村寨保护范围内土地的，应当依法办理审核、审批手续，并给予补偿。

县（市）人民政府可以通过货币补偿或者产权置换的方式，依法征收传统村落、民族村寨保护范围内的传统建（构）筑物。传统建（构）筑物被征收的村民，符合条件的，可以在允许建设区内申请宅基地。

第三十四条　传统村落、民族村寨保护和利用应当保障村（居）民合法权益。因保护需要造成村（居）民合法权益受到损害的，应当协商给予补偿。

依法对传统村落、民族村寨进行开发利用的，应当尊重村（居）民意愿，并对权益分配等事项作出约定。

第三十五条　州、县（市）、乡（镇）人民政府应当鼓励和支持利用传统村落、民族村寨的传统建筑、特色民居设立博物馆、陈列馆、传习所、传统作坊、传统商铺、传统工艺示范基地等，开展交流、培训、研究、传承等活动，展示、传播文化遗产。

第三十六条 州、县（市）、乡（镇）人民政府应当加强传统村落、民族村寨道路、供水、供电、通信、绿化、公共照明、公共厕所、垃圾处理、污水处理等基础设施建设，完善教育、文化、医疗卫生、农村社区服务等公共服务设施。

第三十七条 州、县（市）、乡（镇）人民政府应当利用互联网、物联网、人工智能等现代信息技术，推动传统村落、民族村寨的智慧乡村建设。

第五章 法律责任

第三十八条 违反本条例规定的行为，法律、法规有规定的，从其规定。

第三十九条 违反本条例规定，擅自设置、移动、涂改或者损毁传统村落、民族村寨标识的，由县（市）人民政府住房和城乡建设、民族事务主管部门责令限期改正；逾期不改正的，处三百元以上三千元以下的罚款；造成损失的，依法承担赔偿责任。

第四十条 违反本条例规定，破坏传统建筑、特色民居的，由县（市）人民政府住房和城乡建设主管部门责令停止违法行为、限期恢复原状或者采取其他补救措施；有违法所得的，没收违法所得；造成严重后果的，对单位并处二十万元以上五十万元以下的罚款，对个人并处十万元以上二十万元以下的罚款。

第四十一条 违反本条例规定，在传统村落、民族村寨保护范围内进行开山、采石、采砂、采矿等活动破坏村落整体风貌的，由县（市）人民政府自然资源和规划主管部门或者其他有关行政主管部门依法责令停止违法行为，没收违法所得，限期恢复原状或者采取其他补救措施；情节严重的，并处一千元以上一万元以下的罚款。

第四十二条 违反本条例规定，致使传统村落、民族村寨保护范围内历史环境要素、自然景观破坏的，由县（市）人民政府自然资源和规划主管部门责令停止违法行为、限期恢复原状或者采取其他补救措施，并处二万元以上十万元以下的罚款。

第四十三条 违反本条例规定，在传统村落、民族村寨保护范围内新建、改建、修缮建（构）筑物与传统村落整体风貌不相协调的，由县（市）人民政府住房和城乡建设主管部门责令停止违法行为，限期恢复原状或者采取其他补救措施；造成严重后果的，对单位并处五万元以上十万元以下的罚款，对个人并处一万元以上五万元以下的罚款。

第四十四条 违反本条例规定，在传统村落、民族村寨核心保护区内擅自新建、改建建（构）筑物和其他设施的，由乡（镇）人民政府责令停止建设、限期改正；逾期不改正的，应当依法拆除。

违反本条例规定，在传统村落、民族村寨核心保护区内建造坟墓的，由县（市）人民政府民政主管部门责令限期拆除。

第四十五条 因保护不力致使传统村落、民族村寨被警示或者除名的，由上级人民政府、主管部门或者监察机关对直接负责的主管人员和其他直接责任人员，依法给予处分。

第四十六条 州、县（市）、乡（镇）人民政府、有关部门及其工作人员不履行本条例规定的职责，由其所在单位、主管部门、上级机关或者监察机关责令改正；情节严重的，对直接负责的主管人员和其他直接责任人员依法给予处分；构成犯罪的，依法追究刑事责任。

第六章 附则

第四十七条 本条例下列用语的含义：

（一）传统建筑，是指修建于1980年以前，使用传统材料、具有传统形制、运用传统工艺建造的民宅、祠堂、庙宇、牌坊、书院、名人故居等具有保护价值的建（构）筑物。

（二）特色民居，是指传承传统建筑风格，具有鲜明的地方特色和民族特色，彰显白墙青瓦镂花窗等建筑符号和干栏式建筑元素，与当地自然和人文环境相协调的居住建筑。

（三）历史环境要素，是指除文物古迹、传统建筑、特色民居之外，构成历史风貌的塔楼亭阁、墓碑石刻、路桥涵垣、井塘河道、古树名木等景物。

第四十八条　本条例自2020年3月1日起施行。

重要文件

中共恩施州委、恩施州人民政府2019年文件目录选登

恩施州发

1号　中共恩施州委、恩施州人民政府关于坚持农业农村优先发展做好“三农”工作的实施意见

2号　中共恩施州委、恩施州人民政府关于大力支持民营经济持续健康发展的意见

4号　中共恩施州委、恩施州人民政府关于印发《恩施州州级机构改革实施意见》的通知

5号　中共恩施州委关于印发《中共恩施州委常委会2019年工作要点》的通知

7号　中共恩施州委、恩施州人民政府印发《关于实施“硒谷英才计划”的若干意见》的通知

8号　中共恩施州委印发《关于在全州开展“不忘初心、牢记使命”主题教育实施方案》的通知

11号　中共恩施州委、恩施州人民政府关于推动工业加快发展的意见

恩施州文

1号　中共恩施州委、恩施州人民政府关于表扬脱贫攻坚榜样的通报

2号　中共恩施州委、恩施州人民政府关于表彰恩施州民族团结进步先进集体和先进个人的决定

3号　中共恩施州委关于州委七届六次全会暨全州经济工作会议相关情况的报告

5号　中共恩施州委关于请求批复县市机构改革方案的请示

6号　中共恩施州委关于中共恩施州委常委会2018年度抓党建工作情况的报告

7号　中共恩施州委、恩施州人民政府关于恩施州推进乡村振兴战略实施工作情况的报告

11号　中共恩施州委、恩施州人民政府关于印发《恩施市机构改革方案》的通知

12号　中共恩施州委、恩施州人民政府关于印发《利川市机构改革方案》的通知

13号　中共恩施州委、恩施州人民政府关于印发《建始县机构改革方案》的通知

14号　中共恩施州委、恩施州人民政府关于印发《巴东县机构改革方案》的通知

15号　中共恩施州委、恩施州人民政府关于印发《宣恩县机构改革方案》的通知

16号　中共恩施州委、恩施州人民政府关于印发《咸丰县机构改革方案》的通知

17号　中共恩施州委、恩施州人民政府关于印发《来凤县机构改革方案》的通知

18号　中共恩施州委、恩施州人民政府关于印发《鹤峰县机构改革方案》的通知

20号　中共恩施州委、恩施州人民政府关于

恩施州贯彻落实湖北省第四环境保护督查组反馈意见整改进展情况的报告

21 号　中共恩施州委、恩施州人民政府关于恩施州脱贫攻坚工作推进情况的报告

24 号　中共恩施州委印发《关于加强和改进州直机关党的建设的实施措施》的通知

29 号　中共恩施州委关于在全州开展向张富清同志学习活动的决定

31 号　中共恩施州委、恩施州人民政府关于授予马尚松等 100 名同志 2018 年度“恩施州优秀人才”的决定

41 号　中共恩施州委、恩施州人民政府关于贯彻落实省委副书记、省长王晓东恩施调研讲话精神情况的报告

47 号　中共恩施州委、恩施州人民政府关于表彰 2019 年恩施州劳动模范的决定

恩施州办发

1 号　州委办公室、州政府办公室关于印发《柯俊、刘芳震同志在州委七届六次全会暨全州经济工作会议上的讲话》的通知

5 号　中共恩施州委办公室关于印发《恩施州解决形式主义官僚主义突出问题为基层减负具体落实措施》的通知

7 号　州委办公室、州政府办公室关于印发《恩施州督查考评工作规则（试行）》的通知

8 号　中共恩施州委办公室关于印发《中共恩施州委党务公开实施方案》的通知

9 号　中共恩施州委办公室关于印发《恩施州公务员职务与职级并行制度实施工作方案》的通知

10 号　州委办公室、州政府办公室印发《关于进一步激励关爱基层干部的具体措施》的通知

11 号　中共恩施州委办公室关于试行民生实事项目人大代表票决制的通知

12 号　州委办公室、州政府办公室关于严格落实地方党政领导干部安全生产责任制的通知

14 号　州委办公室、州政府办公室印发《关于推动烟草产业高质量发展的工作措施》的通知

15 号　州委办公室、州政府办公室关于全面加强团结进步示范区建设筑牢中华民族共同意识的通知

恩施州办文

2 号　州委办公室、州政府办公室关于成立十九届中央脱贫攻坚专项巡视反馈意见恩施州整改工作领导小组的通知

3 号　州委办公室、州政府办公室关于印发《2019 年度州领导联系点安排表》的通知

4 号　中共恩施州委办公室关于印发《州委中心组 2019 年度学习计划》的通知

5 号　州委办公室、州政府办公室关于全面对标中央巡视要求进一步强化脱贫攻坚“州县抓落实”工作责任机制的通知

6 号　州委办公室、州政府办公室印发《关于“比招商、抓项目、强产业、促进位”推动经济实体高质量发展实施方案》的通知

63 号　州委办公室、州政府办公室关于建立恩施州青年工作联系会议制度及成立恩施州裸露山体生态修复指挥部和恩施州中蜂产业发展领导小组的通知

（刘广达　周　锐）

恩施州政规

1 号　关于印发《恩施土家族苗族自治州旅游资源统筹管理办法（修订）》的通知

2 号　关于印发《恩施州残疾儿童康复救助实施办法》的通知

3 号　关于严禁“低慢小”飞行器在恩施机场净空保护区内违法违规飞行的通告

4 号　关于印发《恩施州州级政府投资引导基金管理办法（试行）》的通知

5 号　关于印发《恩施土家族苗族自治州民

宿管理暂行办法》的通知

6号　关于印发《恩施土家族苗族自治州行政执法行为规范》的通知

7号　关于印发《恩施州工伤保险州级统筹实施办法（试行）》的通知

8号　关于印发《恩施州城乡居民基本医疗保险门诊统筹实施办法（试行）》的通知

恩施州政发

1号　关于印发恩施州打赢蓝天保卫战行动计划（2018—2020年）的通知

2号　关于促进全州房地产市场稳定健康发展的实施意见

3号　关于划定黔张常铁路恩施州行政区内铁路线路安全保护区的通告

4号　关于公布恩施州二级保护古树名录的通知

5号　关于公布实施恩施市公示地价体系建设成果的通知

恩施州政办发

1号　印发关于建立现代医院管理制度实施方案的通知

2号　关于下达恩施州2019年重点项目建设计划的通知

3号　关于支持页岩气勘探开发工作的意见

4号　关于印发2019年杭州市恩施州东西部扶贫协作工作要点的通知

5号　关于公布证明事项清理结果的通知

6号　关于印发恩施州城重污染天气应急预案（2019年修订）的通知

8号　关于印发2019年《政府工作报告》重点工作责任分解的通知

9号　关于印发恩施州在外人员返乡创业三年行动计划（2019—2021年）的通知

10号　关于印发恩施州政策性粮食库存数量和质量大清查实施方案的通知

11号　关于印发恩施州城镇困难职工解困脱困工作实施方案的通知

12号　关于印发《恩施航空航线专项资金管理暂行办法》的通知

13号　关于促进社会消费品零售总额稳步增长的意见

15号　关于印发恩施州防汛抗旱工作方案的通知

16号　关于印发恩施州加快推进科技创新九条措施的通知

17号　关于印发恩施州县级人民政府耕地保护责任目标考核办法的通知

18号　关于进一步加强严重精神障碍患者服务和管理工作的通知

19号　关于调整2019年全州社会救助标准的通知

20号　关于进一步抓好易地扶贫搬迁工作的实施意见

21号　关于加强和规范财政扶贫资金使用管理工作的通知

24号　印发关于改革完善医疗卫生行业综合监管制度的实施方案的通知

26号　关于印发恩施州全面推进高速公路ETC发展应用实施方案的通知

27号　关于贯彻落实全面推行行政执法公示制度执法全过程记录制度重大执法决定法制审核制度的通知

28号　关于进一步完善农村贫困人口基本医疗保障扶贫政策的通知

31号　关于印发恩施州工程建设项目审批制度改革实施方案的通知

32号　关于进一步明确旅游市场综合监管职责的通知

33号　关于在市场监管领域全面推行部门联合“双随机、一公开”监管工作的通知

34号 关于落实义务教育有保障工作的通知

35号 关于下达2019年度杭州市对口帮扶恩施州项目（第三批）的通知

39号 关于进一步加强生态护林员管理工作的指导意见

40号 关于印发恩施州建设鄂西绿色发展示范区实施方案的通知

42号 关于印发恩施州职业技能提升行动实施方案（2019—2021年）的通知

44号 关于支持外贸自营出口企业发展的六条意见

45号 关于印发恩施州普通公路“建养一体化”实施方案的通知

46号 关于印发《恩施州全面推行行政规范性文件合法性审核机制实施方案》《恩施州行政规范性文件界定指引》的通知

47号 关于印发恩施州推进运输结构调整工作方案的通知

48号 关于印发恩施州开展消费扶贫助力打赢脱贫攻坚战实施方案的通知

49号 关于调整完善有关部门旅游市场综合监管职责的通知

恩施州政函

51号 关于2018年度交通运输工作成绩突出县市的通报

74号 关于2018年度全州旅游工作先进单位和个人的通报

76号 关于2018年度招商引资工作成绩突出县市的通报

112号 关于2018年度征兵工作优秀单位优秀个人的通报

167号 关于恩施州2019年度社会科学优秀成果评选情况的通报

（符 斌）

经济分析报告

恩施州2019年市场主体发展情况分析报告（节选）

2019年，州市场监督管理局贯彻落实州委、州政府工作部署，将“放管服”改革向纵深推进，做实做足以“减时长”“减程序”“减距离”与“加服务”的“三减一加”为主要内容的商事制度改革，提高投资创业的便利化水平，激发市场活力和社会创造力。

一、2019年市场主体发展概况

全州年末实有市场主体292676户，比上年增长13.16%。其中，实有企业类市场主体总数56280户（内资企业5197户、私营企业50786户、外商投资企业297户），比上年增长9.69%，实有个体工商户223605户，比上年增长14.79%，农民专业合作社12791户，比上年增长2.13%。全年新登记各类市场主体54041户，比上年增长17.72%，其中新登记企业类市场主体10733户，比上年下降28.49%。

（一）内资企业发展情况

全州年末注册登记各类内资企业5197户，比上年增长5.42%。按企业类型，公司3616户，占69.58%；国有企业581户，占11.18%；集体企业976户，占18.78%；其他24户，占0.46%。按行业分布，农、林、牧、渔业占总户数的27.02%，批发和零售业占总户数的15%，建筑业占总户数的10%。按产业分布，第一产业占27.02%，第二产业占17.82%，第三产业占55.16%。

内资企业注册资本总额5009686.81万元，比上年底增长13.19%。注册资本的行业分布情况参见“2019年恩施州内资企业注册资本行业分布情况表”。

2019年恩施州内资企业注册资本行业分布情况表

表25

行业分布	2019年（万元）	2018年（万元）	与上年比	
			增长（万元）	增长（±%）
农、林、牧、渔业	282481.67	232479.87	50001.8	21.51
采矿业	22519.16	10174.16	12345	121.34
制造业	222429.43	213061.79	9367.64	4.40
电力、燃气及水的生产和供应业	745692.00	696709.5	48982.5	7.03
建筑业	350953.72	283519.54	67434.18	23.78
交通运输、仓储和邮政业	40628.10	37728.1	2900	7.69
信息传输、计算机服务和软件业	71970.83	42170.83	29800	70.66
批发和零售业	157491.69	125172.33	32319.36	25.82
住宿和餐饮业	29267.00	18597	10670	57.37
金融业	346804.00	371804	−25000	−6.72
房地产业	322601.23	220038.15	102563.1	46.61
租赁和商业服务业	1867494.31	1713613.76	153880.6	8.98
科学研究、技术服务和地质勘查业	197428.70	148931	48497.7	32.56
水利、环境和公共设施管理业	203695.68	177523.36	26172.32	14.74
居民服务和其他服务业	15076.13	15494.71	−418.58	−2.70
教育	1848.20	1548.2	300	19.38
卫生、社会保障和社会福利业	18953.00	12453	6500	52.20
文化、体育与娱乐	82162.96	75389.96	6773	8.98
其他行业	30189.00	29453	736	2.50
合计	5009686.81	4425862.26	583824.6	13.19

（二）私营企业发展情况

全州年末实有私营企业50786户，从业人员305462人，注册资金21147853.68万元。商事制度改革实施后，民营资本推动市场主体发展，企业类市场主体增量中主要为新登记私营企业。2019年新登记10230户，注册资金3165544.48万元，分别比上年同期下降18.87%和14.8%，占全部新登记企业类户数、资金总额的95.31%和83.34%。全州私营企业发展情况参见“2018—2019年恩施州私营企业发展情况对比表”。

私营企业组织形式分布：有限责任公司45994户，注册资金20309030.56万元；独资企业3572户，注册资金172392.28万元；合伙企业890户，认缴出资额131982.84万元；股份有限公司330户，注册资金534448万元。

2018—2019年恩施州私营企业发展情况对比表

表26

单位	2019年期末（户）	2018年期末（户）	与同期比（±%）	占全州比例（%）	2019年新增户数	2018年新增户数	与同期比（±%）	占全州比例（%）
恩施市	18611	17006	9.44	36.65	4776	5639	−15.30	46.69
利川市	7747	6794	14.03	15.25	1627	2005	−18.85	15.90
建始县	4855	4016	20.89	9.56	1047	1325	−20.98	10.23
巴东县	5403	5235	3.21	10.64	716	1292	−44.58	7.00
宣恩县	2895	2594	11.60	5.70	476	514	−7.39	4.65

续表 26

单位	2019 年期末（户）	2018 年期末（户）	与同期比（±%）	占全州比例（%）	2019 年新增户数	2018 年新增户数	与同期比（±%）	占全州比例（%）
咸丰县	3305	2896	14.12	6.51	561	612	-8.33	5.48
来凤县	2987	2581	15.73	5.88	601	564	6.56	5.87
鹤峰县	2378	2074	14.66	4.68	404	612	-33.99	3.95
州直	2605	2907	-10.39	5.13	22	46	-52.17	0.22
合计	50786	46103	10.16	100	10230	12609	-18.87	100

从产业结构看，第三产业仍占主导地位，占私营企业总数的 71.83%；第二产业占私营企业总数的 19.36%；第一产业占私营企业总数的 8.81%。与 2018 年度相比，第二产业比重上升，比上年提高 0.59 个百分点，第三产业、第一产业所占比重有所下降。

从全省来比较，全州私营企业总量 50786 户，比上年底增长 10.16%，占全省的 4.17%。

（三）外商投资企业发展情况

全州年末实有外商投资企业 297 户，比上年增长 8%，其中企业法人 66 户，分支机构 231 户，投资总额为 102236.19 万美元，注册资本为 56153.71 万美元。2019 年新增外商投资企业 41 户，其中法人企业 10 户，投资总额 4178.88 万美元，注册资本 2406.46 万美元，外方认缴 1007.21 万美元。州内区域分布情况参见“2019 年恩施州外商投资企业州内区域分布情况表”。

外商投资企业的行业结构为：第一产业 8 户，占总户数的 2.69%；第二产业 31 户，占总户数的 10.43%；第三产业 258 户，占总户数的 86.88%。新登记外资企业与往年新登记行业偏重有所不同，以金融业为主，2019 年新设立 24 户。

外资来源国家和地区分布：66 户法人企业中，亚洲国家和地区投资企业 58 户，投资总额 87978.71 万美元，注册资本 49263.83 万美元；欧洲投资企业 1 户，投资总额 7.27 万美元，注册资本 7.27 万美元；拉丁美洲投资企业 1 户，投资总额 3476.41 万美元，注册资本 2476.41 万美元；北美洲投资企业 2 户，投资总额 3422.3 万美元，注册资本 3115.7 万美元；大洋洲投资企业 1 户，投资总额 7351.5 万美元，注册资本 1290.5 万美元。

2019 年恩施州外商投资企业州内区域分布情况表

表 27

区域	2019 年户数	2018 年户数	增长率（%）	占总户数（%）
恩施市	95	81	17.28	32.00
利川市	36	32	12.50	12.12
建始县	36	32	12.50	12.12
巴东县	35	34	2.94	11.78
宣恩县	22	24	-8.33	7.41
咸丰县	32	32	0.00	10.77
来凤县	23	21	9.52	7.74
鹤峰县	18	19	-5.26	6.06
合计	297	275	8.00	100

（四）个体工商户发展情况

全州实有个体工商户总数 223605 户，从业人员 51.4 万人，注册资金 2805715.66 万元，户均注册资金 12.54 万元。2019 年新登记个体工商户 42228 户。区域分布情况参见“2018—2019 年恩施州个体工商户分布情况对比表”。

2018—2019年恩施州个体工商户分布情况对比表

表28

单位	2019年户数	与2018年底比（±%）	占全州比例（%）	2019年注册资本（万元）	与2018年底比（±%）	占全州比例（%）
恩施市	46135	12.61	20.63	682922.51	20.61	24.34
利川市	41465	11.99	18.54	609080.89	21.94	21.71
建始县	28246	9.27	12.63	393496.83	15.83	14.02
巴东县	24153	7.06	10.80	300496.40	12.75	10.71
宣恩县	18772	6.99	8.40	210880.05	20.32	7.52
咸丰县	20040	7.07	8.96	182550.49	11.72	6.51
来凤县	30359	62.30	13.58	235288.70	18.36	8.39
鹤峰县	14435	7.53	6.46	190999.79	13.76	6.81
合计	223605	14.79	100	2805715.66	18.02	100

产业布局：一、二、三产业的比例发生较大变化，个体经营以第三产业为主，逐步向其他领域拓展，从事第三产业的个体工商户196006户，比重占总户数的87.65%。从行业结构看，个体经济仍以批发零售业为主导，发展到129359户，占总户数的57.85%；其次是住宿和餐饮业34795户，占总户数的15.56%；第三位是为居民服务、修理和其他服务业18797户，占总户数的8.41%。

（五）农民专业合作社发展情况

全州实有农民专业合作社总数12791户，占全省12.74%，排全省第一名。合作社成员103486人（其中，农民成员98724人，占95.4%；其他成员4762人，占4.6%）；出资总额2125152.28万元（其中，货币出资1807696.49万元，占85.06%；非货币出资317455.79万元，占14.94%），户均出资额为166.14万元。2019年新发展1080户，新增合作社成员6334人，新增出资额177169.72万元。区域分布情况参见“2018—2019年恩施州农业专业合作社区域分布情况表”。

2018—2019年恩施州农业专业合作社区域分布情况表

表29

单位	2019年户数	与2018年底比（±%）	占全州比例（%）	2019年出资总额（万元）	与2018年底比（±%）	占全州比例（%）
恩施市	1949	7.86	15.24	294800.58	10.80	13.87
利川市	3174	4.96	24.81	721337.6	5.89	33.94
建始县	1414	3.36	11.05	246928.04	67.85	11.62
巴东县	2513	1.25	19.65	321498.57	13.06	15.13
宣恩县	917	6.88	7.17	126251.68	5.78	5.94
咸丰县	1058	–21.46	8.27	122154.02	–29.68	5.75
来凤县	843	7.66	6.59	119529.89	8.73	5.63
鹤峰县	923	7.95	7.22	172651.9	11.35	8.12
合计	12791	2.13	100	2125152.28	9.73	100

农民专业合作社的行业分布：种植业7372户、养殖业4612户、与农业生产经营有关的技术、信息等服务248户、农产品销售业31户、农资购买17户、农产品加工129户、其他行业382户。参见“2013—2019年恩施州农民专业合作社行业分布情况表”。

2013—2019年恩施州农民专业合作社行业分布情况表

表30　　单位：户

年份\行业	合计	种植	养殖	农产品销售	农资购买	农业信息	农产品加工及其他
2013年	3579	2043	1496	25	6	100	89
2014年	4756	2583	1884	29	20	110	130
2015年	6105	3337	2432	31	17	111	177
2016年	8853	4855	3460	33	17	216	272
2017年	10768	6021	4072	36	17	288	334
2018年	12524	7062	4524	35	17	463	423
2019年	12791	7372	4612	31	17	248	511

（六）市场主体注销情况

商事制度改革后，《企业信息公示暂行条例》的推行及市场主体信用监管体系的逐步建立健全，加上企业简易注销登记制度的推行，不少企业主和个体工商户改变以往传统放任的态度，对于无实际存续必要的市场主体主动申请办理注销手续。2019年，全州注销企业4485户（2018年3062户，2017年为2001户），其中2527户企业适用简易注销程序办理注销登记，占注销企业数的56.34%；注销个体工商户13435户（2018年10631户，2017年为11932户）。

（七）股权出质登记情况

2019年，全州共办理股权出质登记442笔，出质股权数额达40.95亿元，被担保债权数额达49.31亿元，股权出质在融资市场逐年活跃，一定程度上缓解企业融资难。

二、2019年服务经济发展的主要措施

（一）深化商事制度改革，激发市场发展活力

州委、州政府抓好优化营商环境，州市场监督管理局从降低市场准入门槛和制度性交易成本各个环节入手，采取市场主体登记一窗通办、一事联办、全程电子化、微信办照等方式，推进注册登记便利化。特别是对压缩企业开办时间中“银行开户与企业设立登记同步申请、并行办理”作统一规定，规范银行免费代办的工作流程，提高银行开户的时效性，压缩银行开户的时间，逐步解决因为银行开户时间过长而影响企业开办时间的问题，确保全州企业开办时间五个环节3个工作日的目标实现，最大限度的方便群众办事，激发市场主体创业创新活力，完成促进市场主体快速增长的目标任务。2019年，全州通过全程电子化登记办理8007户，占业务量74.6%，通过微信办理个体营业执照1075户。

（二）深化“多证合一”“证照分离”改革，打造一流营商环境

按照“程序最简、审批最快、时间最短、服务最优”的标准，继续深化“多证合一”“证照分离”“取消企业名称预先核准”“企业简易注销”等登记改革，明确任务分工，层层压实责任，推进改革。对“三十六证合一”的事项实行“一套材料、一表登记、一窗受理”的工作模式，通过减少证照数量，简化办事程序，降低办事成本，以“减证”推动“简政”，进一步压缩企业进入市场前后的各类涉企证照事项，不断释放改革红利，营造便利宽松的创业创新环境。对第一批106项涉企行政审批事项，分别按照直接取消审批、审批改为备案、实行告知承诺、优化准入服务四种方式，实施“证照分离”改革。实现“照后减证”，解决“办照容易办证难”和“准入不准营”的问题。2019年全州办理“多证合一”业务量达41835件；办理涉及“证照分离”改革事项企业登记业务18546件。

（三）加大扶持服务力度，推进品牌建设，推动恩施经济高质量高速度发展

一是引导市场主体牢固树立质量第一的思想，从思想意识上重视打造品牌，严把质量关，

以优质取胜，靠质量创造名牌。二是开设商标注册窗口指导企业及时进行商标注册和注册商标的变更、续展、转让；不断加大驰名商标、地理标志商标及地理标志产品的保护力度，保护市场主体的商标专用权。三是引导企业树立诚信意识，靠信誉创品牌，追求持续发展。四是积极鼓励市场主体申办注册商标。五是落实专利创造支持政策，鼓励科技创新，开展专利资助奖励工作，全年落实补助资金 199.95 万元，根据国家知识产权局有关文件要求，调整专利申请授权资助奖励政策，协助州政府办公室下发《关于调整专利申请授权资助奖励相关政策的通知》，促进专利高质量发展。

（四）加强制度建设，强化环境保障

2019 年，州市场监督管理局立足市场监管职能，加快培育壮大新动能、改造提升传统动能服务，对政府引进的科研机构、高端人才、创新团队在商投资开办的公司，提供登记注册绿色通道服务。强化节约和集约利用土地，引导产业向园区集中，大力发展网上经营电子商务企业，构建节约集约用地的市场机制。

三、市场主体发展存在的问题

（一）市场主体总量虽然保持稳步增长态势，但企业类市场主体增长放缓

一方面国家支持小微企业发展落实力度不够。国家出台支持民营企业发展相关政策，但市场主体并未完全享受到政策红利，融资难仍然困扰市场主体发展；另一方面税收政策影响企业类市场主体增量。个体工商户享受免征政策，个体工商户转为企业后要申报纳税，部分转型企业只有选择注销登记，还有部分企业申请领取多个个体营业执照（可享受免征税政策，可申领发票），税收政策影响“个转企”积极性。2019 年新登记市场主体 54041 户，比上年同期增长 17.72%，全省排名第二名；新登记企业类市场主体 10733 户，比上年同期下降 28.49%。

（二）营商环境有待进一步优化

当前，优化发展环境与经营者的愿望还有差距，营商环境有待进一步优化。企业开办时间“一窗通办”与上级要求还有一定差距，由于市场监管部门是压缩企业开办时间的牵头部门，不仅要做好自身的企业设立登记工作，还要组织协调公安、税务、银行、人社等部门共同实施，窗口规划设计、各部门信息互通、资源共享还存在困难。银行开户需进一步完善，县市窗口都实行代办，银行开户“同步申请，并联办理”还未实现，需进一步强化措施。推广全程电子化登记和微信办理个体户营业执照的力度和普及度还不够，县市发展不平衡，网上登记的业务量占比不高。

此外，商事制度改革取消企业年检，企业注册登记信息在公示系统公示，任何人均可通过互联网查询，市场监管部门登记数据实现整合更新，但有的单位仍要求企业到登记机关出证明，打登记卡片，复印企业章程，不同程度存在证明“围城”、公章“旅行”现象。

（三）“放”与“管”尚未实现无缝衔接

实施商事制度改革、放宽市场准入后，市场监管领域尚未实现无缝衔接。市场监管领域的监管工作要依靠各行业主管部门，按照“谁审批、谁监管，谁主管、谁监管”的原则，形成各行业主管部门各司其职、各尽其责、齐抓共管的工作格局。各行业主管部门仍然存在“重审批、轻监管”的现象，出现行业监管不到位的问题。在落实国务院《无证无照经营查处办法》中，一些行业主管部门对无证无照经营行为查处没有严格执行《无证无照经营查处办法》划定的职责边界；对市场监管领域全面推行部门联合“双随机、一公开”监管工作的重视不够，参与部门联合开展“双随机、一公开”监管工作的积极性，主动性有待加强。

（姜　亮　吴华平）

恩施州 2019 年度知识产权发展报告（节选）

一、恩施州知识产权发展概况

（一）商标发展基本情况

截至 2019 年 12 月 31 日，全州新增注册商标 5930 件，注册商标比 2018 年同期增加 39.33%，全州累计注册商标 19764 件，2018 年和 2019 年的两年注册商标是自 1980 年以来 38 年的注册商标总和。注册商标总量在全省 17 个地市州中排名第 7 位，其中中国驰名商标 5 件、地理标志商标 34 件、地理标志保护产品 24 件、涉硒商标 299 件、茶叶商标 1664 件、药材商标 419 件、农产品商标 4033 件、旅游业商标 462 件、服务业商标 2460 件。平均每 14.81 个市场主体拥有 1 件注册商标。12 月 20 日，经国家知识产权局批准同意增设“国家知识产权局商标局恩施商标受理窗口”，在恩施市民之家启动办理“商标申请”和“注册商标专用权质权登记申请”业务。

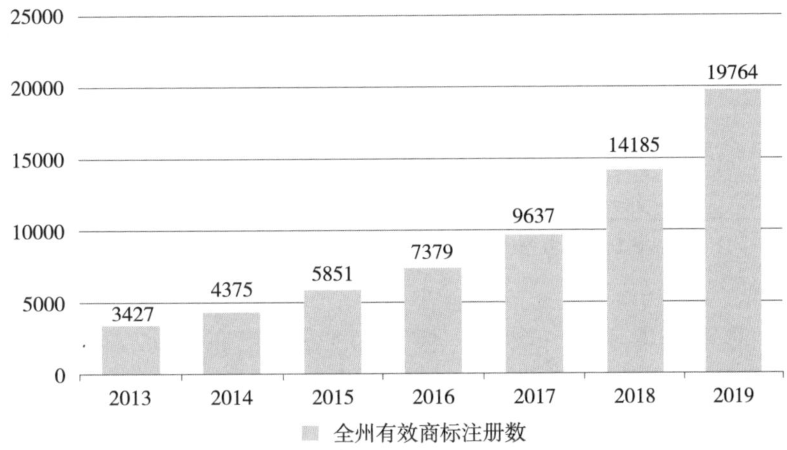

图 3　恩施州 2013 年至 2019 年商标注册情况

全州 2019 年新增商标第一产业占比 28.64%，第二产业占比 36.71%，第三产业占比 34.65%。商标注册类别反映全州产业结构的不断变化。

2019 年度恩施州商标注册情况统计表

表 31

单位	申请数（件）	注册数（件）	累计注册商标数（件）	市场主体户数（户）	累计商标数占比（%）
恩施州直	175	60	777	3273	23.74
恩施市	2464	2239	7377	67498	10.93
利川市	1349	988	3238	53399	6.06
建始县	653	507	1846	35257	5.24
巴东县	729	785	2058	32814	6.27
宣恩县	384	505	1291	23169	5.57
咸丰县	360	382	1197	24659	4.85
来凤县	233	194	879	34603	2.54
鹤峰县	290	270	1101	18004	6.12
合计	6637	5930	19764	292676	6.75

说明：截至 2019 年 12 月 31 日

2019 年度全省注册商标统计表

表 32

市（州）	申请数（件）	注册数（件）	累计注册商标数（件）
武汉市	96551	72249	276406
荆州市	12310	10452	37817
宜昌市	9850	7969	29845
襄阳市	8470	6605	26835
孝感市	8241	7544	26648
黄冈市	9520	7602	26361
恩施州	6637	5930	19764
咸宁市	6050	5386	17670
十堰市	5515	4266	15709
荆门市	3591	2911	12983
黄石市	3995	2849	11228
随州市	3500	2870	10000
天门市	2856	2217	9093
仙桃市	3095	2222	8358
潜江市	3059	2033	7503
鄂州市	1556	1332	6127
神农架林区	173	215	1143

说明：截至 2019 年 12 月 31 日，按注册商标数排序

2019 年全州 8 个县市申请量前三名是：恩施市 2464 件，利川市 1349 件，巴东县 729 件。2019 年全州 8 个县市新注册件数前三名是：恩施市 2239 件，利川市 988 件，巴东县 785 件。全州 8 个县市累计注册商标总量排序为：恩施市 7377 件，利川市 3238 件，巴东县 2058 件，建始县 1846 件，宣恩县 1291 件，咸丰县 1197 件，鹤峰县 1101 件，来凤县 879 件。全州 8 个县市市场主体拥有注册商标占比排序为：恩施市 10.93%，巴东县 6.27%，鹤峰县 6.12%，利川市 6.06%，宣恩县 5.57%，建始县 5.24%，咸丰县 4.85%，来凤县 2.54%

（二）专利发展基本情况

2019 年，全州专利申请 1680 件，其中发明 374 件、实用新型 792 件、外观设计 514 件；专利授权 762 件，其中发明 54 件、实用新型 394 件、外观设计 314 件。截至 2019 年 12 月 31 日，全州万人发明专利拥有量 0.7 件。

2019 年恩施州专利申请情况统计表

表 33

单位：件

县市	专利申请数	专利类型			申请人类型				
		发明	实用新型	外观设计	个人	科研单位	工矿企业	机关团体	大专院校
全州	1680	374	792	514	1028	36	445	16	155
恩施市	647	244	332	71	250	36	194	12	155
利川市	248	55	96	97	217	—	31	—	—
建始县	174	20	65	89	129	—	45	—	—
巴东县	117	13	61	43	95	—	21	1	—
宣恩县	180	12	133	35	105	—	75	—	—
咸丰县	170	16	47	107	130	—	38	2	—
来凤县	91	3	44	44	50	—	40	1	—
鹤峰县	53	11	14	28	52	—	1	—	—

2019 年恩施州专利授权情况统计表

表 34 单位：件

县市	专利授权数	专利类型			权利人类型				
		发明	实用新型	外观设计	个人	科研单位	工矿企业	机关团体	大专院校
全州	762	54	394	314	462	8	216	5	71
恩施市	257	37	177	43	81	8	96	1	71
利川市	161	6	74	81	136	—	25	—	—
建始县	115	1	54	60	68	—	47	—	—
巴东县	48	3	24	21	35	—	12	1	—
宣恩县	40	—	23	17	28	—	12		—
咸丰县	80	3	17	60	69	—	9	2	—
来凤县	37	1	17	19	24	—	12	1	—
鹤峰县	24	3	8	13	21	—	3	—	—

2019 年全州 8 个县市专利申请量前三名是：恩施市 647 件，利川市 248 件，宣恩县 180 件。2019 年全州 8 个县市专利授权量前三名是：恩施市 257 件，利川市 161 件，建始县 115 件

二、恩施州重点商标发展情况

（一）中国驰名商标：全州中国驰名商标有 5 件，分别是：恩施玉露、伍家台贡茶、三峡、长友和大派，其中，恩施玉露和伍家台贡茶既是地理标志，又是中国驰名商标。

（二）地理标志商标：截至 2019 年 12 月 31 日，全州有地理标志商标 34 件，其中，巴东县 7 件、恩施市 6 件、利川市 6 件、来凤县 6 件、宣恩县 4 件、咸丰县 3 件、建始县 1 件、鹤峰县 1 件。在全省 17 个地市中排名第 6 位，在全国 30 个少数民族自治州排名第 2 位，2017 年后，进入全国地理标志注册 40 强。2019 年 7 月 28 日，“恩施硒茶”地理标志商标注册成功。2019 年 8 月 20 日召开的湖北首届地理标志大会暨品牌培育创新大赛，“恩施硒土豆”“恩施玉露”“利川红”获地理标志金奖，“巴东郡贡茶”获地理标志银奖。2019 年下半年，“利川红”“恩施土豆”地理标志商标进入公示期。

恩施州中国驰名商标统计表

表 35

单位	商标名称	注册人名称
恩施市	恩施玉露	恩施玉露茶产业协会
巴东县	三峡	湖北三峡酒业有限公司
宣恩县	伍家台贡茶	宣恩伍家台贡茶产业协会
宣恩县	大派	湖北大派食品集团有限公司
鹤峰县	长友	湖北长友现代农业股份有限公司

说明：截至 2019 年 12 月 31 日

恩施州地理标志商标统计表

表 36

县市	商标注册人	地理标志商标	国际分类
恩施市	恩施市茶业协会	恩施富硒茶	日用或贮藏用的植物类食品，以及调味佐料
恩施市	恩施玉露茶产业协会	恩施玉露	日用或贮藏用的植物类食品，以及调味佐料
恩施市	恩施市本草药业产业协会	板桥党参	药品和其他医用或兽医用制剂
恩施市	恩施市黄牛产业协会	恩施黄牛	肉，鱼，家禽和野味；肉汁；腌渍、冷冻、干制及煮熟的水果和蔬菜；食用油和油脂。
恩施市	恩施市茶叶协会	恩施硒茶	日用或贮藏用的植物类食品，以及调味佐料

续表 36

县市	商标注册人	地理标志商标	国际分类
恩施市	恩施市黄牛产业协会	恩施黄牛	活动物。
利川市	利川市团堡镇蔬菜协会	利川山药	日用的未经制作的田地产物，活动物及植物，以及动物饲料
利川市	湖北省利川市黄连协会	利川黄连	药品和其他医用或兽医用制剂
利川市	利川市蔬菜行业协会	天上坪 甘蓝	日用的未经制作的田地产物，活动物及植物，以及动物饲料
利川市	利川市蔬菜行业协会	天上坪 大白菜	日用的未经制作的田地产物，活动物及植物，以及动物饲料
利川市	利川市蔬菜行业协会	天上坪 白萝卜	日用的未经制作的田地产物，活动物及植物，以及动物饲料
利川市	利川市茶产业协会	利川工夫红茶	日用或贮藏用的植物类食品，以及调味佐料
建始县	建始县三里乡农业技术服务中心	马坡茶	日用或贮藏用的植物类食品，以及调味佐料
巴东县	巴东县大蒜专业技术协会	巴东大蒜	动物类食品，以及日用或贮藏用的蔬菜及其他可食用的园艺产品
巴东县	巴东县大蒜专业技术协会	巴东大蒜	日用的未经制作的田地产物，活动物及植物，以及动物饲料
巴东县	巴东县中药材行业协会	巴东独活	药品和其他医用或兽医用制剂
巴东县	巴东县牧工商技术服务中心	巴东红三叶	日用的未经制作的田地产物，活动物及植物，以及动物饲料
巴东县	巴东县豆制品行业协会	巴东五香豆腐干	动物类食品，以及日用或贮藏用的蔬菜及其他可食用的园艺产品
巴东县	巴东县经济作物技术推广站	巴东郡贡茶	日用或贮藏用的植物类食品，以及调味佐料
巴东县	巴东县茶店牛肉餐饮业协会	三峡茶店牛肉	提供食物和饮料服务，临时住宿。
宣恩县	宣恩伍家台贡茶产业协会	伍家台贡茶	日用或贮藏用的植物类食品，以及调味佐料
宣恩县	宣恩县贡米产业协会	宣恩贡米	日用或贮藏用的植物类食品，以及调味佐料
宣恩县	宣恩县贡水白柚协会	贡水白柚	农业、园艺、林业产品及不属别类的谷物，牲畜，新鲜水果和蔬菜，种籽，草木及花卉，动物饲料，麦芽。
宣恩县	宣恩县黄坪黄金梨产业协会	黄坪黄金梨	农业、园艺、林业产品及不属别类的谷物，牲畜，新鲜水果和蔬菜，种籽，草木及花卉，动物饲料，麦芽。
咸丰县	咸丰县小村红衣米花生协会	小村红衣米花生	动物类食品，以及日用或贮藏用的蔬菜及其他可食用的园艺产品
咸丰县	咸丰县小村红衣米花生协会	小村红衣米花生	日用的未经制作的田地产物，活动物及植物，以及动物饲料
咸丰县	咸丰县茶叶协会	咸丰帝茶	日用或贮藏用的植物类食品，以及调味佐料
来凤县	来凤姜产业发展管理协会	来凤姜	动物类食品，以及日用或贮藏用的蔬菜及其他可食用的园艺产品
来凤县	来凤姜产业发展管理协会	来凤姜	日用的未经制作的田地产物，活动物及植物，以及动物饲料
来凤县	来凤县优质农产品产销协会	来凤大头菜	动物类食品，以及日用或贮藏用的蔬菜及其他可食用的园艺产品
来凤县	来凤县金丝桐油协会	来凤金丝桐油	工业用油和油脂，燃料和照明材料
来凤县	来凤县优质农产品产销协会	来凤藤茶	日用或贮藏用的植物类食品，以及调味佐料
来凤县	来凤县优质农产品产销协会	来凤松花皮蛋	肉，鱼，家禽及野味，肉汁，腌渍、干制及煮熟的水果和蔬菜，果冻，果酱，蜜饯，蛋，奶及乳制品，食用油和油脂。
鹤峰县	鹤峰县茶叶产业协会	鹤峰绿茶	日用或贮藏用的植物类食品，以及调味佐料

说明：截至 2019 年 12 月 31 日

（三）地理标志保护产品：截至 2019 年 12 月 31 日，全州共有地理标志保护产品 24 件，包括恩施州：恩施黑猪肉、恩施黄牛肉，恩施市：恩施紫油厚朴、板桥党参、恩施玉露、恩施马铃薯，利川市：利川黄连、利川莼菜、利川山药、利川工夫红茶，建始县：景阳鸡，巴东县：巴东玄参、巴东独活，宣恩县：伍家台贡茶、贡水白柚、宣恩火腿、宣恩贡米，咸丰县：咸丰白术，来凤县：来凤凤头姜、来凤藤茶、来凤漆筷、来凤金丝桐油，鹤峰县：鹤峰茶、鹤峰葛仙米。在全省 17 个地市州排名第 3 位，仅次于黄冈市、十堰市。

（四）涉硒注册商标：2019 年底，全州累计涉硒注册商标 299 件，自 2012 年以来，只新增“恩施硒茶”1 件涉硒商标。涉硒商标涉及商品国际分类 5 个类别，主要分布在茶、茶饮料、不含酒精饮料、含酒精饮料（啤酒除外）、米（包括五谷杂粮）、未加工的谷物及农产品等。

（五）农产品注册商标：2019 年底，全州累计注册农产品商标4033件，涉及商品国际分类3个类别，主要分布在茶、茶饮料肉、非活的家禽、蛋品、食用油脂、米（包括五谷杂粮）等。

（六）茶叶注册商标：2019年底，全州共有茶叶注册商标1664件，其中10件茶叶商标是地理标志商标，实现州内每个县至少拥有1件茶叶类地理标志商标的目标。分别是：恩施硒茶、恩施富硒茶、恩施玉露、利川工夫红茶、马坡茶、巴东郡贡茶、伍家台贡茶、咸丰帝茶、来凤藤茶、鹤峰绿茶。

（七）药材注册商标：2019年底，全州共有药材注册商标419件，涉及商品国际分类1个类别，主要分布在第五类的中药药材，药酒等。

（八）旅游业注册商标：2019年底，全州共有旅游业注册商标462件，涉及商品国际分类2个类别，主要分布在旅行安排、单一服务等。

（九）服务业注册商标：2019年底，全州共有服务业注册商标2460件，涉及商品国际分类10个类别，主要分布在广告、提供食物和饮料服务、临时住宿等。

三、主要做法

（一）政府重视。州政府办公室下发《关于调整专利申请授权资助奖励相关政策的通知》（州政办函〔2019〕49号），2019年落实补助资金199.95万元，兑现商标品牌创建工作补助资金120万元。

（二）加强知识产权保护，优化知识产权发展环境。组织各县市市场监管局（知识产权局）开展对商品集散地、大型商超、专业市场、城乡结合部、农村市场等重点区域的执法行动，严厉查处知识产权违法行动。全州出动执法人员948人次，清查专业市场20个、商品集散地15个、大型商超61个、农村市场37个，清查城乡结合部36处次，检查各类经营户4800个次，查处假冒专利47件，涉案金额0.3万元。办结商标侵权案件61件，涉案经营额155.09万元，罚没款总额138.82万元，没收物品货值总额42.31万元，挽回权利人经济损失14万元。其中涉驰名商标案件1件，罚没额2万元。针对“恩施玉露”“利川工夫红茶”“伍家台贡茶”存在的侵犯商标专用权行为，全州市场监管部门开展专项检查，全州出动执法人员600余人次，检查茶叶经营户241家，生产企业47家，发放、张贴公告536张。有效规范茶叶市场商标运用行为。

（三）加强知识产权宣传。4月26日，州知识产权局与州版权局相关人员作客恩施电台“法制之窗”栏目，宣传知识产权相关知识，对知识产权法律、法规、政策进行解读。宣传解读《电子商务法》的相关内容。4月20日至26日在电视台新闻频道“恩施新闻”栏目下方游走知识产权宣传标语。

（四）发挥部门职能作用，做好服务与指导。一是为涉农企业、农民专业合作社和农户开辟绿色通道，做好注册、创建、保护工作。二是组织州内企业申报省级知识产权转化引导项目，2019年争取到高价值知识产权培育项目3个、知识产权海外护航项目1个、知识产权专项后补助项目2个、知识产权双创后补助项目1个，获得支持资金95万元。

（覃方海）

统计资料

2019 年全国 30 个少数民族自治州主要经济指标

表 37

单位：亿元、%

自治州	地区生产总值	位次	地区生产总值增幅	位次	第一产业增加值	第二产业增加值	其中：工业增加值	第三产业增加值
延边	723.37	13	2.2	30	54.81	248.36	191.12	420.20
恩施	**1159.37**	**9**	**6.6**	**17**	**180.94**	**299.43**	**234.28**	**679.00**
湘西	705.71	14	7.2	13	94.86	198.26	158.26	412.59
阿坝	390.08	18	6.1	19	67.09	96.24	80.31	226.75
甘孜	388.46	19	6.5	18	66.52	89.02	—	232.93
凉山	1676.30	3	5.6	24	367.70	559.80	465.10	748.80
黔西南	1272.80	7	9.8	5	226.88	444.77	330.12	601.15
黔东南	1123.04	11	8.4	8	223.73	253.85	139.69	645.46
黔南	1518.04	4	7.9	9	230.54	554.89	429.08	732.61
楚雄	1251.90	8	9.1	6	221.80	493.10	306.62	536.99
红河	2211.99	2	8.5	7	284.40	875.21	557.94	1052.37
文山	1081.60	12	10.1	3	206.36	370.48	207.49	504.76
西双版纳	568.09	16	10.1	3	124.72	133.96	72.08	309.41
大理	1374.93	5	6.1	19	273.11	411.22	292.76	690.61
德宏	513.66	17	7.9	9	103.56	107.91	64.00	302.19
怒江	192.51	24	11.1	2	26.86	67.15	36.73	98.50
迪庆	251.20	22	11.6	1	15.45	95.28	63.83	140.47
临夏	303.50	21	6.0	22	40.60	58.60	28.80	204.30
甘南	218.33	23	3.5	28	41.72	33.22	26.77	143.39
海北	91.70	26	3.3	29	25.62	22.00	—	44.08
黄南	—		7.7	11	—	—	—	—
海南	—		7.1	15	—	—	—	—
果洛	46.18	28	7.2	13	8.40	16.05	3.45	21.73
玉树	59.8	27	5.1	26	34.4	5.4	—	20.0
海西	666.1	15	7.5	12	37.5	439.0	—	189.7
昌吉	1324.74	6	6.1	19	214.92	554.08	428.82	555.73
博尔塔拉	354.29	20	7.1	15	68.20	89.60	50.75	196.49
巴音郭楞	1149.3	10	4.8	27	174.2	614.1	535.4	361.0
克孜勒苏	159.05	25	5.2	25	18.08	47.67	29.14	93.30
伊犁	2226.5	1	6.0	22	509.3	571.5	385.1	1145.6

续表 37

自治州	第一产业比重	第二产业比重	其中：工业占比	第三产业比重	规模工业增加值增幅	位次	固定资产投资增幅	位次
延边	7.6	34.3	26.4	58.1	3.6	22	7.9	20
恩施	**15.6**	**25.8**	**20.2**	**58.6**	**0.5**	**27**	**11.0**	**17**
湘西	13.4	28.1	22.4	58.5	7.0	17	–4.9	28
阿坝	17.2	24.7	20.6	58.1	1.7	23	12.2	11
甘孜	17.1	22.9	0.0	60.0	14.1	5	8.2	19
凉山	21.9	33.4	27.7	44.7	1.7	23	13.8	10
黔西南	17.8	34.9	25.9	47.2	12.1	8	5.8	21
黔东南	19.9	22.6	12.4	57.5	5.0	20	4.0	23
黔南	15.2	36.6	28.3	48.3	11.1	10	–0.9	27
楚雄	17.7	39.4	24.5	42.9	11.6	9	3.8	24

续表 37

自治州	第一产业比重	第二产业比重	其中：工业占比	第三产业比重	规模工业增加值增幅	位次	固定资产投资增幅	位次
红河	12.9	39.6	25.2	47.6	10.8	12	1.4	26
文山	19.1	34.3	19.2	46.7	17.4	3	15.8	8
西双版纳	22.0	23.6	12.7	54.5	12.4	7	25.0	4
大理	19.9	29.9	21.3	50.2	1.7	23	11.5	14
德宏	20.2	21.0	12.5	58.8	5.8	18	10.4	18
怒江	14.0	34.9	19.1	51.2	22.0	2	17.2	7
迪庆	6.2	37.9	25.4	55.9	36.0	1	11.8	12
临夏	13.4	19.3	9.5	67.3	7.3	16	4.6	22
甘南	19.1	15.2	12.3	65.7	–9.5	28	3.1	25
海北	27.9	24.0	0.0	48.1	4.8	21	11.4	15
黄南	—	—	—	—	8.0	14	14.4	9
海南	—	—	—	—	11.1	10	26.2	3
果洛	18.2	34.8	7.5	47.1	–40.4	29	26.7	2
玉树	57.6	9.1	0.0	33.4	—	—	48.8	1
海西	5.6	65.9	0.0	28.5	8.0	14	11.6	13
昌吉	16.2	41.8	32.4	42.0	10.6	13	–29.2	29
博尔塔拉	19.2	25.3	14.3	55.5	15.8	4	19.7	5
巴音郭楞	15.2	53.4	46.6	31.4	5.8	18	11.20	16
克孜勒苏	11.4	30.0	18.3	58.7	0.8	26	19.0	6
伊犁	22.9	25.7	17.3	51.5	12.7	6	—	—

续表 37

自治州	社会消费品零售总额	位次	社会消费品零售总额增幅	位次	地方一般公共预算收入	位次	地方一般公共预算收入增幅	位次
延边	—	—	3.3	28	58.11	14	–2.1	22
恩施	**685.81**	**2**	**11.2**	**2**	**80.56**	**10**	**0.5**	**20**
湘西	337.50	9	9.7	9	64.13	11	7.4	7
阿坝	84.03	18	6.0	25	26.41	19	7.10	9
甘孜	110.15	15	9.7	9	34.12	18	13.6	3
凉山	715.50	1	10.1	7	153.60	2	5.1	14
黔西南	—	—	5.9	26	109.69	6	–7.0	24
黔东南	340.95	8	3.2	30	60.73	13	–8.5	26
黔南	296.95	11	3.3	28	110.65	5	–7.6	25
楚雄	399.22	7	11.2	2	87.61	9	1.1	19
红河	469.28	3	11.5	1	148.06	3	4.1	16
文山	429.22	5	10.6	6	63.72	12	5.6	12
西双版纳	155.14	14	10.1	7	34.74	17	11.1	4
大理	425.98	6	9.0	12	103.27	8	7.4	7
德宏	169.36	13	11.2	2	40.10	16	8.3	6
怒江	42.09	22	11.2	2	13.08	24	20.5	2
迪庆	62.55	19	9.6	11	14.10	23	23.1	1
临夏	101.40	16	8.0	14	16.40	21	5.5	13
甘南	55.95	20	7.0	18	10.49	25	5.0	15
海北	26.05	24	6.2	24	3.75	27	–15.5	29
黄南	11.79	27	6.3	21	3.48	28	10.2	5
海南	34.19	23	5.8	27	10.17	26	–2.7	23
果洛	7.37	28	6.3	21	1.89	30	–18.1	30

续表 37

自治州	社会消费品零售总额	位次	社会消费品零售总额增幅	位次	地方一般公共预算收入	位次	地方一般公共预算收入增幅	位次
玉树	14.14	26	6.3	21	1.90	29	-9.5	28
海西	86.19	17	6.4	19	49.52	15	-9.1	27
昌吉	305.24	10	7.4	15	136.11	4	0.2	21
博尔塔拉	53.81	21	7.1	16	25.48	20	7.1	9
巴音郭楞	215	12	6.4	19	109	7	3	18
克孜勒苏	25.96	25	8.5	13	14.75	22	6.1	11
伊犁	443	4	7.1	16	179	1	4	17

续表 37

自治州	农村常住居民人均可支收入（元）	位次	农村常住居民人均可支配收入增幅	位次	城镇居民人均可支配收入（元）	位次	城镇居民人均可支配收入增幅	位次
延边	12520	12	12.5	3	28158	25	7.0	22
恩施	**11620**	**16**	**10.4**	**18**	**31561**	**22**	**9.1**	**2**
湘西	10046	21	9.4	22	26756	26	8.2	12
阿坝	14252	6	10.5	16	35470	5	8.5	8
甘孜	12808	9	10.8	12	34831	9	8.9	4
凉山	13908	8	10.8	12	33044	17	8.6	7
黔西南	10532	19	11.0	8	33309	14	9.5	1
黔东南	10233	20	10.9	10	32752	18	8.7	6
黔南	11911	15	11.1	6	33969	10	9.1	2
楚雄	12015	14	9.3	24	36868	3	7.9	14
红河	12570	11	10.9	10	36181	4	8.3	11
文山	11133	18	11.0	8	32630	19	7.9	14
西双版纳	14478	5	10.7	15	31903	20	8.8	5
大理	12665	10	10.2	19	36982	2	7.8	16
德宏	11409	17	10.5	16	31479	23	8.2	12
怒江	7165	29	11.1	6	26650	27	8.5	8
迪庆	9446	23	10.8	12	37305	1	8.4	10
临夏	7512	28	10.2	19	22376	29	7.4	19
甘南	8437	26	9.9	21	26592	28	7.3	20
海北	13914	7	9.2	25	33927	11	7.2	21
黄南	9951	22	11.3	5	33221	15	7.0	22
海南	12502	13	9.4	22	33075	16	7.5	18
果洛	9143	24	17.1	1	35451	6	6.8	24
玉树	9138	25	17.0	2	35167	8	6.8	24
海西	15052	3	8.4	26	35219	7	7.6	17
昌吉	19215	1	5.5	28	33921	12	4.0	28
博尔塔拉	—	—	—	—	—	—	—	—
巴音郭楞	17930	2	5	29	33490	13	3.5	29
克孜勒苏	8053	27	12.0	4	30160	24	6.0	27
伊犁	14714	4	7	27	31889	21	6.6	26

2019年武陵山六地市主要经济指标

表38　　单位：亿元、元、%

指标＼地市	湘西州	张家界市	怀化市	黔江区	铜仁市	恩施州
地区生产总值	705.71	552.10	1616.64	229.44	1249.16	1159.37
位次	4	5	1	6	2	3
地区生产总值增幅	7.2	7.6	8.0	3.0	8.0	6.6
位次	4	3	1	6	1	5
一产业增加值	94.86	69.45	224.52	27.19	254.89	180.94
位次	4	5	2	6	1	3
一产业增加值增幅	3.4	3.4	3.4	4.5	5.9	3.5
位次	4	4	4	2	1	3
二产业增加值	198.26	81.36	448.26	75.78	326.02	299.43
位次	4	5	1	6	2	3
二产业增加值增幅	5.9	6.7	8.4	0.6	7.0	5.5
位次	4	3	1	6	2	5
规模工业增加值增幅	7.0	8.0	8.5	–0.6	5.0	0.5
位次	3	2	1	6	4	5
三产业增加值	412.59	401.28	943.86	126.47	668.25	679.00
位次	4	5	1	6	3	2
三产业增加值增幅	8.7	8.5	8.8	4.1	9.5	8.1
位次	3	4	2	6	1	5
旅游综合收入	526.00	905.59	—	—	—	530.45
位次	3	1	—	—	—	2
旅游综合收入增幅	20.3	23.6	—	—	—	16.5
位次	2	1	—	—	—	3
固定资产投资增幅	–4.9	7.8	10.6	–15.6	1.6	11.0
位次	5	3	2	6	4	1
财政总收入	126.81	65.37	—	33.33	122.46	174.04
位次	2	4	—	5	3	1
财政总收入增幅	5.6	8.0	—	5.1	–5.9	1.7
位次	2	1	—	3	5	4
地方一般公共预算收入	64.13	37.69	95.29	23.00	63.55	80.65
位次	3	5	1	6	4	2
地方一般公共预算收入增幅	7.4	8.8	6.2	–8.4	–8.2	0.5
位次	2	1	3	6	5	4
农村常住居民人均可支配收入（元）	10046	10480	10870	12975	10259	11620
位次	6	4	3	1	5	2
农村常住居民人均可支配收入增幅	9.4	9.6	10.8	9.9	10.7	10.4
位次	6	5	1	4	2	3
城镇常住居民人均可支配收入（元）	26756	26811	29107	35322	32158	31561
位次	6	5	4	1	2	3
城镇常住居民人均可支配收入增幅	8.2	8.0	9.0	8.9	9.3	9.1
位次	5	6	3	4	1	2
社会消费品零售总额	337.50	253.56	733.65	68.52	220.19	685.81
位次	3	4	1	6	5	2
社会消费品零售总额增幅	9.7	10.2	10.3	3.2	3.5	11.2
位次	4	3	2	6	5	1
金融机构存款余额	1208.05	869.62	2100.36	265.89	1371.17	1505.76

续表 38

指标 \ 地市	湘西州	张家界市	怀化市	黔江区	铜仁市	恩施州
位次	4	5	1	6	3	2
金融存款余额增幅	3.8	1.8	4.9	6.8	–0.7	3.1
位次	3	5	2	1	6	4
住户存款余额	823.42	543.86	1563.90	174.69	850.41	1018.91
位次	4	5	1	6	3	2
住户存款余额增幅	8.5	11.2	9.7	13.6	7.5	13.6
位次	5	3	4	1	6	1
金融机构贷款余额	868.36	780.88	1279.67	291.76	1484.43	1166.36
位次	4	5	2	6	1	3
金融贷款余额增幅	18.7	17.9	13.6	25.8	22.9	13.2
位次	3	4	5	1	2	6

说明：金融存贷款余额为人民币口径

（州统计局　供稿）